中国通用机械工业发展史

中国通用机械工业协会　编

机械工业出版社

本书是由中国通用机械工业协会组织行业重点企业、科研院所的相关专家学者，在广泛收集和整理大量历史档案资料的基础上编写完成的。本书从企业成长、产品创新、科技进步、行业发展等各个方面，系统地介绍了我国通用机械工业发展的历史进程，总结了各个历史时期的发展特点和经验教训，是我国第一部反映中国通用机械行业，特别是泵、风机、压缩机、阀门、气体分离设备等重点行业跨世纪发展历程的文献。本书内容翔实，并配有近百幅照片，可读性强。

本书可供通用机械行业的从业人员阅读，也可供政府部门、用户企业、科研院所和高等院校的相关人员参考。

图书在版编目（CIP）数据

中国通用机械工业发展史/中国通用机械工业协会编．—北京：机械工业出版社，2018.10（2022.5 重印）
 ISBN 978-7-111-60849-3

Ⅰ.①中… Ⅱ.①中… Ⅲ.①机械工业－工业史－中国 Ⅳ.①F426.4

中国版本图书馆 CIP 数据核字（2018）第 208011 号

机械工业出版社（北京市百万庄大街 22 号　邮政编码 100037）
策划编辑：陈保华　责任编辑：陈保华　王春雨
责任校对：郑　婕　封面设计：马精明
责任印制：孙　炜
保定市中画美凯印刷有限公司印刷
2022 年 5 月第 1 版第 4 次印刷
169mm×239mm・32.5 印张・4 插页・626 千字
标准书号：ISBN 978-7-111-60849-3
定价：98.00 元

凡购本书，如有缺页、倒页、脱页，由本社发行部调换

电话服务	网络服务
服务咨询热线：010-88361066	机 工 官 网：www.cmpbook.com
读者购书热线：010-68326294	机 工 官 博：weibo.com/cmp1952
010-88379203	金　书　网：www.golden-book.com
策 划 编 辑：010-88379734	教育服务网：www.cmpedu.com

封面无防伪标均为盗版

《中国通用机械工业发展史》编委会

主任委员：隋永滨

执行副主任委员：黄 鹂 张雨豹 孙 放

副主任委员：苏永强 戴继双 孔跃龙
　　　　　　　吴 丰 于传奇 蒋 明

委员（按姓氏笔画）：王世超 王国轩 刘学伟
　　　　　　　　　　　刘海芬 李多英 宋银立
　　　　　　　　　　　张宗列 陆培文 胡晓峰
　　　　　　　　　　　钱家祥 徐建平 郭绍华

前　言

在庆祝改革开放 40 周年之际，期待已久的《中国通用机械工业发展史》终于与广大读者见面了，作为在机械行业工作了 50 多年的老同志甚感欣慰。40 年来，我国通用机械工业伴随着国家改革开放的步伐，走过了一段不平凡的历程。

通用机械工业是机械制造业的重要组成部分，主要包括：泵、风机、压缩机、阀门、气体分离设备、真空获得及应用设备、过滤及分离机械、干燥设备和减变速机等分行业。其产品广泛应用于电力、石油化工、石油天然气集输、煤化工、冶金、矿山等国民经济各部门和基础设施建设中，特别是在为能源领域重大工程配套和高耗能产业的节能减排方面，通用机械产品更是发挥着至关重要的作用。

新中国成立初期，我国生产通用机械产品的仅有几十家小企业，职工 4000 余人，年总产值 300 万元。历经 60 多年的发展，目前我国通用机械行业已形成 5500 余家企业、百万余名从业人员、万亿元产值的产业规模。特别是改革开放 40 年来，在党和国家正确方针指引下，在国家各有关部门的支持下，全行业通过消化吸收引进技术和再创新，深化企业改革和持续的技术改造，通用机械工业得到了快速发展，全行业综合素质和国际竞争力明显提升，为国民经济各部门、基础设施建设和国防建设提供了大量产品和成套装备，为我国国民经济发展和建设社会主义强国做出了重大贡献。

历史的发展承载着时代的印记，60 多年来我国通用机械工业发展的成就、经验、教训都需要系统地回顾与记录，为后人提供精神养分和启示。1985 年，由机械工业部石化通用机械工业局组织全行业力量编写发行了"中国石油化工通用机械工业发展史丛书"。这套丛书跨越 1949—1985 年 30 多年不同的历史阶段，全面记录了石化通用机械工业的发展历程。

1985—2015 年是我国改革开放取得重大成就的重要历史阶段，国民经济快速发展为通用机械行业提供了前所未有的发展机遇，特别是在依托国家重大工程，加快推进重大技术装备国产化、研发重大新产品方面取得了许多重大突破。百万吨乙烯"三机"、20MW电驱天然气长输管线压缩机组、10万 m^3/h 级大型空分设备等一大批"大国重器"的研制成功和工业应用，标志着我国通用机械制造业已经在该领域进入到世界先进行列。这一阶段，我国通用机械行业技术进步与发展呈现了诸多新的特点，更需要我们站在跨世纪的历史角度，全面系统地总结、回顾从行业发展的初始到新世纪的行业成长全过程。

由中国通用机械工业协会组织行业重点企业、科研院所和专家学者，在广泛收集和整理大量历史档案资料的基础上编写完成了这部《中国通用机械工业发展史》。这是一部全面反映我国通用机械工业60多年发展历程的综合性史书，全书收录了近百幅历史照片。针对不同的历史阶段，本书从企业成长、产品创新、科技进步、行业发展等各个方面，记述了我国通用机械工业发展的历史进程，总结了各个历史时期的发展特点和经验教训，是第一部反映我国通用机械行业跨世纪发展历程的文献。

本书共七章。第一章为中国通用机械全行业发展史；第二章至第六章为中国泵工业、风机工业、压缩机工业、阀门工业、气体分离设备工业等通用机械工业重点行业发展史，时间跨度为1949—2015年；第七章重点回顾了2016—2017年我国通用机械工业的发展，使本书对行业发展的历史记载更为完整。重大技术装备的发展是通用机械工业技术进步和提升发展的重要标志，附录A重大技术装备专篇系统全面地回顾总结了通用机械工业在电力、石油化工、核电、天然气集输等领域组织技术攻关、推进装备国产化的历程；附录B中国通用机械工业大事记（1949—2015年），系统记录了1949—2015年我国通用机械工业重要的历史事件。

本书各章节由中国通用机械工业协会与泵分会、风机分会、压缩机分会、阀门分会、气体分离设备分会分别组织执笔完成，由中国通用机械工业协会负责统稿。由于本书年代跨越比较久远，涉及涵盖国家各个发展阶段的政府机构、行业机构、生产企业的变革更迭很多，加之历史档案资料有限，书中对各个历史事件的时间节点、单位名称、相关数据与细节难免有失精准和严谨，不足之处敬请谅解。

在本书出版之际，谨向所有参与本书编写、提供史料以及为本书出版付出辛勤劳动和提供帮助的专家、同仁表示衷心感谢！

中国通用机械工业协会名誉会长

隋永滨

目 录

前言

第一章 中国通用机械全行业发展史 …………………………………… 1
  一、概述 …………………………………………………………………… 1
  二、旧中国的通用机械工业概况 ………………………………………… 2
  三、改革开放前的通用机械行业发展（1950—1977 年）………………… 2
    （一）新中国通用机械行业迎来了新生 ……………………………… 2
    （二）通用机械行业基本形成 ………………………………………… 4
    （三）通用机械行业的曲折发展 ……………………………………… 8
  四、开创通用机械行业新局面（1978—2000 年）………………………… 12
    （一）建立横向联系加强成套服务 …………………………………… 13
    （二）开展通用机械产品节能改造 …………………………………… 13
    （三）建立质量体系，推进企业现代化管理 ………………………… 15
    （四）通过引进消化吸收，行业水平全面提升 ……………………… 16
    （五）积极推进重大技术装备国产化工作 …………………………… 17
    （六）国有企业开启改革步伐 ………………………………………… 21
    （七）民营企业蓬勃兴起 ……………………………………………… 22
    （八）外资企业纷纷进入中国 ………………………………………… 23
  五、行业步入较好的发展机遇期（2001—2010 年）……………………… 24
    （一）良好政策环境提供大好发展机遇 ……………………………… 25
    （二）产能规模快速扩大，整体水平大幅提高 ……………………… 25
    （三）行业重组改革为发展增添活力 ………………………………… 26
    （四）重大技术装备国产化又实现新的突破 ………………………… 27
    （五）行业重点企业实现了跨越式发展 ……………………………… 30
    （六）对外贸易稳步提高 ……………………………………………… 35

（七）产业集群发展促进区域经济增长 …………………………………… 36
　　　（八）"两化融合"促进企业转型升级 …………………………………… 38
　　　（九）举办中国国际流体机械展览会 …………………………………… 39
　六、行业发展进入调整期（2011—2015年） ………………………………… 39
　　　（一）行业经济指标增速放缓 …………………………………………… 40
　　　（二）重大技术装备国产化取得新的成果 ……………………………… 41
　　　（三）民营企业产业升级加快 …………………………………………… 45
　　　（四）行业整体综合实力提升 …………………………………………… 45
　　　（五）发展制造服务业 …………………………………………………… 49
　　　（六）产业技术创新战略联盟兴起 ……………………………………… 50
　　　（七）产品节能开发与应用取得成效 …………………………………… 51
　　　（八）实施"走出去"战略，打造国际化企业 ………………………… 53
　七、结束语 ……………………………………………………………………… 55

第二章　中国泵工业发展史 …………………………………………………… 56

　一、概述 ………………………………………………………………………… 56
　二、旧中国的泵工业概况 ……………………………………………………… 57
　三、泵工业的起步（1949—1957年） ………………………………………… 58
　　　（一）新中国第一批泵专业厂的形成 …………………………………… 58
　　　（二）恢复时期的产品生产情况 ………………………………………… 58
　　　（三）"一五"期间的发展 ……………………………………………… 59
　四、泵工业的发展壮大（1958—1965年） …………………………………… 60
　　　（一）泵工业布局基本形成 ……………………………………………… 61
　　　（二）为重点建设项目生产配套泵 ……………………………………… 62
　　　（三）建立泵产品科研基地 ……………………………………………… 63
　　　（四）行业活动活跃 ……………………………………………………… 64
　五、泵工业在曲折中前进（1966—1976年） ………………………………… 65
　　　（一）泵厂建设规模的进一步扩大 ……………………………………… 65
　　　（二）泵技术和生产曲折发展 …………………………………………… 66
　　　（三）行业活动的恢复 …………………………………………………… 70
　六、泵行业开创新局面阶段（1977—1984年） ……………………………… 78
　　　（一）调整改革管理方式 ………………………………………………… 78
　　　（二）以节能为中心发展节能泵产品 …………………………………… 80
　　　（三）引进先进技术提高技术水平 ……………………………………… 83
　　　（四）开展卓有成效的行业工作 ………………………………………… 84

- （五）开展泵技术开发性研究 · 88
- （六）测试工作的发展 · 92
- （七）开展情报信息交流活动 · 93
- （八）标准化工作进一步加强 · 94

七、**泵行业进入快速成长期**（1985—2004 年） **102**
- （一）国外泵公司开始在中国投资 · 103
- （二）民营企业异军突起 · 105
- （三）国有泵企业在改变 · 105
- （四）泵行业协会成立并发挥作用 · 106

八、**泵制造业的发展机遇期**（2005—2015 年） **108**
- （一）依托重大工程项目积极推进泵产品国产化 · 108
- （二）泵企业搬迁改造项目投资展示新面貌 · 118
- （三）科技成果硕果累累 · 125
- （四）成功举办展览会开展对外交流活动 · 131
- （五）"十二五"期间行业进入新的发展期 · 132

九、**结束语** **146**

第三章　中国风机工业发展史　147

一、**概述** · **147**

二、**旧中国的风机工业概况** · **148**

三、**风机工业的起步与发展**（1949—1977 年） **149**
- （一）风机工业的起步 · 149
- （二）风机工业基本形成 · 152
- （三）风机制造业的曲折发展 · 158

四、**风机行业开创新局面**（1978—1985 年） **163**
- （一）在调整中抓改革，整顿中求提高 · 163
- （二）消化引进技术，提高我国风机技术水平 · 164
- （三）卓有成效地开展行业活动 · 165
- （四）开发新产品，加速引进技术转化 · 167
- （五）电站风机的研发与应用 · 168

五、**风机行业整体水平全面提升**（1986—2005 年） **168**
- （一）大力推进重大技术装备国产化 · 169
- （二）新产品技术水平得到全面提升 · 171
- （三）企业改制重组，推进管理创新 · 176
- （四）企业基本建设和技术改造突飞猛进 · 177

（五）风机行业协会的组建 ·· **179**
　　（六）风机行业经济运行质量显著提升 ······································ **179**
六、风机行业的发展机遇（2006—2010 年） ····································· **179**
　　（一）风机行业经济运行持续平稳发展 ······································ **180**
　　（二）重大技术装备国产化日渐成熟 ·· **183**
　　（三）新产品及科研成果进入崭新阶段 ······································ **187**
　　（四）风机行业技术创新体系建设 ··· **191**
七、"十二五"风机行业发展进入新常态（2011—2015 年） ···················· **191**
　　（一）风机行业"十二五"经济运行情况 ·································· **191**
　　（二）"十二五"风机行业发展取得的重大成果 ··························· **194**
　　（三）协会工作对行业发展的重要促进作用 ································ **219**
　　（四）成功举办中国国际流体机械展览会和对外交流活动 ·················· **225**
八、结束语 ··· **227**

第四章　中国压缩机工业发展史 ·· **228**

一、概述 ··· **228**
二、旧中国的压缩机工业概况 ··· **229**
三、压缩机工业的起步（1949—1977 年） ······································· **229**
　　（一）我国压缩机专业力量的形成 ·· **229**
　　（二）压缩机产品制造的起步 ·· **230**
　　（三）压缩机制造业体系基本建立 ·· **231**
四、行业发展开创新局面（1978—2000 年） ···································· **251**
　　（一）调整改革 ··· **251**
　　（二）科技工作的进展 ·· **252**
　　（三）以节能为中心，提高产品质量 ·· **260**
　　（四）标准工作 ··· **264**
　　（五）结合新形势开展专业工作 ·· **266**
　　（六）国企、民企、合资、外企并存 ·· **270**
五、企业迅速发展，行业全面提升（2001—2010 年） ·························· **273**
　　（一）深化国有企业和国有资产管理体制改革 ······························ **273**
　　（二）退市进园，加大技改投入 ·· **275**
　　（三）国际知名企业本土化进程加快 ·· **277**
　　（四）政策指引、市场拉动，压缩机制造业发展提速 ······················· **278**
　　（五）压缩机行业对外贸易的较好时期 ······································ **289**
　　（六）信息化建设促进企业发展 ·· **290**

六、行业进入转型升级的关键阶段（2011—2015 年）·············· **291**
 （一）压缩机制造业进入增速换档期 ·············· 291
 （二）一批中、高端产品在重大工程中得到成功应用 ·············· 292
 （三）企业转型升级发展行稳致远 ·············· 294
 （四）空压机节能工作成绩显著 ·············· 299
 （五）压缩机产品走向国外，参与国际化竞争 ·············· 301
 （六）标准化体系形成 ·············· 303
 （七）压缩机技术国家重点实验室顺利通过国家验收 ·············· 303
 （八）知识产权保护得到进一步重视 ·············· 304
 （九）"三类"压缩机快速发展，行业形成新的格局 ·············· 305
 （十）两化深度融合工作的开展 ·············· 308
七、结束语 ·············· 309

第五章　中国阀门工业发展史·············· **310**

一、概述 ·············· 310
二、旧中国的阀门工业概况 ·············· 311
三、阀门工业的起步阶段（1949—1959 年）·············· 312
 （一）组织起来为恢复国民经济服务 ·············· 312
 （二）阀门工业起步 ·············· 314
 （三）小结 ·············· 316
四、阀门工业的发展壮大时期（1960—1966 年）·············· 317
 （一）阀门行业的形成 ·············· 317
 （二）为化肥工业建设服务 ·············· 318
 （三）开展产品联合设计 ·············· 319
 （四）生产管理的重大变革 ·············· 320
 （五）骨干和重点企业的形成 ·············· 321
 （六）石油开发促进了阀门工业大发展 ·············· 322
 （七）小结 ·············· 324
五、阀门工业的持续发展（1967—1978 年）·············· **324**
 （一）行业发展受到影响 ·············· 324
 （二）采取措施，拉长"阀门短线" ·············· 325
 （三）小结 ·············· 334
六、开创行业新局面时期（1979—1990 年）·············· **335**
 （一）贯彻八字方针，跟上调整步伐 ·············· 335
 （二）以提高阀门产品质量为中心开展行业活动 ·············· 336

  （三）对外开放初见成效 337
  （四）贯彻"三上一提高"开创新局面 339
  （五）小结 341
 七、计划经济向市场经济过渡阶段（1991—2000 年） **342**
  （一）阀门协会替代阀门行业组织 342
  （二）阀门科技情报网发挥作用 343
  （三）AZ 安全注册到 TS 特种设备生产许可证 344
  （四）异军突起的阀门民营制造企业 345
  （五）小结 345
 八、**21 世纪初期行业发展情况**（2001—2005 年） **346**
  （一）行业现状 346
  （二）与国外差距 348
  （三）阀门市场前景广阔 349
  （四）阀门行业经济指标情况 350
  （五）阀门进口和出口情况 350
  （六）企业改革情况 351
  （七）小结 354
 九、**市场经济下取得重大突破的十年**（2006—2015 年） **354**
  （一）阀门行业主要经济指标情况 354
  （二）推动高端阀门国产化攻关 355
  （三）行业装备水平得到提升 367
  （四）试验检测条件得到改善 368
  （五）质量管理及标准化工作得到强化 368
  （六）上市融资步伐加快 369
  （七）向现代制造服务业转型升级 369
  （八）行业协会发挥桥梁纽带作用 369
  （九）小结 371
 十、结束语 372

第六章 中国气体分离设备工业发展史 **374**
 一、概述 374
 二、气体分离设备工业的开创与形成（1949—1961 年） 375
 三、调整、曲折发展时期（1962—1977 年） 378
 四、重新振兴、全面发展时期（1978—1999 年） **383**
  （一）技术进步与产品开发 383

（二）中国空分设备公司成立与行业分工 ………………………… 390
　　（三）行业组织成立 ………………………………………………… 392
　　（四）国有企业改制 ………………………………………………… 393
　　（五）外资企业进入国内市场 ……………………………………… 393
　　（六）行业中民营企业萌起 ………………………………………… 394
五、高速发展、走向世界时期（2000—2015 年） ……………………… 394
　　（一）制造企业所有制呈多样化 …………………………………… 394
　　（二）空分设备规模大型化、特大型化 …………………………… 397
　　（三）空分设备产品拓展 …………………………………………… 400
　　（四）产品领域延伸 ………………………………………………… 402
　　（五）关键配套部机的研制有了重大突破 ………………………… 405
　　（六）大型空分设备走出国门，远销世界各地 …………………… 408
　　（七）气体产业迅速发展 …………………………………………… 409
　　（八）变压吸附技术发展迅猛 ……………………………………… 410
　　（九）水电解制氢装置持续发展 …………………………………… 411
　　（十）气体膜分离设备兴起 ………………………………………… 413
六、结束语 …………………………………………………………………… 415

第七章　中国通用机械工业 2016—2017 年的发展情况 ……………… 417

一、通用机械工业发展增速回升 …………………………………………… 417
二、重大技术装备国产化持续深入 ………………………………………… 418
三、行业创新技术成果不断涌现 …………………………………………… 421
四、行业创新成就获得社会的认可 ………………………………………… 421
五、大力推进团体标准化工作 ……………………………………………… 422

附录 ………………………………………………………………………………… 424

附录 A　重大技术装备专篇 …………………………………………………… 424
一、大型炼油化工成套设备 ………………………………………………… 424
　　（一）大型炼油设备国产化 ………………………………………… 425
　　（二）大型乙烯设备国产化 ………………………………………… 431
　　（三）百万吨 PTA 工艺空气压缩机组国产化 …………………… 439
　　（四）石化用泵国产化 ……………………………………………… 443
二、大型空分成套装置 ……………………………………………………… 446
　　（一）大型空分设备国产化现状 …………………………………… 446
　　（二）大型空分设备国产化历程 …………………………………… 447

三、大型火电机组关键设备 ·········· 451
　（一）泵阀国产化 ·················· 451
　（二）电站风机国产化 ············ 455
四、核电关键设备 ····················· 456
　（一）核电泵国产化 ·············· 456
　（二）核电阀门国产化 ············ 458
五、石油天然气输送成套装备 ······ 460
　（一）天然气长输管线压缩机组 ···· 461
　（二）大输量管道输油泵 ········· 464
　（三）大口径高压全焊接球阀 ···· 467
六、天然气液化与接收成套装备 ···· 471
　（一）液化天然气潜液泵、海水循环泵 ···· 471
　（二）低温 BOG 迷宫压缩机 ····· 474
　（三）开架式海水汽化器 ········· 476

附录 B　中国通用机械工业大事记（1949—2015 年） ·············· 477

参考文献 ································· 505

第一章

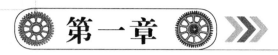

中国通用机械全行业发展史

一、概述

通用机械制造业是装备制造业的重要组成部分,其产品具有应用领域广、通用性强的特点,特别是用于输送与提高气体、液体压力的泵、风机、压缩机、阀门、气体分离设备(简称空分设备)等更是国民经济各领域无所不在和不可或缺的装备,在国民经济建设中起着十分重要的作用。截至 2015 年底,我国通用机械制造业规模以上企业有 5500 余家,涵盖了泵、风机、压缩机、阀门、气体分离设备、真空设备、分离机械、减变速机、干燥设备、气体净化设备、能量回收设备和冷却设备等 12 个专业,从业人员达百万人。

新中国成立 60 多年,特别是改革开放以来,通过全行业的共同努力,中国通用机械制造业得到了快速发展,为国民经济各部门、基础设施建设和国防建设提供了大量产品和成套装备,全行业综合素质和国际竞争力明显提升。通过消化引进技术和技术改造、自主创新,有力地推动了行业发展,形成了集科研、设计、制造和技术服务为一体的完整的工业体系。百万吨乙烯裂解"三机"(裂解气压缩机、丙烯制冷压缩机、乙烯压缩机)、天然气输气管线 20MW 级电驱压缩机组、天然气长输管线大口径高压全焊接球阀、千万吨炼油装置配套 150t 活塞推力往复压缩机、10 万 m^3/h 大型空分成套设备以及百万千瓦核电、百万千瓦超超临界火电机组泵阀等一大批具有国际先进水平的重大技术装备新产品和成套装备研制成功,实现了国产化,为我国石化、冶金、电力等国民经济重点领域的发展做出了重大贡献。

伴随着时代的发展,我国通用机械制造业也经历了从小到大、从弱到强的不同发展时期,每个发展阶段都体现了不同的发展特征。中国通用机械工业发展史将系统地回顾行业发展历程,展现行业技术进步和发展壮大的辉煌成就。

二、旧中国的通用机械工业概况

新中国成立前,我国通用机械制造业在风雨飘摇中经历了大约半个世纪,发展速度十分缓慢,生产能力和技术水平都很低下,企业生产以兼业为主,很多产品都是空白,基础非常薄弱,基本没有形成制造行业。新中国成立时,全国通用机械制造企业只有几个规模很小的专业生产厂和一些兼业生产厂,主要集中在上海、沈阳两地。这些生产企业的产品主要为仿制外国简单的产品,而且大部分企业处于破产的边缘。

新中国成立前夕的通用机械各主要行业产品情况如下:

水泵:只能生产结构简单的手摇泵、蒸汽往复泵、低速离心泵、多级离心水泵(级数最高为6级)。

风机:没有专业风机制造厂,少数机器厂仿制过简单的离心式通风机、小型叶氏鼓风机和罗茨鼓风机。

气体压缩机:个别工厂制造过结构简单的供喷漆、轮胎充气及一般动力用的小型空气压缩机,最高排气压力为2.1MPa。

阀门:大都属于"水暖器材"的低压阀门,曾生产过口径800mm的铸铁阀门和口径1200mm的煤气阀门。

真空设备:仿制过简单的真空设备,包括活塞真空泵、油封机械真空泵和真空蒸发制药缸等。

分离机械:生产过少数的滤油器和简易立式离心机(甩水机)。

其他如气体分离及液化设备等全部从国外进口,国内只能进行一些小的修配。

据统计,1949年生产通用机械产品的工厂仅有职工4200人,机床设备(以传动带拖动式为主)900多台,年产总值300万元。

三、改革开放前的通用机械行业发展(1950—1977年)

(一)新中国通用机械行业迎来了新生

这一时期主要为1950—1957年。

1. 对企业进行社会主义改造

新中国成立后,根据党的七届二中全会确定的方针,人民政府陆续完成了对官僚资本企业的没收工作,将官僚资本所有制经济转变为社会主义全民所有制经济。东北地区是通用机械制造企业的重点区域，东北人民政府组建了生产通用机械的东北机械四厂（现为沈阳鼓风机集团有限公司）、六厂（原沈阳水泵厂，现并入沈阳鼓风机集团）、七厂（原沈阳气体压缩机厂，现并入沈阳鼓风机集团）等第一批国营企业，这些企业后来成为通用机械行业的龙头企业。

1955年，对私营企业进行了大规模合并及改组改造。在通用机械私营企业比较集中的上海地区，将分散的企业合并组织起来，改组组建了上海大隆机器厂、上海精业机器厂等，成为行业产品的主导生产厂，使上海成为我国早期的通用机械生产基地。

2. 行业管理体制初步建立

1952年9月，国家成立了第一机械工业部（简称一机部），将在原华北机器制造公司基础上建立起来的中央机器工业管理局改组为第一机器工业管理局（简称一局），归口管理通用机械等专业产品。

"第一个五年计划"开始后，针对当时存在的企业生产产品混杂、缺乏统筹部署和妥善分工的主要问题，一局根据中共中央1953年5月30日发布的《关于目前国营机械工业的情况及今后工作布置》的有关指示，将所属企业划分为中央直属和地方国营两大类，并确定了中央直属和较大型地方国营企业的专业生产方向。同时，对地方工业的服务方向也做了具体的布置，明确地方工业主要为农业、轻工业服务；为国营机械工业配套协作，成为助手；为使用部门的修配服务。

在生产方向基本确定后，直属企业首先开展以工艺为中心的技术改造。根据生产方向和产品方案，进行全面的工艺设计和生产组织设计，采用比较先进的技术和生产组织，建立了机修和工具车间、计量室和理化试验室等技术后方，更新改造与充实必要的设备，建立了正规生产秩序，从而提高了制造水平和技术水平，达到了较高的技术经济效益。根据通用机械产品的特点，将企业划分为系列成批生产、单件小批生产或单件小批成套生产两种类型，并且狠抓了"三化"——产品的系列化、零部件的通用化和标准化。一方面引进系列产品技术，一方面对产品生产进行"三化"整顿，化单件为成组，集小批为大批，组织专业化生产车间，并按工艺相近的原则组织工段、小组。1956年，在通用机械研究所和各专业研究所相继建立以后，通用机械产品的"三化"工作更加深入，成为行业技术进步的重要内容，也是整个通用机械制造业最具特点的工作之一。

一局建立后，将中央机器工业管理局设立的设计室扩大为设计处，集中力量为各企业进行技术服务。1954年，为加强主导企业的技术力量，将设计处一部分技术人员下放到直属厂，与这些企业原有的技术人员一起组成技术骨干，发挥了有力的技术带动作用。

这些行业管理方法和制度为以后的通用机械行业生产计划和技术管理奠定了

基础。通过上述工作，培养了一批专业产品生产的骨干企业，特别是沈阳地区很快成为我国通用机械工业的重要基地之一，企业的经济效益和产品质量有了明显提高。

3. 通用机械工业逐步从修配走向制造

通用机械产品的生产，在"一五"期间已从利用工厂原有图样和仿制外国的简单产品，转为全面采用苏联及东欧一些国家的设计制造技术。通用机械制造业为苏联援助我国建设的 156 项工程提供了大量配套产品，到"一五"后期开始向改进设计和自行设计方向发展。

在此期间，主要发展产品有：沈阳水泵厂的 K 型和 Д 型系列泵、上海水泵厂的 51in（1in＝25.4mm）卧式斜流泵和 44in 立式轴流泵、沈阳鼓风机厂的 4 级压缩焦炉鼓风机、杭州通用机器厂（现为杭州制氧机集团公司）的制冷量每小时 2750 万 cal（1cal＝4.2J）冷冻机。上海通用机器厂（现为上海电气集团汽轮机公司）曾生产了当时我国最大的一台透平鼓风机，风压为 9000mmH$_2$O（1mmH$_2$O＝9.8Pa）、风量为 670m^3/min、转速为 3600r/min、功率为 1500kW、6 级压缩。沈阳通用机械厂（后为沈阳高中压阀门有限公司）、上海阀门厂、上海良工阀门厂等开始生产高中压阀门产品。

1956 年，通用机械工业第一个科研机构——通用机械研究所在北京成立，当时设有流体机械（包括风机、泵、压缩机、阀门等专业）、炼油化工设备、轻工机械（包括印刷机械、橡胶机械等）、采油机械和自动控制等专业研究组，开始了我国石油、化工和通用机械的科研工作。

这一时期是我国通用机械制造业的起步时期，行业的恢复和发展速度较快，逐步从修配型走向以仿制为主的制造。但由于"一五"时期通用机械制造业没有被列入国家重点发展计划，一个新建项目也没有，扩建改造投资也较少，五年总投入才 4000 万元。至 1957 年底，全国通用机械制造业的固定资产仅 1 亿多元，仅相当于现在一个中小型企业的固定资产总量。固定资产投入不足制约了行业的规模发展，仅形成了几个产品的主导生产厂。行业整体技术水平较低，基本处于世界 20 世纪三四十年代水平，主要是以测绘仿制为主，能够自行设计的产品很少。

（二）通用机械行业基本形成

这一时期主要为 1958—1965 年。

1. 中小型氮肥成套设备的研制和发展

新中国成立时我国氮肥工业基础薄弱，"一五"期间从苏联成套进口了 4 套氮肥设备，当时我国化工设备的生产主要是为进口成套设备提供少量配件和简单产品。1956 年，化工部和一机部开始研究合成氨氮肥设备的生产，确定从年产 2.5 万 t 合成氨成套设备开始，组织对氮肥成套设备的研制攻关。1958 年国家加快了化肥设备制造的步伐。一机部成立了高压设备技术委员会，负责对生产高压设备进行技术指导，一局也做出"关于加强氮肥设备制造组织领导的决定"，要求各企业把氮肥设备制造任务作为一项极为重要的政治与经济任务，事关我国工农业发展速度和全国人民"吃穿"的问题来抓。

围绕氮肥成套设备，以通用机械研究所为主，组织和会同有关生产企业对氮肥厂的关键设备（气体压缩机、鼓风机、冷冻机、气体分离设备、高中压阀门等通用机械）开展了多项科研和技术攻关。压缩机行业原来只能制造一般低压动力用压缩机，1955年大连化工厂研制成功我国首台大型高压气体压缩机。1958年二机部和平机器厂和东北机器厂分别研制成功仿苏联、仿捷克的1Г-266型和2SLK型氮氢压缩机。同时，一机部安排上海精业机器厂、上海大隆机器厂生产5Г循环气压缩机和2S冷冻机等关键设备。随着氮肥工业的发展，作为氮肥设备的心脏——工艺用压缩机先后研制成功。杭州制氧机厂在1958年试制出我国第一套用于冶金工业的高低压流程$3350m^3/h$（氧）空分设备，稍加改进后，成为化肥成套装置的主要装备。这些关键产品的研制成功，表明我国已初步具备生产氮肥成套装备的能力。

1960年，中央成立了由陈云同志负责的化肥领导小组，化肥设备的生产成为机械工业的紧急任务。针对当时氮肥设备中的气体压缩机、冷冻机、制氧机和高中压阀门（简称"三机一门"）严重短缺的情况，一局根据中央化肥小组的指示和一机部党组的决定，于当年底在北京召开了"三机一门"会议，全面安排了年产800t、2000t和5000t合成氨氮肥装置工艺流程中所需专用设备和通用设备的科研、新产品试制、产品系列化和规格化、产品质量和验收技术标准以及生产计划等。之后，一大批科研项目和重大新产品被攻克，产量迅速增加。"三机一门"会战成为氮肥成套设备带动我国通用机械上水平、上能力的标志。

1961年4月，中央和国务院在杭州召集国家计委、化工部、一机部和上海市领导研究建设大型氮肥厂的问题。会议确定：

1）建设若干个年产5万t合成氨装置，并组织特殊材料进口。由化工部、一机部和外贸部各指定一位副部长组成特殊材料进口小组，在中央化肥小组直接领导下，组织订货、验收、保管和供应等工作，并逐年补充。

2）定点生产。除已商定的高中压容器、大型压缩机和化工设备生产外，又确定了空分设备、高中压阀门、冷冻机、工业泵、风机以及其他通用机械制造厂等115家定点生产企业（其中一机部系统101个，三机部系统6个，化工部系统8个，最后实际落实104个）。在发挥现有能力的基础上，国家拨专项措施费对定点企业进行必要的改造与扩建。

3）明确成套范围。不仅主要生产工艺设备要成套，而且所有辅助车间、公用工程、洗煤炼焦、电站、动力车间及交通运输所需的设备也要成套。要求工厂安排生产时，逐步提高单机和机组成套。一机部机电设备成套总局设立专门的氮肥设备成套处，负责氮肥设备的成套、配套和补套工作。

4）确定了1961—1964年合成氨装置的建设规划。杭州会议后，一机部、化工部组织了联合办公室和现场指挥部等机构，落实会议精神。明确了化工部第一设计院负责合成氨工艺，化工部第四设计院负责尿素工艺，一机部通用机械研究所负责成套设备的技术归口等。杭州会议在我国氮肥工业发展历史上具有重要意义，有力地促进了我国合成氨装备制造的发展。

1961年11月我国首批自行设计制造的年产2.5万t合成氨成套装置在浙江衢州化工厂和上海吴泾化工厂同时建成投产；从1958年起还狠抓了小化肥成套设备的生产，采取制造与使用部门联合设计和设备选型的方式，在年产2000t小氮肥成套设备基本过关以后，发展了年产5000t和10000t小氮肥成套设备。这标志着我国从制造个别配套产品和一般设备发展到具备了合成氨成套设备制造能力。

1962年，国家科委组织一机部、化工部制定了以发展合成氨为主的化工机械（通用机械）技术发展十年规划，对我国合成氨装置的规模、工艺流程、原料路线、设备选型等一系列重大技术问题都做出了统一明确的规定，为行业制订科研规划和科研课题等提供了重要依据。

在衢州化工厂和吴泾化工厂两套合成氨装置投产后，一机部、化工部和上海市于1963年和1964年在上海两次召开全国氮肥设备制造技术工作会议，及时总结交流经验，解决有关设计、制造、标准等方面的技术问题，并制定了《关于氮肥设备设计、制造及验收中若干技术问题的暂行规定》。此后由一机部通用机械研究所负责，组织工厂、院校、研究所等科技力量，完成了高压压缩机的活塞推力、活塞环结构、填料密封和阀片寿命研究等一系列重要科研课题，并由化工部和一机部组织了年产5万~10万t合成氨成套设备联合设计和部分新产品设计与试制。

1965年我国自行设计制造的年产5万t合成氨和8万t尿素成套装置在石家庄化肥厂投产，其中由通用机械研究所设计、太原重型机器厂生产的4000kW 6D32-285/320对称平衡式氮氢气压缩机试制成功，标志着我国压缩机设计制造技术达到了一个新的水平。当年全国合成氨产量达到212万t，比1950年增加了3.8倍。从合成氨设备的设计、制造和合成氨装置建设规模来看，与当时国际先进水平相比，仅差10年左右。

在中央化肥小组统一领导下，用户和制造部门联合组织科研和设计单位、大专院校共同攻关，各部门密切配合，有明确而相对稳定的技术政策，使我国的化肥工业和通用机械工业得到同步发展，这是一条成功的经验。同时通过合成氨装备的发展，化工领域的三酸（硝酸、硫酸、盐酸）、二碱（纯碱和烧碱）设备也实现了成套,还促进发展了医药、染料、农药、合成橡胶等领域用的通用机械产品。

2. 为各领域配套的通用机械产品的发展

在发展化肥装备的同时,为国民经济其他部门服务的通用机械产品生产也得到了提升和发展。

在为炼油化工领域服务方面,由于20世纪60年代初我国炼油工业发展较快,促进了工业泵中的油泵类产品的发展。如沈阳水泵厂生产的裂化油泵、热油离心泵,上海大隆机器厂生产的往复式热油泵等。另外,北京第一通用机器厂(现为京城压缩机有限公司)研制出丙烷压缩机,无锡通用机器厂(现为无锡压缩机有限公司)研制出循环氢压缩机,为百万吨炼油成套装置提供了重要产品。

20世纪60年代初期,开始发展年产1万t维尼龙成套设备。1965年由通用机械研究所负责,组织了由上海新建机器厂、上海四方锅炉厂、广州重型机器厂、兰州石油化工机器厂和化工部第一设计院构成的联合设计组进行设计,同时安排了成套设备制造企业。至1967年基本实现了设备成套,并先后共建成11套成套装置。这种设备由于耗电量大,工艺落后,到20世纪80年代初已不再发展,但在当时为解决我国人民穿衣问题做出了较大贡献。

随着化工领域用通用机械产品的发展,在我国当时缺乏镍、铬合金资源的情况下,冶金部门发展了低合金高强度锰钒系列钢,替代了镍铬系列钢,为通用机械用耐腐蚀材料立足国内建立了基础。

在为冶金工业服务方面,沈阳鼓风机厂研制出风靡一时的东风牌小锅炉鼓风机,设计制造了DA3250-41型高炉用离心压缩机;哈尔滨汽轮机厂和上海汽轮机厂分别生产了配套50m^2烧结机的3500m^3/min大型焦炉鼓风机与高炉鼓风机以及高炉用ZA3250-9-1轴流压缩机。

在为电力工业服务方面,先后发展了为5万kW和10万kW火力发电机组配套的各种风机、工业泵、阀门等。如沈阳水泵厂研制的DG270-150高压锅炉给水泵,长沙水泵厂研制的湘江64-19型循环水泵,石家庄水泵厂试制的PH、8PH、10PH灰渣泵,沈阳鼓风机研究所设计的4-73系列电站锅炉鼓风机和引风机等。

在为矿山工业服务方面,先后研制出直径达3.5m的双吸矿井用离心通风机、60-2型矿井轴流通风机、LK4-61№35型矿井离心通风机等,矿山用风机、各种矿山泵等基本满足需要。1958年前后,以通用机械研究所为主研制出具有当时国际先进水平的L型动力用空气压缩机系列产品,这是压缩机技术的一次飞跃。

在为造船工业服务方面,主要是发展了一些船用泵。

在为国防军工和尖端科技服务方面,研制出一批高水平的通用机械产品。1965年,沈阳水泵厂试制成功我国第一套反应堆主泵;通用机械研究所于1964

年完成了为"820"军工配套的隔膜计量泵和阀门设计；沈阳气体压缩机厂生产了仿苏的舰船用 K10 高压往复压缩机；南京压缩机厂生产了为舰艇配套的 CZ 系列压缩机。这些军工重点产品大多数是国内首台，都是参数高、性能要求严、结构和材料特殊、加工难度大的非标产品，代表了当时通用机械产品的最高水平。

3. 行业重点骨干企业和行业组织的形成

为了适应化肥工业及其他工业部门的快速发展对通用机械产品的需要，较大规模扩建了一批通用机械制造厂，主要有沈阳鼓风机厂、沈阳空压机厂、沈阳水泵厂、沈阳铸造厂、石家庄水泵厂、上海大隆机器厂、上海合众冷气机厂、上海阀门厂、杭州制氧机厂、广州重型机器厂、重庆通用机器厂、金州重机厂、上海水泵厂、上海新建机器厂等，并新建了兰州石油化工机器厂（苏联援建 156 项之一）、开封空分设备厂、北京金属结构厂、开封高压阀门厂、武汉鼓风机厂、柳州空压机厂等重点骨干企业。随着这些企业的建成，形成了通用机械制造业的骨干力量。

通用机械研究所根据发展需要也进行了较大规模的扩建，将石油机械、橡胶塑料、气体分离等专业分出另行建所（如兰州石油机械研究所、沈阳真空技术研究所等），逐步成为行业的科研骨干力量。同时在各主导厂研究室的基础上扩建了一批二类专业研究所（杭州制氧机研究所等）。通用机械制造业的生产能力和技术队伍都有了较大的提高和发展。1958—1960 年的三年中，通用机械制造业完成基建投资 4.6 亿元，是 1949—1957 年完成基建投资 5300 万元的 8.7 倍。

随着通用机械制造业规模的扩大和能力的提高，1957 年风机制造业首先成立行业组织，1958 年压缩机制造业成立行业组织，1960 年泵、阀门等制造业也相继成立了行业组织。各行业的技术情报网先后建立，专业性和综合性科技杂志先后创刊，行业情报工作和以产品质量、厂际竞赛等为主要内容的行业活动开始发挥越来越大的作用。这对于提高通用机械制造业的技术水平和质量、交流传递技术信息、推动行业的技术进步等都起到了重要作用。

至 1965 年，通用机械制造业已能为国民经济提供年产 2000t、5000t、10000t 小型合成氨成套设备和 2.5 万~6 万 t 中型合成氨成套设备，也可以为年产 100 万~150 万 t 炼油装置、5 万 kW 和 10 万 kW 火电机组、1513m^3 高炉、120 万 t/年煤矿、150 万 t/年洗煤厂等提供通用机械产品。

可以说，这一时期为我国通用机械制造业的发展打下了一定的基础，通用机械制造业体系基本形成。

（三）通用机械行业的曲折发展

这一时期主要为 1966—1977 年。

1. 科研与重点项目停滞

1969 年一局撤销，通用机械研究所从北京搬迁合肥，许多重要的科研课题、技术攻关和新产品试制工作几乎中断。

在此期间，国家改变了 20 世纪 60 年代初期有组织有计划地发展化肥装备的成功做法，大力推行地区成套。先后安排由辽宁省制造 11.5 万 t/年乙烯设备和 15 万 t/年合成氨成套设备，由北京市制造 30 万 t/年乙烯设备。由于种种原因，这些成套设备项目都是在生产了部分产品后下马的。1975 年在国家决定建设川汉天然气输气管线工程后，一机部、燃化部组织了包括 2400m^3/min 大型天然气压缩机、ϕ800～ϕ1000mm 大型球阀等在内的 198 项重大新产品（其中 88 项科研项目）的试制和攻关。但由于四川油气田的天然气储量不大，川汉输气管线工程于 1978 年停止建设，1000mm 大口径管线阀门等许多具有相当水平的重大配套新产品试制出来后全部报废。由于地区成套和重大工程建设项目的计划不周，使行业失去了发展机会，也给国家造成了巨大的经济损失。

1972 年起，我国相继从美国、日本、法国等国家进口了 16 套 30 万 t/年合成氨和 4 套 30 万 t/年乙烯成套装备。但是由于缺乏统筹规划，在进口多套装备的有利谈判条件下，没有同时引进工艺及设备设计制造技术，使我国通用机械制造业又失去了一次很好的发展和提高的机会。

2. 为各领域配套能力进一步发展

这十多年间，在广大工程技术人员、工人和干部的辛勤努力下，通用机械制造业在化肥装备、军工产品研制和为电力、矿山等部门提供配套通用机械产品方面取得了一定的成就，配套能力得到进一步发展；并根据国家加快三线建设的要求，在我国西部通用机械制造业的薄弱地区新建了一些企业，扩大了产能，使产业布局趋于合理。

（1）化肥装备进一步发展　在原有基础上又相继生产了一批小合成氨成套设备。到 20 世纪 70 年代初，我国仅用十年左右时间，就自行制造了 55 套年产 2.5 万～6 万 t 小型合成氨成套装备。从 1974 年开始，国家对已建成的小化肥厂陆续进行了技术改造，五年左右分批改造了 700 个小化肥厂，使 500 个化肥厂的产能从 3000t/年提高到 5000t/年，200 个化肥厂的产能从 5000t/年提高到 10000t/年，共增加合成氨年生产能力 200 万 t。

从 1972 年开始，全国陆续进口了 16 套年产 30 万 t 合成氨大型氮肥装置和其他一些大型化工设备，但没有利用引进成套设备的有利条件同时引进设计制造技术，因此国家决定自行研制 30 万 t/年合成氨大型成套设备。1973 年 11 月，一机部、燃化部和上海市共同召开会议，确定了设计原则和规模等级。会议确定以承制单位为主，由一机部、燃化部有关科研单位和高等院校参加，共同组成设计小组进行 30 万 t/年合成氨成套装备的设计。一机部为此成立了专门办公室负责组织协调。

在 30 万 t/年合成氨成套装备的研制中，合肥通用所克服当时由于搬迁带来的各种困难，承担和完成了 50% 以上的重大科研项目任务。另外，组织了全国 12 个省市 52 个企业、研究所和高校完成了关键技术的攻关任务。围绕大型化肥成套设备的研制，共完成了 56 项重大科研项目和 13 项重大新产品开发，并首次使用了钛材制造通用机械产品。1979 年 12 月 31 日，我国自行设计制造的第一套年产 30 万 t 合成氨及 24 万 t 尿素大型成套装置在上海吴泾化工厂一次试车投产成功。虽然这第一套国产化装置仍存在着工艺技术和装备设计制造技术等方面的不足，与从国外引进的 30 万 t/年合成氨成套装置相比还有较大差距，但我国第一次设计制造成功大型化肥成套装置中技术难度大、精度要求高的三台大功率离心压缩机组、大直径氨合成塔、二氧化碳汽提塔和尿素合成塔等大型关键设备，标志着我国化肥装备向大型化、高水平发展的重大突破。

（2）为火电站成套设备配套能力的发展　这期间，我国发展了 12.5 万 kW、20 万 kW 和 30 万 kW 火力发电机组的成套设备，通用机械制造业为这 3 个等级火力发电机组研制了相应的关键配套产品。

在泵方面，沈阳水泵厂、上海水泵厂、长沙水泵厂等先后试制成功锅炉给水泵、冷凝泵和循环水泵等。

在风机方面，沈阳鼓风机厂试制成功的 30A9-11 型 200 号冷却塔轴流风机在朝阳 20 万 kW 电站运行良好；上海鼓风机厂研制出 30 万 kW 电站配套用的锅炉送风机、引风机，这是国产第一套配 30 万 kW 电站的锅炉送风机、引风机。

在阀门方面，上海阀门厂和上海良工阀门厂等试制成功 30 万 kW 火电机组全部配套阀门。

（3）为冶金和矿山成套设备配套能力的发展　在为冶金成套设备配套方面，武汉鼓风机厂为太原钢铁厂、武汉钢铁厂等试制成功 60A-11 型 24 号立式轴流风机；上海鼓风机厂为南京梅山 9424 铁厂试制成功 S6500 大型烧结风机和冷却轴流风机；上海汽机厂为 9424 铁厂制造出国产第一台 ZA3250-91 型轴流压缩机，用于 1000 m³ 高炉鼓风；石家庄水泵厂试制成功 8PSD-7、10pH 高扬程灰渣泵。

为矿山成套设备配套方面，沈阳市风机厂为 300 万 t 以上煤矿研制出 K4-73-02 型矿井离心通风机；沈阳水泵厂生产了第一套水力采煤用 D280-100×8、8GZ-100×8 水泵，最大出口压力为 20MPa，功率为 1250kW；博山水泵厂试制了 80DL 型高扬程吊泵系列产品；石家庄水泵厂试制成功 32in 立式污水泵、250JQ80 型潜水泵和高扬程泥浆泵等。

（4）完成了一批军工配套产品研制任务　随着我国军事工业的发展，为军工配套的通用机械产品也有了一定的发展。

"158" 工程——航天器等固体燃料生产线是为了大力发展我国航天事业和战

略武器的关键工程，一机部和七机部于1966年9月召开专案会，下达研制任务。合肥通用所根据一机部的要求，组织大连橡胶塑料机械厂、上海热工仪表研究所、天津电器传动研究所、佳木斯防爆电机厂、化工部橡胶设计院等单位先后研制出连续混合机、立式混合机、预混机、组批槽、真空浇注罐、高黏度自动秤、高精度计量泵、阀门等关键设备，1976年生产线投产运行成功。在稳定生产十年后，1989年该工程的立式生产线获得机械部科学技术进步奖一等奖，1990年获国家科学技术进步奖一等奖。

"09"工程——核潜艇工程是当时国家第九项重大工程，共需配套各种通用机械产品35种，其中泵20种，阀门6种，风机2种，其他产品7种。这些配套设备大多数是国内首台产品，技术水平要求很高。根据核潜艇工程成套设备的需要，国内制造企业先后试制成功了船用高压三螺杆泵、电动废水泵、高压补水泵、往复排盐泵等。合肥通用所两次组织对核工业用阀门进行联合设计，沈阳高中压阀门厂和上海阀门厂试制成功全封闭式电动主闸阀和主安全阀，西安高压阀门厂研制成功高温耐腐蚀核工业用阀。

同时通用机械行业还为满足发射火箭军工设备配套的需要，试制了铜泵、污水泵、船用螺杆泵、船用离心泵和船用电动往复泵等。

3. 重点产品产能不足矛盾有所缓解

"四五"计划实施后，随着石油、化工、煤炭、冶金等大中型成套项目的推进，高中压阀门的需要量骤增。1972年，各工业部门需要高中压阀门3.6万t，而当时的生产能力仅能满足47%，而且产品还普遍存在寿命短、内漏和外漏等严重质量问题。为了解决高中压阀门短缺和质量问题，一机部重型通用局（由一、三、五局合并而成，1978年一机部重型通用局再次调整，将通用机械制造业单独成立石油化工通用机械局）成立了阀门处，负责阀门行业工作。通过狠抓阀门产品的"三化"工作，使阀门的标准化和通用化程度达到85%以上。同时开展了产品的定型和统一图样工作，在此基础上对产品的生产进行了统一规划、分工，再按产品分工进行技术改造。1973年国家计委批准了高中压阀门生产企业基建措施项目32个，其中大中型项目2个，小型项目30个，总投资5163万元。这是新中国成立以来对阀门行业最大的一次投资，主要是解决阀门生产中冷、热加工工艺水平和能力问题，重点建设了4条热加工生产线和10条冷加工生产线。通过这些专项措施，使阀门工业的生产能力和技术水平有了进一步提高，仅三年时间，高中压阀门短缺的局面得到初步好转，"一短二漏"问题有所解决。1975年，高中压阀门产量达到3.85万t，比1972年增长57.1%，平均每年增长19%。1978年产量突破了4万t。

透平压缩机是石油、化工、冶金等工业部门的关键设备之一，20世纪70年代随着成套设备大型化，对透平压缩机也提出了更高的要求。国家"五五"计划的实施需要各种透平鼓风机和压缩机 86 种、600 多台，但从 20 世纪 70 年代初的国内生产能力和技术水平来看，都远远不能满足需要。为此，一机部把透平压缩机作为整个通用机械行业发展的突破口，召开了全国透平机械会议，确定了发展规划，安排了建设方案。1974 年国家批准沈阳鼓风机厂引进透平压缩机设计、制造技术和关键设备，并进行扩建。该厂先后引进了意大利新比隆公司 MCL、BCL 和 PCL 三个系列离心压缩机的设计、制造技术，进口了日本、美国和德国等 8 个国家 43 套（台）具有国际 20 世纪 70 年代末期先进水平的技术装备，包括美国 IBM370/138 和 4331 计算机，完成总投资 1.4 亿元人民币，这是当时通用机械行业历史上最大的一次项目投资。通过引进技术和扩建，沈阳鼓风机厂成为我国最大的透平鼓风机和压缩机专业制造厂，设计制造水平有了很大提高，使我国大型透平鼓风机和压缩机的设计制造技术跨进 20 世纪 70 年代末、80 年代初国际先进水平的行列。

4. 产能布局趋于合理

为加速通用机械行业的发展和适应三线建设的需要，1972 年再次对一批骨干企业进行了扩建，由沈阳气体压缩机厂、上海压缩机厂、杭州制氧机厂等对口新建四川（简阳）空压机厂、四川（简阳）空分厂、重庆压缩机厂和陕西鼓风机厂等，通用机械制造业的产业布局从地域上逐步趋于合理，生产规模和制造能力进一步扩大，产品水平也得到相应提高。

四、开创通用机械行业新局面（1978—2000 年）

1978 年底，党的十一届三中全会确定了解放思想、实事求是的指导方针，提出了把工作重点转移到以经济建设为中心的社会主义现代化建设上来的战略决策。1979 年中央工作会议又提出了对整个国民经济实行"调整、改革、整顿、提高"的方针。面临调整的形势，机械工业提出了"六个转变""四个服务"和"三上一提高"（上质量、上品种、上水平、提高经济效益）的战略任务。按照机械工业调整、改革的统一部署，通用机械制造业在调整中加快改革步伐，进一步增强了实力和活力，开创了新的发展局面。

通用机械行业通过引进技术消化吸收，全面提升了产品的设计、制造水平，产品结构得到优化，加快了重大技术装备国产化进程。同时，国企改革、民营企业兴起、外资进入等行业新变化，都为通用机械制造业增添了活力。以沈阳鼓风机集团有限公司（简称沈鼓集团）、陕西鼓风机（集团）有限公司（简称陕鼓集团）和杭州制氧机（集团）有限公司（简称杭氧集团）等为代表的大型企业集团自主开发能力和国际竞争力有了明显提高。30 万 t/年合成氨、30 万 t/年乙烯、3 万 m³/h 制氧机等大型装置关键设备国产化取得了历史性突破，使重大技术装备的国产化率不断提高，通用机械产品已基本能够满足国内的需求，部分产品达到或接近国际先进水平，通用机械制造业的整体水平得到全面提升，行业规模进一步壮大。截至 2000 年，通用机械制造业规模以上（主营业务收入 500 万元以上）企业 1602 家，拥有职工 43.22 万人，资产总额 500 亿元，工业产值（当年价）397.73 亿元，销售收入 369.11 亿元，利润总额 12.16 亿元。

（一）建立横向联系加强成套服务

由于长期以来条块分割，部门、地区、行业和企业之间都缺乏必要的横向联系，通用机械各行业都存在着设计力量弱、技术水平低、组织管理分散、产品布点低水平重复、成套服务差等情况。根据机械工业"集中力量打基础、上水平、攻成套、加强服务工作"的要求，一机部石化通用机械局开始着手解决通用机械制造业长期以来存在的成套性差、服务质量不高的问题。

1979 年 7 月 9 日中国通用机械技术设计成套公司在北京成立，1981 年 4 月成立了中国空分设备公司，1985 年又成立了中国石油化工设备成套公司，由此形成了通用机械行业三个全国性的以承包成套服务工作为主体的专业性公司，负责国内外大型成套项目建设中通用机械产品设计的组织工作，协同用户进行设备选型，逐步做到成套供应。成套服务的主要方式包括：从工程设计开始到成套设备制造供应安装调试的工程系统设备成套、在工程设计过程中参与设备选型并组织成套供货及安装调试的设备成套、按单元机组的配套要求组织成套供货和安装调试的机组成套、根据用户需要提供单项产品的单机供货。这些成套服务方式在改革的路上迈出了第一步，在促进行业发展中逐步发挥了作用。

（二）开展通用机械产品节能改造

1979 年，开始了有计划地开展以节能为中心的通用机械产品节能改造"一条龙"工作。通用机械产品的节能改造，其主要内容是通过采用国际先进标准，引进技术，组织联合设计和技术攻关，以新一代的高效节能产品替代原有的低效耗能产品。通过发放生产许可证、由国家公布推广产品和淘汰产品名单等行政措施，限制落后产品的生产，大力推广节能新产品的生产与使用。通过几年的努力，节能改造工作取得显著成绩。

（1）风机行业　通过组织对量大面广产品的联合设计和科研攻关，研制成功了高压、中压、低压离心通风机，小化肥专用风机，矿井主通风机，矿井局部轴流风机，纺织轴流通风机，煤粉风机等 10 个系列产品，共 69 个机号、176 个规格。可替代老产品 21 个系列、115 个机号、269 个规格。这些产品的共同特点是：效率比老产品提高 10%～20%，噪声比老产品降低 5～10dB，"三化"程度高。这些产品经工业运行试验，通过了鉴定，并由国家公布推广。在重大产品方面，引进了意大利新比隆公司和日本日立公司的离心压缩机制造技术，瑞士苏尔寿公司的轴流压缩机制造技术，德国TLT公司的矿井、电站、隧道轴流风机的制造技术，使我国透平压缩机、电站和矿井风机的制造技术水平有了显著提高。1982年底，又组织了工艺工装联合设计组、发展与推广节能产品组、采用和贯彻国际标准组、通风机产品生产许可证组，这四个小组为推进行业节能改造做了大量工作。

（2）工业泵行业　通过采用国际标准、引进技术和科研攻关，先后完成单级离心泵、一般双吸离心泵、一般多级离心泵、高压多级离心泵、深井泵、杂质泵、深井潜水泵、次高压锅炉给水泵、计量泵等共9大类、19个系列、176种产品的改造。其中，S型中开离心泵比老产品SH型离心泵提高效率3%~5%，平均单台年节电0.3万~3.3万kW·h；配套10万kW、12.5万kW、20万kW火力发电机组的三种高压锅炉给水泵，比老产品提高效率3%~10%；配套30万kW火电机组的锅炉给水泵效率达81.9%，比老产品提高8%~9%，达到国际先进水平。沈阳水泵厂生产的D300-150×Ⅱ型油田注水泵，代替D155-170型泵，使用效率提高14%，单台年节电230万kW·h。各企业改进的矿山排水泵，平均效率提高4%，以200D43型泵为例，单台泵年节电达7.7万kW·h。到1983年6月底，水泵行业21个主要生产节能产品的企业共生产节能泵28097台，每年可节电达6.2亿kW·h。

（3）压缩机行业　对大中型动力用空压机主要进行了降低比功率、改带传动为直联、发展无基础井下用压缩机和提高易损件寿命等四项改造工作，取得了一定成效。通过改进，西安压缩机厂、南京压缩机厂、潍坊生建机械厂的$10m^3/min$压缩机比功率达到$4.9kW/(m^3/min)$左右，比老产品降低4%；无锡压缩机厂和江西气体压缩机厂的$20m^3/min$空压机比功率达$4.85kW/(m^3/min)$左右，单台年节电2.7万kW·h以上；江西气体压缩机厂生产的无基础$20m^3/min$空压机，用于煤矿后可以缩短输气管道2km，每年可节电1.8万kW·h以上；对微小型空压机，上海第二压缩机厂、长春空压机厂的产品比功率降低17%左右，由于小空压机量大面广，节能效果十分可观；对石油化工用压缩机，沈阳气体压缩机厂、上海压缩机厂的氮氢气压缩机使每吨氨耗电比老产品降低了70kW·h；通用机械技术设计成套公司和天津冷气机厂研制的负压螺杆压缩机，用于油气集输中回收过去白白放掉的烃油蒸气，既节约了能源，又减少了污染。

（4）阀门行业　重点开展对蒸汽管网节能和阀门流阻的研究。北京阀门总厂和上海奉贤机械厂先后研制出自由浮球式和钟形浮子式疏水阀；大连高压阀门厂研制出6种双金属片疏水阀，平均每台每小时可节约蒸汽10%；天津第三阀门厂研制出了杠杆式和热动力式两种疏水阀，与老产品相比，每台每小时可节约蒸汽7%，连续运转寿命由2~3个月提高到1年。这些产品都由国家公布推广。蒸汽管网的节能在整个供热系统的节能工作中占有很大比重，蒸汽管网供热系统总能耗占全国的 1/4，燃煤量已占 1/3 左右，但热能利用率不到 30%，因此，蒸汽管网的节能工作意义十分重大。为此，国家科委和通用机械技术设计成套公司签订了科技攻关专项合同，经过三年努力，到 1984 年，各种新产品研制全部完成，并通过应用新产品对多家大型企业的蒸汽管网进行改造，效果明显。

（5）小化肥设备　小化肥投资少，见效快，具有中国特色，为解决我国粮食生产做出了历史性的贡献。长期以来，小化肥占全国合成氨产量比重在 60% 左右，即使在进口了一大批大型氮肥设备后，小化肥合成氨产量仍然占据 50% 以上。1979 年后，国家进一步有计划地进行小化肥设备的节能改造，以改变小化肥企业长期亏损的局面。通用机械行业研制完成并批量生产了氮氢气高压压缩机、循环气压缩机、造气风机、铜液泵等一系列新产品，节能效果显著。例如河北定县等小化肥厂，经过节能改造后每吨氨总能耗下降 16.7%。1982 年，四川空气分离设备厂研制出小化肥厂的合成氨尾气提氨装置，经无锡县小化肥厂使用表明，在不增加原料的情况下，可使合成氨产量增加 5%，同时还可利用废热发电，年输出电能 1.3 万 kW·h，为小化肥厂节能降耗、增产，提高经济效益开辟了新途径。据统计，当时在全国小化肥厂中有 61% 处于亏损，进行节能改造后，逐渐转亏为盈。1983 年全国开工的 1200 多家小化肥厂当年共盈利 5.5 亿元。

（三）建立质量体系，推进企业现代化管理

随着调整和改革的步步深入，产品质量管理工作进一步得到重视，质量管理工作体系开始形成。1980 年和 1981 年，石油化工通用机械局先后在蚌埠和诸暨召开了两次规模较大的质量会议，通过了以提高产品质量为中心的企业管理十二项整顿措施。在 1984 年全行业质量工作会议上，又提出了运用经济手段和法律手段加强质量管理，提高产品质量，并组建了压缩机、阀门、往复泵、离心泵、风机等国家级检测中心和分中心。

通过实行产品生产许可证制度对量大面广的产品和安全性、可靠性要求高的产品质量实行更严格控制。1984 年，国务院发布了《工业产品生产许可证试行条例》，确定对风机、工业泵、压缩机、阀门四个行业的部分产品开始实行生产许可证制度。

通过采取一系列有效措施，产品质量有了较大提高。1979 年以来，有 21 种通用机械产品先后获得国家质量奖，其中金质奖 2 项、银质奖 19 项。

在推行现代化管理工作中，沈阳水泵厂和大连冷冻机厂被列为全国企业管理现代化试点单位之一。在全行业多个企业不同程度地采用了网络技术、价值工程、成组加工、滚动计划、ABC 管理、目标管理等现代化管理方法。计算机应用工作开始起步，应用的范围包括辅助管理、辅助设计、辅助制造、辅助测试、产

品机电一体化等方面。沈阳鼓风机厂已开始应用生产控制系统软件进行企业管理，以数据库为核心，将各方面信息和数据，有机地联系起来，构成企业生产、技术和管理方面综合性的技术经济管理信息系统，整个企业的主要技术过程、生产过程与管理手段基本实现了计算机控制。

（四）通过引进消化吸收，行业水平全面提升

从20世纪70年代到90年代，我国通用机械制造业共引进近150项产品设计制造技术，其中泵23项，风机9项，压缩机16项，阀门21项，空分设备2项，分离机械8项。通过引进技术、消化吸收，使我国通用机械制造业的生产能力、制造水平、产品质量、可靠性等取得长足的进步，特别是为国家重点工程配套的一批重大技术装备的研制取得较大进展，为国民经济快速发展提供了强有力的支撑。

沈阳鼓风机厂引进意大利新比隆公司离心压缩机设计制造技术后，又从日本日立、德国德玛格等公司引进多轴离心压缩机设计、制造技术，为满足我国大化肥、大乙烯、大型煤化工、大型空分设备对大型离心压缩机的需求创造了条件。

陕鼓集团引进瑞士苏尔寿公司轴流压缩机设计制造技术，通过消化吸收，研制出大型轴流压缩机系列产品，适应了冶金、石化等部门对轴流压缩机的要求。

杭氧集团引进德国林德公司和美国S-W公司技术，消化吸收研制出大型空分和多股流板翅式换热器（冷箱）系列产品，满足了冶金、石化、煤化工的需求。

沈阳气体压缩机厂引进德国勃西格公司和瑞士阿克公司工艺往复式压缩机设计制造技术，研制了大型石化用往复压缩机系列产品。1986年，结合镇海石化总厂80万t/年加氢精制和加氢裂化、洛阳炼油厂两套80万t加氢精制等五个厂七套大型石化装置关键设备的研制，沈阳气体压缩机厂利用引进技术，完成了10种20台具有20世纪80年代初国际先进水平的往复式氢气压缩机的设计制造。该产品是当时国内最大的往复氢压机，为我国大型炼油和石油化工装备国产化做出了历史性贡献。

沈阳水泵厂引进德国KSB公司技术，制造了30万kW、60万kW亚临界火电机组的大型锅炉给水泵。

上海鼓风机厂引进德国TLT公司技术，制造了30万kW、60万kW亚临界火电站机组锅炉送风机和引风机，以及大型矿井风机、隧道轴流通风机等。

此外，还有大连高压阀门厂引进加拿大维兰公司技术制造的疏水阀、石家庄水泵厂引进澳大利亚沃曼公司技术制造的渣浆泵和德国里兹公司技术生产的电潜泵等。

到20世纪90年代末，通用机械制造业引进的关键设计制造技术70%以上通

过消化吸收实现批量生产产品，具备了 30 万 t/年合成氨、52 万 t/年尿素、500 万~1000 万 t/年炼油、30 万 t/年乙烯、大型煤化工、30 万~60 万 kW 火力发电厂、30 万 kW 核电站及大型冶金、矿山新建或扩建等工程项目提供关键装备的能力，国产率达到 70%~80%。

（五）积极推进重大技术装备国产化工作

1983 年 7 月 12 日，国务院发布《关于抓紧研制重大技术装备的决定》（国发〔1983〕110 号），成为指导我国研制重大技术装备的纲领性文件，开辟了我国重大技术装备研制工作的新纪元。

为了落实国务院《关于抓紧研制重大技术装备的决定》的精神，机械工业部石化通用局专门成立了化工成套处，负责组织、协调通用机械制造业承担重大技术装备国产化的工作。"七五"期间安排的 11 项重大成套项目中，大型煤化工、年产 30 万 t 乙烯和大型化肥（年产 30 万 t 合成氨和大型复合肥料）三大化工成套项目都由通用局负责组织成套装备研制。

1. 开展装备国产化分析研究工作

为了充分了解重大技术装备国产化现状和能力，1983 年，通用局组织合肥通用所等单位先后编写了"年产 30 万 t 乙烯成套设备国产化分析报告""大型煤化工（城市煤气）成套设备国产化分析报告""年产 30 万 t 合成氨及 52 万 t 尿素成套设备国产化分析报告"，从装置的基本工艺流程介绍、主要设备分类、设备主要参数、国内通用机械制造业能力分析，到提出产品国产化方案、科研项目、产品研制项目、产品供货、设备成套等技术路线。国产化分析研究为开展重大技术装备研制工作奠定了基础，为通用机械制造企业承担重大装备研制任务明确了技术路线。

2. 30 万 t/年乙烯成套装备国产化工作起步

为了落实国务院 110 号文件精神，机械工业部和中国石化总公司于 1984 年在安徽黄山联合召开了"上海 30 万 t/年乙烯工程——10 万 t/年低密度聚乙烯、15 万 t/年苯乙烯、10 万 t/年丙烯腈以及 30 万 t/年乙烯裂解四个装置前期技术研讨会"。国务院重大技术装备办公室、机械部、中石化、纺织部、化工部、上海市经委、上海金山石化厂等 80 多个单位参加了会议。会议决定以上海金山石化厂现有 5 万 t/年丙烯腈装置设备改造作为乙烯重大技术装备国产化的试点，由合肥通用所负责组织行业攻关。1985 年，机械工业部和中石化总公司联合发文，将上海 10 万 t/年低密度聚乙烯、15 万 t/年苯乙烯、10 万 t/年丙烯腈以及 30 万 t/年乙烯裂解四个装置作为重大装备研制对象，并成立上海乙烯成套装备国产化办公室。

之后，合肥通用所组织沈阳水泵厂、大连耐酸泵厂、重庆水泵厂、上海良工阀门厂、沈阳阀门一厂等单位先行开展丙烯腈装置的关键设备攻关，包括：仪表空气无油压缩机、氨无油润滑压缩机、丙酮氰酸屏蔽泵、五缸计量泵、乙腈解吸塔侧流泵、高压多级离心补给泵、氢氰酸精馏塔底屏蔽泵、安全阀、波纹管单向阀、波纹管球阀、止回阀、高温闸阀等，乙烯成套装备国产化工作开始起步。

3. 组织城市煤气化工程设备国产化攻关

20 世纪 90 年代，通用局组织合肥通用所及相关制造企业开展城市煤气工程设备国产化工作。针对鲁奇水煤浆加压煤气化工艺的特点，确定了设备攻关目标，首先从煤浆制备工段和气化工段设备入手，制定了高压煤浆泵、低压煤浆泵、灰水泵、氧气阀、锁斗阀、煤浆阀、渣水阀、调节阀等特殊阀门科研课题。

上海大隆机器厂和沈阳冶金机械有限公司经多年研制，高压煤浆泵、低压煤浆泵、灰水泵都实现了国产化，价格比进口产品低一半以上，实际运行效果与国外产品相当。上海开维喜、弘盛阀门公司等也先后开展了氧气阀、锁斗阀、煤浆阀、渣水阀、调节阀等特殊阀门的技术攻关，并取得成效，为大型煤气化技术装备的国产化实践提供了有利的条件。部分成果应用到兰州 100 万 m^3/d 和哈尔滨 200 万 m^3/d 城市煤气工程中，这两个工程项目分别由中通公司和石化公司负责通用机械设备成套。

4. 落实磷复肥设备国产化

为改变我国化肥以氮肥为主、品种单一的情况，国家提出改变化肥结构，发展氮、磷、钾复合肥。通用局根据这一要求，组织行业开展磷肥生产设备的开发与研制。

磷肥生产过程中需要输送的介质主要有磷矿浆、磷酸料浆、各种滤液、浓磷酸、烯磷酸、浓硫酸、稀硫酸及氟硅酸等。在生产过程中，泵、阀门等通用机械极易受介质腐蚀或腐蚀兼冲刷磨损。磷酸料浆泵、阀是磷肥生产过程中各种泵、阀的泛称，是极具代表性的耐强腐蚀和抗磨损通用机械产品。

在磷肥工业发展初期，国内生产的化工耐腐蚀泵、阀技术水平不高，有的产品寿命只有一个星期。针对这种情况，通用局组织了科研单位、高校和泵、阀门生产企业等开展科研攻关，在磷酸料浆泵、阀的结构设计、材料试验、密封等方面进行了大量开发研究，分别对各种材料进行耐蚀性和耐磨性试验研究，开发出了我国铁素体不锈钢、双相钢、奥氏体不锈钢等材料系列，使磷酸料浆泵、阀的国产化问题得到了解决。

5. 实现"三个 3"国产化目标

1990 年，通用局提出"三个 3"的国产化目标，即要实现"30 万 t/年合成氨、30 万 t/年乙烯、3 万 m^3/h 空分"成套装备国产化。

（1）30 万 t/年乙烯装备国产化　乙烯生产能力是衡量一个国家石油化工水平的重要标志，是关系国民经济命脉和国家安全的关键领域之一，其核心技术是买不来的，必须依靠企业自主创新，才能在激烈的国际竞争中掌握主动权。

在乙烯装置中，裂解气压缩机、丙烯制冷压缩机和乙烯制冷压缩机（俗称"乙烯三机"）因为处于乙烯生产的源头位置，而成为乙烯装置的核心设备。长期以来，乙烯装置压缩机全部从国外进口。1995年，中石化总公司开始对所属企业的30万t/年乙烯装置进行扩建改造，其中大庆石化公司30万t/年乙烯装置扩建为48万t/年。在机械工业部和中石化总公司的精心组织下，沈阳鼓风机厂从设计入手，将引进国外先进技术和自主开发相结合，开始了"中国制造"的攻坚战。1999年12月23日，其裂解气压缩机和丙烯制冷压缩机在大庆石化公司48万t/年乙烯装置上成功运行，打破了乙烯"三机"国外一统天下的局面，结束了我国大型乙烯装置压缩机长期依赖进口的历史。

在大庆石化公司"两机"平稳运行一年之后，沈阳鼓风机厂又相继完成了上海金山石化公司36万t/年乙烯和茂名石化64万t/年乙烯裂解装置"三机"的改造。其中，茂名石化公司乙烯改造工程裂解气压缩机组采用了多项先进的单元技术，如：设计中采用新开发的整体优化设计软件，保证压缩机组具有宽广的流量调节范围；机组采用高效三元叶轮，确保了机组各段的多变效率保持在85%以上；首次采用干气密封结构，减少了压缩机内部损失，提高了机组效率；在压缩机进口涡室设置了分流叶片，保证了进口气流均匀地进入叶轮等。该机组完全是自主创新开发出来的具有国际先进水平的国产化大型裂解气压缩机组。

乙烯冷箱是乙烯装置中的关键设备，由数组铝制板翅式换热器组成，既是乙烯生产最主要的流程设备之一，又是装置节能降耗的关键设备。杭氧集团承担了燕山石化公司、大庆石化公司、上海金山石化公司和茂名石化公司乙烯改造扩建项目的冷箱研制任务。在开发研制的过程中，杭氧集团先后解决了乙烯冷箱技术方案优化、多组分两相流的物性计算和Q-T曲线计算、多组分有相变流体的传热计算优化、同层多股流流道的优化和整台换热器通道排列优化、二相流体均匀分布结构技术的进一步开发、新型高效翅片开发、大型换热器钎焊工艺的完善和优化等多个技术难题，提供了满足流程工艺性能要求的冷箱，总体经济技术指标达到国际先进技术水平。为后续天津石化、镇海炼化、抚顺石化等百万吨乙烯装置冷箱国产化打下了坚实基础。

乙烯冷箱的研制成功，打破了国外少数公司在相关市场上的垄断局面，降低了成套乙烯装置的投资成本。30 t乙烯冷箱的成功研制不仅对提高我国乙烯装备水平有着重大意义，而且对百万吨乙烯、天然气液化、大型化肥装置、CO深冷分离等其他行业的冷箱设备研制也具有重要的指导意义。杭州制氧机厂、四川空分设备厂等国内企业冷箱设计制造水平和能力已有了明显提高。

乙烯"三机"和冷箱的开发研制成功，标志着我国实现了30万t/年乙烯装置重大装备国产化。

（2）30万t/年合成氨装备国产化　合成氨装置中的合成气压缩机、氨气压缩机、工艺空气压缩机、原料气压缩机四大机组，被称为合成氨装置的"心脏"，一般在高温、高压、高转速下运行，对密封、润滑条件要求高，调节控制系统复杂。四大机组均为单系列运行，无备用机组，任何一台机组的停机，都可造成全装置停车，而且泄漏出来的 NH_3、H_2、N_2、原料气还可造成重大的火灾、爆炸、中毒事故。

1984年，沈阳鼓风机厂为镇海石化52万t/年尿素装置研制成功了国内首台二氧化碳离心压缩机，此后又陆续承接了宁夏、乌鲁木齐化肥厂二氧化碳压缩机的制造任务。1989年，该厂又承担了为四川化工总厂20万t/年合成氨装置研制空气压缩机、天然气压缩机和氨气冷冻压缩机的任务，1990年底安装投入运行，用户评价为"运转平稳，出力有余"。1994年，沈阳鼓风机厂承担了国家"八五"重大技术装备科技攻关项目——四川天然气化工厂30万t/年合成氨装置天然气压缩机、氨气冷冻压缩机研制任务，产品于1995年8月投入运行，主要性能达到国际同类产品先进水平。

之后在山东华鲁恒升化工股份有限公司30万t合成氨装置中，合成气压缩机、氨气压缩机、工艺空气压缩机、原料气压缩机四大机组设计、制造任务由沈阳鼓风机厂承担，液氨泵、甲氨泵、铜泵、二氧化碳泵及各种阀门也均由国内制造。这是我国第一套完全国产化的30万t/年合成氨、24万t/年尿素装置，并在山东华鲁恒升化工股份有限公司一次开车成功，从而实现了我国大化肥技术、装备的突破，结束了大化肥装置长期引进的局面。

（3）3万m^3/h空分装备国产化　大型空气分离（简称空分）成套设备是为石油化工、冶金、煤化工、化肥等领域成套装备配套的不可或缺的关键设备。随着中国经济的迅猛发展，各类工业装备普遍趋于大型化，为之配套的空分设备的规模也日趋大型化。长期以来，我国工程领域应用的大型空分装置一直依赖进口。

"九五""十五"期间，杭氧集团、开封空分集团有限公司（简称开封空分）、四川空分设备（集团）有限公司（简称四川空分）开始对1万m^3/h等级、3万m^3/h的大型空分成套设备进行攻关，逐步开创了我国大型空分成套装置自主化设计、制造的崭新局面。

由杭氧集团自行设计、制造的上海宝山钢铁公司（简称宝钢）3万m^3/h空分装置中，采用了分子筛增压流程、规整填料塔技术和全精馏制氩技术。整套设备采用可靠的模块化设计软件，经大量模拟计算，优化设计出最合理的流程。使氧产量达到30500m^3/h，氮产量达4万m^3/h，氩产量达1050m^3/h，氧、氮、氩产品的产量和纯度都达到或超过了设计指标。宝钢3万m^3/h空分设备的投产，表明我国已具备了自主设计、制造 3 万 m^3/h 等级空分设备的能力。

开封空分为山东华鲁恒升化工股份有限公司 30 万 t 合成氨装置配套的 4 万 m^3/h 空分设备采用工业汽轮机驱动压缩机，常温分子筛预净化，中压增压透平膨胀机制冷，规整填料双塔精馏，全精馏无氢制氩，空气增压化工型液氧内压缩流程。该设备氧气压力高（8.5MPa），液体产品产量大，控制系统可靠先进，结束了我国 3 万 m^3/h 等级以上大型（化工）空分设备及 DCS 控制系统长期依赖进口的历史。此装置是当时国内首套最大的空分装置，其中的空压机和增压机由沈阳鼓风机厂研制提供。

（六）国有企业开启改革步伐

20 世纪 90 年代末，受国际国内经济形势影响，通用机械制造业的国有企业由于负债率高、冗员多、社会负担重、摊派严重、员工积极性不高等原因，陷入了发展困境，效益逐年下滑，亏损面逐年增大。据不完全统计，1996 年通用机械制造业亏损的国有企业达到 40% 以上，1998 年出现了全面性的亏损。

为了给国有企业解困，中央推出了多项政策，包括兼并重组、主辅分离及债转股等。其中，影响最大的是结合国有商业银行集中处理不良资产的改革，对部分符合条件的重点困难企业实施"债权转股权"改革。此外，国务院还采取其他一些有效措施，努力解决企业冗员过多、企业办社会等问题。自 1993 年起，通用机械制造业的国有企业进入全面改革阶段。

1995 年 9 月，中共十四届五中全会明确指出：要着眼于搞好整个国有经济，通过存量资产的流动和重组，对国有企业实施战略性改组。坚持"三个有利于"标准，不搞一刀切，采取改组、联合、兼并、股份合作、租赁、承包经营和出售等多种形式，把小企业直接推向市场，使一大批小企业机制得到转换，效益得到提高。1997 年，中共十五届一中全会将国企改革的目标确定为三年内在大多数国企初步建立起现代企业制度，并使大多数国有亏损企业走出困境。

随着改革的深入，沈阳鼓风机厂、沈阳水泵厂、沈阳气体压缩机厂、沈阳高中压阀门厂、上海压缩机厂、上海鼓风机厂、上海阀门厂、南京压缩机厂、无锡压缩机厂、杭州制氧机厂、开封空分厂、开封阀门厂、四川空分厂等一大批国有企业先后进行了公司制改革，企业改制和产权转让逐步规范，国有资本有序退出，国有企业管理体制和经营机制发生了深刻变化。企业治理得到改善，建立了符合自身条件的奖惩机制，管理层、技术研发人员和产业工人队伍的素质有了明显提升，企业经营能力明显增强。改革给国有企业发展带来了翻天覆地的变化。截至 2000 年，通用机械行业的国有及国有控股企业仅占全行业的 8% 左右，销售收入却占全行业的 16.9%，利润占全行业的 13.13%。

（七）民营企业蓬勃兴起

改革开放以来，伴随着我国通用机械制造业的发展，从事通用机械制造的民营经济迅速崛起，民营企业在通用机械行业中的比重逐渐加大，并且逐步成为我国通用机械制造业经济增长的主要推动力。截至 2000 年，通用机械制造业中民营企业的数量已占全行业的 70% 以上，销售收入占全行业的 50% 以上，利润占全行业的 50%。

我国通用机械制造业的民营企业是改革开放后首先在浙江、江苏、广东、山东、辽宁的个体经济和私营经济的基础上发展起来的。改革开放初期，通用机械行业的民营企业以家族企业居多，产权结构单一，在特殊的体制环境下创业。中共十五大肯定了包括私营经济在内的非公有经济是我国市场经济的重要组成部分，政府制定了强化社会主义市场经济的决策，提出经济结构的调整以及对所有制的再认识，从中央到地方都出台了不少鼓励、推动民营经济发展的新政策、新措施。民营经济的政策环境更为良好和宽松，通用机械制造业的民营经济迎来了发展的春天，涌现出一批颇有实力的民营企业，形成了温州阀门企业群等一批地方产业集群。通用机械制造业中主要的民营企业有：

1）大连深蓝泵业有限公司，成立于 1988 年，是目前国内最大的化工流程泵制造商之一，专注于石化、化工、核电、深冷等行业的离心泵设备研发和制造，产品覆盖范围广，共有 40 多个系列、1000 多种规格。

2）江苏金通灵流体机械科技股份有限公司，由乡镇企业转制为股份公司，以大型工业风机制造为主，主要产品离心风机居全国销量前茅，综合实力居国内风机行业前 8 名。

3）浙江亿利达风机股份有限公司，创建于 1994 年，是国内规模最大的中央空调风机开发生产企业和知名的建筑通风机（工程风机）制造商。

4）浙江开山压缩机股份有限公司，前身为浙江开山压缩机厂，于 1998 年由国有企业改制为民营企业，是我国空气压缩机行业中生产经营规模最大的专业生产厂家之一。主导产品有往复式空压机、螺杆式空压机等。产品远销美国、日本及亚洲、非洲、美洲的 20 多个国家和地区。

5）浙江鑫磊压缩机股份有限公司，始创于 1996 年，是专业生产空气压缩机、动力机械和气动工具系列产品的企业。主要产品包括直联式微型空压机系列等。企业通过了 ISO 9001 国际质量体系认证、德国 GS 和欧盟 CE 认证、美国 UL 认证，是压缩机行业主要出口企业。

6）江苏神通阀门股份有限公司，主要产品包括蝶阀、球阀、闸阀、截止阀、止回阀、调节阀、特种专用阀等七个大类、145 个系列、2000 多个规格的产品，主要从事应用于核电、火电、煤化工、冶金、天然气输送及石油炼化等领域专用特种阀门的研发、生产和销售。

7）江南阀门有限公司，位于浙江温州，成立于20世纪90年代，经过多年的艰苦创业、自主创新，已发展成为中国阀门行业的骨干企业之一。公司主导产品有蝶阀、调节阀、快速关闭阀、抽气止回阀等。

8）上海凯泉泵业（集团）有限公司，于1995年在浙江永嘉成立，后迁入上海市。该公司是设计、生产、销售泵、给水设备及泵用控制设备的大型综合性泵业公司，产品涉及普通清水泵、化工泵、火电用泵、核泵等。

9）景津环保股份有限公司，创立于1988年，是一家集过滤成套装备制造、过滤技术整体方案解决、环保工程总承包及运营于一体的综合环保服务商，产品远销123个国家和地区。

（八）外资企业纷纷进入中国

在我国改革开放初期，对外资实行的特殊优惠政策，以及潜在的市场资源和土地、人工成本低等因素，吸引了诸多国际知名的通用机械企业来华投资。1986—2005年是国际知名的通用机械企业纷纷进入我国比较集中的时期。外资企业依靠其本身强大的财力，并借助中国政府给予的这些特殊优惠政策，在我国迅速发展壮大。其中来华投资的世界知名通用机械制造企业主要有：

1）德国KSB公司，为世界著名的泵和阀门制造企业，1983年向沈阳水泵厂转让了30万kW、60万kW火电电站锅炉给水泵技术，1994年该公司又与上海水泵厂成立了合资公司。KSB公司已成为国内产品范围广、具有很强市场竞争力的泵制造商之一。

2）瑞士苏尔寿公司，是世界著名跨国工业集团公司，主要生产水力机械、热力涡轮机械、工艺流程及成套设备、往复压缩机、离心机、工业泵、纺织机械、医疗器械等。1979年该公司向陕鼓厂转让了轴流压缩机技术，20世纪90年代又先后在中国建立了螺杆压缩机和泵的独资企业。

3）德国耐驰公司，是世界驰名的机械制造集团。1993年耐驰公司与兰州水泵厂成立合资公司（中、外方分别占40%和60%股份），1999年初，该公司成为由德方完全控股的独资企业。主要产品是单螺杆泵，严格按照德国耐驰的标准进行产品设计、生产、销售及服务。

4）英格索兰压缩机有限公司，是一个全球性的多元化机械制造公司。1987年该公司与上海压缩机厂成立螺杆压缩机合资企业，之后又成立全资子公司——（上海）英格索兰压缩机有限公司。作为第一家进驻中国大陆地区的国外一线压缩机品牌，其产品的覆盖范围极其广泛，既可提供全系列的活塞式空压机、螺杆式空压机及离心式空压机，同时还能够提供广泛的压缩空气后处理设备及优质的服务，以满足不同客户的需求。

5）阿特拉斯·科普柯公司，主要生产适用于空气和其他工业用气体的往复式、螺杆式、离心压缩机及其配套用干燥器、过滤器、冷却器、能量回收系统和控制系统等。1984年阿特拉斯·科普柯公司开始在中国设立办事处，随后在中国成立了七个合资企业。1995年成立了无锡阿特拉斯·科普柯公司，可以为国内用户提供与国外阿特拉斯·科普柯公司同步技术水平的各类喷油螺杆压缩机。

6）美国寿力公司，是全球最大的螺杆式空压机专业制造商之一。美国寿力亚洲公司成立于1994年，由中国南山开发（集团）股份有限公司和美国寿力公司合资组建，产品包括固定式螺杆空气压缩机、移动式螺杆空气压缩机、螺杆真空泵、空气干燥机、精密过滤器、气动工具等。

7）法国液化空气集团，是大型跨国集团公司，成立于1902年，是全球首家工业和医用气体及相关服务的提供商，向众多的行业提供氧气、氮气、氢气和其他气体及相关服务。法国液化空气集团于1991年在上海、1995年在杭州和天津、2004年在青岛设立了分公司，专业从事工业用氮气、氧气、氢气、氦气及氩气等的生产与销售。

8）林德集团，集团总部在慕尼黑，是全球最大的空分设备、工业气体和石油化工工程公司之一，主要提供种类广泛的压缩和液化气体以及各种化学产品。林德集团先后向杭氧集团转让1万m^3/h空分技术和控制技术，向开封空分集团转让3万m^3/h空分的部分技术。20世纪90年代，林德集团与杭氧集团在杭州成立了大型空分设备合资公司，后转为独资公司；与大连金州重机厂合资成立了空分换热器公司，后转为独资的空分设备工程公司。

9）豪顿集团，于1854年创立于苏格兰，至今已有160多年的历史，隶属于美国科尔法集团。1994年在中国成立合资企业豪顿华工程有限公司，位于山东省威海市，是豪顿集团装备最先进的生产厂之一，设计、制造和销售豪顿全系列风机、热交换器、鼓风机和压缩机等产品，广泛应用于发电、石化、采矿、炼钢、水泥生产、污水处理等众多重要领域。

10）英国哈利法克斯（HALIFAX）集团，始建于1965年，总部位于英国西约克郡。为了拓展中国市场，于2000年在深圳建立了独资工厂，生产研发高品质的离心风机，并提供全套风机应用方案，主要服务于机械制造业、制药业、海上油田、核工业、电力、化学工业、加工业、造纸业、食品业等。

截至2000年，通用机械制造业中三资企业的数量已占全行业的10%以上，销售收入占全行业的20%以上，利润占全行业的30%以上。

五、行业步入较好的发展机遇期（2001—2010年）

2001—2010年这10年间，在国家一系列宏观调控政策的指导下，电力、石化、冶金工业和城市基础设施建设等领域的快速发展，为通用机械制造业提供了广阔的市场空间。2008年爆发了国际金融危机，为应对国际金融危机对我国的影响，保持经济平稳较快发展，中央先后出台了防通胀、扩内需、调结构等一系列政策措施。通用机械制造业积极应对国内外复杂多变的经济环境和不确定因素，坚持稳步发展，取得显著业绩。

自2001年以来，我国通用机械制造业与整个装备制造业一样，产能规模快速扩大，生产稳步增长，出口加快恢复；产品结构调整加快，产业结构日益优化，中高端产品的比例逐步提高；企业的创新意识增强，创新能力不断提高，技术开发和新产品研制取得了丰硕成果，重大技术装备成套能力和产品技术水平明显提高。行业龙头企业实现了跨越式发展，一批企业成功上市。多数企业实现了扭亏为盈，盈利状况明显改善，经济效益大幅提升。通用机械制造业总体水平与国外先进水平相比的差距逐步缩小。

（一）良好政策环境提供大好发展机遇

2001—2010年正值我国"十五""十一五"期间，国家加大了对装备制造业的支持力度，依托国家重点工程，大力推进重大技术装备自主化的步伐，为我国通用机械行业的发展提供了良好的发展机遇和市场空间。我国通用机械制造业经历了几十年的曲折发展，又一次迎来了振兴的转机。

在重大技术装备国产化方面，国务院有关部门逐步解决我国长期存在的国产化首台（套）设备应用、风险担保和重点工程国产化设备采购等制约国产化的主要问题，制定相关政策，加以指导；并相继成立了省级重大技术装备协调办公室，推进全社会对重大技术装备国产化的重要性认识。振兴装备制造业得到国家各部门和地方各级政府的广泛重视，都将支持装备制造业发展列为规划的重点，围绕支持企业自主创新，发展优势产业和产业集群，加快国企转制和园区建设等，在组织协调、财税政策等方面进一步加大了支持力度。

在良好的政策环境支持下，通用机械重点企业利用国债项目、技改专项和自身投入，使企业更新改造取得了明显进展，为企业发展奠定了新的物质基础。通过地方政府的园区建设和支持土地置换搬迁建设等措施，一大批通用机械制造企业通过扩建、异地建设使生产设施条件大为改观，企业创新能力、管理水平和工艺装备水平得到极大提高，竞争实力进一步增强。

（二）产能规模快速扩大，整体水平大幅提高

"十五""十一五"期间，我国国民经济处于高速发展阶段，石化、电力、冶金等国民经济各部门的快速发展和基础设施建设投资力度加大，为通用机械制造业提供了巨大的市场和发展机遇。随着国民经济高速发展和不断增长的市场需

求拉动，我国通用机械制造业的产业规模迅速扩张，企业效益明显改善，通用机械制造业的工业产值、销售收入和利润水平连续10年保持高速增长，产值连续五年平均增长20%，超过同期工业及国民经济的增长速度。

2001—2010年，通用机械制造业的销售收入、利税等均以两位数快速增长，各项经济指标均创历史新高。截至2010年底，通用机械制造业规模以上企业达7402家，是2005年的1.95倍，是2000年的4.6倍；从业人员98万人，是2005年的1.54倍，是2000年的2.27倍；拥有总资产4870.14亿元，是2005年的2.85倍，是2000年的9.7倍；完成工业总产值6075.83亿元，是2005年的3.31倍，是2000年的15.27倍；实现销售收入5917.99亿元，是2005年的3.34倍，是2000年的16倍；实现利税总额708.7亿元，是2005年的3.71倍，是2000年的58倍。

在产能规模壮大的同时，行业技术与管理水平快速提升，通用机械制造业总体发展水平与先进国家相比的差距正在逐步缩小，以沈鼓集团和杭氧集团为代表的重点企业已进入世界同行业的先进行列，通用机械制造业进入了新的发展时期。到2010年，我国通用机械装备制造业已经形成了门类齐全、具有相当规模和水平的装备制造业体系，成为装备制造业重要的支柱产业，总体规模已跃居世界前列，能成套提供大型石化、炼油、化肥等设备，为大型火电、核电、水电、冶金等行业提供所需的重大产品，基本满足国内经济建设和基础建设的需要。

（三）行业重组改革为发展增添活力

国有企业自20世纪80年代以来，历经恢复性整顿、政企分开、扩大企业经营自主权、实行经营承包责任制、推行企业内部三项制度改革、建立现代企业制度、鼓励支持和引导非公有制经济发展等不同阶段的改革。在通用机械行业，大多数国有重点企业以不同形式完成了改革转制，显著改变了国有企业的计划经济发展模式，一直负重前行的国有企业卸掉了历史包袱，迸发出新的生机和活力。截至2007年底，全行业90%的国有企业完成了主辅分离，80%的企业剥离了社会职能，85%的企业完成了富余职工下岗分流和重新安置工作。改革后的国有企业焕发了青春，并以其强大的综合实力，成为重大技术装备国产化的主要力量。同时，企业管理水平普遍提高，经济效益好转，步入了良性发展的轨道。

沈阳鼓风机股份公司、沈阳气体压缩机股份公司、沈阳水泵股份公司三家大型国有企业在我国通用机械制造业占有极为重要的地位，长期以来分别是风机、水泵和压缩机行业的排头兵企业。沈阳鼓风机股份公司主要生产大型离心压缩机、透平鼓风机等8大系列风机产品，沈阳气体压缩机股份公司主要生产大型往复式压缩机，沈阳水泵股份公司主要生产大型电站用泵、石油化工用泵、核泵等，在国家重大技术装备国产化中都承担着不可或缺的重任。但是，面临日趋激烈的国际化市场竞争，企业切身感受到以现有的经营规模、产品经营结构和经营机制，越加不具备参与跨国大公司竞争的能力，企业的长远发展受到严重制约。

2004年6月，沈阳市决定对沈阳鼓风机股份公司、沈阳气体压缩机股份公司、沈阳水泵股份公司三家通用机械制造业的重点企业进行战略重组整合，成立沈阳鼓风机集团有限公司（简称沈鼓集团）。通过企业优良资产重组，重新进行资源配置，在市场开拓、产品研发中心建设、生产布局等方面进行重大调整，更有效地整合人力、财力资源，实现经营机制的转变，为建立集产品开发、加工制造、工程成套、技术服务为一体的大型企业集团打下了良好基础；并通过整体搬迁改造，装备水平大幅提高，显著提升了企业的整体实力和市场竞争力，实现新的跨越发展。沈鼓集团的战略重组和整体搬迁改造，使我国大型离心压缩机、大型往复压缩机、大型工业泵的设计、制造水平迈进国际先进的行列。

在通用机械制造业国有企业通过改革快速发展的同时，巨大的市场需求也给民营企业和外资企业提供了更大的发展空间，形成了国有企业、民营企业和外资企业三足鼎立、同步发展的产业新格局。

（四）重大技术装备国产化又实现新的突破

1. 百万吨乙烯"三机"实现国产化

在30万t乙烯"三机"实现国产化的基础上，沈鼓集团又相继为上海金山与扬子石化36万t/年乙烯装置、茂名石化64万t/年乙烯装置等重点工程研制了乙烯"三机"。随着乙烯工程不断向大型化发展，百万吨乙烯装置的国产化被提到议事日程。在国家发改委、国家能源局、国家科技部、中国机械工业联合会以及中石化、中石油等部门的大力支持下，2007年4月12日，沈鼓集团与中石化天津石化分公司签订了百万吨乙烯裂解气压缩机组研制合同；2007年5月18日，沈鼓集团与中国石化镇海炼化分公司签订了百万吨乙烯丙烯制冷压缩机组订货合同；2009年2月22日，沈鼓集团与中石油抚顺石化分公司签订了百万吨乙烯制冷压缩机组订货合同。

为提高大型乙烯"三机"的设计、制造水平和产品质量，确保百万吨乙烯"三机"研制万无一失，沈鼓集团与中石化、中石油等用户单位、设计院和有关高校组成大型乙烯"三机"项目攻关组，通过自主开发与产、学、研、用合作相结合，完成了百万吨乙烯压缩机组技术方案优化、大型压缩机可靠性研究、大直径三元叶轮整体铣制等14项主要科研课题。通过这些关键技术攻关，沈鼓集团于2009年完成了百万吨乙烯装置中裂解气压缩机、丙烯制冷压缩机和乙烯制冷压缩机的研制，技术水平达到国际先进。沈鼓集团成为继美国埃里奥特、德国西门子、日本三菱之后第四家具有百万吨级乙烯压缩机产品制造业绩的企业，使我国乙烯重大技术装备国产化水平跃上了新的台阶。

2. 核泵国产化进入自主创新

安全有序发展核电是我国调整能源结构的需要，积极推进核电装备国产化是国家发展核电的重要战略举措。在核电装备各系统中，核主泵用于液体输送，将反应堆的热量带到蒸汽发生器，并完成水的循环，是难度最高的核一级泵。一座核电站有核一、二、三级泵120多台，承担着反应堆安全运行、事故应急处理等重要作用，技术难度高、价值量大，长期依赖进口，大亚湾、岭澳核电站核级泵的国产化率只有4%。因此，国家把核级泵、阀作为核电装备国产化的重点。

2006年4月，国家能源局在沈阳召开核电项目泵阀国产化工作会议，开启了核泵国产化的新篇章。经过近10年的努力，核一、二、三级泵已全部实现国产化，核主泵通过消化吸收引进技术和自主攻关，逐步实现国产化，到目前核级泵国产化率已达到80%。参与核级泵国产化攻关的主要有沈鼓集团、上海阿波罗机械有限公司、重庆水泵厂有限公司、大连深蓝泵业、凯泉泵业和长沙水泵厂有限公司、哈电集团动力装备公司等企业。

2007年开始，沈鼓集团先后自行开发研制成功上充泵、余热排出泵、安全壳喷淋泵和电动辅助给水泵等核泵产品，并投资建造了核泵热冲击试验台、抗杂质试验台，率先在国内完成了核泵性能试验，主要性能指标达到国际先进水平。

上海阿波罗机械有限公司从2006年开始开展了百万千瓦级核电站混凝土蜗壳海水循环泵的研制工作。全国首台混凝土蜗壳海水循环泵样机于2008年11月通过鉴定，并取得了福清/方家山核电项目"首台套"订单。随后，该公司又与用户单位合作先后研制了低压安注泵、安全壳喷淋泵、电动辅助给水泵和上充泵等核二级泵和重要厂用水泵、设备冷却水泵等核三级泵。

重庆水泵厂有限公司在多年生产高压除磷泵、往复泵的基础上完全自主创新，2006年开始研发成功核级泵产品，并在国内独家得到秦山、大亚湾核电站上充泵和水压试验泵的订货。

大连深蓝泵业重点开发了压水堆核电站硼酸输送泵、消防水泵、乏燃料水池冷却泵、设备冷却水泵等一批核三级泵，先后承接了红沿河核电站一期工程、宁德核电站一期工程、阳江核电站一期工程、方家山核电工程、福清核电工程、AP1000三门核电工程、AP1000海阳核电工程、EPR台山核电工程等核三级泵的制造任务。

虽然我国核泵国产化起步较晚，基础薄弱，但在"十一五"期间发展迅速，除上述几家企业外，还有部分泵制造企业也在用户配合下积极研制核泵。

3. 核电阀门国产化取得关键突破

核电阀门对于核电站的安全经济运行起到至关重要的作用。由于核电阀门品种多数量大，分布在核电站的每个系统中，工况条件不同，国产化复杂性高，工作量大，而且由于国外技术封锁，制造企业又缺乏足够的研发资金，原材料供应也有困难，没有成熟统一的适合我国国情的核电标准可以采用，试验检测条件无法满足产品研发要求，所以推进核电阀门国产化难度非常大，核电阀门的国产化成为自主发展核电难点之一。核电阀门的国产化不仅对核电建设单位和运营业主极为有益，而且也是确保我国经济安全的需要，意义重大。在国家相关部门的努力下，在 2006 年 4 月沈阳核电项目泵阀国产化工作会议之后，核电阀门国产化工作全面启动。

首先，明确组织机构。国家能源局在沈阳主持召开了核电泵阀国产化工作会议，明确了由中国机械工业联合会（简称中机联）重大办负责主抓核电泵阀国产化工作，并提出了以大连红沿河 4 套百万千瓦核电机组建设为依托工程进行攻关，第一步目标争取实现国产化率 60%。在国家能源局的领导下，中机联重大办牵头组织了由中广核集团、阀门制造企业和科研单位、高等院校组成的核电阀门国产化攻关小组，并先后组织了 30 多次核电阀门国产化技术研讨会。为实现核电阀门国产化任务，各承担核电阀门研制的企业都加大了技术改造投入。经过相关部门及制造企业的共同积极推进，核电阀门国产化工作取得了较大进展，核电关键阀门的国产化取得突破性进展。

大连大高阀门有限公司（简称大连大高阀）为满足核电阀门的高精度及安全可靠性要求，先后购置了先进的生产、检验和试验设备。从俄罗斯引进了 6300t 热模锻设备，购置了先进的立式加工中心和数控机床；建立了无损检测试验室，购置了 γ 射线检测仪和便携式全谱直读光谱仪；并新建 2 万 m^2 核电车间，专门生产核电阀门，进行核级阀门清洗、装配、试压。大连大高阀完成了几乎覆盖全部核电截止阀和止回阀的样机研制，且样机完成了全部相关试验并通过了鉴定。该公司还完成了主蒸汽隔离阀的样机设计和样机制造。

中核苏阀科技实业股份公司（简称中核苏阀）建立了具有国内一流水平的特种阀门工程技术研究中心、阀门检测中心和阀门试验中心。先后完成了核安全一级快速启闭隔离阀、核安全一级稳压器电动卸压阀、核安全一级低压旋启式止回阀和核安全二级硬密封安全壳风道隔离阀等 14 个规格品种的样机制造，而且核一级比例喷雾阀等 9 种核级阀门也完成了样机制造，并通过了型式试验。

上海阀门厂有限公司（简称上海阀门）对阀门全性能（热态）试验中心进行了更新改造，研制出核一级安全壳快速启闭隔离闸阀、核一级电动楔式双闸板闸阀、核一级定压差升降式止回阀等，并完成稳压器安全阀的设计和样机制造。

上海自动化仪表股份有限公司自动化仪表七厂更新了精密加工设备和检测设备，以保证调节阀零部件的加工能力和加工质量。企业成功研制了核电站用 1E 级电动调节阀、REN 核级取样调节阀、核二级气动调节阀、核级电动偏心旋转调节阀。

神通阀门完成了安全壳隔离阀（蝶阀、球阀）研制任务，样机通过鉴定验收。天津百利二通机械有限公司、扬州电力修造厂和常州电站辅机厂都完成了K1级和K3级电动装置的研制，并完成产品的抗振、湿热及老化试验。上海良工阀门厂有限公司完成了主给水隔离闸阀和核一、二级气动截止阀的研制。

"十一五"期间，经过核电阀门生产企业的不懈努力，在各类核电阀门中，闸阀类除部分核一级和少量核二级高压电动楔式闸阀外，绝大部分实现了国产化；截止阀类除少量气动截止阀正在攻关外，其余产品全部实现了国产化；止回阀类除少量核一级大口径止回阀外，其余全部实现国产化。有许多被列入国际招标的闸阀和止回阀也实现了国内供货。球阀、蝶阀和核电隔膜阀已全部实现国产化；线性调节阀、安全阀部分实现了国产化。随着核电关键阀门的研制成功，核电阀门在红沿河1、2号机组实现了第一步国产化目标。随着国产化工作的不断深入，目前核电阀门国产化率达75%～80%。

（五）行业重点企业实现了跨越式发展

2001—2010年的10年期间，通用机械制造业加快推进结构调整和增长方式转变，行业重点企业实现了跨越式发展，通用机械制造业迈上了新台阶。

1. 沈阳鼓风机集团股份有限公司

沈鼓集团主要从事研发、设计、制造、经营离心压缩机、轴流压缩机等8个系列、300个规格的风机类产品，高压给水泵、强制循环泵、核泵等51个系列、579个品种的泵类产品，45个系列、400个规格的往复式压缩机产品。这些产品广泛应用于石油、化工、冶金、空分、天然气输送、制药、制酸、国防、环保等国民经济各领域。

自2001年以来，沈鼓集团生产的各类产品覆盖全国各地，远销世界25个国家和地区。产品的国内市场占有率：离心压缩机为85%，大型鼓风机为40%，锅炉给水泵为30%，冷凝泵为85%，高压注水泵为50%，输油管线泵为80%，加氢、除焦泵为80%，石化行业往复式压缩机为80%左右，化肥往复式压缩机为60%，军工行业往复式压缩机为70%。截至2010年底，沈鼓集团运用专利技术累计为国家重大技术装备提供国产化大型离心压缩机近2000台、大型水泵1160多台、大型往复式压缩机900多台，在多个技术领域打破外国公司长期垄断国内市场的局面，为国家重大技术装备国产化和国民经济的发展做出了重要贡献。在2006年国务院发布的《国务院关于加快振兴装备制造业的若干意见》中确定重点发展的16项重大技术装备中，有8项需要沈鼓集团的产品配套。

沈鼓集团已经具备设计制造大型装备能力，包括年产100万t以上大型乙烯装置配套离心压缩机、年产500万～1000万t以上大型煤油装置配套离心压缩机、年产260万t蜡油加氢配套的1250kN往复式压缩机、60万～70万kW以上大型水电抽水蓄能机组配套水泵、1000MW 超临界火电机组用高压锅炉给水泵、1000MW 级核电主泵、航空风洞试验压缩机等。沈鼓集团技术力量雄厚，工艺装备精良，产品质量好，竞争力较强，经营效能较高，设计和制造技术始终居于同行业领先地位，已进入国际同行业先进行列，成为我国最大的通用机械制造基地。

2. 陕西鼓风机（集团）有限公司

陕西鼓风机（集团）有限公司是以透平机械为核心的大型企业，是中国风机行业的排头兵企业之一，其产品广泛应用于冶金、石油、化工、电力、环保、国防等国民经济各部门，其中主导产品轴流压缩机和能量回收透平装置是高效节能环保产品，曾三次荣获国家科学技术进步奖。

为建设具有国际竞争力的知名企业，陕鼓集团通过重组西仪集团有限公司和西安锅炉总厂，实现资源优势整合，延伸产业链，进一步强化了为客户提供系统解决方案的能力，打造锅炉动力、环保和工业通用设备的产业基地，提高了陕鼓集团在国际市场的核心竞争力。

陕鼓集团不断创新商业运行模式，转变经济增长方式。结合公司"两个转变"（从提供单一产品的制造商向全方位提供动力设备系统解决方案的系统集成商和服务商转变，从产品经营向品牌经营、资本运作转变）的发展战略，全力推动拓展新兴产业，使企业综合实力快速增强，企业在社会和行业的影响力与日提升，取得了较快发展。2010 年陕鼓集团完成工业总产值 55.56 亿元，创历史新高，也为企业"十二五"发展奠定了坚实的基础。

3. 杭州制氧机集团有限公司

杭州制氧机集团有限公司以设计、制造、销售成套大中型空分设备和石化设备为核心业务，是我国空分设备行业唯一的国家级重点新产品开发、制造基地，具有年设计、生产 50 套以上大中型空分设备的能力。杭氧集团是我国重大技术装备国产化基地和亚洲最大的空分设备设计制造基地，已成为国际空分"五强"企业，其空分设备产品覆盖全国各地和世界 30 多个国家和地区。2010 年杭氧集团完成工业总产值 42.6 亿元，实现利润 8.2 亿元，全年空分设备生产总量达 103 万 m^3/h。

杭氧集团经过近 10 年的快速发展，以引进国外先进技术为契机，通过消化吸收、自主创新和国产化攻关，促进了产品技术的不断发展，已经掌握了大型和特大型空分设备的设计、制造与成套技术，广泛用于 2 万~6 万 m^3/h 等级空分设备中，得到了国内外用户的普遍认可和好评。杭氧集团还承接伊朗 12 万 m^3/h 大型空分设备的制造任务。在石化产业方面，近年来杭氧集团也取得巨大突破，先后承接并开发了燕山石化 66 万 t/年、茂名石化 100 万 t/年及天津石化与镇海炼化 100 万 t/年乙烯冷箱项目，同时开发了天然气冷箱、液氮冷箱等产品。

杭氧集团以做精做强空分设备主业、着力发展其他机械产品为目标，通过体制创新、管理创新，逐步从单一生产空分设备过渡到以空分设备为主、其他多种产品和产业共同发展的新格局，从单一投资主体发展为多元投资主体，从生产经营型企业发展为生产经营与资本经营并举的企业，更大限度地调动了企业承包者和员工的积极性，拓展了生存发展的空间。企业投资建设了 11 家气体制造公司，产业链进一步延伸，实现从"卖奶牛"到"卖牛奶"的转型。杭氧集团成了国有企业发展的亮点。

4. 上海鼓风机有限责任公司

上海鼓风机有限责任公司（简称上鼓）是我国最早研制火电配套风机的厂家，近 30 年以来，已生产各类电站风机 5000 多台。从常规火电站风机到超（超）临界电站风机，以及我国 16 项重大科技专项之一——核电"高温气冷堆"风机的研制，上鼓始终站在大型通风机研制的最前沿，为我国电力发展做出了突出贡献。

上鼓在 20 世纪 50 年代研制生产了 5 万 kW 火电风机，60 年代为我国首家 12.5 万 kW 火电机组上海闵行电厂提供风机，70 年代为我国首批 30 万 kW 火电机组的望亭、谏壁、姚孟电厂提供风机。1979 年，上鼓从德国 TLT 公司引进了工业风机设计制造技术，通过消化吸收再创新，逐步实现了技术的飞跃，产品达到国际当代水平，满足了国内发展需要，并已向海外出口。20 世纪 80 年代上鼓为 60 万 kW 火电安徽平圩电厂提供按引进技术设计制造的风机，2001 年为上海外高桥电厂我国第一套 90 万 kW 机组提供风机，2005 年为浙江玉环电厂我国第一套 100 万 kW 火电机组提供风机。并继续研制 120 万 kW 火电站风机，以满足我国火电机组进一步大型化的发展要求。

为满足核电设备国产化需要，上鼓在国家"863 计划"支持下，与清华大学合作，承担了 200MW 高温气冷堆氦主风机研制任务，样机经过热态工况下连续运转 100h 试验，各项数据均满足设计要求。该产品已应用于山东石岛湾我国第一座高温气冷堆核电站，为第四代核电技术进入商业化创造了条件。

5. 开山集团

开山集团主要生产螺杆式空气压缩机、潜孔钻车、凿岩机械等 9 大系列产品。1998 年由国有控股改制为民营资本为主导的股份制企业后，开山集团经过技术创新和转型升级，实现了从"规模领先"到"技术领先"的转变，已发展成为产业链完整、装备一流、拥有一流核心技术的大型企业，是国内最大的空压机生产商之一。

开山集团十分重视自主创新，拥有 400 多名各类专业技术人员组成的企业技术中心，并与高校和科研单位建立了长期技术合作关系。2009 年 5 月开山集团在美国华盛顿州西雅图设立了开山北美研发中心，实现了"北美研发、中国制造"

的发展模式，一举站在了国际压缩机行业的技术前沿。公司拥有的螺杆空气压缩机核心部件——螺杆主机和系列螺杆机械技术填补了国内空白，使开山集团成为国内首家掌握一流核心技术、拥有自主知识产权，与国际同步，实现全谱系、规模化生产的压缩机制造企业。

"十一五"期间，公司投入了十多亿元进行大规模技术改造，先后在衢州市经济开发区建成了钻凿设备、工程机械、活塞式和离心式空压机生产基地，在上海临港装备制造区建成螺杆压缩机、冷媒压缩机生产基地，在重庆市双桥区建成螺杆压缩机生产基地；与合肥通用机械研究院合作，建设了具有世界一流水平的3500kW超大型制冷压缩机性能试验室，为开发生产冷媒螺杆压缩机打下了基础。开山集团已形成年产5万台螺杆主机的生产能力，可以规模生产具有世界先进水平的全系列高效节能型螺杆空压机、低压螺杆空压机、高压螺杆空压机、冷媒螺杆压缩机、气体螺杆压缩机、螺杆真空泵、螺杆膨胀机、离心式压缩机及冷冻与冷藏设备，产品远销50多个国家和地区，"十一五"期间出口交货值达3000多万美元。

6. 上海凯泉泵业（集团）有限公司

上海凯泉泵业（集团）有限公司（简称凯泉泵业）于1990年成立，是国内设计、生产、销售泵、给水设备及泵用控制设备的大型综合性泵业公司，是我国泵行业的龙头企业。凯泉泵业在上海、浙江、江苏、河北、辽宁、安徽等省市拥有10家企业、2个工业园区。公司先后获得"上海市质量金奖""上海市私营企业百强第四名""上海市名牌产品"等称号。

高起点、高投入、高品质是凯泉泵业的技术发展战略，公司投资组建了市级企业技术中心，每年以销售总额的5%用于技术创新和新产品研发，并引进了世界先进的CFD流体力学专业内流场分析、CAE有限元理论计算等研究设计和生产管理软件系统，与近10所高校和研究院所建立了长期的战略合作关系，形成了以自主知识产权为核心的技术体系。

经过20年的发展，凯泉泵业已成为集设计、生产、销售为一体的国内水泵销售额排名第一的企业。特别是在"十一五"期间，综合实力全面提高，实现了质的飞跃，2010年凯泉泵业销售总额达22亿元，其火电用锅炉给水泵、核电用高压安注泵、南水北调工程用大型轴流泵和矿用潜水多级泵等产品实现了重大突破。

7. 景津压滤机集团有限公司

景津压滤机集团有限公司（简称景津压滤机）1988年进入压滤机行业，多年来一直专注于压滤机产品的研发、制造和应用，拥有自主知识产权的产品。景津压滤机拥有世界领先的压滤机制造装备和加工工艺，其采用世界最先进的5kt注塑机，使隔膜滤片的厚薄均匀度误差小于0.5mm，精度是德国工艺标准的两倍，表面粗糙度达到德国最高水平。在压滤机 13 项关键技术指标中，景津压滤机已有 8 项达到了世界领先水平。

从 2003 年开始，景津压滤机连续七年全球产销量第一。2010 年实现销售收入 23.3 亿元，产品远销 123 个国家和地区，在国际金融危机的影响下，出口创汇依然增长 12%。其产品国内市场占有率 62.3%，在选煤、化工、污水处理等行业市场占有率达 75%，成为中国压滤机类第一品牌。"景津"商标在美国、英国、德国、日本等 29 个国家申请了马德里国际注册保护，景津压滤机已经进入世界压滤机一线品牌的行列。

8. 无锡压缩机股份有限公司

无锡压缩机股份有限公司是我国最早研制螺杆压缩机的企业。20 世纪 60 年代，螺杆压缩机在工业发达国家已经大量推广应用，而我国还处于空白，只能依赖进口。无锡压缩机股份有限公司（原无锡压缩机厂）承担了螺杆压缩机国产化的重要任务，先后开发了 LGFD22/003 和 LGD22/005 型排气量 3.6m^3/min、排气压力 0.7MPa 的风冷式和水冷式螺杆压缩机。随后根据市场的需求又相继开发了 350 余种螺杆压缩机新产品，排气量从 1.5m^3/min 到 55m^3/min，排气压力从 0.45MPa 到 1.2MPa，同时创新开发了多种智能控制和变频螺杆压缩机。无锡压缩机股份有限公司为螺杆压缩机在我国的应用和发展发挥了重要作用。

"十一五"期间，无锡压缩机股份有限公司是国内压缩机行业产品门类齐全、技术含量较高的领军企业。公司立足于自主开发调整产品结构，产品机型向大容量、高参数、无油方向发展，产品性能向多介质、高可靠性、节能环保方向发展，每年开发和改型的压缩机新产品达 100 多个，其中 12 项发明专利、20 项实用新型专利已获授权，是此期间国内行业中拥有发明专利最多的企业。这些自主知识产权的取得不仅提升了企业技术创新及核心竞争能力，而且对行业技术起到引领和示范作用。无锡压缩机股份有限公司具备了参与国际竞争的实力，实现经济效益和社会效益同步发展。

9. 中核苏阀科技实业股份有限公司

中核苏阀科技实业股份有限公司是在承袭其前身中国核工业集团公司苏州阀门厂（始建于 1952 年）的主营业务、品牌、质保、技术和管理等优势的基础上成立的集设计、制造、营销、服务为一体的股份公司。中核苏阀是国内阀门制造业首家上市的国有控股公司，是我国工业阀门主要制造基地，服务于石油、石化、油气、化工、电力等各领域。

中核苏阀不断追踪国际先进水平和国际先进标准，率先获得 API、ISO 9001、DNV 国际认证及欧盟 CE 认证，并先后通过美国 ABS、法国 BV、挪威 DNV 和中国 CCS 船级社阀门制造资格证书，从 1995 年起多次复审通过核级承压设备设计、制造资格许可证，并获得特种设备制造许可证，于 2003 年获得国家质检总局授予的出口产品免验证书和产品质量免检证书。

中核苏阀组建了江苏省特种阀门工程技术研究中心，与高校建立了长期的战略合作关系。自主创新研制出核电用稳压器比例喷雾阀等核电站关键阀门，在核一级快速启闭隔离阀、稳压器比例喷雾阀、高 C_v 值止回阀技术上实现了较大突破。中核苏阀自上市以来，不断加大资金投入，引进当代先进技术、设备和检测手段，向核电、核化工、水务、石油化工和煤化工等高端阀门领域迈进，已成为以国内外高温高压、石油加氢、煤化工领域中的硬密封耐磨阀、大口径系列阀门等为主导产品的重要阀门制造商，产品远销海内外 50 多个国家和地区，成为行业综合实力最强的制造企业之一。

10. 江苏神通阀门股份有限公司

江苏神通阀门股份有限公司专业从事新型特种阀门研究、开发、生产与销售，主要生产包括蝶阀、球阀、闸阀、截止阀、止回阀、调节阀、特种专用阀等七个大类产品，广泛应用于冶金、核电、火电、煤化工、石油和天然气集输及石油炼化等领域。

神通阀门是国家级高新技术企业、江苏省创新型企业，建有江苏省工程技术研究中心和江苏省核电阀门重点实验室。拥有民用核安全设备设计和制造许可证、压力容器和压力管道元件特种设备制造许可证，并通过了美国石油学会 API6D、API609 认证。公司拥有有效专利 109 项，研制开发了蝶阀、球阀、止回阀等 20 余项新产品。其"神通"牌和"蝶球"牌冶金特种阀门主要应用于冶金行业的高炉煤气干法除尘与煤气回收等节能减排系统，主导产品国内市场占有率达 70% 以上；核电蝶阀、球阀产品的国内市场占有率达 90% 以上，与中科华核电技术研究院合作开发的"百万千瓦级压水堆核电站地坑过滤器"已实现了批量订货。

神通阀门是国内 A 股市场成功上市的阀门专业公司，其秉承"为用户创造价值、为员工创造机会、为股东创造回报、为社会创造财富"的经营理念，"巩固冶金、发展核电、进军石化、服务能源"，以创新求发展，正在努力把自己建设成为国内领先、国际著名的核电阀门和冶金特种阀门的精品制造基地。

（六）对外贸易稳步提高

通用机械是机械制造业产品出口重点行业之一，过去以中低端阀门、一般清水泵、小型空压机、小型空分设备和真空泵为主。进入 21 世纪以来，随着企业设计、制造水平和产品质量的不断提高，不仅出口额有了很大增长，出口产品结构也有很大改进，出口产品技术含量不断提高，出口产品由小型向大型和高附加值方向发展，从中低端产品向高端产品发展，从单一产品向大型成套发展，出口区域也从东南亚、中东、非洲向欧美等西方工业发达国家扩展。

"十一五"以来,压缩机行业出口,从主要是小型和微型空气压缩机逐步转向天然气压缩机和石油化工用的工艺气体压缩机及大型透平压缩机等;泵和离心压缩机高端产品也随着大型火电、石油化工大型成套设备出口而不断增加。通用机械产品成套出口的规模和出口额也在迅速提升,空分设备出口已从几百立方米每小时小型制氧机发展到了数万立方米每小时大型空分设备,杭氧集团曾为伊朗提供了 12 万 m^3/h 的空分成套设备;陕鼓集团的高炉余压回收技术和成套设备在国际市场上也同样显示了较强的竞争力,在国际招标中赢得订货;在通用机械出口产品中,阀门是出口量最大的行业,2010 年出口交货值近 300 亿元人民币。

通用机械行业进出口从 2005 年开始出现顺差,2006 年通用机械行业出口总额 232.68 亿美元,增长 38.6%,顺差进一步扩大为 61.05 亿美元。

2007 年通用机械行业进出口总额 526.41 亿美元,进出口顺差 135.92 亿美元,比上年顺差又增加 74.87 亿美元。

2008 年通用机械行业进出口总额 599.36 亿美元,其中进口 231.76 亿美元,比上年增长 26.06%;出口 367.59 亿美元,比上年增长 21.6%。进出口顺差 135.83 亿美元。

2009 年通用机械行业进出口总额 516.32 亿美元,比上年下降 13.86%。其中进口额 219.39 亿美元,比上年下降 5.34%;出口额 296.93 亿美元,比上年下降 19.22%。进出口顺差 77.54 亿美元,比上年减少 58.29 亿美元。受国际金融危机的影响,2009 年通用机械行业进出口额全面下降,尤其是出口额下降幅度更大。

2010 年通用机械行业进出口总额 669.45 亿美元,比上年增长 29.66%,创历年新高。其中,进口额 270.36 亿美元,比上年增长 23.23%,比 2008 年 231.76 亿美元的历史最高额多 38.59 亿美元;出口额 399.09 亿美元,比上年增长 34.41%,比 2008 年 367.58 亿美元的历史最高额多 31.51 亿美元。进出口顺差 128.73 亿美元,比上年增加 51.19 亿美元。

(七)产业集群发展促进区域经济增长

2001—2010 年期间,在各级地方政府的支持和引导下,通用机械制造业有了很大的发展,特别是一批民营企业迅速成长,逐步形成若干产业集群,已成为区域经济快速发展的重要动力之一。通用机械制造企业在华东地区达到 710 家,工业总产值占全国通用机械行业的 35%;其他地区企业分布分别为:华北地区 104 家,东北地区 206 家,中南地区 176 家,西南地区 66 家,西北地区 17 家。这些产业集聚均在区域经济中发挥了重要作用,特别是沈阳和上海是我国通用机械传统制造基地,产业集群的形成和发展使老工业基地有了新的内涵,对整个行业的发展格局产生了深刻的影响。

沈阳是我国重点建设的老工业基地，历经多年，沈阳鼓风机厂、沈阳水泵厂、沈阳气体压缩机厂和沈阳高中压阀门厂等一批大型国有企业都已发展成为通用机械行业的排头兵企业，沈阳真空技术研究所为真空设备行业归口研究所。重组后的沈鼓集团已成为我国通用机械行业涵盖专业最多、规模最大的企业集团。大连也是通用机械制造业相对集中的城市，拥有泵、阀门、压缩机等制造企业400多家，在大连装备制造业中占有较大的比重，大连耐酸泵有限公司、大连高压阀门有限公司等都是行业的骨干企业。

上海是我国重要的通用机械制造业基地，凭借国际化、经济、金融、工业基础和人才等优势集聚了一大批通用机械国际知名企业和国内重要企业，加之原有本地企业的改革与发展，上海成为通用机械制造的重要聚集地。截至2010年，在上海落户的国际知名品牌有凯士比泵业、阿特拉斯压缩机、英格索兰压缩机，国内重要企业有上海鼓风机厂有限公司、上海凯泉泵业（集团）有限公司、上海阿波罗泵业有限公司、上海电力修造总厂有限公司、上海东方泵业（集团）有限公司、上海电气压缩机泵业有限公司、开山集团有限公司、上海连成泵业（集团）有限公司、上海熊猫机械（集团）有限公司、上海佳力士机械有限公司、上海飞和实业集团有限公司、上海东方压缩机厂有限公司、上海阀门厂有限公司和上海良工阀门厂有限公司等。此外，很多国内外知名企业在上海建立了研发基地。

浙江温州的阀门产业起步于20世纪70年代，经过近40年的发展，已形成国内最大的阀门产业集群。仅永嘉县就有大大小小阀门和泵生产企业2000多家，被中国通用机械工业协会（简称中通协）授予"中国泵阀之乡"称号。其中宣达实业集团被国家科技部认定为国家火炬计划重点高新技术企业；良精阀门集团有限公司、伯特利阀门集团有限公司的产值及销售收入均居全国阀门行业的前列。据统计，温州阀门企业年产值约占全国阀门行业年产值的1/4以上。温州的阀门企业均为民营资本，许多企业已完成原始创业、转型，进入中高端产品领域，并打入国际市场。

浙江温岭泽国镇被誉为"中国小型空压机之都"，从1996年开始生产小型空压机，2001年建立空压机工业园，到2003年有61个企业落户园区。该园区是国内生产小型空压机规模最大、出口量最多的生产基地，90%的产品远销世界50多个国家和地区。其中鑫磊机电股份有限公司已成为国内小型空压机生产企业中规模最大的企业和最大的小型空压机出口基地。

山东淄博市博山区有"泵业名城"之称，集聚了一批骨干企业，包括山东华成集团有限公司、山东硕博泵业有限公司、山东颜山泵业有限公司、淄博真空设备厂有限公司、佶缔纳士机械有限公司、山东精工泵业有限公司、山东伯仲真空设备股份有限公司、山东长志泵业有限公司等。该地区有真空泵和工业泵制造企业近百家，从业人员达 3 万多人，主要生产真空泵、潜水泵、渣浆泵、油泵、耐腐蚀泵、电站泵、化工泵等十几大类、120 个系列、1000 多个品种、5000 多个规格的泵类产品及成套设备。

江苏泰兴是闻名全国的减速机之乡，截至 2008 年，已有 200 多家减速机及其配套产品生产企业，形成了从减速机配件、附件到减速机整机产品较完整的产业链。

在不断加速发展的工业化进程中，产业集群正在悄然改变着许多经济区域和诸多行业的发展模式，产业集群的崛起是推进区域经济发展的重要支撑力量。截至 2010 年，通用机械制造业比较集中的东部沿海地区完成工业总产值 5074.41 亿元，占全行业的 81.67%，其中，浙江地区通用机械制造业 2010 年完成工业总产值 2432.91 亿元，占全行业的 39.16%。

（八）"两化融合"促进企业转型升级

"十一五"期间，通用机械制造业为促进企业转型升级，积极推进信息化与工业化的融合。通用机械制造业根据产业的自身特点，利用信息化技术改进产品研发、产品设计、工艺设计、生产管理、产品检测、市场供销和售后服务等产品全生命周期各环节，淘汰落后生产能力，提升企业核心自主创新能力，实现可持续发展。

通用机械产品在化工、石油化工领域的装置中作为核心设备，对装置的稳定运行起着关键作用，如百万吨乙烯、千万吨炼油、大化肥、大型 PTA、西气东输、天然气液化等装置中所需的离心式压缩机、轴流式压缩机、容积式压缩机、化工流程泵、大型空分装置、分离机械、干燥设备等，都需要根据不同的工艺流程和不同的工艺参数进行个性化设计与制造。截至 2010 年，通用机械行业中的大多数骨干企业通过"两化融合"，都能实现按订单设计制造，满足化工、石化装置的个性化要求，使设计与工艺密切结合，以工艺为突破口，形成设计与工艺的一体化，从而快速响应市场需求。通过知识工程、软件制造系统和数控技术，对工人的技能和专家知识进行建模，能够在无人干预的情况下进行单件、小批量的生产。具体内容包括：工艺过程编制，生产过程的调度，监测、诊断及补偿，加工过程的控制，质量控制等。

通用机械行业中的部分骨干企业，如沈鼓集团、陕鼓集团、杭氧集团、开封制氧机集团、无锡压缩机股份公司、上海电气压缩机泵业公司、浙江开山、沈阳远大压缩机公司、山东长志泵业有限公司、凯泉泵业等近年来在"两化融合"方面投入了大量的人力、物力和资金。这些企业的管理信息化已应用到产品设计、制造系统、生产管理系统、售后服务系统、电子商务系统、设备远程监控系统等，通过信息技术与企业生产管理模式的有效结合，有力地支持了企业发展战略和市场模式创新,促进了企业由传统的制造型产业向具有高技术含量的制造服务型产业转变。

但就整个行业来说,"十一五"期间在"两化融合"工作开展的面还不够宽,有些企业虽然开展了"两化融合"的工作,但产品设计、制造系统、生产管理系统、售后服务管理系统、电子商务系统、设备远程监控系统等只是一个个"信息化孤岛",还没有真正形成完整的系统。如何将每一个单独的信息系统形成一个完整的网络是"十二五"推进"两化融合"工作的重点。

(九) 举办中国国际流体机械展览会

为搭建产业平台,定期、集中、直接、广泛、有效、高水平促进通用机械中流体机械在国内外、供需间、产学研方面的技术、经济和贸易的交流与合作,中通协 2001 年创办了中国国际流体机械展览会,并于 2001 年、2004 年、2006 年、2008 年在上海国际展览中心和北京展览馆成功举办四届,取得了较好的效果。

展会面积从第一届的 $6000m^2$ 发展到第四届的 $35000m^2$,参展人次也从近 2 万人发展到 5 万多人次。展会吸引了数十家国外知名企业前来参展,并举行了行业技术高峰论坛等配套专题活动,展示、交流当前国际最先进的流体机械产品和前沿技术;国内流体机械重点企业也悉数参展和参加配套专题活动。经过四届的精心培育和大力发展,中国国际流体机械展览会已经成为流体机械在中国境内规模最大、水平最高、专业化最强的国际性专业展览会。

六、行业发展进入调整期 (2011—2015 年)

"十二五"期间,国际经济形势发生了深刻的变化,世界多极化、经济全球化深入发展,世界经济政治格局出现新变化。国际金融危机影响深远,世界经济增长速度减缓,全球需求结构出现明显变化,围绕市场、资源、人才、技术、标准等的竞争更加激烈,我国的外部发展环境更趋复杂。

在严峻的国际经济环境下,中国经济发展进入重要的战略调整期。在经历 30 多年的快速增长之后,中国经济正式告别高速增长进入到"常态增长"阶段,经济发展进入新常态。新常态下中国经济呈三个特征:一是从高速增长转为中高速增长;二是经济结构不断优化升级;三是从要素驱动、投资驱动转向创新驱动。

面对国内外复杂多变的严峻市场形势,通用机械制造业的发展也面临着市场需求下滑、产能过剩、竞争更加激烈、产业转型升级压力巨大等各种挑战。为适应新的经济发展环境,通用机械制造业加快了产品结构和产业结构调整步伐,通过不断创新和加强技术服务,开拓新的市场和服务领域。通用机械制造业虽然经济指标增速放缓，但行业的整体综合水平进一步提升。

（一）行业经济指标增速放缓

2015 年末，通用机械制造业规模以上企业 5498 家，其中：泵 1308 家，风机 477 家，压缩机 526 家，阀门 1806 家，气体分离及液化设备 474 家，其他通用机械 907 家。全行业拥有总资产 8464 亿元，同比增长 5.01%；实现销售收入 9476 亿元，同比下降 2.05%；实现利润总额 600 亿元，同比下降 6.81%。

2015 年生产泵 11749.25 万台，风机 1816.65 万台，压缩机 517.68 万台，阀门 994.11 万 t，气体分离及液化设备 6.09 万台。"十二五"期间泵产量平均增速 4.8%，风机产量平均增速 13.75%，压缩机产量平均增速 14.01%，阀门产量平均增速 13.65%，气体分离及液化设备产量平均增速 22.34%。

2015 年泵行业实现主营业务收入 2155 亿元，风机行业实现主营业务收入 890 亿元，压缩机行业实现主营业务收入 1903 亿元（含制冷压缩机），阀门行业实现主营业务收入 2566 亿元，气体分离及液化设备行业实现主营业务收入 780 亿元。

"十二五"期间通用机械制造业主营业务收入平均增长 7.81%，其中：泵 8.93%，风机 5.77%，压缩机 9.26%，阀门 8.62%，气体分离及液化设备 5.57%，其他通用机械 5.23%。

"十二五"期间通用机械行业利润总额平均增长 3.1%，其中：泵 4.96%，风机 3.09%，压缩机 7.5%，阀门 5.73%，气体分离及液化设备 1.75%，其他通用机械 -11.59%。

"十二五"期间通用机械行业主营业务收入和利润完成情况如图 1-1 和图 1-2 所示。

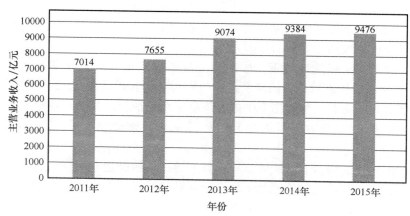

图 1-1 "十二五"期间通用机械行业主营业务收入完成情况

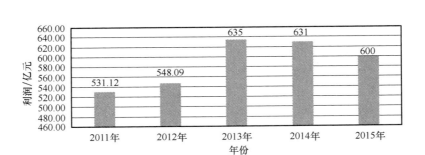

图 1-2 "十二五"期间通用机械行业利润完成情况

(二) 重大技术装备国产化取得新的成果

"十二五"期间，通用机械行业采用"政、产、学、研、用"相结合的组织形式，有力地进一步推进了重大技术装备国产化的进程。国家能源局、中国机械工业联合会精心组织、协调，采用重大工程项目审批和装备国产化依托工程相结合的方式，使重大技术装备研制与依托工程同步，与用户共同承担装备研制课题，使制造企业更加深入地了解用户对装备国产化的具体要求，同时提高了用户采用国产化装备的积极性。

通用机械制造业紧紧依托重大能源工程建设项目，集中力量研制核电、超（超）临界火电、油气长输管线、大型天然气液化（LNG）等重点领域的关键设备，取得一系列重大突破。其中，天然气长输管线 20MW 电驱压缩机已批量化生产，彻底改变了长期依赖进口的局面；10 万 m^3/h 空分装置及与之配套的压缩机组实现首台（套）国产化；百万千瓦超（超）临界火电机组关键阀门在示范电厂成功替代进口产品，国产化率达 75% 以上；液化天然气装置设备国产化也取得了可喜的业绩。

1. 长输管线压缩机组国产化

长输管线压缩机组是天然气长输管道的"心脏"，是用于天然气沿途输送过程中增压、保障天然气使用压力的关键设备。长期以来，该压缩机市场被国外少数公司所垄断。

"十二五"以来，依托西气东输工程，国家能源局组织推进长输管线关键设备国产化。沈鼓集团承接了首台套 20MW 电驱"天然气长输管线压缩机组"（包括压缩机、电机和大容量变频器三个关键设备）的研制任务。经过几年的艰苦努力，压缩机组研制成功并顺利在西安高陵站投入运行。该机组创造了电机转速、变频器容量等多项技术参数国内第一，整机性能达到国际先进水平，打破了多年来国外公司在长输管线压缩机领域垄断的局面。电驱压缩机组已在西三线和各支线订货 40 多台，首台国产燃气轮机驱动的长输管线压缩机已在西三线烟墩站投入工业运行。长输管线压缩机组的研制成功,有力地推动了我国压缩机行业和西气东输事业的发展,树立了我国重大技术装备制造业一座新的里程碑,实现了我国油气管道输送行业多年的梦想。

2. 大型空分设备国产化

2013年4月,杭氧集团与中国神华宁夏煤业集团公司签署了400万t/年煤制油项目6套10万 m^3/h 空分设备的设计、供货和服务合同,合同金额约17亿元人民币。此份订单无论在合同金额、空分设备等级,还是在装置制氧总容量等方面均居国内空分行业第一、世界前列。

沈鼓集团承担了为10万 m^3/h 空分设备配套空气压缩机组的研制任务,这是目前国内研制的最大的轴流+离心式的压缩机组,其气量为60万 m^3/h,增压机出口压力为6.0MPa,为国内首创,开创了特大型空分压缩机国产化的先河。为了验证压缩机的各项性能指标,沈鼓集团在营口新厂区建设了国内最大的10万kW试车台位,以满足10万 m^3/h 空分设备配套压缩机全负荷性能试验的需要。

"十二五"以来,国内大型空分设备不仅实现了国产化,而且已有30多套万立方米每小时以上的大型空分设备远销国际市场,在德国、西班牙、伊朗、墨西哥等国家投入运行。特别是杭氧集团已有6万 m^3/h、12万 m^3/h 空分设备销往国外,这是我国空分设备制造业的巨大进步。另外,梅塞尔、AP、普莱克斯、林德、法液空等国外著名气体公司在中国境内投资工业气体项目时,也已选用了国产空分设备,充分证明了国产空分设备的主要技术性能指标已达到了国际先进水平。

3. 超(超)临界火电机组阀门国产化

超(超)临界是目前国际上最先进、环保的火力发电技术,具有显著的节能和改善环境的效果,在发达国家已得到广泛的研究和应用。随着我国火电技术水平的提高,火电装备逐步大型化,向百万千瓦超(超)临界机组发展。而每套机组有500多台高端阀门,90%需依赖进口,因此实现超(超)临界火电机组阀门的国产化意义非常重大。

自2010年以来,通用机械制造业在国家能源局的支持和领导下、在中通协的具体组织下,依托10个超(超)临界火电项目推进电站阀门国产化。组织17家企业,进行联合攻关研制,根据阀门研制难度分类逐步推进国产化。经过近4年的努力,使超(超)临界火电机组关键阀门国产化率由不足10%提高到75%以上。

超(超)临界火电机组关键阀门需要配套电动执行机构600多台,气动执行机构200多台、气液联动执行机构20多台,随着关键阀门国产化的推进,为之配套的阀门执行机构的国产化也提到议事日程。在国家能源局和中机联的推动下,通用机械制造业于2014年11月组织编制了"推进超(超)临界火电机组阀门执行机构国产化方案"。通过实施国产化方案，将目前调节阀执行机构的国产化率不足 10% 提高到 80% 以上。

4. 核电泵、阀国产化

依托国内核电工程建设，核电技术装备自主化水平在"十二五"期间又有了进一步提高。二代改进型核电装置的核级泵、阀除核主泵和少数核一级阀门已全部实现了国产化，国产化率达到 75%~80%。

以沈鼓集团、大连深蓝泵业、重庆水泵、上海阿波罗、长沙水泵、凯泉泵业为代表的一批泵生产企业先后开发出余热排出泵、安全壳喷淋泵、低压安注泵、重要厂用水泵、设备冷却水泵、水压试验泵、硼酸再循环泵等核二、三级泵，并在大连红沿河、宁德福清、方家山核电站等投入使用。核主泵（核一级泵）由哈动装、东方阿尔法、上海 KSB 等企业通过消化吸收引进技术或合资合作等方式逐步实现国产化。上海阿波罗、凯泉泵业、上海电修、沈鼓集团、长沙水泵等已分别研制成功常规岛主给水泵、循环水泵和凝结水泵。目前，二代改进和三代核电主泵核心技术均受制于国外公司，为掌握主泵核心技术，使中国自主开发的华龙 1 号三代核电站关键设备全部立足国内制造，沈鼓集团与中国广核合作，开发了拥有自主知识产权的轴封主泵。

以中核苏阀、大连大高阀、上海阀门、江苏神通等为代表的阀门制造企业开发了以高 C_v 值止回阀为代表的核一级阀门；核二、三级闸阀，截止阀，蝶阀，安全阀，调节阀等。其中，中核苏阀、大连大高阀还成功开发了核电站难度高、价值量最大的主蒸气隔离阀和三代核电爆破阀。上海阀门还开发了核一级稳压器安全阀、主给水安全阀。

根据消化吸收 AP1000 和 CAP1400 以及中国自主开发的华龙 1 号三代核电建设需要，相关制造企业已陆续完成了三代核电要求的关键泵、阀研制。其中，沈鼓集团通过消化吸收完成了 AP1000 主泵制造，CAP1400 主泵在国家重大专项支持下，正在进行研制；沈鼓集团还投资 7 亿多元人民币分别建设了 AP1000 和 CAP1400（含轴承泵）主泵试验台。

核电泵、阀代表着泵、阀制造业的最高水平，其国产化极大提升了行业自主创新的能力和管理水平，同时培养了一批高素质的技术和管理队伍。当前核电泵、阀制造业重点工作是稳定产品质量，进一步加快尚未国产化的产品研发。同时国家应加强对试验条件建设，特别是主蒸气隔离阀、稳压器安全阀等试验台建设，由于投资巨大，国内尚不具备试验条件，影响了国产化进程。

5. 长输管线阀门国产化

为了改变长输管线阀门长期依赖进口的状况，"十二五"期间，在国家能源局领导和用户部门的支持下，中机联和中通协组织了成都乘风阀门有限公司、上海耐莱斯·詹姆斯伯雷阀门有限公司和浙江五洲阀门有限公司等一批制造企业成功开发了 40in 和 48in Class600 及 Class900 全焊接球阀，所有技术性能指标均满足西气东输主干线的要求。这些新产品的开发填补了国内空白，一些产品已达到国际先进水平，并批量应用。56in Class900 大口径全焊接球阀也研制成功，进入工业试验阶段。

6. 液化天然气（LNG）装备国产化

天然气属清洁能源，全世界天然气消费量占一次能源的 24%，而我国天然气消费量仅占一次能源的 5.8%，天然气在我国具有广阔的发展前景。液化天然气装备通常包括天然气液化和液化天然气接收站两部分。

天然气液化是大宗天然气运输、贸易和消费的需要，体积较常规状态缩小 600 倍。我国天然气液化技术相对落后，国际最大规模单线装置可达 700 万 t/年，而我国只有不到 30 万 t/年。

为适应扩展海外天然气资源的需要，必须加快我国天然气液化装置工艺技术和成套装备国产化。"十二五"期间，在国家能源局直接领导下，由中海油、中机联共同组织相关企业和科研单位，开展了以某国 500 万 t/年天然气液化项目的国产化论证，对天然气液化工艺、关键设备研发开展全面技术攻关，最终确定了单级 260 万 t/年天然气液化的双混合工质工艺流程，四川空分设备有限公司（简称四川空分）的低温冷箱和沈鼓集团及杭州汽轮机有限公司的大型预冷和深冷离心压缩机组，以及配套超低温泵、阀门关键设备和自动控制系统等技术方案。

四川空分经过多年努力，掌握了双混合冷剂及丙烷预冷等多种天然气液化工艺、天然气液化冷箱集成、高压大单元钎焊工艺等多项关键技术，并相继成功地为新疆、内蒙古、山西、河北等地提供 10 多套中型天然气液化装置，已经具备了承担 300 万 t/年大型天然气液化装置集成和成套能力。

虽然某国项目由于特殊原因没有实施，但是已开展的技术论证和科研工作为我国大型天然气液化装置国产化打下了良好基础。随后，国家能源局决定以中石油山东泰安 60 万 t/年天然气液化项目为依托工程，继续开展国产化技术攻关。泰安项目采用了四川空分自主开发的双混合工质工艺流程，多股流低温冷箱、预冷和深冷离心压缩机组、BOG 往复压缩机和控制系统等关键设备分别由四川空分、沈鼓集团、沈阳远大和浙大中控提供。泰安项目的成功运行，是我国大中型天然气液化技术和关键设备国产化的重要突破，为我国承担单线 300 万 t/年大型天然气液化成套装置做好了全面技术储备。

2015 年我国进口天然气 1900 万 t（266 亿 m^3），全国已建成沿海 LNG 接收站 12 座，接受能力达 4130 万 t，计划再扩建和新建一批接收站，总能力将超过 7000 万 t。已建成投产的 LNG 接收站设备全部从国外进口。2010 年国家能源局和中石油确定，以唐山的 LNG 接收站扩建项目为国产化示范工程。经过 2 年多的努力，完成了开架式换热器、BOG 压缩机、低温泵、低温阀门等 7 种关键设备国产化，使工程项目按期投产。

（三）民营企业产业升级加快

改革开放三十多年，我国通用机械制造业产业格局发生了重大变化，民营企业在生产总量、经济效益等方面已超过"半壁江山"。相当一部分民营企业摆脱了粗放、盲目的发展模式，更加注重产品开发和产业结构调整。以上海阿波罗、上海凯泉泵业、江苏神通阀门、四川成高阀门等为代表的民营企业，在核电、天然气集输、超（超）临界火电等重大装备国产化方面做出了重要贡献。

许多民营企业认识到产业升级的迫切性，克服资金紧张、技术力量不足等各种困难，通过产品结构调整获得新的发展机遇。例如：

山东华成泵业集团由以真空泵为主的单一产品向精密、高端减变速机产品发展，自主开发出具有国际先进水平的精密减速机、重载圆锥圆柱行星齿轮减速器等五大系列产品。

江苏金通灵流体机械科技股份有限公司从生产一般通风机产品，发展到以"服务＋制造＋服务"的业务模式向用户提供供风系统研发设计、风机产品制造、供风系统节能改造等全生命周期的供风系统解决方案。近年来，金通灵还开发了适应国民经济需要的单极高速鼓风机、新型多轴离心压缩机等高端产品。

沈阳远大压缩机股份有限公司为满足石油化工、煤化工和天然气液化等发展需要，先后研发成功低温乙烯迷宫压缩机和天然气BOG压缩机。企业整体技术水平和制造能力已进入国内压缩机制造业前列。其中自主开发的迷宫压缩机，已形成开式、闭式、超低温、高温共13个系列、39种型号规格的新产品，结束了我国迷宫压缩机长期依赖进口的历史。目前产品已出口到墨西哥、巴基斯坦、泰国、越南、马来西亚等国家。

上海启元空分设备有限公司先后开发了在大型空分设备中提取高纯度稀有气体氖、氙的装置，打破了长期以来稀有气体提取设备为国外垄断，氖、氙气体大部分依赖进口的局面。该项目国内首创了以独立外挂氖、氙气提取装置，一步多级精馏获得可直接充瓶的高纯度气体技术，达到国际先进水平。

（四）行业整体综合实力提升

1. 企业创新能力不断增强

近10年来，通用机械制造业以国家重点工程、重大技术装备国产化为依托，以发展节能产品为重点，不断加强创新能力建设和新产品开发。行业总体设计制造水平、试验检测能力都有了很大提高，重点骨干企业都普遍建立了研发中心，加大了科研投入，新产品比例一般都在40%以上。

通用机械制造业的技术进步还得益于国家产业政策，以"政、产、学、研、用"相结合，共同推进重大新产品的研发和国产化已成为一种行之有效的创新模式。目前国民经济主要部门需要的机、泵、阀等主要产品，80%以上可以立足国内提供。其中以沈鼓集团、杭氧集团为代表的少数大型骨干企业的技术创新能力和水平不仅居行业领先地位，而且具备了较强的国际竞争力。

截至2015年，通用机械制造业由国家认定的企业技术中心共11家，分别是：沈阳鼓风机集团股份有限公司技术中心、西安陕鼓动力股份有限公司技术中心、杭州杭氧股份有限公司技术中心、山东双轮股份有限公司技术中心、重庆通用工业（集团）有限责任公司技术中心、合肥通用机械研究院技术中心、南方泵业股份有限公司技术中心、南京中船绿洲机器有限公司技术中心、利欧集团股份有限公司技术中心、四川金星清洁能源装备有限公司技术中心、北京中科仪股份有限公司技术中心、开山集团股份有限公司技术中心。

2. 装备和试验条件进一步改善

"十二五"期间，通过技术改造，通用机械制造业的装备能力和试验条件都有了很大的改善和提升，为新产品研发和提高产品质量创造了条件。例如：

沈鼓集团在营口经济技术开发区投资25亿元，建设了3万kW燃气轮机驱动及10万kW汽轮机驱动透平压缩机试验台，以及大型压力容器生产基地。特别是10万kW透平压缩机试验台，具备了为10万m^3/h空分装置、500万t/年天然气液化装置超大型透平压缩机进行全负荷、整机试验的条件，进一步提高了我国透平压缩机的国际竞争力。

沈鼓集团还斥资20亿元建造了现代化的核电泵产品制造和试验基地。该基地拥有国际先进的加工和检测设备，以及两个适应三代核电需要的屏蔽主泵和轴封泵试验台，从而使沈鼓集团核电公司成为拥有设计、制造、组装、试验二代改进和三代核主泵能力的制造企业。

大连深蓝泵业有限公司为适应我国液化天然气发展需要，投资1亿元，建成了国内首台以液化天然气为介质的超低温潜液泵试验台，为我国超低温泵研究和国产化创造了条件。

上海电力修造总厂有限公司为满足百万千瓦超（超）临界火电机组主给水泵单机全速试验与核电泵常温及联机试验要求，实施了给水泵试验台升级改造工程，可进行600MW（50%容量）火电站机组锅炉给水泵组各种特性试验。

3. "两化融合"进一步深入

信息化与工业化"两化融合"是建立现代制造业的重要举措，国家给予了高度重视。工信部2013年下发了"工业和信息化部关于印发信息化和工业化深度融合专项行动计划"（2013—2018年）的通知，对推动信息化和工业化深度融合做了全面、具体部署。

通用机械制造业在"十一五""十二五"期间加大了实施"两化融合"力度，取得了初步成果，对产业转型升级起到了重要推动作用。"十二五"期间，大部分重点企业积极采用了 ERP（企业资源计划）、CRM（客户关系管理）、SCM（供应链管理）、MES（制造执行）等管理系统，并将以上多个系统与已有的财务系统、PDM（产品数据管理）系统实现深度集成，消除信息孤岛。通过实施 ERP 系统，将企业主体业务流程纳入 ERP 系统，对生产资源进行优化配置，达到生产信息高效、集中、准确利用，更有利于职能部门工作开展。通过实施 OA 系统，将企业业务流程固化成电子化流程，减少重复工作量，加强管控，提高工作效率。通过实施 MES 系统，将车间现场管理与信息化高度融合，推进企业精细化管理，提高车间生产效率。通过实施 SCM 系统，增强供应链整合的力度，加大零部件及配套产品的外包与外协，有效提升公司的运营效率，降低成本。

大耐泵业有限公司推进企业信息化建设，在推广利用先进的电子信息技术过程中，通过引进和运行 SAP、EPR 企业管理软件，CFD 流场分析和三维设计软件等，不断优化了制造加工技术，改善了企业生产、经营及管理模式，提高了产品研发和自主创新的能力，从而增强了企业在国内外市场的竞争力，为实现产业升级打下了坚实的基础。

沈鼓集团成立了透平机械测控技术有限公司，主要从事大型旋转设备状态在线监测及诊断系统的研发、设计、生产、销售、安装以及远程诊断服务，为客户提供包括远程监测、故障预警、故障诊断、运行评估等十几种类别的售后服务，确保机组长周期运行、满负荷运行、优质运行。同时，还为广大客户提供了专业的培训服务，实现资源共享。截至 2014 年底，沈鼓测控公司业务发展已覆盖了石化、煤化工、冶金、LNG 等行业，客户数量突破 100 多家，监测机组 300 余台。

上海鼓风机厂有限公司推进"两化融合"最大的特点是，针对小批量生产、产品多样化、产品独特化设计制造的经营模式，建立企业各业务模块相关的各类数据库，将各业务部门的相关数据加以管理。通过软件平台采用规范数据实现企业管理，并通过网络实现各业务部门数据的流转，从而提升公司的经济运行质量和效率。企业的"两化融合"工作实现了三个阶段目标：第一阶段，以全面成本管理为核心，围绕服务市场策略，打造技术研发、营销服务、生产制造、供应链、财务、人事为一体的综合管理体系，提高企业综合管理效率；第二阶段，建立具有协同和分析决策功能的内部协同门户，集成已有应用系统，实现业务协同和数据综合分析，提高企业内部运营效率和全面综合决策能力；第三阶段，实施以电子商务和智能商务为特征的协同商务平台，使公司在内外部实现自动化、智能化的业务管理、业务决策功能。

4. 知识产权保护得到进一步重视

"十二五"期间，通用机械制造业处于转型升级的关键时期，发挥知识产权对激励创新的作用，是通用机械制造全行业技术进步的必然要求。知识产权保护促进了通用机械制造业自主创新能力的提升，企业申报专利的积极性不断提高。据对中通协会员企业的不完全统计，截至2015年，会员企业共获国家专利局批准的发明专利、实用新型专利3000余项。而且，为了在国际市场参与竞争，有效保护自有知识产权，很多企业不仅申请国内专利，还申请了国外专利。例如：截至2015年，泵行业重点会员企业获国家专利局批准的发明专利、实用新型专利共550多项；"十二五"期间，风机行业获得各类专利近700项，其中发明专利60多项；截至2015年，压缩机行业获得各类专利近300项，其中发明专利约40项；"十二五"期间，空分设备行业获得各类专利近500项，其中发明专利83项。

通用机械制造业重点骨干企业每年申报的专利数量以20%的速度增长。例如：沈阳鼓风机集团获得各种专利111项，其中发明专利10项；杭州制氧机集团获得各类专利166项，其中发明专利37项；开封空分集团获得各类专利37项，其中发明专利3项；四川空分集团有限公司获得各类专利52项，其中发明专利11项；上海启元空分设备有限公司获得各类专利59项，其中发明专利19项；山东景津环保股份有限公司获得各类专利123项，其中发明专利24项，国际发明专利5项；山东天力干燥股份有限公司在干燥工艺、干燥设备方面获得专利126项，其中发明专利46项。

5. 质量管理工作日益强化

"十二五"期间，通用机械制造业的质量工作进一步稳定和提高，企业在规章制度建立和完善方面下功夫，全员质量意识不断强化，特别是在以核电为代表的重大装备国产化工作的带动下，企业对产品质量的责任感和荣誉感进一步增强，全行业产品质量总体上有明显提升。

承担核电任务的泵、阀制造企业严格执行国家核安全各项法律、标准和规范。通过几年的努力，在核文化建设、核质保体系建立和有效运行方面取得了显著成效，四个"凡事"（凡事有章可循、凡事有人负责、凡事有人验证、凡事有据可查）更加深入人心，从而保证了核级产品的质量。

中通协在国家能源局的领导下，始终坚持跟踪核电产品质量，通过调研、召开质量工作会议等方式，及时总结、反映核电产品可能出现的质量问题。

沈鼓集团在质量管理方面，以客户为关注焦点，用客户的眼光审视和定位自身工作，通过质量改进活动坚决杜绝低级、重复性错误发生。2013年，沈鼓集团共收集质量异常信息1346项，制定8D项目43项，QC课题21项；并通过了APIQ1、ISO 9001、ASME等体系证书年度审核，开展专项铸件外观质量控制、压缩机仪表管线布置、油漆表面和焊壳外观质量改进等活动，显著提升了产品质量和企业信誉。全年主要件主要项抽查合格率为99.61%，比上年增加1.86%；机械加工综合废品率为0.03%；产品质量"三包"修赔率为0.16%，比上年下降0.32%。

陕鼓集团在质量管理的思路和方法上进行创新和突破，以提高员工的质量意识和质量责任心为切入点，引入先进的质量管理理念，推动了企业质量管理水平和产品质量的全面提高，使质量管理成为落实企业发展战略的有力支撑。公司坚持不懈地以"零缺陷"为核心——"第一次就把事情做对"作为质量文化的基础，通过有针对性的质量教育和培训，让员工懂得如何做才是对的，明确每个工作环节的标准和要求，增强员工第一次把事情做正确的能力，不断提升公司质量管理水平。2013年公司取得部级质量成果2项、省市级质量成果多项。基于在推动群众性质量管理活动中的突出贡献，陕鼓集团荣获了"2013年度全国机械行业群众性质量管理活动优秀企业""2013年度西安市质量管理小组活动先进企业"等称号。

重庆通用工业（集团）有限责任公司狠抓质量效果显著：一是严格质量考核和工艺纪律稽查，全年对质量问题相关责任部门和人员罚款93099元；二是加强外检控制，有效提高了外购、外协件的配套质量，全年外协外购件不良频次比2012年下降了36.57%，外配套不良频次下降了25%；三是加强质量管理体系审核稽查，保证了体系的有效运行；四是开展质量管理改进，并完善相关制度，开展检测计量人员操作技能培训，提高了员工质量意识和操作技能；五是强化技术对产品的可靠性的保证，全年未发生一例重大技术责任事故；六是持续推行零部件流转卡和细节质量控制计划，产品过程质量控制取得较好效果。通过不断强化质量管控，产品试车合格率达到100%。2013年企业还开展了"质量放心员工"活动，不仅生产骨干队伍得到了稳定，而且员工质量意识和工作热情得到了有效激发，生产管理明显改善。

广东省佛山水泵厂有限公司对铸造分厂的管理体系认证工作进行了总体策划，使质量管理体系（ISO 9001）、职业健康安全管理体系（OHSAS 18001）和环境管理体系（ISO 14001）三个管理体系同时通过了体系认证，保持了质量管理体系认证的持续有效，进一步规范了公司的职业健康安全与环境的管理工作，使企业的安全、环保管理工作符合国家法律法规的要求，为企业的持续发展奠定了坚实的基础。

（五）发展制造服务业

制造服务业是向产品生产过程和产品使用过程提供服务的各种形式服务业的总称。为推进中国特色新型工业化，进一步调整和优化经济结构、促进工业转型升级，2011年国家发布的工业转型升级规划（2011—2015年）中明确提出，要按照"市场化、专业化、社会化、国际化"的发展方向，大力发展面向工业生产的现代服务业，加快推进服务型制造，不断提升对工业转型升级的服务支撑能力。

"十二五"期间，通用机械制造业中的部分企业加快转型升级，逐步向制造服务业转化，由生产制造向设备成套、工程总承包、设备远程监测，以及全生命周期提供全方位技术服务扩展和延伸。

陕鼓集团通过持续不断的技术创新，拓展行业边界，为市场提供更多的节能环保产品和技术服务，满足客户需求。通过建立"技术＋管理＋服务"一站式全方位服务体系，为用户提供从售前到售后的全生命周期健康管理，为客户量身定做一系列机组健康状态管理档案，对公司生产的各类大型机组实施远程监测，提供包括预警、咨询、诊断及现场服务等六个方面20余项服务，不断提升陕鼓集团为客户服务的水平。

上海鼓风机厂有限公司打破国有企业传统思维方式，坚持从单一制造向制造＋服务的方向转型发展，坚持"两头在内、中间在外"的商业模式，坚持技术领先、市场第一的经营原则，坚持"对外围绕销售，对内围绕生产"的工作方式。该公司在市场工作中抓住"改造风机"新机遇，抓住用户"EPC（设计采购施工总承包）"需求新机遇，从被动服务逐步转型为主动服务，向用户提供设计、制造、安装、调试、维修、保养、备件供应、故障诊断等一条龙式的服务，成为风机行业中首家引进"4S"店模式的企业。

成都电力机械厂加快完善大客户平台信息化建设，初步形成"4S"店的服务模式，实现产品全生命周期的跟踪、诊断、评估、维护和检修，通过专业、快捷和热诚的服务延伸，赢得顾客的信赖，为顾客创造价值的同时，为企业创造持续稳定的利润增长点和忠诚于企业的客户群。2013年公司确立了建立"4S"店的操作流程，确定了回收有用部件的型号规格，并建立了考核办法，逐步实现由生产制造型企业向制造服务型企业的转型。

（六）产业技术创新战略联盟兴起

产业技术创新战略联盟是在国家产业政策指导和支持下，聚合产、学、研各方力量，建立起具有行业特色的，以企业为主体、市场为导向，产、学、研相结合的长效的自主创新体系。企业通过技术创新战略联盟，不仅可以避免盲目技术研发创新的风险，减少不必要的重复投资，而且还可以相互交流信息、传递技术，加快研究与开发的速度。组建联盟使成员企业形成优势互补，在某一领域形成较大的合力和影响力，不但能为成员企业带来新的客户、市场和信息，也有助于企业专注于自身核心业务的开拓。

在市场激烈竞争的环境下，很多企业已充分意识到，加强企业间合作，建立产业技术战略联盟是企业技术发展的一条重要途径。"十二五"期间，各种不同类型的产业技术战略联盟在通用机械制造业已经兴起。

在我国通用机械制造业相对集中的浙江、江苏、山东、广东、四川等地，通用机械制造企业都在积极筹建产业技术联盟。山东淄博市博山区是我国泵产业相对集中的地区之一，在当地政府的支持下，2013年组建了博山区泵产业技术联盟。目前，博山区泵产业技术联盟基本形成了研发平台、人才培育和职业培训平台、产品试验和检测平台、全产业链配套平台，区域市场竞争优势正逐步形成。

通用机械行业还陆续组建了以合肥通用机械研究院牵头的极端环境下重大承压设备设计制造与维护技术创新战略联盟；以沈鼓集团牵头的石油化工、天然气集输及液化关键设备技术创新战略联盟；以陕鼓集团牵头的能量回收产业技术创新联盟。在通用机械制造业的发展中，这些产业技术创新联盟发挥着非常重要的作用。

（七）产品节能开发与应用取得成效

通用机械产品中的泵、风机、压缩机等都是量大面广的耗能产品。根据中通协调研统计，2010年全国电力装机容量9.62亿kW，发电量4.14万亿kW·h，泵、风机、压缩机三类产品的总装机达3.8亿kW，用电量约占40%，其中：泵占20%，风机占10.4%，压缩机占9.6%。在煤化工、石化、化肥、电力、冶金等行业中，泵、风机、压缩机的用电量约占60%以上。其中：氮氢压缩机的用电量占合成氨装置用电量的25%左右；乙烯"三机"（裂解气压缩机、乙烯压缩机和丙烯压缩机）的用电量占乙烯装置用电量的30%以上；大型火力发电机组配套的送引风机、煤粉风机、锅炉给水泵、凝结泵、循环泵等，占电厂自用电量的70%；钢铁企业中高炉鼓风机、烧结风机、空分设备及各类泵和通风机等的用电量占60%以上。

因此，努力提高通用机械使用效率，为国民经济各部门提供更多的节能产品，对我国节能降耗、提高能源利用率，有着十分明显的推动作用，具有非常重要的现实和长远意义。国务院印发的节能减排"十二五"规划中明确指出，风机、压缩机、泵等新增主要耗能设备能效指标要达到国内或国际先进水平，对通用机械产品的节能技术提升提出了更高的要求，同时也为通用机械制造业带来了新的市场需求。

1. 政府引导，鼓励采用节能产品

为促进高效节能机电设备（产品）的推广应用，贯彻落实国务院《关于印发节能减排综合性工作方案的通知》（国发〔2007〕15号）和《2008年节能减排工作安排》等文件精神，工业和信息化部组织编制了《节能机电设备（产品）推荐目录》，自2009年开始至2015年共推荐了六批。《节能机电设备（产品）

推荐目录》依据 GB/T 15320—2001《节能产品评价导则》和相关产品的国家标准或行业标准，经过专家评审和征求相关部门意见后确定并予以公示。

截至 2015 年，通用机械制造业被列入《节能机电设备（产品）推荐目录》总计 270 项产品，其中：泵 119 项，风机 40 项，压缩机 109 项，干燥设备 2 项。每年公示结果如下：

2009 年第一批：泵 6 项，压缩机 11 项。

2010 年第二批：泵 15 项，压缩机 3 项，风机 8 项。

2011 年第三批：泵 9 项，压缩机 3 项，风机 2 项。

2013 年第四批：泵 31 项，压缩机 19 项，风机 20 项。

2014 年第五批：压缩机 25 项，风机 13 项。

2015 年第六批：泵 34 项，压缩机 73 项，风机 5 项，干燥设备 2 项。

为鼓励生产企业发展创新节能技术、扩大节能产品推广应用，工信部发布〔2013〕613 号文，开展节能产品"能效之星"评价活动。"能效之星"产品能效要求达 1 级能效指标以上，通用机械制造企业通过努力，部分企业的部分产品符合其标准要求，获得"能效之星"称号。

2013 年，浙江开山压缩机股份有限公司的 JN160-33/8-Ⅱ、JN37-8 一般用喷油螺杆压缩机，上海优耐特斯压缩机有限公司的 UD37A-8C 一般用喷油螺杆压缩机，上海凯泉泵业（集团）有限公司的 KQSN300-M13 清水泵，湖南湘电长沙水泵厂有限公司的 SGC900×800 清水泵，上海水泵制造有限公司的 OTS300-435A、OTS250-600A 清水泵，安徽三联泵业股份有限公司的 HS（V）125-80-350 清水泵获得工信部"能效之星"称号。

2014 年，苏州普度压缩机有限公司的 PDLG-37/8 6.88、PDLG45 6.97 5.1 一般用喷油螺杆空气压缩机，陕鼓通风设备有限公司的 5-29-9.5D82.5 离心通风机，重庆通用工业（集团）有限责任公司的 4-65No10D86.6、5-48No10D84.2、5-55No10D86.1、6-29No10D85.6 离心通风机获得工信部"能效之星"称号。

2015 年，上海优耐特斯压缩机有限公司的 UDT90A-8 一般用喷油螺杆空气压缩机，苏州牧风压缩机设备有限公司的 E37A、E22A 一般用喷油螺杆空气压缩机，浙江开山压缩机股份有限公司的 KHE250W-54/8-Ⅱ一般用喷油螺杆空气压缩机，山东双轮股份有限公司的 350S-26、600S-100ATJ 清水离心泵，南方泵业股份有限公司的 CDLF42-40 清水离心泵，上海东方泵业（集团）有限公司的 D85-45×4、XA65/20 清水离心泵，南京磁谷科技有限公司的 CG/B300 离心鼓风机获得工信部"能效之星"称号。

为了鼓励用户采用节能产品的积极性，2012 年 11 月，财政部、国家发展和改革委员会、工业和信息化部以财建〔2012〕851 号、财建〔2012〕852 号、财建〔2012〕853 号和财建〔2012〕782 号文分别发布了《关于印发〈节能产品惠民工程高效节能容积式空气压缩机推广实施细则〉的通知》《关于印发〈节能产品惠民工程高效节能通风机推广实施细则〉的通知》《关于印发〈节能产品惠民工程高效节能清水离心泵推广实施细则〉的通知》。

根据通知要求,各节能产品生产企业积极申报,经专家评审和三部委审定后,2013年1月,财政部、国家发展和改革委员会、工业和信息化部发布了节能产品惠民推广目录(第一批),其中:泵641个产品型号,风机34个产品型号,压缩机280个产品型号;2013年5月,发布了节能产品惠民推广目录(第二批),其中:泵1537个产品型号,压缩机355个产品型号。

通过"节能产品惠民工程""节能机电设备(产品)推荐目录"和"能效之星"等工作的实施,大力推进了通用机械节能产品的发展。截至2015年,通用机械节能产品占产品总量的比例有了较大提高,泵已由2010年的10%提高到30%,压缩机由18%提高到50%,风机由30%提高到60%。

2. 产学研相结合,共同开发节能产品

量大面广的泵、风机、压缩机等通用机械产品制造主要集中在中小企业,而这些企业一般技术力量薄弱,新产品更新换代步伐缓慢。针对这一情况,沈阳鼓风机研究所组织中小企业与清华大学、西安交通大学合作,分别开发了离心通风机和轴流风机系列产品。例如:沈阳鼓风机研究所与清华大学合作,联合开发了5个系列新产品模型,即4-73(板型叶片)离心通风机系列模型,5-55锅炉鼓引节能风机系列模型,6-24、6-35、7-28循环流化床锅炉节能风机系列模型。该5个系列风机模型高效节能,均已于2011年8月获得国家专利。其中:7-28循环流化床锅炉节能风机系列的最高效率为87%,比节能评价中的能效等级2级(能效等级1级:效率79%,能效等级2级:效率76%)高出11%,取得了显著的节能效果。目前在行业内已有很多风机企业应用这5个系列高效节能系列模型转化为产品,并获得了可观的经济效益。

(八)实施"走出去"战略,打造国际化企业

1. 出口总量稳步增长,高中端产品出口比例逐步提高

随着通用机械制造业自主创新能力和国际竞争力的提高,"十二五"期间不仅出口总量逐年稳步增长,而且出口产品结构也发生了明显变化,由中低端产品、单一产品向高端产品、成套产品出口转变。据海关对47个税号的通用机械行业主要进出口产品统计,"十二五"期间,每年平均出口120亿~150亿美元,其中:泵及泵配件出口50亿~65亿美元,风机、压缩机及配件出口35亿~40亿美元,阀门及配件出口30亿~35亿美元,空分设备出口2.5亿~3亿美元,分离机械设备出口2.5亿~3亿美元,干燥设备出口3亿~4亿美元,齿轮减速机出口1.5亿~2亿美元。"十二五"期间,通用机械产品出口总额约600亿美元。

阀门和泵是通用机械的重点出口产品。阀门主要出口地区集中在中东石油生产国，2014年阀门行业出口交货值达1400多亿元人民币。泵产品出口已由过去的一般清水泵向石油化工泵等中高端泵发展，大连深蓝泵业有限公司2015年向俄罗斯及东欧国家出口交货值达1亿元人民币。重大和高端产品如透平压缩机、锅炉给水泵、送引风机等，近年一方面随着对外承包工程形成批量出口态势，同时单机出口也取得了突破，如沈鼓集团、陕鼓集团的透平压缩机都屡屡在国际招标中取得订单。

通用机械成套出口主要集中在空分设备，杭氧集团、四川空分、开封空分等企业的3万~5万m^3/h大型空分成套设备开始出口德国、西班牙等西方工业发达国家。特别是杭氧集团向伊朗出口了世界上最大规模的12万m^3/h特大型空分成套设备，空气处理量达到61万m^3/h，采用了空气预冷、分子筛纯化、内压缩流程、全精馏无氢制氩等先进工艺。

2. 境外投资建厂，打造国际化产业

"走出去"战略是党中央、国务院根据经济全球化新形势和国民经济发展的内在需要做出的重大决策，是发展开放型经济、全面提高对外开放水平的重大举措。为贯彻落实装备产业"走出去"战略，适应开拓国际市场的需要，通用机械制造业许多企业更加注重复合型人才培养，贯彻国际先进标准，提高企业管理水平，以提升企业的国际竞争力。其中部分有条件的企业正在积极寻求境外直接投资建厂、联合成立营销公司的机会，进一步打造国际化企业。

陕鼓集团于2015年收购了捷克EKOL公司75%股权，成为该公司最大股东。通过收购，进一步完善了陕鼓集团产业链条，形成了全产业运营的能力，促进了陕鼓动力"工业压缩机＋驱动汽轮机"一体化系统解决方案和服务能力的提升。陕鼓集团先后成立了西安陕鼓（香港）有限公司、西安陕鼓（卢森堡）有限公司，正在筹建西安陕鼓（印度）有限公司和陕鼓海外研发中心。

四川金星清洁能源装备股份有限公司多年来致力于CNG和LNG加气站及其成套装备、工艺压缩机、油气地面橇装设备、天然气处理及输配装置、LNG深冷产品和远程自动化控制系统等产品出口。为进一步开拓国际市场，该公司与巴基斯坦IET公司成功签署了金星公司产品独家销售代理协议及《市场营销策略备忘录》，建立起以巴基斯坦为重点、面向南亚地区的产品销售及售后服务体系。

浙江开山压缩机股份有限公司于2012年10月全资收购澳大利亚著名的气体压缩机制造商SCCA公司。借助SCCA在压缩机研发、制造、销售和服务等方面的经验，开山集团不断改进产品设计和工艺，使开山集团的高端产品更加适应发达国家市场的严格要求。

山东省章丘鼓风机股份有限公司为应对国际市场，设立了外贸总公司，在美国成立了风神鼓风机有限公司，并在国外设有14个代理机构。

成都电力机械有限公司于 2013 年 10 月收购了德国西门子公司旗下的 TLT 风机制造公司，该公司是世界著名的大型电站送引风机、矿井风机、隧道风机制造商，对成都电力机械公司设计、制造和管理水平提升起到了重要的促进作用。

通用机械制造业部分企业在实施国际化战略方面的初步成果，为其他企业"走出去"，拓展国际市场、转移产能和企业转型起到了一定的示范作用。

七、结束语

通用机械制造业承载着为国民经济各领域提供装备产品的重任。走过风风雨雨 60 多年，随着改革开放和国民经济的快速发展，通用机械制造业取得了长足的进步，已逐步建立起集设计、科研、生产、经营、技术和成套等服务为一体，产品门类齐全的工业体系，为电力、石化、冶金、煤炭等重要领域提供了大量装备，创造了许多辉煌的成就，为国民经济发展做出了巨大的贡献。

新时代的发展对通用机械制造业提出了新的要求，相信只要坚定不移地执行党的各项大政方针政策，与时俱进，创新发展，中国通用机械制造业一定会有更美好的明天！

第二章

中国泵工业发展史

一、概述

泵产品是一种输送流体介质的通用机械设备,自发明至今已有近450年的历史,随着社会经济的发展,工业化程度的不断提高,应用领域越来越广,现已广泛地应用于石油、炼厂、石油化工、化工、冶金、电力、航天航空、国防军工、矿山、城建、医药、食品等领域,在国民经济各个部门,已成为输送各种流体介质(部分含有固体颗粒)不可替代的通用机械装备。

1. 泵的分类

泵可以根据用途、制造材料、所抽送的流体以及泵在空间的方位进行分类,但每一种分类都有其局限性,并造成明显的彼此重叠。在泵分类系统中,按其作用原理,泵可以分为叶片式泵、容积式泵和其他特殊用途式泵三大类。

(1)叶片式泵 叶片式泵也称动力式泵。在这种泵中,能量是连续施加于流体的,以便使机器内流体的速度增加到超过泵出口的速度值,随后速度在泵内或泵外降低,因而压力增高。叶片式泵的分类见表2-1。

表2-1 叶片式泵的分类

叶片式泵				
离心式、混流式、径流式		轴流式	旋涡式	
单吸、双吸		单级、多级	单级、多级	
自吸式、非自吸式,单级、多级	闭式叶轮	开式叶轮	自吸式	非自吸式
开式叶轮、半开式叶轮、闭式叶轮		固定叶片、可调叶片		

(2)容积式泵 容积式泵也称正位移泵。在这种泵中,通过施加于若干封

闭的、充满流体的空间内的一个或几个运动边界，周期性地将能量施加于流体，使压力直接增加到所需要的数值，以便通过阀或孔口把流体排到输出管线。

根据增压元件的运动特点，容积式泵基本上可分为容积式往复式泵和容积式转子式泵两类，这两种主要类型的泵又可以细分为几种形式，分别见表 2-2 和表 2-3。

表 2-2　容积式往复式泵的分类

容积式往复式泵		
活塞式柱塞式		隔膜式
蒸汽双作用式	电动式	单缸、双缸
单缸、双缸	单作用、双作用	液体作用式、机械作用式
	单缸、双缸、三缸、多缸	

表 2-3　容积式转子式泵的分类

容积式转子式泵	
单转子式	多转子式
滑片式、活塞式、挠性元件式、螺杆式、蠕动式	齿轮式、凸轮式、旋转活塞式、螺杆式

(3) 其他特殊用途泵　其他特殊用途泵分类包括射流泵（引射器）、气体扬水器、水锤泵、电磁泵。

2. 泵在国民经济中的地位

泵产品在国民经济建设中用途极广，凡是有流体需输送的地方都要用泵，因此泵的品种规格繁多，现已发展到 5000 个以上的品种及许多变型产品。在诸多类型泵产品中，离心泵约占泵总产量的 80% 以上。

随着科学技术的发展及各种新兴工业领域的兴起，泵的应用范围不断扩大。泵输送的介质除水外，还有油、酸、碱……直到低温液化气体和高温熔融金属及颗粒状固体等。

泵产品运行时耗能巨大。据统计，泵系统耗电量约占到全世界发电量的 20% 和工业系统用电量的 25%~50%，在我国，泵的用电量约占全国用电量的 30%。多年来，国民经济各行业都积极开展和推进节能减排工作，也包括量大面广、节能潜力巨大的各类泵的节能改造。

二、旧中国的泵工业概况

通常我们把 1868 年开始至 1949 年中华人民共和国成立前，称为中国泵产业的萌芽期。自意大利人拉梅利发明滑片泵以来，在减轻人类体力劳动的同时，其作用也越来越重要。抗日战争前夕，由于资本主义世界的经济危机，我国民族工业除因抵制外货而有过局部、短暂的发展外，在大部分时间内的起色不大。当时，生产水泵的厂家有20多个，如上海的大隆、新中、明泰、华丰、震旦、实业、协昌等水泵厂，产品大多为单级单吸低速的小型离心泵。至1949年新中国成立，我国已经有了一些专业泵厂，包括1928年成立的长春魁利金制泵厂、1940年成立的北京同益水泵厂、1930年成立的生产潜水电泵的香港地产建设商会（Reda）泵公司、1932年在沈阳成立的生产小型离心泵的株式会社（即沈阳水泵厂前身）、1946年成立的上海洽兴抽水机修造社（该泵厂成立当年就测绘制造出中国第一台20cm口径深井泵）等。

三、泵工业的起步（1949—1957年）

（一）新中国第一批泵专业厂的形成

没收原官僚资本的水泵专业制造厂成为第一批中央直属的国营企业。例如：沈阳第六机器厂（沈阳水泵厂前身），当时产品未定型，后来发展成为地方国营的泵专业制造厂；国营长沙机械厂（长沙水泵厂前身）原属长沙市城建局工程公司，在赎买了顺风等六家厂店，并与国营的群济机械厂合并后于1951年7月1日正式成立；重庆水泵厂原属民航总局西南分局前进灭火机厂，建立于1951年5月，以后又并入一些小厂，1952年4月开始生产水泵；还有大连铸造厂（大连耐酸泵厂前身）、本溪市机械厂（本溪水泵厂前身）等。

私营企业主要有长春的魁利金制泵厂（长春市水泵厂前身），上海的上海机器厂（上海水泵厂前身）、华昌机器厂（并入上海水泵厂）、三蕃机器厂（上海第一水泵厂前身）、信利机器厂（并入上海第一水泵厂）、恰兴抽水机修理社（上海深井泵厂前身）、新生机器厂（并入上海深井泵厂）及大隆机器厂等，北京的同益水泵厂（北京水泵厂前身），武汉的开明铁工厂股份有限公司（武汉水泵厂前身），博山的福聚、新生和慎昌铁工厂（博山水泵厂前身）、柳行铁工厂（淄博真空设备厂前身）等。

（二）恢复时期的产品生产情况

这个时期的产品生产主要是利用旧有图样生产传统产品，也仿制出少量在当时有一定水平的大泵。三蕃机器厂先后仿制了TSW型和TSH型6种、54个规格的多级泵。沈阳水泵厂根据日本留下的图样生产水泵，这些图样往往缺少叶轮和蜗壳（导叶），通过仿制或相似放大缩小，按日本系列1949—1951年内试制成功11个系列、69个规格。其中有SSM型（2~9级）多级离心泵，KB、KP型单级双吸离心泵，SH、SL型单级单吸离心泵等。

由于泵品种十分杂乱，统一通用件尤为重要，因此泵制造厂在标准化工作方面开始起步。沈阳水泵厂接受标准化思想较早，1950年3月整理了日本留下的旧资料，形成可以通用于各不同类型水泵的通用件标准51种、303个规格，泵的专用件350个，其中包括紧固件、支承件、润滑件等，形成了初步的零件标准化体系。

（三）"一五"期间的发展

"一五"期间，1952年第一机械工业部（简称一机部）成立，内设第一机械工业管理局（简称一局），归口管理泵的生产。以一局的建立为标志，开始将我国的泵制造业纳入了国民经济计划范畴（此前一局只管理中央国营企业）。在国家计划管理下，通过学习苏联等社会主义国家的管理和技术，泵制造业有了长足的发展。

1. 管理体制的初步建立

一局在一机部统一部署下，定点专业生产厂，学习苏联的管理方法，在直属企业中建立生产技术管理的基本制度，全面照搬苏联的管理模式（如沈阳水泵厂）；而私营企业早期仍按原英美等国家管理模式，随着社会主义改造的开始，也逐渐转为苏联的管理模式。

2. 引进苏联产品技术并实现自行设计

引进苏联产品制造技术，促进了生产技术水平的提高。成系列的引进K型泵，使我国的泵类产品走向系列化生产，促使产品从单系列向多系列发展。K型泵的水力模型比较先进，为以后发展泵类新产品奠定了技术基础。沈阳水泵厂参考日本型单级双吸泵结构，于1954年6月自行设计试制了第一台单级双吸离心泵，试车运行平稳，噪声较小。随后制订了该型泵的通用件系列，按苏联标准系列参数设计产品，到1957年试制完成了全系列30个品种。经过整理日本图样，沈阳水泵厂还试制了5种SSM型节段式多级泵系列，并自行设计了2种，共计生产了7种SSM型多级泵。

3. 泵的材质扩展

"一五"期间，随着国民经济建设的大规模开展，对泵的需求也越来越广。为适应抽送不同介质的要求，泵的材料也由过去的单一铸铁发展为铸钢和不锈钢。广州通用机器厂首次浇注出泵体、叶轮等泵的主要零件，生产出合金钢耐酸泵。大连耐酸泵厂为锦西石油六厂测绘并试制生产了第一台不锈钢工业用泵——比例泵。同一时期，还研制成功了高硅铸铁，为生产耐腐蚀泵奠定了基础。

4. 品种迅速增加，工业布局初步形成

从1954年开始市场出现了大型泵和特殊泵供不应求，而中小型产品生产能力过剩的现象。供需不平衡的矛盾迫使各厂由"以产定销"转变为"以销定产"，受市场规律的冲击，各厂开始重视新产品的开发、质量和企业的管理工作。在这一时期，企业的管理水平和技术水平均有较为明显的提高。

"一五"期间,一机部直属专业水泵制造厂只有沈阳水泵厂一家。面对品种和产量的大幅度增长,需要扩点转产,在一局领导下,行业开展了定点规划活动。1956年,一机部一局委派调查组,赴长沙、武汉、上海、石家庄、大连等地调查全国泵制造厂情况,以便确定每个厂的专业方向、全国泵制造厂的布局及发展规划。调查组通过调研提出建议:武汉发展大型泵制造厂,石家庄发展专业杂质泵厂,大连发展耐酸泵厂,这些建议后来都付诸实施。

武汉水泵厂,在两部(一机部、农机部)和地方厅、局的扶持下,从1964年起逐步发展为大型泵制造厂。

上海水泵厂定点生产轴流泵和中开式离心泵,上海第一水泵厂定点生产中低压锅炉给水泵和多级清水泵,上海深井泵厂专业生产深井水泵等。上海机器厂原是私营厂,技术水平较好,规模较大,是1954年少数几个实行公私合营的工厂之一,到1956年时已能制造500~1200mm口径的大型轴流泵和扬程达480m的多级泵,同时还生产内燃机。该厂直到1959年迁闵行易地建新厂,1960年9月合并了上海、华昌、建华、联义、仁丰、大昌、财记等7厂后,才定名上海水泵厂。

石家庄水泵厂,1954年时为石家庄市铁工厂,主要生产铸铁锅和可锻铸铁件。1955年开始生产小型农用水泵,1956年国家投资28.55万元扩建,开始生产农用泵,后被一机部定点为杂质泵专业厂。该厂1956年和1957年试制生产了砂泵8种、污水泵3种。

长沙水泵厂,1955年6月经一机部一局定向为泵专业制造厂,此期间生产了1149和1480、КСМ型、НД型等类型的泵。

大连耐酸泵厂原是大连铸造厂,主要生产铸铁零部件。1958年初,该厂为东北制药厂成功地试制生产了仿苏KH3型高硅铸铁泵,标志着我国耐腐蚀泵制造业的开始。1959年,该厂生产耐腐蚀泵665台,开始走向工业产品专业化生产轨道。1960年3月,大连铸造厂更名为大连耐酸泵厂,成为我国第一个耐腐蚀泵专业化生产厂,自此开启了耐腐蚀泵的研发历史。后经测绘苏联的泵产品,针对硫酸行业的需求,仿制出了高硅铸铁材料的泵产品系列。

佛山水泵厂初期是生产缝纫机、犁头、小五金的机械厂,1955年开始生产农用离心泵。1956—1957年,该厂仿制了美国的14in轴流泵,试制成功40in轴流泵(广东省水电设计院设计),并生产离心泵、混流泵等产品。1957年正式定名为专业生产水泵的佛山水泵厂。

经过新中国成立后8年多的发展,我国泵产品制造达到了一定的水平。

四、泵工业的发展壮大(1958—1965年)

这一时期,我国经历了"大跃进"(1958年)和贯彻八字方针(1961年)

后稳步发展两个阶段。"大跃进"期间，由于基本建设失控，而社会需求的大量增加，在原有骨干厂发展的同时，各地区自行发展了大批中小型企业，开始形成我国的工业泵制造体系，并随着专业科研机构的建立，逐步形成了泵制造行业。

（一）泵工业布局基本形成

1. 第一次大规模投资

自1958年开始，国家先后向沈阳水泵厂等投资达1.2亿元，为企业易地新建、扩建车间及增加生产设备提供资金。通过第一次大规模的投资建设，形成了沈阳水泵厂、上海水泵厂、大连耐酸泵厂、长沙水泵厂、石家庄水泵厂5个骨干厂，本溪水泵厂、武汉水泵厂、佛山水泵厂、宝鸡水泵厂、哈尔滨水泵厂、上海第一水泵厂、博山水泵厂、兰州水泵厂、重庆水泵厂、阳泉水泵厂、北京水泵厂、天津市工业泵厂12个重点厂，我国工业泵的生产布局基本形成。

国民经济生产的建设发展，使工业泵制造力量迅速增长。各地区新发展起来的中小企业发挥了积极作用，增大了泵产品的制造力量，承担了一般泵产品制造，以弥补骨干企业力量之不足，使骨干企业能集中力量承担国家重点任务。但同时也存在着一些企业突击上马，不具备条件也生产，造成许多泵类产品粗制滥造、产品质量下降的情况。

2. 技术力量队伍迅速壮大

1964年底前，泵行业（17个厂统计）共有工程师37名，技师43名，这些技术力量是泵行业的老前辈。1957年哈尔滨工业大学有了第一届水力机械专业毕业生，随后华中工学院、浙江大学也培养了水力机械专业人才。自1961年起，我国自己培养的水力机械专业和其他专业的大、中专毕业生大量充实到各水泵厂，为泵产品的自行设计和开展研究工作打下了一定基础。

3. 具备生产铸钢的能力，扩大了生产技术领域

1958年前，泵行业仅有广州重型机器厂生产铸钢和不锈钢，泵专业制造厂没有生产铸钢的能力。1958—1965年，长沙、大连、沈阳等水泵厂建设了铸钢车间，铸造能力的提高使工业泵的技术领域扩大，输送介质从清水扩大到酸、碱溶液。这种材质也适于耐高温高压和冲刷，因此热加工能力的壮大对工业泵制造水平的提高具有开拓意义。

大连耐酸泵厂1960年建成0.25t三相电弧炉并投入生产，具备了生产铸钢的能力。沈阳水泵厂铸造车间于1963年3月建成，产能为铸钢件1112t/年，有色金属件88t/年，铸铁件800t/年。石家庄水泵厂铸造车间于1960年建成投产，到1968年时生产了6个钢种，其中4种耐磨合金铸铁，最大单件质量为1t；产能为铸钢件300t/年，耐磨合金铸铁件2600t/年。

(二) 为重点建设项目生产配套泵

此期间，国家大抓成套项目，各厂也发展了急需的特种泵，为火电站、矿山、军工、石油化工、农业等方面生产配套用泵。

1. 为火电站成套设备配套

1958年10月沈阳水泵厂采用苏联图样试制了火电站5万kW高压锅炉给水泵（扬程1500m，流量270m^3/h，转速2950r/min）。1960年长沙水泵厂为10万kW火电机组配套研制了大型循环泵湘江64-19型（流量为21600m^3/h，扬程为29m，功率为2300kW，泵高为3.8m，质量为28t）。1965年石家庄水泵厂试制成功20万kW、30万kW火电机组用的8PH型和10PH型灰渣泵。

2. 为矿山成套设备配套

泵制造厂制造了DA型矿山排水泵、杂质泵和潜水泵。在DA型泵类方面，1962年由一机部通用机械研究所组织，沈阳水泵厂具体指导，对SSM型泵进行了联合设计，改为DA型泵系列，共6种。1965年由沈阳水泵厂组织攻关8DA8，使效率达80%，该泵模型后来成为发展D型泵系列的基本水力模型。在杂质泵、潜水泵方面，石家庄水泵厂1960年研制成功14ΦB-18立式污水泵、12P-7泥浆泵；沈阳水泵厂于1958年试制成功DQJ型湿式潜水泵。

3. 为军工成套设备配套

1965年7月沈阳水泵厂为军工试制成功国产第一套（5台）工艺反应堆主泵——24B-9离心泵，又称801工程泵，这是我国泵类产品在提高等级水平、技术水平和质量管理水平上的一个标志。通用机械研究所为满足化工部820-1军工任务的需要，研制了首台2FPL型屏蔽泵，为我国填补了屏蔽泵空白，该产品于1965年获国家科学技术三等奖。1960年10月天津工业泵厂试制了潜艇关键设备之一——HBB1.4螺杆泵，填补了国内空白。该厂还在六机部七院四所的协助下，陆续仿制了苏联MBH三螺杆泵系列，并与七院四所联合设计了HPL型船用滑油、货油泵系列，基本满足了我国造船工业用三螺杆泵的需要。

4. 为石油化工成套配套

1961年10月沈阳水泵厂为石油化工成套试制成功年处理量100万t炼厂用KBH55~120裂化油泵（流量为120m^3/h，压力为5.5MPa，温度为350~400℃）。该泵是原油裂化的关键设备，按苏联图样研制，要求耐腐蚀和绝对密封，耐高温400℃，1958年下达任务后，历经三年试制成功，并获国务院科学奖。

1959年5月沈阳水泵厂试制成功我国第一台SZJ5/6型潜油泵，1963年年底生产了潜油泵样机（流量为40m^3/d，扬程为700m），第一次通过了工业运转，并在大庆召开了运转鉴定会。同时还为大庆油田试制了6GY7注水泵。该厂1959

年开始成系列地发展 DJ、DR、FDJ、FDR 型冷热油泵，1962 年完成，为石油工业发展做出了贡献。

石家庄水泵厂 1964 年为大庆炼油厂试制成功 8PDR-6 型油浆泵（流量为 20m³/h，扬程为 90m）。上海第一水泵厂为克拉玛依油田试制了 5D60-105 型油田注水泵。

化工泵的研制方面，1958 年沈阳水泵厂仿制德国 MOR 泵，又根据型谱设计生产了 FL 型合金钢耐腐蚀泵。大连耐酸泵厂试制成功了 FGA 型耐酸泵，共 8 个品种，4 种材质。1962 年石家庄水泵厂为南京化纤厂试制了 PWSC 系列立式耐酸污水泵。上海第一水泵厂为化工部第一感光材料厂试制成功了 4PA-6 型氨水泵。

5. 为农业服务用泵配套

我国大型水利枢纽工程之一——江都水利枢纽工程位于江苏省扬州市以东 14km，从 1961 年开始兴建，至 1977 年建成，共用了 17 年时间，建成了四座我国当时最大的电力排灌站。这四个站所安装的 33 台大型水泵（其中 PV160 轴流泵 16 台，ZL13.5-8 可逆式轴流泵 10 台，ZL30-7 轴流泵 7 台）均为上海水泵厂自行设计制造。装机总容量为 49.800kW，总流量为 473m³/s。1964 年在周恩来总理的关怀下，为解决香港九龙同胞吃用淡水问题，上海水泵厂赶制了 36in 的 6ZLB-70 轴流泵 33 台配套广东深圳第二期工程的 8 个泵站。1965 年 3 月 1 日起，每年向香港九龙地区供水 6820 万 m³，同时还使广东深圳地区 16.85 万亩（1 亩≈666.67m²，下同）良田受益。

1960 年佛山水泵厂根据我国沿海鱼类特性，设计制造了 6YB-12 离心式吸鱼泵，这是我国最早制造的用于渔业生产的水泵，在福建、山东、辽宁、广东等沿海广泛使用。

佛山水泵厂发展了轴流泵系列，1958 年开始了自行设计，1958—1962 年先后发展了 8~60in 全系列 12 种轴流泵系列，流量为 108~25200m³/h，扬程为 1~8m。其中 14in（n_s=850）轴流泵在上海的全国轴流泵水力模型评比试验中效率名列第一。改进设计的 40ZLB-85A、14ZLB-85、20ZLB-85 三种轴流泵出口澳大利亚和伊拉克等国，受到国外用户的好评。

（三）建立泵产品科研基地

1956 年 6 月一机部通用机械研究所在北京成立，随后又成立了泵、风机等专业产品研究室，挂靠在有关厂。根据一机部一局"〔57〕器一机技字第 244 号文"批复：决定于 1957 年 5 月 10 日在沈阳水泵厂成立水泵研究室。该室除为本厂服务外，部分力量在局的领导下为全国性研究工作服务，属一机部通用总局直属事业单位，受局及厂的双重领导，由局拨给各项经费，在工厂下放地方后仍然不变。1958年4月，一机部一局提出建立行业科研网的书面报告，重申了专业研究室的性质、任务，并建议扩大水泵研究室为水泵研究所，5月报告获批复同意。1960年4月28日成立沈阳市机械工业局水泵研究所，1962年6月16日根据"〔62〕一人字第41号文"及同年8月"〔62〕一技字第422号文"，水泵研究所改称第一机械工业部第一局沈阳水泵研究所。

（四）行业活动活跃

自1958年以来国家对泵行业进行了大量投资，使泵行业制造力量加强，形成了17个主要制造厂。但各厂标准不一、产品杂乱、品种少、质量低的矛盾愈加突出，加强企业之间经济技术交流的必要性越来越明显。各地区自行发展的中小型企业缺乏技术力量，迫切需要老企业和科研院所的支持，特别是这期间发展的大型成套设备和高精产品中的重大技术问题，在当时的条件下，靠单独一厂或一所的力量很难解决，只有联合起来，共同攻关。为推进开展行业工作，行业组织逐渐由"民办"转变为"民办官助"。

1. 开展联合设计提高产品"三化"水平

1960年5月—9月由通用机械研究所和上海水泵厂共同组织，佛山水泵厂、红星机械厂、长沙水泵厂、石家庄水泵厂和天津水泵一厂参加，对轴流泵系列型谱进行整顿，将各厂的6种模型进行测试试验，选出效率最高的20ZL-65和PV50为基准模型，制订了轴流式清水泵型谱。通过型谱整顿，品种由原来的50种减为14种，另外新增加5种高扬程新产品，全系列共有19个品种。

1962年和1965年泵行业组织了两次联合设计。第一次联合设计由通用机械研究所主持，统一设计了BA型17种、SH型30种、DA型多级泵6种的产品图样并制订了图样管理制度。第二次联合设计由沈阳水泵研究所和通用机械研究所主持，分别在沈阳和北京进行了两次F型耐酸泵联合设计。

把泵行业有限的技术力量组织起来，以骨干厂为主，建立统一的技术标准、产品系列，为缺乏技术力量的各中小型企业培训技术力量，促进了行业厂生产技术水平的提高，使"量大面广"的泵类产品水平提高很快。与此同时，也使骨干重点厂能集中力量完成国家急需的重大产品研发。这两次联合设计，为以后产品的"三化"工作打下了良好基础，对产品质量的提高起到了积极作用。

2. 建立行业信息交流渠道

1958年水泵研究室创办了《水泵设计与研究》油印本，出刊19期。1965年改为不定期的《水泵技术》铅印本，1972年经国家批准改为公开发行的正式刊物。1964年10月在沈阳召开第一次行业情报工作会议，成立了全国水泵行业技术情报网，组织行业力量调研20世纪60年代国外泵产品水平，并于1966年出版了国外20世纪60年代初期《泵》发展水平综述，共分5册油印出版。

3. 开展具有影响力的行业活动

1960年3月在一机部一局和中国机械工会全委直接领导下组织了"水泵一条龙先进经验观摩队",由佛山、长沙、上海、石家庄、天津、本溪、沈阳等10个水泵厂的先进经验能手21人组成,并邀请了通用机械研究所、一局技术处、沈阳水泵研究室等单位参加,巡回10省市17个水泵厂,总结、交流经验300多次,交流技术资料850多份,推广了产品设计、木模铸造(如石家庄的泥芯)、加工(如倪志福钻头、反刀架、强力切削等)、装配、产品试验和生产技术管理等经验。观摩队的示范表演,开阔了行业厂职工的眼界,促进了各厂学赶先进、开展技术革新、技术革命的新气象。观摩队还在搜集各厂经验的基础上,汇编了《水泵一条龙先进经验》专集。在当时的条件下,这些行业活动对提高整个泵行业的生产技术水平起了很大的作用。

4. 制订了产品试验等标准

1959年前泵行业还没有统一标准,随着生产的发展,产品标准工作得到推进。在一局领导下,在长沙审查了TH4—59《一般离心清水泵技术条件》、TH5—59《离心深井泵技术条件》、TH6—59《离心泵、轴流泵和旋涡泵试验方法》和TH7—59《水泵流量的测定方法》等。这些标准是参考苏、英、日的标准制定的,是通用机械最早出现的行业标准之一。1961年在沈阳制定了《出口援外产品的质量标准》《泵类产品出厂成套性标准》和《泵类产品铸件技术标准》等行业标准。

5. 泵产品向系列化方向发展

1964年泵行业开展了"工业学大庆"运动,贯彻"三老""四严"的科学精神,同时编制了赶超规划,还通过一些外国来华的工业展览购买样机,取其精华,大搞联合设计,使泵产品向系列化方向发展。

工业泵行业经过这一时期的发展,产品从仿制走向自行设计的新阶段,为泵行业生产和技术发展取得了重要经验,为今后的发展创造了十分有利的条件。国家开始重视科研、标准、情报等活动。各厂开始建立起正常的生产和科研秩序,为下一步生产技术发展打下了良好的基础。

五、泵工业在曲折中前进(1966—1976年)

这个时期由于强调战备,高积累,基本建设规模大,对泵类产品需要多,因此泵类产品,尤其是军工配套产品还是有所发展的。

(一)泵厂建设规模的进一步扩大

1969年下半年到70年代初期,随着我国引进大型化肥厂、化纤厂,以及国内石油工业的发展，使我国的化工泵、油泵出现了短缺的局面。国家提出"大打矿山之仗"，又使多级矿山排水泵出现了短缺。总之，需要特殊泵、高压泵以满足国民经济发展的要求。

为了发展短缺产品，1972—1973年国家再次投资对工业泵行业进行较大规模的扩建。1972—1973年重点企业扩建投资情况（以16个企业为例）见表2-4。这些投资项目扩大了泵制造厂的生产能力，也在客观上进一步提高了泵类产品的生产制造水平。但由于缺乏良好的规划，在提高企业劳动生产率、经济效益方面，以及以技术改造促使技术进步方面，并未取得显著的效果。

表2-4 1972—1973年重点企业扩建投资情况（以16个企业为例）

企业名称	投资/万元	投资效果
上海水泵厂	100	新建船用泵车间，为船用泵扩大生产创造了条件
沈阳水泵厂	451	新建铸铁车间（3000t/年）、螺杆泵车间（1000台/年），研究所试验室和办公楼2200m²
石家庄水泵厂	100	扩建厂房5278 m²，新增设备23台
武汉水泵厂	1086.5	新增设备475.7万元，新办公楼1座，铸钢、特殊泵、农业大泵3个车间，形成特殊泵、农业大泵50~100台/年的产能
宝鸡水泵厂	118	生产车间1400m²，职工宿舍1800m²，设备62台，汽车3辆
兰州水泵厂	37	扩建大泵车间2000m²，增加全部设备18台
北京水泵厂	125	机加车间5000m²，铸钢车间2000m²，两项总投资125万元，新增设备47台
博山水泵厂	644	铸钢车间2342m²，第二金工车间5040m²，装配试泵车间3966m²，热处理车间533m²，总计11881m²
大连耐酸泵厂	16.5	改造变电室、制造军工生产线（机锤生产线），购置生产设备
佛山水泵厂	108（1971年投资，1975年完成）	新建铸造车间1944m²，露天起重机车间613m²，新建辅助生产厂房1036m²，生活设施1617m²
本溪水泵厂	223.7	新建铸造、热处理、装配厂房和变电所，总计9000m²；设备投资78.4万元
哈尔滨水泵厂	80	建设机械化铸造车间
上海第一水泵厂	22.5	翻建506m²的大件金工车间
阳泉水泵厂	74	新建装配车间1482m²，金工车间3412m²
重庆水泵厂	40.05	更新设备17台，新产品试制费7.2万元，用于493工程投资19万元
天津市工业泵厂	100	离心泵车间2072m²，大五金库180m²，新增金切设备56台

（二）泵技术和生产曲折发展

尽管一段时期正常生产秩序受到影响，但是全行业职工还是顾全大局、奋发努力，为火电站、矿山、军工、石油化工、农业等方面生产了配套用泵，满足了当时的急需。

1. 火电站成套设备配套方面

长沙水泵厂从1966年起，经过十年设计开发，形成沅江型泵系列产品，有36in、40in、48in共3个品种、5个型号、9个规格。1976年由一机部、水电部鉴定，定型为10万~20万kW机组循环泵。

1971—1974年沈阳水泵厂试制成功5万~30万kW机组高压锅炉给水泵。1971年用DG270-140泵代替了仿苏DG270-150泵为5万kW和10万kW机组配套，并试制了立式冷凝泵8NL-12。1969年1月试制成功12.5万kW机组用100%容量的DG500-180与立式冷凝泵12NL-12。1971年试制成功20万kW机组配套用50%容量的DG375-185、立式冷凝泵14NL-14。1974年试制成功河南姚孟电厂第一套30万kW机组用DG520-230型泵（功率为6300kW，转速为5239r/min），第一次采用高速给水泵，并在厂内进行了全速热态试验。同年6月，试制完成主冷凝泵16NS-165和副冷凝泵16NS-165A。

1974年上海第一水泵厂试制成功江苏望亭电厂第一套30万kW机组用DG500-240型高压高速锅炉给水泵。

1972年上海水泵厂试制成功12.5万kW火电机组用DG500-200型锅炉给水泵（后为适应实际工况，先后改型生产了DG500-180、DG 500-165、DG 500-165 Ⅱ型）。1971年开始研制并先后试制成功了为2.5万kW、5万kW、10万kW、12.5万kW、20万kW、30万kW火电机组配套的冷凝泵系列6NB-6、8 NB-12、12 NL-125、12NL-100、16NL-180、18NL-100和18NL-190型7个品种。1964—1976年试制成功了为5万kW、10万kW、12.5万kW、20万kW、30万kW火电机组配套的循环水泵系列40ZLQ-50、50ZLQ-50/54型轴流泵和1200HLB-12、1400HLB-16型混流泵共5个品种。1972年9月应用诱导轮技术研制成功6NB-6型冷凝泵，代替老产品8ND7×3型泵，效率提高13%，吸程增加1m，泵重由500kg降为167kg，零件数减少1/2。以后又推广到冷凝泵系列和低加疏水泵中，均得到理想效果。

1973年博山水泵厂采用诱导轮技术，保持原仿苏10SN冷凝泵吸程，重量由3500kg减少到250kg，效率由59%提高到74%，电动机由100kW降为75kW。

1974年武汉水泵厂试制出LZ型立式电站循环泵，经过不断完善改进，于1982年在马鞍山通过鉴定。

2. 矿山成套设备配套方面

1967年11月佛山水泵厂仿制、改进设计成功我国第一台2YK-110水环真空泵，填补了国内空白。

1971年沈阳水泵厂提供了我国第一套水力采煤机组D280-100×8、8GZ100×8、该泵串联使用，最大出口压力为20MPa，功率为1250kW。

为开发煤田，挖掘深层煤，加速竖井建设，博山水泵厂设计试制了高扬程吊泵系列800DL-250、800DL-500、800DL-750，经一机部、煤炭部、冶金部三部鉴定合格，获国家奖励。

石家庄水泵厂试制成功32in立式污水泵和250JQ80潜水泵。

3. 为军工成套设备配套方面

1966年沈阳水泵厂试制成功军用耐酸机械密封泵820-ⅢF-45、820-ⅢF-65、820-ⅢF-180，以及温度为320℃、入口压力为17.5MPa的高温高压屏蔽泵21PL-3、3PL-4、4PL-8。

1966年沈阳水泵厂为军工09工程配套试制成功两种耐海水冷凝铜泵：电动主冷凝泵DLN-150、1#副冷凝泵DLN-24，汽蚀余量（NPSH）≤0.45m，是国家二级定型产品。1969年试制成功CQG110-28等五个规格的高速高扬程单级给水泵（流量为17~165m^3/h，扬程为280~550m，转速为4500~6000r/min）。

1970年沈阳水泵厂试制完成并于1974年定型的803主泵8P20，是我国当时容量最大（功率为220kW）的高温高压屏蔽电泵，国家一级定型产品。于1971年试制成功援越"525"拖车泵。1971—1973年沈阳水泵厂为核工业821、816工程提供了8台主泵。

1975年1月沈阳水泵厂试制成功3LU50D-200型高压三螺杆泵（流量为5m^3/h，压力为20MPa）。采用离子渗氮工艺，提高了零件的硬度、耐磨性及寿命。当时在世界上有据可查的只有美国、瑞士和中国有此种泵。

1966年通用机械研究所为06单位研制成功自吸式离心泵。该泵自吸时间为20~30s，吸程为7m，流量为108m^3/h，扬程为75m，功率为110马力（1马力 = 735.499W），采用柴油机驱动。

1970年为加速海军建设，上海水泵厂试制了4672Q-42给水泵、冷凝泵、增压泵，上海第一水泵厂试制生产了3LB液氮泵，还有博山、沈阳、长沙、武汉、天津等地的各泵厂都为海军用泵做出了贡献。

1971年4月，淄博真空设备厂研制了"O"字号单位的旋片式真空泵，并面向全国供应。

为支援国防建设，1973年上海水泵厂制造了20HL-10型泵，长沙水泵厂制造了铜泵，天津工业泵厂制造了船用螺杆泵和离心泵，石家庄水泵厂生产了污水泵。

天津工业泵厂为解决核潜艇动力源——高压大流量三螺杆泵，于1974年自行设计试制成功3GC36×12型船用高压三螺杆泵，获得全国科技大会"船用三螺杆泵科技成果奖"。

4. 为石油化工成套设备配套方面

(1) 满足年产 250 万~500 万 t 炼油设备的离心油泵 1969 年沈阳水泵厂为北京东方红炼油厂 250 万 t/年炼油设备提供了自行设计的 Y 型离心油泵全系列产品，代替了 DR、FDR 型老产品。

1969 年大连耐酸泵厂为北京东方红炼油厂 250 万 t/年乙烯装置，提供了自行设计的 F 型全系列耐腐蚀泵。1975 年，为适应输送低温腐蚀介质的需要，大连耐酸泵厂同兰州化工机械研究所共同设计了 DLB 型单级单吸立式低温泵。1977 年，大连耐酸泵厂研制生产的高硅耐酸球墨铸铁获辽宁省重大科技成果奖。

1974 年 6 月，一机部与燃化部在兰州召开 500 万 t/年炼油厂机、泵、阀技术交底、协商选型会，落实了老产品 64 种，新产品 8 种。新产品分别由长沙水泵厂 (4 种)、沈阳水泵厂 (1 种)、石家庄水泵厂 (2 种)、重庆水泵厂 (1 种) 先后试制成功。

1976 年 7 月，沈阳水泵厂试制完成 YQJ-200 型潜油泵 (流量为 200m^3/d，扬程为 1500m，温度为 90~95℃)。

(2) 输油管线用泵 1971—1975 年沈阳水泵厂试制成功三条输油管线用泵。

第一条：大庆油田—抚顺的加压泵：400KD250×2、300DS80×7，1971 年试制成功。轴封采用硬质合金摩擦副的机械密封，功率为 2500kW。厂内做全性能试验，并负责用户安装。

第二条：铁岭—秦皇岛的 DKS750-550，1973 年完成。

第三条：铁岭—大连的 KS3000-190 中开串联离心输油泵，1975 年试制成功。

1973 年北京水泵厂试制成功 DKS450-550 输油管线用泵。

(3) 油田注水泵 1971 年沈阳水泵厂试制成功 150D170×7，功率为 1600kW。

(4) 化肥用泵 长沙水泵厂试制成功 65FN-50 型熔融尿素泵。该泵是 11 万 t/年、24 万 t/年尿素装置的关键设备，1973 年设计，1974 年试制，1975 年开始在湘江氮肥厂使用，从而结束了我国该类产品依赖进口的历史。

博山水泵厂为支援山东地区的"五小"，1973 年为全省 110 余个小化肥厂提供了全套水泵设备，并为化肥生产设计了 3D7-4/150 铜液泵。

当时高速部分流泵是新发展起来的一种高速泵，用于大型合成氨、乙烯、涤纶成套装置中，在美国、日本已有产品，国内尚属空白。为了研制这种泵，通用机械研究所于 1973 年底建成了 55kW、2in 管路，转速达 30000r/min 的水力模型试验台，1974 年开始水力模型 (流量为 10m^3/h，扬程为 500m，转速为 1650r/min) 的研究，取得了试验数据。在此基础上与上海深井泵厂共同完成了我国自制第一套 30 万 t/年合成氨配套用高速冷氨泵水力模型，并用不到一年半的时间研制成功国内第一台高速部分流泵，即 GBL1-7.5/404 型高速冷氨泵。性能参数:流量为 7.5m³/h,扬程为 404m,转速为 10200r/min,入口压力为 50kPa,温度为 -33.3℃。之后通用机械研究所又研制了 GW1A 型(为北京石化总厂)和 GWⅡ型(为石油部油田开发用)高速部分流泵。同时建成国内第一套 360kW、转速最高为 21600r/min、晶闸管调速的高速部分流泵模型试验台,为研制大型高速部分流泵创造了条件。

为 30 万 t/年合成氨装置配套,通用机械研究所和上海水泵厂联合设计和研发了 W120-160 能量回收涡轮机,用于脱碳工段回收液体能量,具有较大的节能效益。该机性能参数:流量为 1180m³/h,入口压力为 2.6MPa,出口压力为 0.7MPa,介质温度为 118℃,介质相对密度为 1.23,转速为 3000r/min,效率为 80%。

5. 在农业服务配套用泵方面

1970 年武汉水泵厂试制成功 CJ 型 2.8m 全调节轴流泵(流量为 21m³/s,扬程为 5.6m,功率为 1600kW,总质量为 43.9t)6 台,安装在湖北沉湖农场。到 1979 年共生产 77 台,用于长江、汉水流域的十个县,排涝面积达 391.43 万亩,为江汉平原旱涝保丰收发挥了很大作用。

上海水泵厂试制成功 3.1m 大型轴流泵,首批 7 台,运行在荣获水利部金质奖章和全优工程称号的江都水利枢纽工程上。

佛山水泵厂先后在 1965、1975 年试制了稀土镁球墨铸铁和钇基重稀土球墨铸铁的耐磨铸铁泵,后将钇基重稀土球墨铸铁用来制造 32sh-9 中开式离心泵。该泵适用介质是每立方米含砂量为 65~250kg 的黄河水,经景泰川灌区使用,耐磨性达到要求。

6. 其他用途泵

上海水泵厂为 728 工程(30 万 kW 核电站)试制了主循环泵轴密封。1966 年上海深井泵厂为重庆研制了 30in 大型深井泵。1975 年 10 月沈阳水泵厂试制成功 QL-200 型电动潜卤泵,1981 年 10 月在四川自贡鉴定,获省二等奖。大连耐酸泵厂为上海金山石化研制了低温泵——DL 型立式筒袋多级离心泵,输送介质温度为 -105℃。

(三)行业活动的恢复

1972 年,周恩来总理在"四届人大"会议上提出中国要在 20 世纪末实现"四个现代化"的宏伟目标,使全国经济许多领域焕发了生机。这一时期行业活动的主要内容是联合设计,促进产品系列化,制定部标准,恢复情报网,恢复行业质量检查评比活动及专题技术交流会等,从而使工业泵的技术水平有了一定提高。

1. 联合设计

泵行业开展联合设计工作过程的产品系列演变情况见表 2-5。

表 2-5 泵行业开展联合设计工作过程的产品系列演变情况

序号	产品名称	型号	性能范围	生产品种数量 系列	生产品种数量 系列	产品演变过程 仿制整顿阶段	产品演变过程 重大改革阶段	与国外主要差距
1	单级悬臂式清水泵	B	1967年部颁标准：$Q=10\sim280\text{m}^3/\text{h}$；$H=8\sim100\text{m}$	26	20	1952年进口苏联K型泵图样10种，根据苏联典型和典型结构结和设计了部分产品。1962年对K型泵进行整顿，但水力模型与主要结构均未做改进，改称为BA型泵	1966年对托架进行了改进，在重量、零件数、加工工时等指标方面有较大的提高，但水力模型未做重大改进，改称B型泵	产品差距：寿命低。变型产品少，效率和吸程低 技术差距如下： 1) 铸件质量差 2) 静平衡误差大，转子无动平衡要求 3) 无测量振动噪声的设备 4) 性能试验装置不符合国际标准
2	单级双吸清水泵	S	1967年部颁标准：$Q=160\sim18000\text{m}^3/\text{h}$；$H=12\sim125\text{m}$；$P=30\sim200\text{kW}$	41	30	1953—1957年沈阳水泵厂根据苏联系列型谱自行设计发展了Ц型泵系列。1955年长沙水泵厂发展了HД型系列，1962年进行了整顿，但水力模型与结构未做改进，Ц型改称SH型，HД型改称SA型	1966年在SH和SA型泵的基础上制定了S型泵的部标。1967年进行了联合设计，1979年重新编制了S型泵通用标准件手册。接近国外同类产品水平，改进了水力模型、结构，通用化标准化程度较高	1) 汽蚀性能较差，寿命短 2) 变型产品少，适应性较差 3) 效率达国外一般水平

(续)

序号	产品名称	型号	性能范围	生产品种数量 系列	生产品种数量 系列	产品演变过程 仿制和整顿阶段	产品演变过程 重大改革阶段	与国外主要差距
3	离心油泵	Y	统一的系列草案：$Q = 6.25 \sim 450 \mathrm{m}^3/\mathrm{h}$；$H = 60 \sim 600 \mathrm{m}$	29	24	是在仿苏 H、HF 系列的基础上发展起来的。1958 年开始试制 DJ、DR、FDJ、FDR 等系列冷热油泵，1959 年完成	1966 年对老产品进行了改革，制定了 Y 型离心油泵系列，并进行了联合设计，于 1969 年全部试制完毕，进入批量生产	同序号 1
4	金属耐腐蚀泵	F	$Q = 3.5 \sim 350 \mathrm{m}^3/\mathrm{h}$；$H = 12 \sim 100 \mathrm{m}$	33	27	1954 年按照苏联泵产品图样，沈阳水泵厂设计了铸铁和合金钢耐腐蚀泵系列，并交由广州通用机械厂生产。1958 年仿制德国的型谱设计生产了 BN 型合金钢耐酸泵	1967 年在制定了新的 F 型耐腐蚀泵系列方案	主要的差距是材料品种少 其他同序号 1
5	节段式多级清水泵	D	1967 年部颁标准：$Q = 18 \sim 420 \mathrm{m}^3/\mathrm{h}$；$H = 76.5 \sim 615 \mathrm{m}$；$P = 7.5 \sim 1050 \mathrm{kW}$	23	15	1949—1955 年沈阳水泵厂根据日本图样生产 SSM 型，上海第一水泵厂生产 TSW；1955 年沈阳水泵厂设计生产了 12 型泵；1962 年对 SSM 型进行了整顿，但水力模型和主要结构未变，改称 DA 型。1965 年博山水泵厂自行设计了 DA1 型共 6 种多级泵	1966 年在 DA 型基础上进行了改进，水力模型与结构均有较大的变化，发展了 D 型泵系列。1967 年颁布了 JB 1051—1967《一般多级离心水泵型式与基本参数》，其中也包括中低压锅炉给水泵。1972 年系列合并	1）品种少，满足不了需求 2）寿命较低 原因是材料品种少 3）83.3%的产品较系列规定的效率低 1%~9%，58%的吸程低 0.3~1m，主要原因是铸件精度低

序号	名称	型号	参数	品种数	发展概况	标准制定	存在问题
6	高中压锅炉给水泵	DG、GC	中压: $Q=18\sim280\text{m}^3/\text{h}$; $H=114\sim675\text{m}$; $P=10\sim600\text{kW}$。高压: $P=2000\sim6300\text{kW}$（给水泵）; $P=300\sim2000\text{kW}$（油田注水）; 2500kW（矿山排水）	中压19	中低压锅炉给水泵是20世纪50年代在设计仿制国外产品基础上发展起来的,高压给水泵是在苏联产品基础上发展起来的	1974年为30万kW火电机组,沈阳水泵厂和上海第一水泵厂分别自行设计和生产了高速高压锅炉给水泵,型号分别为DG520-230型和DG500-240型	1)可靠性低于国外水平,国外泵大修期一般为2.5万h,国产泵约为1万h 2)国产泵自动保护和监测措施较少 3)国内特种钢材料品种少
7	管道式离心油泵	YG	1967年制定系列标准: $Q=6.25\sim360\text{m}^3/\text{h}$; $H=24\sim150\text{m}$	26	16		1967年制定了YG型管道式离心油泵系列草案 1963年进行联合设计,并投入生产	未做调查。样机没有达到列系列规定的效率指标,一般差2%~7%
8	油池泵	YC	1967年制定系列标准: $Q=144\sim360\text{m}^3/\text{h}$; $H=35\sim150\text{m}$	18	6（非系列产品有3种）		1967年制定了YC型油池泵系列	同序号1
9	液下泵	FY	$Q<350\text{m}^3/\text{h}$; $H<40\text{m}$	21	19		1967年制定了FY系列标准	
10	深井泵	J	无统一的系列标准		18	1953年沈阳水泵厂仿苏的ATH深井泵。1959年进行整顿,水力模型与结构未变,改称SD型,还发展了20H。1967年该厂自行研制的J型深井泵系列代替了SD型	1967年制定了J型深井泵系列,水力模型与结构与ATH相同。1974年为满足自动线需要,结构做了改进	1)品种少,寿命短(主要是材料品种少,加工精度低) 2)效率低

(续)

序号	产品名称	型号	性能范围	生产品种数量 系列	生产品种数量 系列	产品演变过程 仿制和整顿阶段	产品演变过程 重大改革阶段	与国外主要差距
11	轴流泵	JD	系列草案：$Q=135\sim 70000m^3/h$；$H=1.24\sim 22m$	50	43	上海深井泵厂发展了仿美的JD型深井泵	1967年制定系列草案	产品差距：调节机构的可靠性差寿命低 技术差距：同序号1
12	混流泵		生产范围：$Q=19.4\sim 6000m^3/h$；$H=3.6\sim 45.1m$		77			
13	冷凝泵	N及NL	系列标准：$Q=4\sim 320m^3/h$；$H=26\sim 170m$	26	13	是在仿苏产品KC，KCД型泵的基础上发展起来的。1959年对仿苏产品进行了彻底改革	沈阳水泵研究所1967年制定了系列标准（草案）并设计出全部图样	产品差距：寿命短 技术差距：同序号1
14	旋涡泵离心旋涡泵	W	W型系列：$Q=0.72\sim 144m^3/h$；$H=20\sim 90m$，上海第一水泵厂生产的达105m WX型系列：$Q=9\sim 21.6m^3/h$；$H=130\sim 150m$	13	13	在仿苏的ПK型旋涡泵的基础上发展起来的。1960年对仿苏产品进行了彻底改革。上海第一水泵厂在仿美的DB型旋涡泵的基础上发展起来	1968年制定了系列标准初步草案，并联合设计出全部图样	同序号1
15	深井潜水泵	JQ	1973年5月部颁标准：$Q=10\sim 1200m^3/h$；$H=15\sim 200m$	试制9定型4	13	1958年开始试制潜水泵	1973年5月制定了系列标准。1982年国家颁布了JQ型系列标准	1) 效率低 2) 运转可靠性差寿命低 3) 适用范围窄 技术差距：同序号1
16	热水循环泵	R	1970年系列标准：$Q=7.2\sim 450m^3/h$；$H=20\sim 80m$	19	10		1970年制定了系列标准并联合设计出全部图样	同序号1

序号	名称	型号	规格	品种数	数量	发展概况	系列制定	存在问题
17	螺杆泵	V	沈阳水泵厂：$Q=0.61\sim624m^3/h$；压力为$0.4\sim20MPa$ 天津工业泵厂：$Q=0.4\sim300m^3/h$；压力为$0.4\sim16MPa$	50	15	1963年开始试制了三螺杆泵。1967年编制了三螺杆型型谱。1972年五螺杆泵开始试制，只有一个品种	沈阳水泵厂与天津工业泵厂分别制定了本厂的系列	1）寿命短（主要原因是加工精度低，材质差，热处理差） 2）标准化、通用化工作很差
18	水环式真空泵和压缩机	SZ	口径：$25\sim400mm$；抽气速度：$0.4\sim150m^3/min$；极限真空$14.67kPa$	37	10	在仿苏产品PMK基础上发展起来的。1959年对PMK进行了整顿（重要结构未变），改为SZ型	1967年制定了新的水环真空泵系列草案	效率、耗水量、最大真空度都很落后
19	离心砂泵	PS	1966年系列草案：$Q=25\sim920m^3/h$；$H=8.2\sim50m$	19	10	在1954年基础上发展起来的	1966年制定了系列草案	1）寿命短，运行可靠性差 2）效率低，能耗高 3）产品性能重叠，缺门产品多 4）材质品种少，适应性差 5）"三化"程度低
20	离心式污水泵	PW	1967年系列标准：$Q=18\sim2520m^3/h$；$H=7\sim70m$	39	4	在1953年基础上发展起来的	1967年制定了系列标准	同序号19
21	离心式泥浆泵	PN	系列标准：$Q=20\sim8000m^3/h$；$H=10\sim60m$	34	10	在1954年仿苏产品的基础上发展起来的，也有个别自行设计的	1966年对老产品进行了彻底改革，制定了系列标准	同序号19

（续）

序号	产品名称	型号	性能范围	生产品种数量		产品演变过程		与国外主要差距
				系列	系列	仿制和整顿阶段	重大改革阶段	
22	离心式灰渣泵	PH	系列标准：$Q=165\sim8000\mathrm{m}^3/\mathrm{h}$；$H=40\sim65.5\mathrm{m}$	5	4	在仿制国外产品的基础上发展起来的	1966年编制了系列草案	同序号19
23	离心自吸泵		生产范围：$Q=28.8\sim155\mathrm{m}^3/\mathrm{h}$；$H=7.5\sim15\mathrm{m}$		4	1964年开始研究试验，有4个品种，结构不统一，空白区较大		
24	立式离心泵			62	11	在仿苏产品的基础上发展起来的离心泵，以后又自行设计了一部分	1968年制定了系列	生产的品种少
25	立式船用离心泵	u	1972年系列：$Q=3.1\sim780\mathrm{m}^3/\mathrm{h}$；$H=10\sim90\mathrm{m}$	30	29	在仿苏产品的基础上发展起来的。1963年没做大修改，根据苏联系列和型谱制定了5种结构型式：CL、CZL、CSL、CDL、CBL，但结构不统一，标准化程度差，不能满足生产的需要	1972年制定了新系列	
26	屏蔽泵	P	系列草案：$Q=0.65\sim200\mathrm{m}^3/\mathrm{h}$；$H=15\sim95\mathrm{m}$	37	10	1961—1962年开始研究试制屏蔽泵，1965年开始生产个别产品	1967年制定了屏蔽泵系列草案	

注：Q为流量；H为扬程；P为轴功率。

2. 制定部级标准

1967 年，由一机部批准 10 个部颁标准。这 10 个标准，特别是试验方法和流量测定方法标准，对泵行业各厂建立和完善各种试验条件，发挥了很大的促进作用。

通用机械研究所受部局委托，主持了对《Y 型卧式离心油泵型式与基本参数》等 8 个标准的审查。

3. 恢复情报网

泵行业召开了两次全国情报会议。

第一次是 1973 年 3 月 6 日—4 月 2 日于桂林召开。会议制订了《情报网暂行办法》；落实了编写国内外泵类产品 20 世纪 70 年代水平调研报告的计划；组织行业力量编写了《国外泵的试验标准介绍》《国外现代锅炉给水泵发展概况》等六篇技术资料，编写出版了《离心泵设计基础》，发行量达 47800 册，还编制了含有 57 个模型的《全国水泵行业水力模型汇编》；会议还责成沈阳水泵研究所成立《水泵技术》编辑部，具体负责《水泵技术》（季刊）的编辑发行工作。

第二次是 1975 年 6 月 5—13 日于昆明召开。会议修改了《全国水泵行业情报网组织条例》；落实了《关于国内外泵类产品使用情况调查计划》。

4. 恢复行业质量检查

从 1972 年 1 月恢复行业质量检查。1972 年 9 月 15 日在山东淄博召开行业质量检查总结会，会上制订了行业活动计划及《水泵行业产品质量检查暂行办法》与《水泵行业质量攻关的规划》，后来又制订了水泵行业《泵类产品质量分等办法》初稿，修订补充了行业产品质量检查条例。

5. 举办两次专题技术交流会

1974 年 3 月 15—20 日于佛山召开全国热加工经验交流会。佛山水泵厂的稀土球墨铸铁已在近百种泵用零件和其他设备上大量推广和应用。沈阳铸造厂与沈阳机电学院的硼铜铸铁，耐磨性好，可提高寿命 3 倍。长沙水泵厂对稀土高强度灰铸铁做了大量的试验研究，对解决泵产品铸件质量差、寿命短的质量关键问题发挥了作用。大连耐酸泵厂对高硅耐蚀铸铁、阳泉水泵厂对耐碱铸铁、石家庄水泵厂对耐磨铸铁、沈阳水泵厂对节镍不锈钢、大连耐酸泵厂对无镍不锈钢等特殊泵用材料，都做了大量工作，并取得了一定的成效。上海水泵厂介绍了在铸造生产中技术改造的成果，并在改善劳动条件、提高劳动生产率方面，为行业各厂提供了经验。

1974 年 8 月 6—13 日在上海召开泵行业全国技术改造经验交流会，会上展出和交流了生产线 11 条，单机 56 台，其他专用设备和各种自制的灵活适用的工夹量具等 23 项。

这一时期工业泵行业在困难和挫折中曲折前进，全行业为国家生产了火电站、矿山、石油化工、军工等的配套用泵，取得了一定成绩。

六、泵行业开创新局面阶段（1977—1984年）

这个时期，党和国家执行了"对外开放、对内搞活"政策和"调整、改革、整顿、提高"的八字方针，为了缩短与世界水平差距，开始引进一批国外先进技术。

在大力发展社会主义商品经济，贯彻计划经济与市场调节相结合的新形势下，企业开始认识到开发适销对路、质量好的新产品是企业赖以生存和发展的基础，节能产品就是在这种背景下发展起来的。

在此阶段，行业还大力开展了应用研究，扎扎实实抓好测试基础工作、情报工作和向国际标准靠拢，制定了相应的国标、部标、企标等。

（一）调整改革管理方式

党的十一届三中全会以后，泵行业和全国其他领域一样，迎来了真正的春天。首先抓了恢复性的整顿工作，恢复和健全了各项规章制度。主要包括：健全图样管理制度，恢复会签和审批程序，取消了"三结合小分队"；加强工艺工装工作，恢复了材料定额和工时定额；恢复了各种检查制度，取消划归车间的检查站、试泵站；恢复了机床边检查和材料进库化验；健全了考勤制度，抓了安全操作制度；财务上实行班组、车间、厂三级核算单位。

1979年，党中央提出了"调整、改革、整顿、提高"的总方针。由于重工业建设速度放慢，石油化工成套设备采用进口，基本建设投资又大幅度缩减，因而一般工业泵产品的需求量大幅减少，泵行业企业生产"吃不饱"；但对一些关键泵产品，却由于品种、质量、技术水平的缘故，国内市场大部分被国外泵产品挤占，而使泵行业"吃不了"。1980年泵行业实现历史最高产量为143909台，而1981年为111319台，约下降22.6%。

为适应市场特点的变化，泵行业逐步实现了三个转变：从生产型企业向生产经营型企业转变；从包购包销到"用户是上帝"理念的转变；从单纯的产品检验向全面质量管理转变。

（1）从生产型企业向生产经营型企业转变 十一届三中全会以前，"三依靠"（计划靠国家安排，材料靠国家供给，产品靠国家分配）的管理体制存在很多弊端。国家确立计划经济与市场调节相结合的方针后，扩大了企业自主权，使之成为相对独立的商品生产者，企业开始重视人才，重视新产品开发，充实和加强了计划销售部门的技术力量，开展了市场分析、预测、选择等，加强了产品信息工作和用户服务工作,逐渐地由单纯的生产型企业向生产经营型企业转变。

(2) 从包购包销到"用户是上帝"理念的转变　计划经济时期产品由国家包销,质量如何关系不大,因而生产只重数量。而现在"用户是上帝",迫使各厂必须以质量求生存,行业各厂均成立了用户服务组(科),加强对质量的提升。

以石家庄水泵厂为例。四川省攀枝花选矿厂(简称攀矿)自1971年一直使用石家庄水泵厂的10PH型灰渣泵输送尾矿。由于该泵叶轮使用寿命仅500h左右,致使泵站不能正常运行,每年约有300多万t含钒、钛、钴等贵重稀有金属的尾矿不能回收,只好排放到金沙江里,既浪费资源,又严重污染长江水域。1977—1978年该矿不得不去上海求援,这时石家庄水泵厂才认识到问题的严重性,决定重新为攀矿设计一种输送尾矿的泥浆泵250PN,并完成了一系列的技术攻关项目,包括:

泵技术参数:流量为$1040m^3/h$,扬程为90m。在认真分析10PH型泵过流部件急剧磨损原因的基础上,选用了低转速(转速为740r/min)。在过流部件设计中,从杂质泵输送固液混相流的特点出发,合理确定各处的速度分布,既提高了泵的效率,又减少了冲击磨损。并将护板和吸入护套两件改为一件,既克服了该件的局部磨损,又延长了该件寿命。

材料选用:要求材料必须耐磨——高强度、高硬度。在国内首次试制Cr15Mo3高合金耐磨铸铁。当时国外对此种材料的冶炼、铸造、热处理、加工工艺均保密。该厂经过反复试验,终于获得成功,材料硬度达到62~64 HRC,达到国外水平。克服材料技术难关也是该泵提高寿命的主要措施。

高硬度零件的机加工关键:积极联合厂外有关科研单位和厂内车间对陶瓷刀具进行了试验研究,形成一套冷热加工工艺程序。于1981年9月,试验成功用立方氮化硼陶瓷刀加工Cr15Mo3材质叶轮。

(3) 从单纯的产品检验向全面质量管理转变　20世纪50年代,产品质量工作主要靠国家检查机构进行质量"把关"。60年代行业组建后,虽然质量工作扩大到行检、竞赛评比、互检等多种方式,但科学的产品质量保证体系一直没有建立起来。

随着调整改革的深入,引进国外先进技术,产品质量管理方法开始发生转变,质量工作逐步由单纯的产品检验转移到推行全面质量管理、建立质量保证体系上,行业活动的主要内容也由行检转为组织产品的升级创优和积极推广国际标准。

通过泵产品和技术的引进,形成了系统的"质量控制文件"。从原材料开始,检验化学成分、力学性能,到标记铸铁毛坯件号、具体的动静平衡要求,从无损检测到打磨、几何尺寸精度等都做了具体规定，并且项项有操作者、验收者签字，存入生产档案。特定工序要求操作工人需通过技术培训，由权威机构考核，颁发"合格证"。有些企业对重点产品也制订了"质量控制文件"，因而使泵产品质量有了显著提高。

通过升级创优活动，到1984年底，工业泵行业有1个产品系列（博山水泵厂3BA、4BA、6BA三种单级清水泵）、2个产品（沈阳水泵厂D300-150油田注水泵和无锡水泵厂的12HBC2—40混流泵）获得国家金质奖章；有6种产品获国家银质奖，这6种产品是：佛山水泵厂的3BA9单级清水泵、石家庄水泵厂的250PN泥浆泵、四川新达水泵厂的150S50单级双吸泵、哈尔滨水泵厂的YQ15-5液化石油气泵、沈阳水泵厂的DG270-140C锅炉给水泵、天津工业泵总厂的SNH440/660/1300-46三螺杆泵；有21种产品获得了机械工业部优质产品称号。这些产品大部分采用了国际标准，有些已达到和接近国际先进水平。

1984年机械工业部石化通用机械工业局成立了质量监督处，采取了进一步贯彻国际标准、发放生产许可证、建立质量监督制度等重要措施，并开始筹建专业产品质量监督检测中心等。1984年底，进行行业复查，验收了国优、部优产品。对量大面广的单级单吸泵进行了发放生产许可证制度的试点工作。这些措施提高了泵的生产技术水平。

（二）以节能为中心发展节能泵产品

1. 节能产品概况

泵既是国民经济各部门广泛应用的通用产品，又是耗电量大的机械产品。当时泵耗电量占全国发电量的15%，如果全国的泵产品平均提高效率1%，则节约电耗数量巨大。

1979年以后，石化通用机械工业局开始有计划地开展以节能为中心的老产品更新改造，做好"一条龙"发展节能产品工作。其中，1981—1982年节能产品改造及实现经济效果见表2-6。主要是通过以下三个方面开展节能工作的：

1）改造功率大、效率低的老产品，使之成为高效节能产品。

2）加强技术服务，配合用户节能。如沈阳水泵厂对二机部404厂的三台主泵进行改造，经改造后，每年节电900万kW·h，价值63万元。

3）提高量大面广的水泵效率。

组织全行业联合设计和科研攻关。对单级单吸离心泵（包括清水泵、油泵和耐腐蚀泵）、单级双吸离心泵、多级离心泵、杂质泵、潜水泵、深井泵、计量泵、蒸汽往复和水环真空泵等10类产品进行技术改造。上述10类产品占当时工业泵产量的80%以上，量大面广，节能效果十分可观。

表 2-6 1981—1982 年节能产品改造及实现经济效果

序号	产品名称及型号	产品主要性能指标	改前效率和轴功率	产量(两年)/台 售出量	产值 /万元	利润 /万元	节电效果 万kW·h/年	节电效果 万元	备注	说　明
1	矿山排水泵 200D43×6	$Q=288m^3/h$ $H=228m$ $\eta=78\%$ $P=229.3kW$	$\eta=73\%$ $P=245kW$	145	69.165	-25.2	1821.2	127.484		1) 泵的主要性能指标：Q 为流量；H 为扬程；η 为效率；P 为轴功率 2) 产量指 1981 年与 1982 两年总售出量；产值、利润、节电效果为售出总台数的值 3) 节电效果是泵在流量、扬程相同情况下，节省的轴功率×8000h，即年节电度数。8000h 是指一台泵一年运转时间 4) 节省电费是按价格 0.07 元/(kW·h) 计算的
2	矿山排水泵 200D65×6	$Q=280m^3/h$ $H=528m$ $\eta=76\%$ $P=530kW$	$\eta=68\%$ $P=593kW$	57	49.875	-9.3	2872.8	201.096		
3	矿山排水泵 250D65×6	$Q=450m^3/h$ $H=360m$ $\eta=78\%$ $P=566kW$	$\eta=73\%$ $P=605kW$	116	114.608	-6.5	3619.2	253.34		
4	油田注水泵 D300-150×11	$Q=300m^3/h$ $H=1740m$ $\eta=76.5\%$ $P=1850kW$	$\eta=62\%$ $P=2468kW$	48	312	125.5	23731.2	1661.184	一台代两台 D155-170	
5	油田注水泵 D250-150×11	$Q=250m^3/h$ $H=1740m$ $\eta=73\%$ $P=1616kW$	$\eta=58.5\%$ $P=2220kW$	33	207.9	73.1	15945.6	1116.192	一台代两台 D155-170	
6	锅炉给水泵 DC270-140C	$Q=360m^3/h$ $H=1610m$ $\eta=79\%$ $P=1997kW$	$\eta=69\%$ $P=2287kW$	7	45.5	13.1	1624	113.68		
7	锅炉给水泵 DG450-180	$Q=450m^3/h$ $H=1850m$ $\eta=78\%$ $P=2910kW$	$\eta=71\%$ $P=3195kW$	6	45.5	13.1	1368	95.76		
合计				412	880.048	187.8	50982	3568.74		

"六五"期间组织攻关并开发节能工业泵产品 7 大类、21 个系列、185 个品种。通过贯彻国家标准，采用攻关科研成果，使单台产品效率普遍比老产品平均提高 4%~8%，泵的适应能力有所加强。截至 1984 年底，国家经委等部门共颁发了五批被推广的节能产品，泵部分共 41 项。通过推广应用，取得了很大效益。如 IS 型单级单吸清水离心泵系列，已推广到全国 133 个生产厂，1985 年推广了 13000 台左右，年节能 9600 万 kW·h。1985 年共推广节能水泵 28000 台，年节电约 3.4 亿 kW·h。

2. 三种典型的节能产品

沈阳水泵厂的 D300-150 油田注水泵、石家庄水泵厂的 250PN 泥浆泵和沈阳水泵厂的 DG270-140C 锅炉给水泵是典型的节能产品。

（1）用于大庆油田注水采油的 D300-150 油田注水泵　产品技术特点如下：

1）效率高。标准效率为 76.5%，实际达 78%~80%，最高为 82%。同老产品 D155~170 相比，效率提高 16%~18%，每台泵年节电 233 万 kW·h。

2）寿命长。主要零件采用不锈钢，易损件采用高频感应淬火和渗氮处理，大修期可达 3 年以上。

3）平衡盘和推力轴承相结合结构，加工精度高。

4）运行平稳，振动小，噪声低。

5）从工艺上采取措施，能保证整机互换，便于维修。

1983 年 9 月该泵在国家升级创优活动中获得国家金质奖。

（2）250PH 泥浆泵　该泵适用于大型选矿厂精矿、尾矿和电厂灰渣输送。产品技术特点如下：

1）效率高。标准效率 67%，实际达到 70.5%，比老产品 10PH 灰渣泵高 19.5%，年节电 110 万 kW·h。

2）寿命长。过流部件采用高合金耐磨铸铁制造，寿命比 10PH 泵提高 8 倍。

3）扬程高。流量为 $1040m^3/h$，扬程为 90m，可节省中间泵站投资。

4）结构合理，拆装方便，振动小，噪声低。

1981 年 9 月该泵在国家升级创优活动中获得国家金质奖。

（3）DG270-140C 锅炉给水泵　用于 10 万 kW·h 火电机组锅炉给水（温度 160℃）。产品技术特点如下：

1）效率高。当流量为 $440m^3/h$ 时，标准效率为 79%，实际达到 80%~82%，高效区宽。

2）寿命长。主要零件采用不锈钢，耐冲刷。易损件表面进行淬火和渗氮处理，硬度高，耐磨性好，大修期达 2.5 万 h。

3）平衡机构可靠。采用平衡盘和推力轴承结构，使平衡盘不研磨，适应机组调峰和滑压运行。

4）使用范围扩大。

5）泵运行平稳，振动小，噪声低。

DG 270-140C 与国外同类泵的流量与效率比较见表 2-7。

表 2-7 DG 270-140C 与国外同类泵的流量与效率比较

国别	中国	苏联	日本	德国
型号	DG270-140C	ПЭ270-150	GM-CH	HDSr4
流量/(m³/h)	288~440	280	232	350~450
效率（%）	76~79	75	76	77.5~80

（三）引进先进技术提高技术水平

20 世纪 50 年代，我国泵制造业的发展主要是利用从苏联引进产品图样。十一届三中全会后，国家实行对外开放政策，开始先进技术的引进工作，又一次促进了我国泵制造水平和技术水平的提高。截至 1984 年底，泵行业共引进技术 19 项（指许可证贸易和合作生产等），具体情况如下：

沈阳水泵厂引进高压锅炉给水泵、强制循环泵、立式斜流泵、3 项合金钢铸造技术、石油化工流程泵、大型机械密封、企业管理计算机系统共 7 项。

石家庄水泵厂引进杂质泵、潜水泵（潜水泵由石家庄水泵厂和沈阳潜水泵厂联合引进）共 2 项。

上海水泵厂引进船用泵、热水循环泵、常规机械密封和金属波纹管密封技术共 3 项。

长沙水泵厂引进美国英格索兰公司的立式湿坑泵 5 种产品 1 项。

武汉水泵厂与佛山水泵厂引进联邦德国西门子公司的 2BE 系列、12 个品种的水环真空泵 1 项。

本溪水泵厂引进电动往复泵 1 项。

大连耐酸泵厂引进瑞士苏尔寿公司石油炼厂、石油化工和化工耐腐蚀泵系列（10 个系列，707 个规格）和德国 VOD 超低碳不锈钢真空冶炼技术共 2 项。

天津工业泵厂与德国阿尔维勒公司（ALWEILER）签订了三螺杆泵技术引进合同 1 项。

上海第一水泵厂与英国玛珀（MATHR + PLATT）公司签订了矿用泵技术引进合同 1 项（引进 PJ80、PJ150、PJ200 型三种泵的技术，包括产品图样、设计与工艺文件、样机等）。

陕西秦川机床厂 1983 年 10 月与德国曼内斯曼力士乐公司签订了引进变量叶片泵专有技术。

1985—1986年泵行业引进技术名录见表2-8。

表2-8　1985—1986年泵行业引进技术名录

序号	引进技术名称	引进技术时间	转让企业	引进企业
1	MS型多级泵专有技术	1985年2月	日本荏原制作所	哈尔滨水泵厂
2	平台（船）用往复泵	1985年7月	德国KSB公司	本溪水泵厂
3	耐腐蚀合金泵专有技术	1985年2月	瑞士苏尔寿公司	大连耐酸泵厂
4	钻井泥浆泵专有技术	1985年4月	美国LTV公司	宝鸡石油机械厂
5	原油管线输油泵专有技术	1985年5月	美国宾汉-威廉麦特公司	北京水泵厂
6	高压清洗泵专有技术	1986年3月	美国阿奎坦公司	宝鸡水泵厂
7	海上石油平台离心式注水泵专有技术	1985年12月	英国Mathen-Plant公司	沈阳水泵厂
8	无堵塞泵和螺旋涡流泵专有技术	1986年3月	日本荏原制作所	长沙水泵厂
9	自动给水装置专有技术	1985年11月	日本荏原制作所	哈尔滨水泵厂

高压锅炉给水泵，船用离心泵、潜水泵、杂质泵的引进技术情况见表2-9。

技术引进的另一种方式是引进样机研制转化。佛山水泵厂1984年完成了4个转速等级（即3600r/min、2900r/min、1750r/min、1450r/min）的XA型全系列泵31个品种的研制任务。该厂从中国香港引进了德国Sihi公司和英国SPP公司的样机，在仿制、改进设计中采用了德国DIN标准。与国内性能近似的BA型泵比较，XA型泵重量一般轻17%～60%，具有性能好、吸程高、重量轻、体积小、装拆维修方便、外形美观、零件通用性高等特点。零件通用性高表现在：XA型泵全系列31个品种只用4种托架、3种主轴、10种泵盖，而BA型泵系列17个品种却要用5种托架、16种主轴、17种泵盖。该泵主要销往中国香港、东南亚、澳大利亚、美国等地区，深受用户欢迎，销售量逐年增加，1981—1984年共出口9720台，创外汇82.56万美元。由此说明，只要注重提高产品水平，采用国际先进技术标准，再加上充分的试验研究，以及一丝不苟地执行质量标准，我国就一定能够将泵类产品打入国际市场，赶超泵类产品的世界先进水平。

（四）开展卓有成效的行业工作

在此阶段，党和国家适时地将工作重点转移到"四化"建设的轨道上来，一切工作围绕着促进生产力的迅速发展，泵行业的工作也越来越深入扎实。这个阶段主要做了推进采用国际标准、制订产品质量分等方法、提高泵的热加工水平、统一行业技术经济指标计算方法和进一步加强情报收集等工作。行业还加强了节能规划、统计、财会等一系列工作。

表 2-9 高压锅炉给水泵、船用离心泵、潜水泵、杂质泵的引进技术情况

引进项目名称	引进时间	引进理由	引进内容	引进国家公司	主要技术特点	我国泵制造厂	试制完成情况	引进消化成果
高压锅炉给水泵（包括YNKn系列YNKn系列升压泵）	1979年11月	我国在仿制5万kW机组5+4的基础上发展了给水泵，测绘或自行设计了5万kW、12.5万kW、20万kW、30万kW机组用泵，但可靠性差、效率低，成套性差	10万~60万kW机组火电厂锅炉给水泵、节段式和双壳式（CHTA和HDSr）各5种，升压泵YNKn5种，总计15种泵的制造技术、质量控制文件等。合作生产姚孟电厂比利时机组用的3台50CHTA-6	德国	转速高，级数少，刚性轴可靠性高，检修方便，效率高，节省能源。轴包括平衡盘、平衡鼓与推力轴承，结构先进。密封采用机械密封，密封水系统简单可靠。轴承为多油楔强制润滑。机组自动化水平高，可控性水平高，成套范围齐全	沈阳水泵厂	1982年为姚孟电厂比利时机组制造了3台50CHTA-6，具有先进水平；1984年为清河电厂和巴基斯坦出制造了6台40CHTA/6，1984年生产了50CHTA-6，7、8三种规格9台	1）水力模型的试验验证 2）轴向力学原理装置的力学原理、电路原理消化，使整个装置采用自制方法
船用离心泵	1982年7月	由于国内造船工业发展很快，国内船用离心泵远不能满足需要 1）系列品种少 2）易损件靠进口，国际标准轴承和密封件润滑轴承和密封件寿命低，维修频次 3）流量为250m³/h以上的泵效率和汽蚀性能差	RSV、RSL、RSN三系列，65个品种船用立式离心泵（用于船舶的海水或浓水、冷却、消防、压载、以及舱底和其他一般用途）的制造技术、质量控制文件等	德国KSB	1）品种多，系列性能宽广，选用方便：RSV一立式单级单吸离心泵，5万t以下船舶配套，满足49种。RSL一立式单级双吸离心泵为14种，用途同上。RSN为立式两级离心泵。第二级出口：流量大，扬程高，一级出口：流量小，扬程低，适应不同用途 2）"三化"水平高，如RSV49种每台泵仅有3个专用件，轴、密封部件、轴承体设计成六种通用规格 3）千方百计满足用户要求，使用方便 4）泵为自吸式，管路上装自吸装置	上海水泵厂	样机试制工作结束	5年内总产量为4500台

(续)

引进项目名称	引进时间	引进理由	引进内容	引进国家公司	主要技术特点	我国泵制造厂	试制完成情况	引进消化成果
潜水泵	1980年6月	泵效率低，损件使用寿命短，品种少，结构落后，"三化"水平低	61、66、67、68、69五个系列的潜水泵和潜水电动机（44个品种）	德国RITZ（里茨）	1）效率高：效率比国产高4%~6% 2）适用范围：$Q=10~2000m^3/h$，$H_{max}=1200m$，满足用户要求，保持高效运行 3）可靠，寿命长 4）结构先进：两泵轴间设中心导向室，轴向力理论上完全平衡，叶轮开平衡孔，残余轴向力由电动机承受	石家庄水泵厂	已完成试制和鉴定6个品种，其中4种已批量生产。其参数：型号为$6730×12$型，$Q=800m^3/h$，$H=346m$，$\eta=81\%$，$P=1200kW$	树脂砂造型铸造，已在生产中推广使用。导轴承用特殊PAN青铜已完成安装至试验井泵试验合建成应用
杂质泵	1981年2月	泵效率低，件寿命短，易损，可靠性差，使用范围窄，"三化"水平低	泵、挖泥泵、液下泵、砂砾泵、泡沫泵六个系列、78个品种泵的制造技术，质量控制、安装使用文件等	澳大利亚WARWAN（沃曼）	1）效率高：平均高出7.4%，部分高出10%以上 2）寿命长：如沃曼8/6E-AH泵寿命长近12倍，比国产6PNJ胶泵寿命长1484h 3）可选用的材料广泛，材质优良：硬镍1号、硬镍2号、Cr15Mo3、Cr27、Cr24等合金耐磨铸铁及天然胶、氯丁胶等9种橡胶用于过流部件，适应各种介质 4）结构合理 5）零部件通用化程度高：同一"泵头"可配用不同托架，以满足系列不同传动功率，全部渣浆泵系列仅需9种轴承组件，12种托架。$P=7.5~1200kW$	石家庄水泵厂	已设计试制和鉴定19个品种，其中16种批量生产，自行引进技术，潜污泵10种。其参数：型号为14/12ST-AH型，$Q=1260~2772m^3/h$，$H=13~63m$	精铸螺纹，高硬铸铁加工等新工艺已用于生产用于高合金铸铁成分分析的直读光谱仪已投产应用"六五"期间产量达800台

1. 采用国际标准和国外先进标准

国家部局紧抓采用国际标准和国外先进标准工作，工业泵行业也很重视，通过采用先进的技术标准，提高泵产品的制造质量，并向国际水平迈进。例如：我国等效采用 ISO 3555、ISO 2548、ISO 5167 和 ISO 1438 等标准的相关内容，制定泵类产品的国家标准，改变了行业标准落后的面貌。

2. 制订产品质量分等方法和创优产品的预审方法

（1）制订产品质量分等方法　1979 年编制节段式离心泵、蜗壳式离心泵、离心式深井泵、螺杆泵、往复柱塞泵、轴流泵、杂质泵 7 种产品的质量分等办法，并于 1983 年制订了《泵产品质量考核办法补充规定》，对泵的内在质量，如振动、噪声、泄漏和清洁度等规定了具体考核办法。

（2）制订创优产品的预审方法　1981 年开展了对"国家优质奖产品"的突击抽查，修订了产品质量分等法，制订了"质量信得过产品"预审方法，对促进行业各厂不断提高产品质量起到了积极作用。

为了使产品性能指标准确可靠，采取了两项措施。

一是制定试验标准。针对离心泵等的试验、测试及水泵流量的测定，沈阳水泵研究所于 1980 年会同浙江机械科学研究所分别制定了相关试验方法和测定方法，并于 1982 年制定了国家标准 GB 3214—1982《水泵流量的测定方法》、GB 3216—1982《离心泵、混流泵、轴流泵和旋涡泵试验方法》。

二是产品分别试制、集中测试。为了使老产品改造和新产品发展向国际标准靠拢或直接采用国际标准，行业有关厂分别对 7 种单级离心泵采用国际标准 ISO 2858 开展试制工作，然后全部集中到沈阳水泵研究所进行统一测试。试验结果有 6 种样机较好地达到了预定要求，泵的效率平均提高 6% 以上。

产品质量分等的标准使泵类产品有了质量评定的依据，并且首次对 7 种单级离心泵采用国际标准进行试制，这些措施不但为发放产品许可证提供了有力的技术保证，而且对提升泵的质量发挥了重要作用，使泵的振动、噪声控制有了明确规定，技术水平有了显著提高。实践证明，这种分别试制、集中测试与鉴定的方式是集中泵行业的科技成果、提高泵产品技术水平的好方法，应该推广到单级泵及多级泵上去，促进全面改变泵产品低效的落后局面。

3. 提高泵的热加工水平

长期以来泵行业热加工工艺水平低，直接影响产品质量。行业重点抓了热加工质量调查和铸造专业会议等，并通过技术改造，使沈阳水泵厂等企业采用了先进的冷硬呋喃树脂砂铸造技术，促进了热加工工艺水平的提高。

（1）热加工质量调查　铸钢件以沈阳水泵厂、石家庄水泵厂为主，铸铁件以沈阳铸造厂、博山水泵厂为主，开展热加工质量调查。通过质量调查分析，制定了《泵用铸铁件、铸钢件技术条件》，建议列为行业标准颁发试行，并制定了

《泵用铸铁件表面光洁度等级》以及《铸造通用工艺守则》。

（2）铸造专业会议 1981年8月召开了铸造专业会议，决定在全行业推广《泵用铸铁件表面光洁度样块》，并于1982年制定了《泵用铸铁质量分等办法》。

4. 统一行业技术经济指标计算方法

1979年6月，召开了28个行业厂座谈会，通过了《水泵行业主要技术经济指标统计方法及报送制度》。1981年9月在兰州举行了行业首次统计工作会议，制定了《水泵行业主要统计指标解释》，并将这些规定作为企业的评优标准依据，促进厂际竞赛和相互学习。

5. 加强情报研究工作

1978年、1982年、1985年分别在重庆、南京、杭州召开了水泵科技情报会，交流了各厂在产品发展、试验研究、双革四新等方面的先进经验，明确了国内产品与国外的差距和赶超方向。

1981年接办《通用机械文摘》杂志，1983年《水泵网讯》创刊，1984年建立了泵文献检索系统和水泵情报信息系统等。这期间还出版了大型综合工具书《机械工程手册》第77分册（泵篇），约20万字，并开展了《国外机械工业基本情况》泵分册的第二轮编制工作。

通过了解国外泵产品水平，进一步加强了国内信息交流，促进了泵技术水平的进一步提高。

（五）开展泵技术开发性研究

依靠科学进步是发展企业的根本保证。工业泵行业在这一时期扎扎实实地开展了科学研究工作，主要做了水力模型汇编、应用理论的研究、基础件攻关的研究、电子计算机的应用及开发新产品等。

1. 水力模型汇编

行业进行过两次水力模型汇编。第一次是1973年由长沙水泵厂负责，上海、北京、博山、沈阳等地的水泵厂共同编写《全国水泵行业水力模型资料汇编》，其中包括单级悬臂泵（$n_s=30\sim380$）、多级泵（$n_s=35\sim210$）、双吸泵（$n_s=60\sim280$）、深井泵及其他5个类型，共57个模型。第二次是1980年，沈阳水泵研究所研制了7个水力模型，汇编了全行业42个水力模型。

2. 应用理论的研究

1979年6月沈阳水泵研究所完成"汽蚀比例效应"研究课题，提出了汽蚀相似定律的修正计算方法；1982年6月完成一机部重点课题"离心泵叶轮汽蚀性能计算"，提出了低比转速叶轮汽蚀性能的计算方法，分别获1979年度和1982年度部科技成果奖。这一课题对于判定泵的汽蚀性能具有实用价值。

1979年5月上海水泵厂完成"离心泵的四象限性能试验研究"，取得离心泵在过渡阶段时的性能特性以及作为水轮机工况运行时的性能特性。该成果除了可供设计功率小于 1000kW（高扬程、小流量）的涡轮机应用外，还可以在化工流程中的涡轮机组上应用。采用研究成果开发了涡轮机 14 个型号，初步形成系列，投入小批生产，取得成果。

1980 年 9 月沈阳水泵研究所对旋转叶轮内部压力场进行了测量，这是国内首次实现泵内旋转压力场的测量。1981 年 7 月完成水泵叶轮用 SPA-5 程序的有限元计算方法。

1983 年 2 月完成了水介质对水泵、临界转速影响的试验研究工作，并设计了一个有水介质影响的水泵临界转速计算机程序。同年 12 月完成一机部重点课题"泵内流场的理论计算和研究"，提出了准正交线法计算泵内流场时边界条件的确定方法，实现了性能预测计算方法。

3. 结构强度、刚度的研究

（1）振动、噪声研究　泵行业对于振动、噪声方面的研究起步晚，直到 1978 年 5 月沈阳水泵研究所从丹麦 BK 公司进口一套振动、噪声测量分析仪器系统及 Varian/L-100 型计算机系统，才使水泵行业开始了较为系统的测试研究工作，并于 1981 年完成了一套振动、噪声测试结果的计算机数据处理程序。

（2）泵的强度研究　对泵进行强度、刚度计算，可使泵产品设计既安全可靠，又使裕量不过大。1978 年泵行业开始在产品设计中采用强度、刚度计算。

1978 年哈尔滨工业大学和沈阳水泵研究所第一次应用有限元法对大泵壳体强度进行计算，应用 SPA-5 引进程序对泵壳体进行强度计算分析。他们的研究成果——《用 SPA-5 程序对 250D60 型泵出水段强度及刚度计算和试验结果》，在 1981 年 11 月机械设计学会于西安召开的强度会议上进行了交流。

1982 年沈阳水泵研究所完成"用无线电遥测法测水泵叶轮强度"课题的研究，在此项课题试验中对发射机旋转机构的研制试验获得了良好效果。

4. 泵的材料研究

泵行业对材料的研究始终没有停止过，然而发展缓慢，这个阶段有了起色。

1980 年 9 月，石家庄水泵厂对杂质泵的材质寿命完成了基础件攻关任务，采用 Cr15Mo3 高合金耐磨铸铁代替了耐磨 1 号、2 号材质，使泵寿命提高 4~5 倍，获部科技成果三等奖；1981 年 9 月试验成功采用立方氮化硼陶瓷刀加工硬度为 62~64 HRC 的 Cr15Mo3 材质的叶轮，同硬质合金刀相比，切削速度提高 3~6 倍，刀具寿命提高 5~10 倍，表面光洁度稳定达到▽5（相当于表面粗糙度 $Ra = 3.2\mu m$）；并于 1985 年研制成功高铬系和硬镍系高合金耐磨铸铁，应用在泵的过流部件上，使用寿命大为提高。

1980 年 10 月沈阳水泵厂对矿山耐腐蚀泵的材质寿命完成基础件攻关任务，以 ZGCr17Mn2Mo2CuR 代替 HT20-40（相当于 HT200），使矿山泵寿命提高

10倍。

长沙水泵厂为武钢6号机配套的16HДH及20SA-22水泵各3台，用于抽送含400mg/L氧化皮的污水，原材质使用寿命仅600h。1980年左右，武汉水泵厂用20sh19水泵代替上述两种水泵，并采用了不同材料，即除水泵的吸入管、吐出管外，其余的泵体、叶轮、轴套、口环等全部采用含锰量较高的珠光球墨铸铁（硬度为280~300 HBW），提高了耐磨性，寿命一般提高2~5倍。

1978—1980年，大连耐酸泵厂先后试制成功了稀土高硅球墨铸铁、高硅铜合金铸铁、Cr13Si14NiN6耐酸钢等泵用材料，并在超低碳不锈钢、特殊合金钢（904、941、804、805）、磷酸钢等新材料的研制方面，取得较大的科技成果。

5. 自主开发新产品

（1）为火电站配套方面　1981年沈阳水泵厂试制成功DG450-180锅炉给水泵和OH46液力传动装置，用于20万kW火电机组无级调速，使给水机组实现自动控制，大量节省了电能。上海水泵厂也于1982年6月试制成功12.5万kW火电机组的调速泵机组DG450-70锅炉给水泵和大功率液力偶合器。

长沙水泵厂于1982年设计、1984年投入山东龙口电厂运行的全国第一台套立轴导叶式调节混流泵包括2种型号：56LT-35和64LT-60。这种大循环泵可用于10万kW和20万kW的火电机组，安装在循环冷却水系统的海水泵站中。该泵除材料需耐海水腐蚀外，还要求泵的叶片在运转中可调，以适应需水量和潮位的变化，保证系统泵经常处于高效区运行。该泵当时的效率指标已达到同类产品的国际先进水平，填补了我国立轴导叶式全调节混流泵的空白。

上海水泵厂于1984年开发了用于12.5万kW、20万kW火电机组的低压疏水泵100NW-65 X 2型与125NW-65 X 2型。

（2）为矿山配套方面　1977年北京水泵厂研制成功DS450-100矿山排水泵，1978年获全国科技大会奖。1977年石家庄水泵厂研制成功功率为800kW的KQ300型矿潜泵。

（3）为石油化工配套方面　长沙水泵厂为年产500万t炼油厂配套的800Y75、850Y-120A、850Y-120、DY850-120四种高温油泵，经第二炼油厂与河南炼油厂运转鉴定合格，该泵填补了我国高温油泵的空白。

1981年沈阳水泵厂试制成功D300-150油田注水泵。1984年4月博山水泵厂研制成功6DZ往复增压泵，入口压力为15MPa，出口压力为20MPa。经实地运行，用户认为该泵结构紧凑，工艺流程简单，压力波动小，运行可靠，使油田单井注水增压技术水平大幅提升。

1976年大连耐酸泵厂研制成功为上海金山石化配套的低温泵（-105℃）-DL型立式多级筒袋泵，替代进口的日本泵，填补了国内空白。泵轴采用的是沉淀硬化型钢，用户认为该泵运行平稳、效果比日本泵好。

(4) 为农业服务方面 1977 年武汉水泵厂试制生产了当时世界上功率最大的 CJ 4m 全调节轴流泵，功率为 6000kW，流量为 198000m³/h，扬程为 9.13m，效率为 89%。该 4m 大泵采用了小角度运行方案，水泵叶片安放角可调至 -20°~4°，结构紧凑，节约能源，泵效率接近国外同类产品水平。该厂还生产了 160CJ80、28CJ56 等大型轴流泵。

1978 年 10 月上海水泵厂为江苏皂河地区水利枢纽工程试制完成特大型水泵 6HL 混流泵（当时亚洲最大）。该泵的功率为 7000kW，流量为 96m³/s。

1978 年 6 月沈阳水泵厂试制成功 H2 黄河大泵 2 号。该泵的流量为 2.2m³/s，扬程为 210m，功率为 8000kW，转速为 750r/min。

由一机部大泵联合设计组（一机部农机院和无锡水泵厂负责，江苏省农机所、蚌埠水泵厂、武汉水泵厂、湖北省水利局、农江机学院、延吉农机厂等参加）设计，无锡水泵厂制造的大型轴泵 4.5 CJ-70 型立式全调节轴流泵安装在江苏省淮安泵站。该泵叶轮直径为 4.5m，设计流量为 60m³/s（流量范围为 40~80m³/s），设计扬程为 7m（扬程范围为 3.5~9.5m），效率为 85%~90%，配带功率为 5000kW。1978 年获全国科学大会奖，1981 年获科技成果一等奖。

无锡水泵厂设计制造的 30 ZWQB30 型卧式轴流泵，1982 年获部科技成果三等奖。该泵叶轮直径为 3m，扬程为 3m，流量为 35m³/s，效率为 87.5%，配带功率为 1600kW；采用了 n_s = 1100 的新水力模型，配用高速电动机、齿轮减速运动，结构比较合理，使轴流泵增加了一个新品种；将 P23 水润滑塑料导轴承首次运用在大型轴流泵上，运行情况尚好，为大型轴流泵使用新材料提供了新途径。

上海水泵厂制造的 ZL30-7 型大型轴流泵（叶轮直径为 3m，功率为 30000kW），1980 年 6 月经上海市机电一局鉴定通过。该泵装有轴径为 ϕ1045mm 的大型机械密封，运行工作稳定，超过规定为 5000h 的寿命要求，线速度为 8.33m/s，实际寿命可达 1 万 h 以上。

(5) 为食品工业服务方面 1981 年北京水泵厂研制成功 SP20-25 型酒泵、SP2-12 型奶泵、2ZX 型自吸酒泵、TY 型调料泵，满足了食品工业对泵类产品的急需，这些产品的材质均为 1Cr18Ni9Ti。同年试制成功 SP20-25 酒泵配套的 GL40 型板框式过滤机（参照德国样机），此产品达到了国家卫生标准，滤清、除菌性能达到德国样机水平，填补了国家空白。

(6) 其他用途泵和涡轮机组 1977 年国家部局安排以沈阳水泵厂为组长，进行低温泵系列行业联合设计，完成了系列型谱。1978 年由大连耐酸泵厂试制完成，同年在上海石化总厂进行现场试验，取得成功，填补了国家空白。此项工作荣获国家科技大会奖。

佛山水泵厂于 1980 年 1 月试制成功大型水环真空泵 SK-250，真空度为

41.33kPa 时，气量为 236m³/min，轴功率为 382kW。泵的极限真空度为 16.93kPa，最大气量为270m³/min，在大气量参数方面进入世界先进行列。该泵与200m³ 过滤机配套开展了长期工业性试验，通过了一机部、煤炭部两部的技术鉴定，获一机部科技成果三等奖。

上海水泵厂在20世纪70年代末期，开发了适用于小化肥和有关化工厂回收能源的界型涡轮机组系列（共14个品种），取得了显著的节能效果。W490-100型涡轮机组在上海吴淞化肥厂运行，每天可回收功率801kW，实测累计节电141.6万kW·h，年平均节电157.4万kW·h。

武汉水泵厂生产的32系列真空泵，共9个规格，为该厂主导产品。从1959年开始生产以来，质量稳定。其中SZB-4、SZB-8两种悬臂式小型水环真空泵和水环压缩机，经国家船检局验收颁发了"船用产品型式认可证书"，开始用于我国远洋船舶制造业。

（六）测试工作的发展

"六五"期间，国家提出了走内涵式扩大再生产道路的方针，石化通用机械工业局把投资重点放到科研测试基地的建设上来。"六五"期间工业泵行业建立了12个性能测试基地或台架，以促进泵行业测试水平的提高。

水泵测试的准确性是评价泵水平高低的重要依据。泵行业经历了从无到有的测试技术发展过程，由最初比较落后的测试方法和测试技术，发展到向自动化方向、向国际标准靠拢的比较先进的技术阶段。泵行业召开了两次对测试水平提高具有影响力的全国测试技术会议，促进了测试技术的不断提升。在此阶段，测定泵性能的重要参数是流量、扬程、轴功率、转速、汽蚀余量等，部分试验台架采用了计算机采集、显示及记录打印试验数据。

1. 全国测试技术会议

1973年5月在沈阳召开第一次全国测试技术会议。根据行业测试工作中"测不了""测不全""不统一"的现象，重点抓测试基础工作。同年9月6日在蚌埠召开行业流量计联合设计会议。由上海、兰州等地的8个水泵厂和甘肃工业大学、上海自动化仪表所组成联合设计组，对2~20in节流式流量计重新进行联合设计，并开展了对往复泵与水环泵测试标准的制定工作。同年10月18—31日全国各水环泵制造厂、研究所和真空行业有关单位在浙江海门举行水环泵测试工作会议，采用孔板、喷嘴、定压法测定水环泵进行全性能的对比试验。并在此基础上，研究了水环泵试验方法标准的制定，企业建立、完善水环泵测试装置等方面的工作。

1980年5月在杭州召开第二次全国测试技术会议，交流了测试新技术。石家庄水泵厂介绍了提高电测轴功率精度的方法；长沙水泵厂介绍了测试数据自动处理机；浙江机械科研所介绍了一套测试数据自动处理系统，并进行了现场演示；中国农业机械研究院介绍了水泵试验自动控制与数据自动处理的试验台；沈阳水泵研究所针对行业普遍存在的开式系统吸程测不准的现象，交流了如何提高测试精度和筹建试验站等具体技术问题。会议还认真讨论了关于水泵试验的部颁标准JB1040—1967、JB1041—1967的相关内容。此次会议对于提高行业测试水平，并向自动化方向发展起到了积极推动作用。

2. 测试水平的不断提高

1965年前，企业对压力表、流量计都是只使用不校对，泵行业没有流量计校验装置；对轴功率的测定一般为马达天平和电测法两种，然而电测法由于仪表精度和计算损失的方法不同，误差很大。行业大部分采用开式装置试验，但高吸程泵（或吸程要求精度高时）须在闭式回路中进行汽蚀试验，而具有这种闭式回路和掌握试验方法的单位却很少。截至1973年，只有沈阳水泵厂能够采用闭式回路试验，此后石家庄水泵厂也具备了闭式回路试验能力。

体现泵行业测试水平进步的几个事例如下：

1973年前，在天津电传所配合下，天津工业泵厂研制了直流电动机稳速装置，对螺杆泵进行试验，用电子计数式频率计测转速。该厂除用这台仪器测转速外，在用容积法和用涡轮流量计测流量时，以该仪器计时，频率误差为±1个数，时间误差为10^{-6}s。

1964年沈阳水泵厂建成我国第一套封闭式大容量热态试验回路，总长为42m，功率为5000kW，口径为600mm，工作压力为2.5MPa，最高温度为120℃。此回路为我国第一台核反应堆大容量主循环泵试验用，第一次采用电测应变法，测定泵的轴向力。

沈阳水泵研究所于1973年建立了流量校验装置（采用电秒表计时，电-气联动换向，以1级量桶标定，稳压罐稳压），可标定4in以下的节流式流量计。

按机械部〔85〕机通函字1015号文，在沈阳水泵研究所建立了中国泵类产品质量监督检测中心，在合肥通用机械研究所建立了中国往复泵产品质量监督检测中心。

石家庄水泵厂是泵行业发展较快、测试精度较高的企业。该厂试泵站1958年建成，高压试泵站1984年建成。

（七）开展情报信息交流活动

1976年以后，全国各项工作的重点逐步转移到四化建设的轨道上来，促进了情报信息交流工作的开展。

1978年10月在重庆召开了全国水泵技术情报网第四届工作会议，会上除交流了情报信息以外，还总结了各大区进行情报交流活动的经验，提出了情报网活动形式是全网和大区网相结合，全网每三至四年举行一次全会，进行全国性的技术情报信息交流，负责组织全网的一些大型活动。经常性的活动以大区为主，鼓励有条件的省市成立分网，积极开展活动。

1982年和1985年分别在南京和杭州召开了情报网第五届和第六届工作会，使各项制度逐渐完善。

全国水泵技术情报网的网长单位由机械部石化通用机械工业局指定沈阳水泵研究所担任。作为网长单位的沈阳水泵研究所，承办了三种刊物：

《水泵技术》，是进行国内技术交流和介绍国外科研成果的园地，公开发行，季刊。从1972年复刊后，重点关注国外先进标准和国际标准的介绍。

《通用机械文摘》，是报道国内外科技文献的检索性刊物，公开发行，月刊。

《水泵网讯》，是以报道国内外动态为主的信息小报，内部赠阅，双月刊。

沈阳水泵研究所还组织编写了国外20世纪70年代泵发展水平研究报告，其中《国外泵的试验标准介绍》《国外现代锅炉给水泵发展概况》《近年来泵技术发展概况》《切线增压泵》《泵模型试验性能换算》及《国外离心泵技术经济指标》等内容对水泵行业的发展起到了积极的作用，向国内介绍了国外的先进锅炉给水泵、切线增压泵的概念以及国外产品的水平，为了解国内外产品水平差距和后续引进国外先进技术都发挥了指导作用。

泵行业编写出版的刊物、译文、手册与专著分别见表2-10～表2-12。

（八）标准化工作进一步加强

1980年后，水泵行业为适应"四化"要求，致力于改进质量、发展品种、提高产品水平和经济效益的工作，积极开展了产品的更新改造、升级创优、质量考核和技术改造等。为使标准工作适应和促进水泵行业的技术进步，加强了标准的制定、修订和实施，特别是加强了采用国际标准和国外先进标准的工作。截至1984年工业泵行业标准、国家标准、局批企业标准明细见表2-13。

1. 采用国际标准和国外先进标准情况

在制定、修订标准的工作中，积极地采用了一批国际标准和国外先进标准。例如：已颁布的国家标准GB 3216—1982《离心泵、混流泵、轴流泵和旋涡泵试验方法》是等效采用了ISO 3555和ISO 2548《离心泵、混流泵和轴流泵验收试验规范B级、C级》的内容。GB 3214—1982《水泵流量的测定方法》主要是采用了ISO 5167和ISO 1438的内容。GB 3215—1982《炼厂、化工及石油化工流程用离心泵通用技术条件》主要是采用了ISO/DIS 5199《离心泵技术条件Ⅱ类》及API 1610《一般炼厂用离心泵》的内容。又如在制定、修订的国家标准、部标准

第二章　中国泵工业发展史

表2-10　泵行业编写出版的刊物

序号	名　称	内　容　简　介	创刊日期	编写部门	备　注
1	《水泵设计与研究》	以介绍国外泵的论文和信息为主，后来将其中的重要文章汇编成《水泵技术》文集，共分上、中、下三册	1958年		1965年停刊
2	《水泵技术》	介绍国内外泵的论文，以国内文章为主	1965年	沈阳水泵研究所	1981年获部部优秀情报成果三等奖，1982年获评部石化局优秀刊物，1984年获评农机刊物网科技成果一等奖，1984年获评农机局科技成果一等奖，1984年获沈阳市科委情报成果二等奖
3	《行业动态》	泵行业报导性刊物	1972年7月		1975年停刊
4	《通用机械文摘》（月刊）	文献检索性刊物	1981年		1984年获沈阳市科委情报成果三等奖
5	《水泵简讯》	泵行业报导性刊物	1983年		1984年部石化局情报成果三等奖，水泵行业情报成果一等奖

表2-11　泵行业编写出版的译文

序号	名　称	内　容　简　介	参加编辑单位	出版日期	备　注
1	《低比转速涡轮泵的研究》	低比转速涡轮泵的原理和结构	唐山煤炭科学研究院、沈阳水泵研究所	1965年5月	
2	《新泽西美孚石油公司第四次泵会议记录》	这是一份对中国石油工业发展极为有利的资料	沈阳水泵研究所	1965年，中国工业出版社	泵行业第一本公开出版的书籍
3	《水泵译文集（第一集）》	介绍国外一些泵的设计方法		1967年	泵行业第一个铅印本译文集

（续）

序号	名称	内容简介	参加编辑单位	出版日期	备注
4	《泵》	介绍泵的设计		1972年5月	
5	《计量泵与屏蔽泵》	介绍国外计量泵与屏蔽泵的设计与试验研究		1973年7月	
6	《计量泵》		通用机械研究所	1973年12月	
7	《螺杆泵》	介绍船用三螺杆的设计原理		1974年9月	
8	《往复泵国外标准汇编（一）》			1974年3月	
9	《往复泵国外标准汇编（二）》			1974年3月	
10	《高速部分流泵》			1975年	
11	《往复泵》			1976年1月	
12	《泵的强度计算》			1976年	
13	《国外离心泵试验研究设备及方法（译文集）》	介绍国外试验设备及试验方法	沈阳水泵研究所	1976年	
14	《化工流程用泵译文集》			1977年	
15	《原子能泵》	介绍国外原子能泵		1979年5月	
16	《泵的试验与研究译文集》		通用机械研究所	1981年7月	
17	《国外船舶通用机械标准规范汇编（泵、风机）》			1982年7月	
18	《国外泵标准资料汇编》6个	DIN 1944、API 610、ГОСТ6134、ГОСТ7335、ГОСТ22247、ГОСТ10272等国外先进标准	沈阳水泵研究所		

第二章 中国泵工业发展史

表 2-12 泵行业编写出版的手册与专著

序号	名称	内容简介	参加编辑单位	出版日期 出版单位	备注
1	《国外离心清水泵发展概况（之一）》《国外屏蔽泵发展概况（之二）》《国外杂质泵发展概况（之三）》《国外机械密封发展概况（之四）》《泵产品国内外生产技术水平比较（之五）》	国外20世纪60年代初期泵发展水平综述（油印出版）	华中工学院、东北重型机械学院、大连水泵厂、石家庄水泵厂、沈阳水泵研究所	1966年6月	第一次向行业展示了国外泵的发展水平，以及国内与国外的差距；油印出版
2	《与日本佳原公司交流的技术资料文集》	日佳原制作所代表来华技术交流，通用机械研究所、上海水泵厂、沈阳水泵厂等参加座谈（油印出版）		1966年	第一个与国外厂商技术交流的文集；油印出版
3	《国外离心泵技术经济指标》	在收集大量国外产品资料的基础上汇编而成	沈阳水泵研究所	1973年	对泵发展有指导意义
4	《近年来泵技术发展概况》《国外泵的发展概况》《国外现代锅炉给水泵发展概况》《切线增压泵》《泵模型试验性能换算》《国内外农用泵概况及发展动向》	泵国外20世纪70年代水平专著		1974年、1975年，《水泵技术》发表	
5	《离心泵设计基础》	以国内实践为基础，介绍了常用的设计方法和设计数据	沈阳水泵研究所、沈阳水泵厂、甘肃工业大学	1974年，机械工业出版社	在泵的书籍中此书发行量较大
6	《全国水泵行业水力模型资料汇编》	汇编了全行业较好的水力模型57个	上海、沈阳、博山、北京、长沙等地的水泵厂，沈阳水泵研究所	1973年12月	

(续)

序号	名称	内容简介	参加编辑单位	出版日期 出版单位	备注
7	《国外机械工业基本情况》泵类产品手册	全面介绍国外泵行业情况	甘肃工业大学、重庆大学、抚顺化工学院、湖南农机所、河北师专、沈阳、重庆、石家庄、北京等地的水泵厂	1975年，一机部情报所	
8	《泵》	各种泵型的通俗读物	通用机械研究所	1977年9月，机械工业出版社	
9	《水泵行业历年统计资料汇编》（铅印本）	全行业从1950年至1975年的各项经济指标。后又补印1976、1977年的行业统计资料	沈阳水泵研究所		
10	《关于泵类产品寿命的调查报告》	对农业排灌泵、矿山泵、石油化工泵、火力发电站用泵、船用泵的泵寿命调查情况	沈阳水泵研究所等32个单位	1975年	
11	《日汉泵词汇》《俄汉泵词汇》《德汉泵词汇》《英汉泵词汇》	泵专业词汇（1976—1978年完成）	重庆水泵厂、704所、中国科技情报所重庆分所、重庆大学、甘肃工业大学、吉林工学院、沈阳化工学院等，由沈阳水泵研究所所主持	1982年，中国农机出版社	

第二章 中国泵工业发展史

序号	名称	说明	编写单位	时间	备注
12	《美国离心泵技术经济指标》资料集			1978年，沈阳水泵研究所	获部情报成果三等奖
13	《国外十年来泵类产品发展与科研进展》专辑		沈阳水泵研究所	1979年	
14	《机械工程主题词表》泵部分	对泵文献分类的基础资料		1979年	获部科技成果奖
15	《机械工程手册》77分册（泵篇）	大型综合工具书	沈阳水泵研究所、通用机械研究所	1982年，机械工业出版社	约20万字
16	《叶片泵设计手册》		沈阳水泵研究所、长沙水泵厂、中国农机所、甘肃工业大学、华中工学院、哈尔滨工业大学等	1984年，机械工业出版社	
17	《国外机械工业基本情况》泵分册		一机部二院、沈阳化工学院、北京水泵厂、湖南农机所、石家庄水泵厂、西安交通大学、华中工学院等	1981年，一机部情报所	获部科技成果奖
18	机械产品样本（泵类）		通用机械研究所	1965年，机械工业出版社	
19	全国水泵产品样本（分三册）		沈阳水泵研究所	1966年，机械工业出版社	
20	全国水泵产品样本（分三册）			1977年，机械工业出版社	

表 2-13　工业泵行业标准、国家标准、局批企业标准明细（截至 1984 年）

序号	标准号	名　称
1	JB 1039—1967	《一般离心清水泵技术条件》
2	JB 1040—1967	《离心泵、轴流泵和旋涡泵试验方法》
3	JB 1041—1967	《水泵流量测定方法》
4	JB 1049—1967	《一般单级悬臂离心泵型式与基本参数》
5	JB 1050—1967	《一般单级双吸离心水泵型式与基本参数》
6	JB 1051—1967	《一般多级离心水泵型式与基本参数》
7	JB 1052—1967	《蒸汽往复热油泵技术条件》
8	JB 1053—1967	《一般蒸汽往复泵技术条件》
9	JB 1054—1967	《蒸汽往复泵试验方法》
10	JB 1055—1967	《一般电动往复泵技术条件》
11	JB 1285—1973	《JQ 型深井潜水泵型式与基本参数》
12	JB 1286—1973	《JQS 系列井用潜水三相异步电动机技术条件》
13	JB 443—1978	《离心深井泵技术条件》
14	GB 2186—1981	《井用潜水泵型式与基本参数》
15	GB 2187—1981	《井用潜水泵技术条件》
16	GB 2188—1981	《YQS 系列井用潜水三相异步电动机技术条件》
17	GB 3214—1982	《水泵流量的测定方法》
18	GB 3215—1982	《炼厂、化工及石油化工流程用离心泵通用技术条件》
19	GB 3216—1982	《离心泵、混流泵、轴流泵和旋涡泵试验方法》
20	JB 2680—1980	《旋涡泵型式与基本参数》
21	JB 2713—1980	《旋涡泵的技术条件》
22	JB 2975—1981	《离心式污水泵》
23	JB 2976—1981	《离心式泥浆泵》
24	JB 2727—1982	《立式筒形多级离心泵型式与基本参数》
25	JB 1049—1984	《一般单级悬臂式离心水泵型式与基本参数》
26	JB 1050—1984	《一般单级双吸离心水泵型式与基本参数》
27	JB 1051—1984	《一般多级离心水泵型式与基本参数》
28	JB 3559—1984	《单级离心水泵效率》
29	JB 3560—1984	《多级离心水泵效率》
30	JB 3561—1984	《单级单吸耐腐蚀离心泵基本参数》
31	JB 3562—1984	《离心泵、混流泵和轴流泵汽蚀余量》
32	JB 3563—1984	《离心油泵、离心耐腐蚀泵效率》

（续）

序号	标 准 号	名　　称
33	JB 3564—1984	《JC 型长轴离心深井 基本参数》
34	JB 3565—1984	《长轴离心深井泵效率》
35	JB 3788—1984	《微型离心泵基本参数》
36	JB/TQ 354—1984	《水环真空泵和水环压缩机型式与基本参数》
37	JB/TQ 355—1984	《水环真空泵和水环压缩机技术条件》
38	JB/TQ 356—1984	《水环真空泵和水环压缩机试验方法》
39	JB/TQ 357—1984	《水环真空泵和水环压缩机气量测定方法》
40	JB/TQ 358—1984	《J 型长轴深井泵性能参数》
41	JB/TQ 360—1984	《DG270-140C 高压锅炉给水泵》
42	JB/TQ 364—1984	《铸件尺寸公差》
43	JB/TQ 365—1984	《离心泵铸件过流部位自由尺寸公差》
44	JB/TQ 366—1984	《泵用铸钢件技术条件》
45	JB/TQ 367—1984	《泵用铸铁件技术条件》
46	JB/TQ 2368—1984	《泵用铸钢件焊补》
47	JB/TQ 2362—1984	《泵用铸铁件焊补》
48	JB/TQ 380—1984	《泵的振动测量与评价方法》
49	JB/TQ 381—1984	《泵的噪声测量与评价方法》

和局批企业标准时，有关轴向吸入离心泵的三项标准分别等效采用了 ISO 2858、ISO 3009、ISO 3661 的内容，《单级单吸耐腐蚀离心泵技术条件》等效采用 ISO/DIS 5199 的内容，《离心泵、混流泵和轴流泵汽蚀余量》等效采用美国水力学会的《离心泵、混流泵和轴流泵》标准中的有关内容，《铸件尺寸公差》等效采用 ISO/DIN 8062《铸件尺寸公差体系》的内容。

2. 标准的实施情况

从 1979 年部科技工作会议以来，水泵行业贯彻国际标准方面，主要开展了以下工作：

（1）研制"国际标准单级泵" 从 1979 年起组织行业厂按 ISO 2858、ISO 3069、ISO 3661 轴向吸入离心泵的三项国际标准所规定的参数和尺寸开发新产品。1981 年完成 7 种水力模型的样机研制和试验任务，1982 年完成通标件联合设计，1983 年 5 月完成全系列产品设计会审。1983 年底完成 29 个单级离心水泵的试制任务，1984 年 8 月召开产品定型会，10 月向行业推广已定型的 22 种产品。1984 年底完成 29 个单级耐腐蚀离心泵的试制任务。

（2）组织联合攻关 针对产品质量和水平存在的问题，从 1979 年以来分别组织有关行业厂进行双吸泵、多级泵和深井泵的联合攻关。对 S 型双吸泵，继 1980 年鉴定 11 种产品以后，1983 年 8 月又完成 6 种泵的集中试验。对多级泵，于 1983 年 9 月完成第一批产品集中试验的任务。对深井泵，继续统一传动部分，于 1982 年完成 10 种水力模型集中试验任务。多级泵和深井泵在完成水力模型试验基础，于 1984 年 4 月分别完成统一整图工作。

（3）进行测试设备改造　自 1982 年正式颁布国家标准 GB 3214—1982、GB 3216—1982 以来，1983 年举办两次国家标准的宣讲班。沈阳水泵研究所和水泵行业厂对现有测试设备进行了改造，达到了国际标准所规定的试验精度。

（4）改进产品质量考核方法　为进一步改进泵类产品质量考核工作，促使产品质量的提高，1983 年 5 月水泵行业制定了《泵类产品质量考核办法补充规定（试行）》，除过去已有的考核项目外，主要增加可靠性、性能保持性、振动、噪声、清洁度和漏油漏水等 6 项考核和考查项目。这项工作先在部分行业厂中进行了试行。

（5）产品升级创优　产品升级创优也是贯彻与采用国际标准的一个有效途径，创优产品必须是符合标准的泵，严格执行先进标准就能不断提高工业泵产品的水平。行业组织制定了创优产品的有关规定，开展了相关的产品升级创优活动。

3. 加入"国际标准化组织"和成立"离心泵标准审查委员会"

1978 年 9 月中国加入"国际标准化组织"，成为 ISO 的正式成员团体。国家标准总局确定沈阳水泵研究所为与 ISO/TC115 泵技术委员会对口的国内归口单位，中国在 TC115 中的活动身份为观察员。

1980 年 12 月在沈阳成立"离心泵标准审查委员会"，制定了《离心泵标准审查委员会工作条例》，委员会由 19 名委员组成。

这个阶段工业泵的产品水平从注重外在质量向提升内在质量发展，通过进一步加强科学研究和新产品开发工作，使我国工业泵的水平得到很大的提升。

七、泵行业进入快速成长期（1985—2004 年）

20 世纪 80 年代，我国进入改革开放期，经济发展由计划经济逐步向市场经济过渡，中国泵产业进入了快速成长期。随着我国产供销体制改革，财政投资由拨款改为贷款，价格体制逐步形成计划价和市场价的双轨制，国家实行计划经济向市场经济过渡的对外开放、对内搞活的方针。1985 年后，清一色的国有和二轻大集体的 209 家泵厂伴随着乡镇泵厂兴起，到 1990 年我国泵产业企业数迅速增加到 949 家，年生产泵 366.4 万台，销售额 34.29 亿元，为世界泵产值排名第 7 位，排在世界主要工业国美国、日本、德国、英国、法国、意大利之后。

20世纪的最后10年，我国泵企业迅猛发展，到1996年，泵工业企业达到1459家，年产泵739.58万台，销售额120.34亿元。国家虽然在1998—2001年经济低速增长，但民营泵企业发展势头很好，不仅企业数量成几何级数增长，到2000年达3240个，而且产品销售额也高速发展，远远超过国有泵企业的发展速度。到2002年后，国家经济进入高速增长期，部分国有泵业企业通过体制机制改革，并利用土地优惠政策进行征地扩建改造，使企业面貌焕然一新，重新成为中国泵业骨干力量；部分民营泵业企业通过自我高速积累发展，产品开发和制造能力也获得大幅提升，逐步成为我国泵工业的重要力量。在这一时期，全球泵业十强等一大批公司进入我国，投资开设工厂，成为我国泵制造工业的一部分。他们不仅给我国泵工业带来高端、稀缺的泵产品，还带来新技术、新的管理思想，促进了我国泵产业发展与技术进步。

这一时期，我国泵行业进行了新一轮联合设计，引进国外先进产品和新技术在泵行业蔚然成风，实现了工业泵产品的更新换代。在国家和地方政府的支持下，各主要工业泵厂先后引进了德国里茨公司的井用潜水电泵、沃曼的杂质泵、KSB的锅炉强制循环泵、日本荏原的立式斜流泵、德国阿尔维勒的螺杆泵、美国拜伦·杰克逊的石油化工流程泵、英国玛瑟·拉特的矿用多级泵、KSB的热水循环泵、德国西门子的水环真空泵、美国宾汉-威廉麦特的石油管线输油泵、日本荏原的MS多级泵、苏尔寿的石油化工耐腐蚀泵、美国LTV公司的钻井泥浆泵、KSB的船用往复泵、英国玛瑟·普拉特公司的海上石油平台离心泵、日本荏原的无堵塞螺旋涡流泵和法国日蒙-施乃德公司的耐腐蚀泵等泵及其制造技术。1984年后国家实施了工业泵许可证制度，加强了对工业泵产品制造的监管，使工业泵厂制造水平获得很大提高。

在1985—2004年的20年间，我国泵工业高速发展，并呈现出鲜明的发展特色，民营企业伴随我国市场经济的发展应运而生，而随着市场经济体系的逐步完善，其发展所向披靡。国有企业在市场经济的浪潮中，有的企业被市场淘汰，但大部分企业进行了自我完善，变得更加强大，仍然是我国泵工业的骨干、中坚力量。全球泵业十强等一大批著名泵公司纷纷进入中国投资设厂，促进了我国泵业进步，繁荣了市场，已经成为我国泵制造业的一部分力量。

（一）国外泵公司开始在中国投资

随着20世纪80年代中期后我国商品经济的出现，尤其到90年代后，计划经济逐步向市场经济过渡，国外泵公司开始在中国投资，或输进技术。泵行业第一个合资企业是美国古尔兹泵有限公司与南京深井泵厂于1986年合资成立的南京古尔兹泵业有限公司，第一个独资企业是1995年在苏州新加坡工业园独资设立的格兰富水泵（苏州）有限公司。随着中国改革开放的深入，市场经济体系逐步形成，尤其是中国经济到了新世纪高速增长期，全球泵业十强等一大批著名水泵制造公司纷纷到中国投资设厂，如 ITT、西门子、福斯、KSB、苏尔寿、荏原、格兰富、威乐、科尔法、滨特尔、艺达思和斯必克等泵业集团公司分别在中国上海、苏州、大连、沈阳、佛山、长沙、博山、武汉、杭州、青岛、无锡等地设立独资的泵业制造公司。据不完全统计，国际泵生产企业在中国设立的独资或合资泵制造公司已达 60 多家。

德国 KSB 公司，1994 年底进入我国，与上海水泵厂合资成立上海凯士比泵有限公司，到 2011 年，销售收入达到 8.9 亿元。

全球泵业龙头企业 ITT 公司，1996 年在沈阳全资成立 ITT 飞力制泵（沈阳）有限公司，生产潜污泵；1998 年在上海浦东外高桥保税区成立了上海高质泵有限公司，生产石化泵。

1996 年 2 月，德国西门子公司进入我国，与淄博真空设备厂合资成立西门子真空泵压缩机有限公司，全面引进西门子的水环式真空泵、压缩机技术，生产 2BE、2BV 全系列产品，使国内水环泵的技术水平有了质的飞跃，达到国际先进水平。

瑞士苏尔寿公司，1999 年在大连与大连耐酸泵厂合资成立大连苏尔寿泵及压缩机有限公司，2006 年 11 月 20 日该公司正式成为苏尔寿独资企业。

德国海密梯克公司，1997 年在大连与大连耐酸泵厂合资成立大连海密梯克泵业有限公司，主要生产屏蔽泵、磁力泵。

德国里瓦公司，1998 年向大连耐酸泵厂输出技术，2004 年在大连与大连耐酸泵厂合资成立大连里瓦泵业有限公司，主要生产计量泵、往复泵以及加药装置。

德国威乐，2000 年进入了我国，在北京成立了德国威乐（中国）水泵系统有限公司，并设立了北京研发中心。

日本荏原公司长期在我国考察调研，直到 2003 年才与浙江民营泵企——嘉利特实业股份公司合资，成立荏原嘉利特泵业有限公司，生产石油化工泵。2005 年又在山东成立了荏原博泵泵业有限公司。2006 年在昆山独资成立了荏原机械（中国）公司，主要生产通用泵。

丹麦格兰富公司 1995 年进入我国在苏州设立了生产工厂，2005 年又在苏州设立了中国研发中心。

不仅全球大型泵制造商进入中国，一些颇具专业特色的泵制造企业也纷纷进入中国。例如，以泵测试技术而享誉全球的奥地利安德里茨公司，1997 年就进入中国，与佛山水泵厂合资成立 Ancritz-Kenflo 佛山水泵有限公司，制造纸浆和造纸工业泵，2002 年改为安德里茨的独资企业，改名为佛山安德里茨技术有限公司。又如，英国沃森-马洛公司在中国生产 Bredel 软管泵、蠕动泵和正弦泵，

1993年进入中国的德国耐驰生产单螺杆泵，1994年进入上海的日本日机装生产屏蔽泵，1995年进入上海的德国WOMA公司生产超高压泵，1996年进入沈阳的瑞典飞力生产潜污泵，1999年进入青岛的瑞士海斯特生产螺旋离心泵，2001年进入上海的美国汉胜公司生产高速泵和计量泵，以及德国菲鲁瓦泵公司生产多重安全双软管隔膜泵等。

（二）民营企业异军突起

我国民营泵业起源于20世纪90年代初，大多是从微型电泵厂和小型水泵厂发展起来的。民营企业在市场竞争中的高速成长，给我国泵业带来了发展活力。

20世纪90年代初，随着市场经济环境逐步形成，民营泵业逐步兴起，并迅猛发展。特别是1992年邓小平南行讲话后，泵行业私营企业大量涌现，尤其在浙江、上海、江苏、山东、辽宁和湖南等地区发展的最为迅速，其中以浙江温州、台州的民营、个体泵制造业最为典型。温州的泵企业主要集中在永嘉县瓯北镇，2000年4月中国通用机械工业协会授牌永嘉县为"中国泵阀之乡"。台州在温岭县泽国到大溪的114国道两侧也集聚了许多泵类企业。温州的泵阀企业到1998年有100余家，产值15亿元；温岭的泵类企业（包括个体企业）近400家，销售额也在10亿元左右。这些企业主要是利用民间资本，以行商起家。

（三）国有泵企业在改变

1987年5月19日，国家机械工业委员会以"机委规84号文"公布了工业泵20家骨干重点企业和7家农用泵骨干重点企业名单。其中，工业泵骨干企业7家：石家庄水泵厂、沈阳水泵厂、长沙水泵厂、上海水泵厂、大连耐酸泵厂、大隆机器厂、沈阳铸造厂；工业泵重点企业13家：北京水泵厂、阳泉水泵厂、本溪水泵厂、哈尔滨水泵厂、博山水泵厂、武汉水泵厂、佛山水泵厂、重庆水泵厂、宝鸡水泵厂、兰州水泵厂、天津工业泵厂、上海第一水泵厂、浙江真空设备厂。这些行业骨干企业和重点企业对泵工业的发展发挥了重要的作用。

1995年后，面对市场经济的激烈竞争，泵行业的国有企业中绝大多数出现了经营危机。第一家破产的是济南水泵厂，1999年被济南试验机厂重组。第二家是著名的北京水泵厂（起源于1940年成立的北京同益水泵厂，是工业泵重点企业），2001年3月30日正式宣告破产，所有职工一律进入再就业中心。不久，另一家泵重点企业——武汉水泵厂也宣告停产。2004年中国泵业龙头企业沈阳水泵厂与沈阳鼓风机集团进行战略重组。随着经济的发展，1987年国家机械委确定的工业泵7家骨干企业和13家重点企业中，有些逐步在市场竞争中消失，而长沙水泵厂有限公司、石家庄强大泵业集团有限公司、大耐泵业有限公司、山东博泵科技股份有限公司、重庆水泵厂有限公司等12家企业逐步适应了市场经济特点，进入了持续发展阶段。企业通过加强对各类营销信息的收集、整理、分析，充分利用 CRM 系统进行信息传递、处理和项目跟踪，有力地促进了市场营销。同时，也加强了对用户售前、售中和售后的服务，实现了又快又好的发展。

（四）泵行业协会成立并发挥作用

1984 年 10 月，全国水泵行业在湖北省宜昌市召开组长厂扩大会议。会议决定根据机械部石化通用局通企字第 352 号文件的要求，在全国水泵行业组织的基础上组建中国泵行业协会，并决定由沈阳水泵厂、石家庄水泵厂、长沙水泵厂、重庆水泵厂、上海水泵厂、兰州水泵厂、合肥通用所、沈阳水泵研究所 8 个单位组成中国泵行业协会筹备组，组长为沈阳水泵厂，副组长为石家庄水泵厂。

1984 年 11 月 10—14 日在北京密云召开了协会筹备组第一次工作会议。会议起草了《中国泵业协会章程（草案）》（简称《章程》）、《中国泵业协会组织工作条例（草案）》（简称《组织工作条例》）和《中国泵业协会经费管理办法（草案）》（简称《经费管理办法》）三个管理文件；讨论了筹备组下一步工作，决定借用办事人员，并由沈阳水泵厂提供办公地点和垫付筹备经费开展相关工作。

1985 年 1 月 27 日在山东省威海市召开了协会筹备组第二次工作会议。会议审议了协会《章程》《组织工作条例》《经费管理办法》三个文件草案，并酝酿协商组成理事会候选单位和办事机构；审定了第一批会员单位；决定向机械部呈报《成立中国泵业协会申请报告》，并决定在北京设立联络处。

1985 年 3 月 15 日在大连市召开泵行业统计工作会议。会议讨论并通过了泵行业统计指标体系和计算口径，并决定今后每年的泵行业统计汇总工作由协会组织。

1985 年 6 月 23—26 日在湖北省石首市召开了协会筹备组第三次工作会议。会议通过了协会《章程》《组织工作条例》《经费管理办法》三个管理文件；制订了 1985—1986 年度工作计划；会议决定创办协会会刊《泵业动态》，征收活动经费，成立泵行业标准网、情报网和现代化企业管理领导小组。

1985 年 6 月，协会组织进行了全国第一次泵生产企业状况调查。调查结果表明，全国泵生产企业近千家。

1985 年 10 月 23 日在兰州召开了泵行业标准网成立大会。会议通过了《标准网工作条例》和标准网 1985—1986 年工作安排，并有 7 个科研院所在会上介绍了标准工作情况。1986 年 5 月 22 日在无锡市召开泵行业标准网正副网长会议，制订了 1986—1987 年度工作计划，并对各项工作的完成日期、具体分工做了详细部署。

1986 年 3 月—4 月，东北区、华北区、西北区、西南区和中南区分别召开会议,传达协会筹备组第四次工作会议精神,讨论组建分部的有关事宜。

1986年6月,由协会筹备组、中国农机院、沈阳水泵研究所及机械部合肥通用所组成编辑小组,编制《泵行业标准汇编》一书。

1986年7月14—20日在北戴河召开泵行业劳动定额管理研讨会。针对行业现状,会议决定组建泵行业劳动管理委员会,开展专业活动,推动管理水平提高。

1986年10月10—14日在山东省泰安市召开部分会员企业质管办主任会议。会议决定成立泵行业质量管理工作委员会,推进和提高行业质量管理工作。1987年5月5—8日在长沙召开泵行业质量管理委员会主任、副主任会议,会议修改了《中国泵业协会质量管理工作委员会工作条例(草案)》;通过了1987年质量工作计划和《行业质量调查细则说明》。1988年1月28—31日在沈阳召开泵行业质量管理工作委员会正、副主任会议,会议对各区质量管理现状调查进行了汇总分析,并根据行业上存在的问题制定了1988年行业质量工作计划。

1987年1月,由协会组织编辑的泵行业推荐性标准《单级单吸离心泵加工质量规定》正式出版,发至会员企业。

1987年4月4—8日在西安召开"技术市场交易会"。参加会议的有6个科研院所、90个生产企业的代表145人,会上有17个单位介绍了453项技术输出项目,有90个项目签订了协议或意向书,对129个项目供需双方进行了协商。

1987年7月25—29日,受国家机械委通用局、化工部装备总公司、中石化总公司和石油部规划院的委托,在北京召开了化工、石油化工用泵新产品、新技术座谈会。参加会议的有机械委、化工部和中石化总公司的有关局及高等院校和泵制造厂共71个单位、149位代表。

1988年6月11—14日在北京召开新会员单位财务工作会议。会议介绍了行业财务管理工作和行业财会学术研究的成果,讨论了今后财会工作活动的方向和工作计划。

1988年6月15—19日在天津召开筹备组第五次工作会议。会议总结了第四次工作会议之后两年来的工作;审议了1987年财务决算和1988年财务预算报告;商定了协会成立大会的准备工作;并讨论确定了推荐理事长、副理事长、秘书长、副秘书长单位。机械电子工业部体改司、工程农机司和中国通用机械工业协会的领导参加了会议。

1988年8月16—19日在辽宁兴城召开企业上等级工作会议。会议总结了企业上等级工作的调查情况,决定调整《工业泵行业国家级企业等级标准》中的部分指标。

1988年9月10—12日在沈阳召开中国通用机械泵行业协会成立大会。会议讨论通过了《中国通用机械泵行业协会章程》《中国通用机械泵行业协会组织工作条例》《中国通用机械泵行业协会经费管理办法》三个文件；选举产生了第一届理事会及理事长、副理事长、秘书长、副秘书长。机械电子工业部第三装备司、工程农机司、中国通用机械工业协会筹委会及沈阳市机械局派人出席了大会并讲话。会议收到了机械电子工业部、沈阳市和各兄弟协会发来的贺信，同时收到日本、英国及德国公司代表发来的贺电。

八、泵制造业的发展机遇期（2005—2015年）

进入21世纪以后，我国国民经济进入了一个高速发展期，电力、冶金、石化、煤化工行业发展迅猛，特别是核电工业等新型能源领域得到快速发展，为泵制造业提供了大好的发展机遇。但由于国产装备与世界先进水平还具有较大的差距，因而重大技术装备国产化越来越得到国家和行业的重视。泵行业紧紧围绕国民经济重点工程建设的需要，通过引进技术、消化吸收、自主创新和集成创新，取得了一系列重大技术装备研究成果，在大型石化、煤化工、电力等领域重大技术装备国产化方面不断实现零的突破。通过重大技术装备的国产化推进，也促进了行业整体技术水平的提升。

（一）依托重大工程项目积极推进泵产品国产化

1. 电站用泵国产化推进

（1）三大电站用泵　锅炉给水泵、凝结水泵和循环水泵三大电站用泵是火电站的重要辅机，在电力工业的发展中起着非常重要的作用，具有技术含量高、产品规格大、产品价格高等特点，是最重要的泵产品。电站用泵的制造水平也象征着国家泵产业的总体水平。目前我国部分电站用泵已经具备国际先进水平，并有多种高技术含量产品出口国外。沈阳水泵厂是我国最早生产锅炉给水泵、凝结水泵和循环水泵的厂家，沈鼓集团在其基础上大力发展电站用泵，已经具有设计和制造三大火电用泵的能力。

1）锅炉给水泵。沈阳水泵厂从20世纪50年代开始为25~300MW机组设计制造锅炉给水泵。1979年，企业对当时国际上技术比较先进厂家的锅炉给水泵进行了询价、技术谈判及市场占有率等情况调查。经综合对比分析发现，在满足技术要求的情况下，德国KSB公司的CHTA、CHTC型锅炉给水泵在效率以及市场等方面与英格索尔兰德、威尔等其他公司相比占有优势，故此从德国KSB公司引进了100~1200MW亚临界和超临界火力发电机组配套CHTA型高压锅炉给水泵及前置泵的制造技术、全套标准及质量控制规程等。此后又于1989年引进了CHTC型给水泵制造技术共计2个品种、7个规格。两次引进合计为17个品种、27个规格。到20世纪90年代，在消化吸收引进技术的基础上,沈阳水泵厂积极自主创新,自行设计制造了具有国际先进水平的200MW机组全容量CHTZ型水平中开式高压锅炉给水泵。2003年,我国建造了第一个超临界火电机组——沁北电厂,沈阳水泵厂与美国Flowserve公司合作,为沁北电厂提供了国产第一台超临界机组用给水泵。后相继又与日本三菱公司、EBARA合作生产了超临界机组以及超(超)临界机组用高压锅炉给水泵型泵。在消化吸收引进技术的基础上,沈鼓集团自行开发了完全国产化的超临界高压锅炉给水泵。

2)凝结水泵。20世纪50年代,沈阳水泵厂引进苏联技术为25MW机组设计生产了DN、SN卧式中开凝结水泵,随后又自行开发了立式中开凝结水泵。20世纪70年代,为了适应国内火电机组汽水参数及对凝结水泵要求的提高,工厂组织技术力量,为50~300MW火电机组自行开发设计了立式筒袋凝结水泵。20世纪90年代初,沈阳水泵厂为我国第一台国产600MW火电机组——哈三电厂二期工程开发生产了100%容量低压凝结水泵,为元宝山电厂600MW火电机组提供了100%容量中压凝结水泵。2002年又为邹县电厂自行开发生产了国内第一台1000MW机组半容量凝结水泵。2009年为金陵电厂自行开发生产了国内第一台1000MW机组全容量凝结水泵,也是目前国内最大的凝结水泵。

3)循环水泵:随着火电机组容量越来越大,对循环水的需求量也在不断增加,循环水泵的规格也在增大。1984年沈阳水泵厂从日本荏原公司引进了用于10~600MW机组的10种水力模型,完善了泵的整体结构设计。在此基础上,沈阳水泵厂为国内多个火电站建设提供了该系列循环水泵400余台,同时还出口多个国家和地区。

上海电力修造总厂有限公司是泵行业中生产火电用泵的重点骨干企业,该公司十分重视新产品、新技术的开发,近几年在火电领域陆续完成了1000MW超(超)临界机组50%容量主给水泵、1000MW机组HZB303-720前置泵、660MW超(超)临界机组50%容量给水泵的国产化研制工作。该公司在国内火电给水泵市场的占有率达60%左右,是国内大型高效节能电站辅机设备的生产基地,其产品出口土耳其、伊朗、印度、马来西亚、巴基斯坦、越南、斯里兰卡和印度尼西亚等国家和地区。

(2)脱硫泵 脱硫泵是火电站脱硫系统的关键设备。石家庄强大泵业集团有限责任公司1993年对珞璜电厂进口的脱硫泵进行了国产化改造,积累了大量的经验,到2002年成功研发出第一台600mm口径脱硫泵,应用于黄台电厂及大港电厂。此后又系列开发了脱硫泵,口径为350~1000mm,流量为1500~16000m^3/h,扬程为15~35m,各项指标达到世界先进水平。该系列泵为单级单吸、双泵壳橡胶内衬结构,具有效率高、耐磨耐腐蚀等特点,先后为30万kW、60万kW、100万kW火电机组配套。该公司在此期间共生产600~1000mm大型脱硫泵近3000台，应用在山东黄台电厂、天津大港等几百个电厂。其产品获机械部科学技术二等奖。

2. 核电用泵国产化推进

（1）核电用泵国产化展示自主创新　随着核电被越来越多的国家所重视，各种核电装备也逐渐成为各国积极研制的重要领域。我国核电工业也进入了快速发展阶段，通用机械工业承担着为核电工业提供泵阀的任务，必须快速发展，满足核电产业的需求。核电用泵（简称核泵）技术难度大，特别是关系到核岛安全的核主泵等关键核泵产品，价格昂贵，长期依赖国外进口，对国家经济发展及战略安全造成较大风险。因此，实施推进核泵的国产化意义重大。

20世纪70年代末，国内几家主要的泵制造企业，为向秦山一期300MW核电机组提供核主泵，做了大量的技术准备工作。当时的上海水泵厂进行了核主泵机组水力部件的研发，并制作了缩小比例的水力模型泵，在浙江省机科所一级精度试验台上进行了重复测量，水力模型研究项目通过了上海市机电一局组织的全国性鉴定会议的核查和认可。随后，完成了水力模型泵的四象限全特性试验，得到了完整的四象限全特性曲线，可用于NSSS系统的安全计算分析。

2006年4月，在沈阳召开的核电项目泵阀国产化工作会议开启了核电装备国产化的新篇章。在消化吸收引进技术的基础上，经过多年的自主创新研发，我国核电用泵领域已经取得了可喜成绩，部分企业能够为核电提供自主研制的泵产品。

巴基斯坦恰希玛C1项目核电站为30万kW压水堆型核电站，是我国自行设计、建造的第一座出口商用核电站，当时是我国重要的高科技成套出口项目。在该项目中，沈阳水泵股份有限公司与国外某一流体机械制造企业以合作生产方式，完成了两台主泵的设计和制造；并建造了我国第一套主泵试验回路系统，成功完成了试验。2005年由法国阿海珐/热蒙公司和东方电气股份有限公司合资兴建东方阿海珐核泵有限责任公司，希望通过引进法国阿海珐核主泵和电动机的设计、制造及试验方面的技术来逐步实现核主泵的国产化。

2007年开始，沈鼓集团自行开发研制了四种核二级泵样机：上充泵、余热排出泵、安全壳喷淋泵和电动辅助给水泵，并通过了全部的鉴定试验，包括性能试验、热冲击试验、200h耐久试验和杂质试验。沈鼓集团斥资建造了核二级泵热冲击试验台。2008年3月，沈鼓集团、哈电集团分别与美国EMD签订了2台国产三代核主泵分包制造合同。2008年底沈鼓集团的核二级泵通过了中国机械工业联合会组织的国家级鉴定。鉴定结论为：样机的研制成功，是我国百万千瓦级核电机组核二级泵制造技术的重大突破，填补了国内空白，实现了我国核二级泵重大技术装备的自主化，主要性能指标达到了国际先进水平。2008年11月21日沈鼓集团自主研发的安全壳喷淋泵、低压安注泵通过国家能源局的鉴定。2008

年12月，核泵国产化研发生产基地建设项目正式立项，该项目旨在瞄准核泵的世界先进水平，实现产品国产化实施投资建设，以满足核主泵自主化研发、加工制造、出厂试验要求。沈鼓集团核泵厂房从2009年开始建设，2011年底竣工，2012年投产。2009年7月，中广核工程有限公司与沈鼓集团正式签订了阳江核电厂一期工程1、2号机组及红沿河核电厂一期工程3、4号机组循环水泵供应合同，标志着在推进循环泵国产化方面取得了实质性进展。2009年8月，沈鼓集团调整了AP1000项目组织机构，任命了新的项目经理，作为美国EMD公司的分供方，承担起国家核电承建的三门、海洋项目的16台主泵零部件的加工制造任务，以及追加的2台主泵的完全加工制造和组装的任务，肩负起AP1000主泵的技术引进消化吸收的重要使命。2009年12月24日，作为总承包方沈鼓集团与国家核电技术公司签订了AP1000项目40台主泵制造的框架协议。2010年3月，AP1000项目主泵进入正式加工制造阶段。2009年12月，沈鼓集团成为中广核国产化联合研发中心九个常务理事成员单位之一，并因为在核电用泵国产化研发方面所做的突出贡献获得中广核的表彰，被评选为"2009年度国产化研发突破优秀成员单位"。2010年4月8日，CPR1000核二级上充泵通过国家能源局的鉴定，标志着沈鼓集团与中广核工程公司以大连红沿河1000MW核电站项目为依托，联合研发CPR1000核二级泵研制成功，实现了我国核二级泵重大技术装备国产化零的突破，填补了国内空白，使中国核电装备核泵制造工业达到一个新水平。2010年4月，完成红沿河项目1#机组4台重要水泵。2010年12月28日，与中国中原对外工程有限公司签署订货合同，实现了300MW核电站机组用核二级泵出口零的突破。

2008年6月，上海电气集团与德国KSB成立由中方控股的合资企业——上海电气凯士比核电泵阀有限公司，该企业以核电用泵的设计、制造和销售为主业。2011年9月上海电气凯士比核电泵阀有限公司与国家核电技术公司一起开发承制国家重大专项CAP1400堆型的湿绕组主泵。

上海阿波罗机械有限公司从2006年开始开展了百万千瓦级核电站混凝土蜗壳海水循环泵、电动辅助给水泵样机的研制工作。混凝土蜗壳海水循环泵（见图2-1）样机于2008年11月28日通过鉴定，并于同年12月28日取得了福清方家山核电项目"首台首套"的突破业绩。电动辅助给水泵于2008年6月完成样机的制造，2009年2月11日通过样机鉴定。从2010年至今，企业又先后完成了气动辅助

图2-1　混凝土蜗壳海水循环泵

给水泵等全部核三级泵，以及安全壳喷淋泵、低压安注泵、上充泵等核二级泵的自主研发并通过了国家能源局组织的鉴定。2014年11月1日完成了由国家能源局组织的重要非核级泵主给水泵样机试验鉴定。由此，上海阿波罗机械有限公司成为我国泵行业中除主泵外其余百万千瓦级核电站用泵都能自主设计和制造的企业。目前该公司已成为中国核电工程公司、中国广东核电集团、国核技工程有限公司、江苏核电有限公司、中核集团核电秦山联营有限公司、中国中原对外工程公司、秦山核电公司等诸多核电公司的合格供应商。

2006年重庆水泵厂有限责任公司开始进行核电上充泵和水压试验泵的设计。随后该公司进行了搬迁及装备国产化技术改造，新厂位于沙坪坝井口工业园区，通过搬迁建设，为实现核泵产品国产化奠定了良好基础。2008年10月重庆水泵厂有限责任公司开始水压试验泵和上充泵两种核二级泵的国产化样机研制，并通过了国家级鉴定，得到国家核安全局和核电行业相关专家认可，进入核电市场。在此基础上，该公司开始研发其他核电站关键泵，力争在一定的时间内实现全部核二、三级泵和其他重要泵的国产化。2010年，重庆水泵厂有限责任公司获得国家核安全局授予的"民用核安全机械设备预设许可证书"和"民用核安全机械设备制造许可证书"，成为国内首家同时获准制造核电站离心式与容积式核二、三级泵的企业。该公司已经为秦山、大亚湾核电站提供了配套，生产上充泵和水压试验泵等核电用泵产品。

2008年6月20日，大连深蓝泵业有限公司研制的压水堆核电站硼酸输送泵、消防水泵（非核级，制造等级核三级）、乏燃料水池冷却泵样机通过了专家鉴定，随后压水堆核电站设备冷却水泵也通过鉴定。由此，该公司具备了生产CRP1000压水堆核电站全部核安全三级泵的能力。后续大连深蓝泵业有限公司又承接了部分重点工程的核电用泵订单，如红沿河核电站一期工程（消防水泵、核三级泵、非核级泵等）、宁德核电站一期工程（消防水泵、核三级泵、非核级泵等）、阳江核电站一期工程（核三级泵、非核级泵等）、方家山核电工程（核三级泵、非核级泵等）、福清核电工程（核三级泵、非核级泵等）、AP1000三门核电工程、AP1000海阳核电工程、台山核电工程等。

上海电力修造总厂有限公司在核电领域完成了1250MW核电机组API1000常规岛主给水泵、API1000核电站常规岛给水泵组前置泵等的研制。现正进行百万千瓦50%容量ACP1000核电站常规岛给水泵、前置泵等项目的研制。该公司于2008年与国外公司合作获得海阳核电厂主给水泵组的成套供货，其中给水泵前置泵由该公司独立生产。2010年12月获得巴基斯坦恰希玛300MW核电厂工程C3/C4号机组常规岛主给水泵合同，现已安装运行。恰希玛核电厂主给水泵组的研制成功并批量生产，结束了核电厂常规岛主给水泵组一直依赖进口的局面，为百万千瓦核电厂常规岛主给水泵研制打下了基础。

虽然我国核电用泵研制起步较晚，基础薄弱，但是发展迅速，除上述几家企业外，还有很多泵制造企业在积极研制核泵技术，核泵国产化为满足我国核电产业发展的需求做出了重要贡献。

（2）核电项目推进核电用泵国产化

1）浙江秦山核电站。一期：30 万 kW。1985 年 3 月 20 日混凝土浇筑工程开始，1991 年 12 月 15 日并网发电。国产泵类产品主要有：重要厂用水泵、常规岛循环水泵、凝结水泵等 7 种、24 台。

二期：2×60 万 kW 压水堆。1996 年 6 月 3 日主体工程开工，2002 年 4 月 15 日二期一号机组并网发电。国产泵类产品主要有：冲洗水泵、常规岛凝结水泵等 2 种 14 台。

三期：2×72.8 万 kW 重水堆。1998 年 6 月 8 日开工建设（采用加拿大设备），2002 年 12 月 31 日三期 1 号机组首次并网发电，2003 年 7 月 24 日三期二号机组投产。

四期：2×100 万 kW。2008 年 12 月 26 日在方家山正式开工，投产后拥有 9 台机组，总装机容量 630 万 kW。主要泵类产品为进口产品，采用了 4 台国产循环泵。

2）广东大亚湾核电站。一期工程：2×90 万 kW。1985 年 12 月 12 日，中法广东核电站谈判达成协议，由法国法马通（阿海珐公司前身）公司向我国提供两座 90 万 kW 反应堆。

1987 年 8 月我国大亚湾核电站正式开工；1993 年 8 月 31 日大亚湾核电站一号机组并网发电；1994 年 2 月 1 日大亚湾核电站 1 号机组商业运营，1994 年 5 月 6 日 2 号机组商业运营。主要泵类产品全部为进口产品。

3）江苏田湾核电站。江苏田湾核电站是中国和俄罗斯技术合作项目，该核电站于 1999 年 10 月 20 日正式开工建设，一期工程建设 2 台单机容量为 106 万 kW 的俄罗斯 AES-91 型压水堆核电机组，设计寿命为 40 年，年发电量达 140 亿 kW·h。1、2 号机组分别于 2007 年 5 月 17 日和 8 月 16 日投入商业运行。田湾核电站二期项目，装机容量为 2×106 万 kW，采用俄罗斯 VVER1000 压水堆技术，其中 3 号机组于 2012 年 12 月开工建设，4 号机组于 2013 年 9 月开工建设。主要泵类产品全部进口。

4）广东岭澳核电站。1997 年 5 月 15 日，岭澳核电站（广东核电站二期工程）主体工程正式开工。二期（规划 4×100 万 kW）先上两台 100 万 kW 机组，采用法国设备，国内分交 30%。2002 年 5 月 28 日一号机组投入商业运营，2002 年 7 月 2 日举行岭澳核电站一号机组投产剪彩庆典，2002 年 9 月 14 日二号机组并网发电。主要泵类产品均为进口产品。

5）浙江三门核电站。2004 年 7 月，国务院批准建设浙江三门核电站一期工程（2×125万kW），计划装机600万kW。2009年4月20日三门核电站建设正式开工，是我国第三代核电AP1000压水堆机组，也是世界首台利用AP1000技术的核电机组。主要泵类产品为进口产品。

6）辽宁红沿河核电站。2007年8月18日辽宁红沿河核电站主体工程正式开工建设。四台百万千瓦级机组，采用中国自主品牌CPR1000核电技术，国产CNP1000核电二代改进技术的机组。1号机组于2012年2月并网发电，国产泵类产品有重要厂用水泵、低压安注泵、安全壳喷淋泵、余热排出泵、电动辅助给水泵和常规岛循环水泵。

7）山东海阳核电站。2007年12月31日山东海阳核电站开工，海阳核电站计划安装六台百万千瓦级压水堆海底机组。该核电站是我国第三代核电AP1000压水堆机组。主要泵类产品为进口产品，常规岛前置泵为国产产品。

8）福建宁德核电站。2008年2月18日福建宁德核电站一期主体工程开工建设，总投资512亿元，建成国产CPR1000改进型压水堆，一期四台机组。国产泵类产品主要有重要厂用水泵、电动辅助给水泵等。

9）广东台山核电站。2008年5月9日，广东台山核电站项目贷款包销协议在京签署，台山和阳江两个核电站贷款总额1000亿元。台山核电站采用国际领先的EPR三代核电技术，建设两台170万kW先进压水堆核电机组。主要泵类产品全部为进口产品，国产核级泵为设备冷却水泵。

10）海南昌江核电站。2008年7月18日，国家发改委对海南发改厅联合中国核工业集团上报的《海南昌江核电厂项目建议书的请示》进行了批复，同意开展前期工作。海南装机容量只有258万kW，厂址选在昌江县海尾镇塘兴村，拟建两台65万kW压水堆核电机组，以秦山核电二期工程为参考电站。国产泵类产品主要有重要厂用水泵、安全壳喷淋泵、安注泵、循环水泵等。

11）福建福清核电站。2008年11月21日，福建福清核电站工程正式开工建设。规划连续建设六台百万千瓦级核电机组，总投资近千亿元。一期采用二代改进型压水堆技术建两台机组。国产泵类产品有汽动、电动辅助给水泵，重要厂用水泵，循环水泵等。

12）广东阳江核电站。2008年12月16日，中广核阳江核电站正式开工。采用我国自主品牌的CPR1000改进型压水堆技术进行标准化、批量化建设。总投资700亿元，连续建6台，国产化率83%，国产泵类产品主要有低压安注泵、安全壳喷淋泵、重要厂用水泵、常规岛凝结水泵等。

13）广西防城港核电站。2010年7月5日，广西防城港核电站一期工程开始建设。一期工程两台机组均采用的是中广核自主设计的改进型压水堆技术CPR1000，技术安全、成熟、可靠。防城港核电一期工程建设进一步提升了我国核电自主化、国产化水平。据统计，防城港核电站一期工程综合国产化率达到了

80%以上。国产泵类产品有余热排出泵、重要厂用水泵、循环水泵等。二期工程采用我国自主知识产权三代核电技术——华龙一号,3号示范机组已于2015年12月24日开工建设。

3. 石化泵技术国产化

为了适应石油化工工业的飞速发展,增强设备成套能力,提高石化装备技术水平,20世纪80年代初,沈阳水泵厂在引进和消化吸收国外先进技术基础上研制了我国第一台加氢进料泵,并自行开发和研制了TD型加氢泵、TDM/TDMG型高压除焦泵、TDR型辐射进料泵、DY/DYP型离心油泵及石化行业自备电厂用DG型高压锅炉给水泵,满足了石油化工工业发展的需求。其中TD35-230、TD45-250、TD80-120、TD160-120、TD160-285型加氢进料泵,DM160-120、TDM200-160、TDMG280-250型高压除焦泵等多项产品获得省、部级优质新产品称号,同时获沈阳市科技进步奖;有150余种产品达到或接近国际同类产品的先进水平。在产品研制过程中,企业同时建立了相应的技术标准和质量控制标准。

多年来,沈阳水泵厂把握市场需求,为了替代进口产品,为各大炼油厂研制开发了一批延迟焦化用高压除焦水泵,投入使用后运行一直良好,如锦州炼油厂、锦西炼油厂、福建炼油厂、辽阳石油化纤公司100万t/年延迟焦化装置用的TDM200-160×12、TDM200-160×11高压除焦水泵,扬子石化公司、石家庄炼油厂、高桥石化总厂的30~50万t/年延迟焦化装置用的DM160-120×12、DM160-120×13型单壳体节段式除焦水泵。2001年沈阳水泵厂为锦州炼油厂的国内第一套150万t/年延迟焦化装置研制开发了6X12DBR-10G型高压除焦水泵,此后又相继为中油辽河石化分公司、高桥石化总厂、塔里木石化分公司、镇海炼化股份公司研制开发了TDMG280-290×10、TDMG250-280×10、TDMG270-300×10型高压除焦水泵。

沈阳水泵厂还为各大炼油厂研制开发了一批高温渣油泵,投入使用后运行一直良好,如垦利炼油厂10万t/年延迟焦化装置用的TDR25-80×6型辐射进料泵,锦西炼油总厂100万t/年延迟焦化装置用的TDR280-100×5型辐射进料泵,大庆石化总厂30万t/年延迟焦化装置用的TDR60-50×5、TDR25-50×6、TD80-67×4型辐射进料泵,山东海化集团公司40万t/年重油项目用的TDR150-105×5、TDR25-55×10型辐射进料泵,这些产品都已达到国外同类产品先进水平。

大耐泵业有限公司一直致力于石化装置关键泵的开发与研制,如在引进技术的基础上开发研制的大流量高温高压ASDR泵(见图2-2)系列、卧式多级双壳体HB泵系列,成功用于百万吨芳烃装置、千万吨炼油装置等大型石化装置中。为大连的百万吨芳烃项目(一、二期工程)提供关键泵近200台套,最大口径为400mm,流量达到3000m³/h,扬程达到300m,最高温度为304℃;为新疆石化沥青蒸馏装置提供的关键常渣油泵,最高温度为367℃;为新疆石化提供了BDO

装置关键泵机组；为上海核研究院提供的加压泵，最高压力为 7.5MPa；为俄罗斯提供的管线输油泵、高温渣油泵（400℃）等。该公司有多项产品获得中国机械工业科学技术进步奖三等奖。

大连深蓝泵业有限公司从 2006 年开始进行低温液体泵的研制，经过 5 年的时间完成了低温液体泵的技术储备工作，具备了为 10 万 m^3/h 等级以下空分装置配套的实力。2011 年 5 月，该公司和山东华鲁恒升化工股份有限公司联合研制的立式多

图 2-2　大耐泵业有限公司生产的 ASDR 泵

级低温液氧泵通过了产品鉴定，此后，其低温液体泵在石化及煤化工项目上取得了许多应用业绩。除了为客户提供整机的配套外，该公司还承接低温液体泵的维修服务，并且建造了国内第一条低温液氮试验台架，能够完成 -196℃ 低温液氮试验。除此之外，大化肥装置用的高压甲胺泵、液氨泵、重油加氢高温高压液力透平及百万吨乙烯装置急冷水泵、急冷油泵都已研制成功，批量生产。该公司生产的原油长输管线泵已在兰州石化国家石油储备库成功应用，目前正在进行 LNG 接收站用泵、特大型 LNG 船用泵的研制开发。

辽宁恒星泵业有限公司结合企业自身优势，借鉴国外同行业企业成熟技术，从 1999 年开始进行了 KSY 型给油泵、KND 系列多级管道输油泵（见图 2-3）的研发，目前产品已经广泛应用在昌邑石化、大庆油田、胜利油田、大港油田等石化企业。2009 年，中国石油大庆—

图 2-3　管道输油泵

铁岭输油管线输油泵已满足不了需求，需要更换更大排量的输油泵。借此机会，在国家能源局、中国机械工业联合会等部门的大力支持下，辽宁恒星泵业有限公司经过努力，与中国石油天然气股份有限公司管道分公司开展了全方位的合作。经双方协商，根据管道输油现状，设计制造了流量为 2843m^3/h、扬程为 194m 的大功率管单级双吸管道输油泵，并于 2009 年 12 月 26 日正式投入运行，2010 年 5 月 28 日由辽宁省科学技术厅组织通过了省级科技成果鉴定。2010 年 9 月 13 日，由国家能源局、中国机械工业联合会、中国石油股份有限公司组织专家组进行现场鉴定，结论是产品的各项性能指标完全达到或优于进口产品，可以替代进口产品。此后至 2012 年，公司相继开发的单级双吸水平中开式、多级水平中开式管道输油泵在中国石油的支线输油管线上开始得到应用。

30多年来，泵制造企业为石化行业重大装备提供的关键泵已有几百台投入使用，并且运行一直很好，如锦州炼油厂的TD80-120×10、天津炼油厂的TD80-120×10、石家庄炼油厂的TD80-120×9、DM160-120×13、福建炼油厂的TD80-120×9、TDM200-160×11、洛阳炼油厂的TD160-120×9、山东垦利炼油厂的TDR25-80×6、DM160-120×13、玉门炼油厂的TDR85-80×6、DM160-120×13、镇海炼化公司的TDG120-400×5型加氢泵，辽阳石油化纤公司100万t/年加氢裂化装置用的TD160-285×8进料泵、TD160-285×9循环泵，齐鲁石化公司140万t/年加氢裂化装置用的TD200-160×10贫溶液泵，齐鲁石化公司120万t/年减压渣油装置用的TDF120-250×9渣油泵，镇海炼化公司100万t/年连续重整装置用的TD320-100×5进料泵，镇海炼化公司300万t/年加氢精制装置用的TD450-130×7柴油进料泵等；近几年，为神木锦界天元化工25万t/年中温煤装置开发的小流量高扬程的加氢泵TD35-230×9、TD40-230×8、TD15-170×10，为中石化青岛炼油化工有限公司研制的国内最大的320万t/年加氢处理装置用的TD500-200×8、TD400-125×10贫胺液泵，国内最大的410万t/年柴油加氢精制装置用的TD650-200×6加氢进料泵等。

石化用关键泵国产化已迈出了坚实的步伐，取得了不错的成绩。但还应看到，与世界先进水平相比，国产泵产品在技术工艺、铸造、加工、外观质量、设备精度、管理等方面仍然存在一定差距，国产化还面临很多困难。因此，泵行业还需要不断地学习国外先进技术，通过引进技术、合资合作，利用现有设备条件、检测手段向高新技术发展，一手抓技术储备，一手抓整机成套，为我国石化行业泵国产化打下坚实基础，提供可靠保证。另外，在400℃高温、1000m以上扬程的大型泵和能量回收液力透平设计、制造等方面刚刚起步，还需要进一步提高，争取早日替代进口产品，实现全面国产化。

4. 水利工程用泵国产化

（1）南水北调工程用泵　南水北调工程是当今世界最大的调水工程，预计建设期50年，总投资5000亿元。继东线一期工程2013年通水后，南水北调中线一期工程已于2014年底开始向北京送水。据了解，在东线一期工程和中线一期工程中，有千亿元左右的固定资产投资用于建筑设施或工程安装。东线工程需新建51座大型泵站，总装机50万kW。东线泵站适用的水泵泵型为贯流泵、混流泵、斜轴泵和立式轴流泵。巨大的用量带动了泵行业的发展。

南水北调东线一期工程于2013年建成通水，该工程全线设立13个梯级泵站，泵站机组运行效率达80%以上，是目前亚洲乃至世界大型泵站数量最集中的现代化泵站群。东线一期工程沿途设立了13级、22处枢纽，共计34座泵站，总扬程高度65m。水泵总装机160台，总装机流量为4447.6m^3/s，装机功率为36.6万kW。这些泵站的特点是扬程低，流量大，年运行时间长，对机组可靠性、运行效率要求高。

南水北调东线工程开工前,国内类似泵站装置效率一般不足70%,且对大型贯流泵站尚无成熟经验,大型贯流泵机组技术和设备主要依赖进口。南水北调东线工程系统开展了"大型贯流泵关键技术与泵站联合调度优化"研究,开发了高性能的2套贯流泵装置和4副贯流泵水力模型,综合性能指标达国际先进水平;研究提出了大型贯流泵机组传动方式、工况调节和通风方式优化设计方法;研制了水泵机组在线运行状态监测装置,提出了大型贯流泵机组引进方式及建议;创新地采用能量特性法分析泵机组的运行稳定性;建立了泵型选择合理性的评价指标体系,提出了泵型选择的评价方法等,为实现大型贯流泵机组国产化奠定了基础。

(2)挖泥泵 随着国家海洋战略的实施,港口疏浚、围海造地、造岛工程成为重点,此类工程需要大量的挖泥泵。国内泵制造企业在引进技术消化吸收的基础上,结合百船工程的经验,2005—2010年先后开发出具有世界先进水平的大型挖泥泵(见图2-4),口径为500~1200mm,流量为5000~30000m³/h,扬程为40~70m,效率达到88.8%。

此系列泵有单双壳结构,具有汽蚀性能好、通过粒径大、过流件耐磨、输送浓度高、可靠性高等特点。口径为1200mm的大型挖泥泵为亚洲最大的挖

图2-4 TK1200大型挖泥泵

泥泵,广泛用于大型耙吸船及绞吸船。在此期间,泵制造企业为天航、上航、广航、长航等疏浚公司提供了共几百台大型挖泥泵,占据了国内市场的70%,填补了国内空白。该产品获国家专利29项,获得中国水运建设行业协会科学技术奖一等奖、中国交通科学技术奖一等奖、天津市科学技术进步奖一等奖。口径为1200mm的大型挖泥泵还成功出口到马来西亚。

(二)泵企业搬迁改造项目投资展示新面貌

据行业内部统计,在"十一五"末和"十二五"期间,泵业分会大部分会员企业进行了整体搬迁或技术改造,购置先进加工、检测设备,新建或扩建试验回路,提高了泵制造企业的装备水平,为企业的技术发展奠定了物质基础,也为行业技术水平的整体提升提供了保障。

2004年8月18日,沈阳经济技术开发区见证了中国装备制造业具有里程碑意义的大事,沈阳鼓风机(集团)公司战略重组、重大技术改造新厂区奠基典礼在这里隆重举行。这意味着由沈阳鼓风机股份有限公司、沈阳水泵股份有限公

司以及沈阳气体压缩机股份有限公司三家行业重点企业重组、打造的世界级中国最大通用机械"航母"开始启动。

沈阳鼓风机股份有限公司主要从事研发、设计、制造、经营科技含量高、质量上乘的离心压缩机、轴流压缩机、透平鼓风机、大型通风机等 8 大系列、300 多个品种规格的风机产品，其设计制造的产品可以满足石油、化工、冶金、电力、煤炭、制药、纺织、国防和科研等领域对风机的需求。沈阳水泵股份有限公司是我国最大的工业泵、石化泵、核泵生产厂之一，主要生产大型电站锅炉给水泵、前置泵、液力偶合器、石油化工用泵和环保产品，公司先后从德、日、美、英等国家引进 7 项产品设计、制造技术，同时引进了相应的技术标准、质量控制标准，可为 200~1000MW 级火电机组、300~1000MW 级核电机组、1200 万 t/年炼油厂、2000 万 t 输油管线、30 万 t/年合成氨、52 万 t/年尿素、66 万 t/年乙烯、100 万 t/d 污水处理厂等装置提供成套泵类产品。沈阳气体压缩机股份有限公司是国内压缩机科研生产基地，其产品在石油、化工、电力、冶金、矿山、交通和国防科研等领域得到广泛应用。公司先后斥巨资陆续从国内外引进 6 台大型数控装备，成为行业中装备最好的企业。

这三家企业在国内同行业均是老牌排头兵企业，产品遍布国民经济各个领域和多项国家重大工程。但是，严酷的市场竞争环境，使企业切身感受到凭借各自企业现有的经营规模、单调的产品经营结构，已经不具备参与不断国际化的市场竞争的实力。为此，2004 年 6 月 9 日，沈阳市做出决定，组建新沈鼓集团，并实现资产重组、整体搬迁、技术改造三者同步，力求通过战略整合实现经营机制的转变，通过优良资产重组实现新的跨越发展，通过整体搬迁改造实现装备水平的升级。这次战略重组技术改造，使我国的大型离心压缩机、大型水泵和大型往复式压缩机的设计、制造关键单元技术达到国际先进水平。沈鼓集团核电泵业有限公司根据核电用泵特点和要求，利用近 3 年时间，投资 8.5 亿元打造世界一流的核泵生产制造基地，建成了 2.4 万 m^2 的机加工车间，配置了意大利立式车铣中心、ϕ200mm、ϕ160mm、ϕ130mm 镗铣加工中心，五坐标数控加工中心，德国 2.65m 立式车铣加工中心、重型卧式数控车铣加工中心，大型龙门式三坐标测量仪等先进加工设备；建造了第三代核技术的 AP1000 主泵试验台、二代改进技术的主泵试验台和核二、三级泵试验台等大型试验台位，能够为核电厂核主泵进行冷、热态试验，核二、三级泵冷、热态及热冲击试验。

大耐泵业有限公司在大连市政府的支持下，投资 2 亿元人民币在大连"双 D 港"建设总占地面积 15 万 m^2 的泵业园区，大耐泵业及五家合资企业迁入园区。泵业园区拥有全新的厂房、先进的数控加工设备与试泵站、完善的检测手段等，集现代化装备和建筑为一体。该公司逐年加强对新产品研发的投入力度，建立产品设计标准化流程，利用三维设计、有限元分析等软件和手段，实现设计过程的全覆盖，促进设计程序模板化，健全设计文件标准化。新尝试和新思维形成孕育科研成果和新产品的良好氛围，并使之开花结果。

上海凯泉泵业（集团）有限公司是集设计、生产、销售泵、给水设备及泵用控制产品的大型综合性集团公司，总资产达 25 亿元，在上海、浙江、河北、辽宁、安徽等省市拥有 9 家企业，5 个工业园区，总占地面积千余亩，生产用建筑面积近 35 万 m^2。近年来，企业在巩固现有产品基础上，积极拓展新的领域。为了开发火电、核电用泵，公司投资近 6 亿多元，建成力学、材料应用、焊接实验室和高精度水力模型研究试验台。为了全面进军核电和火电用泵领域，2011 年投资 2 亿元建造了 1 万 m^2 的重型车间，厂房轨高 24m，桥式起重机单钩起吊重量 150t，具备了核电主泵装配的能力。同时根据生产制造核级设备的需要，相继完成热冲击试验台、四象限试验台等建设。企业还投入 1 亿元从国外进口大批最先进的技术装备，如 Profimill4000/100-T 六轴五联动龙门镗铣加工中心、AC46TM-4000 重型高精立式车铣中心和 TRT314HS 六轴五联动加工中心、三坐标测量机、超声波检测等加工和检测设备。该公司目前已拥有国内最先进、完备的制造装备，将全面提升企业加工制造能力，保障核电、火电用泵的加工质量。

石家庄强大泵业集团有限责任公司根据石家庄退市进区的需要，结合企业改制，投资 3.7 亿元在高新技术开发区建设了占地总面积 300 多亩的工业园区，新建厂房 12 万 m^2，购置了 10t、5t 中频感应电炉等多台热加工设备，8m、5m、3.5m 大型数控立车，ϕ200mm、ϕ160mm 大型数控镗床等冷加工装备，以及大型试验台等硬件设备；同时完善了水力设计软件、有限元分析软件、铸造分析软件、三维设计软件等研发手段，为研发大型发电站脱硫泵、大型船用挖泥泵等新产品奠定了基础。

襄樊五二五泵业有限公司是中国兵器集团下属公司，主要从事耐磨蚀特种工业泵及特种钢铸件的研发、制造和销售，是我国特种泵的主要生产企业之一，也是国内率先开发燃煤电厂烟气脱硫专业泵的生产厂家之一。产品主要应用于磷化工、火电、石油化工、采矿冶金、核工业等行业。该公司开发并制造的 30 万 t 碟酸装置用 LHZ1500 立式轴流泵和 1000MW 火电机组烟气脱硫用 LC900/1150 循环泵，替代了进口产品，在磷化工用泵市场占有率 70% 左右，烟气脱硫泵市场占有率 40% 左右。2009 年，公司新征土地 541 亩，建成泵装配及测试厂房、科研楼等建筑物，新增工艺设备 101 台（套），形成年生产 12000 台泵的机加工、装配、试验的能力，项目总投资合计 34571 万元。2011 年圆满完成国拨资金军转民项目"大型烟气脱硫循环泵研制与开发项目"的审核验收，奠定了公司承担国家级科技开发项目的基础。公司二期技改建设，总装及测试工房工程建设项目全部完成。2012 年该公司在经济开发区又新征 634 亩土地，建设了特种工业泵产业园，为公司在未来实现跨越式发展奠定了坚实的基础。

上海阿波罗机械股份有限公司为配合核泵研发、生产，从 2009 年起先后投入 1.437 亿元改建了核泵研发中心，以建设我国最先进的核泵测试中心。该项目被列入"国家产业振兴和技术改造项目"和"上海市高新技术产业化项目"，并获得专项资金资助。

西安泵阀总厂有限公司从 2010 年起实施了整体搬迁改造工程。新厂区坐落于浐河灞水之滨、洪庆白鹿原下的西安现代纺织产业园区，经过 3 年的筹备和建设，企业于 2013 年初实施搬迁，并坚持边搬迁边生产，把搬迁给企业带来的生产损失降至最低点。新厂区占地总面积 174 亩，建筑面积 93000m^2，包括 3 个主体车间、办公楼、宿舍楼、职工餐厅等，其中最大的泵阀加工装配车间建筑面积为 55000m^2。新增熔炼电炉、测试设备、焊接设备、起重设备、空调系统等主要设备 55 台（套）。搬迁改造工程新增投资 2.2 亿元。

辽宁恒星泵业有限公司"大功率管道输油泵技术改造项目"获得国家发改委 1259 万元的资金支持，项目于 2012 年底完成。该项目实施后极大地提升了公司的综合配套能力，项目目标为达到年产 100 台管道输油泵的生产能力，实现年销售收入 3.2 亿元。

大连深蓝泵业有限公司核电用泵国产化技改项目投资 10997.37 万元，其中厂房建设含辅助设施投资 6343.10 万元，建筑面积 23340m^2，购置设备 224 台（套），投资 4654.27 万元。该项目设计目标达到年产 800 台核电用泵的生产能力，年生产核电用铸钢件 2000t，新增销售收入 2.3 亿元。"十二五"期间，根据产品升级的需要，企业购置了数控龙门镗铣床（XK2420A×40/15×12），实现了大型零件一次装夹状态下完成所有精加工工序；建成标准测试试验台 2 个、大型测试试验台 1 个、核级测试试验台 1 个、低温测试试验台 2 个，共计 6 个测试试验台。所有试验台均达到 GB/T 3216 的 1 级精度要求，其中核级试验台已通过核级认证，并可以进行热冲击试验、杂质试验、降压起动等功能试验。试验范围：最高压力为 42MPa，最大流量为 23000m^3/h，最大功率为 4000kW，温度范围为 -197~240℃。试验方法执行 API 610 标准、GB/T 3216 标准。振动测量可采用 CRAS 振动及动态信号采集分析系统。该公司具有国内首家低温试验台，试验介质为 LNG/LPG/LN2。

淄博真空设备厂在 2000 年完成国有企业改革，凭借雄厚的技术实力，迅速占领国内市场，特别是在煤化工、PVC 以及航空航天领域，凭借成熟的产品设计和稳定的产品质量，赢得了较高的市场占有率和知名度。此外，该企业成立了山东省真空设备工程技术研究中心和中国通用机械工业协会干燥技术研发中心，大力推进新产品的研发，先后通过煤化工技术改造，SKA、Y、2SY、2SAT 等系列水环式压缩机和双级液环锥体泵的研制，以及航空航天领域的应用等若干重点项目，为国内相关领域的发展提供了先进的技术支持和优质的高端真空设备，为国家重点行业的发展提供了强有力的保障。

本溪水泵有限责任公司2010年按政府的要求通过土地置换进行了搬迁改造工作，2012年完成了搬迁改造工作。总投资1.4亿元，购置了国内最先进的五轴桥式加工中心、五轴车铣复合加工中心、大型卧式落地镗铣加工中心、大型数控滚齿机、数控磨床等先进设备以及铸钢、铸铁、树脂砂生产线，并新增环保节能熔化设备，建设了大型泵的试验检验台架，使公司的铸造、加工、试验、检验能力大幅提高。通过搬迁改造，提升了产品开发、质量保障、生产能力，为企业发展奠定了坚实的基础。

中国有色（沈阳）泵业有限公司投资43703万元建设"石油化工用隔膜泵项目"和"能源装备用隔膜泵生产过程智能化技术改造项目"，形成了年生产隔膜泵产品100台的能力。该公司成为国内唯一大型隔膜泵专业研发、制造企业，并拥有自主知识产权。

江苏海狮泵业制造有限公司为核电产品研发工程项目新建厂区占地面积160亩，建筑面积5万m^2，累计完成固定资产投资额7600万元。

山东华成集团有限公司为了开辟新的发展空间，将目光瞄准了精密减速机领域，投资16.8亿元建造国际一流的减速机基地，项目占地500亩，分三期实施。2010年底，项目一期顺利竣工投产，2011年初项目二期正式启动，生产经营形势良好。为了生产国际一流产品，公司引进了世界一流的德国技术和人才，与重庆大学、太原理工大学开展产、学、研合作，并投入巨资引进了国际第一品牌的德国霍夫勒数控磨齿机（单台价值2300万元）、美国格里森螺旋锥齿轮磨齿机（单台价值3000万元）、奥地利爱协林多功能热处理生产线（价值2000万元）、德国克林贝格齿轮检测中心（价值600万元）、日本三菱加工中心、日本森精机镗铣加工中心等目前世界最先进设备。项目设计目标为：年产传动设备2万台，实现销售收入30亿元；年产增速齿轮箱2000台，可实现销售收入15亿元；年产风力发电机组200套，可实现销售收入15亿元，合计60亿元。配套齐全的精良设备为公司研制生产高端产品提供了有力的保障。

江苏双达泵阀集团有限公司在靖江市新桥镇工业开发区投资近2亿元，征地200亩，建设核电工业园，主要用于核电站核二、三级泵，CAP1400冷却水循环泵，煤化工泵和特种化工泵的生产制造。新建特大型泵试验室厂房，其高度大于30m，跨度为35m，桥式起重机最大起吊重量75t。试验室面积为3000余m^2，水池容积为10000m^3，水池最深处为11m。试验室供电电压为380～10000V，变压器容量达8000kV·A，可对特大型泵进行全性能测试。

湖北同方高科泵业有限公司二期扩建项目"超（超）临界火电机组关键辅机液环真空泵扩产项目"获得国家发改委、工信部重点产业振兴和技改中央财政专项资金支持，并获得技改市级财政贴息贷款支持。

湖北省天门泵业有限公司NJ系列浓浆泵扩建技术改造项目2011年7月批准立项，建设内容包括增加必需的设备、仪器、仪表，对生产线进行调整和改造，建设6500m^2的研发大楼，项目总投资6248万元。项目建设目标为年产量增加到3000台，新增销售收入14758万元，利润2234.81万元，税金1000万元。

石家庄工业泵厂有限公司在保证正常生产的前提下，本着"整体规划、分步实施、量力而行、借势发展"的原则，在防范好投资风险和市场风险的基础上，扎实推进大泵基地项目建设。同时扎实做好公司内部技改扩建项目，做到增量过渡保发展。一是完成了铸造分厂造型北车间的改造，增加了造型面积；改造铸造分厂南车间熔化作业区，实现了普通铸铁件向耐磨铸件的转换，结合2t中频感应电炉的投运，耐磨铸件产量比上年同期提高40.15%，大泵产量比上年同期提高34.8%。二是先后完成了铸造分厂新建原辅材料库、新建熔化车间等改造工程，进一步理顺了生产布局，使生产能力得到了显著增强。三是完成了铸造分厂相关基础工程，为理顺工艺流程提供方便条件。

上海电力修造总厂有限公司为满足百万千瓦级超（超）临界火电机组主给水泵单机全速试验与核电泵常温及联机试验要求，进行了给水泵试验台升级改造工程，并接受了由国家认可单位进行的化学分析、力学性能试验、无损检测等审核。该公司引进了德国ZWICK Z250JNRED电子万能试验机、ZEISS AXIO OBSERVER倒置金相显微分析系统、HCS-800B红外碳硫分析仪等具有国际先进水平的检测设备，使产品检测分析的精确性和可重复性得到有效保证。该公司建有国内一流水平的液力调速给水泵组试验中心，可进行600MW（50%容量）火电站机组锅炉给水泵组各种特性试验。

广东省佛山水泵厂有限公司为提高生产和测试能力，提升企业形象，2012年投资800多万元进行技术改造，购置了先进的加工中心等数控机床和生产检测设备等，有效地提升了企业的生产和检测能力。

安徽三联泵业股份有限公司拥有先进的生产设备和国家级的研发测试中心。公司加工中心拥有高精数控机床、大型机床及检测设备700多台；下辖铸造分厂实力雄厚，拥有树脂砂造型、中频感应电炉冶炼、光谱直读仪及各种理化检测先进设备；公司拥有功率为4000kW、流量为30000m^3/h的水泵测试中心，为国内最大的水泵试验中心之一，试验精度达到GB/T 3216—2005的1级标准要求，测试产品符合ISO、ASME、API、GB及JIS等相关标准。

丹东克隆集团有限责任公司进行了一系列的基本建设改造。首先是对公司的电网进行了增容扩建，增容后电网在满足车间生产加工需求的同时，可以满足试验台对电网的要求，试验电动机功率可达到315kW。其次，专门针对大功率磁力泵产品，对磁力泵试验台也进行了扩建，扩建后试验产品直径可以达到250mm。试验台水池容量为1000m^3，可满足多台泵同时进行试验。

嘉利特荏原泵业有限公司 2012 年投入 2000 余万元进行产品生产能力扩大和试验能力提升改造。为配合精益生产的需要，对工厂地坪进行了重新改造和美化，扩大了试验室的试验能力，最大测试能力从 2500kW 提升到 5000kW。

山东长志泵业有限公司建有山东省石油化工泵工程技术研究中心、山东长志工业泵研究所两个省级技术中心。根据市场的需要，该公司在辽宁省葫芦岛市投资近 2 亿元新建辽宁长志泵业有限公司，购置先进的数控加工设备，新建铸造基地。该公司拥有技术装备先进的实验室、研究室和试制车间，有加工中心、数控车床、龙门铣刨磨床、双柱立式车床、电火花机床、数控切割机、中频感应电炉、数控电火花机床、线切割机床、数控高频感应淬火机床、中频感应冶炼炉、喷丸机等主要设备；具有国际先进水平的 1 级泵性能检测中心和理化试验室，配备了转子动平衡机、静水压试验机、直读式光谱仪、硬度测试仪、超声探伤仪等，各种检测手段齐全，具备各种生产及试验能力。

四川省自贡工业泵有限责任公司于 2011 年初投资 2000 万元，用于新建产品装配车间和 3500m³ 闭环式水泵检测试验台，该项目于 2012 年 7 月建成并投入运行。为实施企业整体迁建发展计划，公司投资总额约 7 亿元的四川省重点工业项目——"节能高效工业泵研发制造基地"项目，于 2012 年 12 月在自贡国家高新技术产业园区开工建设。目前企业已成立（市级）技术中心，并申报创建省级企业技术中心。

合肥华升泵阀有限责任公司建设了用于产品研发与质量控制的理化试验室，配备了国内先进的成分检测和炉前检测设备——LabSpark750A 型光谱仪、HBR-VU-187.5 型布洛维光学硬度仪、金相显微镜及金相试样抛光机、拉伸试验机、三坐标激光测绘仪等，可对原材料及产品进行快速、精确分析，确保产品质量长期稳定。

海城三鱼泵业有限公司投入巨额资金对企业进行了技术改造，机械加工设备已全部实现了数控化和专机化，形成了具有国际先进装备水平的生产线，极大地提高了产品的市场竞争力。

山东星源矿山设备集团有限公司筹集资金 4500 万元，用于"矿用隔爆型大功率排沙泵"技术改造项目，新建厂房 1.3 万 m²，购置国产先进加工设备 59 台套。2011 年 6 月，该公司进行高压大功率矿用泵升级改造项目建设，投资 5000 万元购置设备 97 台（套），已于 2012 年 10 月完工，并投入使用。为配合检测大功率矿用泵，该公司投资 4000 万元，新建高压大功率矿用泵检测实验室（水池容量为 8000m³、电动机功率为 10000kW），并配建 35kV 变电站用于专线供电。

安徽莱恩电泵有限公司投巨资建成年产万吨树脂砂铸造生产线、3000t 铸钢生产线、美国亨特自动造型生产线，铸钢熔炼采用 AOD 精炼技术；配备了英国和德国直读光谱仪（两台），金相分析仪，拉伸和冲击力学试验设备，X 射线检测、超声波检测及渗透检测设备；拥有 50 台（套）数控加工设备，其中包括美国五轴龙门加工中心、德国四轴镗铣中心、美国辛辛那提立式加工中心等。

日立泵制造（无锡）有限公司在无锡市新区机光电工业园建造了全新的现代化厂房。新基地占地面积为 $130000m^2$，建筑面积为 $58000m^2$，注册资金达 1.95 亿元，拥有大型先进的数控加工设备、最现代的检测手段和大规模的试验设施。

天津水利电力机电研究所拥有高精度水力机械通用闭式试验台，综合误差为 ±0.2%，主要用于水轮机、水泵的水力模型及装置试验。拥有水泵开式试验台，最大功率为 315kW，可保障新产品研发、泵的出厂试验工作的开展。

2012 年 10 月 11 日，威乐（中国）水泵系统有限公司举行了隆重的新工厂落成典礼，新工厂总投资约 2 亿元人民币。该公司新工厂的设计全部采用节能环保设计，贯穿了"可持续发展"的核心价值理念。

（三）科技成果硕果累累

泵行业诸多科研成果获得机械工业科技奖项，2002 年以来泵行业中国机械工业科学技术奖获奖项目见表 2-14。

表 2-14 泵行业中国机械工业科学技术奖获奖项目

序号	项 目 名 称	单 位 名 称	奖项	年度
1	污水潜水电泵	石家庄泵业集团有限责任公司	二	2002
2	三峡工程潜水排污泵的研制 CFD 辅助设计的研究	南京蓝深制泵集团股份有限公司、华中科技大学	二	2002
3	高效无堵塞泵的研究开发与产业化	江苏大学、江苏亚太水工机械集团公司	三	2002
4	舰船二氧化碳吸收装置用（A、B）屏蔽泵	合肥通用机械研究所	三	2002
5	2600HTEXJ 大型立式可调式斜流泵	沈阳水泵股份有限公司	一	2003
6	JZJQS1200-221 罗茨-水环真空抽气机组	浙江真空设备集团有限公司	二	2003
7	10LDTN-3 型凝结水泵	沈阳水泵股份有限公司	二	2003
8	ISO（KCP）系列单级离心泵	广东省佛山水泵厂有限公司	三	2003
9	油田用特种抽油泵	中国石油天然气总公司、科学技术研究院江汉机械研究所	三	2003
10	KC 系列高真空油扩散泵	兰州真空设备有限责任公司	二	2003
11	ZU 系列单级石油化工流程泵	大连大耐泵业有限公司	三	2003

(续)

序号	项目名称	单位名称	奖项	年度
12	RYS 系列多级重工位流程泵	大连大耐泵业有限公司	三	2003
13	CBF 系列水环真空泵	广东省佛山水泵厂有限公司	三	2003
14	潜水贯流泵	江苏亚太泵业有限公司	三	2003
15	TL（R）型脱硫泵	石家庄泵业集团有限责任公司	二	2004
16	大型热真空模拟设备预抽系统	浙江真空设备集团有限公司	三	2004
17	GDS 系列立式管线泵	大连苏尔寿泵及压缩机有限公司	三	2004
18	LHY3-80 型、LHY 10-80 型液态硫黄泵	江苏大学、靖江飞跃化工机泵阀门制造有限公司	三	2004
19	L4 型液氯液下泵	杭州求是透平机制造有限公司、浙江大学化工机械研究所	三	2004
20	700LSY-7 型输菌泵研制	江苏大学、镇江正汉泵业有限公司	二	2005
21	2BEC 系列水环式真空泵	淄博水环真空泵厂有限公司	二	2005
22	无堵塞泵 CAD 软件开发及其内部流动数值模拟	江苏大学	三	2005
23	WN 型挖泥泵推广应用	石家庄泵业集团有限责任公司		2005
24	ZDS 型高压自平衡多级离心泵	重庆水泵厂有限责任公司	三	2005
25	新型深井离心泵的研究开发与产业化	江苏大学	二	2006
26	纸浆泵设计方法及泵内纸浆悬浮液两相湍流流动计算	江苏大学、保定市中通泵业有限公司	二	2006
27	KCC 型单级化工泵	广东省佛山水泵厂有限公司		2006
28	NLT500-570 X 4S 型凝结水泵	上海凯士比泵有限公司		2006
29	3ZB-50/7 型三缸柱塞泵	宝鸡航天动力泵业有限公司	三	2006
30	潜油电泵机组起下仿真与综合工况诊断技术	长江大学	二	2007
31	WQS 深水高扬程潜水排污泵	南京蓝深制泵集团股份有限公司、江苏大学	二	2007
32	ZQB、HQB 型（DN350～DN1800）潜水轴流泵、潜水混流泵	南京蓝深制泵集团股份有限公司、江苏大学		2007
33	JSKA（JDL）型闭式循环真空机组	淄博真空设备厂有限公司	三	2007
34	ZCB 型高效转子泵	山东长志泵业有限公司		2007

（续）

序号	项目名称	单位名称	奖项	年度
35	单螺杆泵在含气高黏油井中工作的试验、测试、诊断和应用研究	中国石油大学（华东）		2007
36	潜油螺杆泵采油系统设计与监控技术研究	沈阳工业大学阜新市石油工具厂、沈阳航空工业学院	三	2007
37	氯碱工业废液处理技术及关键设备循环泵组的研制	合肥通用机械研究院、河北渤海工程设计有限公司、唐山三友集团志达钙业有限公司、山东海化集团氯化钙厂	三	2007
38	固-液两相介质输送隔膜泵技术研究及工程应用	中国有色（沈阳）冶金机械有限公司、中国石化集团南京化学工业有限公司	一	2008
39	2SAT系列双级锥体液环真空泵	淄博真空设备厂有限公司	二	2008
40	南水北调工程用轴流泵和斜流泵模型研制及装置特性研究	江苏大学、扬州大学、江苏省水利工程科技咨询有限公司、无锡市锡泵制造有限公司、高邮市水泵厂有限责任公司、上海凯士比泵有限公司	二	2008
41	高参数特种齿轮泵关键技术及系列产品研发	郑州机械研究所	二	2008
42	LDTN型凝结水泵研制	沈阳鼓风机（集团）有限公司	二	2008
43	JHB大型高温浓硫酸液下泵研发设计及关键技术攻关	昆明嘉和科技开发有限公司		2008
44	核用液下屏蔽泵关键技术及推广应用	江苏大学、镇江正汉泵业有限公司	二	2008
45	大型开式水泵试验系统	江苏大学、江苏省流体机械工程技术研究中心	二	2009
46	大型延迟焦化装置高压切焦泵技术研究与工业应用	浙江大学、浙江科尔泵业股份有限公司	二	2009
47	KPS型单级双吸离心泵	广东省佛山水泵厂有限公司		2009
48	内装式多级矿用隔爆潜水电泵的研究与应用	江苏大学、济宁安泰矿山设备制造有限公司	三	2009
49	火（核）电等重大工程配套泵阀优化设计与试验研究及应用	上海理工大学上海凯士比泵有限公司、上海市通用机械技术研究所有限公司、上海良工阀门厂有限公司、上海第一水泵厂有限公司	三	2009

（续）

序号	项目名称	单位名称	奖项	年度
50	CARR 工程反应堆主循环泵 YNKD400/300H 研制	沈阳鼓风机集团有限公司、沈阳透平机械股份有限公司	二	2010
51	涡旋干式真空泵	中国科学院沈阳科学仪器研制中心有限公司	二	2010
52	2BEC120 超大抽气量高效水环真空泵	淄博水环真空泵厂有限公司	二	2010
53	大型高压多级离心泵技术研究与工业应用	浙江大学、浙江科尔泵业股份有限公司、合肥通用机械研究院	二	2010
54	无过载排污泵设计方法及内部流动研究	江苏大学泰州泰丰泵业有限公司、镇江江大泵业科技有限公司	二	2010
55	辐射进料泵	山东长志泵业有限公司	三	2010
56	SVP 型真空压力复合型气体压缩输送系统	淄博真空设备厂有限公司	三	2010
57	盐类溶液输送泵阀关键技术研究及工程应用	江苏大学镇江正汉泵业有限公司、江苏金麟化工机械有限公司、上海凯泉泵业集团有限公司	一	2011
58	低扬程泵装置动力特性和优化设计关键技术研究及应用	江苏大学	二	2011
59	百万千瓦级核电站海水循环泵双相不锈钢叶轮技术开发项目	湖南湘电长沙水泵有限公司	二	2011
60	智能型煤矿井下移动式瓦斯抽放泵站	淄博水环真空泵厂有限公司		2011
61	KHP 系列卧式中开多级泵	广东省佛山水泵厂有限公司	三	2011
62	百万千瓦级压水堆核电站用核安全二级泵	大连深蓝泵业有限公司		2011
63	立式多级低温液氧泵	大连深蓝泵业有限公司		2011
64	工业泵关键部件动力学特性研究及工程应用	江苏大学	二	2012
65	离心泵先进节能设计关键技术研究及推广应用	江苏大学	二	2012
66	长输管线泵	山东长志泵业有限公司	三	2012

（续）

序号	项目名称	单位名称	奖项	年度
67	煤矿瓦斯抽放及综合利用水环真空泵研究开发	淄博水环真空泵厂有限公司	三	2012
68	EPR第三代压水堆核电站用设备冷却水泵	大连深蓝泵业有限公司	三	2012
69	大型低真空试验系统设备	淄博真空设备厂有限公司	三	2012
70	大型磷酸料浆低位闪冷蒸发循环轴流泵	襄樊五二五泵业有限公司	三	2012
71	600MW超临界、亚临界火电机组给水泵国产化研制	上海电力修造总厂有限公司	三	2013
72	300MW（350MW）火力发电机组凝结水泵项目改造	沈阳华能电站泵制造有限公司	三	2013
73	600MW超临界机组锅炉给水泵水力模型优化设计研究	兰州理工大学	三	2013
74	高效烟气脱硫循环泵	襄阳五二五泵业有限公司	三	2013
75	高效液下无堵塞污水泵关键技术研究及产业化	江苏大学、江苏国泉泵业制造有限公司、无锡利欧锡泵制造有限公司、上海东方泵业（集团）有限公司、上海康大泵业制造有限公司	三	2013
76	AP1000常规岛主给水泵组前置泵	上海电力修造总厂有限公司	二	2013
77	螺杆泵高效采油关键技术及应用	中国石油大学（华东）、中国石油化工股份有限公司胜利油田分公司胜利采油厂、胜利油田高原石油装备有限责任公司	二	2013
78	1000kW级特大型潜水电泵关键技术研究与产业化	江苏亚太泵阀有限公司、江苏大学	二	2013
79	重大石化装置高温塔底泵的自主化研制	大耐泵业有限公司	二	2013
80	万吨级海水淡化高压泵关键技术研究与工程应用	江苏大学	二	2013
81	大流量、高真空、特殊介质真空系统	广东省佛山水泵厂有限公司、中国石油化工股份有限公司镇海分公司	二	2013
82	雨污水泵站节能关键技术研究	江苏大学、宁波巨神制泵实业有限公司、江苏国泉泵业制造有限公司、新界泵业集团股份有限公司、上海东方泵业（集团）有限公司	三	2014

（续）

序号	项目名称	单位名称	奖项	年度
83	1000MW核电机组核二级泵组关键技术及装备研制	沈阳鼓风机集团股份有限公司、沈阳鼓风机集团核电泵业有限公司	一	2014
84	一种新型的VS4型液下泵（LH GG系列）	大耐泵业有限公司	二	2014
85	压水堆核电站核二、三级泵用机械密封的研制	四川日机密封件股份有限公司	二	2014
86	沈阳鼓风机集团有限公司核泵国产化研发生产基地建设项目	中国联合工程公司、沈阳鼓风机集团股份有限公司	二	2014
87	ZWX（1000~1800）大型蒸发循环泵	四川省自贡工业泵有限责任公司	三	2014
88	2BEY系列高压水环压缩机	淄博水环真空泵厂有限公司	三	2014
89	高压轴向柱塞泵/马达设计与测试关键技术及应用	浙江大学	一	2015
90	高扬程无过载潜水排污泵关键技术研究与工程应用	江苏大学	二	2015
91	百万千瓦级核电站用安全（重要）厂用水泵	沈阳鼓风机集团股份有限公司	三	2015
92	HPRT80-960液力回收透平机组	辽宁长志泵业有限公司	三	2015
93	机电一体化耐腐蚀水环真空机组	山东精工泵业有限公司	三	2015
94	先进陶瓷泵（ACP）关键技术研发	沈阳第一水泵有限责任公司	二	2016
95	煤气化工艺用高压高温灰水循环泵的研制	北京航天动力研究所	二	2016
96	核主泵全流量测试台项目	中国联合工程公司	二	2016
97	核电火电大容量水环真空泵成套机组研究开发	淄博水环真空泵厂有限公司	三	2016
98	渣油加氢装置用热高分油能量回收透平	利欧集团股份有限公司	三	2016
99	高效可靠大流量双吸离心泵关键技术研究与应用	山东双轮股份有限公司	三	2016
100	同步回转机械与同步回转油气混输泵	西安交通大学	二	2016
101	特大型混流泵和轴流泵节能关键技术研究与应用	扬州大学	一	2016

（四）成功举办展览会开展对外交流活动

为搭建产业平台，行业组织定期、集中、直接、广泛、有效、高水平地促进流体机械在国内外、供需间、产学研等方面的交流与合作。中国通用机械工业协会于2001年创办了"中国国际流体机械展览会"并取得了极大的成功，2001—2015年在上海和北京分别共举办了七届"中国国际流体机械展览会"。经过精心培育和大力发展，"中国国际流体机械展览会"已成为当今我国通用机械行业最专业、水平最高、规模最大及效果最好的专业性国际展览会。

2001年9月19—22日，泵业分会与中国通用机械工业协会及各行业分会在上海国际展览中心共同主办了"2001中国国际流体机械展览会"，展出面积为6000m^2，近10000人次参观。泵业分会组织了60多个展位参展，取得了良好效果。

2004年5月19—22日，第二届"中国国际流体机械展览会"在上海国际展览中心举办。展出面积为6000m^2，近20000人次参观，展出水平和效果进一步提高，奠定了该展会在国际流体机械界规模最大、水平最高、专业化程度最高的品牌地位。

2006年11月20—22日，第三届"中国国际流体机械展览会"在北京展览馆展出。本届展会的展出规模、展出水平实现了跨越式突破，展出面积达30000m^2，有30000多人次参观了展会。展会期间举办了多个主题论坛。国内外有关著名企业纷纷参加展会和在论坛上演讲，展会和论坛在业界引起了巨大反响。

2008年10月28—30日，第四届"中国国际流体机械展览会"在中国国际展览中心举行。展出规模、展出水平和效果进一步提高，展出面积达35000m^2，50000多人次参加了展会。展会期间举办了泵发展论坛。流体机械制造业企业和用户踊跃参加，以至于论坛现场出现了一票难求的现象。

第五届中国国际流体机械展览会于2010年10月13—15日在北京展览馆举办，这是一届"精英汇集、精品荟萃"的盛会，受到业界广泛关注和参与。

2012年、2014年，第六届、第七届中国（上海）国际流体机械展览会（IFME）在上海世博展览馆举办。每届展会泵展区参展面积达3225m^2，近百家泵协会员企业和独资、合资合作企业、科研院所、媒体及配套企业参展。参展实物近千件，模型20多件，展板500多块。泵业分会邀请了来自中石化上海公司、中石化徐州管道局、中石化联合会供应商委员会、中广核集团大亚湾核电站、中核集团对外工程公司、深圳中广核工程设计有限公司、中广核工程设计有限公司上海分公司等上级部门和用户领域的领导和专业人士，国内外参展商的领导和代表观展。众多客商在展会现场签约，达成多个意向，收获颇丰，反响良好。

历届展会都有国际流体机械数十家知名企业参展和参加配套专题活动，展示、交流当前国际最先进的流体机械产品和前沿技术，如汉胜、莱恩、英格索兰、凯士比、耐驰、海密梯克、博格曼、瑞士苏尔寿公司等国际知名企业均参加过展会。

历届展会的参展产品充分展示了当时国际范围内水平最高、最新的泵产品和技术。主要展出的有大型石油长输管线用泵、大型火电和核电用泵、大型石油化工和煤化工用泵、大型水利工程和矿山用泵、环保泵等。产品展出后，泵业分会邀请专家对参展产品进行了金奖、银奖评奖活动。

（五）"十二五"期间行业进入新的发展期

"十二五"期间是中国泵行业发展的重要时期，行业经历了高速发展阶段，逐渐进入了一个新的发展机遇期。泵行业面对国内外复杂的经济形势，克服了诸多困难，通过国家相关政策的指引，稳中求进、创新驱动、转型升级和结构调整，经济运行总体保持了稳中有进的基本态势，主要经济指标呈小幅微长。

1. "十二五"期间行业发展情况

（1）"十二五"期间泵行业主要经济指标　2011—2015年全国泵行业主营业务收入（国家统计局数据含泵和真空设备）分别为：2011年规模以上企业1116家，主营业务收入1530亿元；2012年规模以上企业1181家，主营业务收入1750.8亿元；2013年规模以上企业1279家，主营业务收入2034.8亿元；2014年规模以上企业1306家，主营业务收入2144.1亿元；2015年规模以上企业1308家，主营业务收入2151.6亿元；

2011—2015年全国泵行业主营业务收入增长率分别为：2011年增长率28.62%；2012年增长率13.63%；2013年增长率13.09%；2014年增长率7.90%；2015年增长率0.36%；

2011—2015年全国泵行业规模以上企业利润指标分别为：2011年利润123.52亿元；2012年利润132.42亿元；2013年利润154.73亿元；2014年利润154.00亿元；2015年利润149.58亿元；

2011—2015年全国泵行业规模以上企业出口交货值分别为：2011年出口交货值195.36亿元；2012年出口交货值206.29亿元；2013年出口交货值225.60亿元；2014年出口交货值254.00亿元；2015年出口交货值239.00亿元。

2015年泵行业主营业务收入、利润、出口交货值前十名厂家分别见表2-15～表2-17。

表2-15　2015年泵行业主营业务收入前十名厂家

序号	企　业　名　称	主营业务收入/万元	2014年同期/万元	同比增长（%）
1	上海凯泉泵业（集团）有限公司	261237	290458	-10.1
2	上海东方泵业（集团）有限公司	238569	258225	-7.6
3	上海连成（集团）有限公司	213516	212205	0.6

（续）

序号	企业名称	主营业务收入/万元	2014年同期/万元	同比增长（%）
4	上海熊猫机械（集团）有限公司	208054	207147	0.4
5	南方泵业股份有限公司	159932	149604	6.9
6	上海能源装备有限公司	150690	134848	11.7
7	浙江利欧股份有限公司	141038	128630	9.6
8	丰球集团有限公司	123425	131102	-5.9
9	新界泵业集团有限公司	122839	114531	7.25
10	上海凯士比泵有限公司	96116	94655	1.5

表2-16　2015年泵行业利润排名前十名厂家

序号	企业名称	主营业务收入/万元	利润总额/万元	同比增长（%）	主营业务收入利润率（%）
1	南方泵业股份有限公司	159932	25418	9.00	15.89
2	上海连成（集团）有限公司	213516	21097	1.47	9.88
3	上海凯泉泵业（集团）有限公司	261237	18579	-15.47	7.11
4	上海东方泵业（集团）有限公司	238569	17199	-11.41	7.21
5	浙江利欧股份有限公司	141038	16924	-4.09	12.00
6	上海熊猫机械（集团）有限公司	208054	16741	-35.09	8.05
7	新界泵业集团有限公司	122840	14046	29.40	11.43
8	广东凌霄泵业股份有限公司	76518	12719	-5.81	16.62
9	丰球集团有限公司	123425	12105	34.32	9.81
10	山东长志泵业有限公司	76616	8964	1.32	11.70

表2-17　2015年泵行业出口交货值前十名厂家

排名	企业名称	出口交货值/万元	同比增长（%）
1	浙江利欧股份有限公司	118060	2.10
2	新界泵业集团股份有限公司	48840	3.20
3	宁波君禾泵业股份有限公司	43058	-2.10
4	丰球集团有限公司	42258	-5.40
5	广东凌霄泵业股份有限公司	30849	7.40
6	大连深蓝泵业有限公司	18509	-18.70
7	南方泵业股份有限公司	17436	13.80
8	安徽莱恩电泵有限公司	15560	-32.90
9	赛莱默水处理系统（沈阳）有限公司	14505	-2.50
10	湖南凯利特泵业有限公司	8462	

(2)"十二五"期间泵行业经济运行特点

1)行业规模不断扩大,年产量和产值为世界第一。"十二五"期间,行业5年累计完成销售收入为9611亿元,年平均增速为12.7%;5年累计完成利润714亿元,年平均利润增速为10.2%;5年累计完成出口交货值1120亿元,年平均出口增速为3.57%。

2)产品结构进一步优化,重大工程项目用泵国产化率大幅提高。

火电用泵:600MW超临界、超(超)临界(含660MW)机组50%容量锅炉给水泵、100%容量锅炉给水泵都实现了国产化生产。1000MW超(超)临界机组50%容量、100%容量锅炉给水泵都能国产化生产。600MW、1000MW超(超)临界100%容量凝结水泵、循环水泵实现了国产化生产。

核电用泵:国内泵制造企业具备生产CPR1000所有核二、三级泵的能力。多个厂家的AP1000/CAP1400核级泵余排泵样机已进行鉴定,具备制造能力。国内泵制造企业具备生产ACP1000、华龙一号所有核二、三级泵的能力。

石化用泵:在石油冶炼方面,泵的国产化率已达90%以上;在化工方面,泵的国产化率已达85%以上;煤化工方面,泵的国产化率已达85%以上。

重大工程项目用泵国产化工作得到推进:百万千瓦核电机组核二级、核三级泵,华电句容电厂1000MW火电机组50%容量锅炉给水泵、庆铁四线、仪长线输油泵,神华煤制油关键用泵,唐山LNG海水泵,青岛储备油库潜没油泵,神渭工程大型隔膜泵等已实现国产化生产。

3)技术创新能力不断增强,拥有一批核心技术。截至2015年底,泵行业共获得国家科学技术进步奖1项、中国机械工业科学技术进步奖35项。5年时间行业通过国家、省、市鉴定重大新产品120余项。经对协会170家会员单位进行统计,5年累计完成新产品销售收入927.4亿元,占整个销售收入的41%左右。研发出一批具有自主知识产权的重点产品,如大功率、高扬程、高温、低温等系列泵产品。产品技术水平达到国际先进水平。基本完成核电用泵、火电用泵、管线输送用泵、超低温用液氧泵、液氮泵、LNG潜液泵、大功率煤浆泵等的开发工作。制定了一批国家、行业标准。基本完成了《泵行业十二五规划》攻关项目所列的内容。

(3)"十二五"期间泵行业高端泵国产化成就

1)火力发电用泵成就。"十二五"期间,泵行业完成了600MW(660MW)超(超)临界火电机组50%、100%容量锅炉给水泵、1000MW超(超)临界火电机组50%容量锅炉给水泵研制和全容量脱硫泵的研制,并形成产业化。

2011年2月,上海能源装备公司研制出660MW超临界火电机组50%容量锅炉给水泵组,现已大规模应用。2012年7月,研制出1000MW超(超)临界机组50%容量的锅炉给水泵,2012年11月,中国机械工业联合会组织专家进行了产品鉴定，2013年8月在华电句容电厂正式投入商业运行。2015年11月，自主研制的600MW超临界火电机组100%容量给水泵组，经过性能试验，各项指标达到国际先进水平，已在山西华光电厂投入商业运行。2015年12月，上海能源装备公司研制的660MW超（超）临界火电机组100%容量锅炉给水泵样机由中国能源研究会组织相关专家进行了鉴定。

襄阳五二五泵业有限责任公司2009年开始研制1000MW火电机组脱硫用浆液循环泵，2010年生产出国内第一台全金属结构脱硫泵，用于华能金陵电厂。截至目前，共完成4种型号浆液脱硫泵研制工作，填补了国内脱硫泵空白，基本满足了国内电厂对脱硫泵的需求。LC系列大型智能化高效烟气脱硫循环泵如图2-5所示。国内装机容量为1000MW的电厂有近一半采用国产浆液脱硫泵。由于输送介质具有腐蚀性强、磨蚀性强、密度大等特点，严重影响

图2-5 LC系列大型智能化高效烟气脱硫循环泵

了脱硫泵使用寿命。为了提高产品寿命和可靠性，该公司开发出脱硫浆液泵机组在线状态监测与故障诊断系统，对所提供产品的主要数据进行全天候监测，并提供相应处理方法，大大提高了产品的可靠性。

沈阳第一水泵有限责任公司经过多年研制，反复试验，开发出具有国际水平的APC系列陶瓷衬里泵，填补了国内空白。该产品经华能营口电厂一年多的运行，使用寿命远超国外同类产品。2014年5月，中国机械工业联合会在营口组织专家对APC系列脱硫泵进行了鉴定。

2）核电用泵成就。截至2016年5月，经国家环保部公示，有资质生产核级泵厂家共有17家。目前，国内泵制造企业已经具备生产CPR1000所有核二、三级泵的能力。AP1000/CAP1400核级泵只有两种：核一级主泵和核三级余热排出泵。余热排出泵已经有多个厂家的样机进行了鉴定，具备了制造能力。国内泵制造企业已经具备生产ACP1000、华龙一号所有核二、三级泵的能力。

沈鼓集团核电泵业有限公司是我国核泵研发的主要企业，继完成核二、三级上充泵、余热排除泵、电动辅助给水泵、安全壳喷淋泵、低压安注泵、重要厂用水泵等之后，CAP1400主泵专项研制在多约束条件下的优化设计、安全可靠性分析评估、主泵样机的先进制造、屏蔽电动机主泵的试验验证等多个关键技术项目方面均取得一定的进展。沈鼓集团核电泵业有限公司研发生产的核级泵类产品如图2-6所示。

上海能源装备有限公司研制了我国首台AP1000核电站常规岛给水泵组前置泵，并于2008年与国外公司合作获得海阳核电厂主给水泵组的成套供货合同。其中给水泵前置泵由该公司独立生产，现已交货。2013年11月，经过激烈竞争，

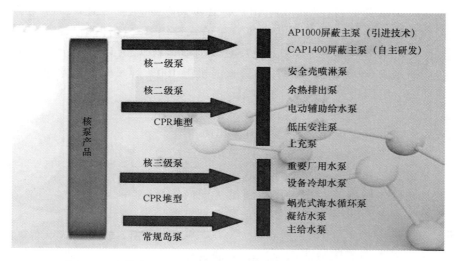

图 2-6　沈鼓集团核电泵业有限公司研发生产的核级泵类产品

先后与国核、中广核签订海阳核电厂 3#/4# 机组、陆丰核电厂 1#/2# 机组常规岛主给水泵组成套供货合同。2013 年 12 月 29 日，在经过专家见证和认可后，全国首次 CAP1400 常规岛给水泵组连续 72h 全工况热态联机试验在该公司泵阀检测中心完成。2014 年 3 月 16 日，国家能源局委托中国机械工业联合会对 CAP1400/ACP1000 核电常规岛主给水泵组样机进行了鉴定。

上海阿波罗机械有限公司研发生产的核级泵类产品如图 2-7 所示。2010 年 6 月 13 日，由上海阿波罗机械有限公司、杭州汽轮机股份有限公司、中国核电工程有限公司联合研制的，国内首台具有完全自主知识产权的辅助给水汽动泵组在上海通过了出厂验收。首台泵用于福建福清核电站 3 号机组，运行良好，主要技术指标达到了国际同行业先进水平。2012 年 11 月 10 日，上海阿波罗机械有限公司研发的百万千瓦级核电站安全壳喷淋泵和低压安注泵样机通过鉴定。2013 年 8 月 3 日，中国机械工业联合会在上海组织通过了由上海阿波罗机械有限公司与上海核工程研究设计院联合研制的 AP1000 正常余热排出泵样机鉴定和 CAP1400 正常余热排出泵设计方案评审。2013 年 11 月，中国机械工业联合会在上海组织召开了由上海阿波罗机械有限公司和中国核电工程有限公司、国核电力规划设计研究院、中广核核电运营有限公司、大亚湾核电运营有限责任公司联合研制的"百万千瓦级核电站主给水泵组"样机鉴定会。2014 年 11 月 1 日，中国机械工业联合会在上海主持召开了百万千瓦级核电站主给水泵组样机联调试验鉴定会，这是国内首次对主给水泵进行了冷、热冲击试验。2015 年 11 月 21 日，中国机械工业联合会组织专家对上海阿波罗机械有限公司研制的"CAP1400 厂用水泵、起动给水泵、设备冷却水泵、乏燃料池冷却泵、冷冻水泵样机""CAP1400 金属蜗壳海

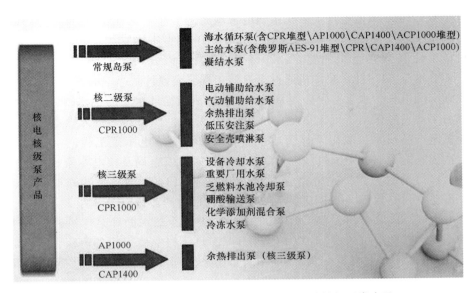

图 2-7　上海阿波罗机械有限公司研发生产的核级泵类产品

水循环泵样机""M310 堆型硼不锈钢乏燃料贮存格架样机"等 7 种样机进行了鉴定。

　　上海凯泉泵业（集团）有限公司的百万千瓦级核电机组常规岛主给水泵组和 1000/660MW 超（超）临界火电机组锅炉给水泵（含前置泵）的设计方案，于 2011 年 8 月 18 日通过了由中国机械工业联合会组织的专家评审。2011 年 10 月，上充泵（二代）和主给水泵（AP1000）完成模型泵制作。2012 年 2 月，国家能源局委托中国机械工业联合会组织相关专家见证了对 AP1000 余热排出泵（型号为 RNS150-560）样机的热态试验，并通过了鉴定。2012 年 7 月 13 日，该公司研制的 1000MW 级核电机组重要厂用水泵、消防水泵、凝结水泵和水环真空泵 4 种产品的样机，通过了由中国机械工业联合会在上海组织的鉴定。2013 年 4 月 14 日，受国家能源局委托，中国机械工业联合会在上海召开了由上海凯泉泵业（集团）有限公司与上海核工程研究设计院联合研发的"AP1000/CAP1400 核电机组化容补水泵"和由凯泉自主研发的"ACP1000 大型先进压水堆核电机组设备冷却水泵""余热排出泵"3 种样机的鉴定会。2014 年 2 月 22 日，受国家能源局委托，中国机械工业联合会在上海组织召开了由上海凯泉泵业（集团）有限公司和国核电力规划设计研究院联合研发的 CAP1400/ACP1000 核电常规岛 MFP3630 型主给水泵、循环水泵泵组样机鉴定会。与会专家听取了研制单位所做的试制总结报告，审阅了相关文件资料，查看了生产和试验运行现场并见证了机组热态全速联调试验。上海凯泉泵业（集团）有限公司已与国家核电工程公司签订了 CAP1400 示范电厂 2 号机组核电常规岛主给水泵供货合同。2015 年 4 月，上海凯泉泵业（集团）有限公司研制的 MHSI10-7 型中压安注泵样机，通过了中国机械工业联合会组织的鉴定。2015 年 10 月，该公司研制的用于 CAP1000/CAP1400 堆型 CVS 补水泵样机通过上海核工程研究设计院组织的鉴定。

湖南湘电长沙水泵有限公司是我国立式、卧式循环水泵的主要制造厂，为我国电力工业发展做出了很大贡献。从 2007 年开始，该公司为进入核电领域，致力于核电产品研发，取得了显著成绩。为争取成为核电示范工程的水泵生产厂家，在国家能源局、中国机械工业联合会、国家核安全局及核电专家的关怀和支持下，经过不懈努力，先后完成了 CPR1000、CAP1400 循环泵的样机制造、试验、设备交付。目前，CPR1000 用循环水泵已形成产业化。2014 年 3 月 1 日，与国核电力规划院联合研发的 CAP1400 核电常规岛冷却水循环泵样机通过了中国机械工业联合会组织的鉴定。2014 年 4 月 25 日，与中核工程公司联合研发的核 3 级长轴立式海水泵样机在北京通过由中国机械工业联合会组织的鉴定。2012 年 12 月与中核工程公司签订了田湾核电站 3、4 号机组（百万千瓦机组）立式长轴海水泵（核 3 级）30 台套合同，根据合同要求，批量生产前，需进行样机研制并通过鉴定。2014 年 6 月 30 日，大型循环水泵在国核 CAP1400 示范核电项目中一举中标，标志着长沙水泵有限公司的立式海水循环泵再上一个新的台阶。该项目合同金额过亿元，突破了该公司单项合同的历史纪录。2014 年 10 月 18 日，与上海核工院联合研制的 CAP1400 示范核电项目厂用水泵样机通过了中国机械工业联合会组织的鉴定。

大连深蓝泵业有限公司于 2011 年 5 月完成了 CPR 三种核二级泵余热排出泵、安全壳喷淋泵、低压安注泵的样机制造，并通过国家级鉴定。2012 年，该公司完成了台山第三代 EPR 压水堆冷却水泵的研发制造，并获得中国机械工业科学技术进步奖。2013 年，AP1000 核电站正常余热排出泵，AP1000 核电站启动给水泵，二代、三代核电站用凝结水泵的样机通过鉴定。2014 年，首次取得 AP1000 三代技术核电站——徐大堡核电站重要设备余热排出泵、厂用水泵的订货，并首次实现国产化。2014 年 5 月获得国家核安全局颁发的核二级泵设计、制造许可证。2015 年 3 月，完成了 CAP1400 项目 5 种核级泵、非核级泵（余热排出泵、起动给水泵、设备冷却水泵、乏燃料池冷却泵、冷冻水泵）样机的制造工作。2015 年 4 月，开展了华龙一号 7 种关键核二、三级泵的设计、研发、制造工作，并于 2015 年 10 月完成了 5 种泵性能试验，成为国内最先完成华龙一号样机制造的厂家之一。该公司于 2016 年 2 月，中标防城港 3、4 号机组用低压安注泵、应急给水泵、安全壳热量导出泵、设备冷却水泵的项目，实现了核二级泵"零"的突破。2015 年 10 月，获得了中国原子能院 600MW 快中子反应堆一回路主循环泵（核主泵）国家级研发项目，实现了核主泵"零"突破。2015 年 12 月完成了 CAP1400 常规岛主给水泵、循环水泵详细方案设计工作。

重庆水泵厂有限公司经过 5 年多的研发，于 2009 年先后研制出用于百万千瓦级压水堆核电站用水压试验泵和上充泵的样机，并通过专家鉴定。从 2011 年开始，该公司相继在阳江、田湾核电项目中获得了上充泵的订单。现在该公司已批量生产上充泵，结束了上充泵被国外公司垄断的历史。2014 年，研制出用于华龙一号堆型的 H3D6-12/24 硼酸注入泵。2015 年，研制出用于华龙一号堆型的 HSDZ160-25 中压安注泵、HSDZ50-170 上充泵和 DT900-50 堆腔冷却注水泵样机，并通过中国机械工业联合会组织的鉴定。

江苏海狮泵业制造有限公司自 2011 年进入核电用泵领域以来，经过不断创新、自主研发，在核级用泵方面取得了许多成绩。2013 年 5 月获得国家核安全局颁发的核三级泵设计、制造许可证，成为江苏省首家核级泵制造企业。目前该公司是中核、国核、中广核等的合格供应商。2013 年 7 月 17 日，与上海核工程研究设计院联合研制开发的、具有自主知识产权的 AP1000 正常余热排出泵样机，在江苏靖江通过了由中国机械工业联合会组织的鉴定。2014 年 3 月，与上海核工院联合研发的、专用于核电厂堆内构件在役检维修的成套集成装置，通过了国家级鉴定。此装置填补了国内空白，达到国际先进水平，并申请了发明专利 6 项和实用新型专利 12 项。2014 年 4 月，与上海核工程研究设计院联合研制的 CAP1400 核电站余热排出泵样机通过了机械工业联合会组织的鉴定。CAP1400 正常余热排出泵在研制过程中，共申请了实用新型专利 4 项。2014 年 5 月，与上海核工程研究设计院联合开发的"CAP1400CVS 补水泵样机"通过了由国家能源局委托中国机械工业联合会组织的鉴定。

3）石化及煤化工用泵成就。1000 万 t/年炼油装置用泵的国产化率已达到 90% 以上，除部分大功率高压液力机组、部分催化裂化油浆泵外大都实现国产化。百万吨乙烯装置除急冷油泵、急冷水泵国内没有业绩外，其余所有泵国内都能生产，百万吨乙烯装置的国产化率达到 90% 以上。45 万 t/年合成氨、80 万 t/年尿素装置用泵的国产化率达到 80%。尿素用甲胺泵、液氨泵已实现国产化。煤化工设备除空分装置低温泵仍以进口为主外，高压灰水泵、贫甲醇泵、半贫甲醇泵、煤制油贫液泵、液力透平机等都实现了国产，煤化工用泵国产化率达到 85% 以上。LNG 接收站用低温潜液泵已取得重大突破，并在宁波站投入运行。

中国有色（沈阳）泵业公司（简称中色泵业）经多年研究，走产学研发展道路，经过不断努力，自主创新，开发出大流量、高压力的第三代双缸双作用、三缸单作用系列隔膜泵；研发出长寿命橡胶隔膜技术、阀机理与流量稳定性技术、大行程重载曲轴结构、磁信号传感器检测技术、自动化控制技术、高压密封技术等 12 项在国内遥遥领先的核心技术；产品获得国家专利 13 项。2011 年中色泵业研发了四缸单作用高压隔膜泵。该产品是大型煤化工行业煤气化生产的关键配套设备，能满足四喷嘴对置水煤浆气化炉高温物料、大流量、高压力要求。该产品的研发填补了国内大型重载高压先进往复式四缸单作用隔膜泵在煤化工四喷嘴对置工艺系统行业中应用的空白，对往复泵行业的大型化、专业化的发展与应用有重大的促进作用，能够推进煤浆泵行业领域的科技创新。该产品形成新技术4项，实用新型专利2项，高水平论文3篇，整体技术达到国际先进水平。中色泵业从2011年起进军煤化工市场，至2013年已在煤化工行业用隔膜泵中占有50%左右市场份额。在2013年煤化工行业招标中，其中标率高于荷兰GEHO和德国菲鲁瓦公司。在氧化铝行业，隔膜泵多年一直为国外公司所垄断。2012年，中色泵业把国外公司挤出中国市场，氧化铝行业用的隔膜泵已100%采用中色泵业生产的隔膜泵。2014年，为山西复晟铝业开发了三缸大流量氧化铝溶出隔膜泵（DGMB580/9）。在长距离管道输送领域，2012年，亚洲的第一条长距离输煤管道——从陕西榆林神木到渭南蒲城输煤管道全长727km，设计年输煤能力1000万t，是目前世界上设计距离最长的输煤管道，也是我国第一条长距离输煤管道。中色泵业凭借国际先进的研发制造实力和在大型隔膜泵市场良好的销售业绩，在激烈的全球竞标中一举击败荷兰奇好、德国威尔斯等国外大型隔膜泵供应商，最终签订30台高压隔膜泵合同。其产品参数：流量为385m^3/h，出口压力为13MPa，功率达1900kW。2013年，中色泵业还研发了海拔4600m环境下高浓度矿浆管道输送用的大功率隔膜泵（DGMB550/9）。2015年，为了拓展隔膜泵的应用领域，中色泵业为廊坊新奥科技公司研发了超临界工业化污泥处理用高压隔膜泵（DGMB14/35）。在中色泵业621台隔膜泵产品中，70%以上为高压隔膜泵。其中流量最大为630m^3/h，用于中国黄金集团内蒙古矿业有限公司；压力最高达到16MPa，用于山西信发化工有限公司。

大连深蓝泵业有限公司（简称大连深蓝泵业）为煤气化、煤制油、煤制甲醇、煤制二甲醚、煤制烯烃等装置提供了大量的关键工位泵，市场占有率处于绝对优势地位。到目前为止，该公司参加了山东华鲁恒升、神华包头、神华宁煤、兖矿榆林、兖矿未来能源、兖矿新疆、大唐多伦、大唐克旗、大唐阜新、中煤榆横、中煤图克、中煤平朔、国电赤峰、国电英力特等多个国家重点工程项目，产品使用性能达到国际先进水平。许多煤化工用泵国产化大都是大连由深蓝泵业完成的，主要有：除氧水泵、贫甲醇泵、半贫甲醇泵、贫液泵、吸收塔进料泵、煤制油高压液力透平机。在石化泵方面，2011年，大连深蓝泵业承接了山东瑞星集团高压甲胺泵和高压液氨泵的研制工作，2012年投入运行，至今运行稳定。2013年获得中石化仪长原油管道复线工程仪征至九江段的2500kW串联输油泵机组国产化研制项目，并于2015年通过了中国机械工业联合会组织的专家鉴定。2013年公司取得了神华宁煤400万t/年煤间接液化项目中贫（半贫）液泵、液碳酸钾液力透平、吸收塔进料泵等6种关键泵的国产化研发及供货任务，共68

台套设备,该项目也是当时世界上最大的煤液化项目。在天然气液化用泵方面,2013 年大连深蓝泵业自主研发、设计、制造的国内首台大型乙烯深冷泵成功完成了工厂试验,并在扬子江石化 66 万 t/年丙烷脱氢装置现场一次性开车成功;2013 年公司开展了宁波接收站大型罐内潜液泵的国产化研发工作,2015 年 12 月完成产品出厂专家审查会及低温性能试验验证;2013 年还开展了广西防城港天然气有限公司 LNG 罐内潜液泵的研发工作。2014 年获得了国家工信部 LNG-FPSO 液力透平项目、500kW 泵塔潜液泵项目。2015 年获得了国家发改委 FSRU 装置 LNG 用 2200kW 高压潜液泵和海水热源泵的研制项目;取得了陕西杨凌 LNG 调峰站项目用 400kW LNG 高压泵的订货合同,该泵已经于 2015 年 12 月开车运行成功;2015 年还取得了广州协鑫蓝天热电有限公司 110kW LNG 高压泵的合同,该泵已于 2016 年 1 月在现场开车成功;2015 年大连深蓝泵业与韩国 GAS-ENTEC 签订了 LNG 船用潜液泵的合同,该泵已经制造试验完成并通过了 KR 韩国船级社的认证,于 2016 年 4 月完成了在用户现场的运行调试;2015 年 11 月完成了浙江 LNG 接收站 16 万 m^3 LNG 储罐的罐内潜液泵的设计制造及低温试验,现已在浙江宁波液化天然气有限公司运行 3000h,2016 年 11 月通过了中国机械工业联合会组织的专家鉴定。

广东肯富来泵业股份有限公司(简称肯富来)在与德、美、日等工业大国的竞争对手同台竞争中获得了机会,于 2011 年研发完成了 5 个新建乙二酸项目配套的 32 套亚硝气压缩机组,其产品技术含量高,设计复杂,部分型号的亚硝气压缩机组技术指标达到国际领先。2011 年还研发完成了 4 个 PTA 项目、31 套机组,是目前国际上规格最大的 PTA 真空机组,附加值高,影响力大;在 BDO 压缩机项目上,肯富来继 2010 年成功进入 BDO 高压工艺项目的基础上,又研发出更大规格的乙炔压缩机,成功进入了 BDO 低压工艺项目,打破了一直以来被德国和日本垄断的局面。2012 年,肯富来研发完成了河北海伟聚丙烯项目的尾气压缩机,填补了国内空白,打破了长期以来国内聚丙烯项目尾气压缩机一直采用国外产品的惯例;研发完成了全球产能最高的宁夏国电 BDO 项目的乙炔压缩机,实现了整泵承压达 1.1MPa 的技术要求,打破了 BDO 项目的乙炔压缩机由国外公司垄断的局面。2013 年,为中科合成油研制出全球首款 7kg 串联亚硝气 2BW8 压缩机组,该机组采用两台独立的单级压缩机串联的设计方案,高效节能,价格较低,填补了国内外空白;为洛阳石化研发完成全球首套 9kg 串联火炬气液环压缩机组,节能效果显著,获得了客户的赞赏。该产品填补了世界空白,为肯富来在炼油行业的拓展起到了非常积极的作用。2013 年,研发完成了中国第一个采用亨斯迈专利技术设计的、国际级环氧丙烷项目烟台万华工程。这是继 2009 年肯富来承接了采用利安德专利设计的、国际级镇海炼化环氧丙烷工程的四套真空系统后另一种技术流派的环氧丙烷项目。自此,肯富来拥有了利安德、亨斯迈两种技术流派的环氧丙烷工程业绩，极大地提升了肯富来在环氧丙烷行业的影响力。肯富来研发的KPS系列单级双吸离心泵，具有性能覆盖范围广和效率高等特点。肯富来还研制了KHP系列水平中开多级泵、海上石油平台的高压（26MPa法兰压力等级）原油输送泵和注水泵。

淄博真空设备厂有限公司研发的各类产品被广泛应用在石油化工、煤化工、PVC、瓦斯抽采、冶金、造纸、制药、食品等各行业，在防腐蚀领域也有成熟的技术推广和产品应用。在国际市场上，其产品逐渐销往美国、欧洲等发达国家，在非洲、东南亚、西亚等地区也有一定的市场占有率。在石化领域，2011年，该公司生产的SKA405乙炔压缩机、SKA355氢气压缩机应用于中国神华"双四十万吨烧碱"项目，完全满足了工艺要求，替代了国外品牌产品。2012年该公司新研发的Y系列压缩机成功应用于德州实华、江西晶昊盐化、泰山盐化工等行业标杆单位的技改项目。出口压力达到0.7MPa，突显了其产品节能、高效、环保的设计理念。2013年公司研制的耐腐蚀真空设备应用于云南磷复肥基地、河北冀衡化学、江西兄弟药业等技改项目，解决了工艺中强腐蚀的难题，可防止强酸、强碱和盐的腐蚀。在煤化工领域，"十二五"期间国内煤化工行业发展迅猛，淄博真空设备厂有限公司研制的SKA、Y、2SY系列水环式真空泵及压缩机被广泛应用到国内多个煤化工项目，如神华包头、中国神华煤制油、神华宁煤、中石化宁夏能源、国电英力特、内蒙古伊泰、宝塔石化、陕西延长石油等国家重点煤化工项目。

重庆水泵厂有限公司于2011年研制成功超高进口压力（14MPa）的大型高压离心式海洋平台注水增压泵。该产品工业运行稳定、可靠，主要参数：流量为$200m^3/h$，出口压力为28MPa。2012年，该公司研制成功国内首套高温、高压力金属隔膜计量泵，并实现批量供货和投入工业运行。产品参数及运行特点：输送介质温度为340℃，出口压力为28MPa，双隔膜报警技术，实现输送高温、高压、危险介质无泄漏。2012年，具有完全自主知识产权的国内压力最高的离心式除鳞泵研制成功，并投入工业运行（流量为$310m^3/h$，出口压力为35MPa）。2013年，该公司研制成功国内第一条最长煤浆管道输送工程使用的3D14MF-500/12型双隔膜矿浆泵，流量为$500m^3/h$，出口压力为12MPa，完成交货安装；具有完全自主知识产权的多级低温离心泵研制成功，投入工业运行后状态稳定，达到使用要求（流量为$160m^3/h$，出口压力为8MPa）；ZDP560-165×4型输水泵研制成功（流量为$1200m^3/h$，扬程为640m），该产品为国内首创，并获得发明专利。2014年，3DYL-400煤层气压裂泵研制成功，并投入工业运行，该压裂泵具有完全自主知识产权，最高压力达125MPa；3D8-45/38型CSP高压往复泵（流量为$45m^3/h$，出口压力为38MPa）研制成功，取代了国外进口产品，在武钢工业运行，获得用户高度认可。2015年，具有完全自主知识产权的最高压力离心式

SDZ320-400 型除鳞泵（流量为 320m³/h，出口压力为 40MPa，BB5 型，内壳体轴向剖分）研制成功，并于 2016 年 4 月一次试车成功，投入工业运行。

山东华成集团（简称华成集团）于 2004 年完成改制后，已发展成为集水环真空泵、精密减速机、渣浆泵、脱硫泵、发动机连杆等高端装备产品研发、生产、销售于一体的企业集团。其产品在煤炭行业瓦斯抽放中占全国 70% 以上的市场份额，在山西、陕西等煤炭大省中占到了 95% 以上的份额。该公司主持起草了 5 项国家行业标准，通过科技创新，自主研制了 8 种规格的特大型水环真空泵，由原先国际上最大抽气量为 600m³/min，提高到 3000m³/min，并且节电 20% 以上，填补了国际空白，技术指标处于国际领先水平。

北京航天石化技术装备工程公司暨中国航天科技集团六院十一所（北京）创建于 1958 年，是我国导弹和运载火箭液体火箭发动机研制单位。多年来十一所研制了多种战略导弹和运载火箭的发动机，为我国国防现代化建设和航天事业做出巨大贡献。该公司流体与旋转机械事业部主要有破渣机、高压耐磨泵、高速泵 3 种产品，其中破渣机市场占有率 90%，高速泵（大功率 600kW 以上）在 PTA 行业市场占有率 95% 以上。该公司研制的 600kW 级高速泵，流量最大达到 300m³/h，扬程为 3000m，转速为 19000r/min，打破了国外公司对大功率高速泵市场的垄断，广泛应用于 PTA 行业的高压溶解反应器进料泵，在国内有很高市场占有率，具有垄断特性。该公司生产的高压耐磨泵主要应用于煤化工气化炉用气化关键泵及其附属产品，输送介质中含有一定量灰渣颗粒，对过流部件材料有较高要求，在煤化工中有 50% 的市场占有率，产生了很好的经济效益和社会效益。

沈鼓集团石化泵有限公司为山东金诚石化集团有限公司 200 万 t/年汽柴油加氢质量升级项目提供了全套产品，包括加氢进料泵、增速齿轮、配套电动机、离合器、高压液力透平机。高压液力透平机回收功率达 770kW，可满足现代石化行业节能增效的要求。其产品型号为 TTD280-210×10；流量为 276m³/h，扬程为 2063m，回收功率为 773.3kW，介质温度为 50℃。

利欧集团股份有限公司成立于 2001 年。中石化长岭分公司 170 万 t/年渣油加氢装置采用国际知名泵业公司提供的加氢泵和液力透平机，其中液力透平机使用初期运行比较稳定，后期因轴振动不断增加，难以维持平稳运行，被迫停运。利欧集团股份有限公司在 2014 年 12 月开始组织该产品的国产化研制工作，经过不断试验，自主研发的高温渣油加氢液力透平机在长岭分公司连续稳定运行超过 8000h。2015 年 12 月，中国机械工业联合会组织相关专家进行了产品鉴定，主要性能指标达到国际先进水平。高压液力透平机参数：介质温度为 330~380℃，密度为 681.3~694.4kg/m³，入口压力为 15.2MPa+0.2MPa，出口压力为 1.8MPa，流量为 241.6~244.6m³/h。

杭州大路实业有限公司主要以生产石油化工用泵为主，是国内石化泵主要生产企业。2010年经过多方竞争获得中石油的高压液氨泵机组研制开发项目。该高压液氨泵机组于2010年开始开发设计，2011年底设计制造完成，2012年5月开始投入宁夏石化二期化肥装置运行，经过一年多的实践考核，运行平稳，振动小，噪声低，各项指标均达到国外同类产品水平。2016年3月，中国机械工业联合会和中国石油天然气集团公司对该高压液氨泵机组进行了鉴定，认为该产品填补了国内空白。高压液氨泵主要参数：为BB5型内壳体水平中开结构，流量为107m^3/h，扬程为3500m，转速为7500r/min，效率为70%。

湖南耐普泵业有限公司成立于2000年，是民营股份制企业。初期主营产品为立式混流泵、消防泵等，主要应用于火电领域。经过多年发展，该公司不断拓宽立式混流泵市场领域，已由单一火电领域逐步向石油化工、污水处理、船用等领域迈进。该公司为唐山LNG项目研制的海水泵在2013年8月调试成功投入运行。经过一年多运行后，2014年11月，国家能源局组织了现场工业运行鉴定。鉴定结论为主要性能指标均达到国外同类产品水平，替代了进口产品，填补国内空白。目前，该公司生产的LNG汽化海水泵已经形成产业化，分别为江苏LNG、中石化天津LNG、新奥集团舟山LNG接收站提供了海水泵。

浙江佳力科技股份有限公司是管道泵、管线泵专业生产厂家，先后为中石化、中石油生产了800多台各类输油泵。该公司为哈萨克斯坦生产了2000万t/年原油输油管线泵。2011年为中石化研制出目前国内扬程最高、水平中开BB3结构的成品油管线泵，经2年多时间运行，与同一泵站国外产品相比性能指标相当，达到国际先进水平，替代进口产品，填补了国内空白。2012年12月，中国机械工业联合会在杭州组织专家进行了产品鉴定。2013年，经中石化招标确定，中石化仪长线采用该公司生产的输油管线泵。产品型号为150GK110X12；流量为180m^3/h，扬程为1300m，输送介质汽油。

辽宁恒星泵业有限公司与中国石油天然气股份有限公司于2013年8月23日在北京签订了"油气管道关键设备2500kW级输油泵国产化研发协议"，该泵采用国际最先进技术——双工况设计，在大功率的基础上进入双工况研发时代。2014年7月7日，中国机械工业联合会和中国石油科技管理部共同组织专家组先后在工厂及第三方检测机构——国家工业泵质量监督检测中心（沈阳）见证了工业现场试验，各项数据表明，该项目的国产化输油泵技术水平达到国际先进水平，多项指标优于同类进口泵，产品通过了中国机械工业联合会的科技成果鉴定。截至目前，该公司拥有管道输油泵4项专利，其中发明专利两项；获得辽宁省专精特新产品、省优秀新产品奖、丹东市科技进步奖一等奖等多项荣誉。

上海阿波罗机械股份有限公司在研发核电站用泵同时，不断拓宽市场领域，2011年研制出管线泵，2012年10月安装在阿独线阿拉山口原油首站，经过近一年运行，各项性能指标均与国外产品相当。2013年，经过中石油严格筛选，确定该公司为庆铁四线输油泵供货商之一。2014年6月,经国家工业泵质量监督检验中心试验验证,其产品的各项性能指标均达到研制要求,现已现场运行。

4) 其他领域用泵成就如下:

大连深蓝泵业有限公司在空分领域用泵的研发生产取得了可喜的发展。2011年,该公司制造的国内首台低温液氧泵(-183℃)在山东华鲁恒升有限公司成功投入使用,并获得中国机械工业科学技术进步奖三等奖,现低温泵已形成系列生产。2011年,完成了大中型泵池潜液泵的研制工作,2012年分别在中海油营口液化厂、中海油菏泽液化厂替代进口产品开车成功。2011年底,开始筹建大型低温泵试验台,试验介质包括:LNG、LN2、LPG,试验流量达3360m^3/h,压力为16.5MPa,被测试泵功率可达2500kW,总投资1.2亿元,整个试验台建设历时3年,于2015年底竣工,目前已经投入使用。2012年底,大连深蓝泵业完全自主设计、制造的12级高压液氮泵在云天化大型空分装置中成功开车。2012年,完成了国内首台液-液相低温潜液透平机的研制工作,2013年在中海油广东珠海液化厂开车成功。2012年,与国际竞争对手同台竞争,深蓝泵业取得了张家港扬子江石化丙烷脱氢项目罐内低温潜液泵的订货合同,该泵于2014年在现场一次性开车成功。2012—2015年,大连深蓝泵业为中海油宁波大榭石化、云南天安、大唐多伦、河南龙宇、中原大化、兖矿榆林等提供了40多台低温液氧、液氮泵,彻底实现了空分泵的国产化。

淄博真空设备厂有限公司在航空航天领域获得了较好的研发成就。根据国家"十二五"规划,一大批军用、民用航空航天项目加快了研发速度,该公司先后为多个航空航天设计院、飞行器制造商量身定制了多款真空系统和模拟实验室。2011年,研制的DXKM-1型航天器真空实验系统成功应用于中国航天推进研究院、西安航天动力研究院的太空模拟试验舱系统,用于"神舟九号"的地面模拟试验,并成功申请发明专利"卧式舱的舱门启闭装置"。2012年,2SAT双级锥体液环真空泵应用到中航飞机股份有限公司国家5号工程——空警200型预警机的加油试验真空系统,以及中航飞机股份有限公司第一设计研究院的大型军用运输机Y20环控实验室项目。2013年,航空试验真空系统应用于大型商用客机C919燃油实验室项目。2014年,该公司研发的SKA2600D大型水环真空泵组顺利通过总装备部基地验收,应用于某重型军用飞机的风洞试验。

山东华成集团有限公司在开发制造精密减速机产品方面发展迅速。该公司引进了世界一流的德国技术和人才,并引进国际知名品牌的德国霍夫勒数控磨齿机、美国格里森弧齿锥齿轮磨齿机、奥地利爱协林热处理生产线、德国克林贝格齿轮检测中心、日本三菱加工中心、意大利帕马加工中心等目前世界先进设备。至今已成功开发了M、HB、KPL三大系列上千种规格的减速机,齿轮精度达到2级精度,达到国际先进水平,可完全替代进口产品。

九、结束语

虽然泵行业国产化取得了一定成就，但许多重大工程用泵仍以进口为主，如火电百万千瓦超（超）临界锅炉给水泵芯包、千万吨炼油减压塔塔底泵、催化裂化油浆泵、带液力透平加氢进料泵、大功率高压液力透平机、百万吨乙烯中急冷油泵、急冷水泵、合成氨中高压锅炉给水泵合成氨中高压锅炉给水泵、贫液泵及液力透平机、尿素中日产2600t液氨泵、甲胺泵、磷酸液中各种料浆泵、LNG低温潜液泵等大量进口或零件进口。主要原因如下：

行业发展不平衡，同质化现象严重。2015年，行业规模以上泵制造企业1308家，在1308家企业中，生产清水泵（用于城市供水、高楼给水、污水处理、农排灌溉）的厂家占80%左右。生产石化用泵的企业有200多家，生产电站用泵的有100多家（含小火电机组），能够生产核电用泵（核二级、核三级）的只有十几家。其中能够生产1000万t/年炼油以上主要装置中油浆泵、加氢泵、除焦泵的厂家不超过10家；能够生产300MW火电机组以上锅炉给水泵的厂家只有6家；能够生产核主泵的厂家目前国内只有4家。据相关专家统计，2004—2009年6年间，水泵销售收入集中度由原来的24.5%下降到19.5%；水泵企业资产集中度由23%下降到18.3%，水泵企业利润的集中度由41.7%下降到25.2%。集中度的下降，说明重复制造、重复建设、同质化现象非常严重，加剧了行业内企业恶性竞争，拉低了行业内企业利润，使得许多企业没有能力创新和发展，因而许多装置上高技术含量泵类产品则大量需要进口。

国内许多泵制造企业已经研发出能够替代进口的产品，并通过国家相关部门鉴定。但由于体制、机制上原因，许多使用单位却不予采用，许多国内已经能够生产的泵类产品仍在大量进口，对泵行业整体发展十分不利。

基础研究严重滞后，科研费用投入不足。泵的设计仍然是以半理论半经验的方法为主，因此对于经验的积累尤为重要。由于科研经费投入不足，许多泵制造企业没有专门的研发机构，缺乏原始创新，水力模型设计、泵的结构设计、材料选择等方面只停留在相互测绘仿制、消化吸收类比国外水泵产品水平上。国家要求企业科研费的投入至少要达到销售额的3%左右，但目前，每年科研费投入能够达到3%的只有很少的几家。绝大部分泵制造企业为中、小型企业，甚至微型企业，由于各种原因，有些企业连基本的技术人员都缺乏，根本谈不上产品开发，更不要说自主创新了。

因此，持续推进重大工程泵类产品的国产化任重道远，需要国家、行业、制造企业的共同努力，才能真正有效地促进泵行业研发能力、设计制造水平、管理水平的全面提高，通过国产化工作带动，提升行业整体技术水平，使行业获得健康发展。

第三章

中国风机工业发展史

一、概述

风机广泛应用于国民经济的各领域以及城市的基础设施和国防建设。

1. 风机分类

风机是用于排送和压缩气体的机械的总称。根据排气压力的高低，风机分为通风机、鼓风机和压缩机。按产品结构划分，风机主要有离心式压缩机、轴流式压缩机、能量回收透平机、离心鼓风机、罗茨鼓风机、叶氏鼓风机、离心通风机、轴流通风机、旋涡风机等 9 大类及部分特殊用途风机。

2. 风机用途

在石油、天然气开采和集输工业中，主要用于油田注气加压采油、天然气加压和输送等。

在石油化工（包括各类化工、煤化工等）工业中，主要用于空气和各类工艺气体的加压和输送等。

在煤炭工业中，主要用于矿井通风换气等。

在冶金工业中，主要用于排除矿石烧结烟气的烧结抽风、高炉炼铁鼓风、转炉和电炉炼钢送氧、炼焦炉煤气输送等。

在电力工业中，主要用于锅炉送风和引风、煤粉输送和冷却塔通风等。

在建材工业中，主要用于水泥窑、砖瓦窑的鼓风和毛坯干燥、工厂排尘等。

在交通行业中，主要用于地铁、隧道通风，以及高速列车牵引电动机冷却等。

在大型建筑、轻纺、污水和垃圾处理等行业中也离不开风机。

风机工业是装备制造业的重要组成部分。自新中国成立以来，特别是改革开放以来，我国风机工业取得了辉煌的发展成就，形成了包括科研、设计、制造、试验、检测、教学、培训和服务等完整的工业体系，为国民经济和社会发展以及国防建设做出了重大贡献。

在 1949—2015 年的 66 年中，我国风机工业是由零星的企业从事修配、测绘仿制起步，逐步通过引进技术消化吸收、自主技术创新以及制造能力扩大和提升，现已发展成为风机工业大国。截至 2017 年底，我国风机工业规模以上制造企业有 485 家，年实现主营业务收入 908.08 亿元、利润 57.71 亿元。

我国风机工业用几十年的时间走过了西方发达国家百年以上的发展历程，既实现了诸如 20MW 大型天然气管线压缩机、10 万 m^3/h 等级特大型空分装置空气压缩机、120 万 t/年乙烯三机、1000MW 级超超临界火电站送引风机、大型冶金高炉鼓风机等大批重大技术装备和专精特产品的国产化、产业化，同时也实现了量大面广产品系列的国产化、产业化，成为产品种类最全的少数国家之一。

新时代、新里程，我国风机工业已踏上从"中国制造"到"中国创造"的自主技术创新和转型升级征程，不久的将来一定能够成为世界风机工业的强国。

二、旧中国的风机工业概况

早在几千年前，中国劳动人民使用的木制奢谷风车和螺旋桨式风车，就是现代离心式风机和轴流式风机的雏形。但是中国风机工业直到 20 世纪 40 年代才有了几家仿制风机的工厂。

沈阳鼓风机厂的前身日满钢材工业株式会社是于 1934 年由东洋钢材株式会社、大连福昌公司、相生合名社合资创立的。主要生产钢窗、铁门、矿山机械（包括通风机）、建筑骨架等产品。1946 年更名为东北资源委员会中央机器公司沈阳制车厂。

重庆通用机器厂的前身是 1912 年建于上海的顺昌机器厂，于 1937 年迁至重庆，改名为顺昌股份有限公司重庆铁工厂，1938 年在重庆市江北区苗儿石开工生产。到 1948 年扩建后，在生产空气锤和造纸机械的同时，按照德国 JAGER 工厂的图样，生产叶氏鼓风机和离心通风机。

上海通惠机器厂的前身是 1936 年建立的中国通惠机器股份有限公司，主要承接冷热器工程装修业务。1945 年开始安装维修美国进口的通风机、空调设备。

上海鼓风机厂的前身是 1947 年创办的中国柴油机股份有限公司，新中国成立前没有生产过风机。

旧中国的风机制造业没有一家是风机专业制造厂，只有少数机器厂仿制一些简单的离心通风机、小型叶氏鼓风机和罗茨鼓风机，而且品种、规格和产量都很少。

三、风机工业的起步与发展（1949—1977 年）

（一）风机工业的起步

新中国成立后，面临国家经济建设的需要，风机工业的首要任务就是将旧中国曾经少量生产、安装和修理过小型风机，处于停产状态或倒闭边缘的几个工厂尽快恢复生产，然后有计划地扩大生产。

1. 旧厂获得新生

1949—1957 年期间，我国生产风机的企业只有沈阳鼓风机厂、上海鼓风机厂、重庆通用机器厂、上海通惠机器厂 4 个厂，企业的技术水平低，技术力量薄弱，设备条件差。在国家各级政府的领导下，对这几个旧厂进行了整顿和技术改造，边恢复边生产，扩大厂区面积，增加各种加工设备，扩大了生产规模，使风机产品的品种和产量都有了较快发展。

沈阳鼓风机厂在 1949 年 1 月由东北资源委员会中央机器公司沈阳制车厂改名为沈阳第一机器总厂第四分厂，同年 6 月，沈阳第一机器总厂撤销，独立为沈阳第四机器厂，直属东北人民政府重工业部机械工业管理局。1950 年初，工厂改名为机械工业管理局第四机器厂。1952 年国家投资 170 多万元进行技术改造，增加了厂区面积和各种设备。随着国民经济发展需要，承担了苏联援建哈尔滨亚麻厂所用通风机制造任务，按苏联图样制造了 3 个系列 13 个型号共 103 台通风机。同年，得到了苏联提供的苏联国标 B1、B2、B3 三套中低压扇风机技术资料，扩大了产品品种。1953 年 9 月，第一机械工业部一局发文，将东北第四机器厂更名为"沈阳扇风机厂"，直属一机部一局领导，成为我国第一个由中央直属的风机专业制造厂。

上海鼓风机厂的前身是中国柴油机股份有限公司。新中国成立前，该公司的资金被转移至香港，留下了一部分人员自动组织起来维持。首先与华东工业部签订了第一个项目——为上海粮食公司提供粮食烘干机，其中配套风机是进口美国希洛柯的离心通风机。烘干机试制成功后，由于需求量很大，该公司就仿制了希洛柯离心通风机。随后，又制造了 B122、B150、B200 型通风机。1950 年又参照外来资料，设计制造了 3.6kW 离心通风机，效率达到 70%。从此，打开了设计制造通风机的局面。1955—1956 年，上海市重工局又先后将林惠昌铁工厂、德庆机器厂、祥泰五金厂、华生机床厂等并入该公司，扩大了中国柴油机股份有限公司的生产规模。到 1957 年，该公司共生产了各种风机 2286 台，已能制造高炉离心鼓风机、焦炉离心鼓风机、350kW 大型通风机。随着国民经济建设的需要，上海市政府重机电工局于 1957 年 7 月正式批准公私合营中柴公司改名为上海鼓风机厂,并成为我国生产通风机、罗茨鼓风机和离心鼓风机、离心压缩机的专业风机厂。

重庆通用机器厂的前身顺昌股份有限公司重庆铁工厂在1950年1月开始恢复生产,1952年该厂实行了公私合营,改名为207厂,隶属于西南工业部,主要生产空气锤、叶氏鼓风机、离心通风机、细纱机及造纸机械等产品。1953年,重庆荣兴机器厂和重庆市上海机器厂铸工车间的一部分并入该厂,更名为重庆通用机器厂,隶属第一机械工业部领导。

上海通惠机器厂的前身是中国通惠机器股份有限公司。在新中国成立后,由于受国外的经济封锁,割断了中国通惠机器股份有限公司过去的外贸关系。在我国国民经济恢复建设迫切需要各种类型的通风机和冷暖空调的情况下,该公司根据所掌握的有关国外技术资料,先后进行了离心通风机、阻气排水器、散热器的仿制。到1955年,该公司从一个单纯从事进口和装修业务的企业,转为生产散热器、阻气排水器为主,并小批量生产通风机的机器制造企业。1956年,工厂更名为公私合营中国通惠机器公司。

2. 企业管理体制初步建立

1952年9月1日,国家第一机械工业部正式成立,设立了一局管理全国通用机械、石油化工设备等机器制造工业。这是我国风机工业管理体系建立的开端。

沈阳扇风机厂在部局的直接领导下,健全了生产、质量和技术管理机构,初步建立起正常工作秩序。为了提高设计、工艺和管理工作效率,开展了通风机产品的"三化"(通用化、系列化、标准化)工作。1954年新设计的7个系列、62个机号的离心通风机通用化系数达到89.5%,提高了设计、制造效率,节约了成本。

1954年4月,一机部部署了"以销定产,产销结合"政策,改进企业管理。沈阳扇风机厂在一机部一局的领导和东华财经学院的协助下,成为"多品种不定量成批生产"的典型企业。1955年在风机行业国有企业中推行了"以加强计划管理为中心,带动各方面的管理工作"方针,沈阳扇风机厂重组了生产与劳动组织,调整了生产线,扩大了产品零部件的批量生产,提高了生产率,降低了生产成本。

同时期公私合营企业如上海通惠机器厂等,也都学习国营企业的管理方法。

3. 产品设计制造水平逐步提高

1949—1957年,我国风机工业经历了修配仿制、参照国外资料设计制造的两个阶段,逐步提高了自己的技术水平,到"一五"计划(1953—1957年)后期,已经开始向改进设计和自行设计的方向发展。产品规格由少到多,结构由简单到复杂,功率由小到大,效率由低到高。

1951年6月,中国柴油机公司技术人员参照有关资料,设计了一种离心式多叶型通风机，开创了该厂生产风机的历史。

1952年和1953年，沈阳第四机器厂依照苏联图样，先后制造了ВТД型轴流通风机№3-7、Y型轴流通风机№12-20和МЦ型轴流通风机№2.5-10，以及В1、В2、В3型3个系列、29个规格的低压离心通风机。

1954—1955年制造了эВР、ВIC、СТД-57、ЦВ55等5种型式、37个机号的中低压离心通风机。

1955年制造了Ц10-60、Ц9-55、Ц8-18、Ц8-23、Ц8-29等5个系列。

1957年，参考苏联Ц4-62型及其变型L4-62a型和L4-62b型3种空气动力学略图，设计制造了L4-62、L4-62a、L4-62b型3个系列中低压离心通风机，模型效率比过去同类风机效率有了显著提高。

在高压通风机方面，沈阳扇风机厂1954年初设计制造的H2型风机，用于每小时0.5~8.5t的三排风孔冲天化铁炉鼓风；ВВД型是依据苏联图样制造的，用作排送含有尘埃的空气和冶炼炉鼓风。1956年又设计制造了8-18、8-23、9-27型3个系列高压离心通风机。

在锅炉鼓引风机方面，1955年沈阳扇风机厂根据苏联资料，设计了ЦКГИ型和ЦАГИ型鼓引风机系列。1957年又参照苏联图样，制造了Д10型引风机及ВМ40/730煤粉通风机。为了提高风机效率，1957年又根据苏联ЦАГЙ0.7—37气动略图，设计了9-37型锅炉鼓引风机系列，这是国产第二代锅炉鼓引风机。

在矿井通风机方面，新中国成立初期，我国煤矿建设需用的大型矿井轴流通风机都是从苏联进口的。1953年，上海中国柴油机公司为铜雀山矿务局试制成功了叶轮直径为1.5m的双进气离心通风机，成为新中国成立初期生产的最大的一台通风机。1954年，沈阳扇风机厂参照苏联有关资料，设计了单级和双级、叶轮直径为500mm的2台BY型矿井轴流通风机模型，1955年完成了2BY№24样机的试制，并获得一次试车成功。BY型和2BY型形成两个系列产品后，满足了年产50万~100万t煤矿主扇用，开创了我国独立设计通风机的先例。

在罗茨鼓风机方面，上海鼓风机厂除了生产信利厂转产过来的罗茨鼓风机外，其前身中柴公司曾于1951年为青岛毛纺厂制造了6台流量为42m^3/min的第一批罗茨鼓风机，解决了毛纺车间的降温和喷雾问题。1956年生产了20台罗茨鼓风机，经香港转销日本，创造了国产风机首销国外的先例。重庆通用机器厂除了生产叶氏鼓风机外，1955年也生产了流量为42.7m^3/min和84m^3/min的罗茨鼓风机。

离心鼓风机和离心压缩机是从新中国成立后开始发展的。1954年，上海中柴公司为了满足上海第三钢铁厂的急需，在技术和设备都极为困难的条件下，制造出了第一台流量为200m^3/min的4级离心鼓风机。1957年9月和12月，沈阳扇风机厂首次试制成功两种结构复杂、精度要求较高的D1100-13型煤气离心鼓风机和 D200-31 型煤气离心鼓风机，这对只具备一般通风机生产条件的企业来说，是风机制造技术上的一个飞跃。

透平压缩机设计与制造技术要求很高，难度很大。在 20 世纪 50 年代中期，上海汽轮机厂首先制造成功了国产透平压缩机。当时制造的透平压缩机有两种：一种是供制氧装置压缩和输送空气用的 K350-61 型（后改名 DA350-61）；另一种是供制造硝酸用压缩气体的 DA480-41 型。

4. 风机产品产量连年增长

随着我国第一个五年计划期间经济建设的发展，风机的需求量和国产的风机品种、规格和产量也连年大幅度上升。据统计，在"一五"期间，1952 年我国风机行业的产量为 288 台，1957 年达 12673 台，为 1952 年的 44 倍；1952 年全国风机制造厂的固定资产为 776 万元，1957 年达 1534 万元，为 1952 年的 2 倍；1952 年的工业总产值为 405 万元，1957 年达 2084 万元，为 1952 年的 5.2 倍。

5. 西安热工研究院风机专业的创建

西安热工研究院有限公司（其前身先后为水电部技术改进局、水电部电力科学研究院、水电部热工研究所/院、国电热工研究院）于 1956 年在苏联专家的指导下组建风机专业，开展电站锅炉风机改造工作，至 1957 年西安热工院风机专业开始起步。

新中国成立初期，我国还没有自主知识产权的电站风机，在电厂中使用的风机均是引进或仿造国外的离心风机，其中绝大多数是来自苏联的产品。西安热工院风机专业的建立为我国电站风机发展打下了基础。

6. 风机行业组织的诞生

到"一五"末，全国专业风机制造厂还只有沈阳扇风机厂、上海鼓风机厂、上海通惠机器厂、重庆通用机器厂 4 个。1957 年 3 月，在一机部一局的关怀与支持下，4 个厂的 10 名代表在上海举行了风机行业协商会，也是风机行业的第一次行业组织会议，组织名称确定为"全国风机行业"，推选了沈阳扇风机厂为行业组长厂，负责行业活动的日常工作。风机行业工作在促进本行业技术进步、信息沟通、联合设计、推广产品"三化"、组织成套和科技攻关等方面发挥了重要作用。

（二）风机工业基本形成

1. 老厂持续发展

从 1958 年开始，国家先后对重工业企业的产品主导厂进行了大规模扩建，使之成为行业的骨干力量。沈阳扇风机厂、上海鼓风机厂、上海通惠机器厂、重庆通用机器厂通过国家投资扩建有了进一步发展。

（1）沈阳扇风机厂——沈阳鼓风机厂　1958 年，随着机械工业部门管理体制的调整，沈阳扇风机厂下放由沈阳市机电局领导。为了提高风机技术水平和开发风机新产品，1958年5月，该厂组建产品研究室，标志着我国风机产品由测绘仿制走向独立设计。

1963年，沈阳扇风机厂再次收归一机部直管。同年2月，改名为沈阳鼓风机厂（简称沈鼓）。

为了满足国家第二个五年计划经济建设的需要，国家对沈鼓投资1000多万元进行了扩建。1958—1965年的8年间，沈鼓研发了64种新产品，包括离心鼓风机33种、离心压缩机3种、通风机28种，年工业总产值从600多万元增加到1300多万元，并为朝鲜、越南等15个国家提供各类风机1449台。

（2）上海鼓风机厂　上海鼓风机厂（简称上鼓）正式成为风机专业制造厂后，1958年搬迁新建，1959年完成，并于当年试制成功14种新产品，包括电站引风机、大型矿井轴流通风机、转炉鼓风机、罗茨鼓风机和焦炉鼓风机。同年，从沈鼓引进了苏联全套鼓风机图样，包括锅炉鼓引风机30个规格、一般离心通风机3个系列24个规格、一般轴流风机6个系列。自行设计了造船工业配套用系列轴流通风机、小型离心通风机；完成了乙炔罗茨鼓风机、耐酸通风机等特殊风机的试验任务。

（3）中国通惠机器公司——上海通惠机器厂　上海通惠机器厂1959年公私合营，顺兴昌铁厂并入，以生产通风机为主。1959—1960年，制造了СГД型通风机、4-62型离心通风机和DLH型双曲率叶片通风机。1959年与上海综合机械研究所合作，研制了HDG、QDG两个系列的高效率、低噪声离心通风机，批量投产后，被国家指定为援外产品。为向产品大型化发展，1964年该厂迁建奉贤县南桥镇，并与奉贤农机厂合并。

（4）重庆通用机器厂　1958年，重庆通用机器厂（简称重通）由国家投资2440万元，在重庆市江北区石马河建设新厂区，于1962年扩建完成。在"二五"期间，为满足大炼钢铁的需要，重通由生产多种产品转为风机和锻压设备专业厂，成为全国5个主要鼓风机厂之一。期间生产的主要产品有离心鼓风机、锅炉鼓引风机、煤粉通风机、矿井轴流通风机、一般轴流通风机、叶氏鼓风机、罗茨鼓风机以及其他类型的通风机等8大类、21个系列、124个规格。1963—1965年间，重通努力发展新产品，重点发展了透平制冷机、透平压缩机、高温通风机、军用改装车等4大类产品。

2. 新厂不断兴起

1958—1966年，风机工业体系逐渐形成。在这一时期，为满足国民经济发展的需要，风机行业陆续兴建了20余家制造厂，如沈阳市风机厂、沈阳市人民风机厂、沈阳市冷暖风机厂、鞍山风机厂、吉林市鼓风机厂、四平市鼓风机厂、北京市厂桥风机厂、天津市鼓风机厂、银川新生风机厂、上海长风鼓风机厂、宁波风机厂、浙江余姚通用机器厂、武汉鼓风机厂、长沙鼓风机厂、河南新乡市通用机械厂、广州风机厂、北海市风机厂、昆明市通用机械厂等。期间上海汽轮机厂、北京冷风机厂、杭州透平机械厂（后改为杭州汽轮机厂）也曾制造过一些鼓风机。风机制造新厂的兴起，使我国风机工业体系基本形成。

沈阳市风机厂的前身是1958年由沈阳市第一喷漆厂、第八薄板制品厂和东风油漆厂3个生产合作社合并成的沈阳市和平区鼓风机厂，是区属集体所有制企业。该厂开始只生产部分小流量、低压力通风机，后在沈阳扇风机厂的支持和帮助下，生产小型通风机。1962年，沈阳市继电器厂并入后，以生产小型通风机、暖风机和加仑桶为主。1963年由集体所有制改为全民所有制，逐步成为通风机、暖风机和机械除尘设备的专业生产厂。

天津市鼓风机厂是1956年由7家铁工厂组成的公私合营企业，1958年试制成功生产了$25m^3$、$28m^3$、$42m^3$三种罗茨鼓风机，1962年改名为天津市风机制造厂。1963年一机部将该厂定为风机定点生产厂，成为风机专业制造厂。1970年更名为天津市鼓风机厂。

四平市鼓风机厂始建于1958年10月，是在原四平薄铁合作社的基础上改制为地方国营四平市钣金厂，隶属于吉林省工业厅，开始生产手推车轮、手推车架等产品。1964年上级指定该厂试生产风机，并将沈阳鼓风机厂30K4-11轴流风机、5-32-11离心通风机、8-23-11离心通风机转让该厂生产。1964年11月更名为四平市煽风机械厂。

长沙鼓风机厂于1950年创建成立，1958年开始专业生产罗茨鼓风机（罗茨真空泵）。

成都电力机械厂始建于1958年10月，其前身为龙溪河水电工程机械所，后更名为水电工程管理局机械修配厂。1966年5月，该厂一分为二：一部分迁至成都市天回镇组建省水利电力修配厂；另一部分与哈尔滨电力修造厂入川的百余人组建成都电力修制厂，1983年更名为成都电力机械厂。

其他一些风机厂先后生产一般离心通风机和小型轴通风机，陆续壮大了我国风机工业。

3. 科研机构的建立

1958年，沈阳扇风机厂成立了风机研究室。1962年，经一机部批准，在风机研究室的基础上，建立了沈阳风机研究所，定为部管二类所，负责行业技术归口工作。1963年，随着沈阳扇风机厂改名为沈阳鼓风机厂，沈阳风机研究所改名为沈阳鼓风机研究所。

1959年，风机研究室成立刊物编写小组，编辑出版《风机技术》《风机译文》刊物，连续出版9期，1966年停刊。

4. 行业活动开展

1957 年"全国风机行业"组织建立以后,开展了厂际竞赛、评比、技术交流、制订实施攻关规划、行业产品质量检查等活动。

(1) 行业活动逐步活跃 1961 年 1 月,在长沙召开第二次全国风机行业大会,评比了厂际竞赛先进单位并进行了技术交流。

1962 年 3 月,在上海召开了行业年终评比会,并决定组织全国风机行业对 8-18、9-27、9-57、4-62 等系列离心通风机进行联合设计。对风机行业存在的鼓风机和压缩机的巴氏合金轴衬脱壳,通风机的叶轮、机壳焊后变形,薄钢板焊接质量不高,动平衡部件质量不稳定等问题制定了攻关规划。

1963 年 2 月,在上海召开了行业产品质量会议,制定了产品质量标准和分等划级办法。

1964 年 4 月,在广州召开了第三次行业大会,讨论了厂际竞赛条例和行业活动方案。

1964 年 9 月,在武汉召开了年终大检查筹备工作会议,会议统一了产品质量检查方法和检查标准,并于会后组织开展了全行业产品质量检查。当年共推广了 252 项经验,解决了 57 项关键问题,实施了 1480 项技术革新建议。

(2) 统一风机性能测试方法 1961 年 9 月,在沈阳召开了全国风机专业厂通风机性能测试经验交流会,基本统一了通风机性能测试方法。

(3) 开展联合攻关、质量检查和厂际竞赛评比活动 1961—1966 年,先后组织了多次行业产品联合攻关、质量检查和厂际竞赛评比活动,收到了显著效果。

1) 产品质量显著提高,一等品率有所上升。通过行业攻关,解决了两种风机性能偏低,离心鼓风机、离心压缩机巴氏合金轴衬脱壳,零部件加工的表面粗糙度不达标,以及薄钢板电焊质量等问题。

2) 经济指标水平显著提高。每千元商品产值成本平均降低 15%,全员劳动生产率平均提高 20%。

3) 产品品种有了进一步发展。1964 年全行业共研发 21 个新品种,超额完成了上级布置的新产品试制计划,例如氮肥用离心鼓风机和多级透平压缩机等,不仅填补了国内空白,也总体推进了我国风机工业的制造水平。

沈阳鼓风机厂评为 1964 年度技术革新先进单位。上海鼓风机厂评为技术经济指标先进单位。重庆通用机器厂评为改善经营管理先进单位。长沙鼓风机厂评为产品质量先进单位。天津市风机厂评为管理革命先进单位。

(4) 行业产品联合设计 1962 年 4 月,风机行业开展第一次产品联合设计,以沈阳鼓风机厂为主,9 个单位参加,在北京成立了离心通风机联合设计组。历时 4 个月完成了 4 个系列(4-62№3~20 共 19 个机号、8-18№3~16 共 9 个机号、9-27№4～14 共 8 个机号、9-57№3～16 共 8 个机号）的离心通风机设计任务，使所有行业厂都能按联合设计图样生产，受到了设计院和用户的欢迎。

（5）建立风机行业情报网　1964 年 12 月，由沈阳鼓风机研究所在北京组织召开了第一次全国风机行业技术情报网会议，正式建立了风机行业技术情报网，把技术情报网工作纳入了行业活动当中。

（6）建立风机行业组织机构　1966 年 6 月召开了全国风机行业第四次会议，选举了沈阳鼓风机厂为行业组长厂，上海鼓风机厂和重庆通用机器厂为行业副组长厂。同时将全行业划分为东北、华北、华东、西南 4 个组区，沈阳市风机厂为东北组组长厂，天津市鼓风机厂为华北组组长厂，上海通惠机器厂为华东组组长厂，武汉鼓风机厂为西南组组长厂。

5. 风机产品的发展

随着"二五"期间经济建设发展的需要，风机行业实施了发展量大面广通风机为主，相应发展鼓风机和透平压缩机的产业政策，加快了风机产品品种发展。通风机已发展到全面独立设计阶段，离心鼓风机、罗茨鼓风机和离心压缩机也从仿制发展到独立设计。在 1958—1965 年的 8 年中，风机行业共试制出各种风机 60 种，其中：通风机 30 种、离心鼓风机 15 种、罗茨鼓风机 10 种、离心压缩机 5 种。这些新型产品填补了我国风机工业的多项空白，为国家经济建设发挥了重要作用。

（1）通风机的发展　1958 年 8 月，为响应生产 1070 万 t/年钢的号召，一机部把研制小高炉鼓风机的任务交给沈阳扇风机厂，在很短时间内研制成功了 $3～28m^3$（1～3t）的 7-11 型和 7-17 型两个小流量高压串联离心通风机，当年制造出 2000 多台，满足了小高炉的需要。尽管这种风机随着小高炉的停用而停产，但我国风机行业的工程技术人员和广大职工在国民经济建设中的创造性和积极性仍被历史所肯定。

在第一个五年计划（1953—1957 年）期间，沈阳扇风机厂试制成功了 BY 型和 2BY 型矿井轴流通风机（后改为 70B2 型），解决了我国矿井通风机依赖进口的问题。

为了解决矿井轴流通风机的返风问题，沈阳扇风机厂于 1959 年 4 月试制成功了 06-2№24 矿井轴流通风机，返风量达 60%～80%。

为了开发矿井用大型离心通风机，沈阳扇风机厂于 1959 年研制出 LK4-61 №35 离心式矿井通风机，1960 年又相继制造了该型№16 和№22 规格的通风机，这也是我国第一批矿井离心通风机。

1965 年，沈阳鼓风机研究所对一般离心通风机进行了研究，通过 20 多个模型叶轮的试验，研制出 4-72 型中低压离心通风机（№2.8～20 共 12 个机号）。该系列通风机的特点为高效率，低噪声，重量轻，结构简单，维护方便。4-72

型通风机也可以采用铝质叶轮，形成防爆通风机。因此，该系列通风机用途广泛，当时全国所有风机制造厂都在生产。

8-18 型和 9-27 型高压离心通风机经过联合设计，由全国各风机厂生产。这两个系列当时效率较低，但风量风压适用性好，结构简单，使用方便，工艺性好，因此凡属高压通风机范围，全部选用这两个系列。

1964 年 5 月，天津市鼓风机厂试制成功了 CQ 型船用离心通风机，具有体积小、重量轻、耗电少、噪声低、防腐蚀性高、耐冲击性强的优点，填补了我国船用风机的空白。

在"二五"（1958—1962 年）期间，我国生产的锅炉鼓引风机主要有 9-35 型和 Y9-35 型，共 39 个机号，适用于 2～240t 蒸汽锅炉用的鼓风和引风。

为了提高锅炉鼓引风机的效率，沈阳鼓风机研究所于 1965 年在 4-72 型通风机的基础上，对大型电站锅炉鼓引风机进行了试验研究，研发了高效率 4-73 型离心通风机。其中：引风机有 No8～28 共 12 个机号，鼓风机有 No10～28 共 10 个机号，适用于 2～270t 蒸汽锅炉用的鼓风和引风，被我国大型发电站锅炉广泛采用。

（2）离心鼓风机的发展　1958—1965 年期间，为满足冶金、石油、化工等行业的急需，风机行业试制的离心鼓风机达 77 种，其中包括：40t 炼钢转炉用的 D680-11 离心鼓风机，年产 2.5 万～5 万 t 合成氨厂配套的 G85-21 型富氧空气鼓风机（当时国产鼓风机中转速最高的一种，转速为 12500r/min），G165-61 型煤气鼓风机，G235-11（G235-12）型空气鼓风机，S450-11 型合成氨厂硝酸生产线中输送氨及空气混合气鼓风机，D260-11 型输送二氧化硫混合气鼓风机，D30-11、D325-11 型煤气加压鼓风机。

（3）罗茨鼓风机的发展　继"一五"期间上海鼓风机厂和重庆通用机器厂制造了罗茨鼓风机和叶氏鼓风机之后，在"二五"期间和三年调整时期，罗茨鼓风机又增加了一些新品种。其中：上海鼓风机厂在 1958 年为小型高炉生产了 L200 型罗茨鼓风机；长沙鼓风机厂生产了空气冷却用的 LG 型罗茨鼓风机，还制造了小型化肥厂输送煤气及二氧化碳气的 SLG 型罗茨鼓风机；重庆通用机器厂制造了 HGY 型回转式鼓风机和 200-1、300-1 型罗茨鼓风机。在这段时间内，风机行业制造的罗茨鼓风机有 67 个规格，叶氏鼓风机有 7 个规格。

（4）离心压缩机的发展　离心压缩机是风机中结构最复杂、精度要求最高、设计制造难度最大的一类产品。在 20 世纪 50 年代中期，上海汽轮机厂成功仿制了 K350-61 型输送空气用离心压缩机和 DA480-11 型输送氧气、氮气用离心压缩机。沈阳扇风机厂于 1960 年参照苏联资料设计制造了国产第一台 DA3250-41 离心压缩机，用于包钢 1000m³ 高炉，这是我国风机行业制造的第一台离心压缩机，也是当时全国最大的一台离心压缩机。随后，又先后设计制造了 DA250-61、

DA180-71等5种离心压缩机。虽然品种不多，技术水平不太高，但仅用了10多年的时间就制造出了这些高难度的离心压缩机，填补了当时国内风机制造业的空白。

6. 西安热工院电站风机试验研究工作基本形成

20世纪50年代末，我国制造部门已能仿造苏联的0.7-37和M50-1000型离心风机（我国定为9-35和7-29型风机，分别为锅炉送、引风机和排粉机），该两型风机效率达到70%，是当时较好的风机机型。1959年风机制造业自主积极探索在电厂中应用该两型风机，取得了很好的节电效果。与此同时，热工院建立了我国第一座电站风机（风室直径为1500mm）模型试验台，开始电站风机的试验研究工作，主要从事后向高效离心式风机的引入和推广工作。

首先利用苏联刚发表在俄文期刊上的0.68-161°、0.7-160°等型高效后向机翼型离心式风机空气动力学图，设计出模型风机，在上述模型试验台上试验验证后，开发设计成实物风机，对我国电厂中运行的前述9-35型（即0.7-37型）前向离心式锅炉送、引风机进行改造，将送、引风机的运行效率提高到85%左右。

（三）风机制造业的曲折发展

1. 新老企业扩建与兴建

（1）老风机厂扩建　1972年以后，国家投资陆续扩建了一批老风机厂，如沈阳鼓风机厂、上海鼓风机厂、武汉鼓风机厂、重庆通用机器厂、长沙鼓风机厂、沈阳市风机厂、沈阳市人民风机厂、四平市鼓风机厂、天津市鼓风机厂等扩大了工厂面积，增添了设备。

沈阳鼓风机厂在1969—1974年投资544.6万元，新扩建厂房13802m^2，购置金属切削机床88台、锻压设备87台。1975年沈鼓进入大发展时代，国家投资14384万元，引进技术和设备，继续扩建、提升，列入国家扩建"三大透平厂"之一，成为国家重点项目；从8个国家引进40多台先进的数控数显设备，还引进了美国IBM公司的370/138电子计算机和4331电子计算机，从意大利引进了用于压缩机收集系统设计的两台小型电子计算机。至此，沈阳鼓风机厂成了现代化离心鼓风机和压缩机制造大型工厂。

上海鼓风机厂为了满足冶金、矿山、石油、化工、电站等部门的需要进行扩建，其扩建工程列入上海市十项重点工程之一，投资1400多万元扩建，于1972年动工，1974年完工。

重庆通用机器厂投资新建金工车间、产品试验室、热处理车间和250kW闭式气循环试验台和开式试验台。

沈阳市风机厂1972年为了承接沈阳鼓风机厂转出的大型通风机生产任务，于1973年迁址扩建。

沈阳市人民风机厂分别于 1972 年、1976 年两次进行迁址和扩建。

1968 年 10 月，一机部在天津全国机电产品订货会上提出国家急需高温风机。四平市煽风机械厂接受了高温风机的试制和生产任务，由此该厂正式开始高温风机的研制工作，同年该厂更名为四平风机厂。1970 年 5 月，高温风机试制成功，填补了我国生产高温风机的一项空白。1971 年，该厂开始试制 D80 离心鼓风机和 M7-29 煤粉风机，厂名改为四平市鼓风机厂。

（2）三线厂建成投产 援建陕西鼓风机厂（简称陕鼓）始于 1966 年，当时根据"建设'三线'，把沿海工业迁往内地"的指示精神，沈阳鼓风机厂开始了迁建准备。1967 年，沈阳鼓风机厂派出三线厂址考察组，赴陕西省考察选择厂址，历时半年，将厂址选定在陕西省临潼县秦始皇陵东侧。同年 11 月得到批复：同意建设陕西鼓风机厂。沈阳鼓风机厂于 1968—1970 年共支援陕鼓 184 人。1969 年破土动工，1971 年基建工作基本结束，开始了试生产。1975 年陕鼓全部建成投产，主要产品包括通风机、离心鼓风机和离心压缩机。

（3）新一轮风机制造企业兴起 1966—1978 年的 13 年中，国内又先后建立了一批风机制造厂，如营口县高坎风机厂、大连西岗风机厂、哈尔滨市红旗风机厂、佳木斯市通用机械厂、肇东县风机厂、辽宁省锦县机械厂、天津市通风机厂、天津市宏伟风机厂、北京风机厂、石家庄市风机厂、原平鼓风机厂、定西通风机厂、包头市风机厂、呼和浩特新生机械厂、宁夏新生风机厂、保定风机厂、西安市风机厂、南通鼓风机厂、南京鼓风机厂、宁波风机厂、庐江县通用机械厂、福建闽侯风机厂、南昌鼓风机厂、江西鼓风机厂、济南向阳风机厂、浙江浦江鼓风机厂、青岛市崂山县机械厂、周口风机厂、新乡市通用机械厂、应山县机械制造厂、长沙湘江风机厂、重庆江北风机厂、昆明市通用机械厂、贵阳鼓风机厂、长沙市通风机厂、成都市第一通用机械厂、武汉市汉阳区鼓风机厂、广州风机厂、佛山市向阳区风机厂等。这个时期，风机制造企业达 60 余家，工业总产值达 21200 万元。

山东省章丘鼓风机厂于 1968 年建厂。1969 年 6 月底开发试制出首台 LGA40 罗茨鼓风机，应用于小化肥行业。1973 年，根据国家计划需求，该厂自行设计开发出 L36 型罗茨鼓风机投入批量生产。

山东新风股份有限公司始建于 1956 年 5 月。1978 年，该厂开始生产 DW 系列空调风机、电风扇电动机等产品。

2. 中断的行业活动有所恢复

1966 年下半年至 1971 年，风机行业活动处于停顿。1972 年，遵照国务院关于提高产品质量的指示，风机行业恢复了行业活动。

（1）开展行业产品质量检查 1972 年 6 月 25 日—7 月 31 日，由 29 个行业厂组成的 3 个产品质量检查小组，对全国风机行业中 27 个厂进行了产品质量巡回检查。

（2）组织召开风机行业会议及专题会议　1972—1978 年，先后组织召开了第五至八次全国风机行业大会及有关专题工作会议。

1972 年 8 月，在广州召开了第五次全国风机行业大会，参会 36 个单位。会议研究了加强产品质量管理和提高产品质量的措施。

1973 年 3 月，在南昌召开了行业组长厂会议，参会 10 个单位。会议确定了行业产品质量攻关项目；会议把全国风机行业组织按地区分为东北、华北西北、华东、中南西南 4 个大区，有关地区事项，由地区组长厂召开地区会议解决。

1973 年 11 月，在南通市召开了第六次全国风机行业会议，50 个单位 110 名代表参会。会议交流了加强企业管理、大搞技术革新和提高产品质量等经验。会议提出通过技术培训提高风机厂专业技术人员技术水平。

1974 年 8 月，在沈阳召开了透平压缩机、鼓风机转子和定子加工工艺经验交流会。

1974 年 11 月，在南昌市召开了第七次全国风机行业会议，60 个单位 131 名代表参会。会议肯定了 1974 年分别在武汉和沈阳举办的风机专业短训班成效。

1976 年 8 月，在吉林市召开了第八次全国风机行业会议，50 个单位 114 名代表参会。会议进行了办好企业、提高产品质量的经验交流；制订了行业组织条例；改选了行业和地区正副组长厂，选举沈阳鼓风机厂为风机行业组长厂，上海鼓风机厂、武汉鼓风机厂、陕西鼓风机厂、沈阳市风机厂为副组长厂，并兼任所在地区的组长厂。吉林市鼓风机厂、天津市鼓风机厂、上海通惠机器厂、长沙鼓风机厂、重庆通用机器厂分别为各地区的副组长厂；会议确定了今后两年的重点工作是抓好通风机、罗茨鼓风机的"三化"和老产品改造。

1978 年 4 月，在湖北省应山县召开了风机行业正副组长厂会议，制定了离心压缩机、离心鼓风机、罗茨鼓风机和通风机质量分等管理办法，全国风机产品质量检查规定，风机行业 100 种和省、市重点考核产品质量赶超规划，主要基础件攻关计划，行业规划编写工作计划，技术经济统计工作计划。

（3）风机产品"三化"工作　20 世纪 50 年代后期和 60 年代初期，为了全行业缩短制造周期，沈阳鼓风机厂对当时所生产的离心通风机进行了"三化"（通用化、系列化、标准化）工作，取得了较好成绩。

1972 年 2 月，组织风机行业有关厂，开始进行风机的"三化"工作。1973 年 4 月，完成了低速多级、高速多级离心鼓风机系列各 8 个规格的总图和计算，以及系列样机 DA400-41 制氧用离心压缩机总图和主要零部件图。同年 11 月，形成了离心鼓风机和压缩机的"三化"方案。

（4）情报活动和技术培训　间断了 6 年的行业情报活动于 1972 年开始恢复。由沈阳鼓风机研究所负责编辑的《第一机械工业部风机产品样本》出版发行。

《风机技术》于1959年创刊,1966停刊,1973年3月复刊。

1973年5月—12月,由沈阳鼓风机研究所组织行业编写了《国内外风机基本情况》,17万字。这是我国风机行业编写的第一部介绍国外风机发展情况的长篇资料。

1970—1973年,翻译了200余万字的《国外烧结抽风机资料汇编》《引进年产30万t合成氨装置用离心压缩机说明书》《透平压缩机密封专辑》等一批有参考价值的资料。

1973年5月和1975年3月,分别在宁波和安徽召开了风机行业第二次情报网会议和情报网地区组长扩大会议。

1974年8月,沈阳鼓风机研究所在沈阳组织召开了离心鼓风机和压缩机的定子工艺经验交流会。

在技术培训方面,共举办了12次风机技术短训班。

3. 增加风机品种满足国家急需

为了满足国家急需,风机工业以会战的方式研制出国家经济建设中急需的一些新产品,填补了国内空白。

(1) 积极推动电站离心通风机高效节能改造　1967年,沈阳鼓风机厂先后开发出4-72、4-73型高效后向机翼型模型风机。西安热工院率先将4-73型模型风机设计成实物风机,应用于170t/h锅炉送风机的改造。随后沈阳鼓风机厂将该两型风机开发成了系列产品,供新建的电厂选用,并进行了三化设计。

西安热工院先后于1969年和1970年成功开发了5-29、5-36、5-40、5-48、6-23、6-26等单板型后向叶片风机,用于锅炉引风机和排粉风机的节能改造。

1973年,随着国民经济的恢复和发展,四平市鼓风机厂进行了迁址新建,1974年为青海水泥厂试制生产了W9-35№18F水泥窑尾风机,从而结束了我国水泥窑尾风机全部依靠进口的历史。

1974年,北京风机二厂研制出低噪声屋顶离心通风机,其特点是采用外旋电动机,除叶轮外,其他静止部件全部采用玻璃钢制成,具有结构紧凑、体积小、效率高、噪声低的优点。

1977年,鞍山风机厂研制了制造工艺简便的直板后向叶轮的离心通风机模型,叶轮进口气流流动较好,并运用该模型级设计制造成Y5-47型小型锅炉离心通风机,在全国推广生产。

(2) 轴流式通风机的开发　1968年,武汉鼓风机厂研制成功了60A-11№24立式烧结轴流抽风机,用于太原钢铁公司、武汉钢铁公司等大中型烧结厂,效果良好。1976年研制成功了SL60AZ-13№16和60A1-12№24轴流通风机,这两种轴流通风机成了冶金烧结冷却抽风的专用产品。

1970年1月,沈阳鼓风机厂为朝阳发电厂20万kW电站,研制成功我国第一台具有世界先进水平的叶轮直径为 20m 的塔式轴流风机,填补了我国大型电站冷却通风机的空白。该风机从设计图样到制造完成仅用了 105 天。

上海鼓风机厂于 1970 年 12 月研制成功 06-12№28 立式冷却塔轴流抽风机;1974 年为黄浦江隧道试制成功 05-12№28 轴流通风机,实现了动叶可调;1975 年研制成功 30 万 kW 电站用 07-11№23 锅炉通风机和 07-12№29 锅炉引风机。

随着火力发电机组容量的不断增加,西安热工院于 1969 年开始研制高效机翼型轴流式风机,并于 20 世纪 70 年代初将南定、芜湖等电厂引进发电机组的子午加速轴流式引风机改造成机翼型轴流式引风机,取得了显著的节电效果。

1979 年上海鼓风机厂引进了德国 TLT 公司的设计制造技术,随之成为 300MW 机组动叶调节轴流式送风机和引风机的主要供应商。

(3) 离心鼓风机及罗茨鼓风机的开发 在 1966—1978 年,沈阳鼓风机厂先后研制成功了为 10000m^3 制氧机配套的 D1000-21 型加热鼓风机、国产最大的 S12000-11 型烧结抽风机等共 11 种新型离心鼓风机。

陕西鼓风机厂 1970 年制造出 D80-12 离心鼓风机,1972 年制造出 D100-32 离心鼓风机,1973 年试制出 TP2.6/14.6-4.8 型透平膨胀机,1974 年制造出 50m^3、100m^3 高炉用的 C260-1.8 和 C400-2.15 型离心鼓风机。

1970 年,天津市鼓风机厂制造出国产第一台 250m^3 罗茨鼓风机。

1973 年,长沙鼓风机厂研发完成 D、SD 两大系列罗茨鼓风机产品设计,成为我国罗茨鼓风机产品系列最齐全的厂家。1978 年,长沙鼓风机厂成功研制了铜制氦气特殊罗茨鼓风机,运用于航空航天领域。

1974 年,上海鼓风机厂生产了 500m^3 罗茨鼓风机,是 20 世纪 70 年代前期国产最大的罗茨鼓风机。

(4) 离心压缩机的研制 随着我国石油化工、冶金等工业发展需要,用于这些领域的透平压缩机发展较快,主要生产厂家有沈阳鼓风机厂、陕西鼓风机厂、上海鼓风机厂、武汉鼓风机厂、重庆通用机器厂、上海压缩机厂、上海汽轮机厂、上海第一冷冻机厂、杭州制氧机厂、开封空分设备厂、兰州化工机械厂、锦西化工机械厂等。

沈阳鼓风机厂在 1966—1978 年共研制了 23 种离心压缩机,其中 1966 年研制了为年产 5 万 t 合成氨装置配套的 DA120-121 空气压缩机;1969 年研制了 DA50-31 天然气压缩机、DA3500-41 空气压缩机;1970 年研制了为 10000m^3 制氧机配套的 DA1250-41 空气压缩机、DA180-101 氧气压缩机、DA120-61 空气压缩机;1971 年研制了 DA120-101 空气压缩机;1972 年研制了为内燃机增压的 DA340-41、供乙烯厂用的 DA160-61 丙烯压缩机、供炼油厂用的 DA140-71 石油裂解气压缩机、供炼油厂用的 DA170-121 石油焦化氯压缩机;1974 年研制了 DA400-131 空气压缩机;1977 年研制了 10-71 循环气压缩机;1978 年研制了为年产 11.5 万 t 乙烯装置配套的 2E51-37.7/9.95-1 工艺气压缩机等。

上海鼓风机厂在 1970 年为年产 5000t 合成氨装置制造了 DA140-61 氧化氮压缩机。

武汉鼓风机厂在 1970 年生产了炼油厂加氢精制流程用的 $50000m^3/h$ DA15-16 氢气循环压缩机。

陕西鼓风机厂在 1975 年制造出动力站用 DA350-62 离心压缩机。

重庆通用机器厂在 1966 年研制成功 FTL120-21 双级开式离心制冷压缩机；1969 年研制成功 FTL50-41 离心制冷机组和为发展我国氢弹生产用的 D315-33 氨循环离心压缩机；1971 年为北京石化总厂试制成功 KF100X（-30）低温离心制冷机组；1978 年为四川输气管线试制成功 TQ318-76/52.8 天然气离心压缩机。

为了加速发展我国石油化工工业，1972 年 6 月，燃化部决定以部内企业为主，设计制造年产 4 万 t 乙烯装置用裂解气、乙烯、丙烯三种离心压缩机。这三种离心压缩机由兰州化工机械研究所设计、兰州石油化工机械厂制造，于 1978 年 9 月在石油化工厂安装进行负荷试车，获得了圆满成功，并获得了全国科学大会奖励。

1969 年，上海汽轮机厂为南京梅山炼铁厂 $1000m^3$ 高炉，设计制造出国产第一台 ZA3250-91 型轴流压缩机，1970 年运行成功。

1974 年 10 月，吴泾化工厂新建了年产 30 万 t 合成氨和 24 万 t 尿素装置。其空气压缩机、合成气压缩机、氨冷冻压缩机分别由上海鼓风机厂、上海压缩机厂、上海第一冷冻机厂承制，合肥通用机械研究所、西安交通大学协同。上海压缩机厂首次制造离心压缩机，用了不到两年的时间研制成功；上海鼓风机厂研制成功 DA930-121 空气压缩机，上海第一冷冻机厂研制成功 ALS-16000 氨冷冻压缩机。1979 年 12 月 31 日，我国自行设计制造的第一套年产 30 万 t 合成氨机组和 24 万 t 尿素装置，在上海吴泾化工厂一次投料试车成功。

四、风机行业开创新局面（1978—1985 年）

1978 年 12 月，党的十一届三中全会做出了把工作重点转移到社会主义现代化建设中来的战略决策。1979 年 4 月，中央工作会议提出了对整个国民经济实行"调整、改革、整顿、提高"的方针，风机工业和其他工业一样，开始加速开创新局面，迈上振兴之路。

（一）在调整中抓改革，整顿中求提高

国民经济建设调整使风机工业面临新的形势：一方面重工业的发展速度放

缓，基本建设投资大幅度缩减，加上一批石油化工重大基建项目的成套设备进口，使风机产品需要量下降；另一方面，由于轻工、能源、交通等部门被列为调整重点，加上各部门开展以节能为中心的技术改造，要求风机行业必须加快发展高效节能风机。

1979 年，中央提出了以计划经济为主、市场经济为辅的方针，促使企业必须在竞争中求生存，在市场上找出路。在 1980、1981 年两年中，风机行业出现了生产任务明显不足的现象。为了做到以变应变，风机企业都开始把经营工作放到重要地位，纷纷加强销售部门建设，从单纯的生产型转向生产经营型，树立为用户服务的经营思想。同时，企业积极调整产品结构，扩大产品品种，把立足点放在满足市场需求上。

（二）消化引进技术，提高我国风机技术水平

为了追赶世界先进水平，1976—1985 年，风机行业十余家企业分别从美国、日本、意大利、瑞士、德国、丹麦、英国等国家引进了离心压缩机、轴流压缩机、高温通风机、大型电站风机设计制造技术，同时引进了大型计算机、试验和检测技术、先进加工装备等。通过引进、消化国外先进技术，使我国风机设计、制造水平向前迈进了一大步。

1. 沈阳鼓风机厂

1976 年 6 月，沈阳鼓风机厂从意大利新比隆公司引进了 MCL、BCL、PCL 3 个系列离心压缩机设计制造技术，包括用于年产 15 万~45 万 t 合成氨、年产 10 万~30 万 t 乙烯、炼油、制氧、油田充气、天然气长输管线等装置的 6 类、78 种型号的离心式压缩机。其中：氨合成压缩机 10 种，工艺气压缩机 5 种，二氧化碳压缩机 6 种，氨冷冻压缩机 6 种，天然气压缩机 6 种，原料气压缩机 4 种，乙烯压缩机 3 种，丙烯压缩机 5 种，长输管线压缩机 4 种，油田充气压缩机 5 种，炼油循环气压缩机 4 种，铂重整压缩机 5 种，催化裂化压缩机 4 种，催化裂化空气压缩机 2 种，烟道气压缩机 4 种，氨气压缩机 5 种。

1981 年 3 月，从日本日立引进 DH 系列 4 个规格的制氧用离心压缩机设计制造技术。

1982 年 3 月，从美国费城齿轮公司引进了高速齿轮和工矿齿轮传动装置设计制造技术。

1985 年 9 月，从丹麦诺文科公司引进了 ASN/AST 型电站轴流风机设计制造技术。

1985 年 12 月，从日本日立公司引进了离心式冷冻机专有技术。

1979 年和 1983 年从美国 IBM 公司购进了 370/138 型和 4331 型两台电子计算机，其中 IBM370/138 机承担产品设计计算、产品绘图、数控编程任务；

IBM4331 机用于企业管理。到 1985 年，沈阳鼓风机厂计算机已应用于技术开发系统、产品制造系统、试验试车系统和企业管理系统，形成了覆盖生产、技术和管理诸方面的综合性管理信息系统。

2. 陕西鼓风机厂

1979 年 9 月，陕西鼓风机厂引进了瑞士苏尔寿公司的 A、AV 两个系列轴流压缩机设计制造技术，A 系列为静叶不调结构，AV 系列为静叶可调结构。

3. 上海鼓风机厂

1979 年 12 月，上海鼓风机厂引进了德国 TLT 公司用于电站、矿井、隧道、风洞等的 4 个系列动叶可调轴流通风机设计制造技术，其中包括：FAF 送风机、SAF 引风机、PAF 一次风机、RAF 脱硫风机、GAF 矿井风机、TAF 隧道风机、TAS 射流风机等；1980 年与 TLT 公司合作生产了 300MW 燃煤发电机组送、引风机 3 套共 12 台。

4. 重庆通用机器厂、四平鼓风机厂

1984 年 12 月—1985 年 3 月，重庆通用机器厂、四平鼓风机厂共同引进了英国戴维森（DAVIDSON）有限公司 6 个高温风机产品的设计制造技术。产品主要用于水泥窑尾引风、电厂系统抽风。

5. 广州风机厂、上海鼓风机厂

1983 年 10 月—1984 年 8 月，上海鼓风机厂、广州风机厂、合肥通用机械研究所联合引进了丹麦诺迪斯克平台（船）舱室通风系统用通风设备技术。主要产品型号有：CAN、CNB、CAS、CBS、CPC、CPE 船用离心通风机，ADA、ADN、AVN、AVP、PVB 船用轴流通风机，HGC 船用防爆轴流通风机，CAV、CNV、CAS、CNT 船用空调风机。

（三）卓有成效地开展行业活动

1979 年 8 月在山西原平召开第九次全国风机行业大会，59 个单位参会。

1979 年，沈阳鼓风机研究所、合肥通用机械研究所等 6 家单位联合编写了《机械工程手册》第 76 篇《通风机、鼓风机、压缩机》。

1979 年 7 月，风机行业在北京组织了第二次产品联合设计，10 个单位参加，完成了 9-19 和 9-26 两个系列、26 个机号的高压离心通风机设计工作。1982 年国家经委、机械部将两个系列产品列为国家第一批推广的节能产品，并同时淘汰了 8-18 和 9-27 两个系列产品。

1980 年 5 月，在天津组织了第三次产品联合设计，有 30 个单位参加，完成了 9-19 和 9-26 两个系列的图样修改和 4-68、G4-68、Y4-68、Y5-48、C6-48 等 5 个系列、39 个机号的设计工作。

1981 年 5 月，在武汉召开了第十次全国风机行业大会，61 个单位参会。

1981年10月，按一机部石化通用局要求，由沈阳鼓风机研究所、上海鼓风机厂、陕西鼓风机厂、长沙鼓风机厂等单位共同编写完成风机行业"六五"发展规划。

1982年5月，在上海召开了风机行业和各地区组长、副组长厂会议，会议成立了"质量信得过产品"预审委员会，对《产品分等划级办法》做了修改，确定了1982年产品质量行检方案。

1982年9月，风机行业在沈阳召开了"发展与推广风机节能产品工作会议"，这是我国风机行业发展史上的一次重要会议，80个单位220名代表参会。会议制定了《风机节能产品技术经济指标及节能产品推广计划》和《"六五"期间发展推广的20种节能产品进度计划》。会议决定成立4个工作小组：发展与推广节能产品小组、工艺工装联合设计小组、采用和贯彻国际标准小组、发放通风机产品生产许可证小组。

发展与推广节能产品小组由沈鼓、陕鼓、上鼓、武鼓等单位8人组成，推广的节能产品有9-19、9-26、4-68、G4-68、Y4-68、C4-68、Y5-48、10-19等离心通风机，FZ40-11、FZ35-11纺织轴流通风机，2K60矿井轴流通风机，BKJ66-1矿井局部轴流通风机，SJ烧结鼓风机，TAF隧道轴流通风机等12个系列。

工艺工装联合设计小组由沈鼓、上鼓、陕鼓、武鼓、重通、沈风等16个单位16人组成，配合节能产品编制9-19、9-26、6-48、4-68、4-72、4-73等系列160个规格的工艺设计和工装设计。该小组制定了7个系列离心通风机的典型工艺。

采用和贯彻国际标准小组由沈鼓、上鼓、武鼓、陕鼓和合肥所5个单位组成，主要收集国际标准和国外先进国家标准，分印4个分册。至1984年共完成了4项企业标准、1项部颁标准和3项国家标准的制定工作。于1981年12月2日成立了全国风机标准化技术委员会，秘书处设在沈阳鼓风机研究所。

发放通风机产品生产许可证小组由中国通用机械设计成套公司、合肥通用机械研究所、沈阳鼓风机研究所3个单位6人组成。根据国务院关于发布《工业产品生产许可证试行条例》的通知，起草了《通风机产品生产许可证实施细则》《通风机产品生产许可证第一批发证范围》《离心通风机产品质量考核办法》《申请通风机产品生产许可证的工厂应具备的生产技术条件》《发放通风机产品生产许可证的考核办法》等。

1985年风机行业组织了罗茨鼓风机联合设计，上海鼓风机厂、长沙鼓风机厂、天津市鼓风机厂、四川鼓风机厂、章丘鼓风机厂等企业参加了设计和试制工作，完成了L系列11个规格的设计任务。

1979—1985年，在全国产品质量创优活动过程中，风机行业获得了国家级5个金牌、6个银牌和76个部优、167个省优、104个市优产品。

（四）开发新产品，加速引进技术转化

沈阳鼓风机厂于 1980 年成功研制了年产 30 万 t 合成氨装置用 BCL407 + 2BCL408/A 合成气离心压缩机、2MCL806 + 2MCL456 空气离心压缩机。至 1984 年，研制成功了 25 种、39 台石油化工、工艺流程用大型离心压缩机，这些产品大都达到了同期世界先进水平，其中包括汽轮机拖动的合成气离心压缩机、250 万 t/年炼油催化装置的 MCL1004 离心压缩机、制碱工程用的 2MCL705 型二氧化碳离心压缩机、空气制氧用的 2MCL526 + 2MCL406 型氧气离心压缩机。自行设计制造的我国第一台年产 52 万 t 尿素装置用的 2MCL607 + 2BCL306/A 型二氧化碳离心压缩机，1984 年 11 月在浙江镇海石化总厂通过国家级技术鉴定；另一台二氧化碳离心压缩机于 1985 年 7 月用于乌鲁木齐石化总厂，性能指标完全达到了美国 API 标准。

沈阳鼓风机厂在消化引进日立公司 DH 型离心压缩机技术的基础上，补充规格发展了技术。1983 年为上海金山石化总厂研制成功了第一台 DH63 型具有国际先进水平的双轴四级离心压缩机，为 6000m^3 制氧机配套的主空气压缩机，也可用于空气动力装置和石油化工工程输送空气。

在通风机方面，沈阳鼓风机厂于 1980 年设计出 2K60 矿井轴流通风机，1982 年 4 月通过一机部和煤炭部在北京组织的工业性运行技术鉴定后，得到国家经委发布推广，并获机械工业部 1983 年优秀科技成果二等奖。

1980 年 1 月—1982 年 3 月，沈阳鼓风机厂与山东矿业学院共同研制成功了 BKJ66-1 子午加速新型矿井局部通风机。该通风机效率高，噪声低。

1984 年 8 月，沈阳鼓风机厂研制成功了国产第一台 T66-1№18 动叶可调轴流通风机。该通风机用于北京二期地铁，使我国通风机设计制造水平又向前迈了一步。

陕西鼓风机厂从 1975 年正式投产以来，大力开发新产品。1979 年为制药工业 35t 抗生素装置成功试制了 IEP100-3.7 型离心压缩机；设计制造了国内第一套 TRT 静叶可调高炉煤气余压发电透平机组，额定回收功率为 3000kW，配用 4500kW 无刷励磁发电机；为大型炼油厂 120t/年催化裂化装置设计了 TP2180/2.4-1.12 煤气透平机。1980 年研制了 1600～13000m^3/min SJ 系列烧结鼓风机和 15～400m^3/min 污水处理曝气专用离心鼓风机。

上海鼓风机厂消化德国 TLT 公司技术生产了 TAF 系列隧道轴流通风机，替代了 SD50 型隧道轴流通风机。1981 年，上海鼓风机厂同德国 TLT 公司合作生产了姚孟电厂 300MW 火电机组动叶可调送风机和引风机 8 台；1982—1985 年分别为韶关电厂 200MW 火电机组、谏壁电厂和邹县电厂 300MW 火电机组提供了 32 台叶可调送风机和引风机。

1980年武汉鼓风机厂为挖掘机制造了WJ36-11№8专用冷却轴流通风机，成功研制了用于纺织厂的FZ40-11和FZ35-11型轴流通风机。1983年研制出G4-68锅炉鼓引风机共7个机号。1983年为石油炼厂研制了DA15-71型加氢精制氢气循环离心压缩机。

1984年重庆通用机器厂为北京煤气公司设计试制了DA150-81型煤气压缩机。

1980年四平市鼓风机厂为牡丹江水泥厂试制了R5-38-01№24F窑尾高温风机；1981年，鞍山钢铁公司在武汉钢铁公司对从德国引进的1.7m轧机配套单垛紧卷罩式退火炉用风机进行移植改造，与四平市鼓风机厂共同完成了W4-80-11№7D罩式炉高温风机12台的试制，达到了德国产品水平，填补了我国800℃高温风机的空白。

（五）电站风机的研发与应用

1. 双吸双支撑板型离心式风机开发

20世纪70年代，我国电力行业的发展已经以大、中容量机组为主，但国产电站风机的设计、制造还比较滞后，型式也比较单一。为此，西安热工院在20世纪80年代初，首先成功地研发出了Y5-2×53和Y4-2×60型双吸双支承板型高效离心式风机，由水电部指定成都电力机械厂制造。1983年6月和12月分别在河北邯郸马头电厂和陡河电厂200MW机组上投入运行，实际运行最高效率达85%。1985年经水电部组织产品鉴定通过后，很快在我国200MW机组中得到广泛采用。

2. 新型排粉风机研发

20世纪80年代初，我国风机行业提供的电厂排粉风机（也称煤粉风机）只有M7-29型系列离心式风机产品，效率较低且耐磨性较差。为此，西安热工院研发了5-29和5-36型风机应用于M7-29型风机的改造中，并在改造成功的基础上，开发出M5-29和M5-36型系列排粉风机产品，由西安电力修造厂制造和成都电力机械厂制造。到20世纪80年代中期，该两系列产品基本上淘汰了M7-29型风机。

3. 改造开发子午加速轴流式引风机

西安热工院根据当时我国从东欧国家进口的12MW机组（75t/h煤粉锅炉）配有效率较低的子午加速轴流式引风机情况，于1980年首先为青岛电厂的锅炉引风机进行改造设计，改造后性能良好，之后得以广泛推广，取得了显著节电效果。

五、风机行业整体水平全面提升（1986—2005年）

1986—2005年，随着我国改革开放的不断深入，风机行业无论从形式上还是内容、广度和深度上都经历了前所未有的发展变化。市场经济助力国民经济高速发展，尤其是电力、石化、冶金等工业和城市基础设施建设的大力发展，为风机制造业提供了广阔的市场空间。通过消化吸收引进技术和自主创新，风机产品的设计、制造水平全面提升，重大技术装备国产化进程加快。国企改革、民营企业兴起、外资企业进入为风机制造业增添了活力。以沈阳鼓风机厂和陕西鼓风机厂为代表的大型企业自主开发能力和国际竞争能力有了明显提高，重大技术装备国产化取得了重大突破。

（一）大力推进重大技术装备国产化

为了大力推进重大技术装备国产化，国务院发布了国发〔1983〕110号文，提出有组织、有计划、有目标地开展重大技术装备国产化工作。1986—2005年，风机行业在为石油化工、冶金、大型火电站等重大技术装备配套离心压缩机、轴流压缩机和大型电站风机中，为国家重大技术装备国产化做出了重大贡献。

沈阳鼓风机集团股份有限公司研发成功了一批首台套重大技术装备产品：为镇海石化总厂首套国产化80万t/年加氢装置提供了国产最高压的BCL407/A循环氢离心压缩机；为我国首套化肥国产化改造工程——四川化工总厂20万t/年合成氨装置设计试制了2MCL457+BCL406天然气压缩机、2MCL605+2MCL357空气压缩机和3MCL456+3MCL456氨冷冻压缩机；为齐鲁30万t/年乙烯工程6000m³/h空分装置自行设计制造了我国首台SIC705型单轴等温离心压缩机，首创成功采用焊接机壳新技术；为大庆石化24万t/年乙烯改扩建装置配套首台国产化裂解气压缩机和丙烯压缩机，实现了乙烯装置离心压缩机国产化零的突破；为淮南化工总厂2.8万m³/h空分装置设计制造了RR150-4+08MH6C离心压缩机，填补了国内空白；为上海石化36万t/年乙烯装置设计研制了同规模装置第一套国产DMCL804+2MCL804+2MCL706裂解气压缩机；为吉林长山化肥厂15万t/年合成氨装置设计制造了2MCL1006+2MCL528离心压缩机，其中2MCL1006机型是第一次开发设计的结构尺寸最大的2MCL系列压缩机，系国内首台中型化肥厂油改煤装置用的产品；为长庆油田研发了我国第一台PCL303天然气长输管线离心压缩机；设计制造了我国第一台180万t/年加氢装置的循环氢压缩机、我国第一台350万t/年催化裂化装置的富气压缩机、我国第一台10万t/年丁基橡胶装置的合成气压缩机、我国第一台4万m³/h空分装置的空气压缩机；研制生产了茂名石化70万t/年乙烯装置用裂解气压缩机组、64万t/年乙烯和重整项目6台机组，中原大化30万t/年甲醇装置用合成气压缩机、50万t/年甲醇项目三机，大化集团30万t/年甲醇项目三机，济钢6套煤气压缩机，重钢燃气蒸汽循环发电机煤气压缩机，云南沾化50万t/年合成氨压缩机；生产制造的主导产品还有：30万t/年、45万t/年以上合成氨装置天然气、氨冷冻和空气压缩机，120万t/年、160万t/年、180万t/年以上加氢装置循环氢压缩机；48万~75万t/年乙烯装置裂解气压缩机、丙烯压缩机，140万t/年加氢裂化装置压缩机，80万t/年连续重整装置压缩机。

陕西鼓风机（集团）有限公司于1979年引进瑞士苏尔寿公司A型和AV型全静叶可调轴流压缩机设计制造技术。通过对苏尔寿轴流压缩机技术的消化、吸收、掌握、改进，到1986年已全部实现国产化，产品技术达到国际先进水平。1986年生产了第一台用于荆门炼油厂的AV45-12轴流压缩机，设计工况点多变效率88%，用于90万~100万t/年催化裂化装置。该装置填补了国产轴流压缩机的空白，解决了国内大型炼油装置核心风机依赖进口的困境。1993年又引进了日本川崎公司干式"TRT"的设计制造技术，比原湿式"TRT"效率高5%~10%，多回收发电功率30%，技术水平列世界前列。陕西鼓风机（集团）有限公司自行研制的高炉煤气余压回收透平发电装置（TRT），达到和接近国际同类水平。为大连石化380万t/年催化裂化装置和中石油兰州石化350万t/年重油催化裂化装置完成了AV90-12和AV90-15轴流压缩机的设计制造，填补了国产大型轴流压缩机的空白。该项目被国家经贸委认定为"国家重大技术装备国产化创新研制项目"。为柳州化工公司和陕西渭河煤化工集团有限责任公司2.8万m^3/h空分装置研制了RIK100-4等温离心压缩机。为河南安阳永兴钢铁公司450m^3高炉配套开发研制了同轴"三合一"机组，首次将高炉煤气能量回收发电装置与轴流压缩机联合使用，在国际上开创了"三合一"机组在冶金行业应用的先例。为云南云丰化肥厂10万t/年硝酸装置开发完成了"四合一"机组（硝酸尾气透平+空气压缩机+氧化氮缩压机+蒸汽轮机），满足了化肥工业硝酸装置对风机和尾气回收透平的需求。为进一步适应发酵装置大型化的要求，将轴流压缩机推广应用于发酵行业，先后为内蒙古金河集团、宁夏启元药业等发酵生产企业提供轴流压缩机16台（套），为发酵生产装置带来了新的革命。2004年为300万t/年常压蒸馏提供了AV-15轴流压缩机，为200万t/年重油催化裂化装置提供了AV63-13轴流压缩机，为280万t/重油催化裂化联合装置提供了AV90-14和AV71-12轴流压缩机，为3200m^3高炉提供了2台MPS16.2-301.4/55能量回收透平机组，为2000m^3高炉提供了2台AV80-15轴流压缩机。2005年签订了河南开祥、宁煤集团、榆林兖矿等20000m^3以上大型空分机组，天津力克环保科技公司600t/d垃圾焚烧，内蒙古神化煤直接液化等项目。

上海鼓风机厂有限公司从1997年开始，研制成功了大型火电站风机，其中有：600MW电站引风机（SAF35.5-20-1）、电站脱硫风机（RAF35.5-20-1）。2001年，上海鼓风机厂还完成了国内第一台高压力的电站脱硫引风机（SAF25-16-2），同年还完成了上海市重大工程实事立功竞赛活动的参赛项目：上海外高桥电厂900MW电站风机，以及出口伊朗的350MW电站风机。2005年，完成了新开发的电站风机1000MW超临界火电机组动叶可调轴流式送风机（FAF30-14-1，见图3-1）、一次风机（PAF19-12.5-2）、600MW超临界火电机组烟气脱硫增压风机（RAF44-20-1）、350MW级增压流化床联合发电装置配套风机（2378AB/1189）。

图3-1　1000MW超临界火电机组动叶可调轴流式送风机

武汉鼓风机有限公司于2004年为黄石西塞山电厂2×330MW燃煤机组提供了2台ML-H1-R90/194（FDF）动叶可调电站轴流送风机。

成都电力机械厂于1987年为大坝电厂300MW燃煤机组设计生产了中国第一台国产静叶可调轴流风机，实现了国内静调风机国产化的零突破。

（二）新产品技术水平得到全面提升

1986—2005年，风机行业技术进步进入了迅速发展时期，新产品、新技术得到了全面提升。

沈阳鼓风机集团股份有限公司于2000—2005年完成了多项科研项目：实现了"三元转子技术转化与开发""大型风机用多元微合金化高强度钢的应用"等4项科研成果向生产的转化与应用，解决了新产品制造中的许多关键问题；自行开发的"北极星ERP"软件，被国家863确定为优秀产品，PDM、ERP取得突破性进展，被国家科技部授予"全国CAD应用工程示范企业"；与中科院合作开发的"模型级设计软件包开发及跨音速模型级试验"项目，可实现跨音速流场的分析计算，是国际上正在大力发展的前沿课题之一；"SVK压缩机标准化设计"使该系列压缩机本体设计周期缩短到半个月，极大地提高了设计效率；引进了

Concepts-NREC、CAPP 系统软件、轴流压缩机等 3 项技术；申报并获批准大型透平压缩机、提高三元叶轮加工效率、轴流压缩机和 TRT 装置等项目；完成了特大流量闭式三元模型级开发、闭式大流量高能量头系数基本级系列开发项目、重介质高马赫数模型级研究、离心压缩机高转速、高压比模型级、小轮毂比半开式模型级、离心压缩机进口导叶、半高叶片扩压器级的设计、高强度合金结构钢、风机叶轮用高强度铝合金材料、深层离子渗氮工艺等项目的研究与开发；与科研院所合作完成了"低速多级鼓风机开发"等 8 项课题；博士后科研工作站完成了"1200MPa 高强度叶轮材料研究"项目；成功试制了大型空分装置用组装式压缩机样机，为进军大型空分市场增添了新品种；成功研制了单级循环气压缩机，扭转了国外公司垄断该市场的被动局面。

陕西鼓风机（集团）有限公司于 2001 年与浙江大学合作进行新型 TRT 系统产品的研发。历经 5 年，成功开发出"提高高炉冶炼强度的顶压能量回收系统（简称 3H-TRT 系统）"，成为具有国际领先水平的新一代 TRT 系统产品。该产品因具有结构简单、操作维护方便、对工质无再污染、容量大、寿命长和节能显著的优点，在冶金、石化等领域的能源综合利用方面获得了越来越广泛的应用。

上海鼓风机厂有限公司自 1979 年相继引进了德国 TLT 公司的动叶可调轴流通风机、工业离心风机、子午加速轴流风机技术、消声器技术，德国 BSI 公司的刚性联轴器技术，丹麦 NOVENCO 公司的船用风机技术；通过合作生产掌握了比利时 ALVI 公司的高温风机生产技术；1996 年从日本日立公司引进离心压缩机技术（包括 BCH、PCH、POB、MCH、DH、HPT 等 6 大系列产品）。在广泛的通风领域内，该厂均可以目前世界上先进的技术来全面覆盖所需的参数范围，并可以"量体裁衣"的方式，快速实现用户所需参数的风机设计。上海鼓风机厂还试制完成了国家 863 计划项目高温气冷堆氦气风机，已成功运行在高温气冷堆氦气发电设备中，填补了国内空白。在开发压缩机方面，完成了扬子石化乙烯压缩机、金山石化丙烯压缩机的开发。为配合上海市吴泾 60 万 kW 电厂创优工程，提供了轴流送、引风机和离心一次风机。为提高产品成套性，开发了 L5 密集型罗茨鼓风机和三叶罗茨鼓风机等。2001 年为中国秦山核电站二期工程中的一号机组研制生产的 60 万 kW 电站风机已顺利实现并网发电。2003—2004 年开发了电站行业的子午加速静叶可调风机、脱硫风机，冶金行业的烧结风机、焦炉煤气高速多级鼓风机，化工行业的冷气风机等。

武汉鼓风机有限公司成功引进了日本三菱重工的 1000MW 以下动叶可调电站轴流风机和大型双（单）吸双支撑离心通风机的先进技术，还引进了日本 KFK 藤井株式会社的耐高温、耐高压、耐腐蚀的特殊消声器技术，按此引进技术派生了高温风机、矿井轴流风机、烧结风机、流化床锅炉风机等多种其他类型风机，达国内领先、国际先进水平。在消化吸收三菱离心风机和动叶可调轴流风机的基础上，开发设计了 AL、AH 系列，电站轴流风机、流化床系列，鼓风机 D 系列，煤粉、高温风机等新产品（含改型产品）120 多种。

重庆通用工业（集团）有限责任公司于 20 世纪 80 年代引进了英国豪登公司高温风机专有制造技术，90 年代引进了美国 NREC 离心压缩机设计制造技术，为大庆炼化公司、齐鲁石化乙烯厂、上海高桥石化三厂、河北迁安化肥厂、山东鲁南水泥厂、上海宝山钢铁厂、陕西跃县水泥厂、重庆水泥厂、安徽海螺集团等国家重点工程提供了各类风机产品。2004 年开发了 LBC、LCS 双级高效大冷量制冷机系列和陕西渭河化工大型氨低温机组并形成商品，完成了冶金行业用烧结风机和转炉煤气风机的技术开发。

长沙赛尔透平机械有限公司（简称塞尔）研发了多项新产品：1996 年，赛尔与陕鼓联合研制的年产 10 万 t 甲醇装置的天然气压缩机实现成功运行，至今该压缩机已安全无故障连续运行超过 20 年。1999 年，赛尔生产了国内首台海水淡化装置（低温压汽蒸馏）用离心式蒸汽压缩机，该项目列入科技部"九五"攻关项目。2003 年，赛尔自主研制了当时国内最大的离心式鼓风机组（4SJK180），该型号鼓风机组风量达到 3250m^3/min。2004 年，赛尔为 52 万 t 尿素装置研制了一套 CO_2 离心压缩机组，该机组流量为 27000m^3/h，进口压力为 0.13MPa（A），出口压力为 14.5MPa（A），总体气动性能优于国际先进水平，相比国外引进机组能耗降低 10.2%。2005 年，赛尔自主研制出的国内首台进气量最小的 2 轴 4 级齿式压缩机（4BGH18）出口埃及，用于 1000m^3/h 的液体空分装置上，实现了该类型国产品牌压缩机首次出口海外。2007 年，赛尔自主研制的 4DI110 原料空气压缩机与国内首台 3 轴 6 级中压氮压机成功用于福建三明钢厂，结束了我国不能自主设计 3 轴 6 级齿式压缩机的历史，打破了国外的技术垄断。2009 年，由赛尔自主研制的 4 万 m^3/h 等级空分装置原料空气压缩机组（4DI120）在鄂钢成功运行，是我国首台完全自主知识产权的大型空分装置用主体设备，该压缩机采用"全可控涡"三元叶轮设计及加工技术，全等温压缩结构。2010 年，赛尔在国内外首创单轴+多轴组合机组（一拖二）成功应用于青海云天化年产 20 万 t 合成氨装置工艺气压缩机。单轴机组（4DI70）采用等温四级单轴结构，为低压缸；多轴机组（4BGH30）采用等温四级多轴齿式结构，为高压缸。两台机组由一台电动机驱动，分布于电动机两侧。该套机组在入口压力仅有 0.071MPa（A）的情况下，总压比达到 52.68，出口排气压力达到 3.74MPa（A）。

长沙鼓风机厂有限责任公司从 1958 年开始专业生产罗茨鼓风机、罗茨真空泵。20 世纪 80 年代中期在完成全国罗茨鼓风机联合设计产品——L 系列罗茨鼓风机后，1986 年引进了日本罗茨鼓风机（真空泵）先进设计制造技术，研制出大型石化装置和电站干式除灰系统，单级干式高负压罗茨鼓风机，高正压、高真空罗茨真空泵组、罗茨鼓风机、三叶罗茨鼓风机等，填补了多项国内空白，产品性能达到先进工业国家同类产品水平。2004年该公司瞄准国际前沿技术、紧密结合市场需求，以S系列为突破口，开发了全新一代具有国际先进水平的S系列罗茨鼓风机精品。试制成功了国内首台ARE200NE氧气风机。同时还针对用户需求，重点完成了TRMG、TRG系列双级鼓风机，RE-CT、RF-CT高正压鼓风机以及TRD-130NS等20多种特型产品的设计开发工作。其中有代表性的研制工作有：1990年成功研制出国内第一台双级高压罗茨鼓风机；1992年成功研制出国内第一台单级高负压罗茨真空泵；1993年在行业内第一次将罗茨鼓风机应用于变压吸附制氧；1995年成功研制出国内第一台三叶低噪声罗茨鼓风机；1996年成功研制出国内第一台单级高正压罗茨鼓风机；1996年成功研制出国内第一台水下静音型罗茨鼓风机；1998年成功研制出国内第一台高温罗茨鼓风机；2000年成功研制出亚洲最大流量罗茨鼓风机；2006年成功研制出具有国际先进水平的S系列高速节能型鼓风机。

山东省章丘鼓风机厂于1988年新开发了L系列罗茨鼓风机6个品种、11个规格，其中8个规格的风机填补了国内空白，成为全国最先实现L型罗茨鼓风机系列生产的厂家。1990年研制成功TLZM型罗茨鼓风机机组，替代了进口产品。ZLB63ALC罗茨真空泵是承担国家重大技术装备"八五"科技攻关项目，主要应用于国内大型火力发电设备30万kW机组除灰系统，1994年8月通过验收，共采用7项国际首创专项技术、3项国内首创专项技术。RR系列罗茨鼓风机（罗茨真空泵）是该公司1996年8月从日本大晃机械工业株式会社引进的最新技术，1998年开始批量生产，产品结构合理，技术先进，性能范围宽广，具有高效、节能、噪声低、体积小、重量轻等显著特点。该公司开发的3H系列三叶罗茨鼓风机，在噪声、性能等方面优于日本同类产品水平。ZG系列罗茨鼓风机是在引进美国HI-BAR公司M系列罗茨鼓风机基础上，应用自己的专有技术自行设计、开发的更新换代产品，生产成本低，重量轻，转速高，效率高，主要性能指标达到了同类产品国际领先水平，填补了国内空白。2004年设计开发了TRRD-130NS双机不锈钢高压密封风机、适用于高原气候的单机高压ZSH系列逆流冷却鼓风机及ZSR真空泵、电力行业用ZSR5-290V高负压干式罗茨真空泵。ZR7-700大风机、ZL95WD立窑风机使大风机应用领域从单一冶炼行业拓展到了化肥、化工行业。自行研制开发的"ZSR6-N型石化用大流量高效节能罗茨鼓风机"整机性能达到国际先进水平。

四平市鼓风机厂于1984年引进了英国豪登公司高温风机设计制造技术。1997年，自行研制开发了AF、SJ系列烧结风机，拓展了冶金市场。此后，又先后研制出2.5t制酸生产线用SO_2风机、气固两项流风机。2002年，该公司研制开发了AI系列煤气鼓风机。2004年研制开发了AI300、AI400二氧化碳离心鼓风机,完成了多级低速鼓风机和单级高速鼓风机新产品开发,实现了耐磨钢在大型通风机叶轮上的应用,以及陶瓷粘接技术在煤粉风机叶轮上的应用。

沈阳风机厂有限公司生产的 Y4-73-12№30F 电站锅炉引风机于 2001 年出口到越南电厂。Y4-73-12№27.6F 锅炉引风机,SFYX130-11№24F、SFYX220-11№23F 循环流化床锅炉引风机分别提供给用户,运行效果良好。同时还设计了我国第一台 410t 循环流化床锅炉引风机,填补了国内空白。2002 年完成了 Y4-2×73№24.8F 双吸双支撑引风机,SFYX75-1 与 220-1、SFGX75-1 与 220-1 系列循环流化床风机,2K58 大机号矿井轴流风机等 50 多个机号通风机产品设计任务,KDB60-6№18 型矿井对旋轴流风机获得了生产许可证。

四川鼓风机有限责任公司于 2001 年成功地开发出 3R4WD、3R5W(L)D、3R6WD 3 个系列、11 个规格的三叶式高效、低噪声罗茨鼓风机。另外,完成了 C20、C40、C100 多级低速离心鼓风机,D103 多级高速离心鼓风机,R6-2×29№19F、W6-2×29№19.5F 双吸离心通风机,BF9-19№4D 特殊专用风机的研制工作。

浙江上风实业股份有限公司于 2001 年成功地开发了列入浙江省重大科技攻关项目和高新技术产业项目的 DTF(R.H.V.S)地铁轴流风机、SDS 隧道专用轴流风机。

安徽安风风机有限公司于 2002 年为山西太原第一热电厂烟气脱硫环保治理工程设计的烟气脱硫专用风机,以高质量的设计方案一举中标,并一次交验合格。

威海克莱特菲尔风机股份有限公司于 1997 年成功推出了专利产品"精制前掠式轴流风机"(专利号:ZL97205750.1)。2000 年,该公司首次获得了伊朗的 30 万 t 超级油轮 VLCC 的订单,研制了新一代船用风机,大受欢迎。2001 年,该公司推出了机翼型中空铝合金叶片的大型轴流风机,解决了以前大型轴流风机叶片可靠性差的问题,成为铁道部的重要定点合格供应商。

1986—2005 年,西安热工院研发电站风机的专业技术水平有了全面提升。

1)与成都电力机械厂和西安电力机械厂合作研制的 Y5-2×53 和 Y5-2×60 型双吸双支承板型系列高效引风机和 M5-36、M5-29 型系列排粉风机,在新建 200MW 及 300MW 机组得到广泛使用,获得水电部 1986 年科学技术进步奖一等奖和 1987 年国家科学技术进步奖二等奖。

2)电站风机可靠性研究。针对大型燃煤电站风机可靠性不高的问题,经过 5 年多的研究和实践,开发出了用有限元分析风机结构强度和叶轮静动应力的计算软件,较好地解决了离心风机宽叶轮的结构设计问题,最终提出了《大型电站风机及系统可靠性设计原则》,荣获 1997 年电力部科学技术进步奖二等奖和 1998 年国家科学技术进步奖三等奖。

3)1996—2010 年,随着大型循环流化床(CFB)锅炉的开发和在我国较多应用的情况下，西安热工院承担了国家重大技术装备科技攻关项目、国家科技支撑计划项目，先后开发出了用于100MW、200MW、300MW至600MW机组CFB锅炉的8-31、6-24、5-35等系列离心式一次风机产品，其中由南通金通灵风机有限公司生产的200MW和300MW（CFB）锅炉一次风机，其市场占有率达到80%。循环流化床锅炉辅机系统研究于2012年荣获中国华能集团公司科学技术进步奖三等奖。

4）为适应300MW级机组离心式一次风机和引风机的改造需要，先后研制成功了6-35和6-44型离心式风机。2004年3月和2005年2月，将6-35型风机用于合肥第二发电厂两台350MW机组锅炉一次风机改造，定型为LY6-35№26.4D型，比原风机运行效率提高约22%，一台机组两台一次风机每小时节电约214.3kW·h。

（三）企业改制重组，推进管理创新

在国家政策引导下，风机行业从20世纪90年代初开始，一些国有企业或集体企业逐步进行了改制重组，通过产权制度改革，建立适应社会主义市场经济发展要求的新型企业组织形式。

沈阳鼓风机厂1996年被辽宁省确定为建立现代企业制度试点单位，按照"主辅分离、精干主线、放开辅线"的原则，采取局部改制的方式，设立了沈阳鼓风机股份有限公司，于1999年4月正式挂牌运营。2003年初，沈阳鼓风机厂整体转制为沈阳鼓风机集团有限公司。2004年，开始实施了历史上最大规模的企业战略重组和技术改造，以沈阳鼓风机集团有限公司为主，与沈阳水泵股份有限公司、沈阳气体压缩机股份有限公司组建新的沈鼓集团，重组后的沈鼓集团按照现代化产业集群的模式，实施了搬迁改造。总投资18亿元，一个新的沈鼓集团成为超百亿元的中国乃至亚洲最大的通用机械装备制造基地。2008年，更名为沈阳鼓风机集团有限公司。2010年，沈鼓集团完成股份制改造，改名为沈阳鼓风机集团股份有限公司。

陕西鼓风机（集团）有限公司自1996年以来，体制改革使企业有了重大变化。1996年由陕西鼓风机厂改制为陕西鼓风机（集团）有限公司。1999年6月，陕鼓集团发起设立西安陕鼓动力股份有限公司。2007年，陕鼓集团重组西安仪表厂和西安锅炉厂。2010年4月，陕鼓动力在上海证券交易所上市。2014年7月，陕鼓集团参股西安达刚路面机械股份有限公司，成为达刚路机的第一大股东。

上海鼓风机厂有限公司于1997年9月改制为有限公司后，一方面坚定实施精干主体的工作，另一方面务实地解决分流员工的再就业问题。

重庆通用工业（集团）有限责任公司以合资合作、资产经营为核心，改革机制，推进发展。

长沙鼓风机厂经过历次改制：1991年兼并长沙铸钢件厂；1994年引进外资，合资组建长锐公司（齿轮分厂）；2000年企业股份制改制为长沙鼓风机厂有限责任公司；2004年合资组建长沙精鑫铸造有限责任公司；同年参股交大赛尔，合资成立长沙赛尔机泵成套设备有限责任公司，后更名为长沙赛尔压缩机有限责任公司、长沙赛尔透平机械有限公司。

沈阳风机厂有限公司于2002年2月组建了沈阳铁扇风机制造有限责任公司，2004年4月更名为沈阳风机厂有限公司。2005年11月沈阳风机厂有限公司划归辽宁世代房地产有限公司，成为全资民营企业。

四平鼓风机厂1992年7月实施了改制，以四平鼓风机厂为主体，四平鼓风机厂劳服公司、鼓风机分厂为发起人，创立四平金丰股份有限公司，使企业真正成为适应市场经济需要的法人实体和竞争主体。1996年，四平鼓风机厂成为吉林省首批建立现代企业制度试点企业。1987—1996年，四平鼓风机厂进行了五次大的体制改革，后被称为"十年五改"。至2003年5月，国有资本全部退出，企业转为民营体制。2006年8月1日，为进一步规范公司制运行体制，突出鼓风机产品特点，正式由四平金丰股份有限公司更名为四平鼓风机股份有限公司。

山东省章丘鼓风机厂于2005年顺利完成了整体搬迁工业园后的又一重大发展举措——股份制改造，改制后更名为山东省章丘鼓风机厂有限公司，2009年7月，公司更名为山东省章丘鼓风机股份有限公司。

山东克莱特科技公司于1995年10月从济南搬迁到山东威海，更名为威海克莱特风机有限公司。2001年，威海克莱特风机有限公司以75%的投资比例成立了中美合资企业威海克莱特菲尔风机有限公司。

湖北省风机厂2004年改制为湖北省风机厂有限公司，转为民营企业。

浙江上风实业股份有限公司前身是上虞风机厂，创建于1974年，2000年在深交所上市，是我国风机行业第一个上市公司。

长沙赛尔透平机械有限公司是西安交大赛尔机泵成套设备有限责任公司的全资子公司。西安交大赛尔机泵成套设备有限责任公司是流体机械及压缩机国家工程研究中心（NERC）的经济实体，是国家级"全可控涡"机泵节能技术研究推广中心单位，公司专业从事透平机械及其他工业气体设备的研发、设计、工程及制造。

（四）企业基本建设和技术改造突飞猛进

1986—2005年，风机行业在基本建设和技术改造过程中取得了辉煌业绩。其中：企业固定资产原价从1986年的54603万元增加到2005年的409870万元，

2015年比1986年增长651%；金属切削机床拥有量从1986年的5472台增加到2005年的6590台，2015年比1986年增长20.4%。

沈阳鼓风机集团股份有限公司2004年进行了重组改造，2005年又进一步进行了战略重组、重大技术改造。技术开发投入9700万元，占销售收入的5.5%，加快了科研、新产品开发、引进技术、信息化建设步伐。安全生产、安全措施、劳保环保投入资金290万元，安全质量指标得到有效控制。在信息化建设中，实施了ERP、PLM系统，开创了两个项目同时在企业实施的先河。ERP系统完成了生产计划、采购、库存、BOM、车间、质量和成本等模块的设计与客户化定制开发，已经通过测试。PLM系统已完成了PTC PLM系统的产品结构及文档管理、工程更改管理、流程管理、项目管理、PLM与ERP接口等功能的设计与客户化工作，并通过了试点产品的测试。

陕西鼓风机（集团）有限公司大力进行投资改造，2003年是技改、基建、三项计划以及CIS工程安排项目最多、投资额最大的一年。2004年又完成投资6360万元，新增五轴叶片数控加工中心、数控高速铣床等先进设备，大大提高了企业的装备水平。同时投资619万元完成两期生态工程项目，使厂区、生活区面貌得到显著改观。2005年在做好1.9亿元能量回收装置产业化国债项目实施的同时，加快三项计划项目建设，完成投资6253万元，新建8m数控卧车、30t桥式起重机、数控切割机、铸造清理车间除尘系统等106项。

上海鼓风机厂有限公司1996年完成技术改造"双加"项目（发展离心压缩机和60万kW电站风机）。1997年，开展了"短平快"（核电风机）技术改造项目，另一个技术改造项目是国家863计划（上海CIMS技术应用工程），于1997年11月完成验收。"十五"国债技术改造项目《石油、化工、环保、电站等重大装备用大型风机、压缩机国产化技术改造项目》，于2003年12月竣工。这些项目的全面完成，为该公司发挥更大生产能力创造了条件。

重庆通用工业（集团）有限责任公司2005年完成了重庆市技术创新项目转炉煤气鼓风机设备技术改造，技术系统网络建设NREC软件升级，环保型鼓风机、通风机设备技术改造。

四平金丰股份有限公司2005年组织实施了"年产200台转炉煤气回收高效鼓风机技术改造项目"。

浙江上风实业股份有限公司实施了年产6000台新型空调配套风机技术改造项目、年产4500台套环保氧化脱硫风机技术改造项目和年产核电HVAC设备国产化项目。

湖北省风机厂有限公司实施了大型环保风机开发及生产线改造。

湖北双剑鼓风机制造有限公司实施了"大型冶炼、烧结风机的开发及生产线改造""单级双吸双支撑风机的开发及应用""二级二氧化硫低速高压风机的开发及应用""大型专用特种节能系列风机的开发与生产线改造"等项目。

佛山市南海九州普惠风机有限公司引进国外先进生产工艺，完成了机壳成型工艺设计及专用生产线改造。

（五）风机行业协会的组建

中国通用机械工业协会风机分会 1985 年 5 月由机械工业部石化通用局批准组织筹备工作，1988 年 6 月正式成立。1988 年 11 月召开风机协会成立大会暨第一届会员大会。风机分会成立时的名称为中国通用机械风机行业协会。2003 年 12 月 1 日起，经民政部复查登记，中国通用机械风机行业协会改为中国通用机械工业协会风机分会。这是我国经济体制改革中诞生的新生事物，也是行业组织的一个重大转折。

随着我国改革开放和国家政府职能的转变，协会担负起了统筹行业发展的重任，承担起了政府部门对行业管理的一部分职能。协会的宗旨是搞好"双向服务"，上为政府部门服务，成为政府部门进行行业管理的助手；下为企业服务，把协会办成企业之家。协会既代表政府部门向企业转达相关政策，又代表企业向政府部门反映企业的意见和要求。

（六）风机行业经济运行质量显著提升

1986—2005 年，从风机协会会员单位统计数据看，风机行业的生产、销售、利润均同步大幅增长，行业运行质量不断提高。

1986 年风机行业共有 60 个会员单位，从业人数 51625 人，其中：工程技术人员 3304 人，管理人员 6696 人。工业总产值 65526 万元，产品销售收入 60943 万元，利润总额 9749 万元。至 2005 年，会员升至 131 个单位，工业总产值增加到 1295709 万元，产品销售收入增加到 1233844 万元，利润总额增加到 91430 万元。

产品出口交货值：1986 年完成 160 万元，2005 年完成 59959 万元。

六、风机行业的发展机遇（2006—2010 年）

"十一五"时期，风机行业经受住了严峻挑战和重大考验。在中央的一系列政策措施的持续作用下，防通胀、扩内需、调结构成为宏观调控政策的主题。风机行业企业积极应对，充分利用国家为拉动内需所实施的装备制造业的调整和振兴规划，适时调整经营战略、市场销售策略，主要经济技术指标均创历史新高。其中国务院国发〔2006〕8 号《关于振兴装备制造业的若干意见》发布实施，围绕 16 项重点任务，风机行业的重大技术装备国产化再获辉煌成就。

（一）风机行业经济运行持续平稳发展

1. 工业总产值完成情况

"十一五"期间，风机行业发展主要表现：一是技术进步步伐加快；二是产品结构调整保持升级势头，高端装备自主创新取得新进展；三是企业重组趋于活跃；四是行业结构调整朝预期方向发展。风机分会统计资料显示：工业总产值、工业增加值比"十五"期间均有不同程度的增长，分别累计实现1203.8亿元和324.4亿元，均比"十五"期间增长了3倍之多。2008年由于受全球金融危机的影响，2009年增长势头明显放缓。进入2010年，出现了转机，回升速度较快，在国家宏观经济政策的调控下，工业生产迅速升温，当年工业总产值比2009年增长了25.6%，是工业总产值增长最快的一年。各地区工业总产值完成情况见表3-1。

表3-1　工业总产值完成情况　　　　　　　　（单位：亿元）

地　　区	"十五"	"十一五"	同比增长（%）	占行业比重（%）
行业合计	356.7	1203.8	237.5	100
东北地区	62.7	379.6	505.4	31.5
华北、西北地区	83.1	247.8	198.2	20.5
华东地区	140.8	360.7	156.2	30.0
中南、西南地区	70.1	215.7	207.7	18.0

2. 产品产量完成情况

"十一五"期间，全行业共完成各类风机2238.4万台，比"十五"期间的248.4万台增长801%。2006—2010年风机产品产量完成情况见表3-2。

表3-2　2006—2010年风机产品产量完成情况　　　（单位：台）

产品类型	2006年	2007年	2008年	2009年	2010年	合计
离心压缩机	179	204	243	261	195	1082
轴流压缩机	98	136	109	63	144	550
能量回收透平	83	80	78	59	94	394
离心鼓风机	35258	11204	7339	7895	9317	71013
罗茨鼓风机	25939	28845	31323	38768	29055	153930
叶氏鼓风机	150	18	13	5	0	186
离心通风机	355317	759369	5079406	5455401	6629176	18278649
轴流通风机	329909	668404	537461	658740	422596	2617110
其他风机	825208	144192	77982	87379	126405	1261166
合计	1572141	1612452	5733954	6248571	7216962	22384080

从总体上看，透平压缩机（离心压缩机、轴流压缩机、能量回收透平机组）是风机中的高端产品，保持了平稳的市场需求。而通风机是量大面广产品，技术含量不是很高，生产企业较多，这类产品虽然风机市场需求量有所增加，但仍然会严重供大于求，不可避免地出现无序竞争。

压缩机产量虽仅占全部风机产量的 0.007%，产值却约占全部风机产值的 35%；鼓风机产值（离心鼓风机、罗茨鼓风机）约占全部风机产值的 15%；通风机产量（离心通风机、轴流通风机、其他风机）占全部风机产量的 99.07%，产值约占全部风机产值的 50%；而叶氏鼓风机作为风机的一大类产品，2010 年没有生产，预示着叶氏鼓风机将在风机品种中基本消失。

3. 产业结构情况

"十一五"时期，生产离心压缩机和轴流压缩机的企业有沈阳鼓风机集团有限公司、陕西鼓风机（集团）有限公司和上海鼓风机厂有限公司。以 2009 年为例，共生产离心压缩机 261 台，产值为 340925 万元，占全部风机产值的 22.23%；轴流压缩机 63 台，产值为 133070 万元，占风机产值的 8.68%；生产能量回收透平机 59 台，产值为 60290 万元，占风机产值的 3.93%。其中：沈阳鼓风机集团有限公司生产离心压缩机 192 台，占全行业压缩机产量的 73.56%。陕西鼓风机（集团）有限公司生产离心压缩机 67 台，占行业的 25.67%；生产轴流压缩机 63 台，占行业的 100%；生产能量回收透平机 59 台，占行业的 100%。全部离心压缩机、轴流压缩机和能量回收透平机组产值约占全部风机产值的 34.84%。

生产离心鼓风机的有沈阳鼓风机集团有限公司、陕西鼓风机（集团）有限公司、上海鼓风机厂有限公司、武汉鼓风机有限公司、四川省鼓风机制造有限责任公司、天津市鼓风机总厂、北京京特鼓风机制造有限公司、四平鼓风机股份有限公司、西安凯瑟鼓风机有限公司、湖北省风机厂有限公司、湖北双剑鼓风机制造有限公司、中意机电（湖北）鼓风机制造有限公司、江苏一鼓风机有限公司、安徽安风风机有限公司、临沂市风机厂等企业。2009 年离心鼓风机产量为 7895 台，产值为 115187 万元，占全部风机产值的 7.51%。

生产罗茨鼓风机的主要有长沙鼓风机厂有限责任公司、山东省章丘鼓风机厂有限公司、山东章晃机械工业有限公司、天津市鼓风机总厂、四川省鼓风机制造有限责任公司、福建东亚鼓风机股份有限公司、上海鼓风机厂有限公司、上海长征鼓风机有限公司、南通市恒荣机泵厂有限公司、百事德机械（江苏）有限公司、江苏泰隆风机制造有限公司、山东海福德机械有限公司、临沂市风机厂、北海鼓风机实业公司等企业，2009 年罗茨鼓风机产量为 38768 台，产值为 91506 万元，占全部风机产值的 5.97%。

叶氏鼓风机只有重庆通用工业（集团）有限责任公司和重庆鼓风机厂两个

单位生产，2009 年仅生产 5 台。

其余大部分企业均以生产离心通风机和轴流通风机为主，2009 年通风机产量合计 6114141 台，产值为 679751 万元，占全部风机产值的 44.33%。

其他风机 87379 台，产值为 112781 万元，占全部风机产值的 7.35%。

在离心通风机和轴流通风机中，空调风机产量所占很大比重，年产量在 567.8 万台以上，约占全部风机年产量的 90%。

4. 产品出口情况

"十一五"期间风机行业出口交货值累计实现 44.6 亿元，比"十五"增长 268.6%。

风机行业出口的产品主要是离心压缩机、轴流压缩机以及离心通风机。风机行业产品出口主要集中在东南亚、东北亚、非洲、中东、南美、东欧等发展中国家。"十一五"期间，全部出口交货值占工业销售产值的 4.06%。

5. 新产品开发投入与产出

"十一五"期间，风机行业新产品开发投入合计 22 亿元，完成新产品产值 362.6 亿元，占工业总产值的 30.1%，比"十五"增长了 220.9%，新产品产值 5 年间保持了 24.9% 的增速。行业新产品投入和产值情况见表 3-3。

表 3-3　新产品投入与产值明细表　　（单位：亿元）

名　称	合计	2006 年	2007 年	2008 年	2009 年	2010 年
新产品开发投入	22	2.5	4.7	5.6	5.1	4.1
新产品产值	362.6	45.5	58.3	59.4	88.9	110.5

6. 资产规模不断扩大

"十一五"期间，风机行业的资产规模有了长足的发展，全行业资产总额达到 1477.9 亿元，比"十五"增加 999 亿元，同比增长了 208.6%。各地区"十五""十一五"资产规模情况见表 3-4。

表 3-4　各地区"十五"与"十一五"资产规模　　（单位：亿元）

地　区	"十五"资产总额	"十一五"资产总额	增长率（%）
东北地区	89.2	396.8	344.8
华北、西北地区	132.3	482.2	264.4
华东地区	150.1	320.6	113.6
中南、西南地区	107.3	278.3	159.4

7. 营业收入、利税、利润等经济效益指标呈高速增长水平

"十一五"期间，全行业实现主营业务收入 1114.65 亿元，利税总额 131.8 亿元,利润总额 80.3 亿元。"十一五"主要经济指标实际完成情况及对比见表 3-5、表 3-6。

表 3-5 "十一五"主要经济指标实际完成情况　　（单位：亿元）

指标名称	合计	2006 年	2007 年	2008 年	2009 年	2010 年
营业收入	1114.7	148.8	203.3	224.1	242.7	296.7
利税总额	131.8	18.7	24.1	21.1	29.6	38.4
利润总额	80.3	10.3	14.1	12.6	18.7	24.5

表 3-6 "十一五"与"十五"主要经济指标对比　　（单位：亿元）

经济指标	"十一五"	"十五"	增长率（%）
营业收入	1114.7	340.4	227.5
利税总额	131.8	43.1	205.8
利润总额	80.3	23.5	241.7

"十一五"期间，行业营业收入、利税总额、利润总额均大幅度提高，同"十五"期间相比分别增长为 227.5%、205.8% 及 241.7%。陕西鼓风机（集团）有限公司、南方风机股份有限公司、江苏金通灵流体机械科技股份有限公司等企业的成功上市，为企业带来了新的融资渠道，带动了风机行业的整体发展。

（二）重大技术装备国产化日渐成熟

2006—2010 年的"十一五"期间，风机行业在重大技术装备国产化及科技研发方面进入了一个高峰期，离心压缩机、轴流压缩机和大型电站风机不断将离心压缩机、轴流压缩机和大型电站风机等科技成果向生产力转化，为国家石化、冶金和电力等重大技术装备国产化做出了卓越贡献。

2007 年 4 月在国家发改委、中国机械工业联合会、中国通用机械工业协会等的支持和协调下，沈鼓集团与中国石化天津分公司签约了 100 万 t/年乙烯裂解气压缩机组合同，由此标志着沈鼓集团进入世界上少数几个能够研制百万吨级乙烯压缩机机组企业的行列。

沈鼓集团为我国重大装备制造业国产化提供了许多台套离心压缩机，例如：为本溪北台钢铁公司化肥改造项目提供的原料气离心压缩机填补了国产化四缸联动机组国内空白；为中国石化上海石化公司 330 万 t/年柴油加氢精制装置提供的循环氢离心压缩机，是柴油加氢精制装置中国产化首台最大型的循环氢离心压缩机；为华锦集团 45 万 t/年乙烯装置研制了"三机"（裂解气压缩机、乙烯压缩机和丙烯压缩机）；为茂名石化乙烯改扩建工程研制的 64 万 t 级裂解气压缩机，投产后一直安全平稳运转,被授予"茂名石化100万 t/年乙烯改扩建工程项目优秀供应商;为天津渤海化工有限责任公司天津碱厂50万 t/年甲醇装置、30万 t/年合成氨装置、20万 t/年醋酸装置、20万 t/年丁辛醇装置等研制了离心压缩机;为青岛炼油化工公司年产1000万 t 大炼油工程项目成功地研制出国产化最大型的循环氢离心压缩机组(见图3-2),填补了国内该项技术空白;为宁夏宝塔石化集团60万 t/年重油催化裂化装置提供的 MA100 型轴流压缩机一次性并网投产成功;为综能协鑫(内蒙古)煤化工有限公司30万 t/年甲醇、15万 t/年二甲醚项目一次签约了合成气、原料气、氨冷冻、空压机、氧压机、氮压机等6台套压缩机组;为河南中原大化集团公司50万 t 甲醇项目提供的国产化空分空气压缩机,实现了在用户现场从4万 m^3/h、4.8万 m^3/h 到 5.2万 m^3/h "三级跳"。为陕西神木化学工业有限公司二期40万 t/年煤制甲醇装置提供了氨压机;为山西晋丰煤化工有限公司二期工程大颗粒30万 t 尿素装置提供了二氧化碳压缩机。2010年,沈鼓集团百万吨乙烯装置用乙烯压缩机组(见图3-3)研制成功,该机组是沈鼓集团继百万吨级乙烯装置丙烯制冷压缩机组、裂解气压缩机组后的第三台国产化百万吨级乙烯压缩机组,至此,沈鼓集团已经完全具备百万吨级"乙烯三机"的设计、制造能力。

图3-2 1000万 t/年炼油装置用
循环氢离心压缩机组

图3-3 百万吨乙烯装置用
乙烯压缩机组

沈鼓集团为江苏海伦公司成功研制了大型 PTA 装置用空气压缩机组,创造了多项之最:第一次设计、制造最大的多轴压缩机;第一次设计、制造最大的多级膨胀机机组;试车技术方案难度最大、电动机启动方案最复杂;机组通过采用精确的调节方法和科学的测试回路,压缩机和膨胀机同时进行试验,成为最高效的气动性能试验;第一次真正独立完成的总成套项目,即"交钥匙工程"。2009年11月,沈鼓集团承接了首台套20MW电驱压缩机组成套研制任务,该项目受到国家能源局等政府部门以及中石油的高度重视,服务于西气东输项目。2010年12月23日,年产120万 t PTA 装置首台国产化工艺空气压缩机组试车成功,打破了进口垄断。

沈鼓集团通风设备有限责任公司 2006—2010 年批量为全国 100 多家 600MW 机组、660MW 机组、1000MW 机组提供送风机、引风机、一次风机和脱硫风机等，并出口印度、沙特、委内瑞拉、越南等国家。

陕西鼓风机（集团）有限公司 2006—2009 年在国内轴流压缩机产品市场占有率高达 90% 以上，并拥有 6 万 m^3/h 等级空分用压缩机、PTA 装置压缩机的设计与制造能力。完成了首套 5250m^3 大型高炉 TRT 机组和首套 4000m^3 以上高炉鼓风机组的开发研制，实现大型高炉透平机组的新突破。2009 年 11 月 15 日，东方希望集团重庆蓬威石化国内首台套 60 万 t/年（精对苯二甲酸）PTA 项目一次投料开车成功，作为其中的核心设备，陕鼓动力研发生产的 PTA 项目空压机各项运行指标平稳，完全达到设计要求，标志着 PTA 项目国产化装备已经彻底打破了进口的历史，开始占领国内 PTA 领域制高点。自 2005 年以来，陕鼓动力先后签订空分压缩机合同超过 80 台套，2008 年市场占有率达到 65%。在高压、特殊介质离心压缩机设计制造方面，陕鼓动力已为甲醇厂提供了完全国产化的原料气（天然气）压缩机，国产化的富气压缩机等多种机组已在多家炼油厂中投入运行。设计制造首套完全国产化的 10 万 t/年焦化煤气制甲醇工程合成气压缩机组，也使陕鼓动力在化工高压真实气体离心压缩机国产化领域迈出了坚实的步伐。2009 年，陕鼓动力在低温压缩机市场领域成功突破，为重庆万盛煤化工有限责任公司 60t/年醋酸项目生产制造了丙烯制冷压缩机，低温压缩机领域的首次突破，使陕鼓动力具备了为煤化工领域提供各类压缩机组的能力。

作为行业内最早进行系统技术、成套技术研究与应用的企业，陕鼓动力通过对工艺系统和多机组的研究，掌握了与轴流压缩机、能量回收透平机及离心压缩机等有关的系统技术和多机组的成套技术，成套了近两千台套大型机组，并成为国内唯一一家能够自主设计制造硝酸三合一、四合一机组的企业。2009 年 1 月，陕鼓动力国产化的首台套 27 万 t/年稀硝酸装置"四合一"机组在河南晋开化工投产运行。陕鼓动力进行工程总承包，对其的主流产品轴流压缩机、氧化氮压缩机、尾气透平机、蒸气透平机进行系统集成。装置运行平稳，匹配合理，各项工艺指标和参数均优于设计指标。2006 年，陕鼓动力开发研制了河北津西、涟源钢铁、河北文丰、青岛银钢等 10 余台高炉配套的共用型 TRT 装置（高炉煤气余压透平发电装置）。

上海鼓风机厂有限公司 2008 年为天津滨海新区首批经济循环试点项目和江苏华能金陵电厂二期"上大压水"工程项目提供的 SAF40-20-2 脱硫风机、FAF28-14-1 轴流送风机、PAF20.5-14-2 一次风机均列入国家级计划。上海鼓风机厂有限公司是中国最早研制火电站配套风机的厂，从 200MW/300MW 发展到

600MW/1000MW以及正在研制的1200MW电站风机。该公司的大型电站风机被评为上海市节能产品和上海市名牌产品，出口日本、印度、越南等国家。

2007年，上海鼓风机厂有限公司在原有技术的基础上，引入节能、环保、降低一次投入成本等新概念，为火电站提供4套火电站8台"三合一"风机合同，其中2套1000MW机组，2套660MW机组，开辟了我国火电建设的新模式。为天津北疆电厂一期工程2套1000MW火电超（超）临界机组，提供了4台动叶可调双级轴流风机，可同时满足"引风""脱硫""脱硝"三个不同工况的需求。

氦气循环风机是上海鼓风机厂有限公司自主设计开发研制的拥有知识产权的我国第四代核电高温气冷堆关键设备，历经13年，在两次阶段性试验成果基础上，配套于我国第一座山东石岛湾核电站20万kW高温气冷堆示范工程。此前，在国家"863计划"支持下，清华大学建成了10MW的高温气冷实验堆，并于2003年正式并网发电，整体技术水平处于世界先进地位，其中关键设备氦气循环风机是由上海鼓风机厂有限公司试制的。该项目于2004年荣获教育部科学技术进步重大贡献一等奖，于2007年荣获国家科学技术进步奖一等奖。

成都电力机械厂引进德国KKK公司技术，2006年生产了我国第一台1000MW国产燃煤机组引风机、脱硫增压风机，AN系列静叶可调轴流风机在华能玉环电厂投入使用。同年，我国第一台600MW超（超）临界火电机组——中电投江苏阚山电厂也采用了成都电力机械厂生产的AN静叶可调轴流风机，于2007年初投入使用。四川白马600MW超临界循环流化床采用了成都电力机械厂生产的AN轴流引风机。这是高转速AN风机作为600MW及以上机组脱硫联合引风机的里程碑。

重庆通用工业（集团）有限责任公司于2009年搬迁工作全面完成，当年自主研发的6-39-B系列高效曲叶片离心通风机和高效等宽流道干熄焦循环风机通过鉴定，效率比原引进的BB50高温风机提高4.5%。在环保设备方面，完成了新产品BCD300-1.90/1.00曝气风机的研发，其主要性能指标达到国际同期先进水平，打破了该产品长期被进口产品所垄断的格局；与重庆康迪环境科技有限公司合作研发了MVR污水处理系统核心设备——MVR风机和成套装置。

南通大通宝富风机有限公司在耐高温、抗磨损方面，采用了新材料、新工艺，使风机使用寿命高于进口产品，得到了钢铁企业的好评。2007年为天津天铁冶金集团有限公司的亚洲最大转炉煤气回收装置中的煤气储备系统提供了D800型转炉煤气加压鼓风机4台、D2400型高炉煤气加压鼓风机5台、D320-1.1/0.95混合煤气加压高速离心鼓风机4台，为中国神华煤制油有限公司液化备煤装置提供了煤制油尾气鼓风机、循环风机机组、燃烧空气风机机组等14台，这些风机都有较高的技术含量，是企业树立品牌的重点发展方向。2008

年为重庆钢铁公司整体搬迁项目、首钢搬迁项目、神华煤制油项目、福建（中石化）大炼油 1000 万 t/年炼油项目、青岛（中石化）大炼油 1000 万 t/年炼油项目、新疆独山子石化 120 万 t/年乙烯和 1000 万 t/年炼油项目、天津石化百万吨乙烯项目和 1000 万 t/年炼油项目、天津碱厂搬迁改造项目、内蒙古准能 2×330MW 项目、内蒙古京泰电力 2×330MW 项目等提供了 870 多台套离心鼓风机和离心通风机。

长沙鼓风机厂有限责任公司 2006 年在充分调研国内外罗茨鼓风机的设计制造现状和借鉴、吸收德国 AERZEN、美国 DRESSER、意大利 ROBUSHI 等国际先进技术发展趋势的基础上，结合市场需求和系统的可行性分析论证，自主研制开发了全新一代 S 系列高效节能型罗茨鼓风机；2009 年形成了专业生产国际先进水平的高效节能型 S 系列罗茨鼓风机的能力，实现产品精品化战略。2008 年，长沙鼓风机厂有限责任公司为中石化天津分公司的 45 万 t/年乙烯、100 万 t/年聚丙烯 PP 装置、镇海炼化的 70 万 t/年裂解装置、马鞍山钢铁公司的 500 万 t 新区工程、陕西华电浦城电厂的二、三期机组烟气脱硫装置提供的罗茨鼓风机均为国家级重点项目；为华能电厂的一、二期工程燃煤机组、南煤龙川发电有限责任公司机组烟气脱硫提供的离心鼓风机均为省级重点项目。

湖北双剑鼓风机制造有限公司 2008 年为列入青海、山东、内蒙古、云南等省计划的 2.5 万 t/年废酸再生二期工程、20 万 t/年硫铁矿制酸、20 万 t/年乙二醇工程、22 万 t/年煤制甲醇、钢厂废水处理工程、高纯锌等项目提供了 60 多台离心鼓风机和离心通风机。2010 年为国家重大装备项目提供了 7 种、32 台风机产品，其中包括：呼伦贝尔驰宏矿业有限公司铅锌冶炼国家级项目用的 C1230-1.295/0.836 二氧化碳转化鼓风机 2 台，安徽华塑 10 万 t/年聚氯乙烯配套项目水泥装置二期工程 2800t/a 熟料生产线用的离心通风机 23 台，河南 BDO 一期项目甲醛装置用的 C385-1.52/0.99 离心空气风机 2 台。

（三）新产品及科研成果进入崭新阶段

企业的发展、行业的进步，最关键的是技术发展和进步。从我国风机行业的技术发展情况看，走过了仿制、独立设计、引进、消化吸收和再创新几个阶段。改革开放以来，我国风机产品的设计制造水平得到了飞速发展，国产化水平有了跨越式提高，各类风机基本上可以满足我国重大装备配套的需求。特别是"十一五"期间，风机行业通过努力拼搏，不断创新，在 2006—2010 年的 5 年中获得国家、部、省、市科研成果奖 173 项，其中：国家科学技术进步奖 4 项，中国机械工业科学技术进步奖 20 项。

沈阳鼓风机集团有限公司 2006—2010 年始终坚持把技术创新摆在突出位置，核心技术和关键技术取得重大突破，自主知识产权成果不断扩大。2007 年成功开发了国内首件整体铣制三元闭式叶轮，填补国内空白；还围绕 100 万 t/年"乙烯三机"，对叶轮及转子可靠性分析等 9 项重大课题进行攻关，获得成功；为宁夏宝塔石化公司提供的 MA100 轴流压缩机并网投产，标志着沈鼓集团在引进技术基础上自主生产的首台轴流压缩机获得成功。2008 年采取与 GE 新比隆公司合作生产的方式，高起点研制了长输管线压缩机；还首次研制出大型单级循环气压缩机；为台湾聚福公司研制的聚丙烯循环气离心压缩机等均获得成功。2010 年大型乙烯装置用裂解气压缩机关键技术及装备、大型煤化工装置用离心压缩机技术及产品、百万吨乙烯装置丙烯压缩机首级模型级开发、BCL707 + BCL707 + BCL707 连续重整装置用氢气增压离心压缩机组、64 万 t/年乙烯装置用裂解气压缩机组、单轴悬臂多级离心压缩机、2MCL1007 + 2MCL458 + 2MCL458 + BCL455 原料气离心压缩机组、百万吨乙烯装置用裂解气压缩机、大型齿轮增速整体组装式等温型压缩机组、千万吨级炼油用筒型压缩机全新结构开发及装备、新型 TAR 系列地铁风机、合成气压缩机用高能头模型级开发及应用、大型丙烯制冷离心压缩机组、整体组装式等温型系列压缩机组及系列型谱研制等多项成果分别获得了国家、省、市级优秀新产品及科技成果奖。

陕西鼓风机（集团）有限公司"十一五"期间取得的占领国内制高点的里程碑项目有：设计与制造了首套国产 NOX 压缩机（R56-3），并成功应用于 15 万 t/年双加压法硝酸"四合一机组"；首套 GMPG6.9-206/150 共用型同轴机组（GBPRT）的开发设计；研制首套全国产化空分压缩机组 EIZ100-4；签订首台套 27 万 t/年硝酸装置工程总承包；成功签订首套国产化 60 万 t/年的 PTA 机组（AV56-10 + EZ80-2 + 2 + 1 + WP6.8-1000/170）；签订试制首台套丙烯冰机 EBS56-7；首台套抽汽凝汽式工业驱动汽轮机 CMN40/20 试车成功；首台套 30 万 t/年合成气压缩机（EV45-9 + EVS45-8 + 1）、低温甲醇冰机（E80-7 + EZ80-3 + 3）和氨合成冰机（EZS63-8），占领国内最大装置制高点；中标烧结余热能量回收与高炉顶压能量回收联合机组，首次采用烧结余热能量回收与高炉顶压能量回收系统合二为一，即汽轮机、TRT、发电机串联在同一根轴系上的方案，在国内尚属首创；签订国内最大的空分压缩机机组——40 万 t/年醋酸项目用 6 万 m^3/h 空分装置配套机组。

上海鼓风机厂有限公司 2006 年设计完成了 WA40-20-1（CWT）和 WA85-45-1（AAWT）风洞风机。2007 年完成了 10MW 核电高温堆磁轴承氦气风机热态运转试验，在 250℃ 高温和 5000r/min 的条件下，风机和磁轴承运行稳定，各项数据满足设计要求。2008 年完成了引风、脱硫、脱硝合并动叶可调轴流风机、100 万 kW 和 60 万 kW 机组单台大轮毂脱硫增压风机、双级动叶可调矿井风机、子午加速引风机、氮气风机、曝气风机、低速风洞风机系列。2009 年国内首个地面交通工具——"汽车风洞"项目在同济大学落成，其中上海鼓风机厂有限公司提供了关键设备风洞风机，关键技术指标处于世界领先水平。2010年设计完成了 MCS502 再生气压缩机、SAF40-19-2 超（超）临界电站机组配套大型风机、FAF22.4-12.5-1 大型循环硫化床单机组运行二次送风设备、RTF40-19-1RTF 静叶可调轴流风机、2048AZ/1090 煤矸石循环流化床风机。

  重庆通用工业（集团）有限责任公司 2006 年完成了厚壁管空心轴大型风机的试验与应用，降低了风机制造成本。双级离心通风机的开发，在小流量、高压力及流量不变的情况下，可将风机压力提高一倍。大型船用离心式制冷机的研制成功，标志着我国大型舰船国产化配套装备的新飞跃。自主开发完成了 BCD125 型和 BCD150 型污水处理曝气风机。2009 年该公司一批有市场前景的新产品开发成功，并陆续投放市场。制冷机方面：完成了 LDCS130（-25）-P 离心式冷水机组的研发；核电 DEC 用 LC170H-6P 离心式制冷机组荣获重庆市"十佳创新成果奖"。风机方面：自主研发了 6-39-B 系列高效曲叶片离心通风机和高效等宽流道干熄焦循环风机，其中 6-39-B 系列高效曲叶片离心通风机效率比原引进的 BB50 高温风机提高 4.5%，其经济效益和社会效益都将十分显著。环保设备方面：完成了新产品 BCD300-1.90/1.00 曝气风机的研发，打破了该产品长期被进口产品所垄断的格局，为降低用户的投资和运行成本提供了有力支撑；与重庆康迪公司合作研发了 MVR 污水处理系统核心设备 MVR 风机和成套装置。2010 年，完成了新疆庆华、安徽六国氨压缩机的设计开发，AP1000 第三代核电站专用冷水机组样机方案设计，第二代曝气风机系列化产品开发，多轴离心压缩机样机试制，LDCS（-35）低温离心式冷水机组研发等；同期还完成了全氢罩式退火炉循环风机、MVR 系统用高压风机、ETY 核机风机样机、双级高温高压离心通风机、转炉煤气风机等新产品研制。

  江苏金通灵风机有限公司 2006 年通过院校合作，研发了 GM 系列单级高速鼓风机和 600MW 循环流化床风机。2010 年完成了 13 项单级高速鼓风机、18 项多级离心鼓风机的研发，满足了市场需求；完成了第一台压缩机 SH150-8 样机的制作，以及第一台干法煤气风机的生产和出厂试验。

  浙江上风实业股份有限公司 2006 年开发的"核电用空气处理机组"通过新产品科技成果鉴定，其性能指标完全符合核电安全标准，达到国际同类产品水平，可替代进口产品。

  四平鼓风机股份有限公司 2009 年成功研制了电站静叶可调、动叶可调轴流风机，并生产制造出叶轮直径为 2.8m 的静叶可调轴流风机，在烧结余热发电领域开拓了新市场。

  南通大通宝富风机有限公司 2008 年成功开发了 300~660MW 火电机组锅炉蒸汽冷凝装置专用风机。

石家庄市风机厂有限责任公司2009年设计开发了SNY-51№25F和SNY75-73№22F两种规格型号的风机。

四川鼓风机有限责任公司2006年开发了GR350、GR400、GR450高压罗茨鼓风机，SL、SR系列双级串联高压罗茨鼓风机，DW110、DW133、DW140电石气离心鼓风机，CGY-48、CGY-29系列低泄漏风机，MF系列密封风机。

山东海福德机械有限公司2006年成功开发了MJ型密集式三叶罗茨鼓风机；自行研制开发了MD型高压三叶罗茨鼓风机。2007年完成了HSR150C型三叶罗茨鼓风机的设计开发。2010年开发了HSG系列风机和L系列低压力大流量风机、输送特殊气体的风机、双机串联高压风机等。

常熟市鼓风机有限公司在风机行业中是唯一的纺织风机专业生产企业，被中国广大纺织用户誉为"纺织风机第一家"。2006年成功开发了造纸厂车间用的GBK-C16型壁式空调机组、WDP-C16型屋顶排风机组和JMF型紧密纺纱配套集棉风机。2007年又开发了LDF№3.6自动络筒机配套离心风机、XF500细纱机配套离心风机、HGF№8D3化纤干燥离心风机和RDF№8热定形风机整体叶轮等。2009年开发设计了XMF细纱机节能风机、SZ省能型轴流通风机、KHF高效离心通风机、CJK节能金属空调箱、染整车间岗位送风机组、9-12/19输送风机、RDF热定型循环风机、除尘机组配套主机JF节能离心风机等。

山东新风股份有限公司2006年设计制造了KF4-80后向机翼型、FBD防爆矿用型、GY高压型和DDW外转子单吸型4大系列、30余种规格适应市场需求的新产品。

湖北省风机厂有限公司2007年开发了AⅡ（M）2000-1.085/0.82大流量、高压力焊接机壳及高强度、高硬度叶轮制作技术。2010年开发了D（M）焦炉煤气鼓风机、C（N）高压氮气循环风机。

湖北双剑鼓风机制造有限公司2007年研制了C（H）系列多级铝叶轮污水处理离心鼓风机和AⅡ系列下水平进出气风口硫酸离心鼓风机。2008年研制了S系列下水平进出气烟气脱硫制酸高速风机和旋转密封式多级污水处理离心鼓风机。2009年研制了硫铁矿制酸年产30万t硫酸的S3200型风机和大型钢铁企业除尘用的Y6-2X51№34F大型通风机，并为国内首条3000t级纤维乙醇项目研制了小型高速风机（D200-2.445）。2010年成功研制了C（O2）410-1.689/1.039氧气管道增压鼓风机。

浙江亿利达风机股份有限公司2010年完成了三相双出轴直联风机、SYP140/105盘管风机、SYQ280K2后向双联风机等多种空调风机和WPH屋顶风机、YGK管道风机等建筑通风机的设计开发。

浙江明新风机有限公司2010年研制了YHF高效节能烟叶烘烤循环风机。

南阳防爆集团有限公司 2010 年研制出 DTZR-№.18H 地铁轴流通风机和 FB-CDZ-№28/2 主通风机。

（四）风机行业技术创新体系建设

沈阳鼓风机集团有限公司 2000 年组建了国家级企业技术中心，并先后在大连理工大学、西安交通大学、东北大学、浙江大学设立 4 个国家级技术分中心；建立了辽宁省第一个企业博士后工作站。2006 年其企业技术中心被国家科技部确定为首批国家级企业研究开发中心。

陕西鼓风机（集团）有限公司的技术中心 1993 年由国家首批认定为国家级技术中心。2004 年国家人事部批准该公司成立博士后科研工作站。

七、"十二五"风机行业发展进入新常态（2011—2015 年）

"十二五"期间，风机行业随着国家经济发展逐步进入了新常态。面对国内外复杂多变的市场形势，大力开发新产品、发展节能产品、积极推进转型升级，稳中求进，行业整体发展仍取得了较好业绩。

（一）风机行业"十二五"经济运行情况

1. 经济指标增速放缓

进入"十二五"，风机行业面向的石化、冶金、电力、煤炭等领域已形成过剩产能，新上项目越来越少，造成风机需求逐年下降。2011—2015 年，受国内外经济环境的影响，市场竞争十分激烈，风机行业受到了严重冲击。

"十二五"期间，风机行业的工业总产值、营业收入、利润总额等主要指标增速逐年回落，特别是 2015 年各项指标下降比较严重。"十二五"风机行业主要经济指标情况与"十一五"完成情况对比见表 3-7，2011—2015 年风机行业主要经济指标完成情况见表 3-8。

表 3-7 "十二五"风机行业主要经济指标与"十一五"完成情况对比

经济指标	"十二五"完成值/亿元	"十一五"完成值/亿元	"十二五"同比增长率（%）	"十一五"同比增长率（%）
工业总产值	2053.9	1203.8	70.6	237.5
营业收入	1913.3	1114.7	71.6	227.5
利税总额	220.5	131.9	67.2	205.8
利润总额	133.5	80.4	66.1	241.7

表 3-8　2011—2015 年风机行业主要经济指标完成情况　　（单位：万元）

指标名称	2011 年	2012 年	2013 年	2014 年	2015 年	合计
工业总产值	3763180	4096976	4413517	4441757	3823886	20539316
风机产值	2297136	2440561	2561001	2419105	2101490	11819293
新产品产值	1475527	1558414	1591824	1536091	1297880	7459736
工业销售产值	3555933	3916751	4095424	4311588	3839430	19719127
出口交货值	141659	177858	124731	196006	208844	849098
工业增加值	945999	1031246	1079821	1146649	1001989	5205704
营业收入	3550043	3778456	3911637	4158848	3734308	19133291
主营业务收入	3550043	3708543	3838541	4036631	3672298	18806357
利润总额	307103	284385	273653	260308	209961	1335410

据风机分会数据统计，2015 年在风机行业 135 家企业会员中工业总产值超亿元的企业有 44 家，比上年减少了 4 家。其中：1 亿~5 亿元（不包括 5 亿元）企业 34 家，5 亿~10 亿元（不包括 10 亿元）企业 3 家，10 亿~20 亿元（不包括 20 亿元）企业 3 家，20 亿~50 亿元（不包括 50 亿元）企业 2 家，50 亿~100 亿元（不包括 100 亿元）企业 1 家，超百亿元企业 1 家。

2. 产品产量有所增长

据风机分会统计，风机产品产量"十二五"期间有了较大增长，2011—2015 年风机产量合计完成 45188857 台，比"十一五"增加 22804777 台，增长 101.88%。2011—2015 年风机行业产品产量完成情况见表 3-9。

表 3-9　2011—2015 年风机行业产品产量完成情况　　（单位：台）

产品名称	2011 年	2012 年	2013 年	2014 年	2015 年	合计
离心压缩机	438	432	512	673	530	2585
轴流压缩机	128	185	91	53	53	510
能量回收透平	92	130	73	34	36	365
离心鼓风机	7884	5897	5149	4571	4318	27819
罗茨鼓风机	33976	33254	37628	38893	34192	177943
离心通风机	6573525	7635663	8383470	964588	864266	24421512
轴流通风机	516844	1123029	1009567	999816	1476081	5125337
空调风机				7307058	6625453	13932511
旋涡风机	168768	178800	183623	192594	136440	860225
其他风机	326357	59411	78719	100165	75398	640050
合计	7628012	9036801	9698832	9608445	9216767	45188857

3. 产品出口上升

风机行业每年的风机出口量不是很多，出口交货值基本占风机行业工业销售产值的 3%~4%。2011—2015 年合计完成出口交货值 849099 万元，比"十一五"增长 90.2%。2011—2015 年风机行业各地区出口交货值完成情况见表 3-10。其中年出口超过 5000 万美元的企业只有 1 家，超过 3000 万美元的企业有 2 家，达到 500 万美元的企业有 6 家。

表 3-10　2011—2015 年风机行业各地区出口交货值完成情况　　（单位：万元）

名称	2011 年	2012 年	2013 年	2014 年	2015 年	合计
行业合计	141659	177858	124732	196006	208844	849099
东北地区	34530	29595	16365	56716	89377	226583
华北西北地区	9119	34006	24269	53276	45059	165729
华东地区	63974	55176	43500	53926	48236	264812
中南西南地区	34036	59081	40598	32088	26172	191975

沈阳鼓风机集团股份有限公司在"十二五"期间，依靠在空分领域产品的优势，实现海外主空压机＋增压机首台套订货，为快速进入海外空分市场奠定了良好基础。2012 年之后，沈鼓集团在国际油气行业和化工行业进一步取得了直接出口"里程碑"式的突破，签订了 14 台离心压缩机订单。建立海外售后服务中心，为沈鼓集团走海外专业化维修保运服务道路打下了坚实的基础，可为海外用户机组提供从售前到售后的全生命周期一站式服务。

陕西鼓风机（集团）有限公司的产品出口到德国、韩国、俄罗斯、印度、巴西、土耳其、越南、伊朗、苏丹、西班牙、马来西亚、哈萨克斯坦、巴基斯坦等 20 多个国家和地区，累计出口机组超过 200 台套。2015 年为印度 JSW 钢铁公司 $4300m^3$ 高炉提供的 AV90-14 轴流压缩机组试车成功，受到用户的肯定与好评。2015 年出口到伊朗、印度尼西亚、印度、越南、哈萨克斯坦、土耳其等国家的产品有离心压缩机、轴流压缩机、能量回收透平机、离心鼓风机等，出口额达 41840 余万元。

上海鼓风机厂有限公司的离心通风机、轴流通风机 2015 年出口到老挝、印度、印尼、赞比亚、越南、塞尔维亚、土耳其等国家共 67 台，出口额达 8000 余万元。

重庆通用工业（集团）有限责任公司的离心通风机 2015 年出口到美国、俄罗斯、伊朗、安哥拉、吉尔吉斯斯坦、老挝、印尼、印度、波兰、菲律宾等国家，出口额达 3800 余万元。2015 年该公司成功中标俄罗斯最大水泥生产商的风机订单。

江苏金通灵流体机械科技股份有限公司 2015 年出口离心鼓风机及其他风机 172 台，出口额达 1000 余万元，分别出口到加拿大、美国、博兹瓦纳、委内瑞拉、土耳其、尼日利亚及柬埔寨等国家。

四平鼓风机股份有限公司2015年出口离心通风机500余台，分别出口到印尼、俄罗斯、孟加拉、埃及、老挝等20多个国家，共实现出口交货值4034万元。

山东省章丘鼓风机股份有限公司2015年产品出口亚洲地区的13个国家、欧洲地区的7个国家、大洋洲地区2个国家、美洲地区7个国家、非洲地区5个国家，实现销售收入183万美元。

长沙鼓风机厂有限责任公司的罗茨鼓风机2015年出口到法国、越南、俄罗斯、白俄罗斯、埃及、巴西、孟加拉等国家，出口额达1388万元。

（二）"十二五"风机行业发展取得的重大成果

1. 重大装备国产化

离心压缩机和轴流压缩机属于技术密集型产品，因而代表了风机行业的最高水平。以沈阳鼓风机集团股份有限公司、陕西鼓风机（集团）有限公司、上海鼓风机厂有限公司、重庆通用工业（集团）有限责任公司为代表的风机行业骨干企业所生产的离心压缩机和轴流压缩机的设计及制造水平达到了当代国际先进水平，许多种产品打破了国外垄断，实现了重大装备国产化。

沈阳鼓风机集团股份有限公司"十二五"期间，在石化、煤化工等行业投资力度渐缓的形势下，开拓出广阔的市场，离心压缩机产品继续保持了石化、煤化工行业中的领军地位。实现了45万t/年合成氨与80万t/年尿素大型化肥装置（见图3-4）用全套压缩机产品的订货，并在海外实现了110万t/年天然气制合成氨装置用压缩机的订货；实现了单线规模100万t/年等级甲醇装置用的压缩机订货，牢牢把握住了传统煤化工的优势市场。成功签订了国内最大规模500万m^3/天LNG国产化示范总成套项目，并完成了350万t/年LNG装置研发工作，实现由小LNG市场向大LNG市场发展的销售延伸。2015年，沈鼓集团自主研发的我国首套10万m^3/h等级空分装置用压缩机组，在沈鼓集团营口生产试验基地"国家能源大型透平压缩机组研发（实验）中心"完成各项试验，并顺利通过出厂验收。这标志着我国高端制造再获重大突破，煤炭深加工核心装备跻身世界先进行列，成为继西门子、曼透平之后的全球第三家能够生产该设备的企业。10万m^3/h等级空分装置用压缩机组由首次采用国际先进的轴流+离心共轴技术的空压机和多轴多级齿轮组装式增压机组成，很好地满足了空分流程中大流量、高压比、高性能的工艺要求。沈鼓集团先后攻克了大轮毂比高效叶轮设计、转子高可靠性设计、高端加工工艺研究、机组智能控制系统开发、机组装置成套设计等40余个瓶颈性技术难题。该机组在我国首个自主建设的10万kW功率等级试车台位上完成了全速全压全负荷性能试验，综合性能指标达到国际先进水平。

10万 m^3/h 等级空分装置用压缩机组在国际市场上价格常常是国产设备的 2~3 倍，而且设备的供应周期长。沈鼓集团所生产 10 万 m^3/h 等级空分装置用压缩机组应用在神华宁煤集团 400 万 t/年煤间接液化制油项目中，此规格机组的国产化示范应用和产业化推广，将在打破国外技术和市场垄断、扩大国产市场份额、带动风机行业进步和推动煤炭深加工产业发展等方面产生巨大的经济效益和社会效益。

图 3-4　45 万 t/年合成氨与 80 万 t/年尿素大型化肥装置

陕西鼓风机（集团）有限公司在实现重点装备国产化过程中，取得以下重要成果：

1）该公司为 PTA（精对苯二甲酸）生产工艺开发的节能回收装置 PAT 机组是该装置的核心设备。该产品的国产化填补了国内技术空白，同时打破了国外技术垄断，达到了国际先进水平，2014 年荣获国家科学技术进步奖二等奖。

2）该公司为双加压法硝酸生产装置开发的关键核心设备——NAP 硝酸"四合一"机组是目前世界上最先进的透平机组设备，可回收能量占整个机组耗能的 60%，先后获得国家能源科学技术进步奖三等奖、陕西省科学技术奖一等奖、中国机械工业科学技术奖二等奖。

3）该公司围绕高炉冶金工艺开发的煤气透平与电动机同轴驱动的 BPRT 高炉鼓风能量回收机组是一种先进的节能设备。该产品曾获得中国机械工业科学技术奖二等奖、陕西省科学技术奖一等奖。2015 年该项技术还入选中国"双十佳"最佳节能技术清单，在国际节能产品舞台上受到了广泛关注和认可。

上海鼓风机厂有限公司先后开发出了"单片动叶停车一次可调""机械集中停车一次可调""单级叶轮动叶液压可调"以及"两级叶轮动叶液压可调"等 4 种安全高效的轴流式煤矿主扇风机，这 4 种产品于 2012 年通过了国家煤炭安全认证。为了适应煤矿向大型化方向发展和煤矿主扇风机前期后期参数变化要求较大的特点，以及煤矿不断开采引起的深处缺风情况，该公司进行两次开发创新，在气动性能上研发出了 NA 叶型和 DA 叶型。这些大流量的叶型，以及对风机结构的改进和两级叶轮叶片数量的匹配，满足了煤矿对主扇风机前期后期变化较大的要求，使煤矿主扇风机始终处于运行的高效区。2010 年，该公司的电站风机有 4 类产品列为上海市节能新产品：一是 FAF、SAF、PAF 型电站动叶可调轴流风机，这 3 种产品效率高，噪声低，可用于 300MW、600MW、1000MW 等级大型火电机组锅炉通风；二是 RAF 型电站动叶可调脱硫增压轴流风机，该产品主要用于 300MW、600MW、1000MW 等级大型火电机组脱硫环保装置；三是 RTF 静叶可调脱硫增压轴流风机，该产品应用于 300MW 及以上发电机组引风机和脱硫装置增压系统风机中；四是 2008B 型火电站锅炉配套离心通风机，该产品应用于 300MW 及以上发电机组节能改造项目。

重庆通用工业（集团）有限责任公司于 2011 年为新疆庆华集团 55 亿 m^3/年煤制天然气项目提供了离心式氨压缩机，是目前国内最大的离心式氨压缩机，代表了国产高端工艺离心制冷压缩机组的最高水平。2014 年，该公司在内蒙古乌兰集团 135 万 t/年合成氨、240 万 t/年尿素一期工程中，一举中标目前亚洲单体最大尿素装置工程用氨压缩机设备采购大单。1997—2014 年，该公司已为中国核电站提供了 14 批核电站专用离心式冷水机，2014 年承担了"大型先进压水堆及高温气冷堆核电站国家科研重大专项"下的"MS01 水冷离心式冷水机组研制"课题。

南方风机股份有限公司经过多年的技术攻关，率先打破国外技术垄断，完成了百万千瓦级压水堆（CPR1000）核级通风空调改进型成套设备的研制工作和产业化、批量化生产工作，对核岛通风空调（HVAC）设备中性能要求高、制造试验难度大、运行可靠性要求最高的关键设备进行了国产化研制，实现了 CPR1000 核岛通风空调（HVAC）设备的全面国产化，技术水平达到国际同类产品水平，填补了国内空白。

威海克莱特菲尔风机股份有限公司自进入"十二五"以来，开始批量生产 TJL380-1 型牵引电机冷却风机（CRH380B 型动车组）。在此基础上，又先后研发了 TJL380-2 型牵引电机冷却风机（CRH380CL 型动车组）、TJL380-4 型牵引电机冷却风机（CRH5 型动车组）、TJL380-5 型牵引电机冷却风机（CRH3C 型动车组）、TJL380-7 型牵引电机冷却风机（中国标准化动车组）、TJL380-9 型牵引电机冷却风机（CRH3A 型动车组）。2014 年该公司成为四方股份和四方庞巴迪的合格供应商，并为青岛四方股份提供中国标准化动车组牵引电机冷却风机。TJL425-1 型牵引电机冷却风机（CRH2A 型动车组）、TJL425-2A 型牵引电机冷却风机（CRH380A 型动车组），以及与四方股份合作研制的集尘风箱（CRH2G 型动车组），填补了国内外的空白。

2. 新产品开发

沈阳鼓风机集团股份有限公司 2011—2015 年投入市场的新产品有 100 万 t/年乙烯装置用"乙烯三机"（丙烯、乙烯和裂解气压缩机组）、30 万 t/年 LLDPE 装置聚乙烯循环气压缩机和 20MW 级电驱天然气长输管线压缩机，均具有自主知识产权，并达到国际领先水平。为 500 万 m³/d LNG 工厂国产化示范工程和 LNG 冷能空分装置等多个国家重点项目配套研制的离心压缩机组、PIA 能量回收工艺空气压缩机组、氧气压缩机组、大化肥集成制冷氨气压缩机、120t 转炉一次干式除尘风机，经鉴定均达到国内领先水平。该公司还研制了预冷 MR1 机组和深冷 MR2 机组大型天然气液化装置用离心压缩机组、混合碳四石油气制 MTBE 新工艺装置用离心压缩机组、SVK 三高速轴五级组装式压缩机组和多高速轴齿轮增速型离心压缩机组、60 万 t/年甲醇制烯烃装置（MTO）产品气压缩机等。图 3-5 所示为沈鼓集团为中石油安徽定远站生产的长输管线压缩机。

图 3-5　沈鼓集团为中石油安徽定远站生产的长输管线压缩机

陕西鼓风机（集团）有限公司 2011—2013 年研制生产了 BPRT 轴流压缩机、煤气透平同轴机组、AV 系列轴流压缩机组、EIZ\EBZ\EZ 空分装置、MPG 高炉煤气透平机组、四合一机组、硝酸装置机组等新产品。在冶金领域，新产品主要有 5000m³ 新等级大型高炉鼓风机组、BPRT 机组以及 200m³ 以上烧结余热（SHRT）机组等高效节能产品；在空分领域，新产品主要有 6 万 m³/h、8 万 m³/h 等级大型空分机组和增压机组；在真实气体压缩机应用领域，新产品主要有 50 万 t/年丙烷脱氢工艺流程的再生气压缩机组，乙烯、丙烯压缩机组，应用于 10 万 t/年异丁烷脱氢流程的反应气压缩机组，以及应用于 6 万 m³/h 焦炉煤气制 LNG 的富气压缩机组和原料气压缩机组等；在节能环保领域，新产品主要涉及应用于 MVR 流程的水蒸气压缩机开发。在冶金行业及其衍生行业的余热利用上，该公司将首创的烧结余热能量回收机组（SHRT）推广应用，将"发电"变为"拖动"，为用户减少了发电机及并网系统，降低了投资。

上海鼓风机厂有限公司承担设计制造的国家科技重大专项研发课题——高温气冷堆核电站用大型氦回路 HTL 氦气压缩机，于 2011 年 9 月通过了清华大学核研院出厂验收。该公司制造完成的高温气冷堆核电站燃料球输送用氦气压缩机组、高温气冷堆核电站氦回路压缩机组、轴流式高效节能风机组、低噪声离心风机、RTF 型钢铁企业烧结烟气脱流风机、SAF 型含动叶片等离子耐磨技术超临界电站机组引风机、变频式冷气循环鼓风机组、轴流式高效节能矿井风机组、乙二醇工艺气压缩机等均达到国外先进水平。

重庆通用工业（集团）有限责任公司 2011 年研制成功离心式水源高温热泵，2012 年研制成功低温甲醇洗二氧化碳真空压缩机、整体齿轮离心式压缩机、离心式丙烯压缩机等新产品，2013 年研制成功新工质离心制冷压缩机、离心式冷水机新型换热系统等，这些新产品均达到国内先进水平。在通风机方面，该公司主要完成了 5-48 等高效离心通风机样机的设计、制造和性能试验，多级鼓风机的设计，MVR 鼓风机的研制和镶嵌陶瓷片高温风机的研制等。

江苏金通灵流体机械科技股份有限公司 2011 年与美国意泰公司合作生产了首台 JE9000 压缩机，该产品的技术指标达到国际同类产品同等水平，部分技术指标超过了国际同类产品水平。2014 年该公司与 SKF 集团旗下的法国 S2M 公司合作开发的首台套磁悬浮单极高速鼓风机，经过了在法国单机试验后，在金通灵公司完成了整机试车，该产品运行平稳，综合效率达到设计要求，效率比齿轮传动式单极高速鼓风机提高 8% 以上。金通灵公司成为国际上少数几家能够设计、制造磁悬浮单极高速鼓风机的厂商之一。

浙江金盾风机股份有限公司 2011 年设计生产的 JCZT-75 船用轴流风机、DTF（R）-16 地铁隧道智能通风系统、HRZ-900 主控室核级离心风机达到了国外先进水平。2012 年，该公司研制的液压动叶可调轴流风机、核电站用空调机组专用无蜗壳离心风机顺利通过了专家鉴定。

长沙鼓风机厂有限责任公司 2011 年设计研发的 ASD-145NSE 核废液用水蒸气罗茨压缩机，为中国原子能科学研究院核废液处理项目，适合中小批量核废液的处理，为国内首创，并达到了国际先进水平。2011 年，该公司设计研发的 ARE200NE 高温罗茨鼓风机，为国内首创。

长沙赛尔透平机械有限公司 2011 年为唐山东华钢铁开发了国内首台带中抽功能的多轴齿式氮气压缩机（6GH42Z），该产品实现了一台机组代替传统布置结构下两台机组的功能。2012 年，该公司研制的国内排气压力最高，出口压力高达 83×10^5 Pa（A）的 6 级多轴齿式高压氮压机（6BGH38）在鹤壁煤电成功运行。2014 年，该公司研制的国内最小流量的二氧化碳压缩机组，在青海盐湖 100 万 t 钾肥项目年产 33 万 t 尿素装置中顺利成功运行。2013 年 4 月，该公司自主研发的合成氨装置工艺空气小流量高压比电动离心式压缩机组通过了湖南省首台（套）重大技术装备认定。2014年，该公司将向心透平膨胀机（ERE120）与高炉鼓风机组（4SJK110）结合，组成能量回收"三合一"机组（EBM）。该机组回收了以往减压阀组浪费的高炉尾气能量，在减少废气排放的同时，提高了能源利用效率，可节能20%~45%。2014年9月，该公司自主研发的6GH42Z"全可控涡"三元叶轮多轴离心压缩机通过了湖南省首台（套）重大技术装备认定。2015年7月，该公司自主研发的高炉煤气余压能量回收向心透平膨胀机通过了湖南省首台（套）重大技术装备认定。

威海克莱特菲尔风机股份有限公司2012年研制的5GDY91A6型牵引电机通风机、TJL450-7型主发电机通风机、TJL380-1牵引电机冷却风机等3种产品填补了国内空白，综合水平达到了国际先进水平。

3. 技术改造

"十二五"是推动我国工业实现从大到强转变的攻坚时期，我国工业发展的内外部环境发生了深刻变化，发展方式粗放、结构不合理、核心技术受制于人、资源环境约束强化等深层次矛盾日益突出，全球产业结构深度调整，发达国家"再工业化"和新兴经济体同质化竞争的叠加压力增大。我国工业发展已进入到以转型升级促进工业发展的新阶段，实现科学发展、转变经济发展方式对技术改造工作提出了新要求，实现工业由大变强、提升产业核心竞争能力对技术改造工作提出了新挑战。

"十二五"期间，风机行业紧跟市场发展的需求，企业加大了基本建设与技术改造的力度，2011—2015年全行业共完成固定资产投资929171万元，为"十一五"的174.4%；其中设备购置费557270万元，为"十一五"的266%。2011—2015年全行业完成固定资产投资见表3-11。

表3-11 2011—2015年全行业完成固定资产投资　（单位：万元）

项目名称	2011年	2012年	2013年	2014年	2015年	合计
固定资产投资	110436	189864	201213	230665	196993	929171
设备购置费	61244	106957	125922	143802	119344	557270

沈阳鼓风机集团股份有限公司2012年10月在营口经济技术开发区举行了新厂区奠基典礼。新厂区总投资25亿元，占地87.3万m^2，新增各类工艺设备570台套，具备3万kW电驱、3万kW燃驱及10万kW汽轮机驱动压缩机试验能力，建成后将成为大型透平压缩机组制造（实验）中心和大型压力容器生产基地。2015年营口项目一期建设基本完成，已具备生产能力，达到了预期规划设计效果，为10万m^3/h空分压缩机组在营口基地的顺利试验提供了保证。

陕西鼓风机（集团）有限公司2013年通过国家投资和自筹资金，实施了多项技术改造项目，其中有：面向全生命周期的 MRO 核心软件行业应用、立式干气密封氢气压缩机核心部分研制与试验、高空发动机试验台位压缩机组开发、8万空分装置用空分压缩机组的开发与样机制造、丙烷制冷压缩机组的开发、150万 t/年 PTA 装置用多轴原料空气压缩机组及工艺系统研究、单线 100 万 t/年 PTA工艺空气压缩机组开发、10 万 m^3/h 等级空分压缩机组的开发、低品位余热回收 ORC 系统技术研究、多轴压缩机的国产化系列规划与单台套样机开发、MVR 蒸汽压缩机系列规划与开发等。

上海鼓风机厂有限公司的高温气冷堆主氦风机和燃料球压缩机重点技术改造项目，列入了国家 2012 年中央预算内投资项目。电气总投资预算为 8600 万元，项目由三部分构成：第一部分是设备及设施投资改造，共计 5841 万元，其中设备 3644 万元，试验台位改造等 2197 万元；第二部分是工艺路线调整及车间改造，共计 1952 万元；第三部分是研发及其他费用，共计为 807 万元。这三部分内容的实施为该公司的高温堆核电技术从实验堆发展成商业示范堆起到极其重要的作用，同时，也为大力开拓另一个高端产品——工业离心压缩机创造了条件。作为该公司技改项目"重中之重"的主氦风机试验台位的土建、设备、配电、PLC 安装调试工作已经达到预期目标。主氦风机试验用的配电从原老试车车间 3200kW 扩容到 8200kW。新的试验台位长 27m、宽 22m、高 3.5m，试车单机重量可达 70t 以上，整个试验台位上布置了变频电动机、变压器等在内的有 10 多台试验设备。主氦风机研发中心大楼三层楼面 $1400m^2$ 的装修改造已完成，明显改善了压缩机分公司的工作环境。同时，加强了技术研发的软件投入，购置了设计、工艺、技术管理运用的 UG、NREC、PDM 等软件。信息化中心得到了改造提升，计算机应用更深入，在压缩机分公司建立了 PLM 系统，设计 BOM 和工艺 BOM 同 ERP 系统打通，在 ERP 系统按 BOM 排产试运行，这一模块在液压缸的生产上已率先应用，并在 4507 空气压缩机上全面试运行。

重庆通用工业（集团）有限责任公司的锡林浩特基地于 2013 年 6 月建成并迅速投入生产，全年累计产值达到 5000 万元。该公司还完成了潼南工业园区污水处理 BOT 项目。

江苏金通灵流体机械科技股份有限公司 2012 年完成了高压离心鼓风机扩产项目总投资 4230 万元。

山东省章丘鼓风机股份有限公司 2011 年为发展新型节能罗茨鼓风机项目，投资 3627 万元建设了配套车间。离心鼓风机项目投资 3336 万元用于建设厂房、购入设备；投资 2000 多万元用于新建离心鼓风机车间，该新车间占地面积 $12000m^2$，是集生产、检测、管理、仓储、试验为一体的综合车间。气力输送生产（工程）基地项目，投资 1259 万元。为进一步扩大风机配件及离心鼓风机的生产规模，该公司又成立了两家新的子公司，至此该公司已经拥有 8 个子公司。

2013年公司上市的三个募投项目：新型节能罗茨鼓风机项目投资1692万元，主要用于购入设备；离心鼓风机项目投资809万元，主要用于购入设备；气力输送生产（工程）基地投资626万元，主要用于购入加工设备。此外该公司的大型磨机车间总投资2217万元，新建成16800m^{2}的生产加工车间，并购入了相关的加工设备。图3-6所示为章丘鼓风机股份有限公司生产的ZR大型高压罗茨鼓风机。

图3-6 章丘鼓风机股份有限公司的ZR大型高压罗茨鼓风机

湖北省双剑鼓风机制造有限公司2011年实施了大型高效节能风机开发及产业化项目，共投资4120万元；实施了国家科技型中小企业技术创新基金重点项目——S型烟气脱硫制酸高速风机产业化，投资2454万元，建成了10951m^{2}的新钢构车间及附属建筑，新增各类型设备26台套，生产产品产值提高近2亿元。2012年，该公司完成了湖北省风机检测（中心）服务平台建设，该项目投资2188万元。

浙江明新风机有限公司的年产万台冷却专用轴流风机项目总投资6000万元，项目主要建设内容及规模：主要采用先进的计算机设计与制造软件和中空机翼叶片设计技术或工艺，引进具有国内外先进水平的生产和检测设备，购置数控机床、压力机、空压机、焊接设备、起重机、液压机、精密测量仪、计算机及应用软件等。项目建成后形成年产万台冷却专用轴流风机的生产能力，产品具有高效、节能、降噪等特点，实现销售收入10000万元，利税2150万元，项目总用地面积8360m^2，项目建筑面积13000m^2。

甘肃省白银风机厂有限责任公司2012年、2014年先后两次多方筹措资金1837万元，陆续开工新建了一批掣肘企业发展、未来数年又急需建设的基础设施，并购置一些大型设备，为企业新一轮创业聚集新动能。

4. 专利及知识产权保护

随着技术创新的发展，知识产权保护工作也得到更多企业的重视。2011—2015年风机行业完成新产品3062种、6591244台。据14家企业会员填报数据统计，4年来获得各类专利665项，其中发明专利55项。

沈阳鼓风机集团股份有限公司获得各种专利111项，其中发明专利10项，软件著作5项；陕西鼓风机（集团）有限公司、重庆通用工业（集团）有限责任公司、浙江亿利达风机股份有限公司获得各种专利100余项；江苏金通灵流体机械科技股份有限公司、浙江金盾风机股份有限公司、浙江明新风机有限公司、威海克莱特菲尔风机股份有限公司、德州科瑞特风机有限公司、甘肃省白银风机厂有限责任公司、长春花园机械有限公司等也获得各种专利几十项。

陕西鼓风机（集团）有限公司2002年开展知识产权体系建设，设立知识产权管理委员会，常设知识产权管理办公室，专门负责知识产权的管理工作，核心管理涉及专利、保密、商标、域名网址等领域。截至2015年底，该公司共申请并已受理专利229项，其中，发明专利51项，实用新型专利170项，外观设计8项，申请计算机软件著作权7项。随着知识产权体系不断完善，知识产权管理工作不断开展，该公司逐步构建了覆盖企业全生命周期的知识产权管理体系，通过设立知识产权创新目标和战略措施，引领公司知识产权创造能力的快速提升并取得成效。该公司先后荣获陕西省第四批知识产权优势培育企业，"一种提高高炉冶炼强度的顶压能量回收装置"荣获陕西省专利奖一等奖。

5. 标准制修订与标准化管理

（1）风机行业标准化体系建设工作

1）风机行业标准体系的研究项目。根据国家标准化管理委员会（简称国家标准委）《关于下达部分装备制造业标准体系研究项目的通知》的要求，2011—2015年风机行业完成了国家质检总局科技计划《风机标准体系研究》科研项目。该研究项目重点开展风机产品的资源利用、资源节约、环境保护和重大技术装备等方面的标准化研究工作，提出我国风机标准体系的基本框架和标准制定与修订重点项目规划，提出一批行业发展急需的重要技术标准草案；并针对我国风机产品市场和产业发展的需求，为制定适合我国国情的风机技术标准提供依据，实现标准制定与修订的科学性、合理性、实用性。开展风机标准体系框架研究，建立完善的风机标准体系，对发展国民经济，促进国际贸易，参与国际竞争都有着十分重要的现实意义。

2）《风机行业国家标准化体系建设工程》项目的编制工作。根据国家标准委《关于国家标准实施国家标准化体系建设工程》的要求，该项目在分析我国风机行业标准化工作现状的基础上，构建了适应我国经济社会科学发展需要的风机行业标准体系，进一步明确了风机行业标准化工作重点领域，并开展风机行业重点领域关键技术标准研制。例如：重点制定了通风机和鼓风机的能效标准，能量回收透平膨胀机等自主创新、节能减排等标准。该项目分析了现有标准的适用性和协调性，研究了标准化技术组织布局的系统性和合理性，突出工作重点，明确发展方向，有利于支撑风机行业重点产业调整和实施，从而提高我国风机标准化总体水平。

3）风机行业标准体系现状分析工作。根据中国机械工业联合会关于开展编制《工业标准体系现状分析报告》（机械工业部分）的通知，全国风机标委会完成了《风机行业标准体系现状分析》的报告。报告客观、全面地反映了风机行业标准体系的现状，主要进行了风机行业现行标准体系分析。针对现行的标准体系，从自主标准的制定、国际标准的采用、标龄以及标准配套情况等方面，对风机行业专业领域标准体系总体情况进行了阐述和分析，并对风机行业标准进行了属性分析、级别分析、适用性分析、时效性分析、协调性分析和缺失性分析。这些工作有力地推进风机行业标准化工作的可持续发展。

(2) 风机行业标准制定与修订

1) 节能减排标准制定与修订工作。根据国家标准委、国家发改委、工信部关于贯彻落实十大重点产业调整和振兴规划"进一步加强标准化工作的意见"的通知要求，全国风机标委会加大自主创新标准的研制力度，坚持以市场为导向，加快重点产业关键技术标准的研制，确保标准的水平和质量。

在制定重点领域的相关标准中，重点制定了具有自主知识产权，属于自主创新项目的标准。全国风机标委会组织制定了《高炉煤气能量回收透平膨胀机》《尾气能量回收透平膨胀机》及《能量回收透平膨胀机性能试验方法》等标准。这些标准的制定为加快发展风机行业资源节约型产品发挥着重要的作用。

为使能效标识管理制度及能源政策的有效实施，适应我国节能政策的变化和国际风机能效标准的发展方向，全国风机标委会组织并起草了《通风机能效限定值及能效等级》《鼓风机能效限定值及能效等级》《一般用途罗茨鼓风机能效限定值及节能评价值》等国家标准。这些标准的制定，充分考虑了我国通风机、离心鼓风机、罗茨鼓风机的实际情况和发展水平，使标准具有一定的科学性和可操作性，促进了我国高效节能风机的发展，提高了我国风机产品在国际市场的竞争力，对我国的节能减排工作将起到积极的促进作用。

2) 安全标准制定与修订工作。为淘汰技术落后产品，提高产品的安全质量和制造水平，推动技术进步，全国风机标委会根据企业及市场的需求，作为"十二五"规划的重点项目，组织制定了《防爆屋顶通风机》《防爆罗茨鼓风机》《罗茨鼓风机隔声罩》三项行业安全国家标准，并修订了《消防排烟通风机》标准。《防爆屋顶通风机》《防爆罗茨鼓风机》《罗茨鼓风机隔声罩》三项标准的制定填补了该专业领域的空白，进一步规范了风机市场的秩序，增强了产品的安全性，完善了风机行业安全标准的体系。

3) 各类风机标准制定与修订工作。2011—2015 年期间，共完成制定与修订标准 24 项，其中：《高炉煤气能量回收透平膨胀机》等国家标准 4 项，《一般用途罗茨鼓风机》等行业标准 20 项；完成复审标准 131 项，其中：国家标准复审 49 项，行业标准复审 82 项。

截至 2015 年末，风机现行标准共计 54 项，其中：基础标准 16 项，通用标准 16 项，产品标准 22 项。这些标准基本上满足了风机产品的设计、制造、检验的需要。

(3) 国际标准转化　全国风机标委会受国家标准委和中国机械工业联合会

行政主管部门的委托，承担着国际标准化组织 ISO/TC 117、ISO/TC 118/SC1 技术委员会对口的标准化工作，包括对国际标准文件的表态，审查我国提案和国际标准的中文译稿，以及提出对外开展标准化技术交流活动的建议等。

为了加强国际标准化的交流与合作，加快风机行业与国际接轨的步伐，提高我国风机行业参与国际标准的能力，应国际标准化组织 ISO/TC117 的邀请，全国风机标委会组织参加了 2013 年、2014 年、2015 年连续 3 年的国际标准化第 27 届、第 28 届、第 29 届会议。

2015 年 4 月 12 日，全国风机标委会赴法国里昂参加了第 29 次国际标准化会议。会议有来自中国、美国、俄罗斯、英国、德国、法国、意大利等 ISO 成员国的 34 名代表出席。此次会议分别讨论了《风机性能标准》《实验室方法进行声功率级试验》《能源效率等级》和《节能控制方法评估》等标准，确定了 ISO 5801《工业通风机用标准化风道进行性能试验》技术性的内容。同时，此次会议确定了 2016 年 4 月在北京召开 ISO/TC117 第 30 次国际标准化会议，由全国风机标委会承办。ISO/TC117 第 30 次国际标准化会议在我国召开，有利于推进我国风机行业国际标准化进程，扩大我国风机标准化工作的国际影响力，同时创造国际合作与交流的机会。

（4）标准化管理　2011—2015 年，全国风机标委会加强了组织建设，吸纳新的委员单位，组织开展了各项活动，如标准审查会、标准宣贯会、标准年会、标准培训等。

2012 年 3 月，在昆明召开了全国风机标委会第五届换届大会暨五届一次会议，调整了委员、委员单位、主任委员、副主任委员和秘书长；修改了标委会章程，并审查了部分标准。调整后的标委会委员由原来的 40 名增加到 51 名。标委会每年都根据企业和人员变化情况随时进行调整委员单位及委员，吸纳符合条件的单位成为标委会的委员单位。2013 年 8 月标委会起草文件上报国家标准委，拟增加标委会的委员。2013 年 11 月 22 日得到了国家标准委的批复（标委办综合〔2013〕157 号《国家标准委办公室关于增补全国风机标准化技术委员会委员的批复》），同意增补了 6 名委员。

为使行业企业全面系统地了解 GB/T 1.1—2009《标准化工作导则 第 1 部分：标准的结构和编写规则》和 GB/T 20000.2—2009《标准化工作指南 第 2 部分：采用国际标准》2 项标准。同时根据企业对编写标准的需求，2012 年 07 月 31 日至 8 月 2 日，全国风机标委会在杭州举办了风机行业标准编写规则的培训。通过培训，使与会企业代表全面了解了编写标准的流程及采用国际标准应该注意的事项，与会企业代表对标准的编写有了更加深刻的理解和掌握，对风机行业标准的编写质量和水平的提高起到了重要作用。此次参加培训的代表共有 52 人，培训结束后进行了考试，全部考试合格，均获得了由中国机械工业联合会颁发的《机械工业标准编写人员资格证书》。

2013年5月，在上海召开标准讨论会议，讨论了《变压器专用低噪声冷却通风机》《电站空冷风机》《矿井局部通风机技术条件》3项标准，并按照讨论意见完成了标准的送审稿。

2013年7月，在辽宁丹东组织召开了五届二次工作大会。

2013年7月16日，全国风机标委会按照要求向国家标准委巡视督查组汇报了贯彻落实有关标准化法律法规、方针政策的情况，国家标准立项、计划执行等制定与修订工作情况，标准体系建设情况，标准化科研情况，标准宣贯培训情况，开展标准实施情况，参与国际标准化活动情况，换届及召开年会情况，经费管理情况，挂靠单位支持情况，秘书处运转情况，信息化建设情况及标委会工作中存在主要的问题和今后工作设想及建议。巡视组听取了汇报后，对秘书处办公场所和工作情况进行了考察，并实地考察了生产车间、沈鼓集团实验中心和风机检测中心，查阅了技术委员会工作档案材料。巡视组依据《标准化技术委员会巡视工作评估表》对标委会工作进行了评价，工作总体评价为优。

2013年9月24—26日，在厦门召开了《一般用途罗茨鼓风机能效限定值及节能评价值》标准讨论会议，并按照会上的讨论意见完成了标准的送审稿。

2013年10月，在杭州举办了GB 19761—2009《通风机能效限定值及能效等级》和GB 28381—2012《离心鼓风机能效限定值及节能评价值》两项能效标准的宣贯会议。通过标准宣贯，参加会议的相关技术人员对上述两项标准有了更深刻的理解和掌握，对更好地贯彻实施上述两项标准，提高全行业节能风机产品质量和水平起到了推动作用。

2013年12月，根据工信部及中国机械工业联合会的要求，全国风机标委会对《隧道用射流风机技术条件》等8项制定或修订标准完成立项。标委会组织参加标准制定与修订工作的主要起草人及专家参加了由工信部组织的行业标准评审答辩，标委会介绍了立项的8项标准在标准体系中的位置、对产业发展的作用和意义，与国际标准（国外先进标准）的对比分析情况，与现有标准的协调配套情况等内容。

2014年8月，分别召开了标准起草小组工作会议和标准审查会议，完成了5项行业标准审查工作。

2015年9月，在青岛召开了标准宣贯会议，对JB/T 8941.1—2014《一般用途罗茨鼓风机 第1部分：技术条件》、JB/T 8941.2—2014《一般用途罗茨鼓风机 第2部分：性能试验方法》、JB/T 10213—2014《通风机 焊接质量检验技术条件》、JB/T 10214—2014《通风机 铆焊件技术条件》等4项标准进行了宣贯。

6. 信息化与工业化融合

工信部2013年发出《工业和信息化部关于印发〈信息化和工业化深度融合

专项行动计划（2013—2018 年）〉的通知》，推动信息化和工业化深度融合是加快转变发展方式，促进四化同步发展的重大举措，是走中国特色新型工业化道路的必然选择。推动信息化和工业化深度融合，以信息化带动工业化，以工业化促进信息化，对于破解当前发展瓶颈，实现工业转型升级，具有十分重要的意义。

风机行业在实施信息化与工业化融合过程中发展得还不够均衡，国有大型骨干企业起步较早，特别是沈鼓集团在 20 世纪 80 年代就开展了信息化管理工作，一般小型民营企业起步较晚。

（1）企业管理方面　实现电子化办公，利用 OA 系统实现了办公自动化、业务审批流程化，并运用即时通信功能，提高了各部门工作协调能力。

（2）技术管理方面　所有设计活动均使用计算机来完成，具有便于技术管理的计算机局域网，确保设计能够快捷有效地进行，以及项目的电子化管理。采用高效便捷的计算机设计辅助软件进行设计，对规格较多的设备使用了参数化设计，大大缩短了设计时间。采用有限元计算程序软件对设备的主要部件进行强度和刚度计算，确保设备结构的合理性，避免了日后由于强度不足和刚度不足导致的设备损坏和事故。通过使用二维、三维绘图平台和管理平台，覆盖了从概念设计、详细设计、工艺流程到生产制造的各个环节，解决企业在深化信息化管理应用后面临的部门之间协作以及企业产品数据共享的应用需求，实现企业设计数据、工艺数据与制造数据统一管理，并支持企业跨部门的数据处理和业务协作。

（3）业务管理方面　采用了金蝶 K3 等软件系统，涵盖了财务管理、供应链管理、仓库管理、生产管理等，把信息化应用到企业生产经营的各个环节，实现业务透明化，单据流转规范化，财务核算准确性和高效性，对业务系统进行适当的监控和审计功能，实现了全面了解企业的资金情况。

（4）生产制造方面　库存方面采用了自动化立体仓库系统，以实现最大限度地利用空间，最大限度地满足生产要求，提高生产率，加强生产和物资管理，减少库存积压资金等。加工设备方面从以前的普通机床过渡到集成了数据系统的数控机床，实现加工数字化和智能化，减少由于人工造成的误差，提高生产率和加工精度。

沈阳鼓风机集团股份有限公司在企业信息化发展和应用的道路上走过了 30 多年历程。30 多年来，沈鼓集团不断加大资金投入力度，信息化始终紧跟企业的发展步伐不断进步，满足了市场快速响应的需要，促进了企业在技术和管理两方面的持续进步和改善，提升了企业的核心竞争力。

2004 年沈鼓集团战略重组之后，首次对企业信息化工程进行了整体规划和设计。2005 年提出"用三到五年的时间，把沈鼓集团建成数字化设计、数字化制造、数字化管理的数字化企业"。以此为指导，企业从基础设施到应用系统进行全面提升和改造。在基础设施建设方面，完成了先进的高标准中心机房、网络及服务器系统、信息安全系统、数据备份系统等平台建设。在应用系统建设方面，建成了 8 大应用系统：一是自主开发了具有离散制造业特点的编码系统；二是规划实施了功能完善、极具沈鼓集团特点的 PDM 系统；三是规划实施了集团级的 CAPP 系统；四是在容器公司建立了三维快速设计应用系统；五是以业务需求为导向完成了 Oracle ERP 系统 8 大模块；六是建立了立体仓库，开发完善了车间制造执行（MES）系统；七是打造了满足沈鼓集团要求的 CRM 系统；八是建立了以物联网为基础的远程监控系统服务平台；九是改进和开发了新的 OA 协同办公自动化系统。采用 CAD/PDM/CAPP/ERP/MES/OA 应用集成，采用从合同签订、设计研发、生产制造、包装发运到售后服务全过程的数字化管理。

2007 年沈鼓集团成立了机组远程监测及故障诊断中心，开启了制造业拓展服务业的先河。

2012 年开始，沈鼓集团持续深化两化融合应用，以集团和各子公司资源共享为目标，进行了工作流程规范化、管理制度标准化、企业管控一体化的顶层设计和总体规划；以数字化系统和虚拟技术为基础，整合信息系统资源，打造云制造平台；以集团化管控、财务业务一体化为目标，在全集团建立多组织管理下的集成化系统。

2014 年沈鼓集团投入大量人力物力，通过"集团 ERP 优化升级项目"的实施，实现全集团以统一的人、财、物、编码为基础的 CRM、PDM、CAPP、ERP、MES 和售后服务系统的全面集成共享。沈鼓集团持续创新发展信息化管理，使其逐步成了国内机械行业两化深度融合的领军地位。2013 年沈鼓集团荣获工信部"国家两化融合示范企业"称号，2014 年成为国家 502 家企业中首批 23 家两化融合体系贯标试点单位之一，为两化融合工作的推广起到了引领作用。

上海鼓风机厂有限公司的两化融合工作，针对总体目标，分四个阶段实施：一是以全面成本管理为核心，以面向服务的市场策略，整合现有信息系统，打造技术研发、营销服务、生产制造、供应链、财务、人事为一体的综合管理体系，实现对物流、信息流和资金流紧密集成的动态管理，提高企业综合管理效率，降低企业整体运营成本，加强企业市场应变能力，提升企业决策的准确性和及时性；二是建立具有协同和分析决策功能的内部协同门户，集成已有应用系统，实现业务协同和数据综合分析，提高企业的内部运营效率和全面综合的决策能力；三是实施以电子商务和智能商务为特征的协同商务平台，改造外部门户站点，使公司在内外部实现自动化的、智能化的业务管理、业务决策功能，为公司建设出一个高效的管理神经系统，极大地支持机构的管理改革。

山东省章丘鼓风机股份有限公司以"以工业化促进信息化，以信息化带动工业化"为指导思想，将信息技术更多地运用到公司管理、生产、财务、销售等各个环节，全面加快了两化融合的步伐。

7. 质量管理与成效

质量是企业的生命，关系到企业的生存与发展，提高产品质量的重要性等理念已深深扎根于每个企业。进入市场经济之后，企业普遍采取了多种措施，制定了"干就干好，还求更好"的质量理念，坚持把质量管理放在各项工作的首位，严格贯彻 ISO 9000 质量管理标准，强化企业内部控制为抓手，树立适应市场竞争的质量观念，提高全员质量意识，规范企业管理标准和制度，夯实管理基础，全方位提高现代企业管理水平，使质量管理水平与品牌建设能力得到进一步提升。同时，在质量管理的思路和方法上不断创新和突破，以提高员工的质量意识和质量责任心为切入点，培养员工认真负责的工作态度、良好的工作习惯和执着的敬业精神，全面持续推进"零缺陷"工程，并制定了"加强质量改进，重在原因追溯，建立纠错机制，追踪改进效果"的具体实施办法，推动企业质量管理水平和产品质量的全面提高，使质量管理成为落实企业发展战略的有力支撑。

沈阳鼓风机集团股份有限公司在质量管理方面，以客户为关注焦点，用客户的眼光审视和定位自身工作，通过质量改进活动坚决杜绝低级、重复性错误发生。例如：2013 年共收集质量异常信息 1346 项，制定 8D 项目 43 项，QC 课题 21 项；通过了 API Q1、ISO 9001、ASME 等体系证书年度审核；开展专项铸件外观质量控制、压缩机仪表管线布置、油漆表面和焊壳外观质量改进等，显著提升了产品质量和企业信誉。全年主要件主要项抽查合格率为 99.61%，比上年增加 1.86%；机械加工综合废品率为 0.03%；产品质量"三包"修赔率为 0.16%，比上年下降 0.32%。

陕西鼓风机（集团）有限公司 2013 年不断对质量管理体系进行调整和延伸，积极贯彻 GJB 9001B—2009《质量管理体系要求》，实施国军标质量管理体系认证。公司致力于坚持不懈地以"零缺陷"为核心，以"第一次就把事情做对"为质量文化的基础，在公司"五大特色文化"体系的基础上，塑造出了事前文化、"三现"文化、铁面文化、落实文化、改进文化和客户文化等质量文化体系，通过有针对性的质量教育和培训，让员工懂得如何做才是对的，明确每个工作环节的标准和要求，增强员工第一次把事情做正确的能力，不断提升公司质量管理水平。2013 年该公司完成部级成果 2 项，陕西省成果 2 项，西安市成果 5 项。其中"自控新技术探索 QC 小组"经西安市质量协会推荐参加"2013 年全国优秀质量管理小组"的评选。基于在推动群众性质量管理活动中的突出贡献，该公司荣获了"2013 年度全国机械行业群众性质量管理活动优秀企业""2013 年度西安市质量管理小组活动先进企业"称号。

重庆通用工业（集团）有限责任公司 2013 年加强了产品质量的管控，产品质量得到了大幅改善。一是严格了质量考核和工艺纪律稽查，全年对相关责任部门和人员罚款 93099 元；二是加强了外检控制，有效提高了外购件和外协件的配套质量，全年外购件和外协件的不良频次比 2012 年下降了 36.57%，外配套不良频次下降了 25%；三是加强了质量管理体系审核稽查，保证了体系的有效运行；四是开展了质量管理改进，并完善了相关制度，开展了检计人员操作技能培训，提高了员工质量意识和操作技能；五是强化了技术对产品的可靠性保证，全年未发生一例重大技术责任事故；六是持续推行零部件流转卡和细节质量控制计划，产品过程质量控制取得较好效果。通过不断强化质量管控，不仅常规产品试车合格率达到 100%，大型压缩机也全部一次性试车合格，产品质量特别是外观质量得到明显改善，受到监理和用户的好评。2013 年该公司还开展了"质量放心员工"工作，不仅生产骨干队伍得到了稳定，而且员工质量意识和工作热情得到了有效激发，生产管理明显改善。

四平鼓风机股份有限公司 2013 年严格质量管理，加强了质量改进，提高了产品质量。一是进一步加强了质量保证体系建设；二是不断加强质量检验与控制工作；三是有针对性地强化了质量改进工作；四是严格质量管理制度，加强质量责任追究。该公司按时组织召开月份质量会，及时通报内外部质量问题，并针对出现的内外部质量问题分析原因，制订相应的纠正和预防措施，针对重大和重复发生的质量问题加大了质量追究和处罚力度，对情节严重的人员予以解除劳动合同处理，提高了职工的质量意识和责任意识。

8. 产业转型升级

调整产业结构是实现企业转型升级的一项重要内容。一是要大力发展装备制造业，加快发展高新技术产业；二是改造和提升传统优势产业，把发展现代服务业作为产业结构调整的战略重点，用现代服务业提升制造业，形成工贸互动的良好局面；三是要壮大重点企业，鼓励企业通过走产品经营、资本经营、品牌经营相结合的道路，打造拥有自主知识产权和自主品牌的创新型企业。通过企业转型升级自主创新，不断提高企业竞争力。

上海鼓风机厂有限公司在第四代核电中的高温气冷堆主氦风机和燃料球输送压缩机是高端新产品，已列入国家科技重大专项。其中，高温气冷堆是世界上目前最安全的核反应堆之一，是我国具有自主知识产权的先进堆型，也是世界首台具备第四代核电安全特征的商用核电机组。该公司研制的高温气冷堆用主氦风机已在实验堆无故障运行达 13 年之久，先后获得国家科学技术进步奖一等奖和国家发明专利，其作用与压水堆的主泵相同。

江苏金通灵流体机械科技股份有限公司自 2008 年开始着手产品结构升级调整，投入资金开发高效节能的流体机械产品，进入"十二五"期间，各项研发项目进入成果收获期。该公司的工业鼓风机产品取得了多项技术突破，如 D210、D850 焦炉煤气鼓风机，动叶可调风机等"高新难特"产品；单极高速鼓风机广泛应用于电厂脱硫脱硝、污水处理等行业，在齿轮传动的基础上，该公司与国际知名品牌合作，共同研发磁悬浮式产品，330kW 磁悬浮高速鼓风机产品试车一次性成功，为国内首台套；在压缩机产品方面，在自主研发的基础上，该公司与美国 ETI 合作，迅速完成了 80～1200m³/min 的新型多轴、高效、紧凑型离心压缩机系列化，其产品的多变效率等主要技术指标达到国际先进水平，振动值优于国外产品。图 3-7 所示为金通灵公司生产的 MVR 高浓度废水处理系统离心蒸汽压缩机。

山东省章丘鼓风机股份有限公司作为国内生产罗茨鼓风机的领军企业，顺应国家经济发展的趋势，紧紧围绕"拉长主业，上新创新，合资合作，发展大章鼓"的长期发展战略思想，以"做，就做到最好"为工作理念，以建成全国最大的罗茨鼓风机生产基地，实现"罗茨鼓风机王国"为目标。2011 年 7 月 7 日，该公司成功地在深交所挂牌上市，成为章丘市第一家上市公司，从而打破了章丘市无上市公司的局面。

图 3-7　金通灵公司生产的 MVR 高浓度废水处理系统离心蒸汽压缩机

浙江亿利达风机股份有限公司近年来始终关注风机技术的发展动态，以技术创新来引领行业发展，致力于研究节能环保风机技术，加快节能低噪空调风机、建筑通风机及配套电机系列产品的开发，提升产品品质和档次，推进产品智能化和系统化；同时推进持续改进工作，重视资源综合利用、节能降耗等工作，挖掘降低产品成本的潜力，积极改进产品设计和工艺，降低材料的损耗，从而实现节能增效的目的。2014 年该公司开发的 SYT15-11 空调风机被列入了国家火炬计划项目；SYQ630 后向离心风机被认定为浙江省第一批制造精品；开发的机翼型 SYWA 系列无蜗壳风机送新加坡 AMCA 进行了认证，经测试的风机静压效率已达到国际领先水平，是 2014 年技术创新团队的一大突破。根据电机产业发展的需要，该公司在 2013 年 1 月取得了单相单绕组直流无刷电机国家发明专利的基础上，2014 年研制的风机用直流无刷电机列入了路桥区重点科技计划项目；另外，包括 YZWR54-8 空调室外机直流无刷电机等多种系列规格电机也陆续开发成功，满足了客户的不同需求。

成都电力机械厂是中国定点生产电站辅机及配件的机械制造骨干企业，是西南地区最大的电站风机及备品配件专业生产厂，原隶属于国家电网公司四川省电力公司全资子公司，2011 年 9 月隶属于中国电力建设集团有限公司。该厂被原国家电力公司指定为配套生产 30 万～100 万 kW 火电机组辅机设备的推荐单位。目前该厂逐步开始由营销开拓市场向技术引领市场的转变，逐步完成工厂的转型升级。在完成对 TLT 的并购以后，解决了长期困扰工厂知识产权的困局，TLT 也成为电建集团中的一员。在动调风机上，该厂依托 TLT 的技术和创新能力，取得了竞争优势；在静调风机上，以我为主，逐步提高了 AN 风机的效率和可靠性；在 LX 风机上，通过借鉴合作，形成了具有自主知识产权的核心技术。

甘肃省白银风机厂有限责任公司随着系列化新产品的开发和投产，使该公司在调整产品结构方面取得良好的效果，有力地促进了企业经济的发展。一是实现了从小型风机向大型风机的转变，产品整机生产型号达到 G4-73 No29.5D，零部件型号达到 G4-73 No31.5F；二是实现了从通用风机到特种风机的转变，该公司已生产供应可达 660℃的高温风机、防腐风机等特殊用途风机产品，并且已经积累了成功的经验；三是实现了从单台风机制造到机电一体化的转变，由原来只供应风机产品发展到供应带整体钢架、电控、变频调速、智能控制的机电一体化产品；四是实现了从单一风机制造到系统工程设计、制造安装、调试交钥匙工程的转变，如签订了白银公司三冶炼 ISP 系统风机设计与改造的交钥匙工程；五是实现了从满足市场需求到引导市场需求的转变，经过几年的发展，公司生产的脱水菜风机、麦芽生产线专用风机、种子生产线专用风机以及 Y6-51 系列环保风机、DW270-11G 鼓风机，不但满足了市场需要，而且也在同行业中起到引导市场需求的作用；六是实现了从低附加值向高附加值的转变，如从原来的 №11 风机单价 1.76 万元发展到 DW270-11G 的 10 万元，产品附加值得到提高，企业收入有了明显增加。

据风机分会统计，"十二五"期间，风机行业部分企业已逐步开始向高端产品发展。2015 年生产离心压缩机的企业已达到 10 家，其中有：沈阳鼓风机集团股份有限公司、陕西鼓风机（集团）有限公司、江苏金通灵流体机械科技股份有限公司、上海鼓风机厂有限公司、重庆通用工业（集团）有限责任公司、中航黎明锦西化工机械（集团）有限责任公司、锦州新锦化机械制造有限公司、长沙赛尔透平机械有限公司、安徽科达埃尔压缩机有限责任公司、湖北双剑鼓风机制造有限公司；生产轴流压缩机的企业有：沈阳鼓风机集团股份有限公司和陕西鼓风机（集团）有限公司；生产能量回收透平机组的企业有：陕西鼓风机（集团）有限公司和中航黎明锦西化工机械（集团）有限责任公司。

9. 节能产品开发与推广

2011—2015 年，沈阳鼓风机研究所和大学联合组织研发了离心和轴流通风机，有的已经转化为生产力，收到了较好效果。

（1）新型高效风机系列模型推广应用工作 沈阳鼓风机研究所与清华大学流体所联合开发了 5 个系列新产品模型，即 4-73（板型叶片）离心通风机系列模型，5-55 锅炉鼓引节能风机系列模型，6-24、6-35、7-28 循环流化床锅炉节能风机系列模型。该5个系列风机模型高效节能，均已于2011年8月获得国家专利。例如：7-28循环流化床锅炉节能风机系列最高效率87%［能效等级1级：79%，能效等级2级（节能评价值）：76%］，比节能评价值高出11%，意味着如果达到同样的流量和压力，功率将下降约11%，节能效果相当可观。"十二五"期间，在行业内已有很多风机企业应用了这5个系列高效节能系列模型，转化为产品，并获得了可观的经济效益。其中，6-35型风机已成功在郝集电厂、信发电厂运行，运行情况平稳、高效，提高了电站风机运行的经济性。

（2）组织开展新系列轴流通风机研发工作　为认真贯彻国家节能减排的指导方针，全面提高风机行业整体科技水平，充分发挥协会组织的优势，建立产、学、研相结合的技术创新体系，实现科技兴企和可持续发展战略目标，风机分会组织行业有关单位开展新系列轴流通风机研发工作，经过沈阳鼓风机研究所和清华大学流体力学研究所对T35和T40一般用途轴流通风机的调研，通过大量的改造样机测试和改造模型的气动模拟计算工作，掌握了对T35、T40一般用途轴流通风机改造的技术特点，研发工作正在进行中。

（3）企业自行开发的新产品

1）改进型射流风机启动后，通过高速喷射的气流产生轴向推力推动随动机构带动射流风机向下旋转一定角度，从而使气流远离隧道壁面或拱顶，减少空气射流与壁面或与拱顶之间必然产生附加摩擦损失。该风机控制简单，节能环保，由于利用的是反作用力让风机筒身倾斜，不需要增加额外的控制和能源，可直接应用于现有的隧道或地铁控制系统中。该风机获得名为"一种吊挂式随动射流风机"的实用新型专利证书。

2）大型隧道通风设备专门用于特长大型隧道通风系统，在满足通风系统所需性能前提下，由普通的隧道通风设备直径为3.15m降低至2.8m。该设备设计专用配套消声器，降低了风机噪声，比普通的隧道通风设备噪声（比A声级）降低2LsA/dB以上的效果。大型隧道通风设备最高全压效率≥80%。该设备获得了名为"一种能耐高压力消防用大型组合式矩形风阀"的实用新型专利证书。

3）污水处理用脂润滑罗茨鼓风机的整机性能达到国际领先水平，多项指标优于美国样机，叶轮转速可达4000r/min以上（国内一般在3000r/min以内）。该产品具有高效节能的显著特点，比国内产品节能5.7%，重量只有国内的45%。

4）B型单级高速离心鼓风机与多级低速风机相比，具有多变效率高、集成化高等优点；与同流量、同压力的多级离心风机相比，节能10%以上。整机性能达到国际先进水平。B型单级高速离心鼓风机的特点：叶轮采用国际最先进的三元流动理论设计，半开式叶轮无前盘，多变效率高达82%，能耗小，重量轻，噪声低；叶轮与高速轴用拉杆连接，靠端面销传递转矩，通过锁紧螺母将叶轮固定，风机轴无键设计，保证高速运行可靠；采用轴向进口导叶及扩压器联运系统，流量调节范围为额定流量的60%～110%，运行效率高。该产品主要应用于污水处理，还可用于电力、钢铁、石化以及铸造、核电等行业。

5）铸造结构多级离心鼓风机的叶轮应用流动分析技术设计，其性能达到国内领先水平。与同流量、同压力的其他结构多级离心风机相比，该产品节能5%以上。

6）ZW型三叶罗茨鼓风机的机壳采用内部对称消声逆流结构；叶轮型线为三叶拟渐开线高效型线，效率高；叶轮去重孔增加消声结构，有效降低了噪声。该产品比国内产品节能5%以上，达到了国际领先水平。

7）ZN-100三叶扭叶型鼓风机是在ZG-100型风机基础上，采用扭叶型转子及改进型机壳设计而成的。该产品具有振动小、噪声低、效率高、轴功率小、运行可靠的特点，并且它是三叶扭叶型鼓风机在国内风机行业的首台样机。该鼓风机主要应用于污水处理、气力输送等行业。

8）新型集装式ZG-BOX罗茨风机机组是继成功研发污水处理用脂润滑罗茨鼓风机之后，专门针对污水处理行业和污水处理设备改造推出的另一款新的产品，它具有节能及噪声低的优点。

9）静叶可调轴流式通风机+小汽机、静叶可调轴流式通风机+变频调速的组合模式在电厂的成功运行，提高了能源利用率，降低了电厂用电，提高了电站风机运行的经济性。双级AP联合风机也已在电厂运行，达到了节能、高效的效果。

10）2012年在风机行业申报的节能机电产品中，全国有3家的产品同时列入全国首批通风机节能惠民工程名录。其中，浙江明新风机有限公司有3大类产品（冷却用轴流风机、变压器用风机、烟叶烘烤风机）共37个规格型号通过了"中国节能产品认证"，不仅使得消费者在购买产品的同时享受节能惠民补贴，而且拓展了产品销售市场，提高了产品市场竞争力。

（4）关于"淘汰高耗能落后风机产品"的建议　根据工信部《关于开展2013年度高耗能落后机电设备（产品）征集工作的通知》要求，由沈阳鼓风机研究所提出了关于"淘汰高耗能落后风机产品"的建议，淘汰W5-47、Y5-47、M7-29、W7-29、9-35、Y9-35等六个系列离心通风机。W5-47、Y5-47淘汰后可由5-55系列代替，最高效率为87%；5-48系列最高效率83.5%，行业中曾提出由5-48替代5-47系列。M7-29、W7-29可由7-28系列代替，最高效率为87%。9-35、Y9-35可由9-36系列代替，最高效率为82%。工信部2014年3月11日发布了《高耗能落后机电设备（产品）淘汰目录（第三批）》公告，其中风机淘汰37项。

10. 企业向制造服务业转化

沈阳鼓风机集团股份有限公司 2015 年在主导市场低迷的情况下，从调整产品结构、销售结构、服务理念等方面入手实现了新市场和服务市场的突破。一是完成新市场战略规划，确定未来集团新市场方向和实施路径。围绕新市场发展前景、压缩机未来发展方向和集团新市场实施路径等，确定主要市场工作方向和后继工作重点，做出了向新能源市场延伸等重要决策。成立了产品升级专项小组，形成多部门联合作战模式，对市场重点项目的设备需求、生产、资金保障等情况进行梳理和规划，为集团全面推进新市场开发战略奠定了基础。二是整合营销资源，使营销战略管理体系实现常态化运行。制定营销战略执行重点，明确重点市场开拓目标和工作重心。通过整合各子公司的营销资源，进一步确定了工作机制和运行模式，进一步完善绩效管理和销售奖励政策。通过责任状分解落实，实现了绩效管理和销售处室及销售员各项奖励制度的统一化管理。三是提升服务人员的业务水平，改善服务质量。进一步完善现场总代表制度，编制现场问题处理流程作业指导书，完成对呼叫中心的升级改造，以及开展对服务人员的培训。通过一系列的改进措施，使服务人员的业务水平和工作效率得到了显著提高，服务反应速度大幅提升。四是掌握存量市场信息，全面策划开展对机组的升级改造。在传统行业市场严重下滑，石化、煤化工、天然气等优势行业项目急剧减少的情况下，集团公司及时调整方向，狠抓新市场和服务市场，为集团全面推进机组升级改造项目奠定了基础。五是响应"走出去"战略，建立适应集团发展的海外布局。在传统优势市场成立了服务营销团队和专业化销售团队，打造能满足海外项目的服务平台和海外人才贸易团队，为集团国际化转型奠定了坚实的基础。

陕西鼓风机（集团）有限公司在为客户提供的全托式维修保运服务，为企业走专业化维修保运服务道路迈出了坚实的一大步。而且建立了"技术＋管理＋服务"一站式全方位服务体系，为用户提供从售前到售后的全生命周期健康管理，为客户量身定做一系列机组健康状态管理档案，对公司生产的各类大型机组实施远程监测，提供包括预警、咨询、诊断及现场服务等 6 大方面 20 余项服务，不断提升为客户服务的能力。

1）工程系统成套——交钥匙工程。系统解决方案不仅仅注重系统中单机的表现，更注重整个流程系统装置功能的有效性和可靠性。随着对用户需求的深入挖掘分析，该公司发挥专业优势，向客户提供工程成套服务（工程总包）——交钥匙工程。

2）系统服务——产品全生命周期的专业化服务。该公司在产品的全生命周期——产品开发改进、生产制造、安装调试、售后服务等全过程中，对服务范围进行拓宽和延伸，并与具有共同价值观的下游大客户结成战略合作伙伴关系，提供全程、专业、系统的服务。风机设备的稳定运行对客户整体系统的正常运转具有重要的作用。该公司把信息技术与传统产业进行嫁接,研制开发了旋转机械远程在线监测及故障诊断系统,通过互联网全天候监测,一旦设备运行出现问题,专家组立即通过网络为用户检修,快捷服务。

3)专业化备品备件服务。为了保证客户流程装备上的核心关键设备,可靠运行和减少过剩易损件储备,该公司为客户提供备品备件服务,使客户实现了备件零库存。通过这些服务,该公司为客户解决了需要储备备品备件的资金占用、储备不足、保管麻烦等问题;同时,也为公司拓展了市场,带来了可观的经济效益。

上海鼓风机厂有限公司2012年在经营理念上有所突破,打破老国有企业的传统思维方式,坚持"从单一制造向制造+服务"的方向转型发展,坚持"两头在内,中间在外"的商务模式,坚持技术领先、市场第一的经营原则,坚持"对外围绕销售,对内围绕生产"的工作方式,在市场工作中抓住"改造风机"新机遇,抓住用户EPC需求新机遇,抓住现场性能测试、现场维修服务新机遇,从被动服务逐步转型为主动服务,开拓了新兴市场。该公司还针对庞大的维修服务市场,扩大了产品服务中心的功能,单独承接订单和完成维修服务,保持24小时服务热线,认真接待用户来电来信,坚持"服务是第二张订单"和"宁停生产不停服务"的理念,把服务作为经营业务的一个板块、一个产业来抓。2013年产品服务中心完成销售收入8039万元,大修理风机192台,比上年123台增长56%,同时积极开拓EPC业务,共承接7个EPC项目,成为一个新的增长点。2014年该公司开展了向用户提供设计、制造、安装、调试、维修、保养、备件供应、故障诊断等一条龙式的服务。2014年,该公司新疆"4S"店在新疆昌吉正式成立,成为风机行业中首家引进"4S"店模式的企业。

山东省章丘鼓风机股份有限公司加快产品结构的调整,提高资源利用率,提高产品质量和生产率。转变经济增长方式,把着眼点由过去的上规模、上产量的粗犷式,逐步转变为技术创新、扩大服务领域,从单一的产品扩大为工程总承包,以至交钥匙工程。逐渐走出传统产品加工制造的老路,实现围绕系统工程集成,强化科技创新与系统服务,实施专业化协作的大市场开发、品牌建设发展之路。在产品结构调整方面,一个方面继续深入市场开发市场需求的新产品,把已经开发的罗茨鼓风机、离心风机、重型机械、泵、电气设备产品形成系列化、成套化,拉长做大,重点开发高效节能的新产品。该公司的气力输送产品在实现单机的基础上,已成功转向承接气力输送系统的交钥匙工程,是公司的朝阳产品。第二个方面采取合资合作的方式。开发具有国际先进水平的罗茨鼓风机和离心鼓风机,并继续向其他行业扩展,争取把罗茨鼓风机、离心鼓风机、渣浆泵、气力输送、电控柜等产品做大做强,在开拓新的经济增长点的同时,增强企业自身抵抗市场风险的能力。

浙江格凌实业有限公司为了开拓国内外市场，成立了国际贸易部和国内贸易部。在国际市场开拓中充分利用电子商务平台，使产品在国际市场进一步打开了销路。该公司的产品由于质量可靠，稳定性好，在国内高端市场销售非常好，在产品定价达到行业均价1.5倍时，市场保有率始终保持在70%以上。目前在青藏线列车车厢增压、美国谷歌公司天然气发电机组燃气增压中都应用了该公司的旋涡式气泵产品。近年来，浙江格凌实业有限公司不断加大市场开发力度，已形成了健全的销售网络，通过技术交流和合作，和客户建立了良好的协作关系。该公司的旋涡式气泵产品主要以出口为主，产品已被美国、德国、英国等十多个国家的厂商采用。

11. 人才培养

"十二五"是我国向创新型国家发展的关键阶段，也是企业发展的重要契机，而人力资本是创新的核心要素，因此企业必须充分发挥人力资本的作用，才能做好向创新型的转变。挖掘、开发、培养企业内部具有发展潜力、学历水平与综合素质良好的人才，通过人才的培养与引进，优化队伍，提高企业核心竞争力。

沈阳鼓风机集团股份有限公司长期以来一直注重人才队伍的建设，2012年有针对性地开展专业化培训，着重开展了专业岗位培训和技能培训，开展各类培训122项，共完成1.7万人次、47万学时的培训；实施全新的新入职员工培训和实习方案，快速提高了新入职员工的上岗能力；组织完成了沈鼓集团第四期青年后备干部培训班选拔和培训工作；对集团中层以上干部进行了战略管理等培训。人才引进取得丰硕成果：根据企业发展规划，建立了员工招聘配置流程与标准，制定了人才激励办法；成功引进3名拥有博士学位的高技术人才从事重要项目研发工作；面向社会招聘59人，其中高端人才5人，分别从事中层管理及产品研发工作。

陕西鼓风机（集团）有限公司培训培养工作在紧密围绕企业战略的基础上，一切从个人培训需求、着力提高绩效为出发点，举办各种类型的培训及活动，满足员工成长和企业发展的需要。围绕公司战略发展需要，重点实施了对高端人才、后继人才梯队建设、专业人才、新兴业务及转岗人员技能提升的培训，并着力开展基层部门岗位技能培训。2013年该公司与西安交通大学等知名高校联合开设"管理知识训练营"两期班，采取MBA的核心管理课程在职学习的方式进行。同时开设了工程管理硕士班，通过制订与实施有效的继任人（关键岗位继任人）甄选计划、人才培养与开发计划，使人才得到更好的职业发展规划和培训的支持，建立公司强有力的人才梯队。2013年，结合公司空缺岗位技能要求和需转岗人员能力现状，对车间富余人员进行了新业务知识培训。

上海鼓风机厂有限公司抓好教育培训，推进人员结构优化。2012年，通过完善企业培训体系，按差异化进行有针对性的培训，开展了生产计划管理、物料管理和库存控制、采购成本与供应商管理、质量管理体系推进及务实等专项培训。对电工、焊工、挂钩工、行车工等进行了上岗安全要求的复训。对车间班组长进行了强化质量意识的培训。全年共计 295 人次参加了各种形式的培训。

江苏金通灵流体机械科技股份有限公司缩减人员编制，优化人才队伍建设，用更少的人创造更多的效益。2013 年安排分（子）公司总经理参加职业经理人的培训，提高中层领导的管理能力和职业素质。组织各种职称、资格证申报以提高员工技能素质。该公司的钳工在南通技师学院参加钳工高级工鉴定考试，全部通过了鉴定考试。

12. 国家级企业研发中心的发展

机械工业风机产品质量监督检测中心于 1991 年 10 月 8 日通过了国家技术监督局、机械电子工业部的计量认证和国家级产品质量监督检验测试中心机构审查的正式验收，并授权开展工作；1992 年 4 月 30 日获得国家技术监督局颁发的计量认证合格证书。2001 年 1 月 11 日沈阳鼓风机研究所风机检验实验室通过了国家认可委员会的认可，并获得由国家质量技术监督局、国家认可委员会颁发的《实验室认可证书》；2006 年 1 月 16 日通过计量认证及质检机构认可和实验室认可"三合一"评审；2010 年 6 月该实验室名称变更为沈阳鼓风机研究所（有限公司）风机检验实验室；2011 年 1 月 14 日通过计量认证及质检机构认定和实验室认可"三合一"评审，分别获得中国机械工业联合会颁发的机构认定资质证书、中国国家认证认可监督管理委员会颁发的资质认定计量认证证书、中国合格评定国家认可委员会颁发的实验室认可证书。

机械工业风机产品质量监督检测中心是独立于产品开发、制造、销售和使用部门的非营利性的、具有第三方公正地位的国家授权法定检测机构。该中心及实验室授权开展检测（认可）范围：通风机、鼓风机、压缩机的产品性能测试。

为了满足风机产品的测试要求，2007 年沈阳鼓风机研究所风机检验实验室搬入开发区后，投资 200 余万元，按照 GB/T 1236—2000 试验标准设计制造了风机试验装置。新建 1000kW 交流电机试验台，改造原 80kW 和 250kW 两个直流机组风机试验台，两台直流调速电动机分别由晶闸管直流调速装置控制。其中，80kW 直流电机调速试验台适用于 №8 及其以下通风机的试验检测工作；250kW 直流电机调速试验台适用于 №8～№14 通风机的试验检测工作；1000kW 交流电机试验台适用于 №14～№20 通风机的试验检测工作。以上 3 个试验台的测试装置及电控装置占地面积 1000m^2。另外，还建有 30kW 和 20kW 两个交流电机试验装置，可进行 №8 号以下风机及罗茨鼓风机测试需求的性能检测。2008 年该实验室新建了 3m×3m 出气风室及罗茨鼓风机试验台，可满足 №10 以下空调风机及罗茨鼓风机的测试要求。该实验室的所有试验台位的性能试验全部采用自动测量。

沈阳鼓风机集团股份有限公司 2010 年将研发中心、试验中心以及设计部资源进行整合，组建了研究院。集合科技优势力量，从产品研发到应用，从技术成果开发到转化，从产品设计到试验平台建设，全方位提高企业技术创新能力，在模型级开发、材料工艺、力学分析等单元技术和新产品开发方面取得多项重要科研成果，企业的核心竞争力得到进一步提升。同时，沈鼓集团被国家发改委能源局命名为大型透平压缩机组研发（实验）中心。自 2000 年沈鼓集团的企业技术中心被认定为国家级企业技术中心以来，接受并通过了国家发改委 10 余次的综合评价，特别是在 2015 年国家发改委组织对现有国家级企业技术中心进行综合评价过程中，沈鼓集团国家级企业技术中心在全国 1000 多家企业中，以综合评价分数 91.1 分、评价排名第 17 名的优异成绩顺利通过了考核。

陕西鼓风机（集团）有限公司建有两个技术中心：一个是在 2007 年取得国家认定的西安陕鼓动力股份有限公司技术中心，另一个是 2008 年取得省级认定的陕西省透平机械工程技术中心。陕鼓集团的试验能力及条件主要分两部分：一是试车站，可以进行产品性能试验和开式机械运转试验；二是透平压缩机与膨胀机实验室，用于新产品开发模型试验研究，包括 TRT 工艺流程技术试验研究（顶压稳定性分析与控制研究的模拟试验）、离心压缩机基本级试验研究、大型鼓风机模型试验研究、透平强度及动应力试验研究、汽轮机试车站。另外，陕鼓集团还建有 32t 高速动平衡及超速试验系统（DH8/DH50），主要采用各向等刚度硬支承原理，用于在隧道式真空防爆仓内对柔性转子进行低速、高速动平衡、工作转速试验和超速试验。

重庆通用工业（集团）有限责任公司的技术中心 2012 年被评为重庆市优秀企业技术中心，2013 年荣获了国家认定企业技术中心称号。

湖北省风机厂有限公司 2009 年被评定为湖北省创新型企业建设试点单位，企业技术中心被评为省级技术中心，并被湖北省人社厅批准为博士后产业基地。

浙江上风实业股份有限公司拥有省级企业技术中心和省级风冷成套装备高新技术研发中心。该公司的检测中心通过了国家认可委的（CNAS）认证。2014 年 12 月，由浙江省科技厅批准成立了浙江省上风高科高效节能智能化风机研究院。

浙江明新风机有限公司建立了全性能风机检测中心，该中心于 2012 年 2 月被国家认可委员会授予 CNAS 国家实验室称号。

威海克莱特菲尔风机股份有限公司建立了省级技术中心、省院士工作站、威海市轴流风机工程技术研究中心。2013 年该公司的计算测试中心获得国家级实验室认可。

南方风机股份有限公司的性能检测试验室，2002 年经国家认可委员会认可，获得国家级实验室认可证书。该试验室出具的检测证书与国际许多先进的实验室出具的检测证书实现了互认。

浙江金盾风机股份有限公司建立了金盾通风机械装备省级高新技术企业研究开发中心。

浙江格凌实业有限公司公司企业技术中心，2012年被认定为省级企业技术中心。

13. 企业技术创新战略联盟

为提高企业新的市场竞争能力，当前已经逐步兴起了新的产业模式——产业技术联盟。

在风机行业，以沈阳鼓风机集团股份有限公司为首，组建了石油化工、天然气集输及液化关键设备技术创新战略联盟；以陕西鼓风机（集团）有限公司为首，组建了能量回收产业技术创新联盟；山东省章丘鼓风机股份有限公司与中国科学院合作，成立了山东章鼓节能环保技术有限公司，该公司致力于MVR系统工程的推广和应用。

14. 国外并购、合资、建立销售网络

2003年9月，陕西鼓风机（集团）有限公司在西安发起成立了陕鼓成套技术暨设备协作网，包括德国SIEMENS、美国EMERSON、GE，瑞士MAGG等许多世界知名公司都是该协作网的成员单位，构建起了稳固的、高质量协作的供应链。此外，该公司还与多家金融机构、科研机构等建立了良好的合作关系，并获得了金融机构大额银行综合授信。"十二五"期间，该公司加强了海外市场布局，成立了海外事业部，集中海外销售力量。"十二五"期间海外市场订货比"十一五"期间增长了140.82%。经过市场能力等方面的考察和判断，2015年7月，陕鼓卢森堡公司收购了捷克EKOL公司75%股权，促进该公司"工业压缩机+驱动汽轮机"一体化系统解决方案和服务能力的提升。

山东省章丘鼓风机股份有限公司为应对国际市场，设立了外贸总公司，并在美国成立了风神鼓风机有限公司，在国外设有14个代理商，架起了与世界各个国家联系的桥梁，为对外合资合作，发展国际化章鼓公司奠定了基础。

成都电力机械厂总包的NTPC（印度国家电网公司）lara项目是该厂第一次直接面向海外企业承揽海外的项目。2006年，成都电力机械厂与德国KK&K公司共同出资成立了成都凯凯凯电站风机有限公司，以期向全球提供高品质的风机。中国电力建设集团有限公司和成都电力机械厂于2013年10月14日，在德国埃尔兰根西门子能源总部与西门子公司签订了TLT公司的收购协议，并于2014年2月7日顺利完成了股权交割。

（三）协会工作对行业发展的重要促进作用

中国通用机械工业协会风机分会从1988年成立到2015年底，共发展了21

批280个会员单位。经过14次组织整顿，由于不履行会员义务或企业转产等原因，共退出了76个单位。截至2015年12月末，风机分会共有204个会员单位，其中：企业会员193个，大学、研究院所等11个。在企业会员中，按照2011年工信部大中小型企业划分新标准，风机分会有12个大型企业，37个中型企业，144个小型企业。从经济类型划分，风机分会有国有企业13个，集体企业7个，股份制企业6个，民营企业108个，民营股份制企业40个，中外合资企业11个，外商独资企业8个。

在中国通用机械工业协会的领导下，风机分会组织会员单位开展了多种形式的行业活动，并协助政府部门完成了各项有关工作。

1. 制订行业发展规划

风机分会按照中国通用机械工业协会的要求，连续编制了风机行业"十五""十一五""十二五""十三五"发展规划及《风机行业煤电风机节能减排升级改造方案》；分别对"十一五"和"十二五"经济运行情况、重大装备国产化情况、新产品开发情况、技术改造情况、专利及知识产权保护、标准制定与修订情况、信息化与工业化融合情况、产业转型升级情况、节能产品开发进展情况、向制造服务业转化情况、人才培养情况、行业发展中存在的问题进行了总结。

2. 开展多项专业技术培训

风机协会成立以后，多次聘请大学老师和企业有丰富实践经验的技术专家举办离心通风机和轴流通风机设计、制造工艺、性能测试、动平衡、焊接等专业培训班，解决了企业技术力量薄弱和技术人员不足问题。这种短期培训实用性较强，有针对性地帮助企业解决在生产过程中遇到的实际问题，深受企业的欢迎。

1992年3月1—20日，在沈阳举办了两期风机转动件焊工技能培训班。1994年10月8—15日，在沈阳举办了通风机设计学习班。1994年10月18—24日，在沈阳举办了通风机工艺学习班。1995年4月15—23日，在天津举办了罗茨鼓风机学习班。2008年4月、7月、8月，分别在沈阳、天津、江阴成功举办了三期风机行业离心通风机技术培训班。

2012年6月，在沈阳举办了动平衡及故障分析培训班，有27名学员参加了学习，聘请了上海交通大学机械与动力工程学院制造与装备自动化研究所的老师授课。在培训中，系统讲解了造成转子不平衡的原因及风机故障分析，并在沈阳鼓风机研究所进行了现场实际操作演示。

2015年11月10—19日，在山东临沂举办了轴流通风机设计培训班，共有34名学员参加了学习。培训内容主要有：轴流通风机的实用技术方法、轴流通风机气动性能与三维湍流流场的数值模拟方法。培训班的主要特点是针对性比较强，授课内容以实用为主，满足学员在实际工作中的需求。授课过程中通过深入浅出地讲解轴流通风机设计的理论知识，并且与学员互动，有些学员带着设计工作遇到的问题积极发言讨论,学习气氛十分活跃。通过此次培训,大多数学员反映收获很大,很多知识都可以应用到实际工作中,同时通过与其他企业的技术人员相互交流,从中得到很大启发。

3. 开展技术交流和新产品、新技术发布会活动

风机分会成立以来,始终把上质量、上品种、上水平,推广新产品、新技术、新工艺、新材料,提高风机行业整体水平作为一项重要工作来抓。1997年9月、2000年10月、2001年10月先后召开3次风机行业技术研讨会和技术交流会,共有300多人次参加会议。内容包括新产品开发、新工艺应用、叶轮焊接、叶轮耐磨及防腐工艺、机壳表面涂装等30多个专项课题和经验介绍。同时,邀请了与风机相关的加工配套产品单位介绍各自产品在风机工业中的应用,收到了较好的效果。

风机分会分别于2004年11月(西安)、2006年11月(北京)、2008年10月(北京)组织召开了3次新产品、新技术发布会。

2012年在第六届中国国际流体机械展览会举办期间,在上海组织召开了风机行业2012国内外风机技术发展论坛。论坛邀请了国内外的风机制造企业、国外行业组织、风机用户、国内有关设计院、工程公司及院校等单位的11位行业专家在论坛上做主题发言,有155名代表参加了会议。

4. 组织召开中国国际风机学术会议

风机分会、沈阳鼓风机研究所、《风机技术》杂志社于2013年5月在山东烟台召开了风机行业首届学术会议,有风机制造企业、大学、风机用户和设计院共102个单位、近190位代表参加了会议。会议以"科技创新引领产业,绿色动力创造未来"为主题,探讨了风机的前沿与发展、风机的节能运行改造、高效风机的研发等议题。会议共收到风机学术论文114篇,内容涉及风机气动性能数值模拟的分析方法、风机设计理论发展、风机制造工艺新方法的研究、风机性能试验方法、风机节能降噪途径、风机能效等级、现场风机机组的节能运行与维护改造等内容。有35篇论文进行了大会交流。会议选出优秀论文一等奖8篇,二等奖13篇,三等奖21篇,并颁发了证书。

2015年9月在成都召开了第二届中国国际风机学术会议。来自国内外风机行业的制造企业、高校、设计院和风机用户共230名代表参加了会议。会议共收到国内外论文126篇,比上届会议论文数量有所增加,而且论文总体水平有了显著提升。论文内容涉及风机数值模拟、性能试验方法、风机噪声预估与模拟、设计优化、制造工艺、节能降耗、风机标准和先进的配套技术等诸多方面内容。本届会议邀请了美国密歇根州立大学、英国剑桥大学、德国亚琛工业大学、法国国家科研中心、西安交通大学、北京航空航天大学、中科院工程热物理研究所的7位风机行业国际知名的教授专家带来了国际前沿的学术报告,报告的内容涉及广泛，从风机的设计理论与方法、反设计方法、大涡模拟方法，用先进的模拟技术和计算软件对噪声和湍流进行模拟和预估，到最新的试验工具和试验方法，均代表了当前风机技术国际先进水平。为了在有限的时间内让更多的优秀论文得到交流，在特邀报告结束后，第二天设立了两个会场，分别在通风机鼓风机会场和压缩机会场同时进行。在压缩机会场，共有24篇学术论文在会上交流。这些论文作者主要集中在国内从事透平压缩机研究和生产的企业和科研院所。在通风机鼓风机会场，有27篇学术论文进行了交流。以西安热工研究院有限公司、上海宝钢节能环保技术有限公司为代表的电力设计院和用户，重点探讨了电站风机的节能诊断方法和节能运行改造的研究；以重庆通用工业（集团）有限责任公司、浙江亿利达风机股份有限公司、上海诺地乐通用设备制造公司、南京磁鼓科技有限公司、湘潭平安电气有限公司及北京华怡净化科技研究所有限公司为代表的一批颇具实力和快速发展的风机制造企业，也纷纷展示了各自企业的创新产品，以及在产品制造方面所取得的科技成果。

5. 组织风机行业有关研讨会、论证会活动

风机分会积极组织风机行业的有关研讨会、论证会活动，促进了行业的发展。"十二五"之前，举办的风机行业有关研讨会、论证会如下：

1）为促进风机行业中小企业的快速发展，2007年11月在贵阳召开了风机行业中小企业发展研讨会。

2）2004年5月风机分会组织召开了罗茨鼓风机定向采购技术论证会。

3）2005年由风机分会主办，国电泰州发电有限公司和国家电力公司热工研究院协办，召开了2×1000MW超（超）临界机组电站风机招投标技术论证会和电站风机市场信息发布会。

4）2007年6月11日由风机分会与沈阳鼓风机研究所联合组织召开了旋压设备交流会。

5）2001年10月22—24日，在浙江上虞召开了风机行业提高产品表面质量专题现场技术交流会。

"十二五"期间，鉴于风机行业通风机能效标识实施的实际情况，很多企业和风机分会非会员单位对通风机标准和实施规则不够明确，个别企业已经收到当地监察机构几十万元甚至上百万元的罚单，给企业生产经营造成很大影响，风机分会联合中国标准化研究院能效标识管理中心于2011年6月和2011年9月，分别在南通和青岛召开了两次通风机能效标识制度宣贯会，共有140个单位190人参加了会议。通过通风机能效标识制度的宣贯，一部分企业开始认识到能效标识的重要性，并积极付诸行动逐步实施。会议邀请了中国标准化研究院能效标识管理中心、沈阳鼓风机研究所的有关领导和专家，就风机生产企业如何取得能效标识分别对通风机能效标准和相关政策、通风机能效标识制度、通风机能效标识实施规则、能效标识备案流程及实验室备案、GB 19761—2009《通风机能效限定值及能效等级》等方面内容进行了讲解。

6. 组织对外考察和交流

从 2004—2015 年，风机分会共组织了 12 次对外考察活动。先后赴美国、欧洲、日本、澳大利亚、俄罗斯等国家以及台湾地区进行了技术交流与洽谈。通过考察活动，各企业参加考察人员对国外风机公司的技术水平和产品制造水平都有了一些了解，对企业在技术发展和企业管理上都起到一定的促进作用。风机分会还先后 3 次进行了对外接待工作。

1）2004 年 2 月 29 日—3 月 11 日，组织了赴东南亚和台湾地区考察活动，与当地的同行业人员进行了交流，加深了相互了解，互通了信息资料，增进了友谊，为风机行业进一步开拓市场迈出了第一步。

2）2004 年 10 月 9—22 日，组织了赴美国考察活动，出席了美国空气运动和控制协会会员大会，与美国空气运动和控制协会全体理事进行了广泛深入的交流，并参观了美国空气运动和控制协会产品实验室。

3）2005 年 10 月 15—26 日，组织了赴台湾考察活动，考察了台湾 4 家风机制造企业，台湾风机协会理事长对与中国大陆风机制造企业开展广泛合作表示了浓厚兴趣。

4）2005 年 11 月 20 日—12 月 3 日，组织了赴欧洲考察活动，参观了两个企业：一个是意大利 cimme 公司，另一个是德国 borsig 公司。

5）2006 年 12 月，组织考察了德国皮勒风机公司生产制造工厂与芬兰赢风公司、芬兰通风设备协会和机械工业协会，并进行了交流。

6）2007 年 4 月 22—28 日，组织了赴日本考察活动，先后参观访问了株式会社日立产机系统总部、三矢送风机制作所那须工场、荏原送风机株式会社铃鹿工场，并与社团法人日本产业机械工业会风水力机械部会进行了友好交流。

7）2007 年 10 月 7—23 日，组织了赴美国考察活动，先后参观了 YARDLEY（雅利）公司、AMCA 空气运动和控制协会国际有限公司。

8）2009 年 11 月，组织了赴日本和韩国考察活动。

9）2012 年 3 月 15—30 日，组织了赴美国考察活动。先后对美国 Morrison-products 公司、美国双城风机公司及 AMCA（国际空气运动与控制协会）总部进行较为深入的考察，并与美国 Cincinnati Fan 公司、COVENT Industrial Fans 公司、Equipos（Armee）公司、MK Plastics 公司及美国双城风机公司就企业的主要产品、未来发展方向等问题进行了交流。

10）2013 年 6 月，组织了赴欧洲考察活动，参观了意大利 Industrie CBI 公司、德国 CFE 科技股份有限公司、SKF 瑞典总部和球面滚动轴承工厂、SKF 公司法国 S2M 工厂、丹麦 Nodi 公司、Saar 煤矿及德国一家电厂。

11）2014年3月，组织了赴澳洲考察活动，参观了澳大利亚 HARVEY 风机公司。

12）2015年8月25日—9月5日，组织了赴俄罗斯技术交流与合作洽谈活动，参观了两家风机企业并进行了技术交流与洽谈合作。

13）2004年7月和2004年9月，风机分会秘书处先后接待了新加坡科禄格机电设备有限公司、美国空气运动和控制协会国际有限公司的来访人员，通过接触初步了解了这两个公司的发展情况和业务活动情况。2006年5月15日，接待了西班牙康明克斯机电设备有限公司的总裁和市场部经理等，互相介绍了轴流通风机的生产情况，并洽谈了合作问题。

7. 组织国际压缩机、风机高峰论坛

为配合中国国际流体机械展览会活动，在展览会期间风机分会与压缩机分会、《通用机械》杂志社从2003—2014年已连续举办了六届国际压缩机、风机高峰论坛。目的是为集中展示压缩机、风机及相关配套行业的新技术、新产品，促进行业的转型升级。每次国际压缩机、风机高峰论坛都吸引了来自国内外知名压缩机、风机制造企业，石油、化工、冶金、电力、煤化工等用户单位，设计院、工程公司及大专院校科研院所的专家200余人参加，来自国内外的数名专家进行了精彩演讲和书面技术交流，收到了很好效果。

8. 参编《中国机械工业年鉴》《中国通用机械工业年鉴》

风机分会按照中国通用机械工业协会的要求从1995年开始参与《中国机械工业年鉴》中"风机行业概况"的撰稿工作。2002年根据通用机械行业的需要，中国通用机械工业协会与中国机械工业年鉴编委会共同创办了《中国机械工业年鉴》系列丛书之一——《中国通用机械工业年鉴》，这是通用机械行业首次以年鉴形式出版的信息集成资料，集中反映了我国通用机械工业的发展情况。《中国通用机械工业年鉴》是中国通用机械工业协会工作中的一项重要工作，风机分会负责撰写"风机行业"部分。20多年来，在"年鉴"的历史记录中，真实地反映了风机行业的发展状况和为我国经济建设中所做出的重要贡献。

9. 开展"中国通用机械行业科技进步贡献奖"推荐工作

为表彰在我国通用机械行业在科技工作中做出突出贡献的先进个人，激励广大科技工作者、技术工人的积极性和创造性，以促进我国通用机械行业的科技进步和产业发展，2007年9月18日召开的中国通用机械工业协会第五届会员代表大会第一次会议通过了"关于设立'中国通用机械行业科技进步贡献奖'的决议"，同日召开的中国通用机械工业协会第五届理事会第一次会议通过了《中国通用机械行业科技进步贡献奖奖励条例》。2008年5月会长办公会议决定于2009年度正式设立"中国通用机械行业科技进步贡献奖"。2009—2015年，风机分会组织推荐了沈阳鼓风机集团股份有限公司、陕西鼓风机（集团）有限公司、上海鼓风机厂有限公司、重庆通用工业（集团）有限责任公司、山东省章丘鼓风机股份有限公司等企业进行该奖项的申报，并经中国通用机械工业协会评审，共评选科技创新突出贡献奖35名，能工巧匠突出贡献奖26名，由中国通用机械工业协会颁发了荣誉证书。

（四）成功举办中国国际流体机械展览会和对外交流活动

由中国通用机械工业协会主办、各专业分会协办的中国国际流体机械展览会，是中国通用机械工业协会和各分会的一项重要工作，2001—2015年已连续举办了七届，已成为世界流体机械在中国规模最大、专业化最强、水平最高、效果最佳的国际专业展览会，并成为国际知名品牌，受到国内外各界的关注。

风机分会为配合中国国际流体机械展览会工作，开展了风机参展产品评审活动，由风机行业组成专家评审组，对参展的风机产品及风机配套产品评出金奖、银奖及技术创新奖，由中国通用机械工业协会和风机分会共同对获奖产品颁发奖牌和证书。

（1）"十二五"之前的展览会情况简介 "十二五"之前共举办了5届中国国际流体机械展览会。

1）2001年首届中国国际流体机械展览会在上海举办，风机行业按照中国通用机械工业协会的要求，申请了33个摊位，共有22个单位参加了展出。

2）第二届中国国际流体机械展览会于2004年5月19—22日在上海国际展览中心举办。参展风机企业35家，风机配套企业7家，占整个展览会展位的28.42%。

3）第三届中国国际流体机械展览会于2006年10月20—22日在北京展览馆举办。本届展览会风机行业共有66个企业参展，室内展位达到150个，参展实物200多台，模型20余个，代表国内风机制造业的重点骨干企业全部参展。

4）第四届中国国际流体机械展览会于2008年10月28—30日在北京国际展览中心举办。本届展览会风机行业共有70个企业参展，共211个展位，风机展区面积达4000m^2。

5）2010年10月13—15日，在北京举办了第五届中国国际流体机械展览会和第四届国际风机、压缩机高峰论坛。风机展区有37个企业参展，参展面积为1200m^2，共133个展位。

（2）"十二五"期间的展览会 "十二五"期间共举办了两届中国国际流体机械展览会。

1）第六届中国（上海）国际流体机械展览会于2012年10月31日在上海世博馆举办。本届展览会历时3天，风机行业有58家企业参展，共241个展位。参展的重点企业均以特装形式把新产品实物或模型带到展会现场进行展示。展览会中用户代表、外商代表深入现场进行交流和互动,科研院校组团参观,都为展览会增添了无限商机。

为配合第六届中国国际流体机械展览会风机参展产品评审工作,风机分会专门召开了风机参展产品评审会议,评审组由风机分会技术发展工作委员会部分委员单位的 22 名专家组成。重新提出了评审原则和评审条件。经过各位专家对 32 个单位申报的 69 台产品逐一认真细致的审核,评出了 39 个金奖、19 个银奖;对没有评出奖项的产品还需要申报单位进一步补报有关资料,特别是要求提供产品性能检测报告,然后再做评定。

这次评审工作,改变了以前只在展览会期间临时组织人员对参展产品进行评比的方法,因此这次评审会议是一次新的尝试,先对申报资料进行评审,最终将在展览会期间结合参展产品实际情况做出决定。这次评审会议不仅仅是对产品的评定,也是评委们进行的一次技术交流,体现了大家对评审工作的严肃性,对技术工作的认真态度和细致的工作作风。评审会议无论是对展览会还是对风机行业今后的技术发展都将起着很好的推动作用。

2) 第七届中国(上海)国际流体机械展览会于 2014 年 10 月 15—17 日在上海世博馆举办。本届展会风机展区围绕着"绿色制造、创新发展"的主题,注重规模、参展数量和质量,主要体现在重大装备国产化(重点在压缩机、鼓风机两大类产品)和近年来企业自主研发的通风机类高效、低耗、节能产品的推广与应用及各类风机产品的精品制造等方面。

风机分会根据展区的主题划分 5 个区域进行布展:除国家重点产品、节能产品、自主创新产品、配套产品等主题区域外,新增了由科研院所组成的科技板块。经秘书处协调,沈阳鼓风机研究所、清华大学、西安交通大学、大连理工大学等科研院所共同参展,在展会上展出近几年来这些科研院所及大专院校在风机技术创新领域研制出的新产品、新技术。

本届展览会风机展区共有 247 个展位,参展面积将近 3000m^2。风机行业共有 52 家企业参展,其中:风机生产企业有 37 家,占 71%;配套企业 15 家,占 29%。另外,本次展会风机分会各理事单位给予了大力支持,共有 23 家理事单位报名参展,占参展单位的 44%。

在风机展区的 247 个展位中,其中 218 个展位以特装形式参展,以实物加模型和图片的形式展示了本企业的新产品、新技术、新工艺。为了使风机展区的展出整体效果美观,由风机分会秘书处出资对 29 个标准展位进行变异,达到风机展区的展出效果更加协调统一,也使每个参展企业的产品都能显示出自己的特点。

风机产品参展评审工作,经过由风机分会技术发展工作委员会组成的 20 名专家评审组,对 24 个单位申报的 49 种产品逐一认真细致的审核,评出了金奖 38

个、银奖 8 个、技术创新奖 3 个，并颁发了奖牌。

八、结束语

  我国风机制造业由零散的企业从事零部件修配和测绘仿制的基础起步，走过了 60 多年的发展历程，现已发展成为风机制造大国。

  在这 60 多年中，风机制造业的规模发展壮大得益于为国民经济各领域提供单机和成套装备的市场拉动，风机制造业技术水平的不断提升得益于我国化肥、煤化工、炼油、石油化工、火电、核电、冶金、西气东输、天然气液化等重大技术装备国产化的推动。经过 60 多年的发展，我国风机工业形成了一套从产品开发、设计、制造、试验、标准制定、产品检测到售后服务的完整的工业体系，成为我国装备制造业的重要组成部分，在国民经济中发挥着举足轻重的作用。我国风机制造业用 60 多年的时间走过了西方发达国家 100 多年的历史。"十二五"期间，我国风机制造业已开始转型升级，由制造大国向制造强国迈进。未来，我国风机制造业将进入世界制造强国的行列，我国将成为引领世界风机制造业发展的强国。

第四章

中国压缩机工业发展史

一、概述

压缩机是用来提高气体压力和输送气体的机械。它的种类有容积式和动力式，容积式又分为往复式（活塞式、隔膜式）、回转式（双螺杆、单螺杆、涡旋式、滑片式），动力式又分为透平式（离心式和轴流式）和引射式。其中往复活塞式压缩机、螺杆压缩机、离心式压缩机是国内压缩机的主要机型。按用途分，压缩机分为一般动力用空压机、工艺气体压缩机、船用压缩机、军用压缩机以及其他用途压缩机；按润滑方式分，压缩机分为有油润滑和无油润滑两大类。一般动力用空压机的产量占压缩机产量的95%以上。压缩机用途极广，在采矿业、冶金业、机械制造业、土木工程、石油化学工业、制冷与气体分离工程以及国防工业中都是必不可少的关键设备之一。压缩机的耗电量约占全国总耗电量的9%，是重点耗能产品之一。

我国压缩机制造业经历了新中国成立初期的仿制、自力更生自行设计制造，到引进国外先进技术消化吸收和再创新，自主创新能力不断增强，逐步形成了我国的压缩机制造体系。目前，我国已能够设计、制造各类压缩机，包括国民经济重点项目所需的一些超高压压缩机和特殊气体用压缩机等，约500多种不同规格，近20种结构型式，30多种压缩气体介质，某些产品的性能指标已达到国际先进水平。

据2015年统计，全国共有规模以上（2000万元产值）压缩机生产企业480多家（主机生产企业200多家），产值650多亿元，累计生产各类压缩机3000多万台。

二、旧中国的压缩机工业概况

旧中国的压缩机制造业生产能力和技术水平十分低下,其生产基本上属于简单的仿制和修理,工厂设备简陋,产品品种少,无一家专业的压缩机制造厂,没有形成自己的压缩机制造业。

三、压缩机工业的起步(1949—1977年)

(一)我国压缩机专业力量的形成

新中国成立后,为了迅速开发我国煤炭和矿山资源,恢复燃料和钢铁工业的生产,国家急需大量的矿山开采设备,尤其是空气压缩机等风动工具,这促成了我国空气压缩机制造业的兴起。1949年11月,东北人民政府机械局指示,将东北军区军工部移交的沈阳汽车总厂转向生产空气压缩机和风动工具。1953年该厂为中央直属企业,1954年改名为沈阳空气压缩机厂,1959年正式改名为沈阳气体压缩机厂。1953年,由第一机械工业部第四机器工业管理局接收原属纺织部的614纺织机械厂生产压缩机,后改名为重庆空气压缩机厂,为部属企业。同年,安徽省人民政府指示蚌埠铁工厂专业生产动力用空气压缩机,改名蚌埠空气压缩机厂,是我国压缩机制造业第一家地方国营企业。1958年督办京都市政公所修理厂改名为北京第一通用机械厂。1963年国营沈阳市第一机械厂改名为沈阳压缩机配件厂,1982年改名为沈阳空气压缩机制造厂。

1954年下半年起,国家开始对私营企业进行大规模的合并改组,将有限的力量组织起来,使压缩机制造业的力量进一步得到发展。1956年,自贡空气压缩机厂和浙江衢州煤矿机械厂从事压缩机的专业生产。1960年将元大昌和良华机器厂合并成立上海第二气体压缩机厂,1967年改名为上海第二压缩机厂;另外,劳改系统的太原机器厂改为太原气体压缩机厂,柳州制造厂改为柳州第二空压机厂,也从事了压缩机制造。

这一时期,压缩机的制造只停留在仿制阶段,但形势的发展迫切需要尽快地培养出一大批压缩机设计的专门人才开展自主设计制造。1955年,我国参照苏联的办学经验,在交通大学(上海)筹建成立了压缩机专业,于1956年随校迁至西安市,1960年迁至西安市的学校正式改名为西安交通大学(五年制)。从此,我国开始正规地培养自己的压缩机专门人才,该专业成为我国向压缩机制造业输送、培训人才,进行科学研究的一个重要基地。1956年,第一机械工业部第一机器工业管理局在北京市成立了我国石油化工通用机械行业的第一个部属研究所——通用机械研究所，1958年改名为化工机械研究所；同年6月，第一机械工业部第一机器工业管理局成立通用与轻工机械研究所；同年11月，两所合并为化工与通用机械研究所；1959年，又正式改名为通用机械研究所，该所设有流体机械等专业研究组，其中包括压缩机专业。随着国民经济建设的需要，我国压缩机制造、教学及科研力量逐步形成和不断壮大。

（二）压缩机产品制造的起步

1. 动力用压缩机

1950年，沈阳气体压缩机厂在日本日立制作所生产的动力用空气压缩机的基础上，先后仿制了22kW（L-3/7型）和37kW（L-6/7型）空气压缩机，系立式、两级、双缸、单作用、无十字头结构；随后75kW（L-10/7型）空气压缩机也仿制完成，为卧式、单级、双作用、有十字头结构。1951年底，天津机器厂（后改名天津动力机厂）根据中央机械工业局设计室分别按美国英格索兰（Ingersoll-Rand）公司和卡特比勒（Cater Pi-llar）公司生产的60kW空气压缩机和柴油机，并参照德国工业标准（DIN）设计的图样，制成了我国首台由柴油机驱动的移动式、高转速、多缸的动力用空气压缩机（10-9/7型），是立式、两级、四列、四缸、风冷、无十字头结构。1952年，杭州铁工厂（现名杭州制氧机集团有限公司）为抗美援朝的需要，生产了移动式高压空气压缩机，容积流量（俗称排气量，以下称排气量）为$0.7m^3/min$，排气终压为15MPa；1953年，该厂又仿制成功我国第一台高压氧气压缩机，排气量为$40m^3/h$，排气压力由5MPa升至15MPa，此后2PK/220（L-3/220）型制氧用压缩机也在该厂完成。

1953年，蚌埠空气压缩机厂在上海新中动力机械厂提供的图样基础上，试制排气量为$3m^3/min$的V型空气压缩机，因匹配柴油机问题无法解决，而改用电动机配套，电动机功率为22kW，转速为960~970r/min。1954年，电动移动式压缩机在我国诞生，其排气终压为0.7MPa。1954年，沈阳气体压缩机厂仿制了160-20/8（L-20/8）型空气压缩机，是当时需要量较大、用途较广的主要产品之一。1955年，该厂向阿尔巴尼亚等国援助了L-10/8型空气压缩机，成为我国压缩机首批援外的产品。1956年，该厂进一步完善由重庆空气压缩机厂设计的图样，完成了排气量为$100m^3/min$的L型空气压缩机制造。在此期间，沈阳空气压缩机制造厂、长春空气压缩机厂、重庆空气压缩机厂和太原气体压缩机厂等单位也均有产品问世。

2. 工艺用压缩机

在动力用压缩机逐步得到发展的同时，工艺用压缩机的制造也开始起步了。沈阳气体压缩机厂1955年10月生产出了5-10.5/3.5-35型石油气压缩机。"一五"期间，我国氮肥工业所需设备主要是从苏联进口的。大连化工厂机修车间的工人和技术人员通过维修压缩机获得了实践经验,在吸取苏联压缩机制造理论的基础上,于 1955 年试制成功了功率为 1800kW、排气量为 6000m³/h、排气压力为 20MPa 的大型高压氮氢气压缩机,成为我国工艺用压缩机制造的开端。

1956 年初,重工业部化工局在北京市举办了我国首次压缩机设计专业培训班,由大连化工厂的技术人员以苏联弗廉克尔著的《活塞式压缩机》一书为教材,以设计 1800kW 压缩机为实例进行授课,国内有关压缩机科研设计部门、制造企业和用户等单位的 20 多名学员参加了学习,收到了一定的效果。这一系列的成功和发展,显示了我国压缩机制造业正在逐步形成。

3. 初步建立企业管理

在此期间,我国压缩机制造业的起步得到了苏联的大力帮助。1952—1954 年,苏联向沈阳气体压缩机厂提供了 КСЭМ(L-6/7)、2CA8(L-10/8)、B-300-2K(L-40/8)型等动力用空气压缩机的产品图样及技术文件,后来均进行了批量生产。这些型号虽是苏联 20 世纪 30 年代的产品,其主要经济指标均比较差,但对我国新生的压缩机制造业来说,无疑是一个帮助。成系列地引进苏联的产品图样,仿制国外产品,使产品质量有了一定的保证。

我国还逐步开始学习苏联的一整套管理方法,对国营企业实行专业定向生产,并在直属企业中推行以计划生产为中心的计划管理工作,加强财务核算,建立健全工艺文件,建立车间、工段等基层组织和各项工作责任制度,把技术力量集中到新产品的试制工作上;同时,严肃工艺纪律,整顿劳动组织,初步建立了技术工作和企业生产组织工作的基本秩序。

截至 1957 年,我国的压缩机制造企业发展到 10 家左右,其中中央直属企业有沈阳气体压缩机厂等,地方国营企业有蚌埠空气压缩机厂等。累计生产压缩机 19907 台,其中大型压缩机 224 台,产品最大排气量达 100m³/min,最高排气压力达 22MPa。

(三)压缩机制造业体系基本建立

1. 压缩机行业的形成

(1)建立行业组织 为了适应农业发展的需要,1958 年国家开始大力发展化肥工业,为此,国家进行了大规模的投资,建立了一批压缩机制造厂。上海市被指定成套提供年产 2.5 万 t 及 2000t 合成氨的化肥设备,为此对化肥用压缩机制造生产进行了布局。上海精业机器厂(1966 年改名上海压缩机厂)1960 年扩建转产为压缩机的专业制造厂,专业生产氮肥厂配套用的各种机泵;将循环压缩机和各种化肥生产用泵转到上海大隆机器厂生产,该厂由此成为压缩机生产的兼业厂(改革开放以后企业重组,上海压缩机厂与上海大隆机器厂合并,组建了新的上海大隆机器厂有限公司)。

随着国家经济建设规模的扩大，压缩机的需要量与日俱增。1958年底，围绕"大炼钢铁"的需要，一机部在沈阳市主持召开了"大打矿山之仗"的会议，动员并安排了一批工厂专门生产动力用空气压缩机，由沈阳气体压缩机厂无偿地提供图样和技术文件，提供技术指导。由此开始，国家先后对无锡通用机械厂（后改名无锡压缩机厂）、北京第一通用机械厂、南京压缩机厂、柳州空气压缩机厂等进行了大规模的扩建和新建；同时，有一批工厂也陆续开始从事压缩机的专业或兼业生产，如赣南通用机械厂（后改名江西气体压缩机厂）、许昌通用机械厂、北京第二通用机械厂（后改名为北京重型机器厂）、上海华泰空压机厂（1960年更名上海第一压缩机厂，后又改为上海气阀厂）、上海铸明铁工厂（曾改名上海第三压缩机厂，于1979年将压缩机产品并入上海压缩机厂）、山东昌潍生建机械厂（后改为山东生建机械厂）、重庆华中机械厂（曾改名重庆东风机器厂，后又改名为重庆气体压缩机厂）、自贡市机械一厂、天津承顺铁工厂（曾改名天津空气压缩机厂，后与天津冷气机厂合并）、常熟市机械总厂（后成为制冷压缩机的专业生产厂）和鞍山市空气压缩机厂等。"沈阳会议"可以说是压缩机制造业大发展的一个动员会，这次会议对我国压缩机制造业的发展产生了重大的影响。

虽然压缩机制造业已逐步成为我国新兴的产业，但大多数制造厂起步低，主要是仿制国外产品，无统一的标准，产品五花八门，杂乱无章，品种少、质量低的矛盾开始突出。加强企业之间、企业和高等院校、科研机构之间的协作与交流，联合厂、所和院校的力量解决技术难题，制订发展规划和标准等工作的重要性越来越明显，因而，成立行业组织已成为当时发展的必然趋势。一机部根据压缩机制造业和科研队伍的发展情况，决定成立我国压缩机行业组织，加强对压缩机工业的统一组织和领导。

1958年11月，由一机部一、三局主持，在沈阳市召开了第一次全国压缩机行业会议，有沈阳气体压缩机厂、蚌埠空气压缩机厂、北京第一通用机械厂、上海压缩机厂和沈阳空气压缩机制造厂等八个专业厂参加，正在规划生产压缩机的厂以及通用机械研究所、西安交通大学也参加了会议。会议推举沈阳气体压缩机厂为全国压缩机行业组长厂，着重讨论了我国压缩机行业的发展规划，提出了关于发展我国往复活塞压缩机系列的意见稿，并对组织联合设计，以及制订急需的技术条件、排气量测定方法等工作进行了讨论与安排。

（2）科研和教学队伍　经过"一五"时期的建设，开始有了压缩机行业的专业科研力量，但不论在力量和水平上，都远远不能满足行业发展的需要。1958年，在通用机械研究所成立第五研究室，包括压缩机、冷冻机两个专业。压缩机专业初建时只有6人，试验室面积仅100m^2，经不断发展与壮大，到1965年发展到40余人，试验室面积为500多m^2，成为行业技术归口单位和进行新产品研究的骨干力量，在联合高等院校和行业厂发展重要新产品、制订压缩机有关标准、组织行业活动和情报交流等方面，起着主要的作用。

一机部根据建立石化通用机械工业科研网的方案，在建立骨干科研所的同时，还重点抓了专业产品研究所的建立。1960 年，按一机部一、三局及沈阳市机械局的指示，由沈阳气体压缩机厂的设计科和研究室合并成立了沈阳气体压缩机研究所，经一机部审定为部管二类所。同一年，一机部决定在武汉机械学院开设压缩机专业（20 世纪 60 年代该专业随武汉机械学院并入华中工学院），包括活塞与透平压缩机，学制五年。在此前后，根据国家化学工业发展的需要，还在若干院校设立了化工机械专业，这进一步加强了压缩机专业人才的培养，特别是西安交通大学和华中工学院，在专业理论研究和应用等方面做了大量的工作，成为了压缩机行业科研队伍中一股重要力量。与此同时，一些企业通过生产实践的锻炼，培养了一批技术人才，产品试验研究水平和制造能力也在逐年提高。至 1965 年，我国压缩机行业的科研队伍已基本形成。

（3）"三化"（标准化、通用化、系列化）工作的开端 1957 年以前，为了适应当时经济发展的迫切需要，国内压缩机产品几乎完全是由生产厂自行选择国外相应产品进行仿制的。由于技术上未能完全掌握压缩机产品特性，缺乏设计与制造经验，在结构型式的选择方面无统一的认识，因此，造成型式零乱繁多，质量不稳，如沈阳气体压缩机厂生产的六种基本产品中，就有立式、卧式、L 型、W 型和 V 型五种完全不同的型式，从而给技术、管理和成批生产等方面造成了很多困难，成本也高。当时仿制的产品多系国外 20 世纪二三十年代的技术水平，不同程度上存在有重量大、功率消耗多及其他经济指标低等缺点，无论对制造还是使用部门都没有较好的经济性。根据形势发展的要求和压缩机制造业近 10 年所积累的经验，并参考国外资料，认为压缩机工业已完全有必要也有可能考虑开展"三化"（标准化、通用化、系列化）等方面的工作。

1958 年，在国家部局的指示下，通用机械研究所会同沈阳气体压缩机厂开始了压缩机系列方案的制订工作，于年底完成，并经部〔59〕机技字第 117 号文，获得批准。这一方案的主导思想是只要设计出动力用低压五种基本产品，在活塞力及功率接近的情况下，便可派生出近百种的变型产品，基本上可以满足各部门在当时所提出的产品规格需求；同时，制订了压缩机行业第 1 版标准，包括"型式和基本参数""气量测定方法"等，并起草了压缩机的技术条件。

通过这一时期的工作，大大缩短了产品与工艺设计的时间，给生产准备、降低制造成本、用户的维护和检修等都带来了方便，为掌握产品性能水平、控制产品质量提供了重要的依据。

（4）控制产品质量 20 世纪 50 年代末期和 60 年代初期，压缩机产品性能不稳定，给用户使用带来了许多的不便。为了控制产品质量，避免粗制滥造，由上级领导机关带队，行业组织了"三机"（压缩机、制氧机、制冷机）质量鉴定推广试车队，分别到各厂对产品的性能和零部件的质量等方面进行了检查，不合格品一律定为等外品，不允许出厂。这项活动对企业起到了质量监督作用，较好地把握住了产品质量关，这在当时对企业提高产品质量、技术水平和制造力量等方面发挥了重要作用。

1959年，共对行业71个厂的9个品种进行了检查，其中，耗油量达到要求的仅有2台，耗电量达到要求的仅有5台。例如：沈阳空气压缩机制造厂的排气量为$6m^3/min$压缩机，要求耗油量不超过$70g/h$，实测值却达$330g/h$，比规定标准高出3.7倍；沈阳气体压缩机厂的L-20/8型空气压缩机要求轴功率小于120kW，实测值达148.7kW，超过规定标准24%。检查结果表明，无一个产品达到一类品（产品质量稳定，设计、制造符合标准），二类品（质量和标准两项，其中一项不符合要求）则占80%。最主要原因是气阀寿命短，国外产品水平达1万h左右，而国内产品一般为400~500h，有的更低。一般产品须一月一小修，半年一中修，一年一大修；不少产品未能完全达到技术条件要求。

通过这次活动，基本摸清了当时我国压缩机行业产品质量和品种存在的问题，明确了研究、攻关方向。在这之后，部局机关逐步放权到各行业，由各行业组织开展厂际竞赛，进行行业产品质量的评比活动，如1961年8月，行业组织产品质量检查评比组，对行业15个厂的15个产品进行了检查评比。这项工作的开展，对改变只重产量、产值，不问质量的混乱局面有一定的成效。

（5）行业活动 自1958年召开首次压缩机行业会议以后，在一机部一、三局（1972年8月原一机部一、三局改为一机部重型通用局；1978年底一机部重型通用局划分为重型矿山总局和通用机械总局；1982年5月一机部、农机部、国家仪表局和国家成套总局合并成立机械部，通用机械总局改名为机械部通用机械工业局）的具体指导下，由归口研究所、各制造厂、大专院校、用户和科研设计部门共同协商组织活动，上级主管部门参与指导，并给予适当的行业经费，开展了形式多样的行业活动。其中研究所和组长厂发挥了主要的作用，把各企业、科研单位、高等院校有机地组织起来，开展厂际竞赛，提高产品质量和技术水平，进行行业情报交流，组织科研攻关，制定行业规划，并定期召开专业会议等一系列活动。

随着压缩机专业技术水平的不断提高，了解国外压缩机的发展动态，掌握国内其他有关科学、专业技术的发展情况和市场的预测等情报工作便愈加显得重要，行业间要求建立相互联系的呼声也愈加强烈。1963年6月，在石化通用机械工业局和一机部科学技术情报研究所的指导下，全国压缩机行业第一次技术情报工作会议在北京市召开，全国压缩机技术情报网正式成立。情报网建立以后，主要是以产品质量为重点，组织开展产品质量、专业技术、企业管理和情报交流等一系列活动。1965 年,将沈阳气体压缩机研究所编印的《压缩机技术》杂志定为部级科技刊物,由内部刊物改为行业内部刊物。在此期间,由通用机械研究所编辑出版的《化工机械》于 1963 年 7 月正式创刊(1966 年改名《化工与炼油机械》,1973 年更名为《化工与通用机械》,定为部级科技刊物,1984 年经国家科委批准定名为《流体工程》,成为中国机械工程学会流体工程学会的刊物)。

2. 各类压缩机的发展成果

(1)一般动力用往复式活塞空气压缩机 1959 年之前,我国空气压缩机的生产、制造一直沿袭苏联的一套方法,或仿制日本、美国、加拿大等国家 20 世纪二三十年代的产品,加之各制造厂只着眼于满足用户需要的规格,草率设计,不注重技术上的分析研究,因此,大多数产品结构陈旧,技术经济指标不高,虽经一些改进,也无法彻底解决这些产品的先天不足,严重地阻碍了我国空气压缩机的发展。

20 世纪 50 年代,L-20/8 型是我国动力用空气压缩机主要机型之一,其气缸为 W 型布置,单作用,配套电动机功率为 155kW,功率消耗大,排气温度高,气阀寿命短,故障多,油耗达 2kg/h 以上,当时称之为"油老虎""电老虎",用户意见很大,但这种规格的产品需要量大,生产厂也多。鉴于这种情况和当时压缩机制造业所具备的条件,认为有必要也有可能自行设计出适合我国国情、经济优良的系列产品。1958 年,通用机械研究所与沈阳气体压缩机厂首先制订了动力用压缩机的系列方案,并决定将排气量为 $20m^3/min$ 的 L 型压缩机作为动力用压缩机系列的第一台示范性设计。为此,沈阳气体压缩机厂对老产品 L-20/8 型空气压缩机进行了比较详细的试验、分析,为新产品的设计打下了基础。

1959 年,在国家部局的指示下,组成了有通用机械研究所、沈阳气体压缩机厂、西安交通大学、昆明重型机器厂和北京第一通用机械厂参加的联合设计组。设计组查阅了大量的资料,吸收国内外机器的优点,制定出设计方案,并参照美国 ASME PTC-9 试验规程对样机进行性能测试;用弹簧示功器测录了气缸指示图,进行了 400r/min 与 500r/min 的性能对比试验、气缸结构型式的对比试验、二级排气缓冲容积试验、油过滤器性能试验等。这是国内首次对压缩机性能进行的全面而系统的研究工作。在做了大量试验研究工作的基础上,确定机器的最佳转速为 400r/min,结构型式为斜缸布置。由于在该机设计过程中,充分地收集与对比分析了国外资料,对主要部件进行了反复的研究讨论,并在老机器上进行了若干单项试验(如气阀等),所以在经过几次修订之后,产品的设计参数和结构均较为合理。

通用机械研究所试验工厂承担了样机的试制工作。当时,该厂设备条件差,缺少镗床、摇臂钻、大型机床与磨床等设备,给试制工作带来了很大的困难。在设计人员、工人的努力和兄弟单位的协作下,群策群力,土法上马,终于克服了一道道难关。特别是在铸造工艺方面，该机的气缸、机身构造比较复杂，技术要求高，而当时焦炭质量差，铁液温度不高，木模易变形，气缸和机身先后分别报废了 5 个和 6 个，后经讨论，改进了机身、气缸的结构及铸造方法，终于通过了这一关。1959 年 9 月，我国动力用压缩机系列中的第一台典型产品——4L-20/8 型空气压缩机在通用机械研究所试验工厂诞生。由于加工机床精度有限，有些零件精度未能达到设计要求，但其比功率及重量等主要指标均达到了当时国外同类产品的先进水平。4L-20/8 型压缩机，由于其性能优良，工艺性好，在全国被迅速推广，并经过不断地改进，成了我国动力用压缩机系列最主要的机型。该机的试制成功，成为我国压缩机由仿制阶段步入自行设计制造阶段的转折点，带动了一大批新产品的产生。

1960—1961 年，通用机械研究所在设计制造了 3L-10/8 型压缩机之后，又分别组织沈阳气体压缩机厂、北京第一通用机械厂和蚌埠空气压缩机厂等单位，先后试制完成了 5L-40/8 型、6L-60/8 型和 7L-100/8 型空气压缩机，但性能均不如 4L-20/8 型稳定。10～100m^3/min 空气压缩机的设计试制完成，逐步淘汰了相应规格的仿制产品，结束了产品规格混乱的局面，形成了我国 L 型动力用空气压缩机的系列产品。

与此同时，我国建筑工程施工中传统的钢钎、铁锤正逐步被压缩机驱动的风动工具所取代，这促使小型空气压缩机的发展也进入了新的高潮。蚌埠空气压缩机厂和无锡压缩机厂等单位先后仿制完成了排气量为 6m^3/min 和 9m^3/min 压缩机，结构型式基本为 W 型。1959 年底，沈阳空气压缩机制造厂研制成功了排气量为 3m^3/min 和 6m^3/min 的 V 型空气压缩机。

1962 年，通用机械研究所组织沈阳空气压缩机制造厂、南京压缩机厂、蚌埠空气压缩机厂和上海第二压缩机厂等 6 个单位成立联合设计组，在南京市进行了 1V-3/8 和 2V-6/8 型空气压缩机的设计，1964 年在沈阳空气压缩机制造厂试制完成，并通过鉴定。1965 年，无锡压缩机厂、上海气阀厂和柳州空气压缩机厂在柳州市又联合完成了排气量为 9m^3/min、型号为 VY-9/7 的 V 型空气压缩机更新设计工作。这些产品和老产品相比，具有结构简单、重量轻、耗电和耗油少等优点，为我国动力用空气压缩机增添了新的品种。

1966 年起，通用机械研究所、江西气体压缩机厂和无锡压缩机厂等单位设计制造了 L5.5-40/8 型空气压缩机，于 1972 年通过鉴定，其转速比老产品提高 50%，性能良好。

动力用空气压缩机的发展历史最长，技术比较成熟，但与回转压缩机相比体积和重量偏大。20 世纪 60 年代—70 年代初，国外往复活塞压缩机开始趋向高转速、短行程的方向发展，我国也相应地开发研制了这种动力用压缩机。

1971 年 3 月，通用机械研究所和无锡压缩机厂等行业厂联合设计了 4LA-20/8

型空气压缩机。1974年，余姚通用机械厂在4L-20/8机的基础上试制完成了L3.5-20/7型空气压缩机。该机采用转速为980r/min、行程为120mm的高转速、短行程结构，具有结构紧凑的特点，与4LA-20/8型空气压缩机相比，其重量、体积大大减小。但由于该机的比功率偏高，未能作为定型推广产品，只有余姚通用机械厂进行小批量生产。

1973年5月，北京第一通用机械厂研制完成的L5.5-40/8型空气压缩机通过了技术鉴定，开始批量生产。

1974年，西安压缩机厂与西安交通大学合作，开始研制高转速、方外形结构的压缩机。这种压缩机因增大了级间缓冲容积，使通道中的气流速度降低，而减少了气体流动的能量损失。经过近30次的单项试验研究，在取得大量数据的基础上进行了试制，使方外形结构的压缩机L2-10/8-Ⅰ型终于在我国首次获得成功，其主要性能指标基本达到国内外先进水平。L2-10/8-Ⅰ、L3.5-20/7型等空气压缩机的试制成功，成为我国新型动力用压缩机的新起点，为动力用压缩机适当提高转速，改进设计取得了经验，对我国动力用压缩机的系列更新产生了一定的影响。1978年，L2-10/8-Ⅰ型空气压缩机荣获全国科技大会奖。

1977年，通用机械研究所、山东生建机械厂和西安交通大学等单位联合设计、试制了L3.5-20/7型方外形结构空气压缩机产品，转速为980r/min，行程为120mm，电动机直联传动，其性能指标良好。

1983年，北京第一通用机械厂生产的天坛牌4L-20/8型空气压缩机荣获机械部1982年优质产品奖。

这时期，蚌埠第二空压机厂和柳州空气压缩机厂也各自试制完成了排气量为100m^3/min的压缩机产品。

（2）工艺气体压缩机　20世纪60年代初，为了尽快地解决全国人民的"吃、穿"问题，中央成立化肥领导小组，加强对化肥工业的领导。1960年12月，根据中央化肥领导小组的指示，一机部在北京市召开"压缩机、制冷机、制氧机和阀门"简称"三机一门"会议，全面安排了中、小型合成氨化肥厂工艺流程中所需的专用压缩机产品的科研、新产品试制、产品系列化、产品质量和验收技术标准以及生产计划等工作，这次会议成为压缩机上水平、上能力的里程碑。会议之后，一大批工艺用压缩机相继研制成功。1963—1964年，一机部、化工部和上海市相关单位连续在上海市召开了两次全国氮肥设备制造技术工作会议，会议讨论了当时氮肥设备生产中存在的有关设计、制造、标准等方面的技术问题，制订了若干技术政策和暂行标准。会议之后，研究所、高等院校和行业厂等对高压压缩机的活塞环结构、填料密封和阀片寿命等一系列重要课题，进行了联合攻关。

这几次会议对压缩机的发展产生了重要的影响，而大型高压压缩机设计、制造水平的飞跃，正是在这一时期开始的，这适应了当时国家发展的需要。

1) 小型工艺用压缩机。中央根据小型氮肥厂具有建设周期短、见效快、投资少、产销灵活、便于就近供应等特点，于1958年提出结合国情，在发展大、中型（当时大型指年产5万~10万t；中型指年产2.5万t）氮肥成套设备的同时，大力发展小型氮肥成套设备。当年2月，在上海市召开了氮肥设备三部部长联席会议（化工部、冶金部和一机部），上海市相关单位也参加了这次会议，具体安排了年产2000t和5000t小型氮肥成套设备的生产任务。

1957年7月，上海压缩机厂根据上海机电产品设计公司按美国沃星顿（Worthington）公司20世纪20年代产品设计的图样，试制完成了排气量为400m^3/h氮氢气压缩机，该机成为全国第一批兴建的13家年产2000t合成氨厂的配套设备。该机采用杯状阀、柱塞和软填料密封结构，为四列、四级、卧式、平带减速起动，终压为28.6MPa。1958年上半年，蚌埠空气压缩机厂按大连化工设计院提供的图样，生产出排气量为270m^3/h、排气终压为12MPa、转速为400r/min、电动机功率为75kW的联合压缩机。该机系立式、双列、五段结构，年产规模800t氨水。

根据"三机一门"会议的精神，压缩机行业决定小化肥压缩机立式、卧式、L型和对称平衡型四种方案同时并举，各设计组展开竞赛，择优选定推广，以取代结构陈旧、性能差的氮氢气压缩机。在对压缩机的终压和排气量进行统一规定之后，就四种机型的试制工作进行了具体分工：通用机械研究所与大连化工机械厂（后改为大连冷冻机厂）联合试制对称平衡型；蚌埠空气压缩机厂会同化工部化工机械研究所负责卧式机型的试制；沈阳气体压缩机厂负责设计、制造L型；而立式机型则由南京压缩机厂负责。这是一次全国性压缩机设计、制造的大竞赛，仅用了8个月的时间，四种样机均试制完成，通用机械研究所和大连化工机械厂试制的2D-6.5/150型氮氢气压缩机成为我国第一台对称平衡型压缩机，为研制大型对称平衡压缩机打下了基础。

鉴于400m^3/h压缩机结构陈旧，气量小，电耗大，不能充分满足化肥生产的要求，1960年初，上海压缩机厂从易于制造、方便用户的角度出发改进了设计，选用双L型机身布置，为四列、六缸、六级结构，转速为375r/min，并于当年年底制造完成了首台样机（L3.3-720/320型），该样机性能参数均达到要求。由于当时国家急需供货，所以仅在一个月内该厂一次投产30台机器，虽在数量上完成了上级的任务，但经一机部"三机"质量鉴定，产品出现严重的质量问题，需全部返修。上海压缩机厂吸取了这一教训，专门组织攻关组，重点解剖了一台机器，对阀片、十字头销轴、缸套内孔、冷却系统等问题进行了研究，并加强了产品的生产管理，在1962年6月产品才全部达到了设计要求。该机经过多年广泛的工艺运行之后，被化工部定为年产2000t合成氨厂（1963年在原产2000t/年基础上提高到5000t/年）的定型设备，并获新产品科研一等奖。20世纪60年代后期，上海压缩机厂根据小化肥厂改变工艺流程及挖潜增产的需要，又对L型氮氢气压缩机做了改进，将转速提高到500r/min，变型设计了L3.3-17/320型氮氢气压缩机，进一步扩大了应用范围，使L型氮氢气压缩机成为小化肥行业应用的主要机型。

2）大、中型工艺用压缩机。大、中型工艺用压缩机经历了以下三个阶段：

第一阶段：仿制阶段。1957年，国家开始组织氮肥成套设备的生产，并决定以年产2.5万t合成氨的中型氮肥成套设备为先导。在压缩机方面，由于当时民用机械工业生产能力不足，大型高压压缩机的试制任务多由军工系统企业承担。继大连化工厂试制成功我国首台大型高压氮氢气压缩机之后，新品研发进展很快。1958年，1Г-266/320型氮氢气压缩机仿制产品在齐齐哈尔和平机器厂获得成功。同年，沈阳东北机器厂根据南京化学工业公司设计的图样，在3个月内共设计制造了7种、19台小型专用机床，在小设备上造出了2SLK型氮氢气压缩机。更多产品的仿制成功，开始改变了我国大型工艺用压缩机完全依靠进口的局面。为了适应国家发展的需要，大型压缩机的生产任务逐渐由军工企业转到机械企业，压缩机制造业在经验、资料、技术缺乏，设备简陋等不利条件的基础上，逐步壮大，创造了一个个业绩，满足了国家发展的需要。

1960年起，上海压缩机厂根据一机部的要求，继续对2SLK型氮氢气压缩机进行全面的吸收消化工作，结合实际，在结构上进行了改进，解决了加工设备严重不足的难题，首台样机于当年年底完成。由此，该厂比较完整地掌握了大型压缩机的制造技术，并制订出相应的质量标准，成为发展我国大型工艺用压缩机的重要起点。与此同时，5Г型氮氢气循环压缩机在上海大隆机器厂仿制成功。

第二阶段：大型对称平衡型压缩机的自主开发阶段。20世纪50年代，大型对称平衡型压缩机在国外开始得到迅速的发展，这种机型具有结构紧凑、平衡性优良的特点，很有发展前途。而当时我国应用的仿制产品，结构陈旧，效率低，"三化"程度差，这不仅增加了制造与维修的困难，而且不利于迅速发展新的品种与规格。基于上述原因，迅速建立与发展我国大型压缩机系列，乃是一项十分迫切的任务。这一切促使通用机械研究所、上海压缩机厂、东北机器厂和沈阳气体压缩机厂等单位先后提出设计D、H、M型对称平衡压缩机，以分别取代1Г266、2SLK、PLK型仿制产品。通用机械研究所为此组织召开专业会议，拟定了大型对称平衡型压缩机的系列草案，对活塞力等级、行程、转速等基本参数做了若干规定，并就新产品设计方案进行了初步酝酿。该草案虽未获批准，但对各有关单位研制新产品产生了影响。1960年，化工部发文具体规定了产品的各项基本参数及技术要求，而后各项工作全面展开。

1960年初，苏联列宁格勒设计院大型压缩机设计专家多勃隆列夫斯基到通用机械研究所，指导4D330型压缩机设计组的工作。后来苏方撤走了专家，使这项工作夭折。因此，只有靠自己的力量发展中国工业。通用机械研究所率先开始主持设计功率为4000kW、结构复杂的6D32型氮氢气压缩机。当时，设计工作缺乏资料和经验，只有产品样本及苏联专家留下的一些M型系列的资料。正当设计工作开始不久，由于使用部门低估了国内的水平，不愿意向一机部订货，而转向德国订购了12台氮氢气压缩机，6D32的研究工作被迫中断。1963年，国外产品到货，因存在着严重的质量问题，性能比国产机器还差，只好全部报废，仍决定由一机部提供产品。

1963年起，通用机械研究所重新启动6D32的设计工作。6D32型压缩机转速高，机身受力复杂，密封压力最高达12.5MPa（五段）。为了确保该机的设计质量，从强度和易损件两个方面考虑，在D6.5型对称平衡型压缩机上进行了动态应力测定和1:2.5模拟静载强度试验，对高压填料（12.5MPa）、高压活塞环（32MPa）皆在试验机上进行了1:1模拟试验，同时对气阀进行了研究。经过一系列试验研究之后，积累了强度研究的资料，基本掌握了高压密封技术，为设计大型对称平衡型压缩机提供了重要的依据。设计完成之后，一机部向太原重型机器厂下达了试制6D32-285/320型压缩机的任务，太原重型机器厂结合本厂实际，对设计图样进行了修订，终于在原有设备上采用曲轴整体锻造新工艺，解决了大型曲轴的生产问题，于1965年底完成试制。该机转速为250r/min，1966年夏季安装在石家庄化肥厂作为年产5万t氮肥厂的配套设备，一次试运转成功，运行良好。在我国压缩机制造业发展史上，6D32型压缩机既是自行设计的经典之作，也是中国进入大型高压压缩机制造的里程碑标志。

1960年7月，上海压缩机厂与通用机械研究所、东北机器厂组成联合设计组，从加工工艺性、维修接近性、配套方便性及尽可能适应用户传统使用习惯等因素考虑，选择了四列H型结构，开始进行H221-140/320型氮氢气压缩机的方案设计，由上海压缩机厂在1962年上半年完成了全部图样和技术文件的设计与修订。在试制过程中，上海压缩机厂克服了经验和资料不足的困难，经过努力，较好地解决了设计与制造中用普通机床完成曲轴加工等若干关键技术，并克服了大型曲轴轴颈的表面粗糙度、圆度以及曲轴的平行度等难题，1965年9月完成了首台试制任务。1966年初该机投入工业运行，情况良好，成为我国第一台通过鉴定的大型对称平衡型压缩机。该机活塞力为220kN，供年产2.5万t化肥厂使用。

1962年9月，4M12-45/210型二氧化碳压缩机的研制也在沈阳气体压缩机厂拉开了序幕。该机是年产11万t尿素的重要设备，为四列、对称平衡结构，采用悬挂电动机，行程为300mm，主轴瓦、连杆瓦均采用了精密薄壁瓦新技术，电机功率为630kW，于1966年安装使用。后来上海大隆机器厂等单位也相继生产了这类机型压缩机。

当时，大型对称平衡型压缩机在国外也仅在几个工业发达国家刚刚获得成功，我国设计人员在资料和经验缺乏的情况下，在机械设备能力不足的基础上，总结经验与教训，学习国外先进经验，冲破了一些条条框框的约束，克服重重困难，圆满地完成了机器的设计和制造，其技术水平和产品性能等均接近国际先进水平，成功地取代了老产品。6D32、H22和4M12型压缩机的研制成功，标志着我国压缩机制造水平已达到了一个新的高度，缩短了与国外工业发达国家的水平差距。在这之后，以这三个机型为基础，派生出大批的产品，我国化肥工业所需要的压缩机基本上实现了自行设计和生产，结束了完全依赖国外进口设备的时代。

随着我国氮肥工业大发展，氮肥压缩机需求的增长速度加快，出现了追求产量、忽视质量的现象，造成产品耗能高，质量大幅度下降，影响了化肥生产的正常进行，致使氮肥生产的经济效益差。据1979年统计，全国小化肥厂亏损单位竟占61%，这一切引起了国家领导的高度重视。1972年起，相关工厂在国家部局的具体指示下，先后组成产品攻关小组，对压缩机进行改造。1974年以后，一机部和化工部联合开展以节能为中心的技术改造工作。重点对小化肥厂使用的压缩机等主要耗能设备进行了改造，用5年的时间分别改造了700多个小化肥厂，将原年产3000t级提高到5000t级，5000t级提高到1万t级，同时也对中型氮肥厂的设备进行了改造和定型，将原年产5万t级提高到6万t级，效果显著。

1973年7月，根据我国建设15万t/年大型氮肥厂的要求，上海压缩机厂开始进行4D45-25/24.5-320型氮氢气压缩机的试制，单机年产能力达7.5万t合成氨，轴功率为3900kW。在设计过程中，上海压缩机厂致力于解决主机各部件之间及主机、辅机、管道之间的良好匹配，对压缩机主要技术关键，如运动参数、排列方案、振动、动态刚度、高压气缸强度、高压密封性能、气阀性能寿命和辅机结构型式等方面进行了系统的分析论证，借鉴以往成功的经验，于1975年底完成了首台机器的试制工作，工作状态良好。这标志着我国大型高压压缩机技术水平又提高了一步。

1976年3月，为了配合对小化肥厂的技术改造，以先进机型取代老产品，一机部、化工部联合组织小氮肥设备选型组，对全国37个单位进行了调查，并提出设计单机年产5000t合成氨压缩机的试制任务，上海压缩机厂、沈阳气体压缩机厂等单位都开始着手了这方面的工作。上海压缩机厂制造了H8-36/320型氮氢气压缩机，随后，沈阳气体压缩机厂生产4M8（3）-36/320型氮氢气压缩机和2DZ5.5-1.4/285～320型氮氢气循环压缩机，满足了小化肥厂扩建和改造的需要，并投入批量生产，在小化肥技术改造中发挥了作用。

第三阶段：对高压气缸强度及应力分布等开展理论研究阶段。在进行小化肥技术改造和发展大型压缩机的同时，有关压缩机厂和单位又开始了高压气缸强度及应力分布等理论研究。

1972—1974年，上海压缩机厂、西安交通大学和通用机械研究所联合，以H22型压缩机的高压缸为对象开展工作，对腔底开裂的主要原因，导致腔底产生应力的因素以及阀腔型式、尺寸影响等问题进行了一些探讨，提出了放厚腔底、改变阀腔型式、加预紧力等处理方案，从而，迈出了气缸强度研究的第一步，加深了对阀腔的认识。在此基础上对原设计进行改进，取得了满意的效果。

1978年，上海压缩机厂从稳妥角度出发，再对H22型压缩机的六段缸头做了结构改进，以进一步提高其疲劳安全裕度。在研制过程中，还对阀腔底部圆弧半径尺寸与应力大小的关系做了一系列的应力测定工作，取得了许多有价值的科学数据。在此期间，西安交通大学对1Γ-266/320型压缩机主轴断裂问题也进行了一系列的理论研究。

这一系列的研究，为大型压缩机的进一步发展创造了条件，企业由单纯地重视设计、制造、满足国内发展需要的阶段逐步走向重视基础研究与设计相结合的新阶段。

（3）超高压压缩机　超高压压缩机是随着聚乙烯工业的兴起而发展起来的，其最终压力高于100MPa，这无疑对材料、密封、设计和工艺等技术都是一个严峻的考验。世界上第一台超高压压缩机是1938年问世的，而真正得到发展则是在20世纪50年代以后。我国最初在1958年从联合国考察报告中获悉相关信息，沈阳气体压缩机厂从有限的资料中得到启示，于1959年10月设计制造成功我国首台聚乙烯超高压压缩机（11-5/320-1500型），起初是采用巴氏合金填料，能使用170h，后改用金属与液压相结合的密封结构，延长了寿命。

1961年5月，由化工部化工设计院、化工机械研究所、沈阳气体压缩机厂和通用机械研究所组成超高压压缩机联合设计组开展研制工作。沈阳气体压缩机厂采用金属机械密封并中间注油的方法，改进了11-5/320-1500型压缩机；通用机械研究所参考苏联资料，采用液压密封结构，于1964年试制完成了A-5/400-1500型超高压压缩机。该机采用卧式、单级、双缸、对置式结构，其关键在于气缸加工和密封。气缸系两层热套，缸径为ϕ30mm，全长750mm，液压密封，密封介质为甘油。为保证对气缸内孔的密封和圆度、锥度要求，采用深孔拉镗工艺加工，达到孔母线直线度误差小于0.01mm，锥度误差小于0.018mm，圆度误差小于0.002mm（均为全长），表面粗糙度Ra为0.8μm。沈阳气体压缩机厂和通用机械研究所的两台样机均安装在吉林化学工业公司高压聚乙烯试验系统中。此后，上海大隆机器厂和沈阳气体压缩机厂又先后试制了两台，排气压力为200MPa，因用户原因，而未投入工业性运行。我国超高压聚乙烯压缩机自1958年起开始着手研制，起步并不算晚，却由于形势的变化，使试验研究工作两起两落,虽说设计试制了四种共五台不同规格的机器,但皆因种种原因均未真正投入工业性运转,在设计、材料、制造工艺等一系列重大关键技术上没有取得实质性的突破,因此这个时期超高压压缩机在我国基本上没有得到发展。

(4) 无润滑压缩机　1958 年,由于氧气顶吹炼钢新技术在我国得到应用,需要配套采用无润滑压缩机。当时,杭州制氧机厂对加拿大生产的水润滑氧气活塞压缩机进行仿制,完成了石墨环式水润滑压缩机。该机采用皮碗密封结构,为立式、三级压缩,排气量为 $100m^3/h$,排气压力为 3MPa,适于低压工况,但压缩气体不够洁净。

为配合发展我国纺织工业的无梭喷气织布新技术,1965 年起,沈阳气体压缩机厂按一机部的要求开始研制迷宫压缩机。根据日本产的压缩机,经过精心加工,于 1966 年 6 月仿制完成了 1Z5.5-6/6 型迷宫空气压缩机。1965 年初,上海大隆机器厂按首都钢铁厂由日本神户制钢所机械厂引进的设备,于 1968 年也仿制成功了一台迷宫式压缩机,但均未应用推广。

填充聚四氟乙烯优点较多,国外已在压缩机上大量采用。根据这一情况,沈阳气体压缩机研究所与中国科学院兰州化学物理研究所联合,于 1964 年开始了填充聚四氟乙烯环在往复活塞压缩机上的应用研究。同年 8 月,氟塑料密封元件的研制成果通过了由一机部和中国科学院主持的鉴定,这为我国无润滑压缩机设计、制造技术奠定了基础。1965 年 12 月,两研究所继续合作,研制成功了我国第一台应用低压氟塑料环的 2Z2-7/8 型无润滑压缩机。该机为立式、两列结构。随后其他一些厂和研究所等也开始研制,相继生产了一大批产品,成为我国压缩机的主要机型。这是我国压缩机制造业在无油润滑技术发展方面的重大进步。我国无润滑压缩机是从石墨环式、迷宫式的研究开始的,仿制了一些品种,而新材料的应用,则为无润滑压缩机的研制开辟了广阔的道路。

我国自 1964 年在压缩机上应用填充聚四氟乙烯自润滑材料取得成功之后,无油技术得到较大发展,一大批新产品不断涌现。1966 年 3 月,国家科委技术科学学科组组织兰州化学物理研究所、沈阳气体压缩机研究所和西安交通大学等 16 个单位,对沈阳、上海、大连、杭州等地区的 10 个单位进行了压缩机气缸无油润滑的调查与研究协作工作。1967 年,沈阳气体压缩机厂、柳州第二空压机厂分别按沈阳气体压缩机研究所的设计图样,试制成功了 2Z-3/8、2Z-6/8 型无润滑压缩机,1969 年杭州制氧机厂试制成功了 2DY-61.7/30 型无润滑氧气压缩机,该机是 $3350m^3/h$ 及 $6000m^3/h$ 制氧装置的配套设备。

20 世纪 70 年代以后,随着我国国民经济各部门对无润滑压缩机需求量的日益增大,各种不同排气量和结构型式的无润滑压缩机应运而生。例如:沈阳气体压缩机厂制造的排气量为 $40m^3/min$ 的 4M16 型无润滑空气压缩机;南京压缩机厂制造的排气量为 $12.5m^3/min$,排气压力为 3MPa 的氧气压缩机,以及 3LE-10/

8-G、D12-30/20、L3.5-20/3.5-G 和 2ZA-1/8-G 型等 30 余种无润滑压缩机,压缩介质包括空气、丙烯、氮氢气、氢气、氯乙烯和二氧化碳等;北京重型机器厂制造的 LGⅡ-60/8 型无润滑压缩机等。

由于我国无润滑压缩机品种不断增加,1977 年 6 月,通用机械工业局决定制订无润滑压缩机性能参数系列。经沈阳气体压缩机研究所、通用机械研究所、无锡压缩机厂、南京压缩机厂、上海第三压缩机厂和柳州第二空压机厂等单位讨论制订出初稿,于 1979 年在南京市召开的无润滑压缩机性能参数系列方案讨论会上获得通过。无润滑压缩机性能参数系列成了指导发展我国无润滑压缩机的基础。

(5) 螺杆压缩机

1) 双螺杆压缩机。1965 年初,一机部决定按首都钢铁厂从日本引进的冶金设备研制配套 6000m³/h 的空分设备,上海压缩机厂承担了 LG63 型大型螺杆空气压缩机的试制任务。该厂和西安交通大学合作,在一些前期工作的基础上,于 1965 年 10 月完成了《加工螺杆压缩机转子成形铣刀设计资料》,这对我国螺杆压缩机的发展发挥了作用。1966 年初,上海压缩机厂与中国科学院华东电子计算技术研究所合作,编制了 LG63 型压缩机转子成形铣刀的计算程序,完成了刀具的截形计算,不久又自行设计、制造了重达 30t 的大型螺杆加工机床,解决了直径为 ϕ600mm 转子的加工难题等,这一系列工作为大型螺杆压缩机的制造创造了条件。1968 年 3 月,完成了 LG63C×2-63D 大型螺杆压缩机的试制任务,虽然有某些技术问题尚未得到解决,但为我国大型螺杆压缩机的制造积累了经验。

由于产品精度和制造的需要,压缩机企业相继提出了提高铣刀精度和制造专用铣床的问题。柳州第二空压机厂首先采用靠模加工铣刀获得成功,无锡压缩机厂又将靠模放在光学曲线磨床上,用 50 倍放大图成形磨削,并且用大型工具显微镜检查磨削结果,使铣刀精度进一步提高。与此同时,通用机械研究所、上海第三压缩机厂、上海压缩机厂和天津冷气机厂组成联合设计组,对无锡压缩机厂 1968 年设计制造的铣刀磨床加以改进,经过一系列的提高发展后,到 20 世纪 70 年代已使铣刀精度达到最大误差在 ±0.005mm 以内(出现在曲线接点处),刃磨工时也从过去的手工操作 40~50min,缩短到 20~30min。

20 世纪 70 年代,国外生产的螺杆压缩机转子型线已经更新,使比功率大幅度下降。为了赶上国际先进水平,1973 年,根据一机部下达的"螺杆压缩机降低比功率的试验研究"课题,由通用机械研究所、无锡压缩机厂联合,针对直接影响压缩机比功率的转子型线压出侧存在"漏气三角型"问题,进行了一系列试验研究,这项研究成果在 LG20-10/7 型空气压缩机上应用获得成功,是我国螺杆压缩机发展史上的一次进步。1974 年,通用机械研究所和天津冷气机厂联合设计试制了 LG20D-40/7、LG20D-9/16 型螺杆压缩机,并进行了最佳圆周速度、特长导程和允许压力试验,为制订螺杆压缩机导程长径比、气量系列标准提供了实验依据。

1974 年,无锡压缩机厂将螺杆转子型线成功改为"单边摆线—圆弧"型,由此形成了新的第二代螺杆式压缩机。到 20 世纪 80 年代初,该厂先后开发了 $3m^3/min$、$6m^3/min$、$12m^3/min$ 系列产品,形成了四个固定式一个移动式机型系列。

20 世纪 70 年代后期,无锡压缩机厂先后设计试验了立式筒体内安装卧式精分离器滤芯、卧式筒体上方安装立式精分离器滤芯、卧式筒体上方并列粗、精分离器滤芯等三种结构型式的油分离系统。这几种系统不仅将油箱、精分离器及贮气罐组合成一体,简化了结构,缩小了体积;而且分离效果大为提高。油分离技术上的突破,使螺杆压缩机的整体水平有所提高,耗油量由 $150 \sim 250 mg/m^3$ 下降到 $30 mg/m^3$ 左右。

2) 单螺杆压缩机。单螺杆压缩机又称为蜗杆压缩机,因其啮合型式类似蜗杆副,故螺杆又称蜗杆。单螺杆压缩机主要是由螺杆、星轮片和机壳三部分组成,具有结构简单、运转可靠、振动小、噪声低、重量轻、体积小等特点。这种机器系法国人辛麦恩(ZIMMERN)1960 年发明的,20 世纪 70 年代开始正式投产。

1975 年,北京第一通用机械厂在一无样机、二无技术引进的条件下,通过样本和一些资料的介绍,开始了单螺杆压缩机的设计与制造技术的探索。1976 年我国第一代蜗杆及星轮片加工专机从这里诞生,同年 11 月我国首台单螺杆空气压缩机 OG-9/7 型试制成功,其比功率为 $6.3kW/m^3/min$;之后,又试制出 OG23-9/7 型低噪声全罩式喷油单螺杆压缩机。由于这种机型在我国还仅是刚刚开始研究,在性能稳定特性等方面尚存在许多不足。

这一时期,研制单螺杆压缩机产品的厂家先后有四川(简阳)空分设备厂、浙江温岭化机厂、武汉空压机厂、苏北冷冻机厂等,这些厂家在研制样机的数年中都努力做了许多有益的工作,但未见商品问世。这一时期,我国单螺杆压缩机主要以仿制为主,在设计、制造水平上与国际先进水平相比尚存在较大的差距。

(6) 军用、船用压缩机

1) 军用压缩机。军用压缩机是专门供军队用于实战或训练用的压缩机,具有间断使用、机动灵活的特点,因而要求体积小、重量轻、可靠性好,其大多数属于小型高压压缩机,在设计、制造方面都有一定的难度。20 世纪 60 年代以前,军用压缩机几乎全部由苏联援助,后来苏联终止了对我军军事装备和零备件的供应,严重地影响了我军的战斗力。就是在这种困难局面下,我国第一代军用压缩机诞生了。1969 年重庆空气压缩机厂试制了 Y-14 型空气压缩机,后转到重庆气体压缩机厂生产;1961 年和 1962 年,无锡压缩机厂按杭州制氧机厂提供的图样,分别试制了 1YFY-0.83/150 型移动式空气压缩机和 AKЭC40-1 型充氧机;1963

年，蚌埠空气压缩机厂在 y-14 型基础上，试制了 NC-1 型空气压缩机，这批产品全是仿制苏联 20 世纪三四十年代的产品。由于当时对军工产品过于神秘，明知有不合理的地方也没人敢动，几乎全部照搬，因而导致产品水平停滞不前。但这些产品的仿制成功，打破了苏联对我国的军事封锁，当时击落美国 U-2 型高空无人侦察机，使用的压缩机便是这时期的产品。

1967 年初，一机部与六机部、海军装备部组成军用压缩机联合调查组，对我国军用压缩机的生产和使用情况进行调查，并于 1968 年在北京市召开了军用高压往复活塞式压缩机系列化工作会议，与会代表有各军用压缩机生产厂、各军兵种用户及有关科研单位；1968 年 8 月，正式成立了军用压缩机"三化"标准组，由上海压缩机厂、通用机械研究所、沈阳气体压缩机厂、无锡压缩机厂、重庆气体压缩机厂和蚌埠空气压缩机厂等单位参加。主要原则是做到"军军通用""军民通用"，并为以后部队发展留有余地。1968 年底，系列化编制工作完成初稿。在制订"三化"标准时，制造部门和使用部门经多次协商研究，提出了《军用高压往复活塞式 V 型压缩机系列参数（报批稿）》，后因种种原因而未获最后批准，但对后来的军品研制产生了积极的影响。从 1969 年起，上海压缩机厂、重庆气体压缩机厂、无锡压缩机厂和自贡市机械一厂等先后设计了 VSl.5、VF490、VS270 等型军用空气压缩机，并于 1971 年前后制成样机。这一系列的成果逐渐淘汰了仿制产品，结束了十几年来照抄照搬的仿制历史，开创了我国军用压缩机自行设计、制造的新局面。

2）船用压缩机。船舶、舰艇中使用的各类压缩机要求压力较高、可靠性好，其应用是多方面的，如潜艇的沉浮、主副柴油机的起动、鱼雷的发射、海洋的勘探等。我国船用压缩机也和军用压缩机一样，是在苏联停止援助之后发展起来的，走的基本上是由仿制逐渐到自制的道路。经过 10 多年的发展，上海压缩机厂、沈阳气体压缩机厂逐步成了国内船用高压压缩机的主要生产厂。

1964 年起，六机部 704 所（原为上海船舶设计研究所，内设压缩机科）先后与南京压缩机厂、上海压缩机厂、天津冷气机厂及上海沪东造船厂等单位合作，设计制造了一大批产品。上海压缩机厂与 704 所合作，先后完成了 CV-2/200、VSl.5-3.3/200 等 4 个品种，除为潜艇配套外，还可为海洋勘探提供配套设备。南京压缩机厂是我国船用中压压缩机的生产主导厂，该厂和 704 所一起生产出 CV-240/30、CVl.5-360/30、L-0.433/60、CZ-180/30、CZ-240/30 和 L-0.3/150 型等一系列典型产品，为国内大部分 3000~65000t 的各类船舶、舰艇配套。

1965 年，沈阳气体压缩机厂根据一机部的计划开始按苏制 ЭК-10 型仿制军舰用压缩机，1966 年试制完成，型号为 66-10 型。之后又变型生产了三种船用高压空气压缩机，主要供海军舰艇和潜艇配套。

1968 年，泰州海光机械厂也开始生产小型船用中、高压压缩机，主要为国内江河的小型驳船、小型拖轮及船舶配套。

(7) 隔膜压缩机　隔膜压缩机是一种依靠膜片运动来压缩气体的,其最大特点是气缸与传动机构的润滑油完全隔绝,因而压缩气体不被油污染,适于高纯净介质、有毒和贵重气体的压缩输送,其排气量小而压力较高。

解放初期,我国主要从法国、德国和苏联等国进口隔膜压缩机,以满足军工、化工、冶金、空分制氧及科研等部门的需要。20世纪60年代初期,我国也逐渐开始开发这类产品。

1962年,北京第一通用机械厂根据一机部下达的任务,在参考法国考柏兰公司(Buton-Corblin S. A.)生产的A2CV-250型产品的基础上,设计完成了G2Z-5/200型高压隔膜压缩机。1963年起,该厂又陆续完成了30余种产品研制,成为我国隔膜压缩机的主要生产厂。

1969年9月,北京第一通用机械厂试制成功了我国第一台G5Z-5/1000型超高压隔膜压缩机。该产品应用于我国酒泉、西昌卫星发射基地,多次在运载火箭发射、神舟号飞船发射中使用,性能良好。

这一时期,通用机械研究所和上海大隆机器厂合作生产了GV6.7-2/300-1500型超高压隔膜压缩机,该机获1978年全国机械工业科学大会奖。这标志着我国隔膜压缩机水平上升到新的阶段。

(8) 移动式空压机　为了方便野外作业的需要,移动式压缩机的特点是重量需进一步减轻。1961—1963年期间,无锡压缩机厂、蚌埠空气压缩机厂、柳州第二空压机厂和北京第一通用机械厂等单位,对原进口的老机型进一步改进,先后研制了3W-9/7、2W-6/7、WY-6/7、2WY-6/7和YW-9/7型移动式压缩机,使机组重量大大减轻。

1965年,鉴于当时油田使用的УКП-80型高压空气压缩机不仅压力低、排气量小、行移速度慢,而且笨重的弱点,蚌埠空气压缩机厂根据一机部的指示,设计完成了扇形、八列风冷的S-10/150型压缩机,其排气量为$10m^3/min$,终压为15MPa,车速达60~75km/h,主机重量为6.5t,1974年通过鉴定。该产品采用风冷结构,而在当时世界上使用的扇形结构压缩机大多数是水冷低速的。在此基础上,蚌埠第二空压机厂也完成了压缩机的更新设计,生产出一系列产品,其最高压力达25MPa,为我国的油田开采、试压、扫线、气举等工程提供了关键设备。

1966年,通用机械研究所组织上海第三压缩机厂、上海气阀厂、无锡压缩机厂、天津冷气机厂和重庆通用机械厂等单位,对瑞典PR600、PR365型移动螺杆压缩机进行了性能测试、分析。在此基础上,于1967年完成了移动螺杆压缩机的设计。在试制过程中,运用"铣刀设计资料"计算螺杆加工刀具,取得了较好的效果。同年,无锡压缩机厂和上海第三压缩机厂先后仿制成功LC20-10/7

型螺杆压缩机和 LG20-20/7 型螺杆压缩机，其性能接近国外样机水平；柳州第二空压机厂也完成了 LG20-10/7 型螺杆压缩机的试制。排气量为 $10m^3/min$ 的移动螺杆空气压缩机的重量比当时使用较多的 3W-9/7 型往复活塞移动空气压缩机减轻 1t 多，深受铁路建设和工程部队等野外工地使用者的欢迎。

1966 年 8 月，根据中国与巴基斯坦联合建设喀喇昆仑公路的需要，由北京第一通用机械厂、通用机械研究所、天津动力机厂和洛阳拖拉机研究所组成高原地区用空气压缩机性能试验组，在海拔 3000～4450m 的西藏林芝、色齐拉山、扎木等地，对 W-9/7 型级差式移动空气压缩机进行了各种性能测定，并进行了一年的长期运行试验，取得了压缩机的基本性能数据。

相隔 10 年之后，因青藏铁路建设的需要，由沈阳气体压缩机研究所、沈阳空气压缩机制造厂、西安交通大学和西宁高原机电研究所组成赴青藏高原空气压缩机试验组，以 YV-6/8 型移动式空气压缩机为试验机，先后在沈阳市及海拔 2000～4900m 的青藏铁路沿线的西宁、热水、格尔木和温泉等 5 个地区进行了空气压缩机各项性能试验，共测取 2800 多个数据，初步摸清了空气压缩机在高原地区使用性能的变化规律，提出了高原用空气压缩机的改进意见。两次对高原地区的联合调查，为发展我国高原用移动式空气压缩机做出了贡献。

（9）微型压缩机　　随着国家建设的发展，对微型压缩机的需要量不断增多。微型压缩机产品出现了品种混乱，质量参差不齐的情况。

1966 年 8 月，根据一机部制定的"三五"行业发展规划精神，由通用机械研究所、上海第二压缩机厂、长春空气压缩机厂、天津冷气机厂、天津红旗厂（后改名天津第二空压机厂）和鞍山空气压缩机厂等单位组成联合设计小组，即当时的"三结合"（即工人、技术人员和干部相结合）班子，草拟了系列型谱和微型空气压缩机基本参数，在上海第二压缩机厂进行了首批五个典型品种的设计，分别由各厂试制了 Z-0.03/7（手提式）、2V-0.3/7、2V-0.06/7、Z-0.15/7、2V-0.6/7 型样机。1967 年 9 月首批样机在天津冷气机厂集中进行试车，同年 10 月通过鉴定。和国内同类产品相比，样机重量显著减轻，体积明显缩小，而且结构简单，使用方便，零件少，通用性好，耗油、耗电指标均有所降低，大大改善了压缩机的积炭现象。首批样机的设计成功对微型空气压缩机生产厂家是一个很大的鼓舞。

1968 年初，再次进行第二轮联合设计，在通用机械研究所的组织下，同年秋季完成了微型二级往复活塞压缩机系列设计工作，分别由长春空气压缩机厂、上海第二压缩机厂、天津冷气机厂、天津第二空压机厂、鞍山空气压缩机厂、开封通用机械厂和武汉空气压缩机厂试制完成了 3W-0.8/10、2V-0.8/10、3W-1.6/10、2V-0.1/10、3W-0.2/10、3W-0.4/10、2V-0.4/10 和 4S-2.4/7 型空气压缩机。1969 年夏季，在长春市进行了 500h 样机试车，除 4S-2.4/7 型因振动和排气温度偏高外，其余皆获成功。在此期间，华中工学院也应邀参加了这项工作。

两次联合设计的成功，完全取代了国产老产品，形成了我国微型压缩机系列产品的特点：压缩机与储气罐组成轻便机组；转速较高；有压力继电器、安全阀等保护调节装置。新产品无论在机组性能、重量以及零件数量、加工工时等方面均比老产品有显著的优越性，其中重量平均比老机器减小了 30%，耗油量只有老产品的 1/3，总体加工工时也减少了 1/3 以上。如被取代的 T102 型空气压缩机共有零件 439 个，制造工时 141h，净重为 42kg，而取代它的 Z-0.15/7 型空气压缩机，只有 283 个零件，净重仅为 21kg，制造工时节省 40%。系列产品转速均在 1500r/min 左右，配用额定功率为 0.55~18.5kW 的普通电动机，易于国内配套。另外，联合设计的产品可变型 24 种以上的产品规格，在通用化、系列化和标准化方面，充分地满足了用户对排气压力在 0.7~1.0MPa，排气量在 3m³/min 以下的一般要求，方便了用户。这些产品已成为通用机械产品中的重点产品而被纳入国家计划。到 20 世纪 70 年代，由于国内外微型空气压缩机需要量大大增加，生产厂也如雨后春笋遍布全国，最多时发展到 100 多家。

（10）滑片压缩机　滑片压缩机是一种偏置转子做旋转运动，在离心力作用下，因滑片的伸缩而改变气腔容积的容积式压缩机。其具有动平衡性较好，机械振动小，结构简单，易损件少，重量轻，噪声小等特点，适用于无基础机组，因此在国外发展较快。我国于 20 世纪 60 年代初期开始研制滑片压缩机。1966 年，南京压缩机厂试制出 YH-10/7 型水冷半移动滑片压缩机。1968 年，上海第二压缩机厂生产出 HY-0.3/7 型微型喷油内冷滑片压缩机。1970 年，蚌埠空气压缩机厂按日本北越公司 AMR370 型产品，仿制了 BH-12/7 型移动滑片压缩机。1976 年，南京压缩机厂生产了 DYH-10/7 型低噪声滑片压缩机等。20 世纪 70 年代末期，上海第二压缩机厂按英国海卓万公司 23PU 型产品，试制完成了 HP9-4 型滑片压缩机。

在此期间，蚌埠空气压缩机厂、上海第二压缩机厂、南京压缩机厂、自贡空压机厂和铁道部宝鸡工程机械修造厂等单位，通过不断地摸索和改进，设计制造了一系列产品，使我国滑片压缩机的设计、生产、试验研究水平有了提高。

3. 产业布局趋于合理

1966 年以前，我国压缩机制造业主要集中在东北、华北、华东的城市，为了使布局趋向合理，20 世纪六七十年代国家着手进行了调整，在内地新建和内迁一批压缩机制造企业。工艺压缩机以上海市和沈阳市为两大生产基地；螺杆压缩机以上海市、无锡市、柳州市和天津市等为主要生产基地；动力用压缩机在我国压缩机生产中占有较高比例，其生产单位多而分散；微、小型压缩机以长春市、上海市、北京市、沈阳市、天津市和烟台市等地为主；无油润滑压缩机以沈阳市和柳州市为主；船用和军用压缩机以南京市、重庆市、沈阳市和蚌埠市等地为主；摩托压缩机主要在四川简阳生产；隔膜和单螺杆压缩机则主要在北京市生产。此外，行业还拥有上海气阀厂、蚌埠第二空压机厂、咸阳压缩机厂和重庆压缩机配件厂等5个配件专业厂。调整使压缩机产业布局趋于合理，生产规模和制造能力进一步扩大，制造能力也得到相应提高。

4. 基础工作

（1）深化"三化"工作　　随着我国压缩机制造业的发展，由于压缩机品种过多，造成通用化程度低，严重地影响了品种和产量的发展速度。据统计，当时活塞力靠近80kN的有3种行程，靠近120kN的有4种行程。例如：上海压缩机厂生产了H22-140/320型压缩机后不久，上海大隆机器厂又生产了2D22-35/50型压缩机。此外，压缩机备件供应不足，限制了各压缩机配件厂的技术发展。鉴于全国压缩机行业在"三五"期间规划发展100个品种，因此，在20世纪50年代末期"三化"工作良好开端的基础上，进一步深化"三化"工作，制订压缩机"三化"标准已刻不容缓。

1966年，在通用机械工业局的指导下，由通用机械研究所、沈阳气体压缩机研究所、沈阳气体压缩机厂、上海压缩机厂、上海大隆机器厂、杭州制氧机厂、重庆气体压缩机厂、蚌埠空气压缩机厂和无锡压缩机厂等23个单位、31人组成了压缩机"三化"标准组，在上海压缩机厂进行起草审定工作。"三化"标准组制订了三条基本原则：力争最大限度地统一；立足于先进的技术经济指标；"三机"结构力求统一。经过一年的调查研究，中华人民共和国第一机械工业部第一、三局企业标准《往复活塞式压缩机（草案）》于1967年7月起草完成并获通过。这些标准草案中提出10个活塞力吨位，16个行程，规定了16种机型，并将原49种压缩机上154种阀片统一为50种。后在1977年经修订被定为机械部部颁标准，形成共10个标准和3个指导性技术文件。这一次压缩机的标准制订工作，历史地总结了我国压缩机生产制造技术的经验，统一了压缩机主要件的设计参数，技术经济指标处于当时比较先进的水平，方便了设计和使用。

（2）编写《活塞式压缩机设计》　　压缩机制造业经过10多年的发展，已逐步成为独立的制造业，新产品不断出现，制造厂不断增加，技术水平提高很快。但有关人员在实际工作中常常感到专业技术书籍缺乏，已有的书籍内容陈旧、烦琐，远远不能满足当时发展的需要，压缩机制造厂、使用单位的技术人员和高等院校有关专业的师生等均急需一本专业的设计资料。为此，1971年，由通用机械研究所、西安交通大学、华中工学院和上海压缩机厂等19个单位组成编写组，广泛收集了大量的国内外有关资料、图表和实例等，结合国外压缩机的发展情况，总结了我国压缩机设计10多年来的经验，编写完成了《活塞式压缩机设计》一书。全书共分十二章，包括活塞压缩机的总体、主辅机设计，热动力计算等方面的内容以及有关的数据、公式、材料和图表等。这本书在1974年5月由机械工业出版社出版，发行量达5万余册，影响面较大。

这一时期是我国压缩机制造业的全面发展阶段，完成了从仿制到自制的转变，把我国压缩机设计、制造水平推向了一个新阶段。压缩机产品从低压、少品种发展到高压、多品种，动力用压缩机的系列已基本形成，无润滑压缩机、隔膜压缩机、军用和船用等压缩机也开始得到了发展。压缩机品种得到扩展，技术水平有了较大的提高，基本解决了国民经济各部门的急需。

四、行业发展开创新局面（1978—2000年）

在党的十一届三中全会以后，我国压缩机制造业和其他工业一样，行业发展开创了新局面。压缩机制造业通过引进技术消化吸收，全面提升了产品的设计、制造水平，产品结构得到优化。国企改制重组、民营企业兴起、外资进入等为压缩机制造业增添了活力。压缩机产品基本满足国内的需求，部分产品已达到或接近国际先进水平，压缩机制造业的整体水平得到全面提升。

（一）调整改革

在党的十一届三中全会以后，党中央做出了把工作重点转移到社会主义现代化建设中来的战略决策，针对国民经济比例严重失调的问题，1979年4月提出对整个国民经济实行"调整、改革、整顿、提高"的方针，坚持以计划经济为主，市场调节为辅的经济管理原则。

在调整中，国家逐渐扩大了企业的自主权，并开始推行各种形式的经济责任制；行业许多厂陆续建立健全了企业管理体系，开始试行计时、计件的工资分配方法，加强了企业对国家、个人对企业的经济责任；企业开始把经营工作放在重要地位，纷纷建立或加强经营销售部门，开展市场调查和预测，坚持产品质量实行"三包"，搞好维修服务，扩大宣传，举办用户技术培训班，使企业逐渐从单纯的生产型转向生产经营型。

行业也成立了经营联合体。1982年2月，在通用机械工业局的具体指导下，由沈阳气体压缩机厂、上海压缩机厂、北京第一通用机械厂、四川压缩机厂、无锡压缩机厂组成筹备组，邀请压缩机行业重点厂在北京市召开压缩机联合经销工作会议，经过充分协商讨论，宣布成立中国压缩机联合经销部。会议决定联合经销部由全国压缩机行业12个重点企业组成，并制订了章程、经营管理办法、订货会共同守则，确定各参加单位隶属关系不变，独立经营，共同努力，多做贡献。这是在计划与市场相结合的情况下，改变经营方式，面向用户，加强服务，发挥联合优势方面进行改革的第一步。联合经销部的成立打破了部门与地区的界限，加强了企业之间的联系，在为用户服务、进行产品销售等方面有一定的效果。

在新形势下，压缩机行业积极围绕提高产品质量，增加品种，提高技术水平，调整产品设计和科研工作，使压缩机制造厂在产品质量和品种方面有了提高，在企业管理和用户服务方面有了改观。行业成立了生产管理组，提出了企业"三上一提高"（上质量、上品种、上水平和提高经济效益）的发展方向。行业通过开展行检、评优质产品和"质量信得过"小组、颁发产品生产许可证、贯彻国际标准等活动，推广"TQC"小组的管理经验，使压缩机行业的许多企业逐步走上了科学管理和现代化管理的轨道，有效地控制了产品的质量，促进了其他各项工作的开展。

（二）科技工作的进展

1. 科研力量

在调整方针的指引下，为了更好地落实机械工业"集中力量打基础，上水平、攻成套、加强服务工作"的精神，根据客观形势发展的需要，1978年底通用机械行业开始筹建机械工业部通用机械技术设计成套公司（1985年改名为中国通用机械技术设计成套公司）。根据国家经委经机188号文，公司于1979年7月在北京市正式成立，主要是负责组织承包国内外通用机械成套项目的总体设计和设备成套供应，负责大型成套建设项目中通用机械产品的组织工作，协同使用部门进行设备选型，逐步做到成套供应。该公司经营承包的方式有工程、设备、机组成套和单机供货四种。在公司内设置有压缩机室，几年来承接了化肥氢压机成套，压缩机站成套，特殊用压缩机如迷宫式、负压螺杆式和超高压等压缩机的设计任务；还在通用机械工业局的指导下，承担了一些行业服务工作。

通用机械研究所自搬迁合肥以后，在极其艰苦的条件下，完成了十几项研究课题，制订出一批产品标准，并从1980年起开始重建试验室。1981年，当时原压缩机室人员大部分离所回京，人数下降到12人，形势发生很大变化。根据部局对通用机械研究所工作的指导意见，压缩机室重新确定工作方针，首先加强了试验室建设，开展性能测试工作，并积极在压缩机行业贯彻国际标准，逐步承担行业共性课题研究和领导开发重大新产品。到1985年底，人员增加到28人，试验室面积达到$1330m^2$，试验装置基础可供12t活塞力压缩机试验，拥有400kW晶闸管整流装置、各种变速电动机，可进行$40m^3/min$以下各种动力用空气压缩机试验，并有75kW、60Hz电流装置可供船用压缩机试验，成为压缩机行业测试中心。

通用机械研究所除压缩机室直接从事压缩机专业工作外，还有一批从事基础专业工作的研究室，包括强度、金属材料、非金属材料、密封、仪表、自动化、压力容器、换热器和化学分析等专业研究室或组，承担着包括压缩机专业在内的强度、噪声、材料、加工等方面的研究工作。计算机技术开始得到应用，大大地方便了科研、试验工作。

沈阳气体压缩机研究所自 1972 年恢复运行以来，积极组织开展行业活动和情报工作。其研究工作主要针对工艺用无润滑压缩机，从事气阀、振动、气体净化、无油润滑技术，易损件寿命以及强度、自控等方面的研究。

随着国民经济发展及压缩机行业技术队伍的逐渐成长，企业对产品的技术开发及试验工作日益重视，在若干技术力量较强的工厂（如上海压缩机厂、无锡压缩机厂、四川空气压缩机厂、北京第一通用机械厂、江西气体压缩机厂、天津冷气机厂、南京压缩机厂等）都相继建立了隶属本厂的试验研究机构，充实仪器设备，研究活动较为活跃。

西安交通大学、华中工学院等高等院校的研究能力得到进一步提高，拥有了较强的试验设备，科研力量雄厚，科研工作十分活跃，逐步成为压缩机技术开发的先导，同时完成了一批专业教材的编写工作。1974 年，西安交通大学组成压缩机管道振动研究小组，开展压缩机管道气流脉动的研究，经过几年的努力，在理论计算、现场测试和消振方面取得了可喜的成果。

2. 气阀研究

气阀历来是压缩机生产和使用中的薄弱环节，早在 20 世纪 60 年代初期，国内就开始了这方面的探索。通用机械研究所、西安交通大学、华中工学院、沈阳气体压缩机研究所、上海压缩机厂、北京第一通用机械厂等单位先后开展了相关课题研究工作，并取得了初步的成果，突破了阀片材质、工艺、弹簧设计及气阀结构等关键技术，基本解决了生产混乱、使用随便、"香烟气阀"等问题，气阀的使用寿命普遍提高，收到了较大的经济效果。

戴维斯（H. Davis）和麦克兰林（J. F. T. Maclaren）分别编写的《往复活塞式压缩机气阀设计对性能和可靠性的影响》《往复式空气压缩机自动阀的分析和试验研究》论文在国外发表之后，沈阳气体压缩机研究所利用行业杂志向国内企业进行了介绍。西安交通大学先后使用光电法和电感法测录了压缩机吸、排气阀阀片的运动规律，通过计算机进行了理论计算，并加以比较，取得了令人满意的结果；另外，通过举办学习班，向国内推荐"戴维斯判断准则"。西安交通大学、沈阳气体压缩机研究所等单位的工作为制造企业认识和应用阀片运动规律，进行运动状态研究提供了可行的手段，使我国的压缩机气阀研究进入了新阶段。

（1）气阀攻关 在第七次全国压缩机行业会议上提出压缩机产品质量存在"三短一高"（气阀寿命短、冷却器寿命短、填料寿命短、铸件废品率高）现象。为此，在气阀初期研究的基础上，组织行业有关厂及大专院校、研究所拟定了攻关计划，压缩机气阀攻关项目被列入一机部 100 项基础件攻关的第 56 项。

1980 年，根据一机部下达的气阀攻关计划，由通用机械研究所、西安交通大学、沈阳气体压缩机研究所、上海压缩机厂、北京第一通用机械厂、柳州空气压缩机厂、上海气阀厂、中国弹簧厂、天津大学等单位组成气阀攻关组，分别以上海压缩机厂 L3.3、H22 型，北京第一通用机械厂 L5.5 型，沈阳气体压缩机厂 4M8（Ⅰ）型，柳州空气压缩机厂 VY-9/7 型压缩机为目标开展技术攻关。

L5.5-40/8 型空气压缩机的气阀寿命攻关课题由北京第一通用机械厂、西安交通大学和天津大学等单位负责，于 1980 年 10 月通过了气阀试验件鉴定，12 月开始进入批量件试验验证阶段。1984 年 5 月，北京市机械工业总公司在山西省峰峰矿务局主持召开了 L5.5 型空气压缩机气阀批量件寿命攻关课题部级鉴定会，会议对 4 台、80 组气阀的批量件试验考核鉴定结论认为气阀寿命指标达到了攻关要求，通过了部级鉴定。

4M8（Ⅰ）型氮氢气压缩机的气阀攻关课题由沈阳气体压缩机研究所负责。该所在化工部及有关用户的积极配合下，会同沈阳市压缩机气阀厂，对气阀弹簧的早期断裂及磨损进行了长期的试验研究，改进了卷簧机，提高了关键零部件的精度，同时采用 50CrVA 油淬火加回火钢丝及 17-7PH 沉淀硬化不锈钢卷制阀簧，增加了老化处理工序（抗松弛处理），使阀簧平均寿命提高到 4000h 以上。1983 年经部级鉴定后，进一步扩大试验点，巩固和推广试验研究成果。

另外，上海压缩机厂、通用机械研究所和西安交通大学等共同对 L3.3、H22（Ⅲ）和 3D22（Ⅱ）型氮氢气压缩机的气阀进行攻关，均达到了攻关目标的要求，其中 L3.3 型压缩机的气阀攻关成果获全国机械工业科学大会集体成果奖。

随着行业对气阀内在规律研究的深化，更进一步加深了对气阀弹簧作用的认识。气阀攻关组华北成员之一天津大学金相教研室承担了弹簧攻关课题，1980 年研究成功弹簧钢丝连续淬火工艺，1982 年通过鉴定，对稳定气阀寿命起到了积极的作用。

1981 年，704 所高压空气压缩机气阀耐久性课题研究组研制成功波形弹簧环片阀，在转速为 3000r/min、排气压力为 15MPa 的情况下，气阀寿命为 500h，获得了良好的成果。该科研成果在海军用压缩机上推广使用。

（2）舌簧阀的应用 20 世纪初期，国外相继出现了质量轻的条状阀、槽状阀和片状阀，到了 20 世纪四五十年代已渐趋成熟，从而使微型压缩机技术向前迈进了一步。我国微型空气压缩机气阀最早使用的是条状阀，后因材料供应问题转用环状阀。

长春空气压缩机厂、华中工学院、通用机械研究所、武汉空气压缩机厂等先后两次对日本三黄株式会社微型空气压缩机的样机进行了全面的测试和研究，发现比功率、噪声和油耗皆优于我国的老系列产品，其主要特点是采用了舌簧阀，这样不仅能提高机器的效率，而且还简化了放空释荷装置，甩掉了过去一直使用的电磁阀放空结构。为了推广应用这项新技术，上述单位在广泛调查和大量试验的基础上,着手进行微型空气压缩机老系列产品改造和新产品设计。

1978—1979年,长春空气压缩机厂先后制造成功行程较长的ZD075型、VD1.5型和VD2.2型空气压缩机,1982年,上海第二压缩机厂参考德国博格(Boge)公司舌簧阀型样机,设计成功保持原短行程的2V-0.6/7-C型空气压缩机;同一时期,武汉空气压缩机厂也完成了Z-0.15/7-B型空气压缩机的改进设计。这些产品初步形成了我国舌簧阀微型压缩机的产品系列,此后,我国100多个小型压缩机制造厂相继采用了舌簧阀新技术。

3. 产品研究与开发

(1) 产品研究

1) 双螺杆压缩机。我国第一代和第二代螺杆压缩机,其型线分属对称圆弧型和单边不对称型,功率消耗较大,使螺杆压缩机的优势得不到充分发挥。与此同时,国外螺杆压缩机随着型线不断创新及加工精度的大幅提高,使产品在部分性能方面接近往复活塞压缩机的水平。而国内加工转子齿形的铣刀经过二三十年的努力到1985年左右才得以完善。

1980年起,无锡压缩机厂通过研究国外资料,总结了国内螺杆压缩机的发展经验,认真分析了螺杆压缩机的多种型线,决定从5:6齿比的型线入手(原螺杆压缩机齿比为4:6),通过变转速试验来选定其最佳转速。1982年测试改型的LGⅢ20-10/7型螺杆压缩机,比功率达到$6.06kW/(m^3/min)$,和LGⅡ20型压缩机相比,比功率约下降5.3%,使我国螺杆压缩机技术研究又前进了一步。1980年,无锡压缩机厂在通用机械研究所的协助下,还试制成功低噪声螺杆增压压缩机,机组噪声下降到81.5dB(A)。1982年,该厂为北京至拉萨民航班机通航设计制造了大型喷气式客机起动用的LG-28/60-3型螺杆空气压缩机,并进行了高温高压试验。1996年,无锡压缩机厂受西安交通大学委托,承担了为我国航空航天研制宇宙飞船试验项目配套的LGD-15/11-X氦气水冷式喷油螺杆压缩机研制任务。

1982年,上海压缩机厂试制成功LG63C-430/3.8型二氧化碳螺杆压缩机。该机采用喷水内冷、汽轮机驱动等新技术,通过空气部分负荷和喷水冷却,进行性能模拟试验,试车功率达800kW,为大型螺杆压缩机性能试验研究工作打下了基础。

这期间,无锡压缩机厂、上海压缩机厂、柳州第二空压机厂等企业都大力开展螺杆压缩新产品开发,研制成功一大批产品。1985年后无锡压缩机厂、上海压缩机厂引进购买专用机床,开始形成批量生产,螺杆压缩机的应用领域逐年得到扩大。

2) 单螺杆空压机。1978年以来,西安交大压缩机教研室开始对单螺杆压缩机进行诸多方面的深入研究;上海704所向国内企业介绍了美海军装备部门对单螺杆空压机的评价,并做了喷水内冷单螺杆空压机的研制与试验;北京第一通用机械厂派技术人员数次到法国和美国,与单螺杆发明人辛麦恩、美国 CP 公司进行交流,并试图引进技术,但终无功而返。

此后,北京第一通用机械厂在第一代蜗杆及星轮片专用机床的基础上进行了改进,第二代专用机床解决了机床运转可靠性,提高了机床刚度,也适当地提高了机床精度,使星轮片寿命达到了一定水平。第一、二代专用机床,基本上解决了蜗杆的加工方法、刀具及机床(精度尚不高)等问题。星轮片采用仿型法加工,误差大。

1988 年,原浙江省乐清县空气压缩机厂(后更名为浙江乐雁压缩机有限公司)加入对单螺杆空压机的研制行列。20 世纪 90 年代末,上海飞和压缩机有限公司、广东正力精密机械有限公司和上海施耐德日盛压缩机有限公司相继成立,并开展了多方面的研发。

继北京第一通用机械厂的第一代和第二代蜗杆及星轮片专用机床后,新进入的单螺杆空压机生产厂家特别注重了对蜗杆、星轮片材质的改进。在壳体的制造技术研发方面,采用在普通铣床上加工壳体星轮孔的加工方法(即双圆柱无间隙定心,误差放大后观测,逐步调整趋近理想位置的加工方法),基本实现了蜗杆星轮中心距 ±0.01mm 的要求。在此基础上设计制造形成了第三代加工蜗杆及星轮片专用机床。这两种专用机床加工范围大,能加工多种规格,为增加品种创造了条件,机床精度有所提高,刀具上也有改进。

1997 年成立的上海飞和实业集团有限公司,在引进专业技术人才的基础上,又进行了加工专用机床的改造,研制成功直廓环面蜗杆的数控高精度专用机床。

四川(简阳)空分设备厂不仅导出了积分法解决基元容积计算的精确解与近似解,而且还是我国第一个试用展成法(滚切)加工星轮的制造企业。

起步较晚的广东正力精密机械有限公司为提高单螺杆压缩机加工技术水平,研发了三接触线齿轮形和高精度专用机床,并采用展成法加工星轮,这项技术取得了中、美、英、法、日等国家的发明专利。

在此期间,西安交通大学等科研机构对单螺杆压缩机的研究也富有成果,发表了论文《单螺杆压缩机主要几何关系的研究》,"圆台二次包络型线"研究成果获得了国家发明专利等。

3)无润滑压缩机。1980 年以来,柳州第二空压机厂先后研制成功排气量分别为 $0.6m^3/min$、$0.9m^3/min$、$1.0m^3/min$、$1.5m^3/min$ 的 Z 型无润滑往复压缩机系列产品,沈阳气体压缩机厂、上海压缩机厂等单位在大型无润滑往复压缩机方面也取得了良好的研发成果。

与此同时,全无润滑压缩机的研制进入了一个新的时期。1981 年,烟台空气压缩机厂研制成功 Z-0.06/7 型空气压缩机,长春空气压缩机厂研制成功手提式空气压缩机。1983 年，鞍山市空压机厂研制的排气量为 $0.24m^3/min$、$0.42m^3/min$、$0.6m^3/min$，排气终压为 $0.7MPa$ 的空气压缩机相继问世。此外，沈阳空气压缩机制造厂和湖北省天门县空压机厂等单位也生产了几种产品。但当时许多产品的气缸采用镀铬工艺，由于未能很好地解决防腐等问题，表皮易剥落。20 世纪 80 年代起，通用机械研究所开展了相关的研究工作，1984 年 7 月与常德通用机械厂联合试制的 3W-0.6/10 型全无润滑空气压缩机通过了部级鉴定；1985 年 12 月又完成了 3W-0.85/10 型空气压缩机的试制，其功率达 $7.5kW$，成为当时我国功率最大、排气终压最高的全无润滑压缩机。这两种机型均采用气缸中心线与主轴回转中心线不共面等新结构，解决了气缸防腐等技术难题，采用双级、风冷，排气终压为 $1.0MPa$，从资料上看，国外当时尚没有制造这种机型产品。

4）空气净化技术。20 世纪 80 年代，我国国民经济各行业发展都迫切要求提供洁净的空气，以适应不同的需要。为了获得洁净的气体，压缩机行业开始着手研究空气净化技术，给用户提供压缩机空气净化配套装置。

我国大庆油田处于高寒地区，最低温度可达 $-36.2℃$，为使气动仪表正常工作，要求采用净化气源控制。1979 年 4 月，沈阳气体压缩机研究所会同大庆油田科学研究设计院，共同进行了探索性原理模拟试验，从 1980 年 9 月起试制 3JU8 型空气干燥装置，完成了全面的连续测定，成为压缩机新的配套产品。1982 年又试制了有热、无热再生两大系列，包括排气量为 $1m^3/min$、$3m^3/min$、$12m^3/min$、$20m^3/min$、$40m^3/min$ 等规格的净化装置。上海压缩机厂、无锡压缩机厂、柳州第二空压机厂、南京压缩机厂、沈阳空气压缩机制造厂、通用机械设计技术成套公司都开展了探索性研制，生产了一批干燥、净化装置。

（2）产品开发

1）超高压活塞式/隔膜式压缩机组。1984—1988 年，由中国通用机械工程总公司设计成套、上海大隆机器厂制造的超高压活塞式/隔膜式压缩机组用于中国空气动力研究与发展中心的尖端科技大型 2m 激波风洞，供航天器的高马赫数、高雷诺数、高速高焓试验之需。该风洞当时为亚洲最大，世界前列。机组排气压力为 $200MPa$，容积流量为 $2m^3/min$，由一次机（活塞式，四级，排气压力为 $30MPa$、轴功率为 $40kW$）、二次机（隔膜式，排气压力为 $100MPa$、轴功率为 $12kW$）、三次机（隔膜式，轴功率为 $22kW$）各一台及系统构成，供气量为 $2m^3/min$。

2）核电用隔膜压缩机。1989 年，北京第一通用机械厂为中国第一座国产化核电站——秦山一期核电站承担制造了 TEG 系统用的废气隔膜压缩机，型号为 1G3V-40/13。该设备用于压缩含氢放射性废气，属核安全设备，在设计、制造、检验上须遵循相关的国家标准及相关行业标准。在设计过程中企业根据系统对设备的总要求，重点解决了压缩机的安全性与可靠性，经过多次试验研制出了膜片破裂自动报警装置。当设备膜片破裂时，压缩机自动报警停机，有效地保证了设备的运行安全，该项技术被首次应用于秦山一期核电站中。

1997年，北京第一通用机械厂为秦山二期核电站承担制造了TEG系统用的废气隔膜压缩机，型号为1GV3-40/13；同时还承担了国家重点科技项目（攻关）计划大型压水堆项目隔膜压缩机国产化的研制开发工作。同年，北京第一通用机械厂承担了出口巴基斯坦核电站C1项目废气隔膜压缩机及氮气隔膜压缩机的制造任务。2007年，北京京城环保产业发展有限责任公司（北京第一通用机械厂）又承担了出口巴基斯坦核电站C2项目废气隔膜压缩机及氮气隔膜压缩机的制造任务，为C1、C2提供的1G3V-40/10型隔膜压缩机的安全等级为3级。

3）4M50型、4M80型大型往复活塞式压缩机。1987—1989年，由沈阳气体压缩机厂设计开发了用于80t/年加氢裂化装置的4M50型500kN活塞力新氢压缩机，于1993年投入使用。这是该装置第一批国产化24台往复机中最具代表性的典型产品，机组的流量、压力、功率以及基础件载荷在当时的国产机组中都是最大的，此类大型、高压、炼厂工艺流程用往复氢压机当时在国内还是空白。该产品于1997年获机械工业部科学技术进步奖一等奖，1998年获国家科学技术进步奖三等奖。

1997—1998年，沈阳气体压缩机厂在总结了500kN活塞力压缩机开发经验的基础上，承担起800kN活塞力压缩机的研制任务，其研制的4M80-30/22-200-BX型新氢压缩机机组再一次填补了国内空白。1999年，该机组成功地运行于中国石油化工股份有限公司茂名分公司200万t/年渣油脱硫加氢装置。

4）充氧（氮）车载隔膜式高压压缩机组。北京第一通用机械厂1997年研发了充氧（氮）车载隔膜式高压压缩机组。该机组在国内隔膜机中最先采用曲柄滑块机构，排气压力为35MPa，单级压缩、双缸对置，油冷却器强制风冷，容积效率高达50%，噪声声压级为81.6dB（A）。

5）6M40系列往复活塞式压缩机。华西通用机器公司（现四川大川压缩机有限公司）于1996年研制了用于化肥装置的6M40-340/314型氮氢气压缩机。

6）集输与回注用天然气压缩机（摩托压缩机）。随着我国石油与天然气工业的发展，产生了大量的井下可燃气体。这种动力源对传统的压缩机提出了新的要求，燃气摩托压缩机作为我国一种新的机型品种应运而生。

美国Ingersoll-Rand自1969年后相继成功开发了RDS、HOS系列橇装高速对称平衡型压缩机组，这是针对陆油气田、海上采油气平台之需而研制的。基于天然气密度低、流动阻力损失小、允许气流速度高的优越条件，可以通过采用高转速、短行程、高活塞平均速度的结构参数，达到压缩机结构调试紧凑，外形小，重量轻，并适于和高转速天然气发动机（或柴油机）直联，实现机组橇装化，便于移位且不需要电力驱动的目标，即构成"可分式燃气摩托压缩机组"。

根据一机部和石化部下达的科研项目,中国石油化工集团公司江汉石油管理局第三机械厂引进了美国 Ingersoll-Rand 的 RDS 系列压缩机制造技术,产品已广泛用于国内各大油气田。四川简阳华西通用机器公司和四川石油管理局资中机械厂(现中国石油集团济柴动力总厂成都压缩机厂)、无锡压缩机厂和上海压缩机厂等都先后开展了摩托压缩机的研制工作。1979 年,简阳华西通用机器公司与西安交通大学合作,完成了 1250 型单缸燃气发动试验机,1981 年又试制了 2MT8-5/14-44 型抗硫燃气摩托增压压缩机,并进行了工业性运行试验。1982 年,按照美国库佩尔能源服务公司的 DPC-115 型及 DPC-230 型摩托压缩机,仿制成功 MT10-1.4~5.7/45 型和 2MT10-2.8~11.4/45 型摩托天然气变工况增压压缩机,为整体橇装、风冷式。无锡压缩机厂和上海压缩机厂也分别完成了 6RMY-4.9/16~54 型摩托压缩机和两冲程单缸燃气发动试验机。这些产品逐步填补了我国摩托压缩机的空白。

1983 年,通用机械设计技术成套公司和天津冷气机厂合作研制成功 LG16-5/3.5 型螺杆负压压缩机。石油在储存和运输过程中,其含量较高的轻烃以 2.5%~3% 的比例自然挥发,造成很大的浪费。因此,从原油中脱除轻烃,不仅可以减少原油的损耗,保证原油的稳定,而且脱除出来的轻烃经过压缩、冷冻分离、分馏后,还可生产出许多贵重的化工原料和燃料。LG16-5/3.5 型螺杆负压压缩机在中原油田投入使用后,每日可回收轻油 2.5~3.5t、液化气 3.5~4.5t、天然气 2000m^3,收油率达 0.18%~0.2%。同一时期,沈阳气体压缩机厂也研制完成 SH10 型烃蒸气回收装置,该装置安装在大庆油田,回收能力为日回收油罐烃蒸气 $1×10^4 m^3$。这两种新产品的使用,实现了油田气密输送,降低了烃蒸气的消耗,减少了大气污染,取得了一定的经济效益。

7)天然气汽车加气站用压缩机。1931 年意大利北部建成世界上首座天然气汽车加气站,1988 年四川建成我国首座国产装备天然气汽车加气站。随着天然气技术的不断发展,国内外压缩天然气(CNG)压缩机技术也在不断发展。

1989 年,重庆气体压缩机厂研制成功国产第一台 CNG 压缩机。

1993 年,四川石油管理局成都天然气压缩机厂首次生产了 ZTY 整体式天然气压缩机,该机用于川东卧龙河含硫天然气站。

1996 年,蚌埠压缩机总厂〔现安瑞科(蚌埠)压缩机有限公司〕和西安交通大学环境与化学工程学院,借用德国曼内斯曼·德马格 V 型机和奥地利 LMF 的 W 型机引进技术,合作研制了 CNG 压缩机。

1998 年,北京第一通用机械厂和石油工业部江汉石油管理局第三机械厂开始了全风冷对称平衡型 CNG 压缩机的研发,结束了国产 CNG 压缩机中冷却方式仅为水冷、结构型式尚无对称平衡型的历史。

2000 年,四川石油管理局成都天然气压缩机厂设计制造 ZTY440 整体式天然气压缩机，该机用于高含硫的川西气矿雷三气藏天然气增压站。

8）螺杆-活塞串联空气压缩机。1987年，合肥通用机械研究所联合蚌埠压缩机总厂及吐哈油田机械厂开展了螺杆-活塞串联车装高压空气压缩机的研制，填补了国内空白，该机主要性能达到了国际20世纪90年代同类产品的先进水平。之后又试制了LHC-20-250、LHC-13-250型油田采油生产所需的20m^3/min、25MPa 螺杆-活塞串联车装高压空气压缩机。

9）迷宫压缩机。1998年9月，化工部化工机械及自动化研究院与江阴压缩机厂（现为江阴开益特种压缩机有限公司）共同研制生产了首台国产化迷宫压缩机，该机用于大连有机合成厂的7万t/年聚丙烯扩容项目。2001年2月，由化工部化工机械及自动化研究院与江阴压缩机厂作为主要完成单位的聚丙烯循环气压缩机研制项目，被国家科学技术部、国家财政部、国家计委和国家经贸委联合评为"九五"国家重点科技攻关计划（重大技术装备）优秀科技成果。之后，江阴压缩机厂为扬子石化65万t乙烯、上海金山20万t聚丙烯、中原乙烯、华北石化及兰州石化303厂高密度聚乙烯等国家重点工程配套生产了多台不同用途、不同型号的迷宫压缩机。

（三）以节能为中心，提高产品质量

1979年，通用机械工业局针对压缩机产品耗能大、性能差等情况，有步骤地开展了以节能为中心、更新改造老产品的活动。据统计，全国压缩机产品消耗的能量约占全国年发电量的9%，压缩机是机械部12类重点节能产品之一。耗能的主要原因是产品性能不稳定，一些企业片面追求经济效益，粗制滥造，难以保证产品质量；工艺、制造水平发展缓慢，老产品更新换代工作差，产品存在使用可靠性差、能量损失大等问题。

1981年11月，国家经委根据"海淀会议"精神，下达了国家38项重点科技攻关任务，组织节能科研攻关，其中压缩机五项。据此压缩机行业积极开展产品节能研究，发展新品种，提高产品的经济性，组织力量进行压缩机系列的更新和改造。与此同时，压缩机行业还通过完善测试标准和检测手段，建立测试中心，发放产品生产许可证，推广节能产品，淘汰落后产品；通过开展"三化"工作，改进老产品，组织产品更新换代，增添先进设备，引进先进技术，提高工艺和制造水平等措施，广泛开展节能工作，取得了较好的效果。

1. "无锡会议"

为了防止粗制滥造，避免对用户造成浪费和损失，使压缩机行业在产品、品种、技术水平、服务工作等方面有一个较大的进步，为用户提供优质、廉价、适销对路的先进设备，1982年11月，通用机械工业局委托通用机械研究所在无锡市主持召开了压缩机行业采用国际标准和节能产品技术座谈会。参加会议的有主要压缩机制造厂、研究所、高等院校,以及船舶、化工、纺织、铁道兵、第二汽车制造厂等主要用户的代表。会议总结了几年来压缩机行业发展节能产品的经验,讨论修改了压缩机行业节能产品更新换代发展规划、采用国际标准规划和颁发产品许可证的意见,制订了《压缩机行业采用国际标准和节能产品更新发展工作的几项决定》《压缩机行业节能产品更新发展规划》《压缩机行业采用国际标准规划》。会后,通用机械研究所、沈阳气体压缩机研究所、上海压缩机厂、无锡压缩机厂、北京第一通用机械厂和长春空气压缩机厂等6个单位分别组成压缩机节能产品更新发展推广小组和压缩机行业采用国际标准小组,由通用机械技术设计成套公司、通用机械研究所和沈阳气体压缩机研究所组成压缩机行业颁发产品许可证筹备小组。这些小组都先后开展了工作。

"无锡会议"的召开,为今后的工作指明了方向,对压缩机行业的节能工作产生了重大影响。

2. 以联合设计为主导的产品节能改造

动力用空气压缩机按排气量主要分为三大系列:微型系列,排气量为 $0.3m^3/min$、$0.6m^3/min$、$0.9m^3/min$;小型系列,排气量为 $3m^3/min$、$6m^3/min$、$9m^3/min$;中型系列,排气量为 $10m^3/min$、$20m^3/min$、$40m^3/min$。以台数计,每年我国压缩机绝大多数为这三大系列产品,对这些系列产品进行节能改造具有很高的节能效益,意义重大。

微型空气压缩机具有量大面广的特点,广泛应用于国民经济建设的各个领域。在 20 世纪 60 年代,针对当时压缩机行业技术水平相对薄弱、产品质量参差不齐,以及国家建设的发展对微小型压缩机的需求量不断增多的情况,根据一机部制定的"三五"规划精神,在通用机械研究所的组织下,联合上海、长春、天津、鞍山、开封、武汉等地压缩机厂组成联合设计小组,先后开展两轮联合设计,完全取代了国产老产品,初步形成了具有中国特色的微型压缩机系列产品。但国外微小型空气压缩机技术发展迅速,产量不断增加,20 世纪 70 年代开始,国外微型空压机进排气阀普遍采用舌簧阀,使机器比功率明显下降,寿命也得到提高,加之防噪技术的发展使机器噪声大幅度降低。我国自 20 世纪 60 年代后期自行设计并形成系列产品的微型空压机,虽然具有一定的先进性,国内有关制造厂、研究所和高等院校也开展了对舌簧阀技术的应用研究,并在某些微型空压机得到了应用,在降低比功率和提高寿命方面取得了较为明显的成效。但与国外先进产品相比,总体水平差距较大,暴露了能耗高、可靠性差、噪声大和耗油多等弱点。为此,在国家"六五"期间 38 项重点科技攻关项目之一——"微型压缩机系列更新"项目的支持下,由合肥通用机械研究所负责,华中工学院、长春空气压缩机厂、烟台空气压缩机厂、上海第二压缩机厂、北京小型压缩机厂、南京第二压缩机厂、青岛压缩机厂、常德通用机械厂等有关单位参加组成联合设计组,开展了第三轮联合设计,共同完成了科研课题并在行业中推广使用。

联合设计组通过广泛调研,在充分总结国内外同类产品经验和先进性技术的基础上,对微型空气压缩机系列产品进行更新改造。通过加大阀室容积并采用舌簧阀气阀、加强冷却、改进平衡系统、提高自控水平等措施,采用易损件新结构及新材料,开展高效低阻进气消声滤清器等试验研究,完成了 2V-0.25/7 型、2V-0.67/7 型和 3W-1.6/10 型微型空气压缩机样机设计和制造。新系列样机的性能指标不但达到了预期的攻关指标,而且典型样机比老系列具有显著的节能效果,噪声普遍降低,综合技术经济指标在国内处于领先地位,其比功率指标达到了 20 世纪 80 年代初期国内外先进水平。推广生产新系列压缩机促进了国内微型空气压缩机市场的发展与进步,产生了显著的社会经济效益,标志着我国微型空气压缩机的研究和设计水平有了显著的提高。新系列产品不仅节约能源,而且其可靠性的提高、质量的提高和品种的大幅度增加,为该类产品在 20 世纪 80 年代后的迅猛发展与推向国际市场打下了良好的基础。

$3m^3/min$、$6m^3/min$、$9m^3/min$ 系列压缩机是广泛应用于机械、建筑、交通、矿山等部门,量大面广的通用机械产品,约占全国压缩机总产量的 5%,20 世纪 80 年代初产销两旺。而此类压缩机多数是 20 世纪 60 年代初期行业联合设计的产品,存在能耗高、噪声大、可靠性差等缺点。20 世纪 80 年代中期,国家技术监督局组织全国质量抽查,共抽查 12 家产品,其中只有 2 家达到合格品要求,不合格率高达 83%。此事震惊了全行业,也激起了行业厂对改变该系列产品现状的渴望,希望合肥通用机械研究所能够组织行业联合设计,对该产品进行系列更新。这项工作的指导思想是把先进性和可靠性放在首位,充分利用国内的成熟经验。通过改进冷却系统、阀腔结构、气流通道和润滑结构,克服了热膨胀造成功耗加大等问题;并设立了断油、断水、断相和温度保护装置;贯彻相关标准,实现了系列化、通用化、标准化。经更新研制的 13 种样机通过检测分别达到了一等品和优等品要求,产品性能达到当时国际先进水平,在机电一体化的道路上向前迈进了一大步,达到了预期的更新改造节能的目标,市场反应很好。

对于大中型动力用空气压缩机是通过降低比功率,提高易损件寿命等途径来发展节能产品的。通用机械研究所分别与南京压缩机厂、柳州空气压缩机厂、江西气体压缩机厂联合,于 1985 年底完成了 $10m^3/min$、$20m^3/min$ 和 $40m^3/min$ 动力用空气压缩机的节能技术改造,统一了机型及易损件,获得了良好的节能效果。南京压缩机厂、山东潍坊生建机械厂等单位生产的 $10m^3/min$ 空气压缩机,节能产品样机比功率达 $4.9kW/(m^3/min)$,比老产品平均降低 4%;无锡压缩机厂、江西气体压缩机厂等单位改进了 $20m^3/min$ 空气压缩机,其比功率达 $4.85kW/(m^3/min)$,按每台压缩机每年工作 3000h 计算,与老产品相比单机每年可节电 2.7 万 kW·h。蚌埠第二空压机厂生产的 $100m^3/min$ 空气压缩机节能产品比功率达到 4.86kW/(m^3/min)，与老产品相比耗能量大大下降。

对于化肥工艺用压缩机，主要是通过提高易损件寿命，增加压缩机的开动率，来提高化肥的产量。沈阳气体压缩机厂、上海压缩机厂生产的 4M8-36/320 型和 H8-36/320 型氮氢气压缩机，通过提高主机效率，使压缩机比功率达到 17.4kW/(m^3/min) 左右，等温效率达72%以上的水平。

在产品节能改进的基础上，统一压缩机的易损零部件，有利于节能产品的推广使用和机组总体可靠性的提高。但由于国内固有的生产方式，厂家之间对于易损零部件无统一的标准，造成许多零部件规格品种不一，给使用带来较大困难。为了改变这种局面，由合肥通用机械研究所负责，组织南京压缩机厂、柳州空压机厂、江西气体压缩机厂、无锡压缩机厂等行业骨干企业组成联合设计小组，选择了国内量大面广、最具代表性的 10m^3/min、20m^3/min、40m^3/min 动力用活塞式压缩机为对象，共同完成易损件统一及节能改造。联合设计组在充分总结国内外同类产品经验和先进性技术的基础上，对 10m^3/min、20m^3/min、40m^3/min 产品进行了更新改造。优化统一改造后的样机不仅提高了运转的可靠性、降低了比功率，而且噪声的降低也十分明显，达到了预期的目标。此次改造最大的特点是优化统一了易损零部件，编辑出版的《动力用空气压缩机通用零部件统一图册》在压缩机行业推广与应用，使易损零部件实现了通用化、规格化和标准化，为集中生产奠定了良好的基础，同时为取得较大的社会节能经济效益创造了有利条件。

3. 开发节能产品

在对老产品进行节能设计改造的基础上，开发节能新产品，对于提高社会效益和经济效益也具有重要意义。

煤炭工业是我国主要的能源工业之一，随着采掘的推进，煤层离地面越来越深，而一般的动力用空气压缩机大多设置在地面，输气管线长，压力损失和泄漏损失都很大。如果能将空气压缩机移到主坑道内放置，则不仅可大大减少这些损失，而且还能节省大量的金属管道建设费用。

1980年，江西气体压缩机厂按〔80〕—机字第113号文的要求，开始从事无基础空气压缩机的研究。该厂采用 L3.5-20/7 型方外形结构空气压缩机作为主机，着重研究了隔振等问题，采用悬挂电动机，实现了无基础结构。在通用机械研究所、通用机械设计技术成套公司和西安交通大学的指导下，于1980年试制完成了第一台无基础样机（ZL3.5-20/7 型），1981年6月通过部级鉴定。此后，江西气体压缩机厂在用户的要求下，又试制了 BZL3.5-20/7 型防爆式无基础空气压缩机，电动机及电器均采用防爆型。该机可直接通过罐笼整体下井，也可就近搬至作业区附近地点。这种压缩机在阜新市煤矿投入使用，节省了输气管道，减少了管道压力损失，方便了安装，降低了重量（与原产品相比重量约降低1.9t），减小了体积和占地面积，与压缩机站在地面集中供气相比较，节约了电能。国家经委及机械部将该产品列为国家重点节能产品。

（四）标准工作

1. 质量分级规定

1979 年，沈阳气体压缩机厂重新修订印发了《一机部通用机械行业压缩机产品质量分等规定》，其内容包括石油化工用、动力用压缩机和螺杆式、滑片式、移动活塞式及微型压缩机的技术条件和产品质量分等的原则。为了适应压缩机发展的需要，1985 年，由通用机械研究所负责制定的压缩机产品新的质量分级标准开始生效，这个标准对有效地控制产品质量，促进产品技术水平不断提高起了很大作用。压缩机行业通过加强试验手段和试验方法的研究，以及制定产品质量分级标准，为提高产品质量创造了良好的条件，也为质量评比提供了可靠的依据。

2. 试验方法

针对压缩机试验方法，我国过去仅有 TH 18—1959《气量测定方法》一个标准，这项标准系引用美国 PTC-9 相应的标准，在统一空气压缩机排气量测定方面起了较大的作用，但就全面测定空气压缩机性能而言还不够完善。由于该标准对测定条件规定不够具体，而且未规定换算方法，导致同一台压缩机在条件差异的情况下（大气压力、进气温度、冷却水温）测得的性能差距较大，冬天和夏天测不同，内地和沿海测也不一样，因而无法准确地评价产品性能的优劣。

为此，1978 年压缩机行业即着手研究新的试验方法。研究人员以 ISO 1217：1975（E）《容积式压缩机验收方法》为基础，参考苏联 ГОСТ20073—1974 和美国 ASME-PTC9：1970 等标准，结合多年国内压缩机试验和科研成果，制定了 GB 3853—1983《一般容积式压缩机性能 试验方法》。该标准详细规定了测试的具体要求，把不同工况测定的性能转换成标准工况（或设计规定工况）的性能，为评定产品性能提出了统一的衡量方法。GB 3853—1983 参照 ISO 1217：1975（E），但有关试验条件、仪器的精度等级规定稍高于 ISO 1217：1975，在计算规定工况时压缩机性能的方法上做了改进，提高了工况转换时的精度。在制定标准过程中，曾将同一台 $10m^3/min$ 压缩机分别在重庆、西安和合肥等地的不同条件下（大气压力、气温、水温、相对湿度）进行了性能验证试验，结果一致。

3. 工艺用压缩机性能测试方法

为了将我国小氮肥设备定型，化工部于 1982 年 11 月决定对现有小氮肥的主要设备进行使用性能测定，责成上海压缩机厂和沈阳气体压缩机厂分别制定氮氢气压缩机和循环压缩机的测试方法。

1983 年 1 月，化工部邀请有关制造厂、化肥厂、化工设计院、高等院校和专业研究所,在河北省石家庄市召开了小氮肥压缩机、循环压缩机使用性能测定方案讨论会,审议由上海压缩机厂负责起草的《4M8(3)-36/320、H8-36/320型氮氢气压缩机使用性能测试方法》,经修订补充后定稿。会上成立了由上海压缩机厂任组长的氮氢气压缩机和氮氢气循环压缩机选型测定组。

同年,小氮肥压缩机选型测定组在7个化肥厂分别对沈阳气体压缩机厂制造的4M8(3)型氮氢气压缩机、2DZ5.5型氮氢气循环压缩机,上海压缩机厂制造的H8型氮氢气压缩机和上海嘉定机械厂、湘潭压缩机厂制造的2Z3.5-1.3/285~320型氮氢气循环压缩机进行了测试。测试项目有压缩机的排气量、功率、转速、冷却水耗量(或冷却用液氨耗量)、各级压力、温度、气缸或填料注油量、各级填料及平衡段泄漏量、机组振动和噪声值共10项技术性能指标,共计35个单位近百名科技人员参加了选型测试。这是我国首次对小氮肥压缩机组织的全面而系统的测试工作,为全国小氮肥第八次技术经验交流会提出《关于小氮肥氮氢气压缩机的意见》提供了依据,并为我国工艺用压缩机设计、制造及使用积累了宝贵的经验。

4. 标准的制定与修订

压缩机标准作为压缩机产品设计、制造及检验的依据,作为保障产品质量的支撑,作为产品市场发展的导向,其重要性已被广大行业单位所认知。行业各企业不仅在积极采用压缩机标准,更有很多企业在积极参与制定标准,以期使企业的产品与行业的标准同步,并在技术和市场竞争中占据先导地位,压缩机标准得到越来越多单位的关注和重视,行业加快了压缩机标准的制定与发布。

1984—1985年,制定发布了与国际标准等同的压缩机术语、分类和优选压力国家标准(GB 4974—1985、GB 4975—1985和GB 4976—1985)。

1985年,压缩机行业典型产品、应用量大面广的固定式活塞空压机和微型活塞空压机产品标准(JB 770—1985、JB 1037—1985)制定发布,为行业考核产品、评优提供了依据。

1985—1987年,压缩机噪声声功率级测定和振动测量标准(GB 4980—1985、GB 7777—1987)发布。

1990年,建立了容积式压缩机标准体系(第1版)。

1992—1993年,压缩机灰铁铸件和锻件标准(JB/T 6431—1992、JB/T 6908—1993)制定发布。

1993年,隔膜压缩机、摩托压缩机标准(JB/T 6905—1993、JB/T 6907—1993)制定发布。

1995年,压缩机流量测量方法标准(GB/T 15487—1995)制定发布。

1997—1998年,空压机和工艺用压缩机安全标准(JB 8524—1997、JB 8935—1997)制定发布。

（五）结合新形势开展专业工作

1978年以前，压缩机专业活动的开展没有可依托的行业专业组织，随着国内形势的变化及对外实现开放政策，压缩机行业的形势发展很快，对压缩机行业专业工作又提出了新的要求，完全依靠单一形式的行业组织很难达到满意的效果。为了适应新形势发展的需要，压缩机制造业在通用机械工业局的领导下，先后成立了压缩机专业技术委员会、流体工程学会压缩机专业委员会、压缩机行业标准委员会等专业组织，主要开展学术交流活动，探讨专业技术问题，进行标准审定工作，组织咨询服务，加强与国外联系等。同时，中国压缩机产品质量监督检测中心也正式成立。这些专业组织在行业的发展过程中发挥了作用。

为了适应机械工业改革的深入，有必要突破部门和地区的界限，加强对外联系，尽快把生产制造压缩机和压缩机配件的企业统一协调起来，1985年下半年开始筹备行业协会。1988年6月3日，国家机械委（原机械电子部）以"机械通〔1988〕046号"文件批准成立中国通用机械工业协会压缩机分会，并于1988年11月1—3日在广西柳州市召开了成立大会。

1. 压缩机专业技术委员会成立

压缩机专业技术委员会是机械部压缩机专业技术、技术政策咨询审议组织，其主要任务是根据党和国家的方针政策和国内外发展形势，审议压缩机行业的科技发展方向、产品规划、技术标准、科研与生产基地建设、科研机构设置和体制改革等重大技术政策、技术措施；对国内外学术交流、出国考察等活动提出建议；评价压缩机专业的发明创造、技术革新成果、技术引进和重大技术改造项目，并讨论研究有关的重大技术问题等。

压缩机专业技术委员会于1979年成立并开展工作。通用机械工业局在1985年对压缩机专业技术委员会进行了调整，秘书单位为通用机械技术设计成套公司。同年4月，在无锡市召开了第三次会议，这次会议围绕着如何评价压缩机产品质量与水平，提高压缩机生产技术等有关问题进行了认真的讨论，其内容涉及压缩机专业生产技术发展方向等一些重要问题，对行业生产技术水平的提高起到了积极的作用。

2. 学术交流活动的兴起

1980年以来，随着压缩机行业技术的发展，各企业迫切要求压缩机行业及情报网组织技术交流。根据机械工业市场调节和竞争中出现的新情况，为了促进压缩机学术交流，总结技术革新和科研成果，打破行业间技术封锁，压缩机技术情报网于1980年4月，在重庆市召开了压缩机技术讨论会，有关领导、科研单位、出版部门、高等院校、行业厂及用户共60个单位的80余名代表参加会议。会议按压缩机热动力计算程序、计算设计、无油润滑试验、噪声控制、管道振动、气阀寿命、制造工艺学等专题进行了讨论。这次讨论会回顾总结了我国压缩机技术发展的过程，为推动压缩机的技术交流创造了良好的开端。

1980年中国机械工程学会恢复活动。在中国机械工程学会流体工程分会筹备过程中，1981年5月，流体工程分会的挂靠单位通用机械研究所在安徽蚌埠市组织召开了压缩机学术会议，这是一次跨行业、跨部门的学术交流活动，有来自全国共43个单位的78名代表出席。会议全面检阅了压缩机行业的科研成果和水平，正式成立了流体工程分会压缩机专业委员会，会后通用机械研究所出版了《1981年压缩机学术会议论文选编》。这次会议在行业中产生了一定的影响。1982年5月，中国机械工程分会流体工程分会成立大会及第一次学术年会在南京市举行。流体工程分会下设压缩机、风机、阀门与管道、泵密封和分离机械等6个专业委员会。

国内压缩机学术活动日益兴旺，与国外的压缩机学术交流也逐步开展，特别是从20世纪70年代末期起，我国开始向世界压缩机技术论坛迈进。1979年，西安交通大学派人出席了第十五届国际制冷大会，并发表有关环状阀升程的论文；1980年，在美国普渡压缩机技术讨论会上，又发表了有关环状吸气阀倾侧运动初步计算的论文，并应邀担任1982年普渡压缩机技术讨论会顾问委员会委员。1983年8月，在第十六届国际制冷大会上，西安交通大学代表中国发表了12篇论文（其中有两篇与英国合作发表），数量仅次于美国和日本。这些活动都充分表明我国压缩机科技工作者在技术领域内的工作逐步受到国际的重视。

3. 压缩机行业标准委员会

我国压缩机行业制定的TH 16—1959和TH 18—1959等标准，在统一排气量测定方法和发展动力用压缩机方面起了开拓性作用。随着压缩机制造业的发展壮大，品种不断增加，要求越来越高，特别是进入20世纪80年代以后，压缩机的有关标准化工作发展很快。

1979年，我国正式参加了国际标准化组织的压缩机、风动工具和气动机械技术委员会（ISO/TC-118）。1982年5月，通用机械研究所作为中方代表参加了ISO/TC-118委员会在捷克斯洛伐克哥特瓦尔德城召开的会议。1982年11月，机械部组织成立了容积式压缩机标准审查委员会，秘书单位为通用机械研究所。其主要任务和职责是：研究提出本专业标准化技术政策和发展方向的建议；负责组织和提出本专业国家标准和部（专业）标准的制定、修订及相应的科研课题的长远规划、年度计划和建议；负责专业标准的审查和报批工作，是上级主管部门的助手机构。

4. 中国压缩机产品质量监督检测中心

《一般容积式压缩机的试验方法》标准在经过验证试验之后，1981年5月，通用机械工业局下文指示，由通用机械研究所首先组织排气量$10m^3/min$的动力用压缩机按新试验方法进行性能集中统一测试工作，随后又逐步扩展到其他型号的压缩机。1985 年底，已对 190 台（次）动力用、工艺用和船用等微型和 100m³/min 以下不同类型的活塞、螺杆、隔膜等压缩机进行了测试和技术诊断，取得了良好的效果。表现在：

1）按国际标准统一了测试方法，基本上摸清了压缩机的比功率和排气量水平，为产品质量评定提供了科学依据，测试结果说明，通过企业的努力压缩机产品质量大大提高。

2）促进了行业企业对压缩机产品的进一步改进提高，如潍坊生建机械厂、南京压缩机厂和西安压缩机厂的 10m³/min 动力用空气压缩机，通过测试明确了改进的方向，使比功率消耗减少了 2%～5%。

为了进一步做好机电产品质量监督和产品论证、发放产品生产许可证等工作，有效地控制产品质量，同时加强产品的技术诊断工作，遵照国发〔1984〕114 号文《国务院批转<机械工业部关于机械工业管理体制改革意见的报告>的通知》和《产品质量监督试行办法》中关于按产品类别设立国家级产品质量监督检验中心的精神，国家从 1984 年起开始分批投资兴建或扩建各类产品的检测基地。1985 年 5 月，机械部正式下达〔1985〕机通函字 1015 号文，决定在通用机械研究所成立中国压缩机等产品的质量检测中心。其主要任务是：认真贯彻国家关于产品质量的方针、政策和法令，宣传采用国际标准、国外先进标准和产品质量分等规定；负责对创优、认证和生产许可证产品进行检测，并对产品质量进行仲裁检测，同时，开展测试研究工作，统一行业产品的检测方法；在需要的情况下，成立若干行业检测站和地方检测机构，负责对这些机构的业务指导和审查认可等。

5. 技术引进

1978 年之后，我国的改革开放加快了压缩机行业的引进技术工作步伐，通过引进国外先进技术在国内开发新产品，提高企业的技术开发能力。沈阳气体压缩机厂、上海压缩机厂、北京第一通用机械厂、无锡压缩机厂、四川空气压缩机厂、南京压缩机厂、柳州空气压缩机厂、柳州第二空压机厂、蚌埠空气压缩机厂、蚌埠第二空压机厂、重庆气体压缩机厂、上海第二压缩机厂和天津第二空压机厂等单位成立了技术引进专门机构，从事引进项目可行性研究分析，拟定引进方案。

1983 年，南京压缩机厂与德国绍尔父子机器制造公司签订了船用空气压缩机许可证合同，以引进技术加速我国船用压缩机的发展。绍尔父子公司向南京压缩机厂提供船用空气压缩机的技术，使我国船用压缩机得到国际船级社的认可。这项合同内容包括风冷、水冷船用空气压缩机两大类，分低压、中压 3 个系列、25 个品种，包括设计、制造、检验、测试、管理等技术。

天津第二空压机厂同阿特拉斯公司正式签约，引进排气量 1.0m³/min 以下的全无油润滑微型压缩机系列共 7 个规格产品的制造技术。

1983 年 11 月，无锡压缩机厂引进了瑞典阿特拉斯公司固定式 I 系列 GA608、GA708 与移动式 I 系列 XAS120、XAS160 两个系列产品的全部加工、设计、制造、质量管理、生产控制等技术以及两台样机（固定式、移动式各一台）。同时，引进了两台英国 2AC 转子铣、三台日本加工中心、主机检测仪器等世界先进的螺杆机专用加工设备。

北京第一通用机械厂引进了芝加哥风动工具（CP）公司的单螺杆压缩机的设计制造技术。

沈阳气体压缩机厂与瑞士阿瑞克咨询工程公司签订了往复活塞无油润滑压缩机用填充聚四氟乙烯密封元件和非金属刮油环的设计制造技术转让合同，合同包括 7 种配方，分活塞环、支承环、填料环、刮油环 4 类、21 个品种，可应用于排气压力为 32MPa、缸径最大为 1000mm、活塞杆直径可达 130mm 的压缩机所需的各种规格密封元件。

上海第二压缩机厂与美国 Hydrovane 公司合作引进了微型滑片压缩机制造技术，包括：13PU、23PU、33PU、43PU 4 个品种的压缩机。1988 年 9 月 28 日，Hydrovane 公司对试制样机性能指标进行实测，符合该公司同类压缩机的技术性能，该厂开始进入批量生产。

1984 年末，沈阳气体压缩机厂又引进了德国博尔其格（BORSIG）公司往复式气体压缩机专有技术，包括：设计、计算、制造、质量控制、装配、安装、维修和试验、验收的技术文件、图样、标准、程序、技术资料和人员培训。引进技术范围有 7 个基础系列、59 个气缸系列。

1996 年，沈阳气体压缩机厂再次从德国 BORSIG 公司引进了活塞力为 800kN 和 1250kN 的两个基本系列、两个派生系列的往复压缩机技术，以满足国内石化装置大型化的要求。

1995 年，无锡压缩机股份有限公司引进了日本神户制钢所 20～35m³/min 无油螺杆压缩机新技术。

在技术引进的同时，压缩机制造厂也引进了先进的机械加工设备，如上海压缩机厂的螺杆转子加工铣床、沈阳气体压缩机厂的阀簧卷簧机、上海气阀厂的阀片薄膜真空包装设备、重庆压缩机配件厂的阀片双端面磨床等，以从根本上改变压缩机工业制造水平低、工艺水平落后的局面。

6. 行业活动

根据机械工业面临的新形势，遵照全国科学大会精神，压缩机制造业主要围绕着如何尽快适应"四化"建设的需要开展了形式多样的活动，其内容包括开展技术、情报交流及企业管理经验的交流，建立技术情报跟踪协调会，了解国外市场动向；编辑、出版专业杂志、情报资料和情报网讯等。1983年，通用机械工业局根据压缩机行业科技情报网的工作成绩，授予其先进科技情报网的荣誉，对情报网所做的工作给予肯定和鼓励。

压缩机行业经多年发展，队伍逐年扩大，制造厂分布在大江南北，并和有关高等院校、研究所及用户建立了联系。为了便于领导和组织，1980年12月，在第十一次全国压缩机行业会议上，将整个行业划分为东北、华北、华东、西南、华南组五大区，使压缩机行业的组织工作更加得力。

有计划地开展以节能为中心的压缩机产品节能改造"一条龙"工作。对大中型动力用空压机主要进行了降低比功率、改带传动为直联、发展无基础井下用压缩机、提高易损件寿命四项工作，取得了一定成效。西安压缩机厂、南京压缩机厂、潍坊生建机械厂生产的 $10m^3/min$ 空压机比功率达到 $4.9kW/(m^3/min)$ 左右，比老产品降低4%；无锡压缩机厂和江西气体压缩机厂通过对 $20m^3/min$ 空压机的改进，比功率达 $4.85kW/(m^3/min)$ 左右，与老产品相比，每台空压机年节电2.7万 $kW·h$ 以上；蚌埠第二空压机厂生产的L12-100/7型空压机比功率也达到了 $4.86kW/(m^3/min)$ ，每年节电15.3万 $kW·h$ ；江西气体压缩机厂生产的 $20m^3/min$ 无基础空压机，用于煤矿开采可以缩短输气管道2km，每年可节电1.8万 $kW·h$ 以上。对微小型空压机，主要是采用舌簧阀技术，降低主机比功率；减少由于电动机裕度过大而消耗的功率；进行自动控制、自动保护装置的研究，以提高整机可靠性等。上海第二压缩机厂、长春空压机厂的产品采用舌簧阀后，比功率降低17%左右。由于小空压机量大面广，节能效果十分可观。对石油化工用压缩机，通过提高易损件寿命，气阀寿命由几十个小时提高到4000h。沈阳气体压缩机厂生产的4M-36/320型氮氢气压缩机和上海压缩机厂生产的H8-36/320型氮氢气压缩机，通过提高主机效率，每吨氨耗电量降到877kW·h，与L3.3机型相比降低了70kW·h。通用机械技术设计成套公司和天津冷气机厂研制的螺杆负压压缩机，用于中原油田，每天回收轻油2.5~3.5t，液化气3.5~4.5t、天然气2000m^3。

（六）国企、民企、合资、外企并存

这一时期，我国由计划经济向社会主义市场经济过渡，为增强国有企业的活力，对国有企业开始探索性改革。国家出台了一系列鼓励、推动民营经济发展的政策和措施，激发了民营投资办企业的积极性。为吸引国外投资，引进国外先进技术和管理经验，我国对外资实行特殊的优惠政策，吸引了国际知名企业来投资。压缩机行业形成了国企、民企、外企并存的局面。

1. 国企改革

进入20世纪80年代，改革开放后实行国有企业改革。这期间的改革主要是

实行政企分开，所有权与经营权相分离，明确国企改革的目标是要使企业真正成为相对独立的经济实体，成为自主经营、自负盈亏的社会主义商品生产者和经营者，具有自我改造和自我发展能力，成为具有一定权利和义务的法人，并在此基础上建立多种形式的经济责任制。改革的主要措施是实行厂长（经理）责任制，国有企业开始全面实行承包经营责任制。到 1987 年底，沈阳气体压缩机厂、上海压缩机厂、无锡压缩机厂、蚌埠压缩机厂、重庆压缩机厂、南京压缩机厂、南京第二压缩机厂、江西压缩机厂、柳州压缩机厂、柳州第二空压机厂、天津市压缩机厂、太原气体压缩机厂、长春空气压缩机厂、徐州空压机厂、济南空压机厂、广州空压机厂、常德通用机械厂、华西通用机器厂、西安压缩机厂等一大批国有企业都实行了承包制。

由于国有企业存在着制度上的问题，20 世纪 90 年代，企业的发展受到严重影响。加上受国际国内经济形势影响，压缩机制造业的国有企业大面积陷入困境。与非公经济迅速发展形成鲜明对照的是，国有企业由于高负债率、冗员多、社会负担重、摊派严重、员工积极性不高等原因，陷入了发展的困境，效益逐年下滑，亏损面逐年增大。据不完全统计，1996 年压缩机制造业亏损的国有企业达到 40% 以上，1998 年出现了全面性亏损。

为了给国有企业解困，中央推出了多项政策，包括兼并重组、主辅分离及债权转股权等。其中，影响最大的是结合国有商业银行集中处理不良资产的改革，对部分符合条件的重点困难企业实施债权转股权改革。此外，国务院还采取其他一些有效措施，努力解决企业冗员过多、企业办社会等问题。包括对国有企业采取改组、联合、兼并、股份合作、租赁、承包经营和出售等多种形式，把小企业直接推向市场，使一大批小企业机制得到转换，效益得到提高，使大多数国有亏损企业走出困境。自 1992 年无锡压缩机厂率先改制成为全国压缩机行业中首家股份制企业后，随着改革的深入，沈阳气体压缩机厂、上海压缩机厂、南京压缩机厂、蚌埠压缩机厂、柳州压缩机厂、柳州第二空压机厂、江西压缩机厂、无锡压缩机厂、重庆压缩机厂、华西通用机器厂等一大批国有企业相继进行了公司制改革，企业改制和产权转让逐步规范，国有资本有序退出加快。

2. 乡镇集体企业、民营企业兴起

改革开放以来，伴随着我国压缩机制造业的发展，从事压缩机制造的民营经济迅速崛起。民营企业的兴起基于三个方面：一是改革开放后，以长三角为代表的乡镇集体企业、个体私营经济兴起。这些企业主要制造、销售压缩机配件（如压缩机气阀、法兰盘、管件等），回收报废空压机进行再制造，其产品价格低廉、供货及时，满足了不同用户的需求，逐步被市场所接受。20 世纪 90 年代以后乡镇集体企业开始了大规模的产权制度改革，到 2000 年基本完成改革转化为民营企业。二是 20 世纪 90 年代中后期，国有企业包袱沉重，经济运行陷入困境，改制势在必行，在国有企业改革的同时，也催生了一些国有企业的技术人员、市场销售人员下海，创办企业。三是外资和台资企业的进入，带来了新的商业模式，这些企业的一些代理商看到巨大的商机，开始考虑自己兴办企业。这些民营企业主大多在此阶段完成了原始资本积累。

这些民营企业到21世纪初逐渐向现代企业制度方向发展，由过去的个体制、家族制逐步转向合资、合作、股份制运作的模式。

3. 国际知名企业纷纷进入中国

在我国改革开放初期，政府对外资实行特殊的优惠政策，以及我国潜在的市场资源和土地、人工成本低等因素，吸引了国际知名的压缩机制造企业来投资。1978—2000年是国际知名的压缩机制造企业进入我国比较集中的时期，他们大多以合资的形式进入中国。

1987年8月，上海压缩机厂与美国英格索兰公司合资成立了上海英格索兰压缩机有限公司。这是中国实行改革开放政策后最早进入我国的外资企业之一，也是首个将螺杆压缩机技术引进中国的外资企业。

1990年，台湾日盛工业有限公司（后更名为厦门东亚机械有限公司）进入大陆，率先将直联便携式往复活塞空压机（俗称直联机）引入大陆。该公司的捷豹JAGUAR牌空压机是最早进入大陆的台商独创品牌。

1993年12月，北京第一通用机械厂与台湾复盛股份有限公司合资成立了北京复盛机械有限公司。其产品包括螺杆空压机和微型往复活塞空压机。

1994年3月，柳州第二空气压缩机总厂与意大利福来德满国际（集团）有限公司合资成立了柳州富达机械有限公司。其产品包括螺杆空压机及压缩空气后处理设备。该公司后被瑞典阿特拉斯·科普柯公司收购。

1994年8月，美国寿力公司（SULLAIR CORPORATION）与深圳中国南山（集团）股份有限公司在深圳市赤湾合资成立了深圳寿力亚洲实业有限公司。1995年10月23日，深圳寿力亚洲实业有限公司新厂房奠基，1997年3月正式投入使用。该公司的产品包括螺杆空压机、移动式螺杆空压机和螺杆真空泵。

1994年8月，无锡压缩机厂与瑞典阿特拉斯·科普柯公司合资成立了无锡阿特拉斯·科普柯压缩机有限公司。该公司的产品包括螺杆空压机、移动式螺杆空压机和无油螺杆空压机。2003年无锡阿特拉斯·科普柯压缩机有限公司转为独资企业，更名为阿特拉斯·科普柯（无锡）压缩机有限公司。

1994年，上海大隆机器厂与英国康普艾集团合资成立了上海康普艾压缩机有限公司。该公司主要生产螺杆式空压机和滑片式空压机。

1995年1月，台湾复盛股份有限公司在上海松江独资成立了复盛实业（上海）有限公司。该公司的产品包括固定式和移动式螺杆空压机、微型往复活塞空压机。

1995年9月，台湾复盛股份有限公司与广东中山火炬高技术产业开发总公司合资成立了中山复盛机械有限公司。该公司的产品包括螺杆空压机、移动式空压机和煤矿井下移动式螺杆空压机。

1995年1月，贺尔碧格（上海）有限公司在上海漕河泾新兴技术开发区成立。该公司主要向中国及亚太地区的压缩机制造行业及压缩机应用等工业领域提供压缩机配件产品和技术服务。

1997年，上海压缩机厂与美国Dresser-Rand合资成立了上海德莱赛兰压缩机有限公司。该公司全面引进了Dresser-Rand公司的HHE技术并实现国产化。

1998年，阿特拉斯·科普柯（中国）投资有限公司成立。1999年阿特拉斯·科普柯（上海）贸易有限公司成立。

1998年1月，台资的上海汉钟机械有限公司成立，2000年8月上海汉钟机械有限公司初期建厂完成。该公司从事螺杆压缩机及相应技术的研制开发、生产销售及售后服务，主要产品有螺杆空压机主机、螺杆制冷压缩机组和螺杆空气压缩机组。

2000年，日资的神钢压缩机（上海）有限公司成立。该公司以进口螺杆压压机主机方式向中国国内提供日本压缩机产品，并进行相关的售后服务。

五、企业迅速发展，行业全面提升（2001—2010年）

2001—2010年的10年是我国经济高速发展的10年，政府加大了对基础和能源设施及国民经济各领域的建设投资，为装备制造业提供了广阔的市场。党中央为振兴装备制造业出台了一系列优惠政策和措施，激励压缩机制造企业加大了技术创新和技改等方面的投入，企业迅速发展，使压缩机制造业的技术水平、装备能力等得到全面提升。

（一）深化国有企业和国有资产管理体制改革

2002年党的十六大提出了"国家所有、分级行使出资人职责"的改革思想，国有企业改革进入了建立和完善国有资产出资人制度的一个新阶段。党的十七大进一步明确提出，深化国有企业公司股份制改革，健全现代企业制度，优化国有经济布局和结构，增强国有经济活力、控制力、影响力。

体制改革彻底改写了压缩机制造业的发展格局。这期间大多数国有企业以多种形式实行了改革转制。截至2007年底，全行业90%的国有企业完成了主辅分离，80%的企业剥离了社会职能，85%的企业完成了富余职工下岗分流和重新安置工作，一直负重前行的国有企业卸掉了历史包袱，迸发出新的生机和活力。历经恢复性整顿、政企分开、扩大企业经营自主权、实行经营承包责任制、推行企业内部三项制度改革、建立现代企业制度、鼓励支持和引导非公有制经济发展等不同阶段的改革，大型国有企业不断发挥自身优势，向重大精尖制造领域集中，并以其强大的综合实力，引领压缩机制造业的发展。

1. 沈阳气体压缩机股份公司重组

沈阳气体压缩机股份有限公司是由沈阳气体压缩机厂转制而组建的，是国有大型一类骨干企业，也是我国压缩机行业的主导厂和科研试验基地，行业压缩机研究所就设在这里。

2004年5月，根据辽宁省沈阳市政府振兴发展民族装备制造业的政策，沈阳气体压缩机股份有限公司与沈阳鼓风机股份有限公司、沈阳水泵厂进行了战略重组，组建沈阳鼓风机集团有限公司。2007年整体搬迁至沈阳经济技术开发区新厂区，开始新的飞跃。

2010年2月10日，沈阳鼓风机集团有限公司为有效发挥技术资源的优势和发展潜力，更好地服务于客户，成立了沈阳鼓风机集团有限公司往复机事业部。2010年9月13日，成立沈阳透平机械股份有限公司往复机事业部，原沈阳鼓风机集团有限公司往复机事业部相关职能及业务均划归沈阳透平机械股份有限公司往复机事业部。

沈阳透平机械股份有限公司往复机事业部主要从事往复式压缩机、净化装置、配件制造及技术开发、技术咨询、技术转让、技术改造服务、机械电子设备销售。

2. 蚌埠压缩机总厂并购

2002年，蚌埠压缩机总厂被新奥集团收购，更名为安瑞科（蚌埠）压缩机有限公司。这是一个民营资本上市公司收购国企的典型例子，自收购合同生效仅3个月，公司经营活动就步入了正轨。通过收购，企业机制得到转换，效益得到提高，2003年安瑞科（蚌埠）压缩机有限公司销售收入增幅高达94.2%。安瑞科是燃气能源业的集成服务供应商和中国专用燃气装备制造商之一。安瑞科旗下8家公司之一的安瑞科（蚌埠）压缩机有限公司是专业从事压缩机制造的企业，其液化石油气循环压缩机、天然气及天然气充瓶系列压缩机、油田注气压缩机等广泛用于城市液化气站、天然气站、石油开采等领域。2005年10月，该公司所在的新奥集团石家庄安瑞科气体机械有限公司在香港创业板上市，是压缩机行业第一个入市企业。2007年，该企业又加盟中集集团。企业致力于打造"产、学、研、用"资源整合平台。贯彻产品研发"高端化、标准化、模块化、小型化、橇装化、智能化"的总体思路，强力推进产品标准化建设。企业在发展中进一步调整产品结构，淘汰落后产品，由传统低附加值产业向新能源、节能环保、高端装备制造等高附加值战略新兴领域转型，构建并完善"互联网＋产品＋服务＋系统解决方案＋融资租赁"全新商业模式，全力促进产业升级。

3. 北京第一通用机械厂重组

北京第一通用机械厂于 2002 年 6 月改制重组为北京京城环保产业发展有限责任公司,是由北京京城机电控股有限责任公司联合北京市国有资产经营有限责任公司、北人集团共同出资 1.01 亿元组建的高新技术企业。公司主体收购了"北一通"经营性资产,拥有北京复盛机械有限公司 30% 的股权。2012 年更名为北京京城压缩机有限公司。

4. 上海压缩机有限公司重组

2005 年 12 月,根据上海电气(集团)总公司的战略要求,上海压缩机有限公司和上海大隆机器厂实施优质资产重组,强强联合、优势互补、协同发展,同时完成整体搬迁技改,成立上海电气压缩机泵业有限公司。2007 年上海压缩机有限公司与上海大隆公司顺利完成了整合重组。

5. 其他国有企业改制

此期间,四川华西通用机器公司改制为民营企业,更名为四川大川压缩机有限责任公司;南京压缩机股份有限公司、上海东方压缩机厂、湖北压缩机有限公司相继改制为民营企业;湖北压缩机有限公司更名为襄樊市蓬发机械有限公司;上海东方压缩机厂更名为上海东方压缩机制造有限公司;鑫磊工贸有限公司更名为温岭市鑫磊空压机有限公司;新昌童丽机械有限公司更名为浙江嵊州市童丽精工机械有限公司;浙江泰康压缩机制造有限公司迁址到上海市,并更名为上海泰康空压机有限公司;长春市空气压缩机厂更名为长春空气压缩机制造有限公司;扬州市邗江压缩机部件厂更名为扬州云环压缩机部件有限公司。

2008 年 12 月 1 日,中国铁道建筑总公司徐州机械总厂完成改制,成为徐州恒久集团有限公司的子公司,更名为恒久集团中铁徐州机械有限公司,同时搬入开发区。该公司现更名为江苏恒久机械股份有限公司。

2008 年,江西气体压缩机有限公司完成了国有身份的置换。

(二)退市进园,加大技改投入

2001—2010 年,在地方政府加强园区建设和支持搬迁土地置换的政策措施推进下,企业利用国债项目、技改专项资金支持和自身投入,使一大批压缩机制造企业的厂房、工艺装备条件大为改观,为企业发展奠定了新的物质基础,竞争实力进一步增强,压缩机制造业得到较快发展。2002—2010 年,压缩机全行业固定资产投资近 200 亿,其中用于购买机器设备约 80 亿。

1)沈阳气体压缩机有限公司 2010 年合并至沈鼓集团后整体搬迁至沈阳铁西新区,厂房、设备进行了更新(沈鼓集团共投资 20 多亿元)。

2)安瑞科(蚌埠)压缩机有限公司 2002—2012 年间投资近 3 亿元,建设了产品研发办公大楼、联合厂房、热处理车间和综合大楼;新增购置 200 多台套各类先进的生产、检测设备和 100 多台套计算机、服务器等研发设备,形成了年产 2000 台套工艺压缩机的生产能力。

3)中国石油成都压缩机厂完成投资近 7 亿元,引进了一批国际一流的加工制造检测设备,建设完成了压缩机机身、曲轴、连杆、缸体、中小件、铸造、热处理 7 条生产线,形成了年产 300 台套大型工艺压缩机的制造能力。

4)无锡压缩机股份公司 2008 年 5 月完成整体搬迁至无锡新区机光电工业园,并另外投资近 6000 万元,对天然气加气站母子站成套设备进行技术改造和实施大型中高压压缩机项目建设。

5)济南格兰压缩机厂有限公司投资 1000 多万元完成万吨树脂砂铸件项目建设,形成了年产铸铁件 10000t(其中灰铸铁件 8000t,球墨铸铁件 2000t)的能力,使公司的铸造能力步入大型铸造企业行列。

6)上海大隆机器厂有限公司搬迁基建项目如期完成,实现了供产销集中南部厂区,总部和技术集中在北部厂区的总体布局,打造了一个崭新的压缩机、高压泵生产基地。2010 年进行了螺杆转子加工生产技改和热处理车间、清洗房、油漆房等生产设施的升级改造,共投入 4000 多万元,形成了 $\phi163 \sim \phi816mm$ 的工艺螺杆转子生产线,以满足不同市场对螺杆压缩机的需求。

7)宁波欣达螺杆压缩机有限公司 2004 年投资 3000 万元,完成了 18 台精密加工设备、48 台金加工设备的购置、搬迁工作,为企业未来发展打下了坚实的基础。

8)江苏超力机械有限公司投资 5000 万元,在大丰经济技术园区购置 20 万 m^2 的土地,建设了 4 万 m^2 的厂房,以扩充产能。

9)浙江省台州地区温岭市泽国镇空压机产业园区,积极打造集生产、销售、研发和检测为一体的先进空压机制造业基地。2003 年 9 月,在园区内落户的企业已达 61 家,占地 90hm^2,投资总额达 6.05 亿元,实现销售收入 15.5 亿元。其中最具代表性的企业有:鑫磊工贸有限公司和浙江鸿友压缩机有限公司,年营业额分别达到 4 亿元和 2 亿元,鑫磊年产超 120 万台微小型空压机,85% 的产品出口欧洲、美洲、大洋洲的 16 个国家。2004 年 5 月 27 日,中国通用机械工业协会授予浙江省台州地区温岭市泽国镇空压机园区"中国小型空压机之乡"称号。

10)江西气体压缩机有限公司 2008 年投入资金 1.3 亿元,用于搬迁、技改、扩建新厂和技术改造,按主营产品生产需要建立空压机钣金、焊接、冲压、总装试车等生产线;异地新建一条铸造用树脂砂生产线,开展铸造过程自动化、柔性生产单元和系统及集成制造技术的研究,达到 4000t/年压缩机产品专用铸件产能;并通过引进高效自动化程度高的设备,全面优化产品加工水平。新增振动落砂机、DS25 双臂连续混砂机、单臂连续混砂机、振动输送给料机、风选、磁选、调温装置、双梁桥式起重机等设备 168 台(套),新增厂房面积 53297m^2,

其中钣金、焊接、冲压厂房 7832m²，热处理厂房 1720m²，铸造厂房 8435m²，中心仓库 6103m²，机械加工厂房 8287m²，联合车间厂房 20920m²。2009 年 9 月竣工。

11）上海电气压缩机泵业有限公司不断进行工艺创新，2008 年开发成功曲轴立式锯床，使工效提高了 50% 以上。曲轴是往复式压缩机中的重要零件，不但加工周期长，而且其中部分工序劳动强度大，加工周期长，常常成为压缩机装配中的瓶颈，特别是对曲轴拐处废料的处理，传统的方法是先打排钻孔，再靠人工去凿，费时费力。为改变几十年来行业普遍采用的传统方法，该公司通过技术革新、工艺创新，完成了曲轴立式锯床的整体设计，设备使用方便灵活，其锯条还可以转位 90°锯割。这台锯床投入使用后，以锯代钻，不仅省去了划线、排、钳工等工序，而且也节省了大量机加工的时间。

此外，太原气体压缩机厂、南京压缩机有限公司等一批企业通过整体搬迁和技术改造，生产厂房、加工机床水平也得到了明显改善。

（三）国际知名企业本土化进程加快

2000 年，厦门东亚机械有限公司抓住了我国工业经济迅猛发展的历史机遇，根据市场需求特点，开始放弃直联便携式往复活塞空压机，逐步进行了 4kW 以上活塞机和螺杆机的研发、生产，从而转向以工业用空压机为主的发展。从 2005 年起，该公司开始了螺杆主机的研发工作，2010 年实现了自制机头替代外购，为厦门东亚机械后续的发展奠定了良好基础。经过 30 多年的发展，厦门东亚机械有限公司现已成为一家集研发和生产螺杆式空压机、活塞式空压机、储气罐、冷冻式干燥机、空气清净除水器、精密过滤器等后处理设备于一体的压缩机专业厂家。

2002 年，阿特拉斯·科普柯公司收购了柳州富达机械有限公司，2005 年收购了无锡纽曼泰克气源净化设备公司，2006 年收购了上海博莱特压缩机有限公司，并更名为宝勒特压缩机（上海）有限公司，2009 年 12 月收购了美国昆西压缩机公司在中国的第一家工厂——昆泰克空气系统技术有限公司。2011 年，阿特拉斯·科普柯（中国）投资有限公司收购了广州灵格压缩机制造有限公司。2011 年，阿特拉斯·科普柯公司投资 1.5 亿元在新区开工建设第二工厂，包括一家新的压缩机装配工厂、一间测试实验室和一个研发中心，占地面积约 45000m²。2013 年 3 月 12 日，第二工厂正式投入运行，主要生产中小型工业用压缩机以及移动柴油和电力驱动压缩机和发电机，以满足中国乃至亚洲市场日益增长的需求。

2002—2011 年，上海汉钟机械有限公司先后完成了上海工厂共五期扩建改造。2005 年 12 月上海汉钟机械有限公司更名为上海汉钟精机股份有限公司；

2007年8月上海汉钟精机股份有限公司A股首发获通过，成为上海市第一家台商投资上市企业；2010年1月汉钟AS/RS自动仓储系统正式投入使用。该公司经过多年的发展，在螺杆式压缩机领域拥有雄厚的技术实力，不断将螺杆式压缩技术应用于不同的工作工质，如空气、真空、制冷剂、特殊气体等，成为全球应用工质最多的螺杆式压缩机生产企业之一。

2004年2月26日，神钢压缩机制造（上海）有限公司在上海市嘉定工业区建立，实现了中国本土化压缩机及相关零部件的研发和生产。

2007年3月30日，英格索兰（中国）工业设备制造有限公司成立，后于2009年在吴江兴建制造基地，投资总额达2亿美元，占地面积33万m^2，是英格索兰集团迄今为止全球最大的单项投资。压缩机（包括但不限于20m^3/min以下螺杆机）是该基地的主要产品之一。

2007年6月21日，苏州寿力气体设备有限公司注册成立。该公司是美国寿力在亚洲投资建立的第三家制造工厂，占地面积23880m^2，厂房面积11400m^2。到2012年，寿力亚洲的产品线基本完善，产品涵盖了5~450kW的固定式螺杆空气压缩机、移动式螺杆空气压缩机、干式螺杆空气压缩机、喷水螺杆空气压缩机和螺杆式真空泵。

2009年11月23日，日本阿耐思特岩田株式会社投资成立杭州阿耐思特岩田友佳空压机有限公司。该公司的主要产品为涡旋空压机。

（四）政策指引、市场拉动，压缩机制造业发展提速

2001—2010年，在国家一系列宏观调控政策的指导下，电力、石化、冶金工业和城市基础设施建设、新兴产业等领域的快速发展，为压缩机制造业提供了广阔的市场和发展空间。

1. 压缩机制造业经济快速增长

压缩机制造业的工业产值、销售收入和利润水平连续10年保持高速增长。2000年全行业利润总额是-164万元，为亏损行业。经过"十五""十一五"，尤其是从2002年开始，全行业经济效益有较大的提高，已扭亏为盈，并保持了近10年的经济稳健增长。

压缩机制造业随着宏观经济发展已步入快速增长的时期。2001—2005年压缩机行业主要经济指标见表4-1。2006—2010年压缩机行业主要经济指标见表4-2。

表4-1 2001—2005年压缩机行业主要经济指标

年份	2001年	2002年	2003年	2004年	2005年	合　计
工业总产值/万元	238907	369523	480449	607837	738762	2435478
利润总额/万元	10060	25370	29360	32521	26678	123989

表 4-2　2006—2010 年压缩机行业主要经济指标

年份	2006年	2007年	2008年	2009年	2010年	合计
工业总产值/万元	1039206	1110005	1217699	1269893	1575492	6212295
利润总额/万元	41399	49670	65128	77100	95683	328980

表 4-1 和表 4-2 是压缩机行业协会 90 家重点会员企业的统计数据，反映了压缩机行业的经济走势。

从表 4-2 工业总产值环比增长幅度的趋势来看，在国家 4 万亿元投资拉动下，经过 2009 年缓慢增长后，到 2010 年呈现高速上升的趋势。

10 年来，行业主要经济指标基本都是以两位数增长速度发展，特别是在"十一五"期间，压缩机制造业的产值平均增长 18.6%，产品产量总体平均下降 20.9%，而螺杆压缩机产量却平均增长 47.1%。这说明行业内生产螺杆压缩机的企业在增多，尤其是上海、江苏、浙江地区的企业基本都是以生产螺杆压缩机为主，产能在不断扩大，给行业经济带来了新的发展动力。另外，从产值、产量一升一降的幅度来看，单台产品的价值量在变化，大型、高附加值的工艺压缩机、螺杆压缩机生产量不断提高。

2006 年，国内螺杆空压机市场销量达到了 6.6 万台，市场规模达到了 30 亿元，其中螺杆主机的市场规模达到 10 亿元；2007 年，螺杆空压机市场销量为 8.7 万台，市场规模达到了 40 亿元，其中螺杆主机的规模达到了 13 亿元；2008 年，螺杆空压机市场销量达到了 11.5 万台，其市场规模达到了 52 亿元，其中螺杆主机的市场规模为 17 亿元；2009 年由于受国际经济危机影响，螺杆空压机行业发展速度有所放缓，市场销量同比下滑了近万台，仅为 10.5 万台，市场规模为 47 亿元，其中螺杆主机市场为 16 亿元；2010 年随着国内经济的稳步复苏，螺杆空压机制造行业复苏趋势明显，市场日渐活跃，其市场销量达到了 13.8 万台，市场规模达到了 62 亿元，其中螺杆主机的市场突破了 20 亿元。

2. 新产品开发步伐加快

2001—2010 年，在市场需求的拉动下，压缩机行业新技术、新工艺、新产品的开发明显活跃，整体发展趋势是健康稳步提升。

（1）工艺气体压缩机　高压大型往复活塞式压缩机新品种的开发，带动了行业骨干企业主要产品系列的拓展、充实和改进，其压缩机性能参数覆盖领域更加宽泛，可靠性进一步提高，新工艺和新材料、新技术的采用获得长足进步。

2001—2003 年，行业大部分国企改制重组，处于现代企业制度初建时期。压缩机行业新产品开发进入复苏阶段。

沈阳气体压缩机有限公司共开发研制新产品 50 余种，其中部分产品的水平达到了国际同类产品的当代水平。这期间，企业先后为镇海石油化工股份有限公司炼油厂开发研制了 4M20-180/10-BX 解吸气压缩机，为甘肃荣华实业股份有限公司研制了 4M50-22.6/16.5-313-BX 合成气压缩机，为巨化集团公司物装备分公司开发研制了 6M32-293/54-BX 甲醇气压缩机，为抚顺石油二厂重油接触裂解制乙烯项目研制了 2D12-17.4/6.6-37.2-BX 裂解气增压机；为山西晋城煤化工有限责任公司年产 18 万 t 合成氨装置研制了 6M50 型氮氢压缩机。

无锡压缩机股份有限公司的"大型多列迷宫压缩机"专题，于 2001 年 11 月通过了"十五"国家重大技术装备研制项目"大型乙烯成套设备研制"论证会的专家论证，正式立项，并被批准列入第七批国债专项资金项目，投资共 4200 万元。2003 年 7 月，无锡压缩机股份有限公司与天华化工机械及自动化研究设计院联合承担了齐鲁石化分公司 72 万 t/年乙烯技改工程的国家重大技术装备——国内首台 ZW-30/11.27-X 型大型尾气回收迷宫压缩机的研制任务，2004 年 5 月，该项目通过了中国石化集团公司重大装备国产化办公室组织的验收评定。该公司的大中型气缸无油润滑压缩机新品种多且颇具特色。其气缸填料、活塞杆滑动摩擦副采用压力油内冷却，该结构使得摩擦副处的工作温度趋低，利于填料的长寿命正常工作，减少气体泄漏。

华西通用机器公司的 6M 系列大型压缩机新品种增多，技术上更趋成熟。6M 系列发挥了六列对称平衡型压缩机动力平衡性好的先天优势，三对曲柄互成 120°分布，精心设计可使惯性力、惯性力矩达到完全自平衡。按美国石油学会 API618 标准推荐，气缸的气流方向为上进下出，并使吸排气缓冲器最大限度地靠近气缸，以避免可能析出的凝聚液造成的危害，减轻气流压力脉动和管道振动，还有助于降噪和节能。

潍坊生建压缩机厂开发研制的 4M32-112/153 型二氧化碳压缩机填补了国内空白。

北京汇知机电设备有限责任公司研制了具有完整自主知识产权、结构新颖的 GD134-30/160 型对称平衡型隔膜压缩机。2003 年 3 月通过了北京市科学技术委员会组织的科技成果鉴定，认定其技术性能指标为国内领先，填补了我国大型隔膜压缩机品种的空白。

2004 年，沈阳气体压缩机有限公司为上海赛科生产的 90 万 t/年乙烯工程配套的裂解气压缩机主体装置试车成功。该工程是中外合资石化建设项目，是世界单线产能最大的乙烯装置。

2006 年以来，我国开始实施创新型国家战略，全面推进科技创新工作，科技创新的体制机制不断完善，极大地调动了全社会创新的潜力和活力。压缩机行业的改制重组已基本完成，企业依托国家重点工程，加大了技术改造和研发投入，新技术、新工艺、新产品不断推出，产品可靠性不断增强，企业参与其中得到历练，行业发展进入了一个新的快速增长周期。

2006年,沈阳气体压缩机股份有限公司研制的六列80kN活塞力的氮氢压缩机及3D100型大活塞力工艺氢气压缩机达到国际先进水平。

2006年,无锡压缩机股份有限公司的首台DW450/212C型60m³三级压缩富氧无油润滑往复式压缩机在山东洪业化工集团有限公司调试成功,各项技术参数均达到设计要求。该公司自主研究开发了LGW335/001型干式螺杆压缩机、变频螺杆压缩机、20m³/min风冷/水冷螺杆压缩机3个产品,其中变频螺杆压缩机、干式螺杆压缩机被列为江苏省攻关计划及省重大科技成果转化资助项目,并被江苏省科技厅认定为高新技术产品。

2006年,上海电气压缩机泵业有限公司自行研制了6M50-306/314型氮氢气压缩机,其电动机功率为5500kW,可年单产4.73t合成氨;6M50-328/31.4~15.4/12~42.8无油润滑空气天然气联合压缩机,是国内唯一用天然气作源头生产合成氨的压缩机;6M32-206/146型二氧化碳压缩机单机可年产25万t尿素,可替代原小机型压缩机;6M25-114/34型富氢气压缩机采用无油润滑技术,其电动机功率为1350kW,排气量为8250m³/h,该机利用甲醇可替代汽油工艺的技术属国内首创,并在四川、上海、山西等地的化工企业中得到应用。

2006年,北京京城压缩机有限责任公司开发了GD4系列大型隔膜式压缩机,该机的行程为1800mm,活塞力为80kN,电动机功率为90kW。该机运用多项先进新技术、新工艺和新结构,运行平稳可靠,填补了国内隔膜压缩机的空白,并成功推向市场。此项目获得了中国机械工业科学技术奖三等奖。

2007年,上海电气压缩机泵业有限公司在成功研制320kN、500kN活塞力压缩机的基础上,完成了1000kN活塞力压缩机的研究开发,试制成功国内第一台1000kN活塞力的大型压缩机,其关键的铝镁合金轴瓦和金属模锻连杆技术已达到国际先进水平。该机采用了国际上最先进的对转式机型,其单拐双支撑的高刚性轴系结构非常适合大型压缩机。由于对置式结构允许奇数列布置,因此该机更适合千万吨级石化企业加氢裂化装置对三级三列大推力活塞式压缩机的要求。依托中石化南化公司制氢改造项目,该公司生产了M-510/42型活塞压缩机,其公称活塞力为1000kN,一级吸入压力为0.106MPa,最终排气压力为4.3MPa,行程为381mm,转速为333r/min,轴功率为4641kW。该活塞压缩机的开发和运行成功,填补了国内空白。此项目获得了中国机械工业科学技术奖二等奖。

2008年1月,沈阳气体压缩机有限公司与德国博尔齐格公司签订了BX50-125系列基础件技术引进合同。2008年2月—9月底,完成了对引进技术的消化、吸收、转化及再创新工作,并为金陵石化260万t/年蜡油加氢处理装置成功提供了2D125-29/25.5-118-BX新氢压缩机。该机组创造了沈鼓集团当年引进、当年设计、当年生产、当年达效的历史,向产品大型化方面迈出了坚实的一步。该机组于2010年9月15日通过了中石化主持的科技成果鉴定。鉴定委员会一致认为：该项目开发了国内首台 1250kN 活塞力往复式压缩机，是国产最大活塞力的新氢压缩机组。

2008 年，无锡压缩机股份有限公司制造了一台三列迷宫压缩机，该压缩机是为中石化天津分公司 100 万 t/年乙烯工程 30 万 t/年 HDPE 装置配套的低压溶剂回收压缩机，属于国家科技支撑计划"百万吨乙烯装备及相关技术开发"项目和中石化公司国产化攻关项目。2009 年 3 月 4 日，该公司研制的四列迷宫密封压缩机试车成功，并通过了中石化天津分公司的验收评定。

无锡压缩机股份有限公司研制的大型三列、四列迷宫密封压缩机填补了国内空白，提高了我国大型石化装置的配套能力和国产化水平。

2008 年，山东省潍坊生建集团研制成功 7M50-305/314 型氮氢气压缩机。该压缩机是结合我国氮肥行业的实际情况，经过大力引进、消化吸收国内外先进技术而自主开发的，适用于单机年产 4 万 t 合成氨工艺流程，是我国化肥行业用活塞力最大（500kN）、排气量最大（305m^3/min）、单机功率最大（5500kW）、列数最多（七列）的压缩机，其结构型式获得了国家专利（专利号为 ZL200520086016.5），填补了国内空白。

2009 年 7 月，沈阳透平机械股份有限公司往复机事业部以中国石化股份有限公司长岭分公司 170 万 t/年渣油加氢项目为依托，在引进国际先进的（德国 Borsig 公司）往复式压缩机专有技术的基础上，结合企业多年的科研成果，完成了加氢装置用 4M125 大型往复式新氢压缩机的开发研制。2010 年 10 月 29 日机组出厂验收，2011 年 9 月机组正式投入流程，运转良好。2015 年 5 月 25 日机组通过了中石化主持的科技成果鉴定。在机组研制过程中，完成了大型对接平衡型机身的开发、大型四拐曲轴的开发、大型剖分式连杆的开发、大型可调滑履十字头的开发等。

2009 年 5 月，无锡压缩机股份有限公司完成了 100m^3/min 无油螺杆压缩机的主机超温试验。在 100m^3/min 无油螺杆压缩机的设计过程中，开发人员借鉴了该公司成熟产品 60m^3/min 无油螺杆压缩机（001）的理论依据与成功经验，有力保障了新产品的顺利试验。100m^3/min 无油螺杆压缩机主机的超温试验成功，不仅为产品设计提供了丰富有效的试验数据，而且为新产品的衍生开发提供了珍贵的数据基础，对促进公司的产品结构向多元化发展具有重要的积极意义。

2009 年，沈阳申元气体压缩机厂开发了 8M80 系列氮氢气压缩机。该机组当年创下多项国内第一：主机采用八列对称平衡型结构，为国内列数最多；单列 80t 活塞力，整机最大驱动功率为 10000kW，单机功率为国内最大。8M80 系列机组可以应用在焦炉气、煤气、天然气做原料的化工流程中，也可以应用于催化重整、加氢裂化、聚乙烯等炼化流程中，稍加变型，即可开发出六列、四列、三列、两列的 80t 活塞力的压缩机组，可以适应各种不同化工流程的需要。在

8M80 氮氢气压缩机的研发过程中，解决了大直径活塞杆高压密封、运动件动力特性复杂、超大型整体机身铸造工艺和加工精度、分体式曲轴的设计与加工工艺、消除大流量气流脉动及易损件的优化设计等多项问题。

2009 年 4 月 27 日，四川大川压缩机有限责任公司的 DC044 母站用 CNG 压缩机在尼日利亚调试成功，并验收合格，投入商业运行。该机容积流量为 2200m³/h，轴功率为 255kW，吸气压力为 1.6~2.0MPa，排气压力为 20.0MPa。压缩机转速为 740r/min，机组总重量为 12500kg，主机外形尺寸（长×宽×高）为 4200mm×3200mm×1800mm，电动机功率为 280kW，电动机转速为 740r/min。该产品为四列对称平衡式活塞压缩机，电动机与压缩机主机分体橇装，水冷、无油润滑、四级压缩。气体经四级增压后送入高压储气井和储罐，供天然气运输槽车灌装和 CNG 汽车装瓶使用。

2010 年 9 月 10 日，上海电气压缩机泵业有限公司的 ϕ816mm 大型螺杆压缩机通过验收鉴定。ϕ816mm 大型螺杆压缩机是当时国际上转子直径最大的螺杆压缩机，是上海电气压缩机泵业有限公司以青海昆仑碱业有限公司 100 万 t/年纯碱装置为依托，以德国曼公司螺杆式压缩机的技术参数和技术特性为目标，结合该公司自身产品特点并进一步创新而研制成功的。该机可以用于百万吨级乙烯深加工装置和其他化工装置等，国内在此领域尚属空白。

2006—2010 年，重庆气体压缩机厂有限公司针对油田的三次采油，研发了排气压力为 50MPa，流量为 1200m³/h、1800m³/h、2400m³/h 的氮气压缩机。该类压缩机为野外作业，采用箱体橇装无基础模式，对压缩机的平衡性、可靠性要求很高。该公司在中大型工艺压缩机的研发方面，已成功推出 M 型、D 型系列产品，活塞力达 500kN，在煤炭深加工和 LNG 工厂领域，该公司的原料气压缩机和 BOG 压缩机具有一定的影响力。

（2）天然气加气站及油田用压缩机　2001 年，中石油西南油气田公司成都天然气压缩机厂开发了 ZTY400 整体式天然气压缩机。该产品为高压力大排量、多介质多用途压缩机，并形成了 100~6000kW（成橇 100~7500kW）系列产品。

2005 年，无锡压缩机有限公司开发出国内首台螺杆式天然气压缩机，投入天然气发电配套市场。2006 年开发的 CNG 汽车售气机主要用于各类加气站的终端。该公司的"石油天然气工业用箱装回转无油空气压缩机棱柱标准研制""氢用干螺杆空气压缩机技术条件"两个项目获市政府专项资助。"60m³/min 干式螺杆压缩机的研制"项目获中国机械工业科学技术奖二等奖。

2005 年，上海大隆机器厂有限公司研发了大型常规天然气汽车加气站用 CNG 压缩机。该机为四列、对称平衡型，活塞压力为 60kN，冷却方式为风、水混合冷却。

2008 年，无锡压缩机有限公司与美国著名压缩机制造厂家库柏能源服务国际公司（COOPER）合作完成了煤层气、天然气3个项目的产品设计制造。无锡压缩机有限公司所承接制造的两台150万 m^3/d 煤层气橇装往复式活塞压缩机组，已成功应用在中石油山西沁水煤田煤层气项目中。

2008年，安瑞科（蚌埠）压缩机有限公司根据油田管道试压、扫线、气举的需要，研制成功 LG·V-25/250-A 型复合式空气压缩机。该产品由双轴伸柴油机同时驱动螺杆压缩机和活塞压缩机，所有设备集成在一个橇体上，结构紧凑，可车载移动；PLC集中控制，自动化程度高，安全可靠；解决了大型移动式压缩机机组散热的技术难点。该产品经安徽省经信委组织国内著名压缩机行业专家及用户代表鉴定，机组性能能达到国内领先水平。

2009年，四川金星压缩机制造有限公司为解决CNG加气站建设难题，特别是天然气管道压力低、开口难或无管网地区的CNG加气建设等问题，自主研发了无站用储气系统活塞式压缩天然气子站。该产品首创CNG加气子站新流程设计，不用单独在系统中设置储气罐，减小建站投资；有别于常规CNG加气子站的工程建设，在技术上有突破；系统整体成橇，采用变频调速技术，稳定供气；采用气缸无平衡段和无油润滑技术，节能效果显著；产品与CNG拖车气瓶组直接连接，形成一个加气系统，具有布局紧凑、集成性强、性能优异的特点。该产品可用于天然气管道压力低、开口难或无管网覆盖地区的CNG加气子站建设，可移动作业，不用单独设置储气系统，投资少、建站快。该产品填补了国内无站用储气系统活塞式压缩天然气子站的空白，产品技术含量高、创新性强、拥有多项自主知识产权。

2009年，由中石油西南油气田公司成都天然气压缩机厂自主研发的国内最大功率高速分体式RTY3500型天然气压缩机开始试制生产，9月完成了主机试制。该机组研发完成后，成都天然气压缩机厂将形成具有自主知识产权的RTY100～RTY3500分体式压缩机系列产品，可满足不同工况的压缩机产品需求，在西气东输工程中能够满足往复活塞式压缩机需要，可替代进口产品。

2009年，安瑞科（蚌埠）压缩机有限公司根据油田气体钻井新技术的需要，成功地研发了柴油机驱动的环保节能型 MDC-1200/35 型膜制氮车。膜制氮技术是将空气压力提高到一定压力，经过滤、干燥后使之通过特制的膜组，利用空气中不同组分的气体在膜壁中具有不同的扩散系数这一物理特性，将氮气从空气中分离出来，分离后的氮气再经进一步增压后制成高压、高纯氮气的一种新技术。MDC-1200/35型膜制氮车主要用于石油开采和油田应急抢修。MDC-1200/35型膜制氮车的技术水平处于国内领先地位。该项目为2007年蚌埠市经委立项的市级技术创新项目，并荣获蚌埠市政府给予的工业发展奖励资金。

2009年，宁波鲍斯压缩机有限公司（现更名为宁波鲍斯能源装备股份有限公司）的工业气螺杆压缩机产业化项目，被国家发改委列入国家资源节约和环境保护项目，通过项目实施，成功开发推出了我国第一台煤层气抽采专用设备——煤层气负压开采螺杆压缩机组。这一成果填补了国内空白，有效地解决了煤层瓦斯气、油田石油伴生气、火炬气等低压气危害安全、污染环境、浪费能源等问题，并获得国家发明专利。

(3) 一般动力用空压机

1）单螺杆空压机。随着单螺杆空压机蜗杆与星轮片制造技术的不断进步以及星轮应用 PEEK 材料后，星轮片的使用寿命得到了提高，促进了多种规格的单螺杆空压机新产品推向市场。

2004年，上海佳力士机械有限公司与清华大学共同开发出为清洁原料氢气燃料电池汽车配套的原料空气单螺杆空压机。2006年该公司推出国内第一台喷水单螺杆机，该产品具有显著的节能优势，温度低，出口空气最洁净，噪声低。水润滑无油单螺杆采用水润滑方式来实现压缩气体无油的目的。单螺杆虽然也是蜗杆带动星轮，但这对摩擦副并不传递转矩，因此星轮可采用非金属材料，这又为耐腐蚀提供了条件。当蜗杆和机壳采用减磨的特殊铜合金之后，使得水润滑的优越性可以完全体现出来。

上海飞和实业集团有限公司汇集了压缩机、机床设计、精密测量仪设计等各行业专家，经过几年努力，首先实现了向大直径蜗杆、星轮片制造技术的跨越，自行设计完成了第四代加工专用机床，从而相继开发了 $20m^3/min$、$40m^3/min$、$60m^3/min$、$80m^3/min$ 大容量单螺杆压缩机。之后，该公司又成功地自行设计完成了第五代专用机床，即高精度数控蜗杆加工专用机床和高精度数控星轮片加工专用机床。星轮齿两侧曲面加工方法从仿型法进展到滚切法，专用机床的设计由原来的传动关系、强度及刚度设计进展到专用机床的精度设计，从而使单螺杆制造技术实现了重大突破。

2008年初，广东正力精密机械有限公司成功研制出无油水润滑单螺杆空压机。该产品除继承喷油单螺杆节能、长寿、静音的特点外，首次利用了其最新研发的"三线接触"型线和长寿节能单螺杆压缩机发明专利及星轮滚刀加工新技术，使影响单螺杆压缩机使用寿命的关键部件寿命提高6倍，比一般产品节电15%。这项自主研发的核心技术获得了中、日、美、英、法等多国发明专利授权。

2）螺杆空压机。随着螺杆空压机技术的创新应用，国内螺杆空压机逐步实现了由主机进口向国产化的发展历程。

购买国外品牌的螺杆空压机主机不仅价格昂贵而且供货不及时。2006年以后，在创新型国家战略的推动下，国内部分具有一定技术实力的螺杆空压机企业逐步实现了自主研发生产主机。2007年，国内螺杆空压机企业引进国外螺杆主机加工中心开始形成批量生产。螺杆主机的国产化，有效降低了国内螺杆空压机企业的采购成本，国内生产的主机市场价格明显低于国外进口产品，从而降低了国内螺杆空压机的市场价格。

同时，国内空压机市场商业模式也悄然改变。代理商变成生产商这一华丽转身使得整个空压机市场发生了深刻的变化。市场化运作把螺杆空压机行业推向了一个新的高度，从开始不注重技术拼抢市场，到后来对技术的渴望和追求占领市场，产品更新换代的步伐不断加快。

1999—2004 年，无锡压缩机股份有限公司根据市场需求，完成了喷油螺杆空压机的首次更新换代，开发了 348 种常规螺杆空压机（排气压力为 0.45～1.2MPa，排气量为 1.5～55m³/min），23 种计算机控制螺杆空压机以及 3 种变频控制螺杆空压机产品。新产品完全覆盖并扩大了原引进产品的技术参数，满足了市场用户的好评，年销量达到 1300 多台。2007 年，该公司对喷油螺杆空压机产品进行第二次技术开发，经过两年的努力，开发人员根据产品发展和市场需要，重新规划了 4 大系列产品型谱，产品功率为 11～400kW，排气量为 1.2～65m³/min。其研制的喷油螺杆空压机获得国家发明专利及实用新型专利 18 项，其中国家授权专利 12 项。

2009 年，宁波鲍期压缩机有限公司经过 4 年研发，成功掌握了具有自主知识产权的螺杆转子型线设计技术，同时自主研发出螺杆转子数控铣专用刀具刃磨用自动数控磨刀机以及转子加工专用铣床，转子批量生产高精度加工技术接进国际先进水平，结束了螺杆转子加工设备长期依赖进口的局面，突破国外的技术壁垒，替代了进口同类产品。

2009 年，上海优耐特斯压缩机有限公司的 UD355 型螺杆式空压机通过了专家评审，被上海市科委评为"上海市重点新产品"。UD355 型螺杆式空压机集中体现了该公司大功率大容量产品独有的特点和优势，具备了安全稳定、节能环保的特点。同时，多项获得国家专利的技术成果包括压缩机油滤座、压缩机后冷却器与气水分离器组合结构等得到运用，精简了管路系统，减少了渗漏，方便维修，延长了机器的使用寿命。

2009 年，广州正力精工机械有限公司的 OGFD-3.0/8 等 11 个节能产品输入比功率指标列入工信部压缩机节能机电（设备）产品目录。该公司是压缩机行业率先列入工信部第一批节能产品目录的企业。

（4）军品、重大装备领域的应用　2004 年，无锡压缩机股份有限公司根据用户需求，对氦气水冷式喷油螺杆压缩机又进行了重大创新改进，生产的氦气压缩机为"神六"航天成功发射做出了贡献。

2006 年，中国人民解放军第四八一二工厂和合肥通用机械研究院共同研制出军用 LHC-8/400 型大排量高压空气压缩机组。该机组功率为 160kW，排气压力为 40MPa，排气量为 8m³/min，振动烈度为 8.5mm/s，噪声为 88.8dB（A）

(1m 处)，常压露点为 -61.2℃，排气含油量为 0.006mg/m³。2017 年 3 月，该机组通过了海军后勤部军港机场营房部组织的鉴定会。该机组的研制成功，解决了部队急需，提高了岸基快速保障能力，填补了国内空白。该机组达到了国外同类产品的先进水平。

2006 年，重庆气体压缩机厂有限责任公司研发的 W-6/400 型空气压缩机通过鉴定。该产品用于海军潜艇充气，替代了国外进口产品。该公司研制的 W-3/350、W-9/350 型空气压缩机用于卫星发射基地，特点是排气量大，充气快；W-4/450、M-5/(6-10)-310 型空气压缩机用于海南文昌发射基地，其中的供气系统采用无油螺杆压缩机串联 M-5/(6-10)-310 型无油润滑活塞空气压缩机，用于保障发射区火箭舱段吹除，在线提供大流量干燥纯净无油的高压空气，保障运载火箭成功发射。

2006 年，上海东方压缩机厂在排气压力为 20～30MPa、排气量为 0.1～0.2m³/min 的空压机性能参数范畴里，以 VF-206、VF-0.1/200、VF-312 型三个基本机型的改进型为基础，开发了用于消防、汽车、检测等行业的轻便型高压小型空压机组系列产品。其中 VF-206、VF-0.1/200 型通过军工认证，成为军工定型装备配套用压缩机。

2006 年，沈阳气体压缩机股份有限公司研制的 66-10-6 型电动高压空压机通过了海军和国家经贸委军工办组织的产品鉴定。与会专家一致认为，该机在可靠性、可修性、减振降噪及自动保护、监控等主要方面达到或接近国际水平。

2008 年，北京京城环保产业发展有限责任公司为了更好地服务于核电领域，全力筹备并申请核安全设计、制造许可证，在产品设计原所遵循的设计标准基础上增加了国际标准 RCC-M《压水堆核岛机械设备设计和建造规则》、EJ/T 1027—1996《压水堆核电厂核岛机械设备焊接规范》。2009 年，该公司正式取得由国家核安全局颁发的国家民用核安全机械设备设计许可证和制造许可证，是迄今为止压缩机行业唯一一家取得国家民用核安全机械设备设计许可证和制造许可证的企业。多年来，京城环保公司参与了国内所有核电站的建设，为核电站配套了大量的多种型号隔膜压缩机，并出口巴基斯坦核电站 C1、C2 项目。在承担国家"863"计划首座高温气冷堆氦气辅助系统项目的设计过程中，该公司根据系统对设备的总要求，为重点解决压缩机的安全性与可靠性，采用了配置膜片破裂自动报警装置的新技术，保证了压缩介质不被污染或外泄，确保了设备的安全运转。

2009 年，安瑞科（蚌埠）压缩机有限公司为国防工业研制的高新产品 W-8/400 型空气压缩机通过了安徽省国防科工办组织的鉴定。由国内著名压缩机行业专家及用户代表组成的专家组鉴定认为，该产品结构参数和性能达到了相关标准的要求，总体性能达到国内先进水平。

2008 年，南京压缩机股份有限公司开发了大排量风冷中压机，产品可用在排气量为 300m³/h、排气压力为 3.0MPa 的船用和陆用场合。

江阴开益特种压缩机有限公司研发的多台小型、高压系列化产品长期为我国空军、海军提供保障服务。

（5）节能减排产品应运而生　"十一五"期间，"节能环保"成为全球经济发展的重要趋势，我国已经进入"低碳经济"时代。面对世界能源越来越严峻的形势，为促进高效节能机电设备（产品）的推广应用，2006 年国务院颁布了《关于加强节能工作的决定》（国发〔2006〕28 号）和《关于印发节能减排综合性工作方案的通知》（国发〔2007〕15 号），此项政策的颁布，对机电产品特别是量大面广的空压机产品的转型升级起到了巨大的推动作用。

2008 年，江西气体压缩机有限公司开发成功新型节能减排产品火炬气回收装置。火炬气是石油化工企业生产中排放的可燃气体，火炬气中蕴藏着大量的能量和有用成分，回收火炬气是一项重大的节能措施。然而往复活塞压缩机使用中存在着填料泄漏、气阀故障、液击等问题，而且火炬气在高温时容易结焦，堵塞压缩机流道和管路，降低回收效率。江西气体压缩机有限公司针对上述问题的相关条件、原因和机理进行试验研究，逐一采取了相应措施，对火炬气易燃易爆等现象加强了安全措施，尤其是解决了液击、润滑油稀释等关键技术问题，研发出节能降耗显著的新型产品，实现了火炬气的在线回收。

2008 年，北京金凯威机械制造有限公司研制的 BLTGR 系列冷凝式油气回收装置通过了中国机械工业联合会组织的专家评审鉴定。该装置用于成品油转运过程的油气冷凝回收，是新型的节能环保设备，目前已成功运行在山东昌邑炼油厂及北京马家楼加油站。该装置具有两项实用新型专利。

2008 年，台州环天机械有限公司（现更名为台州环天科技股份有限公司）开始着手往复压缩机气量无级调节系统的研制工作。2011 年，由台州环天机械有限公司主导，合肥通用机械研究院和沈鼓透平机械有限公司往复机事业部、中石化广州分公司联合攻关的国内首套环瑞 HRCS 往复压缩机气量无级调节系统（见图 4-1）获得成功。该系统可根据压缩机用户不同的需求气量实现 0～100% 的调节，达到最佳的节能效果。2012 年该系统被列为国家"十二五"科技支撑计划，并于 2013 年在中石化广州分公司的炼化装置上成功运行。环瑞 HRCS 往复压缩机气量无级调节系统的研发成功打破了国外技术垄断，并成功运用于中石油、中石化的相关装置中。2016 年环瑞 HRCS 往复压缩机气量无级调节系统获得中国机械工业科学技术奖一等奖。

2009 年 7 月 22 日，江西气体压缩机有限公司的 2D12（Ⅲ）-100/8、4L-20/8、3L-10/8、L5.5-40/8、LGFⅡ20-10/8-D 五种活塞式和螺杆式压缩机全部通过了国家节能认证，获得了由合肥通用机械产品认证中心颁发的《通用机械产品节能认证证书》。

（6）相关配套产品及基础关主件的提升　沈阳远大压缩机制造有限公司的活塞压缩机液压连接式活塞杆、螺纹连接式活塞杆两项技术成果于 2003 年获得外观设计专利，活塞杆表面陶瓷硬化处理方法于 2004 年获得国家发明专利。2010 年该公司的无密封环迷宫往复活塞压缩机、涂层式活塞杆、型可调抗震强力车刀杆、象鼻式空心可调镗刀杆、镗刀定位块、磁力静平衡砝码、梯形槽

图 4-1　环瑞 HRCS 往复压缩机气量无级调节系统

中心距检具、内冷深孔钻、带涂层的整体式或滑履复合式十字头等技术获得实用新型专利。

姜堰市华宇轴瓦有限责任公司研制开发的气体压缩机用精密电镀减摩层铝基合金轴瓦新产品，于 2008 年 3 月 9 日通过由中国机械工业联合会组织的专家鉴定评审。该产品采用双层减摩材料结构，抗拉（压）强度、疲劳强度等综合性能指标大幅优于钢背巴氏合金轴瓦，有利于保护轴颈，使用寿命长。该产品在国内往复活塞压缩机行业首家研发成功，成为该阶段压缩机轴瓦应用研究的新亮点。

（五）压缩机行业对外贸易的较好时期

压缩机制造业进出口从 2005 年开始出现顺差，出口交货值 97770 万元，同比增长 27799 万元；2006 年出口交货值 120071 万元，同比增长 22301 万元；2007 年出口交货值 142048 万元，同比增长 11977 万元。2005 年全行业有 24 个企业向 41 个国家和地区出口 134.8 万台压缩机及其配件。

1. 小、微型空压机出口

在这期间，压缩机行业出口的产品以微小型空压机为主，工艺压缩机和螺杆压缩机的出口量也比往年增多。出口前三名企业是：温岭市鑫磊空压机有限公司，出口交货值为 46686 万元；浙江鸿友压缩机制造有限公司，出口交货值为 16397 万元；上海大隆机器厂，出口交货值为 15012 万元。这三家企业出口交货值达 78095 万元，占全行业出口额的 80.2%。压缩机产品打入国际市场，体现了出口企业生产技术和产品质量的提高。2005 年，各种型号空压机出口到德国 65000 台、意大利 1448 台、加拿大 8014 台、墨西哥 9409 台、柬埔寨 4675 台、哥伦比亚 648 台、越南 9885 台、印度尼西亚 80006 台、英国 130000 台、阿根廷 100000 台、智利 65134 台、比利时 1595 台、美国 318684 台、澳大利亚 131644 台、白俄罗斯 2697 台、巴基斯坦 4753 台、荷兰 130000 台、日本 50000 台等。

2. CNG 压缩机跨出国门

2006—2010 年，全行业完成出口交货值 514890 万元。在这期间，压缩机制造企业不断加大科技投入和新产品开发力度，出口的产品技术含量不断提高，出口产品逐步由小型向大型和高附加值方向发展。以往出口的压缩机主要是小型和微型空气压缩机，"十一五"以来，天然气压缩机的出口成为行业翘楚，2008 年度 CNG 压缩机出口总金额达 30515 万元，为 2006 年度出口总额 14801.07 万元的 206.2%；2008 年度出口总量 505 台，为 2006 年度出口总量 298 台的 169.5%，堪称呈飞跃态势。其中，向巴基斯坦出口 CNG 压缩机台数最多，高达 451 台，其次是向乌兹别克斯坦出口 44 台。四川金星压缩机制造有限公司是 CNG 压缩机出口第一大户，出口金额高达 24647 万元人民币，向巴基斯坦、乌兹别克斯坦分别出口 CNG 压缩机 354 台和 36 台。重庆气体压缩机厂有限责任公司、无锡压缩机股份有限公司、安瑞科（蚌埠）压缩机有限公司、自贡东方通用压缩机机有限公司分别位居 CNG 压缩机出口大户的第 2 位至第 5 位。

受国际金融危机的影响，西方国家贸易保护主义不断加重。从 2008 年开始，欧盟对中国小型空压机做出了反倾销终审裁决，中国企业以一票之差惜败。在长达两年的反倾销制裁过程中，压缩机产品出口增速开始下滑，2008 年出口交货值为 103920 万元，2010 年出口交货值下降 21.7%。CNG 压缩机的出口也受到较大有影响，2008 年出口交货值为 30515 万元人民币，2010 年出口交货值下降 64% 左右。

经过 2008 年的金融危机，行业主要出口企业清醒地认识到创新是企业永恒的主题，质量是企业的生命线。企业开始从自主创新和产品结构调整方面寻找新的经济增长点，加大可靠性方面的研究，努力开拓潜在市场，积极扩大向东盟与非洲、东欧等地区，以及印度、巴西、俄罗斯等国出口，弥补在欧盟、美国等丢失的市场份额。

（六）信息化建设促进企业发展

2006—2010 年，压缩机制造业根据产业的自身特点，利用信息化技术改进产品研发、产品设计、工艺设计、生产管理、产品检测、市场供销和售后服务等产品全生命周期各环节，淘汰落后生产能力，提升企业核心自主创新能力，从而实现可持续发展。

工艺气体压缩机在化工、石油化工领域的装置中作为核心设备，对装置的稳定运行起着关键作用。产品需根据不同的化工工艺流程和不同的参数进行个性化设计，百万吨乙烯、千万吨炼油、大化肥、大型 PTA（精对苯二甲酸）、天然气液化等装置中所需的压缩机都要针对不同的流程、不同的工艺参数进行专门的设计。

截至2010年，压缩机行业中的部分骨干企业通过信息化建设，基本实现能按订单设计制造，满足化工、石化装置的个性化要求，能使设计与工艺密切结合，以工艺为突破口，形成设计与工艺的一体化，从而快速响应市场需求，实现生产与经营的快速决策；通过知识工程、软件制造系统和数控技术，对工人的技能和专家知识进行建模，能够在无人干预的情况下进行单件、小批量的生产。具体内容包括：工艺过程编制，生产过程的调度、监测、诊断及补偿，加工过程的控制及质量控制等。

2006—2010年，压缩机行业中的部分骨干企业，在信息化建设方面投入了大量的人力、物力和资金。这些企业的信息化已应用到产品设计、制造系统、生产管理系统、设备远程监控系统等方面，通过信息技术与企业产品开发设计、生产管理模式的结合，有效支持了企业的发展。但整个行业在信息化建设工作开展的面仍不够宽，虽然应用了产品设计、制造系统、生产管理系统、设备远程监控等信息系统，但基本都是"信息化孤岛"，还没有真正形成完整的系统。如何将单独的信息系统形成一个完整的信息网络是"十二五"推进"两化深度融合"工作的重点。

六、行业进入转型升级的关键阶段（2011—2015年）

我国经济通过10年的高速增长，重化工业建设基本完成。进入"十二五"后，压缩机行业面向的石化、煤炭、矿山、化肥等领域已形成产能过剩的局面，新项目越来越少，压缩机行业面临着产能过剩与市场需求减少的矛盾。而行业内部产品同质化严重，恶性竞争充斥着整个行业。自2014年行业发展进入了新常态，压缩机制造业增速换档。面对严峻的市场环境，行业企业充分认识到产业结构调整、转型升级迫在眉睫，而科技创新才是实现产业结构调整和升级的关键，"十二五"期间，压缩机行业科技创新投入268316.44亿元，比"十一五"期间增长了31%。

（一）压缩机制造业进入增速换档期

2011—2015年压缩机行业主要经济指标增速表见表4-3。表4-3是压缩机行业协会90家重点会员企业的统计数据，反映了压缩机行业的经济走势。

表4-3　2011—2015年压缩机行业主要经济指标增速表

年份	2011年	2012年	2013年	2014年	2015年	合计
工业总产值/万元	1721041	1880031	2031004	2170822	2301145	10104043
利润总额/万元	101423	134912	156471	140527	127864	761197

(二) 一批中、高端产品在重大工程中得到成功应用

"十五""十一五"期间,我国能源工业的发展带动了压缩机行业的研发、设计、制造、检验、试验及服务水平的提高。压缩机行业的整体水平健康稳步提升,企业技术创新的积极性不断提高,产品升级换代的步伐在加快,不断进军高端市场,参与国家重大装备项目的研制。在这期间,800~1250kN 活塞力的往复压缩机、六列迷宫密封压缩机、ϕ816mm 螺杆压缩机等一批新研制的中、高端压缩机产品得到广泛应用。

1. 大型往复活塞式压缩机

中、高端压缩机产品的开发与应用有力地推动了我国千万吨级炼油、百万吨级乙烯项目建设。2D125(3000kW)、4M125(6300kW)压缩机已经在炼油加氢装置中成功运行。4M150(8100kW)压缩机已经于 2013 年底在中化泉州 330 万 t/年渣油加氢处理装置中投入使用。6M80 重整氢增压压缩机也在中石化塔河 60 万 t/年连续重整装置中使用。在煤化工等领域,6M80 联合气用压缩机在内蒙古庆华集团炉煤气制氢项目中投入使用。6M50 压缩机已经成功用在辽宁大唐国际阜新 30 万 t/年煤制天然气装置中。4M50 压缩机已经成功应用在内蒙古伊泰 16 万 t/年煤基合成油装置中。4M32、2D80 压缩机在山西潞安集团 100 万 t/年煤制油装置中投入运行。4M50、2D80 压缩机已用于长春华润液化天然气装置及内蒙古兴圣 200×$10^4 m^3/d$ 液化天然气装置中。8M125 压缩机也在化肥生产、煤制油、制冷、医药等行业成功运行。

2. 高速橇装压缩机

储气库压缩机,高压力大排量、多介质多用途压缩机研制取得重大进展,形成了 100~6000kW(成橇 100~7500kW)系列产品,压缩机功率为 100~6000kW,最高工作压力为 52MPa,最大处理量为 500×$10^4 m^3/d$,可满足油气田增压开采、增压集输、气举采气、气驱采油、油气处理、轻烃回收、煤层气页岩气开采、储气库注气采气、气体钻井等广泛需要。图 4-2 所示为高压大排量压缩机。

3. 超高压纯氢气压缩机

超高压纯氢气压缩机(工作压力为 30MPa,99.7%纯氢介质)已成功应用在陕西融和化工集团的 6 万 t/年 BDO(丁二醇)装置中。

4. 大型迷宫式往复压缩机

2K300/375 迷宫压缩机已用于宁夏煤基烯烃合成气制丙烯装置中。2K-140MG(-103℃)超低温迷宫乙烯压缩机在福建炼化成功应用。4MG124 型迷宫压缩机在宁波禾元 EO/EG 装置中平稳运行。2D-140MG(100m^3/h,250℃)高温迷宫压缩机在中石化煤基合成甲烷中试装置中成功应用。2D-160MG(300℃)高温迷宫压缩机在华鑫能源液化天然气及蒽油加氢综合利用中成功应

用。图 4-3 所示为六列低温迷宫压缩机。

图 4-2　高压大排量压缩机

图 4-3　六列低温迷宫压缩机

LNG（天然气液化）BOG 压缩机已在泰安 60 万 t/年 LNG 工程中应用。

5. 工艺螺杆式压缩机

国产工艺螺杆式压缩机在炼油、石油化工装置中得到广泛使用，如常减压装置常顶气、减顶气压缩机，炼油、化工装置火炬气压缩机，制氢装置原料气压缩机，PSA 原料气、尾气压缩机，苯乙烯压缩机，丁二烯抽提压缩机，氯乙烯压缩机等。

6. 特殊气体压缩机

国产 CO_2 压缩机、CO 压缩机、氮氢气压缩机、氨气压缩机、焦炉煤气压缩机、天然气压缩机、煤层气压缩机、瓦斯气压缩机等在科研、化工、煤化工、煤制油、煤气化、天然气装置中广泛应用。图 4-4 所示为生活垃圾制沼气用压缩机，图 4-5 所示为有机废水制沼气用压缩机。

图 4-4　生活垃圾制沼气用压缩机

图 4-5　有机废水制沼气用压缩机

7. 大型螺杆式生成气压缩机

首套"一拖二"丁烯氧化脱氢制丁二烯生成气压缩机是中石化重大装备国产化专项研制任务,该压缩机排气量达 824m³/min。大型螺杆式生成气压缩机——丁烯氧化脱氢制丁二烯生成气压缩机的研制成功,填补了我国该领域的空白。

8. 能量回收装置

螺杆式膨胀机能量回收机组已在蒸汽余热、余压回收,天然气余压回收,热水 ORC 循环工程中推广应用。

(三)企业转型升级发展行稳致远

1. 工艺气体压缩机制造企业

工艺气体压缩机制造企业举例如下:

1)温州固耐化机制造有限公司始建于 1984 年,经过 30 多年的发展与积累,现在温州经济开发区、苏州太仓、嘉兴桐乡、温州滨海园区等地均建有分公司,已发展成为全国压缩机行业少数几个能全面掌握大型压缩机从研发到制造整个流程的企业。

该公司于 2005 年成立固耐重工(苏州)有限公司,位于江苏太仓经济技术开发区,注册资金 1600 万美元,占地面积 170 亩,总建筑面积 80000m²,主营压缩机、数控机床和压力容器的设计和制造,年生产能力为产值 8 亿元。于 2007 年成立固耐重工(嘉兴)有限公司,位于浙江省桐乡经济技术开发区,总注册资金 2980 万美元,占地面积 211 亩,总建筑面积 10 万 m²,主营压缩机和数控机床的大型高难度铸件,年生产能力为产值 10 亿元。于 2009 年成立温州固耐重工有限公司,位于国家级高新园区——温州滨海园区,注册资本 1147 万美元,总建筑面积 3 万 m²,主营压缩机、数控机床等。该公司通过几个基地的建设完善了产业链上下游,形成了规模化效应,节省了成本,保证了产品的质量,确保产品的交货期。

该公司持续多年进行技改和科技研发投入(每年技改及研发投入占公司收入的 5.5%~6%),以打造企业核心的竞争力。该公司拥有新日本工机 HF7 五面体数控龙门加工中心,美国的数控落地加工中心,德国德玛吉 DMG125P、80P 五轴数控加工中心,瑞士斯达拉格五轴数控加工中心等进口高精尖设备。通过技改和高精尖端设备的投入,为公司持续稳定发展提供了保障。

该公司与西安交通大学、上海交通大学,东南大学等国内知名高校等多方面合作,先后被江苏省授予"企业技术中心""江苏省研究生工作站"以及"江苏省博士后创新实践基地";经温州市政府批准,与西安交通大学成立了"西安交大—温州固耐联合研发中心"。这些研发机构的建立,极大地推进了公司科研力量的发展和跨学科研究能力的提高,从而具备了为大型石化、煤化工、化肥项目提供压缩机整体解决方案的能力。

2）沈阳远大压缩机制造有限公司始建于1995年，现位于沈阳经济技术开发区，是国家高新技术企业、国家级检测中心、辽宁省企业技术中心、辽宁省往复式压缩机工程技术研究中心。该公司已研发生产了M、D、Z、P、L、V、W、HS型8个系列上千种型号，以及K和D两个系列80余种型号的迷宫压缩机产品。压缩机活塞力为20~1550kN，介质温度为-163~300℃。该公司多次承接国家能源局、中石化、中石油公司等重大装备国产化项目，很多产品为国内首创，达到国外先进水平。

该公司检测中心成立于2013年5月，占地面积1000余m^2，是集理化检测、无损检测、计量检定、三坐标测量于一体的大型国家级检测中心，拥有国内外先进检测和校准设备60余台（套）。该中心于2014年8月通过了中国合格评定委员会（CNAS）认可资质，检测数据可得到全世界60多个检测和认可机构的互认。

2016年，该公司与瑞士布克哈德压缩机公司（Burckhardt）合资合作，成为中外合资企业。公司的API 618型压缩机、迷宫式压缩机、全平衡高转速压缩机全系列产品将融入布克哈德的全球营销和售后服务网络，为全球客户提供中国制造"远大压缩机"品牌的往复式压缩机产品。

3）四川金星清洁能源装备股份有限公司（原名为四川金星压缩机有限公司）始建于1995年，起步于天然气压缩机的开发与制造。该公司专业从事清洁能源装备的设计、制造业务，是目前行业唯一可提供从天然气净化、加工到终端应用设备的服务商。该公司是四川省政府30家重装制造业、重点支持企业之一，系国家火炬计划重点高新技术企业、国家级企业技术中心。历经数十年发展，公司已完成从单一设备向成套设备的转变，从提供设备向提供设备及服务（设计、成套、安装、运行）的转变，从产品交付到场站运营维护的转变。

该公司的燃气产业技术研究院是行业内率先认定的国家级企业技术中心之一。研究院拥有专职研发人员140余人，研发实力雄厚，设有CNG加气站及其成套装备、LNG加气站及其成套装备、工艺压缩机、油气地面橇装设备、天然气处理及输配装置、CNG液压产品、LNG深冷产品、远程自动化控制等8个主要研发平台。

该公司的M-4.35/8-250JX对称平衡性高转速橇装CNG压缩机、可移动液压CNG加气子站被科学技术部授予国家重点新产品证书，油田井口气开发利用装置、燃气净化橇装模块式自动化工厂成套装备、CNG加气站成套设备等多项产品获得战略新兴产业项目资金支持。

该公司年产压缩机800余台（套），拥有国际领先的加工和检测设备，包括大型数控龙门镗铣床、8m数控磨床、床身加工专机、万能数显上辊卷板机、数控门式切割机、火焰切割机、数控折弯机、数控弯管机、数控扩口机、自动焊机等加工设备，数字式超声仪、质量流量计、三坐标检测仪、超声波测厚仪、X射线探伤机、万能试验机、冲击试验机等检测设备，全方位确保了产品的加工和检测质量。

4）浙江强盛压缩机制造有限公司（原温州强盛石化机械有限公司）成立于1998年，注册资本9600万元，总投资1.6亿元。该公司是国家高新技术企业，专门从事往复式压缩机的设计、研发、制造与销售。

该公司与西安交通大学共同成立了技术研发中心，合作完成了"十一五"国家"863"《大型天然气压缩机成套机组研究与开发》项目；并独立完成了温州市重大科技项目《天然气常规站兼子站压缩机》，该项目荣获温州市科学技术进步奖一等奖，浙江省科学技术进步奖二等奖和浙江省加快发展装备制造业重点领域首台套称号。

该公司专门从事氢气压缩机、原料气压缩机、解析气压缩机、二氧化碳压缩机、煤层气压缩机、天然气压缩机及液化天然气加注等设备的研究与开发。该公司起草了JB/T 11883—2014《CNG母站及子站加气用增压压缩机》。

该公司联合研制开发的BOG低温压缩机，在低温材料研发和低温压缩机性能方面与国际同类产品相当，并在中石化集团公司立项，首台BOG压缩机国产化研制已通过鉴定。该公司现有的工艺性压缩机机型为二列、四列和六列，最大活塞力为800kN；天然气压缩机D型系列有变频（不变频）母站、标准站和变频子站压缩机及LNG泵橇等。

5）台州环天科技股份有限公司（原名为台州环天机械有限公司）始创于20世纪80年代初期（原名玉环县石油化工机械厂），从测绘仿制到设计开发，从产品单一的钢制阀片到生产气阀组件和非金属的密封元件，经过30多年的积累，现已发展成为一家集开发设计、生产、销售往复式压缩机配套易损件为主导产品，同时生产专用数控机床、往复压缩机气量无级调节系统的集团型高新技术企业。

2004年在上海成立上海环天压缩机有限公司，并以此为平台吸收了一批行业里销售管理和技术方面的精英人才、职业经理人加盟。2010年以后，该公司步入快速发展的轨道。目前压缩机配套件类年产值（销售额）过亿元。

该公司通过了美国石油行业协会API质量体系认证，获得了中石化、中石油等多家资源市场入网证书，并获批准建立了全国压缩机标准化技术委员会压缩机气阀标准站和压缩机气量无级调节标准工作站。

2. 一般动力用空压机制造企业

（1）单螺杆空压机制造企业　单螺杆空压机制造企业举例如下：

1）上海佳力士机械有限公司（原名为浙江乐雁压缩机有限公司）是由一家

小型国企改制成立的,自1988年开始研制单螺杆空压机以来发展较快,1997年形成规模生产,是继原北京第一通用机械厂后国内最早实现单螺杆空压机规模化生产的企业之一。2003—2006年,该公司投资1.2亿元,在上海市松江区建设占地68000m² 的工业园。

该公司是 GB/T 26967—2011《一般用喷油单螺杆空气压缩机》、JB/T 11882—2014《一般用喷水单螺杆空气压缩机》起草单位之一。该公司的佳力士 GAIRS 荣获国家商务部"2006年最具市场竞争力品牌",佳力士水润滑无油单螺杆空气压缩机获得德国莱茵 TÜV 认证。

2)上海飞和实业集团有限公司成立于2002年,是以单螺杆空压机为龙头产业,集研发、生产、销售、服务为一体的多元化集团企业。公司总部位于上海市宝山城市工业园区,占地面积70亩,注册资本1亿元。

经过多年的发展,该公司目前形成了以制造业为核心,金融业、农业、汽车业等多个领域共同发展的格局。该公司建立了研发中心和检测中心,拥有数百名研发工程师和专业技术人员,具有强大的研发实力。该公司拥有独立的知识产权和多项国家专利,是 GB/T 26967—2011《一般用喷油单螺杆空气压缩机》的起草单位之一。该公司的单螺杆空压机产品覆盖了排气量为 1~150m³/min 的100多个规格,满足了客户的不同需求。

(2)双螺杆空压机制造企业 双螺杆空压机制造企业举例如下:

1)红五环集团有限公司始建于1997年6月5日(原名为衢州红五环科工贸有限公司,收购了濒临破产的国企康迪制罐厂),2009年成立了红五环集团有限公司,是以红五环集团股份有限公司为母公司组建的企业集团。该公司下设10个子公司,总注册资本2.45亿元,目前拥有8大系列近千种产品,具备年产20万台套通用机械、工程机械、掘进机械、动力机械、矿山机械的生产能力。

该公司采用"哑铃型"的生产经营模式,整合先进资源要素,开发前沿技术,突破低端的生产环节,做大做强技术和市场。该公司与清华大学、西安交通大学、华中科技大学、中国地质大学、浙江工业大学、合肥通用机械研究院等多家科研院校建立了紧密型的合作关系,具有强大的产品研发能力。该公司在拥有国内1500多家销售网点的基础上,产品还远销东南亚、中东、南美等地区。

2)宁波鲍斯能源装备股份有限公司(原名宁波鲍斯压缩机有限公司)创立于2005年,是由怡诺鲍斯集团有限公司投资组建的,其下辖全资子公司上海鲍斯压缩机有限公司。该公司依托自主螺杆主机核心技术,以空气动力用和工艺流程用螺杆压缩机主机、可燃气螺杆压缩机和中低压螺杆压缩机为主要产品,是集螺杆压缩机及其延伸产品的技术研发、产品开发、生产制造、国内营销和海外贸易辅助于一体的全方位产业化运营的国家级高新技术企业。

该公司拥有自主知识产权的螺杆转子型线设计技术,2009年7月正式大规模投产并迅速发展，现已成长为国内为数不多的能够自主研发制造螺杆压缩机主机和可燃气回收利用装置的企业之一。2015年4月23日，该公司在深圳交易所挂牌上市。上市后该公司购置了大批高端加工中心和检测设备，为企业可持续发展奠定了牢固的基础。

3）温岭市鑫磊空压机有限公司创建于1996年，是一家专业从事空压机研发、生产和销售的国家级高新技术企业。该公司通过不断地技术创新，成功研发了微小型往复式空压机、螺杆式空压机和离心式空压机等产品，已逐步发展成为产品系列完善的国内较大的空压机生产商之一。

1996年1月该公司在浙江省温岭市泽国镇成立，正式进入空压机行业，开始自主研发和生产微小型往复式空气压缩机。2000年1月，该公司地址变更到温岭市泽国镇丹崖工业区，新增进出口业务，产品开始对外出口。2000年5月，该公司更名为台州市鑫磊工贸有限公司。2003—2007年，该公司的产品远销欧洲、美国和东南亚等地区，其开发的0.55~4kW有油和无油微小型往复式空压机在欧美及东南亚地区销售旺盛，在欧美市场占有率一度达到56%，日产量12000台左右，产值近8亿元人民币。2006年底，欧盟针对原产于中国的空压机进行反倾销调查，2008年，欧盟对中国小型空压机做出了反倾销终审裁决。在两年的反倾销制裁过程中，该公司在77.6%的高额出口关税限制下，产量一度受挫，产值从8亿元降至不到3亿元，由此他们清醒地认识到企业求发展必须坚持创新，进行产品转型升级。

2009年，该公司成功开发出旋转式小型空气压缩机，以静音、高效的优势赢得了欧美用户的赞赏。该产品不仅结构上完全创新，在国际市场上具有很强的竞争力，利润提高了30%，而且可有效规避关税制约，恢复了产品出口盈利的增长点。2010年，公司名称变更为温岭市鑫磊空压机有限公司。该公司又成功开发了涡旋式空气压缩机，在国内外市场均有相当大的收益。2010年5月，反倾销贸易壁垒解禁，该公司的新产品拿到了欧盟海关编码，顺利进入欧盟市场，6月基本恢复到欧盟反倾销以前的产销水平。

2012年鑫磊全面转型升级，开始生产螺杆空压机。为提升产品可靠性，该公司又投巨资购置了加工中心等一批高端设备，建成大型产品的自动化组装生产线、恒温检测试验室、机器人焊接等，是国内少数几家能生产螺杆主机的企业之一，并迅速发展成为国内空压机的骨干企业。

4）上海优耐特斯压缩机有限公司创建于2002年初，是国内专业生产螺杆压缩机的大型生产制造企业，也是空气系统解决方案的可靠提供商。该公司位于上海市嘉定区南翔工业园区，注册资金3000万元。该公司2007年获得上海市节能产品评审委员会颁发的"上海市节能产品"证书，2009年12月被授予"高新技术企业"，2010年7月通过国家节能产品认证。

该公司可提供功率为 5.5~630kW、排气量为 0.69~120m³/min 的风冷（水冷）螺杆空压机、变频螺杆空压机、螺杆工艺压缩机（氯乙烯、煤层气、伴生气）和特殊压缩机（螺杆喷浆用或矿山用空压机，低压螺杆空压机，中压两级空压机和活塞式高压机），也可提供空压机站的全套解决方案，已具备设计制造、服务支持、用户培训和主机大修等整套服务项目的能力。

2013 年 9 月 23 日，上海优耐特斯压缩机有限公司与株式会社日立产机系统合资，中方持股 70%，日方持股 30%，公司产品继续使用优耐特斯产品品牌。合资后，该公司在无油螺杆压缩机、无油涡旋压缩机以及最新一代两级压缩节能压缩机上进行了战略合作，并推出新型产品，同时双方在空压机技术研发、品质提升等方面开展了广泛深入的合作。

（四）空压机节能工作成绩显著

2009 年，工信部组织编制了"节能机电设备（产品）推荐目录"，并出台了对节能机电设备（产品）的补贴政策。工信部将工业能效提升计划作为未来节能减排领域的重要任务之一，有效地推动了空压机行业的转型升级。国内螺杆空压机企业以此为契机，加强在产品节能方面的研究和开发，取得了令人瞩目的成绩。

截至 2015 年，被列入工信部"节能机电设备（产品）推荐目录"中的空压机产品有 270 个型号，其中被评为节能产品"能效之星"的空压机产品有 10 个型号；有 635 个空压机产品型号列入"节能产品惠民工程推广目录"。

通过实施"节能产品惠民工程""节能机电设备（产品）推荐目录"和"能效之星"，空压机节能产品占产品总量的比例有了较大提高，由 2010 年的 18% 提高到 2015 年的 50% 以上。

1. 节能产品相继推出，一般动力用空压机实现华丽转身

2011 年是上海优耐特斯压缩机有限公司转型升级的分水岭。该公司在国家节能减排政策的引导下，将发展节能产品摆在首要位置，开始由单一的组装型企业向自主研发大功率节能型主机的技术型企业转型。该公司研发投入占公司收入比例达到 5%~7%，以主机开发为主，每年投入 200 万元左右开发双螺杆主机，连续投入达 1000 多万元开展系统节能优化。2014 年，该公司又成功研发了两级压缩螺杆式系列空气压缩机，成功解决了提高螺杆空压机主机容积效率、简化制造工艺、优化机组零部件性能等技术难题，降低了能耗，延长了整机寿命，使产品的机组输入比功率达到并优于 GB 19153—2009 中的一级能效等级，并顺利通过了 GC 国家节能认证，目前该公司产品中超过 70% 为两级压缩一级能效螺杆机组和螺杆低压机组。该公司深刻认识到核心竞争力最终体现在产品可靠性和节能上，而检测是基础。因此，他们进一步加强大量的试验和模具投入，开始可靠性设计和耐久性方向的试验，以提高产品的运行可靠性。

2011年，苏州通润驱动设备股份有限公司的永磁一体式螺杆压缩机主机产品取得突破，同年进入批量生产，成为国内空压机行业第一家永磁电机一体式螺杆空压机主机生产厂家，也是继美国英格索兰公司和日本神户制钢公司后，全球第三家拥有该项技术的公司。该产品电动机转子与压缩机头采用一体共轴式结构，无传动效率损失，相对于联轴器传动效率损失1%、带传动效率损失3%，一体共轴式结构实现了100%的传动效率。一体式螺杆空压机主机的永磁电动机转子直接安装在螺杆空压机主机的伸出轴上，取消了原有电动机的前盖、联轴器（传动带装置），结构简单紧凑，比传统的轴连式压缩机体积减小40%~50%，易于安装维护，无电动机轴承，大大降低了电动机运转噪声。经统计，永磁电动机主机每1kW比同功率普通主机节省钢材5kg左右，该公司最小规格的15kW产品，仅钢材一项每台主机节约60kg，以全部产品为最小规格计算，10000台产品可节约600t钢材。由于驱动电动机体积减小，空气压缩机整机体积也随之减小，还能使空压机组装企业降低成本，减少对社会资源的耗用。2014年，该公司的TRL-PM系列永磁电动机产品已经入围国家"节能产品惠民工程"第六批产品目录。2015年，该公司全面推出永磁低压系列和两级压缩系列产品，同时开始储备开发干式螺杆无油技术和高速离心技术。

2012年，温岭市鑫磊空压机有限公司转型升级，开始生产螺杆空压机。2014年12月，该公司研制的两级压缩永磁变频空压机问世。该产品拥有国家知识产权和鑫磊自主核心技术，采用双永磁电动机、双变频器、两级压缩，集中了节能的优势特性，取消了两级压缩中的齿轮传动，提高了传动效率；在一台空压机机头负载率不变的情况下，使用两个电动机变速来适应不同的排气压力需求，使之效率更高、更加节能。该产品一经推向市场即得到了纺织、水泥、钢铁等用户行业的认可。

2012年10月，浙江杰能压缩设备有限公司推出了中压无油水润滑单螺杆压缩机，其功率为250kW，排气量为42.88m³/min，两级压缩，最高排气压力为4.0MPa。在工业生产与军事、国防设施中，1.6~4.0MPa的中压压缩空气应用普遍，目前在国内甚至国际上大多采用活塞式压缩机，而活塞式压缩机振动大，噪声高，效率低，故障率高。该公司的两级单螺杆压缩机振动小，噪声低，效率很高，故障率低，相同功率的产气量高，受到用户的欢迎。

2015年7月，宁波鲍斯能源装备股份有限公司的3~60m³/min两级节能螺杆整机、主机产品推向市场。该公司两级压缩主机共有上下两个独立的压缩单元，采用整体化设计；该两级主机排气端采用面对面配置的双圆锥轴承设计形式；一台主机15个轴承，轴承设计寿命大于60000h，最大限度地保证了主机的安全可靠性和高效运行。该主机采用大转子低转速的理念设计，主轴转速为

1480r/min，具有噪声低、振动小的特点。

2. 创新商业模式，腾笼换鸟，助力产品升级

随着节能理念的不断深入，合同能源管理、分布式空压站等新的商业模式逐步在市场中得到应用。

早期开山压缩机股份有限公司、上海优耐特斯压缩机有限公司等在这方面进行了有益的尝试，之后温岭市鑫磊空压机有限公司、康可尔压缩机有限公司等也以合同能源管理的形式推广其节能产品，并逐步被用户所接受，这种商业模式得到了行业的认可。

北京爱索能源科技股份有限公司推出了新的商业模式——智慧能源空压站和移动售气系统装备。移动售气系统装备是将空压机系统成套于集装箱内，运至用户用气管网附近直接与管网相接，用户以压缩空气用量按合同约定价格支付费用。这种空压站托管的商业模式有效地解决了三个问题：一是解决了用户新增产气能力的投资问题；二是通过对空压站的节能升级改造降低了能耗，最终削减了工厂的综合用气成本；三是标准化、智能化、专业化的智慧能源空压站保障了用气安全，极大地减轻了用户的管理负担。针对目前传统空压站普遍存在的设备效率下降、高压过量供气、定期维保缺失、净化处理不足以及工作环境恶劣等问题，该公司提出"千站计划"，以建设运营托管模式（BOO/BOT）与用能企业合作，建设一定规模数量的智慧能源空压站，通过高效化、智能化、规范化、标准化的配置设计，优化站房布局，置换低效设备，稳定输出压力，改善净化质量，推进绿色低碳；通过设备专业托管，削减站房能耗，降低运维成本，实现智慧利用能源的新型空压站。山东滨州盟威戴卡轮毂有限公司为"千站计划"首座智慧能源空压站用户单位，示范站已成功供气。

（五）压缩机产品走向国外，参与国际化竞争

压缩机行业经过近30年的发展，很多企业已拥有了与国外著名压缩机公司抗衡的实力，国内企业参与国际竞争的深度和广度也越来越大，部分压缩机的民族品牌获得了欧盟认证，国内压缩机企业通过资源整合、创新商业模式、品牌塑造和资本运作等方式，越来越多的产品出口到欧洲和东南亚地区，或到国外投资建厂开发项目。

2011年5月，沈阳远大压缩机制造有限公司的4M50-99/2.48-32.9型原料氢气和4M20-106/0.08-6型尾气橇装压缩机组出口泰国，这是国内首台大型橇装氢气压缩机走出国门。该公司在研制大型氢、氧等易燃易爆压缩机方面积累了较为丰富的经验，而且经用户长期使用的运行实践，技术日趋成熟。随着该公司技术水平、工艺装备能力及企业知名度的提高，其产品逐渐进入外商视野。该公司曾为美国空气化工产品（中国）投资有限公司和英国BOC公司的中国项目装置配套过4M10型、2D5.5型、Z3.5型等多台不同规格的中小型压缩机，其中还包括技术含量较高、易燃介质的氧气压缩机。该公司以前虽然已向外商提供了近30台压缩机产品，但大都是120kN气体力以下的中小型产品，而500kN气体力的大型氢气压缩机橇装成套出口在国内是首次，其机组技术要求更高，配管技术难度更大。

2011—2015年，江西气体压缩机有限公司多台大型变压吸附制氧设备（无油润滑氧气压缩机）出口俄罗斯。

2012年，无锡压缩机股份有限公司大型工艺螺杆压缩机组KS0207试车成功。KS0207是该公司为中石油子公司在哈萨克斯坦某项目配套生产的天然气压缩机产品。机组的油回收器、精油气分离器和橇座等部件均采用了全新结构，属于全新设计产品，机组流量大、进出口压差高，电动机功率达到1250kW。

2014年9月，杭州杭氧压缩机有限公司研制的7000m^3/h橇装式增压氧压机销往美国。此台氧压机是为美国知名的生物科技公司——AP公司定制的，完全按AP公司的标准进行设计、制造、检验和验收。在机组结构上，首次采用橇装式与防爆墙相结合的模式，配有独立油站、水站，关键零件预紧全部采用液压连接，其容器符合ASME标准，电气元件皆通过UL认证。

2015年1—4月，自贡诺力斯百盛压缩机有限公司签订了出口尼日利亚、泰国、印度的乙炔压缩机、天然气（甲烷）压缩机氢气压缩机共计19台（套）压缩机供货合同。

2015年6月，北京京城压缩机有限公司与中国中原对外工程有限公司签订了巴基斯坦K-2/K-3核电项目含氢废气压缩机及压缩气体冷却器供应合同，这是继巴基斯坦C1、C2核电的又一重大核电项目。

上海斯可络压缩机有限公司把发展国际市场作为企业战略之一，公司成立了国贸部，并着重培养国际市场团队人才，其具备外语沟通能力的员工占公司人员的15%。2014年，该公司投资建设越南工厂，于2015年4月落成，新工厂占地面积10000m^2，形成了以直联、变频等螺杆空压机为产品主线，年产5000台螺杆机的生产能力。目前斯可络与近50个国家开展合作，其中在国外设置代理商近40家，主要分布在英国、西班牙、波兰、美国、俄罗斯、巴西、澳大利亚、马来西亚等国家。

随着国内螺杆空压机技术的成熟，一批企业致力于追求产品价值及质量，正在由原来的市场跟跑为主，转变为并跑和节能产品的领跑。例如，上海优耐特斯压缩机有限公司、宁波德曼压缩机有限公司、上海申行健压缩有限公司、浙江红五环机械股份有限公司、德耐尔节能科技（上海）压缩机有限公司、上海佳力士机械有限公司、浙江杰能压缩设备有限公司、广州葆德科技有限公司等企业出口快速增长，国际市场的认可度逐步提高。图4-6所示为德耐尔节能科技（上海）压缩机有限公司生产的干式无油机。

（六）标准化体系形成

根据工信部的统一部署，全国压缩机标准化技术委员会于 2012 年编制了压缩机"十二五"标准体系建设方案，并于 2014 年进行了补充和完善。标准体系建设方案对行业标准化现状进行了梳理，并对重点领域、重点标准进行了分析，共列出了 118 项标准，基本覆盖了"十二五"期间压缩机行业标准的需求，为行业标准化工作及标准列项提供了指导依据。

图 4-6　德耐尔节能科技（上海）压缩机有限公司生产的干式无油机

截至 2015 年，压缩机行业有往复压缩机、回转压缩机、其他压缩机、压缩空气质量和净化设备 5 类产品标准，共 82 项。其中，国家标准强制性标准 2 项，推荐性标准 18 项；行业推荐性标准 62 项。基础标准多为术语、型号编制方法等标准；产品标准占绝大部分比例，覆盖了各类及系列产品，也包含了一部分的零部件标准，基本符合我国国情；方法标准主要为产品的性能试验方法标准，通常可满足各系列产品的性能考核。

经过多年的不懈努力，我国压缩机行业基本上形成了标准化体系，在国民经济的发展中发挥了重要作用。

（七）压缩机技术国家重点实验室顺利通过国家验收

2010 年，科技部批准依托合肥通用机械研究院建设压缩机技术国家重点实验室的方案。2010 年 10 月，实验室建设方案通过专家可行性论证。2013 年，完成建设计划任务预期建设目标。2014 年 12 月，科技部组织专家对该重点实验室进行了验收并批准通过。

实验室围绕压缩机基础技术、压缩机节能减排技术、压缩机寿命与可靠性技术、产品新技术 4 个研究方向，开展了压缩机工作过程热力学与动力学特性、主机节能和系统节能关键技术、整机性能预测、状态监测及故障诊断技术、关键部件失效分析及寿命预测等相关应用基础与关键共性技术研究。与行业骨干企业、研究院所、学校共同承担了国家 973 计划项目"高端压缩机组高效可靠及智能化基础研究"、国家 973 计划课题"压缩机工作过程数值仿真与节能关键技术研究"、国家 973 计划前期研究专项课题"压缩空气储能系统设计理论及其控制方法研究"、国家科技支撑计划项目"大型流体机械节能技术研究与应用"等国家科研攻关项目。

压缩机技术国家重点实验室是国家技术创新体系的重要组成部分，是开展行业应用基础研究、聚集和培养优秀科技人才、开展科技交流的重要基地，是发展共性关键技术、增强技术辐射能力、推动产学研合作发展的重要平台。该重点实验室的建设为进一步开展应用基础研究、关键技术和共性技术研究，提高行业技术水平和企业自主创新能力打下了基础。

（八）知识产权保护得到进一步重视

"十二五"期间，压缩机制造企业处于转型升级的关键时期，发挥知识产权激励创新从而引领企业发展与经济转型的制度功能，是压缩机制造业由大到强发展的必然要求，也是未来赢得竞争优势的重要基础。知识产权保护有力地促进了压缩机制造业自主创新能力的提升，企业申报专利的积极性不断提高。在知识产权保护机制的激励下，压缩机制造业涌现出越来越多的创新型企业，并正在汇聚成为推动我国压缩机制造业迈向制造强国的中坚力量。据重点骨干会员企业的不完全统计，截至2015年，重点会员企业共获国家专利局批准的发明专利、实用新型专利600多项，其中发明专利40多项。为争夺国际市场，保护自有知识产权，很多企业不仅申请国内专利，而且还申请了国外的专利。

沈鼓集团等一批承担重大技术装备项目的骨干企业，80%以上的产品都是新产品，每年申报的专利以20%的速度增长。沈鼓集团共获得各种专利100多项，其中发明专利10多项，软件著作5项。

江苏大丰丰泰流体机械科技有限公司自主研发的同步回转压缩机（见图4-7），先后获得5项专利，2项是发明专利，3项实用新型专利，同时也获得了俄罗斯、日本、美国和欧盟的专利授权。

图4-7 同步回转压缩机

重庆气体压缩机厂有限责任公司在研发海洋平台天然气压缩机、CNG压缩机、50MPa压缩机、高压无油润滑压缩机、中大型工艺压缩机中，获得130多项专利,其中 2 项发明专利。

四川金星清洁能源装备股份有限公司坚持技术创新,获得 90 多项专利技术。

安瑞科蚌埠压缩机公司在天然气压缩机方面获得 83 项专利,其中发明专利 2 项,实用新型专利 78 项,外观设计专利 3 项。

中国石油成都压缩机厂获得 24 项专利,其中发明专利 10 项。

温岭市鑫磊空压机有限公司在微型压缩机和螺杆压缩机方面获得 71 项专利,其中发明专利 24 项,实用新型专利 39 项,外观设计专利 8 项。

北京京城压缩机有限公司拥有 5 项计算机软件著作权和一批实用新型专利。

此外,上海大隆机器厂有限公司、无锡压缩机有限公司、江西压缩机有限公司、沈阳远大压缩机有限公司、四川大川压缩机有限公司、江苏通润机械有限公司等都获得了发明或实用新型专利、外观设计及软件著作权。

(九)"三类"压缩机快速发展,行业形成新的格局

随着国民经济的快速发展,我国大型工艺往复压缩机、螺杆压缩机和天然气压缩机在 2011—2015 年得到快速发展,推动了压缩机行业的技术进步。

1. 我国大型工艺往复压缩机技术水平迅速提高

大型工艺往复式压缩机是炼油和煤液化工程中的关键设备,化工装置的大型化必然要求配套压缩机大型化。以沈鼓集团往复机事业部(原沈阳气体压缩机厂)为代表的国内企业在引进国际先进(德国 Borsig 公司)的往复式压缩机专有技术的基础上,结合企业多年的科研成果,一步一个脚印,研制出 500～1500kN 活塞力的系列大型工艺往复式压缩机。上海东方压缩机制造有限公司坚持消化吸收引进的美国德莱赛兰国际先进技术,并开展新材料的运用及国际 API 等许多标准的引入,缩短了中国压缩机技术与国际工艺压缩机先进技术的差距。

大型工艺往复压缩机组的研制成功,打破了国外厂商长期垄断我国工艺往复压缩机市场的局面,使同种机组的市场价格下降超过了 50%。目前,国内在工艺往复压缩机方面正朝着大容量、高压力、结构紧凑、能耗少、噪声低、效率高、可靠性高、排气净化能力强的方向发展;普遍采用橇装无基础、全罩低噪声设计,大大节约了安装、基础和调试费用;不断开发变工况条件下运行的新型气阀,使气阀寿命大大提高;采用气量无级调节装置,提高了压缩机组的节能效果;在产品设计上,应用压缩热力学、动力学计算软件和压缩机工作过程模拟软件等,提高了计算准确度,通过综合模拟模型预测压缩机在实际工况下的性能参数,提高了新产品开发的成功率。国内产品在稳定质量的基础上正在逐步向集成化、智能化方向发展,这些都标志着我国的大型工艺往复式压缩机、大型隔膜压缩机、大型迷宫式压缩机的设计制造能力已走向世界前列。目前,除沈鼓集团往复压缩机事业部以外,沈阳远大压缩机股份有限公司、固耐重工(苏州)有限

公司、上海大隆机器厂有限公司、上海东方压缩机制造有限公司、沈阳申元压缩机有限公司、山东潍坊生建集团等都具备制造大型往复压缩机的能力。

2. 一般动力用空压机迎来黄金期，行业实现全面转型升级

我国一般动力用螺杆空压机取得了长足的发展，涌现出一批具有较强国际竞争力的企业，逐步形成了以长三角、珠三角为主的产业集群。螺杆空压机凭借其明显的性价比及节能产品显著的低能耗优势，在中低压段不仅替代了其他传统活塞式空压机，而且同国际市场需求同步，进入了快速发展阶段。

经过多年的技术攻关和制造经验积累，我国螺杆空压机在研发设计水平、加工工艺水平等方面日趋成熟。我国螺杆主机核心技术水平和加工制造能力得到显著提高，在螺杆主机转子型线、结构设计方面都有了长足进步，主机设计、制造已实现了国产化。特别是随着生产设备精密化、数控化发展，信息化技术和模拟仿真技术的推广和应用，螺杆主机制造业的加工手段（如螺杆转子专用铣床，特别是磨床的应用）的提高，主机性能得到了有效保证。螺杆空压机主机生产企业有宁波鲍斯能源装备股份有限公司、上海汉钟精机股份有限公司、厦门东亚机械股份有限公司、鑫磊压缩机股份有限公司、苏州通润驱动设备股份有限公司、宁波欣达螺杆压缩机有限公司、中车北京南口机械有限公司压缩机公司、上海康可尔压缩机有限公司、浙江开山压缩机股份有限公司、杭州久益机械有限公司等10余家企业。

国内单螺杆水润滑空压机与国外干式螺杆空压机相比，因其性价比优势，已在食品、医药行业得到成功应用。同时在主机国产化的推动下，国内螺杆空压机的市场价格逐年降低。到2015年国产螺杆空压机占据了90%以上的市场份额，生产各类螺杆空压机30余万台。

3. 天然气压缩机设计制造技术不断创新

根据国家节能减排的发展战略要求，提出了调整能源结构，改善城市大气环境，实现可持续发展的经济发展方针。

为大力发展清洁汽车产业，国家一直以来都十分重视CNG加气站的建设。压缩机是CNG加气站的核心设备，其性能好坏直接影响全站的运行。我国CNG压缩机的结构型式分为对称平衡型、L型、V型、W型、⊥型（倒T型）、立式，以及有、无十字头，可适应不同的CNG常规站、子站、母站建造的需要。我国天然气汽车加气站用CNG压缩机经过不断的发展，总体水平大幅提升，部分品种的设计、制造质量和运行业绩都已达到国外先进产品的水平。图4-8所示为晋煤集团胡底加气母站天然气压缩机。

通过多年的研发和经验积累，我国在车用CNG压缩机系统中采用了许多新技术，主要涉及压缩机系统和测量系统，包括：

1）适应各种不同进气压力的高排量压缩机技术。

2）高度可靠和易于维护的压缩机技术。

3）降低运营成本，减少热力、特定能量损耗，减少油料消耗。

4）整体机罩方案保证安装的经济性，同时还起到降噪功能。整体机罩是预制件，它与压缩机单元、冷却系统、储气罐以及自动控制和保护装置共同构成完整的一个汽车加气站。

图 4-8　晋煤集团胡底加气母站天然气压缩机

5）采用先进物联网技术，建立一套压缩机（装备）物联网系统（装备全寿命周期综合服务平台）。

在研究开发车用 CNG 压缩机过程中，特别注重整套机器设备的灵活性，其目的在于适应道路加气站和车队加气站等不同类型气站的要求。为天然气汽车加气站研制生产的压缩机将传统往复压缩机的可靠性和液压压缩机的操作灵活性融合在一起。整体橇装的应用不再需要地基，安装方便快捷而且体积小、占地省。这类压缩机的设计特点决定了它们的起动转矩约为传统压缩机的 1/3，因此可确保起动或关闭仅需很少时间。采用单作用无油润滑气缸，通过替换衬垫和活塞就能够适应不同的输入气压。冷却系统采用风冷与水冷相结合的方式。压缩机由电动机或天然气内燃机提供动力，其独特的结构配合以简便的维护手段可保证用户轻易地接驳天然气。

我国天然气压缩机设计具有小型化、橇装化、高端化、智能化、人性化、模块化等设计特点。小型化体现为采用顶置式冷却器，与同类规格产品相比占地面积仅为 50%；橇装化体现为该种大功率压缩机采用整体橇装，现场无须焊接配管，安装调试简单易行；高端化体现为压缩机润滑系统、填料密封、活塞环、气阀等关键件高端化配置，保证其运行寿命；智能化体现为控制系统采用 PLC 编程，检测振动、流量、压力、温度等数据，实现智能化自动控制，减少人工操作技能要求。同时进行压缩机工业化设计，对天然气压缩机进行工业设计研究，提高了产品的外观设计质量和整体水平。

目前已形成了安瑞科（蚌埠）压缩机有限公司、四川金星清洁能源装备股份有限公司、重庆压缩机厂有限公司、浙江强盛压缩机有限公司、四川大川压缩机有限公司、自贡东方压缩机有限公司、自贡山川气体压缩机有限公司等一批天然气压缩机和 CNG 加气站设计制造企业。产品除在国内得到广泛应用外，还远销土耳其、秘鲁、巴基斯坦、孟加拉国、乌克兰、乌兹别克斯坦、哈萨克斯坦、朝鲜、苏丹、缅甸、土库曼斯坦、白俄罗斯等 20 多个国家和地区。

（十）两化深度融合工作的开展

信息化与工业化融合是新的历史时期党和国家对工业行业信息化发展的新要求，两化融合是国家工业行业信息化发展的新战略。从党的十六大"以信息化带动工业化，以工业化促进信息化"的战略思想，到十七大"发展现代产业体系，大力推进信息化与工业化融合，促进工业由大变强"的明确要求，再到十八大"推动信息化和工业化深度融合"的"四化同步"首要位置，两化融合政策的发展历程充分显示了信息化在国民经济和社会发展中的重要地位和积极作用。推动信息化和工业化深度融合是加快转变发展方式，促进四化同步发展的重大举措，是走中国特色新型工业化道路的必然选择。

工信部 2013 年发布了《工业和信息化部关于印发信息化和工业化深度融合专项行动计划（2013—2018 年）》。压缩机制造企业根据工信部的通知精神，积极推动信息化和压缩机制造业深度融合，实现产业转型升级。

"十二五"期间，压缩机行业部分重点骨干企业利用三维软件开展强度分析、应力分析、振动分析、有限元分析设计产品，利用三维技术，工程师在设计阶段就能精确地预测出产品的技术性能，大幅提高了设计质量和设计效率。重点企业积极实施了 ERP（企业资源计划）、CRM（客户关系管理）、SCM（供应链管理）等管理软件等系统，并将以上多个系统与已经采用的财务系统、PDM 系统实现深度集成，消除信息孤岛。通过将企业主体业务流程纳入 ERP 系统，实现对生产资源进行优化配置，达到生产信息高效、集中、准确利用，更有利于职能部门工作开展。通过实施 OA 系统，将企业业务流程固化成电子化流程，减少重复工作量，加强管控，提高工作效率。通过实施 MES 系统，将车间现场管理与信息化高度融合，推进企业精细化管理，提高车间生产效率。通过实施 SCM 系统，增强供应链整合的力度，加大零部件及配套产品的外包与外协，有效提升公司的运营效率，降低成本。

安瑞科（蚌埠）压缩机有限公司在转型升级和两化深度融合方面，通过一系列行之有效的顶层设计，创新"后市场"服务营销模式，大力发展"后市场"业务，促进公司由"传统单一产品制造"向"互联网＋产品＋服务＋系统解决方案＋融资租赁"的全新商业模式的有效转变，从单纯的"产品销售"向"服务营销"进行转型，全力促进产业升级。通过信息化平台整合优化销售流程，建立高效、迅捷的营销活动管理信息平台，将"市场机会到项目完成到后期维护直至服务管理"的信息链贯穿于与客户互动的整个过程，及时把握客户动向。他们以物联网、互联网技术为基础，运用传感技术对产品参数进行采集，通过数学模型验证产品设计品质，确保产品达到最优的能耗比。通过"压缩机全寿命周期系统"对产品运行状态进行远程实时动态监控，集诊断与快速反应的维护服务相结合。对现有及潜在客户群进行细分服务，变被动服务为主动服务，促进后市场业务盈利模式的有效转型。通过加强产品售前、售中、售后的客户体验管理，创新客户满意度调查模式，在准确、实时地捕捉设备运行真实情况，高效解决客户诉求的前提下，利用项目全寿命周期管理平台，全力开拓后市场服务业务。该公司的后市场业务收入同比大幅增长，形成了新的利润增长点。

上海大隆机器厂有限公司开发远程测控技术，主要开展大型螺杆压缩机状态在线监测及诊断系统的研发、设计、生产、销售、安装以及远程诊断服务。企业拥有一支集机组研发、设计、制造、安装维护等各方面专业的专家团队，以及具备丰富现场运行经验的行业团队。基于远程中心数据平台，为客户提供包括远程监测、故障预警、故障诊断、运行评估等十几种的机组服务，确保第一时间发现机组的异常情况、故障部位、严重程度，及时准确地给出解决方案，实现机组的"安、稳、长、满、优"的运行（安全运行、稳定运行、长周期运行、满负荷运行、优质运行）。同时，还为客户提供了专业的培训服务，帮助客户培训诊断人才，实现资源共享，从根本上提高大型螺杆压缩机用户的机组故障诊断水平，提高运行维护能力。

先进物联网技术，包括压缩机运行状态、预警传感信息实时采集技术、SCADA技术、压缩机PLC数据采集与无线远程传输技术、云计算技术、新一代VoIP呼叫中心技术、GIS（地理信息系统）技术、移动互联技术等也越来越多地应用到各类压缩机产品上，结合压缩机业务特点与流程研发，运用压缩机物联网系统，建立全寿命周期综合服务平台。

七、结束语

压缩机制造业在我国20世纪六七十年代化肥工业需求的拉动下获得了最早的发展机遇。改革开放后，国民经济快速发展使各行业对压缩机需求直线上升，压缩机制造业获得了更大的发展机遇，促进了压缩机制造业的转型、升级、进步和壮大。经过60多年的发展，我国压缩机制造业已经形成了门类齐全、具有相当规模和水平的制造体系，能够满足国民经济各部门的多层次需要，并走向国际市场，产业规模已跃居世界前列。

"十二五"期间是我国压缩机制造业发展最快的时期。进入"十三五"，国民经济进入降速提质发展的新常态，智能制造、绿色制造是经济发展和工业产业提升的重要标志。压缩机制造业面临着新的历史环境和新的挑战，只有坚持自主创新和深化转型升级，才能使压缩机制造业走向更加辉煌的明天。

第五章

中国阀门工业发展史

一、概述

阀门是通用机械中一种重要的产品，被安装在各种管道或装置上，通过改变阀门内通道面积来控制介质的流动。其作用是：接通或截断介质，防止介质逆流，调节介质压力和流量等参数，改变介质的流动方向，进行介质的分流或对管道和设备进行超压保护等。

阀门产品的品种繁多，按作用和结构原理分为闸阀、截止阀、止回阀、球阀、蝶阀、旋塞阀、隔膜阀、安全阀、调节阀（控制阀）、节流阀、减压阀和疏水阀等；按材质分有铜合金、铸铁、碳钢、合金钢、奥氏体钢、铁素体-奥氏体双相钢、镍基合金、钛合金、工程塑料和陶瓷制阀等。另外，还有超高压阀、真空阀门、电站阀门、管线和管路用阀门、核工业用阀、船舶用阀和低温阀门等专用阀门等。阀门参数范围很广，公称尺寸从 DN1（单位为 mm）到 DN9750；公称压力从 1×10^{-10} mmHg（1mmHg = 133.322Pa）的超真空到 PN14600（单位为 10^5 Pa）的超高压；工作温度从 $-269℃$ 的超低温到 $1200℃$ 的超高温等。

阀门产品广泛应用于国民经济各个部门，如石油、天然气、油气提炼加工和管道输送系统，化工产品、医药和食品生产系统，水电、火电和核电的电力生产系统；城市和工业企业的给排水、供热和供电系统，冶金生产系统，船舶、车辆、飞机以及各种运动机械的流体系统，农田的排灌系统等，都大量地使用各种类型的阀门。此外，在国防和航天等新技术领域，也使用各种性能特殊的阀门。

阀门产品在机械产品中所占的比重较大，据国外工业发达国家统计，阀门的产值约占整个机械工业产值的 5%。据统计，传统的一座由两套百万千瓦机组组成的核电站共用阀门约 28000 台，其中核岛阀门约 12000 台。一座现代化的大型石油化工综合企业,需要十几万台各种阀门,用于阀门的投资一般占设备总投资的 8%~10%。

二、旧中国的阀门工业概况

鸦片战争以后,旧中国长期处于半封建半殖民地社会,工业基础十分薄弱,阀门工业尤为落后。19 世纪后期,英、美等帝国主义国家通过买办向我国倾销各种阀门。当时阀门这个名称无人知道,商业俗名称作"凡尔"(Valve 的译音)。"凡尔"的俗名成了我国世人皆知的代名字。英国制造的"眼镜"牌、"鸵鸟"牌及美国制造的"W"牌、"C"牌等进口"凡尔"充斥了我国市场。直到新中国成立前夕,我国仍未摆脱这种完全依靠进口"凡尔"过日子的局面。

1. 中国阀门工业的发源地——上海

在旧中国,上海是我国最早制造阀门的地区,1902 年,位于上海虹口区武昌路的潘顺记铜作坊,开始用手工制造批量很少的茶壶龙头,茶壶龙头是一种铸铜旋塞,潘顺记铜作坊是迄今所知中国最早的阀门制造商。1919 年,德大(盛记)五金厂(上海变速机械厂前身),由一台小型脚踏车床起家,开业生产小口径铜质旋塞、截止阀、闸阀及消防龙头。1926 年开始制造铸铁阀门,最大公称尺寸为 NPS6(单位为 in,NPS1 = DN25.4)。在此期间,王英锟、大华、老德茂和茂旭等五金厂也先后开业制造阀门。随后,由于市场上对水暖用阀门需求量的增加,又有一批五金厂、铁工厂、翻砂(铸造)厂和机器厂陆续开业制造阀门。在上海虹口区中虹桥、外虹桥、大名路和长治路一带形成一个阀门制造群。当时在国内市场上畅销的有"马头"牌、"三 8"牌、"三 9"牌、"双钱"牌、"铁锚"牌、"鸡球"牌和"鹰球"牌等低压铸铜、铸铁阀门产品,主要用于建筑卫生设施的水暖用阀,也有少量的铸铁阀门用于轻纺工业部门。这些工厂规模都很小,工艺落后,厂房设备简陋,阀门产量很低,但却是中国阀门工业最早的发源地,后来上海市建筑五金同业公会成立后,这些阀门制造厂都纷纷入会,成为水道组成员。

2. 两个规模较大的阀门制造厂

1930 年初,上海慎和机器厂为自来水厂配套制造 NPS12 以下低压铸铁闸阀,1935 年该厂与祥丰铁管厂、祥泰铁号股东合资筹建大新铁厂(上海自行车厂前身),1936 年建成投产,有职工近百人,拥有进口的 2.6 丈(1 丈≈3.33m)车床和起重设备,主要生产工矿配件、铸铁水管及铸铁阀门,其阀门公称尺寸为 NPS6 ~ NPS18,并能为自来水厂设计、供应成套阀门,产品远销南京、杭州和北京等地。1937 年"八一三"日本侵略者占领上海后,该厂大部分厂房设备毁于日军炮火,次年增资复工,虽然也曾为上海闸北、南市水厂及英、法商水厂制造了 NPS14～NPS36 铸铁闸阀，但由于经济萧条、生意清淡、紧缩裁员，到新中国成立前夕仍未能恢复元气。

1935 年，由民族工商者李成海等五名股东合资在沈阳市南市区十二纬路筹建沈阳成发铁工厂（铁岭阀门厂前身），由三间民房、三台机床起家，开始从事机械修理并制造阀门。1939 年迁厂到铁西区北二马路进行扩建，新建铸造、机加工两个大型厂房。到 1945 年，发展到拥有职工 400 人，主要产品是：大满式锅炉、铸铜阀门，公称尺寸为 DN800 以下地下铸铁闸阀。沈阳成发铁工厂是在旧中国挣扎生存的一家阀门制造厂。

3. 大后方的阀门工业

抗战期间，上海等地不少企业内迁到大西南，于是大后方重庆等地企业猛增，工业开始发展。1943 年重庆洪泰机器厂和华昌机器厂（两厂均为重庆阀门厂前身）开始修理和制造水暖零件及低压阀门，对发展大后方的战时生产及解决民用阀门起了很大作用。抗战胜利后，又有利生五金厂、振兴工业社、金顺和五金厂和奇益五金厂等先后开业生产小型阀门，新中国成立后这些厂均并入重庆阀门厂。

当时，上海的一些阀门制造商还先后到天津、南京和无锡等地建厂修理和制造阀门。北京、大连、长春、哈尔滨、鞍山、青岛、武汉、福州和广州等地的一些五金厂、铁管厂、机器厂或造船厂也从事过修理和制造一些水暖建筑用阀门。

三、阀门工业的起步阶段（1949—1959 年）

我国的阀门制造工业是随着新中国成立后国民经济的恢复开始起步的。1949—1959 年，我国阀门工业本着组织起来为国民经济恢复和发展服务的方针，逐渐形成专业阀门制造厂，并开始建立我国自己的阀门专业标准等，一步一个脚印地谱写了中国阀门工业的艰苦创业史。

（一）组织起来为恢复国民经济服务

1949—1952 年，是我国国民经济恢复时期。因经济建设的需要，国家急需大批阀门，不仅需要低压阀门，而且还需要一批当时没有制造过的高中压阀门。如何组织阀门生产，满足国家的急需，是一项繁重而艰巨的任务。

1. 引导扶持生产

人民政府按照"发展生产、繁荣经济、公私兼顾、劳资两利"的方针，采用加工、订货方式，大力扶持私营中、小企业重新开业生产阀门。新中国成立前夕，沈阳成发铁工厂最终因为债务累累，产品没有销路，只好停业，仅留下 7 名工人看守工厂，还卖掉 14 台机床维持开支。新中国成立后，在人民政府的扶持下，该厂重新开工生产，当年职工人数由开工时的 7 人增加到 96 人。随后，该厂接受沈阳市五金机械公司的带料加工，生产呈现新气象，职工人数增加到 329 人，年产各种阀门 610 台，产值 83 万元。同期在上海，不仅生产过阀门的私营企业重新开业，而且随着国民经济的恢复，又有一大批私营小企业开业或转业生产阀门，使当时的建筑五金同业公会组织迅速扩大。

2. 统购统销，组织阀门生产

随着一大批私营企业转入阀门生产，原有的上海建筑五金同业公会已不能适应发展的要求。1951 年，上海地区阀门生产企业成立了 6 个联营所，承接中国五金机械公司上海市采购供应站的加工订货任务，实行统购统销。如承接较大公称尺寸低压阀门任务的大新铁厂和承接高中压阀门生产任务的元大、忠信、锦隆和良工机器厂等，业务上都受上海市公用局、华东工业部和中央燃料工业部石油管理局的指导，实行直接订货，后转向加工订货。人民政府通过统购统销政策帮助私营企业克服了产销方面的困难，初步改变了私营企业在经济上的无政府状态，提高了企业主和工人们的生产积极性，他们在工艺、设备和厂房条件极其落后的情况下，为电厂、钢铁厂和油田等重点企业恢复生产，提供了一大批阀门产品。

3. 为恢复国民经济建设服务而发展

第一个五年计划中，国家确定了 156 项重点建设工程，其中恢复玉门油田和鞍山钢铁公司的生产是两个大型项目。为使玉门油田早日恢复生产，燃料工业部石油管理局在上海组织石油机械配件生产。上海锦隆五金厂等承担了试制一批中压钢制阀门的任务。由作坊式的小厂试制中压阀门，困难之大是可想而知的，有的品种只能按用户提供的样品，测绘实物进行仿制。由于铸钢件的质量不过关，只好将原来要求的铸钢阀体改为锻件，当时截止阀阀体斜孔加工尚无钻模，只能采用手工钻，然后由钳工进行修正。通过克服重重困难，终于试制成功 NPS3/8～NPS2 的中压钢制闸阀和截止阀，受到用户好评。1952 年下半年，上海元大、忠信、伟业、良工等厂承接了试制和批量生产石油用铸钢阀门的任务。当时采用的是苏联图样和标准，技术人员边干边学，在生产中克服了很多困难。上海铸钢阀门的试制工作在石油部的组织下，同时也得到了上海市各厂的协作，亚细亚厂（现上海机修总厂）提供了符合要求的铸钢件，四方锅炉厂协助进行了爆破试验，终于使铸钢阀门样机试制成功，且立即组织批量生产，按时送往玉门油田使用。与此同时，沈阳成发铁工厂和上海大新铁厂等也为电厂、鞍山钢铁公司恢复生产及城市建设提供了较大公称尺寸的低压阀门。

在国民经济恢复期间，我国阀门工业得到了较快发展。1949 年阀门产量仅有 387t，到 1952 年就增加到 1015t。在技术上已能制造铸钢阀门和低压大型阀门，不仅为国民经济恢复生产提供了配套用阀门，而且为中国阀门工业以后的发展打下了良好的基础。

（二）阀门工业起步

1953年，我国开始了第一个五年计划，石油、化工、冶金、电力和煤炭等工业部门都加快了发展步伐。这时，阀门的需要量成倍增加。当时生产阀门的私营小厂虽然数量很多，但技术力量薄弱，设备落后，厂房简陋，规模太小，又过于分散，特别是高中压阀门尚不具备批量生产能力。为了适应国民经济迅速发展的要求，第一机械工业部（简称一机部）在继续对原有私营企业进行改组改造、扩大阀门生产的同时，还有计划、有步骤地着手筹建骨干和重点阀门企业，我国阀门工业开始起步。

1. 上海地区二次阀门工业改组

新中国成立后，党对资本主义工商业实行"利用、限制和改造"的政策。原来在上海有六七十个小型阀门厂，这些工厂最大的也只有20～30人，最小的才几个人。这些阀门厂虽然生产阀门，但是技术和管理都很落后，设备、厂房简陋，生产手段简易，有的只有一两台简易车床或传动带机床，铸造也只有一些坩埚式地炉，大部分是手工操作，没有设计能力和检测设备。这种状况既不适应现代化生产，更不能适应国家有计划的生产要求，而且无法控制阀门产品质量。为此，上海市人民政府将上海地区阀门生产企业组成了联营所，成立了上海管道开关一厂、二厂、三厂、四厂、五厂、六厂等中心企业，在供、产、销上进行组合，在技术、质量上归口管理，这样把分散混乱的管理有力地统一起来，从而极大地调动了广大职工建设社会主义的积极性，这是阀门工业的第一次重大改组。

1956年公私合营以后，上海地区阀门行业大规模地进行了第二次调整和工业改组，成立了上海建筑五金公司、石油机械配件制造公司和通用机械公司等专业公司。原隶属于建筑五金行业的阀门企业，按地区分片成立了元大、荣发、忠信、伟业、锦隆、赵永大、同心、福昶、王英锟、云昌、德和、锦发、协大、裕昌、德大等约20个中心厂，每个中心厂又下辖几个卫星厂。在中心厂建立党支部和基层联合工会，政府指派公方代表主持行政工作，并相应地建立了生产、供应和财务等业务机构，逐步实行类似于国营企业的管理办法。与此同时，沈阳地区也将21个小厂并入成发闸阀厂。从此，国家通过各级管理机构，把中、小企业生产纳入了国家计划轨道，有计划地领导和组织阀门生产，这是新中国成立以来阀门企业生产管理上的一个变革。

2. 沈阳通用机械厂转产阀门

在上海地区对阀门生产企业进行改组的同时，一机部对各直属厂的产品生产进行分工，明确了直属厂和较大型地方国营厂的专业生产方向，沈阳通用机械厂转产为专业生产阀门的企业。该厂前身是官僚资本企业大陆工作所和日伪产业德昌制作所。新中国成立后，该厂主要生产各种机床及管接头，1953年又开始生产木工机械，1954 年归一机部一局直属管理时，已有职工 1585 人，拥有各种机械设备 147 台，并有铸钢生产能力，技术力量较为雄厚。1955 年起为了适应国家计划的发展，明确转产阀门，对原有金工、装配、工具、机修和铸钢等车间进行改建，新建了铆焊车间，还建立了中央实验室和计量检定站，又从沈阳水泵厂抽调了部分技术人员。1956 年生产低压阀门 837t，并开始批量生产高中压阀门。1959 年生产阀门 4213t，其中高中压阀门 1291t。1962 年改名为沈阳高中压阀门厂，成为阀门行业规模最大的骨干企业之一。

3. 阀门生产的第一次高潮

新中国成立初期，我国阀门生产主要靠协作和会战解决。到了"大跃进"时期，我国阀门工业出现了第一次生产高潮。阀门产量：1949 年为 387t，1956 年达到 8126t，到 1959 年达到 49746t，为 1949 年的 128.5 倍，为 1956 年公私合营时的 6.1 倍。高中压阀门的生产起步较晚，1956 年才开始批量生产，年产量为 175t，1959 年产量达到 1799t，为 1956 年的 10.3 倍。

国民经济建设的迅速发展，促进了阀门工业的大踏步前进。1955 年上海良工阀门厂为玉门油田试制成功了采油树阀门；上海地区元大、忠信、伟业、荣发等机器厂为油田、化肥厂试制了铸钢、锻钢中高压阀门以及公称压力为 PN160、PN320 的高压化肥阀门；沈阳通用机器厂和苏州铁工厂（苏州阀门厂前身）为吉林化学工业公司化肥厂试制成功高压阀门；沈阳成发铁工厂试制成功公称尺寸为 DN3000 的电动闸阀，是当时国内最大最重的阀门；沈阳通用机器厂为高压聚乙烯中间试验装置试制成功公称尺寸为 DN3～DN10，公称压力为 PN1500～PN2000 的超高压阀门；上海大新铁工厂为冶金工业生产了公称尺寸为 DN600 的高温热风阀和 DN900 的烟道阀；大连阀门厂、瓦房店阀门厂等也获得了较快发展。阀门品种和数量的增长，促进了阀门工业的发展，特别是随着"大跃进"工业的建设需要，全国各地的中、小型阀门厂如雨后春笋般地不断涌现，到 1958 年全国阀门生产企业已有近百个，形成了一支庞大的阀门生产队伍。1958 年阀门的总产量上升到 24163t，比 1957 年增长 80%；1959 年阀门总产量上升到 49746t，比 1958 年翻了一番。在这段时间中我国阀门生产出现了第一次高潮。

但是，由于阀门制造厂纷纷上马，也带来了一系列问题。例如：只追求数量，不追求质量；"以小干大，土法上马"，缺少工艺条件；边做边设计，缺乏标准观念；照搬照抄，造成技术上混乱。由于各自为政，各搞一套，五花八门，阀门名词术语各地不统一，公称压力、公称尺寸系列也不统一，有的厂参照苏联标准，有的参照日本标准，还有的参照美、英标准，非常混乱。在品种、规格、连接尺寸、结构长度、试验条件、试验标准、涂漆标志以及理化、计量等方面各行其是。很多企业采用"对号入座"的单配方法，质量不保证，产量上不去，经济效益提不高。当时的局面是"散、乱、少、低"，即遍地散花似的阀门厂，混乱的管理制度，缺少统一的技术标准和规范，产品质量水平很低。为了扭转这种局面，国家决定组织有关人员对阀门工业进行一次全国性的生产情况调查。

4. 第一次全国性阀门生产情况调查

为了摸清阀门生产情况，1958 年一机部一、三局组织进行了全国阀门生产情况调查。调查小组赴东北、华北、华东和中南 4 个大区，24 个城市，对 90 个阀门厂进行全面调查。这是新中国成立以来第一次全国性阀门情况调查，当时重点调查了规模较大、品种规格较多的阀门生产企业，如沈阳通用机器厂、沈阳成发铁工厂、苏州铁工厂、大连阀门厂、北京五金材料厂（北京阀门厂前身）、瓦房店阀门厂、重庆阀门厂、上海的几个阀门生产企业和上海管道开关一、二、三、四、五、六厂等。通过调查基本摸清了阀门生产中存在的主要问题：

1）缺乏统筹规划和合理分工，从而造成重复生产，影响了生产能力的发挥。

2）阀门产品标准不统一，给用户选用和维修造成了极大不便。

3）计量和检验工作基础太差，难以保证阀门产品质量和批量生产。

针对上述问题，调查小组向部局提出了加强统筹规划，合理分工，组织产销平衡；加强标准化和理化检验工作，制定统一的阀门标准；开展试验研究等三项措施的报告。一、三局领导对此十分重视，首先抓了标准化工作，委托一机部机械制造工艺研究院组织有关阀门的生产厂制定了部颁管路附件标准，1961 年开始在行业中实施。为了指导各厂阀的设计，该院编印了《阀件设计手册》。部颁管路附件标准是我国第一批阀门标准，《阀件设计手册》是我国第一本自行编写的阀门设计技术资料，它对提高我国阀门产品设计水平起到了积极作用。通过这次全国性的调查，摸清了这 10 年来我国阀门工业发展中存在的症结，从而采取了切实有效的措施，使阀门生产彻底摆脱修修配配、缺乏标准的混乱仿制局面，使我国阀门制造技术向前迈进了一大步，开始进入自行设计和组织批量生产的新阶段。

（三）小结

1949—1959 年，我国阀门工业从旧中国的破烂摊子上迅速恢复起来，开始起步；从维修、仿制到自行设计和制造，从制造低压阀门为主到生产高中压阀门，初步形成了阀门制造工业。但由于生产速度发展较快，也出现了一些问题。自纳入国家计划，在一机部归口管理下，通过调查研究找到问题产生的原因，采取了切实有效的解决办法和措施，使阀门生产跟上了国民经济建设的步伐，并为阀门工业发展壮大和行业组织的形成打下了良好基础。起步阶段（1949—1959 年）的阀门产量见表 5-1。

表 5-1　起步阶段（1949—1959 年）的阀门产量

年份	阀门总产量/t	高中压阀门产量/t	低压阀门产量/t
1949 年	387	—	387
1956 年	8126	175	7951
1959 年	49746	1799	47947

四、阀门工业的发展壮大时期（1960—1966 年）

1960 年，中央提出了"调整、巩固、充实、提高"的八字方针，阀门工业也同时得到了调整。随着管理体系的改变，阀门工业以一机部主管局为行业组织牵头单位，组织产品联合设计、联合攻关，一批生产阀门的骨干和重点企业陆续建成，初步形成了比较完善的阀门工业制造体系。

（一）阀门行业的形成

新中国成立初期，我国的阀门制造厂大部分隶属于建筑五金行业，兼业生产阀门产品。随着阀门工业的发展，到 20 世纪 50 年代末，在全国各地已经有了大批的中小型阀门专业生产厂。这些阀门专业生产厂迫切要求加强厂际之间的经济技术交流，联合起来共同攻关、共同设计、共同开发新产品。在这种形势下，阀门行业组织应运而生。

1. 第一次全国阀门行业会议

在一机部一、三局的指导下，1960 年 4 月，在大连召开了第一次全国阀门行业会议，沈阳和北京等地的 11 个阀门生产厂的代表参加了会议。会议发起成立了全国阀门行业组织，推举沈阳通用机器厂和北京阀门厂为正、副组长厂。会议讨论研究了行业组织工作，提出了行业活动的形式、内容和具体安排意见。这次会议是我国阀门工业发展史上一次重要的活动。

2. 行业活动促进阀门行业发展

行业组织原是由阀门生产厂自发组织起来的民办组织，以后由于部局主管部门的参与、指导并给予适当资助，逐渐由"民办"转变成"民办官助"。阀门行业组织开展行业活动，得到部局主管部门的支持，部局主管部门通过行业组织进行统筹规划、合理分工、组织全国阀门生产。

行业组织成立初期，主要活动是开展比、学、赶、帮、超和产品质量的厂际竞赛活动。从此以后，每年都组织全国性产品质量检查，活动方式有互相检查、巡回检查、同类产品对口检查等；此外，还组织现场经验交流会和帮教活动，推广阀杆防腐、气体渗氮和密封面铜堆焊等先进工艺。这些活动对提高产品质量起到了一定作用。阀门行业组织还定期召开一年一度的例会,对行业活动进行总结和评比,并按照部局主管部门的要求和各个时期的中心任务制订行业活动计划。1965年,在北京天坛公园举办了阀门新产品展览会,展览会得到了领导和各部门的好评。此外,阀门行业活动还得到了各省、市的支持,很多同行都踊跃参加,积极支持。行业活动既促进了同行之间的团结,又推动了技术进步。到1966年,已有60多家主要阀门生产企业和研究所被吸收为行业组织的成员厂,这些单位都为我国阀门工业发展做出了贡献。

(二)为化肥工业建设服务

1958年,中央结合我国国情提出在发展中型氮肥生产的同时,大力发展小氮肥的主张。1960年,中央北戴河会议又提出了"全党动手,大办农业,大办粮食"的号召,并成立了中央化肥领导小组,要把化肥设备搞上去,必须首先解决包括高压化肥阀在内的化肥成套设备。20世纪60年代初,阀门行业集中力量形成了一个为化肥设备成套制造阀门的热潮。

1. "三机一门"会议

1960年12月,一机部遵照中央化肥领导小组的指示,在北京召开了"三机一门"会议("三机一门"会议是指压缩机、冷冻机、制氧机和阀门的化肥工业定点配套的设备安排会议),21个省市及47个压缩机、冷冻机、制氧机、阀门生产厂的代表参加了这次会议。会议讨论了有关产品标准系列、开发新产品、生产分工及技术措施等问题。阀门行业参加会议的有:沈阳通用机器厂、大连阀门厂、上海阀门厂、开封高压阀门厂、北京阀门厂和自贡高压阀门厂等12个厂的代表,经过讨论,决定采取以下几点措施:

1)以行业骨干企业为主组织专门的班子开展产品选型、定型及系列化工作,组织产品联合设计。

2)老厂帮新厂,促使新厂尽快搞上去。

3)各厂在生产中采用专用机床代替通用机床。

4)开展行业厂标竞赛,在全行业推广先进经验。

"三机一门"会议有力地推动和促进了高中压阀门生产的发展,成为通过抓化肥成套设备来带动阀门工业上水平、上能力的重要里程碑。在此之后,一大批科研项目和重大新产品难关被攻克,阀门产量迅速增加,到1965年,已为47个化肥厂提供了配套阀门。1961年,国家又建成一批年产5万~10万t的中型化肥厂,阀门工业在为吴泾、衢州化肥厂提供配套阀门后,又为广州、云南、开封等化肥厂生产了配套用高压阀门,继而又为年产10万t的石家庄化肥厂生产了高压大口径氮肥阀门。高压氮肥阀门的参数也不断提高,公称压力从PN160提高到PN320,公称尺寸也从DN3~DN50发展到DN65、DN80、DN125。至此,我国的阀门工业已能为年产800t、2000t、5000t、5万t和10万t化肥装置提供配套阀门系列产品，不仅如此，同时还能为尿素装置配套阀门系列产品。这是阀门行业团结一致，为完成国家重点任务而取得的可喜成果。

2. 组织联合攻关

为了进一步满足化肥设备成套装置对阀门的需要，必须将高压阀门的年生产能力从几吨提高到3000t。由于生产高压阀门难度大，技术要求高，当时只有少数厂家可以生产，在部局指导下，动员全行业力量，组织联合攻关。生产高压化肥阀门不仅要具有锻造设备和必要的检测手段，而且对产品的加工精度要求也很高，阀座与阀体，阀体与法兰均采用螺纹连接，螺纹精度为5H/6h级，这些问题当时已成为一个主要技术难关。各厂在攻克5H/6h级螺纹过程中，逐步建立和完善了计量室，制订了质量管理制度，对机床设备进行了全面改装和维修，为成批生产高压氮肥阀门打下了基础。通过联合攻关，不但攻克了生产高压阀门的技术难题，推动了行业技术创新，提高了成员厂和一大批中小企业的技术水平，而且促进了行业团结，体现了社会主义制度的优越性。

（三）开展产品联合设计

1960年行业组织建立起来以后，一项重要的工作是开展产品联合设计。这项工作大致分成两个阶段：第一阶段是"三机一门"会议后至1964年大连会议前；第二阶段是1964年至1966年前。

第一阶段的任务是搞产品联合设计，发展品种，完善系列。1960年12月，一机部通用机械研究所组织有关阀门厂先后进行了高压氮肥阀门、低压阀门和中压铸钢阀门产品联合设计，完成了4个品种、62个规格的高压氮肥阀，3个品种、65个规格的低压阀门及3种阀类、3个压力级、72个规格的中压铸钢阀门的设计图样和技术文件。继第一阶段之后，1964年大连会议提出了"关于开展阀门标准化工作的意见"，要求提高标准化程度。一机部通用机械研究所又组织行业技术力量开展了全国阀门产品"三化"（标准化、系列化、通用化）统一设计。这项工作是在阀门生产和产品设计都积累了丰富经验的基础上进行的，其规模也比第一阶段的联合设计大得多，分成高中压、低压和标准三个大组进行。这次统一设计，在原有联合设计图样基础上，进一步改进了结构和选材，扩充了产品系列，使阀门品种规格有了很大发展，产品水平也有一定提高。不仅完成了各类阀门的统一设计图样，而且还制定了《铸铁和铸铜制低压阀门技术条件》和《PN16～PN63钢制阀门技术条件》以及《PN100～PN320化工、石油工业用锻造阀门技术条件》等阀门标准，从而把阀门产品的三化工作向前推进了一大步，与此同时还编制了《阀门统一设计手册》，这是阀门行业第一套比较完整和系统的基础技术资料，是后来阀门产品设计的主要依据。

1962—1966 年，为了完成国家重点工程对阀门产品的需要，阀门行业又组织了新产品和军工非标准阀门联合设计。在参考国外资料和参照样机的基础上，自行开发设计了固定球阀、蝶阀、隔膜阀、柱塞阀、胶管耐磨阀、安全阀和减压阀等新阀类，使我国生产的阀门种类有了新的突破。1965 年，一机部通用机械研究所和化工部设计一院、天津第二通用机械厂组成电动装置联合设计小组，设计出我国第一代 B、C、D 型阀门电动装置。1965 年下半年，北京阀门厂为四川天然气设计制造了全焊接固定球阀，其公称压力为 PN40、PN63，公称尺寸为 DN500、DN600，阀体采用钢板爆炸成形全焊接结构，用于四川自贡天然气管线，使用了近 20 年。在此期间，一机部通用机械研究所多次组织沈阳高中压阀门厂、上海阀门厂等与用户进行 09、801、820 等工程专用阀门联合设计。这些阀门大多是参数高、性能要求严格，结构和材料特殊，加工难度较大的产品。在国外封锁技术资料的情况下，广大工程技术人员发扬刻苦钻研精神，设计并研制出许多种高性能的专用阀门，为国防事业做出了很大贡献。

20 世纪 60 年代的阀门产品联合设计工作很有成效，它大大地促进了阀门品种规格的发展和全行业生产技术水平的提高，为我国阀门工业的发展奠定了坚实的技术基础，特别是阀门"三化"设计，它为制造厂扩大了生产能力，用更少的零件制造更多的系列产品，为批量生产提供了技术条件，也为以后专机、生产线的上马做了技术准备。与此同时，也培养出一批技术设计人才。联合设计的开展为我国阀门产品的发展做出了一定贡献。

（四）生产管理的重大变革

部局领导部门在抓产品标准化和联合设计之后，针对阀门行业缺乏统筹规划造成重复生产的问题，着手抓阀门行业的生产管理。在深入调查研究的基础上，于 1962 年 9 月提出了"关于阀门生产分工的实施规定草案"，采取了一系列措施。

1. 阀门行业分工座谈会

1963 年 1 月，一机部在北京主持召开了阀门行业分工座谈会。沈阳高中压阀门厂、北京阀门厂、上海阀门厂等生产厂的代表及部计划司、一局、通用机械研究所的有关同志参加了这次会议。会议按照把工作重点转移到以农业为基础的轨道上来的方针，保证化肥、石油及军工配套用阀的目标，进一步调整了阀门行业各厂的生产分工。会议决定：冶金用阀、仪表阀、电站阀分别由一机部三、四、八局安排生产；附属于专用设备系统的非标准阀由主机制造厂自行配套；水暖用阀门由地方安排生产；工业通用阀门由一机部一局统筹规划，合理分工，定点安排生产。按需求量大小、生产难易程度，并考虑到生产布局，对闸阀、截止阀（包括节流阀和氨阀）、止回阀、安全阀、减压阀、疏水阀、衬里阀等 10 类缺门短线的产品，全国集中安排在一部分工厂生产，并制订了措施和解决办法。此外，还重点安排了化肥设备用高中压阀门、石油设备用各类阀门及军工用阀门的生产。确定沈阳高中压阀门厂、开封高压阀门厂、北京阀门厂、上海阀门厂、大连高压阀门厂、自贡高压阀门厂、上海良工阀门厂、天津阀门厂等为高中压阀门定点厂。会议要求阀门行业各厂按生产分工明确本厂方向任务，有计划地进行企业的技术改造。

2. 阀门行业生产分工的作用和效果

1963年1月的这次行业分工会议，是一次相当重要的会议，其影响是深远的。通过对全行业的生产分工，使各厂明确了专业方向和任务，需求量较少的阀类，集中安排生产，从而加大了批量，减少了品种，取得了明显的经济效益，确保了化肥、石油工业和国防事业所需的配套阀门。阀门行业各厂按照部局的生产分工，进行技术改造，在短期内都形成了专长，具有了特色，如上海阀门厂的安全阀、沈阳高中压阀门厂的减压阀、北京阀门厂的疏水阀和上海阀门五厂的隔膜阀和衬里阀等在全行业起到了主导作用。实践证明，这次的生产分工效果很好，大大促进了阀门行业各厂专业化水平和管理水平的提高，使1966年的阀门产量迅速增加，各厂得到了基本稳定发展。因此，这次会议也是我国阀门工业发展壮大的标志之一。

（五）骨干和重点企业的形成

随着国民经济的发展，阀门行业不断发展壮大，逐步形成了一批骨干和重点企业，对我国阀门工业的发展发挥了很大的作用。

1. 上海阀门厂的合迁改建

1959年上海市在郊区安亭筹建上海阀门厂，1960年3月破土动工，同年秋天，建成6480m^2的高中压阀门车间。1961年元大、忠信、伟业、赵永大、荣发和锦隆中心厂所属33个卫星小企业陆续迁入新厂。由于采用边基建、边迁厂、边生产的方式，因而没有对生产造成太大影响。到1962年上海阀门厂年产高中压阀门近700t，成为继沈阳高中压阀门厂后又一个生产高中压阀门的骨干企业。

2. 开封高压阀门厂建成投产

1958年国家决定在地处中原的河南省开封市筹建开封高压阀门厂，一机部委托一机部第二设计院负责设计。经国家计委批准，该厂建成后主要生产化肥、石油、电站和冶金工业所需的高中压阀门，年产量6000t。1959年11月破土动工，当时采用了边基建、边招工、边培训、边生产的方式。沈阳通用机器厂和沈阳风动工具厂支援了一批企业管理干部和工程技术人员。该厂先后派出500多人赴沈阳通用机器厂、风动工具厂、重型机器厂、第一机床厂、第二机床厂、轴承厂和东河水泵厂进行培训。1960年3月开始组织简易试生产，两年共计生产高中压阀门 246t。在国民经济调整时期，由于精减下放职工 1064 人，高中压阀门年产量由 6000t 调整为 3000t，并收归一机部一局领导。1964 年在做好生产准备的基础上，先后试制成功 3 个品种、7 个规格的高中压阀门。1965 年 4 月，基建工程基本完成，验收合格，投入生产。1965 年 6 月 14 日，人民日报报道了开封高压阀门厂建成投产的消息。这是我国第一个自行设计、自己装备起来的大型高中压阀门骨干企业，它的建成和投产不仅大大地增加了我国阀门生产能力，而且也在很大程度上改变了阀门工业的生产布局。

3. 建设西南、西北重点阀门厂

为了改变西南和西北地区高中压阀门生产的落后状态，一机部决定在四川自贡和甘肃兰州建设两个重点的阀门生产厂。自贡阀门厂始建于 1958 年，次年开始生产低压阀门，1960 年转产高中压阀门。1965 年 5 月，上海良工阀门厂内迁 152 名职工，同时调拨 52 台机床设备，支援自贡高压阀门厂建设。1966 年 9 月，上海阀门厂又内迁 204 名职工，调拨 59 台机床设备到自贡，进一步充实了该厂的力量。该厂通过投资扩建很快形成生产能力，成为我国西南地区的高中压阀门骨干企业。

为了加强西北地区阀门基地建设，1966 年 7 月，由沈阳高中压阀门厂内迁 300 名职工和调拨 99 台机床设备到兰州，与原兰州有机化学厂合并改建为甘肃省高中压阀门厂，投资 295 万元，年产高中压阀门 1590t，修理阀门 200t。沈阳高中压阀门厂内迁的管理干部、技术人员和机床设备配套齐全，并提供毛坯，因而内迁后仅一个月，甘肃省高中压阀门厂便投入生产，到年底生产高中压阀门 400 多 t。继而又建成铸钢车间，成为我国西北地区的高中压阀的骨干企业。该厂于 1982 年初改名为兰州高压阀门厂。

1960 年，沈阳成发闸阀厂在铁岭建厂，后改名为铁岭地区阀门厂，这是我国最大的低压阀门生产厂。

经过有计划有步骤的新建、搬迁和老企业的技术改造等一系列调整措施，在我国阀门行业已逐渐形成了由骨干企业、重点企业和基本企业组成的布局较为合理的阀门工业生产体系。于是，我国形成了在华北以北京阀门厂、在东北以沈阳高中压阀门厂、铁岭地区阀门厂，在华东地区以上海阀门厂、上海良工阀门厂、上海阀门五厂，在中南以开封高压阀门厂，在西南以自贡高压阀门厂，在西北以兰州高压阀门厂等为主体的阀门生产基地。

（六）石油开发促进了阀门工业大发展

三年国民经济调整后，我国社会主义建设出现了欣欣向荣的景象，不仅化肥、冶金工业持续发展，而且以石油为主的能源开发事业也迅速发展，从而有力地促进我国阀门工业进入了大发展的阶段。

1. 石油工业用阀门需要量猛增

大庆油田的开发，标志着我国石油工业的迅速发展，相应地要求一机部把钻采和炼油设备搞上去，其中包括石油用阀门。据当时测算，每增加100万 t 石油就要增加2000t 高中压阀门。1963年，一机部系统所属的阀门厂和其他各部的兼业阀门制造厂合计的高中压阀门年产能力仅为4700t，而当年国家各部委需求量为9000t，仅满足需求的52%。不仅数量不能满足，而且品种和质量也不能保证，产需矛盾很大，高中压阀门成为最突出的短线产品之一。为了满足能源开发的需要，一机部在一、三局设立阀门处，并采取了一系列措施大力发展高中压阀门。

2. 跟上经济发展步伐，采取果断措施

1964年10月，一机部在大连召开了高中压阀门生产技术工作会议，有28个单位共52名代表出席了会议。会议检查了1964年各厂生产技术计划执行情况，研究了1965年阀门增产措施，安排了1965年生产任务。会议分析了高中压阀门生产中存在的主要问题，提出了"关于提高阀门产品质量的意见""关于采用新技术、新工艺的意见""关于开展科学试验和加强技术情报工作的意见""关于1965—1970年新品种发展的意见""关于开展阀门的标准化工作的意见""关于中压阀门联合设计图样验证的意见"及"1965年中压阀门措施方案"等8个文件，决定从1965年起高中压阀门作为部管产品，由部实行统一安排生产，各厂不得自行与用户签订供货合同。这是阀门生产管理上的一个重大变革。从此，高中压阀门生产由部局主管部门统一计划，统一排产。这次会议是一次十分重要的会议，它较为有效地解决了我国阀门生产、技术和管理落后于国民经济发展的问题，是我国阀门行业发展史上从分散到有计划发展的一次重大改进。

大连会议后，阀门行业进一步落实了1963年制定的品种分工定点生产方案，集中组织短线产品高压阀门的生产；同时重点对沈阳高中压阀门厂、上海阀门厂、大连高压阀门厂、北京阀门厂进行技术改造；并对当时尚不能生产高中压阀门的西北地区和内蒙古，新布点西安高压阀门厂与呼和浩特阀门厂进行生产高中压阀门试点。

1964年，一机部决定在通用机械研究所设立阀门专业研究室，作为阀门行业的技术归口单位，负责规划、标准、设计、情报和试验研究等工作。部局阀门处和通用机械研究所阀门研究室的设立，实现了对我国阀门行业生产和技术的统一领导与管理，有力地促进了阀门工业的发展。

这段时期是阀门行业发展壮大时期。阀门生产和技术管理井井有条，技术改造也逐步发挥作用，阀门产量大幅度增长。1962年全国阀门产量为19179t，其中高中压阀门产量为4538t；1966年阀门产量为55434t，增长1.9倍，其中高中压阀门产量为12733t，增长1.8倍。阀门产品数量、品种和质量基本上满足了化肥、石油、电力和冶金等工业部门的配套需要，阀门工业呈现持续发展的大好局面。

（七）小结

回顾 1960—1966 年，阀门行业在极其困难的情况下大上高压氮肥阀，确保了化肥装置的配套，支援了农业。经过国民经济调整后，随着冶金、化肥、电力、石油、化工等工业的迅速发展，阀门行业也不断提高，阀门品种有了很大增加。据统计，1965 年阀门行业已能生产 470 多个品种，近 2000 个规格的各类阀门，不但可以生产铸铜、铸铁、铸钢和锻钢阀门，而且已能大批量生产合金钢阀门。当时阀门行业已能为 5 万～10 万 t/年合成氨装置、100 万 t/年炼油厂和 10 万 kW 发电机组提供所需配套阀门。到 1966 年已有 59 个厂加入到全国阀门行业（其中有 29 个厂可以生产高中压阀门）。阀门厂分布在全国 6 个行政区，使生产布局趋向合理。1960—1966 年是我国阀门行业产量上升较快的发展壮大时期，发展壮大时期（1962—1966 年）的阀门产量见表 5-2。

表 5-2 发展壮大时期（1962—1966 年）的阀门产量

年　份	阀门总产量/t	高中压阀门产量/t	低压阀门产量/t
1962 年	19179	4538	14641
1966 年	55434	12733	42661

五、阀门工业的持续发展（1967—1978 年）

（一）行业发展受到影响

1967—1978 年，由于社会环境发生了较大的变化，阀门行业的发展也受到了较大的影响，其主要表现是：

1. 阀门产量急剧减少，质量明显下降

1967 年全国阀门产量只有 32915t，比 1966 年下降 40%，其中高中压阀门 6906t，比 1966 年下降 46%。

在阀门产品中，全面地推行"以塑代铜，以铁代稀有金属"，导致产品质量明显下降，后果十分严重。阀门产品普遍存在"一短二漏"（即寿命短，内漏和外漏）现象。根据调查和用户反映，很多阀门用不到一个检修周期，就需停车维修或重新更换。

2. 已初具规模的阀门科研体系受到了影响

一机部通用机械研究所于 1969 年 12 月由北京搬迁到合肥市，重新建所，下放当地机械局领导。大批资料遗失散落，阀门流阻试验装置等设备拆运后损失严重,大部分正在进行的科研课题被中断,科研工作受到了影响。与此同时,沈阳管件阀门研究室(现沈阳阀门研究所)、上海阀门厂及北京阀门厂分别建立的减压阀、安全阀和疏水阀等科研试验点也受到了影响。

3. 中压阀门产品再次成为短线

1972年,经国家计委批准,对石油、化工、煤炭、冶金等部门第四个五年计划后两年的大中型建设项目所需设备进行预安排,随之而来的是高中压阀门需求量急剧上升。中央各部门计划需要高中压阀门3.6万t,当时阀门生产能力却只能安排生产2.3万t,扣除地方和中央自制自用外,可供分配的仅1.7万t,只能满足47%。1973年,中央各部门需要高中压阀门4万t,只能安排生产3万t,其中可供分配的只有2.3万t,仅能满足57%,同时,低压大口径阀门也满足不了需要量的一半,许多重点工程项目因缺少配套阀门而迟迟不能投产使用。

4. 开始出现计划外生产高中压阀门

在高中压阀门严重短缺的情况下,有些地方开始计划外生产高中压阀门。如浙江省温州地区,1972年仅有几个企业从事计划外的阀门生产,到1976年竟猛增到1069个。1978年6月,一机部和商业部组成联合调查组进行调查,结果查明:据不完全统计,1975—1977年,温州地区共生产阀门1.9万t,耗费钢铁约3万t,价值1.9亿元,但其中绝大部分不能使用。

(二) 采取措施,拉长"阀门短线"

阀门行业产品质量严重下降,以及高中压阀门产品形成短线后,国家对此十分重视。一机部重型通用局成立了阀门小组,负责阀门行业技术改造。阀门小组经深入调查研究提出了"关于发展高中压阀门生产措施意见的报告",呈交国家计委,1975年3月又向国家计委呈报了"关于大口径低压阀门情况的报告"。经过研究决定对阀门行业投资5200万元,进行技术改造,以尽快解决高中压阀门严重短缺和质量下降的问题。

1. 两次开封会议

1972年5月,一机部在河南开封市召开了全国阀门行业工作座谈会。88个阀门厂、8个有关科研设计院所及13个省市机械局和部分用户共125个单位、198名代表参加了会议。会议决定恢复行业和情报网两个组织,推举开封高压阀门厂和铁岭地区阀门厂分别为高中压和低压组长厂,并由合肥通用机械研究所和沈阳阀门研究所负责情报网工作。会议还讨论研究了有关"三化"工作,提高产品质量、技术攻关、产品分工及开展行业、情报活动等问题。从此,中断了6年的行业、情报活动又开展起来。

1973年5月,一机部第二次在开封召开了高中压和低压大型阀门工作会议。52个阀门厂、7个科研院所及部分省市机械局共152名代表出席了会议。会议分析了阀门生产中存在的问题，交流了生产技术和企业管理等方面的经验，落实了当年的生产任务，提出了"关于'三化'工作的审定意见""1974—1975年生产及企业技术改造规划"与"高中压阀门和低压大型阀门1973—1975技术攻关和技术发展规划"等3个重要文件。会议要求全行业行动起来，从现有基础出发，采用新工艺、新设备、新技术、新材料，并本着投资少、见效快和集中力量攻重点的原则，对现有企业进行技术改造。这些措施对于促进阀门生产，扭转短线局面起了很大作用。

2. 恢复行业组织活动和情报交流

1972年开封会议后，行业组织恢复了活动。当时参加行业组织的只有72个厂，许多阀门厂还没有参加行业组织。为了把阀门厂尽可能多的组织起来，各大区分别组织行业活动，沈阳高中压阀门厂、北京阀门厂、上海阀门厂、武汉阀门厂、甘肃高中压阀门厂、自贡高压阀门厂分别担任东北、华北、华东、中南、西北、西南大区组长厂。后来，辽宁、吉林、黑龙江、江苏、浙江、河南等阀门生产厂较多的省还成立了省级阀门行业组织。随着阀门行业的发展，逐渐形成了高中压阀门和低压阀门两大体系。为了专业对口，便于交流经验，开展比、学、赶、帮活动，阀门行业分成高中压和低压两个大组。开封高压阀门厂负责高中压组，铁岭地区阀门厂负责低压组。除了全行业大会，组长厂会等活动外，通常各大区分头开展活动，效果很好。1974年5月，在福州召开了阀门行业第一次科技情报工作会议，交流了"双革四新"成果，组织了热加工、专机生产线和质量攻关等专题技术座谈。会议提出了"关于加强阀门行业科技情报工作的意见"，以及4个附件："阀门行业科技情报组织工作暂行办法""关于阀门行业刊物出版意见""74、75年情报网工作计划"和"情报网成员名单"。会议决定由通用机械研究所任情报网组长单位，沈阳阀门研究所任副组长单位。

这一时期的主要行业和情报活动有：1973年1月，在北京召开了行业组长厂会议，讨论了如何提高产品质量、确定1973年质量攻关目标、解决阀门"一短二漏"的措施、"三化"工作和组织质量检查等方面内容。1974年4月，在苏州又召开了组长厂会议，主要研究确定了行业成员厂，总结安排了"三化"定型和技术攻关工作，提出了交流经济情报的活动计划。1974年6月，在上海召开了第一次阀门密封面等离子喷焊工艺现场经验交流会。1975年，分别在汾阳和铁岭召开了冷加工和热加工现场经验交流会。1975年11月，在苏州第二阀门厂召开了摩擦焊应用于阀门生产现场经验交流会。1976年8月，在兰州召开阀门行业第二次科技情报工作会议，决定把沈阳阀门研究所出版的《阀门通讯》和通用机械研究所出版的《阀门技术》合并为行业刊物《阀门》。1977年，在桂林召开了规模较大的第七次阀门行业会议，讨论了进一步提高阀门产品质量的措施，阀门行业"五五"规划和"六五"设想，提出了厂际劳动竞赛条件和评比办法。

通用机械研究所汇编了阀门行业的"双革四新"成果，分别在桂林、西宁、乌鲁木齐和西安等地进行图片展览。1978年4月，在西安召开了阀门行业组长厂扩大会议，制订了《阀门产品质量分等规定（试行稿）》，讨论了赴日考察成果应用计划和1978年行业活动计划。1978年12月，在沈阳召开了铸钢经验交流会。可以看出，这期间阀门行业和情报活动是多种多样并富有成效的，很受行业各厂欢迎。由于开展了行业活动，经常交流经验，互帮互学，不但促进了产品质量的提高，而且还增进了各厂之间的团结和友谊，使阀门行业形成了一个统一的整体，步调一致，携手并进，呈现出生气勃勃、日益兴旺的景象。

3. 开展阀门产品"三化"工作

按照两次开封会议的精神和一机部重型通用局的意见，通用机械研究所在行业各厂的积极支持下又一次组织开展了大规模的阀门"三化"工作。"三化"工作是一项重要的基础技术工作，对加速企业技术改造，提高阀门产品水平，是一个有效的措施。阀门"三化"工作组按照"四好"（好用、好造、好修和好配套）及"四统一"（型号、性能参数、连接及外形尺寸、标准件）的原则开展工作。主要工作内容有三个方面，一是简化合并品种；二是制定和修订一批技术标准；三是产品选型定型。

首先进行了简化合并品种工作。在不影响原有使用要求和尽可能扩大使用范围的前提下，对其结构性能重叠或近似的产品进行了简化合并。通过简化合并后，闸阀、截止阀、节流阀、球阀、蝶阀、隔膜阀、旋塞阀和止回阀等8类阀门新系列共有196个品种，1205个规格，其中高、中压阀门121个品种，689个规格，低压阀门75个品种，518个规格。品种比原来减少40%，规格减少30%以上。

1972年8月—1973年3月，在北京进行了技术标准的起草工作。这项工作由18个阀门厂和两个研究所共25人参加，共计完成产品系列、型号编制方法、结构长度、结构要素和零件标准91项，其中结构要素和零件标准占90%以上，从而大大提高了零件互换性，使阀门产品标准化和通用化程度平均达到85%以上。1974年12月在石家庄召开了"三化"标准审查会，1976年2月经一机部批准正式实施。

1973年5月—1974年底，先后在北京、天津和上海等地组织了11个定型小组进行阀门产品定型设计工作，共完成了130个品种，787个规格的产品定型图样。在定型工作中，除对产品结构、工艺进行认真分析研究外，还邀请了有关厂担任专机生产线设计的技术人员和工人参加了方案的讨论和审查，使"三化"定型产品能够适应各阀门生产厂进行技术改造，大上专机生产线的要求。同时，"三化"定型也体现了近年来先进工艺和先进技术成果，力求体积小、重量轻，如锻钢阀门平均比原有产品减轻10%~15%。经"三化"定型后，阀门产品的

"三化"程度大大提高了,产品零件的标准化和通用化程度过去只有40%,定型后平均超过80%。阀门产品三化定型工作的完成,为阀门生产厂进行技术改造创造了条件,把阀门产品技术水平提高了一大步。

为了加快三化定型图样的贯彻,在1974年阀门"三化"标准审查会上提出了"贯彻阀门'三化'措施的建议",1978年11月又在开封召开了高中压阀门统一图样工作会议,提出了高中压阀门统一图样具体贯彻办法和进度要求,后来大部分阀门生产厂都贯彻了"三化"图样,按统一图样生产。

4. 技术攻关促进了科研事业发展

(1) 科研队伍的发展和试验基地的建设 1969年底,通用机械研究所从北京搬迁到合肥,原有流阻试验装置被拆迁,科研工作受到很大影响。1971年科研人员陆续归队,阀门研究室人员又增加到30多人,并受部局委托组织技术攻关。建起了简易试验室,安装了流阻试验装置,又设计制造了比压、填料等试验机,开始进行阀门密封面和填料技术攻关。与此同时,国家投资269万元在通用机械研究所建设新的阀门试验基地。1979年新阀门试验室完工后,又补充了擦伤、转矩、寿命试验装置及必要的仪器、仪表,使阀门行业综合性研究测试基地初具规模。1971年一机部批准沈阳高中压阀门厂设立阀门研究所,下设设计、情报和试验三个专业组,有科技人员40多人。国家投资200多万元建立了使用面积为3300m^2的阀门试验室,拥有水力试验系统、低温试验系统(-196℃)、擦伤试验机及2t/h试验锅炉(20MPa、570℃)和600MPa高压泵等设备。1972年上海阀门厂建成安全阀中间热态试验室,拥有超临界参数直流锅炉(5t/h、30MPa、600℃)高温高压试验装置、填料试验机和600MPa高压泵等试验设备。随着科技工作的开展,开封阀门研究所、北京阀门研究所、铁岭大口径阀门研究所、甘肃阀门研究所(1981年改名为兰州阀门研究所)、自贡阀门研究所、武汉阀门研究所、益都阀门研究所等一批厂办研究所也先后成立,开展试验研究工作和产品性能测试。上述阀门试验基地的建设和科研队伍的发展为当时阀门行业的技术攻关和试验研究工作创造了有利条件,打下了良好基础。

(2) 主要成果 1973年召开的开封会议制订了1973—1975年阀门行业技术攻关规划,提出了39个攻关项目。其中热加工8项,密封面16项,填料6项,电动装置1项,试验和性能测试6项,攻关的重点是解决阀门产品的"一短二漏"问题。以后又在哈尔滨焊接研究所和武汉材料保护研究所、合肥通用机械研究所确定专人进行组织和协调定期检查,两次召开高中压阀门基础件攻关工作会议,总结经验,互助交流,并制订了1976—1980年的基础件攻关计划。通过全行业的一致努力,技术攻关工作取得了很大成绩,促进了阀门行业科研事业的发展。其主要成果如下:

1) 密封面攻关。密封面攻关旨在解决阀门内漏问题。当时密封面材料主要是 20Cr13 和 12Cr18Ni9，硬度低、耐磨性差，阀门产品内漏问题严重，使用寿命短。沈阳阀门研究所、哈尔滨焊接研究所和哈尔滨锅炉厂组成三结合攻关小组，经过 2 年的努力，研制出一种新型铬锰系密封面堆焊材料（20Cr12Mo8），该材料具有良好的工艺性能，耐擦伤性能好，使用寿命长，且无镍少铬，资源可立足于国内，经技术鉴定后很有推广价值。随后沈阳阀门研究所又与武汉材料保护研究所合作研究成功了 WF331 铬锰喷焊材料。上海阀门厂把粉末等离子喷焊工艺应用于高中压阀门生产，进一步提高了密封面质量，1974 年又改进了等离子喷焊焊接结构。哈尔滨焊接研究所和武汉材料保护研究所长期致力于粉末等离子喷焊工艺研究，在铁基粉末制取和喷焊工艺研究方面取得了一些成果。合肥通用机械研究所 1973 年开展的各种密封面材料的配对对比试验研究工作也获得了好的成果。1977 年铁岭地区阀门厂研制成功等离子火焰喷涂新工艺，材料是镍包铝，在低压大口径阀门生产中得到了应用。上述这些攻关成果都已在全行业推广。例如：为了推广粉末等离子喷焊工艺，阀门行业先后召开三次现场经验交流会，部局主管部门还安排定点生产等离子喷焊设备和定点制造合金粉末，保证了这一先进工艺的顺利推广。

2）填料攻关。填料攻关旨在解决阀门外漏问题，当时阀门填料主要是油浸石棉和橡胶石棉，密封性能不佳，造成阀门外漏问题严重。1967 年通用机械研究所组织外漏调查组，到部分化工厂、炼油厂和电厂进行调查，随后积极开展填料及阀杆防腐试验研究。1973 年开封会议后，通用机械研究所和上海阀门厂、上海石棉制品厂共同合作，经过大量试验和现场工业性考核，研制成功使用温度为 600℃的 BSP-600 波形填料。通用机械研究所还与上海阀门七厂共同研制了聚乙烯、聚丙烯、尼龙 610、增强尼龙 610 和聚四氟乙烯的塑料成型填料，取得了一定成果，其中聚四氟乙烯成型填料已广泛推广使用。上海阀门厂和上海材料研究所还研制成功碳素纤维抗氧化体增强聚四氟乙烯（简称 YBF）成型填料，密封性能很好，可以在较高温度和压力下使用。开封高压阀门厂、开封石棉制品厂和通用机械研究所合作研制出含缓冲剂的石棉填料。其他各厂在武汉材料保护研究所的大力配合下，开展阀杆防腐处理试验研究，如阀杆气体碳化已在行业中推广采用。

3）产品性能测试和基础理论研究。在开展技术攻关的同时，阀门行业还大力开展了产品性能测试和基础理论研究工作，取得了不少成果。例如：上海阀门厂、沈阳阀门研究所和北京阀门研究所长期以来分别对安全阀、减压阀和疏水阀进行全面性能测试，积累了大量的数据资料，指导了产品设计和生产。各厂还结合新产品的试制，开展科学研究工作，如开封高压阀门厂、上海阀门厂和自贡高压阀门厂在研制 DN1000、PN100 长输管线球阀时，对平板弹簧、启闭转矩、动作特性及密封性能进行了测试和试验研究。不少行业厂为了提高阀门的使用寿命，建立了寿命试验装置，对各种阀门进行寿命试验。通用机械研究所、上海阀门厂和沈阳阀门研究所等建立了流阻、流量试验装置，对各类阀门的流阻、流量特性进行研究，测定了流阻和流量系数。通用机械研究所对密封面和填料密封机理进行了初步探讨。开封高压阀门厂对中高压、中小口径弹性理论测定和弹性闸板应力分布进行了研究，并进行了高温（400℃）蒸汽介质下的闸板应力测定。

5. 开展企业技术改造

1973年开封会议后，全行业开展了技术改造。当时阀门行业存在的主要问题：一是工艺落后，铸造完全为手工造型，单件浇铸，冷加工普遍采用通用机床、通用夹具，从生产能力上看是"热小冷大"，很不平衡；二是各厂产品种规格过度重复，从全国看数量很大，但分配各厂后，生产批量却很少，影响了生产能力的发挥。针对上述问题，一机部重型通用局提出了如下措施：将现有高中压阀门厂组织起来，统一规划，合理分工，扩大批量生产；采用先进工艺，建立生产流水线，在重点厂和毛坯协作厂的铸钢车间建立了4条铸钢毛坯生产线，在六个重点厂建立了10条零件冷加工生产线；共投资5200万元进行技术改造。

1973年，国家计委批准了32个高中压阀门基建措施项目（其中大、中型项目2个），总投资为5200万元，这是新中国成立以来阀门行业规模最大的一次技术改造。本着花钱少、见效快和集中力量打歼灭战的原则，对现有基础较好的企业进行改造，填平补齐，充分挖掘生产能力，千方百计地增产高中压阀门。为使布局更合理，对处于生产能力较低省份的新洲阀门厂、常德阀门厂、临安阀门厂、三明化机厂、呼和浩特阀门厂和长春阀门厂等投资较多，并补充了一些较好的设备。局阀门小组，一抓到底，解决了不少技术改造中的具体问题，1973年、1975年两次组织调查，分赴各省、市落实基建措施项目和检查进度情况。

（1）热加工技术改造　在热加工技术改造中，推广采用了水玻璃潮壳模、流态砂、潮模及精密铸造等工艺。精密铸造可实现少屑甚至无屑加工，适用于闸板、填料压盖及小口径阀门的阀体、阀盖，具有明显的经济效益。1969年，上海良工阀门厂首先把精密铸造工艺应用于阀门生产，对PN16、DN50闸阀阀体、阀盖和阀座等29个零件进行精密铸造，建立了精密铸造工段，年产量达200t，仅1972年一年就节约59t钢材，节省3万多工时。1972年，甘肃高中压阀门厂、铁岭地区阀门厂和瓦房店阀门厂等在铸造机械化方面取得了不少成果，一些厂家采用了潮模、振动造型机，少数厂家建立了铸造生产线。1974年，苏州第二阀门厂在哈尔滨焊接研究所和上海机电设计院的大力配合下试制成功摩擦焊机，并用于阀门生产。摩擦焊这项新工艺在阀门行业得到了广泛推广。

（2）冷加工技术改造　在冷加工技术改造中，阀门行业采用了专用机床和生产线。早在1964年上海阀门七厂就自行设计制造了闸阀阀体履带式半自动生产线，它是阀门行业第一条低压阀门半自动生产线。随后上海阀门五厂于1966

年设计制造了一条 DN50～DN100 低压截止阀阀体和阀盖半自动生产线。1969 年苏州第二阀门厂自行设计制造了 DN15～DN25 锻钢阀阀体半自动生产线，按两班生产，该生产线年产 5 万 t。对于阀体和阀盖加工，主要有组合机床、专用机床、半自动生产线和组合机床流水线 4 种形式。沈阳高中压阀门厂、上海阀门厂、北京阀门厂、大连高压阀门厂、铁岭地区阀门厂、广州阀门厂和昆明阀门厂都先后设计制造了阀体或阀盖半自动生产线。这些半自动生产线自动化程度较高，除人工装卸工件外，全部由电气及液压元件控制，按一定节拍自动加工，工效很高，但由于对毛坯尺寸精度要求较高，电气及液压元件易出故障，调整和维修也耗费工时，加上生产需要一定的批量，因而大部分半自动生产线利用率不高。开封高压阀门厂和沈阳高中压阀门厂等按加工程序把几台组合机床联成组合机床流水线。还有许多厂家设计制造了阀体或阀盖组合机床，实现了多面一次车，多孔一次钻，提高工效许多倍，而且机动灵活，便于调整和维修，在阀门生产中发挥了很大作用。各厂还制造了大量专用机床，如端面铣床、双面镗床、多头钻床、多头攻螺纹专用机床、阀体导向槽专用机床、阀盖耳部钻铣专用机床等。这些专用机床具有成本低、上马快等优点，可利用废旧机床改制，特别适于中小工厂。对于阀杆加工，采用了各种形式的专用机床，如自动铣方机、毛坯下料机、光杆面冷挤压机、平头打中心孔机等。对于阀瓣和阀板等零件的加工，出现了组合机床与各式各样的专用机床，工效高，具有明显的经济效益。阀门密封面的研磨，广泛采用了振动研磨机、行星研磨机，其他零件的加工也采用了专用机床，同时在清洗、装配、试压和涂装等方面也进行了技术改造。

6. 大力开发新品种，提高成套水平

为了满足石油、化工、电力、冶金和石油化工等大型成套装置的需要，阀门行业在技术改造的同时，还大力开发新产品，使阀门产品的配套水平又提高了一步。

（1）成套工程配套　1970 年，甘肃高中压阀门厂为刘家峡化肥厂提供了所需配套阀门，共 32 个品种，69 个规格的耐酸铸钢、锻钢阀。上海地区各阀门厂为 15 万 t/年和 30 万 t/年大型合成氨装置提供了成套阀门，如上海阀门厂为吴泾 30 万 t/年合成氨制造了大口径高压球阀。1973 年，上海良工阀门厂与吴泾化工厂共同设计制造了 PN320、DN25～DN80 的手动、电动平衡式截止阀。1975 年 12 月，开封高压阀门厂试制成功了 J947Y-320、DN100 电动平衡式截止阀。

（2）为电站成套工程配套　1968 年，上海阀门厂、上海良工阀门厂等为 12.5 万 kW 双水内冷发电机组试制配套高温高压阀门，主要产品有：使用温度为 570℃的 Z961Y-170V、DN225 电动主蒸汽闸阀，Z960Y-40V、DN300 电动闸阀及 J61Y-170V、DN50 的焊接连接截止阀等。这些阀门厂先后为全国各地 12.5 万 kW 发电机组提供了 50 多套阀门。通过调查和用户访问，上海阀门厂又进一步改进了主蒸汽闸阀的结构,把阀门内部通道改为不缩口形式,从而减少了流阻,可提高发电量。1974年,上海阀门厂、上海良工阀门厂等又为30万kW发电机组试制配套阀门,主要产品有:使用温度为570℃的Z961Y-170V、DN250和Z961Y-300、DN225、DN300电动闸阀。这些产品安装在江苏省望亭电厂第一号机组,后又为望亭电厂二号机组及河南省平顶山电厂等提供了配套阀门。30万kW发电机组配套阀门的试制成功,为以后60万kW发电机组和30万kW核电站配套阀门的研制积累了经验。

(3) 为石油天然气的开采和输送管线配套　随着石油天然气产业的发展,管线阀门成为一种专用阀门。1971年,沈阳高中压阀门厂承担了援越"525"和东北"八三"输油管线的阀门配套任务,试制成功了PN63、DN700的防爆电动闸阀,后又试制成功了电液驱动的平板闸阀。1974年,沈阳高中压阀门厂在四川召开抗硫阀门现场调查会,组织了23个单位参加抗硫阀的技术攻关,沈阳高中压阀门厂、自贡高压阀门厂、上海阀门厂和重庆阀门厂都试制成功了各种抗硫阀。1976年,上海良工阀门厂和重庆阀门厂都试制成功了防喷器配套用阀。同年,天津第二通用机械厂为格—拉管线设计制造了Q型防爆电动装置及清管用收发球装置。1974年12月,通用机械研究所在北京组织开封高压阀门厂、上海阀门厂和自贡高压阀门厂等进行川汉输气管线用大球阀设计。各单位齐心协力,解决了大型聚四氟乙烯密封圈、无油润滑轴承、大型球体加工及复合电镀、大型平板弹簧等技术难关。1978年,开封高压阀门厂、上海阀门厂和自贡高压阀门厂分别制造出PN80、DN1000的气-液和电-液联动大球阀,并通过技术鉴定,获全国科技大会成果奖,它标志着我国阀门行业的制造水平达到了一定的高度。

(4) 为石油化工成套工程配套　20世纪70年代,石油化工迅速发展,促进了超高压、低温等阀门的发展。1971年,甘肃高中压阀门厂研制成功1万t/年高压聚乙烯装置用的PN2500~PN3200、DN3~DN20超高压阀门,解决了兰州化学工业公司的急需。同年,合肥通用机械研究所组织甘肃高中压阀门厂和化工部设计院制定了PN2500超高压阀门管件和紧固件标准,1977年又组织甘肃高中压阀门厂、上海阀门厂、上海良工阀门厂和北京阀门厂进行了3万t/年和6万t/年高压聚乙烯装置用的超高压截止阀、止回阀及放空阀产品设计。随着石油化工的发展,低温阀门需要量越来越大,如一套11.5万t/年乙烯装置就需要770台低温阀门。1969年,自贡高压阀门厂为二机部试制了PN160、DN32~DN50,使用温度为-196℃的超低温阀门。20世纪70年代,合肥通用机械研究所在北京阀门厂组织低温阀门联合设计,后制定了低温阀门系列参数标准。1975年,上海阀门厂在上海材料研究所、杭州制氧机厂和上海中华冶金厂等单位的协助下,试制了使用温度为-120℃的低温安全阀、球阀和闸阀。同年,沈阳高中压阀门厂和大连高压阀门厂为11.5万t/年乙烯工程试制出一批使用温度为-46~-180℃的低温闸阀、截止阀和止回阀系列产品。甘肃高中压阀门厂在试制低温阀门产品时，开展了对用于 -110℃ 的低温用新钢种 06Mn2AlCuTi 的试验研究。

（5）为核工业工程配套 20 世纪 60 年代，一机部通用机械研究所等单位曾两次组织核工业阀门产品联合设计，满足了"801"和"09"工程配套需要。1970 年，沈阳高中压阀门厂、上海阀门厂为某核工程试验成功全封闭式电动主闸阀和主安全阀，获一机部科技成果奖。西安高压阀门厂在中南钢铁研究所的配合下试制成功高温耐腐蚀核工业用阀。上海阀门厂和上海良工阀门厂都为上海"728"工程试制了核工业用高压截止阀等产品。上述军工用阀的试制和生产为后来建造 90 万 kW 核电站打下了良好基础。

（6）为航天工业配套 1968—1969 年，北京阀门厂和七机部一院 11 所经过 1 年多的联合设计，为"705"工程项目研制了卫星推进剂用阀。北京阀门厂负责制造锻铝壳体、不锈钢蝶板的 PN135、DN100、DN125 蝶阀，经过精心设计、精心制造、认真检验和试验，于 1969 年底试制出两个规格各 50 台蝶阀产品，为"东方红"号卫星成功发射做出了贡献。

此外，高温阀门、波纹管阀门、真空阀门、衬里阀门、钛和钛合金的阀门、低压大口径阀门及驱动装置都有了很大发展。西安高压阀门厂研制出高温耐腐蚀核工业用阀。1978 年，甘肃高中压阀门厂为满足七机部宇航风动试验的需要，试制了超高温高压高速（1200℃、PN160、20 马赫）风动试验阀门，解决了密封面防护层等难题。沈阳第一阀门厂开发了各种形式的波纹管阀门。上海阀门二厂开发了高真空挡板阀、高真空蝶阀、高真空微调阀及超高真空插板阀等 15 个品种、57 个规格的真空阀。上海阀门五厂开发了衬胶、衬塑料、衬陶瓷等材料的各种衬里阀，广泛用于石油、化工、化纤、冶金、电力等部门。上海阀门七厂开发了全塑料阀门。钛及钛合金具有密度小、耐腐蚀等优点，20 世纪 70 年代开始从军用转向民用。1973 年，沈阳高中压阀门厂在沈阳铸造研究所和抚顺铝厂的配合下，试制了 PN16、DN50 使用温度为 200℃ 的铸造钛合金截止阀。1977 年，西安高压阀门厂在宝鸡有色金属研究所的配合下，试制了 DN50 的 J4IW-16FTi 和 Q4IW-16FTi 的钛合金截止阀门和球阀，通过技术鉴定和现场使用后进行批量生产。随着冶金、电力工业的发展，低压大口径阀门品种发展很快。铁岭地区阀门厂、上海阀门六厂、武汉阀门厂和沙市阀门厂等都大力开发了低压大口径阀门，如铁岭地区阀门厂 1971 年为电站配套试制了 DN2000 电动蝶阀和 DN2200 液动蝶阀，沙市阀门厂为冶金配套试制了 DN2200 钢板焊接结构衬胶电动蝶阀。20 世纪 60 年代后期，阀门电动装置发展很快。1968 年，上海阀门三厂设计了 FS30 和 FS50 型阀门电动装置。1969 年，天津第二通用机械厂在一机部通用机械研究所的配合下，试制出第一台适用于球阀、蝶阀和旋塞阀的 Q 型隔爆电动装置，并在北京东方红炼油厂使用。1976 年，对转矩为 600~5000N·m 系列普通隔爆型电动装置进行更新换代。1978年，试制出TZ和TQ系列普通及三合一型同轴直连式电动装置，该电动装置具有隔爆、户外和防护结构，并采用了热继电器保护、缺相保护和短路保护机构。随着我国科研事业的发展，上海阀门厂和上海良工阀门厂试制成功中国第一颗卫星发射器的快速开关阀门，为中国宇航工程的顺利发展建立了功绩。

（三）小结

回顾1967—1978年，阀门行业发展一度受到较大影响。由于石油、化工、电力、冶金和煤炭等工业过快发展，使高中压阀门一时成为"短线产品"。1972年，阀门行业组织开始恢复和开展活动。两次开封会议后，大力开展"三化"和技术攻关工作，在全行业掀起了技术改造的热潮。1975年，阀门行业开始整顿，行业生产才出现了转机。

1973年，国家计委批准增产高中压阀门基建措施，投资后，阀门行业大搞挖潜改造。通过技术改造推广采用了一些先进工艺，使全行业冷加工水平有了一定提高，热加工机械化程度有了一定改善。推广采用等离子喷焊工艺后，高中压阀门产品质量向前提高了一大步，"一短二漏"问题也得到了改善。随着32个基建措施项目的完成和发挥作用，中国阀门工业基础更加雄厚，具有更大的生产潜力。1970年以来，高中压阀门产量持续增长，其中1972—1975年，产量从21284t增加到38500t，4年内净增17216t，相当于1970年全年的产量。低压阀门年产量一直稳定在七八万吨水平。在此期间，阀门行业大力开发新产品，不仅通用阀门品种有了很大发展，而且电站、管线、超高压、低温和核工业、航天等专用阀门也有了很大的发展。如果说20世纪60年代是通用阀门大发展时期，那么20世纪70年代则是专用阀门大发展时期。国产阀门配套能力有了很大提高，基本上满足了国民经济各部门发展的需要。

持续发展阶段（1967—1978年）的阀门产量见表5-3。

表5-3 持续发展阶段（1967—1978年）的阀门产量

年份	阀门总产量/t	高中压阀门产量/t	低压阀门产量/t
1967年	32915	6906	26009
1968年	37000	8000	29000
1969年	52000	12000	40000
1970年	90000	17000	73000
1971年	88760	19000	69760
1972年	89984	21284	68700
1973年	102350	23560	78790

(续)

年　份	阀门总产量/t	高中压阀门产量/t	低压阀门产量/t
1974 年	110070	29300	80770
1975 年	119850	38500	81560
1976 年	118760	37200	81350
1977 年	119000	37800	81200
1978 年	120018	39000	81018

六、开创行业新局面时期（1979—1990 年）

1978 年 12 月，党的十一届三中全会做出了把工作重点转移到社会主义现代化建设上来的战略决策。1979 年 4 月，中共中央又提出了对整个国民经济实行"调整、改革、整顿、提高"的八字方针，坚持"以计划经济为主，市场调节为辅"的政策。按照党中央的方针和政策，阀门行业各厂先后进行了恢复性和建设性企业整顿，生产管理形式开始从"生产型"转向"生产经营型"。同时，积极采用国际标准和国外先进标准，引进国外先进技术，对产品进行更新换代，推广节能技术和发展节能产品，发放生产许可证，并制定了"七五"规划和 2000 年设想目标，使整个阀门行业充满生机和活力，呈现出一派欣欣向荣的局面。

（一）贯彻八字方针，跟上调整步伐

1. 恢复性企业整顿

在"调整、改革、整顿、提高"八字方针指引下，阀门行业各厂按一机部的"机械工业提高产品质量整顿企业管理十二条"标准进行整顿。各厂都成立了企业整顿领导小组，发动群众，进行了恢复性企业整顿。通过整顿，强化了生产指挥管理机构，落实了干部和知识分子政策，健全了"岗位责任制""考勤制""质量检验制""交接班制""安全生产制""设备维护保养制""经济核算制"等多项企业管理制度。各厂在进行生产管理的同时，也抓了技术管理，对产品标准、图样和技术文件重新进行整顿和归档等。

1982 年，中共中央、国务院又提出了《关于国营工业企业进行全面整顿的决定》。阀门行业各厂又投入了以提高经营管理，加强经济效益为中心，以抓好生产计划管理与完善经济责任制为重点和以做好五项工作、三项建设、实现六好企业为目标的全面企业整顿。

经过两次企业整顿，阀门行业生产管理水平有了显著提高，原来亏损的企业开始转亏为盈，原来较好的企业也更上一层楼。

1983年阀门行业实现利润总额0.76亿元，产品销售税金0.24亿元，利润和税金累计总额为1亿元。1983年实现利润水平比1982年增长47.5%，盈利额达到100万元以上的企业有19家，盈利额达到400万元以上的有两家，盈利额达到500万元以上的有1家，突破了1982年的水平。1983年亏损企业为4家，比1982年减少了9家，亏损面占阀门行业总企业数的2.7%，比1982年下降了6%。1983年全行业人均利润为927元，比1982年658元增长41%。1983年全行业每名职工平均创造价值为6157元，比1982年提高11%，比1980年提高14%。在"五项整顿"验收合格的基础上，阀门行业各厂开始向现代化管理迈进，如上海市东海阀门厂开始在企业管理上应用电子计算机，上海阀门厂、开封高中压阀门厂、铁岭地区阀门厂也着手开展这一工作。

2. 改革生产管理方式适应新的形势

随着国民经济的调整，阀门工业的生产面临着新的形势，工业建设速度放慢，基本建设压缩，一大批石化基建项目的设备成套进口，传统的阀门用户也在调整之中减少了订货，造成大部分生产厂"吃不饱"；同时，国家急需的节能产品和新产品，由于品种、质量、技术水平、交货期等方面原因，反而"吃不了"，被外商占去了一部分市场。这种矛盾从企业外部来说，主要是经济体制不合理所造成的。从企业内部来说，主要是企业缺少活力和后劲，经不起市场变化的冲击，经营理念落后。长期以来，国内企业主要依靠国家统产、统销，吃国家的"大锅饭"。因此在产品需求发生变化，产需关系失衡，得不到上级的"产、供、销"一起包时，企业就没有应变能力。产品销路打不开，甚至连长期短缺的高中压阀门的销路都成了问题，普遍感到原有的传统产品"吃不饱"。另一方面，产品技术水平上不去，更新换代十分缓慢，对难度大、要求高的新产品又"吃不了"。这是传统管理体制在调整时期的综合反映。为了适应新时期的新形势，各企业纷纷派出大批人员到全国各地走访用户，进行市场调查和产品质量调查，主动登门拜访和承接任务。各企业开始从依赖统产、统供、统销的圈子里走了出来。

1979年以来，企业获得了在国家计划外自行安排生产和自行销售的自主权以后，各厂都开始把生产经营放在重要地位，纷纷建立或加强经营销售部门，开展市场调查和预测，加强为用户服务，逐渐从生产型向生产经营形转变。各企业从实践中体会到，必须根据本企业的特点，扬长避短发挥自己的优势，不断发展新产品，提高产品在市场上的竞争能力，才能使企业兴旺发达。例如：武汉阀门厂加强了营销力量，先后有120人次到全国各地走访了925个用户，赢得了用户信任。

（二）以提高阀门产品质量为中心开展行业活动

1979年开展第一个"质量月"活动以来，各阀门厂积极建立和健全了全面质量管理体系，不少企业举办了全面质量管理培训班，培养了大批质量管理干部。阀门行业也以提高产品质量为中心开展质量评比和情报活动。1979年5月，在杭州召开阀门行业组长厂会议，评选铁岭阀门厂、武汉阀门厂和上海阀门厂为1978年产品质量优胜单位，进一步修订了《阀门产品质量分等规定》。1980年部局在蚌埠召开了质量工作座谈会，研究制定了解决质量问题的产品升级创优规划，推动各厂开展创优活动。截至1983年底，先后有铁岭阀门厂的"铁阀"牌Z45T-10、DN600和武汉阀门厂的Z44T-10、DN400低压闸阀，上海阀门厂的A42Y-16C系列安全阀和瓦房店阀门厂的J41T-10低压截止阀荣获国家银质奖，还有52个品种规格的阀门产品获得部优或省优等级。

为了提高全行业的生产和质量管理水平，进一步提高经济效益，行业活动又增加了生产管理的内容。定期开展经济技术情报交流，从而及时提供、传递了企业管理信息。由部局组织了阀门行业生产管理小组，进行了生产管理专业研究，编印了《阀门生产管理研究》，共同制定和完善了各项管理规程（包括生产作业计划编制规程、在制品管理制度、行业生产管理互检方法细则），推广了沈阳高中压阀门厂的滚动计划、上海阀门厂的网络计划、大连高压阀门厂的组织均衡生产先进经验等。为了降低成本提高经济效益，加强财务管理，组织了财务人员和成本员开展活动，编制了《阀门产品财务成本核算规程》和《财务指标考核办法》，还进行了财务分析、咨询和扭亏为盈的经验交流。为完善和提高财务管理水平，管好用好资金，提高资金利用率，降低成本，增加盈利，完成利率上缴任务，更好地发挥财务监督作用，维护财经纪律，以及建立健全财务管理体制做了很多工作。为加强行业厂的劳动定额管理，还组织了行业性的阀门产品工时定额标定，制定了《阀门行业产品加工工时标准定额》，并开展同行业的互学互检互帮活动。在物资供应、工具订购等管理工作方面也适时地开展了一些行业活动。

（三）对外开放初见成效

1. 开展对外技术交流

1977年10月，应日中经济协会邀请，中国机械工程学会组织阀门考察代表团前往日本，先后在日本考察了30个阀门制造厂及有关协作厂。而后，日本东亚阀门公司、日本制钢所、日本神户制钢所、日本久保田铁工厂、日本大洋铸钢公司和英国赛克公司等国外同行先后来华进行技术交流。

1982年10月，以冈野正实为团长的日本阀门工业代表团来中国进行友好访问和技术交流。同年，合肥通用机械研究所派员代表中国标准协会（CAS）前往法国参加国际标准化组织（ISO）阀门分委会（TC153/SCI）第九次会议。

2. 引进国外技术

对外开放以后，阀门行业在引进国外先进技术方面迈开了步伐，有些项目进展比较顺利，并开始初见成效。引进的项目有：大连高压阀门厂从加拿大维兰（VELAN）公司引进了疏水阀技术；天津塘沽阀门厂从美国马克（MARK）公司引进了无法兰对夹式中线蝶阀技术；天津第二通用机械厂从美国费城齿轮公司引进了阀门电动装置里米托克技术；上海阀门厂从德国巴布扣克公司引进了安全阀技术；沈阳高中阀门厂从美国 ACF-WKM 公司引进了平板闸阀技术；上海阀门五厂从英国桑达斯公司引进了隔膜阀技术；北京市阀门总厂从德国盖斯特拉公司引进了双钢片疏水阀技术。此外，开封高压阀门厂、兰州高压阀门厂、良工阀门厂、天津阀门厂、铁岭地区阀门厂等的技术引进工作也在进行中。天津第二通用机械厂于 1981 年与美国费城齿轮公司（里米托克公司的总公司）签订了《里米托克阀门驱动装置设计、制造、销售许可证及专有技术合同》。到 1984 年底，阀门行业共签订了 9 项技术引进合同，其方式主要是许可证贸易和合作生产两种。引进技术消化较好的厂家是天津塘沽阀门厂。该厂于 1980 年 3 月与美国马克公司签订《中线型对夹式蝶阀合作生产许可证转让合同》，技术资料到厂后，第 9 个月生产出样机，第二年已批量生产，产值 58 万元，创利润 32 万元，第三年起每年创外汇 80 多万元，收到了明显的经济效益。

引进国外先进技术是对外开放工作的一个组成部分，它可以促进我国的技术水平向世界先进水平前进一步，加快产品更新换代步代，使我国的阀门产品进入国际市场。阀门行业的技术引进工作发展是不平衡的，凡是能较快、较好地消化引进技术的企业，其特点首先是领导重视，能如期执行合同，采取积极措施，完成引进产品技术消化工作，制造出产品，做好鉴定工作，进入国内外市场，取得明显的经济效益；其次是能举一反三地移植和应用国外先进技术，派生出新产品，改进老产品；第三是把考察了解到对企业有利的、有发展前途的、能吸收的新技术、新工艺、新材料和新设备尽量引进并充分应用，来改善企业生产技术条件，使企业更上一个台阶；第四是能将适合我国国情的组织生产管理方式方法应用到企业中，来改进和提高企业水平。总之，引进工作做得好的企业是既出产品，又出人才；既提高了技术水平，又提高了企业水平；既打开了国内市场，又打进了国际市场。反之，引进技术工作比较差的企业与之相反，合同不履行，行动不积极，动作缓慢，一拖再拖，经济负担日渐加重，企业效益得不到提升，以致引进后几年进步不大。这些经验教训是以后引进技术企业的很好借鉴。

3. 加大阀门出口，打入国际市场

实行对外开放后，阀门出口额日益增加。1978 年我国出口阀门 4.1 万台，创外汇 111 万美元；1982 年出口 29 万台，创外汇近 480 万美元。1982 年比 1978 年出口金额增长了 3 倍多。出口的地区是美国、东欧、东南亚、非洲等地。

1980 年，上海阀门厂、上海良工阀门厂和上海阀门二厂与美国时代探索公司签订了按美国国家标准（ANSI）和美国石油学会标准（API）生产出口铸钢闸阀的合同。当年就试制出样机，经外商验收，1981 年投入批量生产，1983 年按期交货，共生产 2500 多 t，创外汇 550 万美元。

上海地区生产出口铸钢闸阀，远销美国，不仅创了外汇，而且使高中压阀的产品进入了国际市场，其意义是重大而深远的。1983 年 4 月，上海市派出出口铸钢阀门质量调查小组，赴美国进行实地考察。据调查，我国出口的铸钢闸阀与美、日同类产品相比，其质量毫不逊色，很受用户欢迎，这说明我国高中压阀门完全有可能在国际市场上打开销路。为了扩大宣传和出口，一机部多次选送阀门样机到国外展会展出，曾到德国汉诺威国际博览会展出，又在 1981 年 10 月选送标准铸钢闸阀样机到墨西哥、爱尔兰、阿根廷等国展出。1983 年 4 月，由中国机械设备进出口总公司和机械部联合组成阀门贸易小组，到法国、加拿大和美国进行市场调查和产品推销，共签订了 7 项合同，阀门出口成交额达 291 万美元。

（四）贯彻"三上一提高"开创新局面

经过企业整顿，对外开放和体制改革，为阀门工业的发展开辟了广阔道路，整个阀门行业为实现"三上一提高"（上质量、上品种、上水平，提高经济效益）不断开拓前进。

1. 铁岭会议进行具体布置

1985 年 5 月，机械部在辽宁铁岭主持召开了全国阀门行业工作会议。各大区正、副组长及部分行业厂、有关科研院所 56 个单位的 114 名代表出席了会议。石化通用局的练元坚总工程师主持会议，并做了重要讲话。代表们围绕着如何以技术进步为核心，实现"三上一提高"，开创新局面这个中心议题，深入地讨论了采用国际标准和国外先进标准、进行产品更新改造、发展节能技术和节能产品以及发放生产许可证等 4 项重大技术政策，提出了《阀门行业采用国际标准实施计划》和《阀门行业产品更新改造实施计划》，修订了《阀门产品生产许可证细则》。这次会议具有十分重要的意义和深远的影响，为阀门行业开创了新局面，为积极采用国际标准、进行产品更新换代、发展节能阀门指明了方向。

2. 积极采用国际标准和国外先进标准

采用国际标准和国外先进标准是实现"三上一提高"的重要措施。为了提高全行业生产技术水平，满足大型引进成套设备的配套需要，使阀门产品打入国际市场，必须积极采用国际标准和国外先进标准。

在国家标准局和机械部的领导重视下，石化通用局于 1981 年组织水电部、化工部、六机部及阀门行业主要厂成立了阀门国家标准起草工作组。工作组搜集了国际标准化组织（ISO）、美国、日本、德国、英国阀门的相关标准。在消化分析的基础上，决定尽量适应行业采用国际标准和国外先进标准的急需，凡没有

ISO 正式标准的可参考国外先进标准制定或修订部分国家标准、行业标准，并可以作为行业内部标准（CVA）试行。1985—1988 年经过多方面努力，标准起草小组制定了 33 项国家标准，包括基础标准、产品标准、材料标准和方法标准。这些标准被国家技术监督局以技监国标发〔1990〕037 号文批准为国家标准，从 1990 年 12 月 1 日起实施，该批阀门国家标准（如 GB 12220—1989、GB/T 12221—1989 和 GB/T 12252—1989 等）和行业标准（ZBJ 16007—1989、ZBJ 16006—1989）共 35 项被评为国家科学技术进步奖二等奖。

3. 产品更新改造

铁岭会议制定了《阀门行业更新改造实施计划》，在"六五"和"七五"期间将现有老产品全部更新改造完毕。铁岭会议后，全行业纷纷行动，进行老产品更新改造。1983 年 9 月，部分阀门生产厂分别在兰州、大连、武汉进行了铸钢阀、锻钢阀、低压阀的更新改造联合设计。上海良工阀门厂对 PN16、PN25，DN80、DN100 的闸阀进行了更新设计，上海阀门厂对 PN16、PN40，DN200～DN400 的闸阀进行了更新设计。经行业组织验收，这些产品达到了国际标准和国外先进标准的质量水平和技术水平，并投入了批量生产，对外可出口，对内可满足石油、石油化工使用，是能畅销国内外市场的产品。

4. 开发节能技术和节能阀门产品

阀门对能源的开发和节约有很大的作用。铁岭会议提出"六五"规划后的 3 年先集中力量抓蒸汽管网和降低阀门流体阻力两方面工作，要求生产疏水阀等节能阀门的企业，按计划抓紧完成新产品的试制鉴定和老产品更新改造工作，补齐系列规格进行批量生产；要求各厂大力发展低流阻系列新产品，如直流式截止阀、截止止回阀、蝶式止回阀、缓闭蝶阀等。部局对节能阀门十分重视，把部分疏水阀及低流阻阀门都列为全国节能新产品定期公布推广，并相应淘汰耗能高的老产品。通用机械技术设计成套公司和北京市阀门总厂、大连高压阀门厂在开发节能阀门产品和节能技术方面做了一定工作，取得了一些成果。通用机械研究所也抓紧完善和建立阀门流阻试验装置，开始对经过更新改造后的系列产品进行流阻系数测定。几年间，国家计委、经委先后组织召开了"供热系统节能座谈会"和全国节能的调查，提出了供热系统节能目标，要求到 1990 年每年节约 3800 万 t 煤，要求提供性能好、质量高的蒸汽管网节能产品。为了贯彻国家计委、经委的节能目标，机械工业部石化通用局于 1984 年 5 月在扬州召开了蒸汽管网节能产品专业会议，重点布置安排了蒸汽管网节能和阀门流阻研究的两方面工作。扬州会议后，北京市阀门总厂、北京阀门研究所、大连高压阀门厂、天津第三阀门厂先后研制出自由浮球式、倒吊桶式疏水阀、六种双金属片式疏水阀、杠杆浮球式疏水阀和热动力型圆盘式疏水阀等。与老产品比，可节约蒸汽 10%，连续运转周期由 2～3 个月提高到 8000h 以上，这些产品已由国家公布推广。

5. 推行发放生产许可证

铁岭会议决定，首先对量大面广、节能和对生产安全有重大影响的铸钢闸阀、蒸汽疏水阀、安全阀发放生产许可证，这是一项重大的技术政策，对提高阀门产品质量将会有深远的影响。这项技术政策要求在发证前必须经过综合性的型式试验检测，而型式试验检测台架要事先经过国家正式检查验收；并决定：安全阀检测在上海阀门厂进行，蒸汽疏水阀检测在通用技术设计成套公司和北京市阀门总厂或北京阀门研究所进行，其余阀门检测在合肥通用机械研究所进行。为了促进阀门产品采用国际标准和发放许可证工作的开展，机械部石化通用局于1984年4月在上海召开了阀门行业部分厂长工作会议。会议落实、制定了行业各厂1984年和1985年两年采用国际标准的产品计划，对上海良工阀门厂等采用国外先进标准生产的铸钢闸阀产品进行了验收，讨论了阀门产品发放许可证实施细则、"三上一提高"的近期目标和提高产品质量的10条措施。

按体系积极采用国际标准和国外先进标准，切实地进行老产品改造，有步骤地发展节能阀门产品，狠抓阀门产品质量，有目的地进行企业技术改造等5项工作，是贯彻"三上一提高"方针的基础保证，是迎接阀门行业振兴时期到来的前提条件。

（五）小结

开创新局面时期的1979—1990年，经过"调整、改革、整顿、提高"的过程，坚持"以计划经济为主，市场调节为辅"的政策，生产管理形式从"生产型"转向"生产经营型"，积极采用国际标准和国外先进标准，引进国外先进技术，开发新产品，阀门产量逐年增加。开创新局面时期（1979—1990年）的阀门产量见表5-4。

表5-4 开创新局面时期（1979—1990年）的阀门产量

年 份	阀门总产量/t	高中压阀门产量/t	低压阀门产量/t
1979年	124415	40000	84415
1980年	112057	31582	80475
1981年	109886	29352	80534
1982年	126348	35470	90878
1983年	135148	37321	97827
1985年	136987	51892	85095
1986年	138179	51133	87046
1987年	144368	50926	93442
1988年	143060	52992	90068
1989年	141666	53454	88212
1990年	146449	53980	92469

注：1984年的统计数据缺失。

七、计划经济向市场经济过渡阶段（1991—2000 年）

十一届三中全会以后，坚持以"计划经济为主，市场经济为辅"的政策，阀门企业开始从"生产型"转向"生产经营型"。这期间，党和国家领导人及有关部委领导也多次到企业考察。

（一）阀门协会替代阀门行业组织

在"计划经济为主，市场经济为辅"的形势下，阀门行业难以组织起生产阀门的全部企业，有大批的民营阀门制造企业无法纳入行业组织，因此需要筹建阀门协会。

1986 年，按机械工业部石化通用局科技处的指示精神，由北京市阀门总厂、石家庄阀门二厂、铁岭阀门厂、上海阀门七厂、沈阳高中压阀门厂、开封高压阀门厂和兰州高压阀门厂抽调人员组成阀门协会筹备组，暂借位于北京天坛东路 76 号北京阀门研究所的 4 间房办公，面积约有 60m²，着手开展协会工作。

1988 年 6 月，国家机械工业委员会以机通字〔1988〕052 号文正式批准阀门协会成立，并定名为中国通用机械阀门行业协会（2000 年更名为中国通用机械工业协会阀门分会，简称阀协）。1988 年 11 月 28—30 日，在石家庄召开中国通用机械阀门行业协会成立暨第一届会员大会和第一次理事会，会议选举了开封高压阀门厂为理事长单位，开封高压阀门厂党委书记沈延新担任理事长，万家齐担任秘书长。

1992 年 4 月 14 日，阀协在重庆市召开第二届第一次理事会，选举开封高压阀门厂党委书记沈延新继续担任理事长，万家齐继续担任秘书长。

1996 年 5 月 28 日，阀协在武汉召开第三届第一次理事会，选举袁茂臻为理事长，万家齐继续担任秘书长。

2000 年 4 月 20 日，阀协在长沙召开第四届第一次理事会，选举开封高压阀门厂黄志远厂长为理事长，康家桥为秘书长。

2000 年 11 月 10 日，阀协在广东番禺召开第四届第二次理事会，选举通过开封高压阀门厂新任厂长贺领同志担任理事长。

这个时期，各厂积极开拓国内外市场。最迫切需要掌握的就是国际标准和国外先进标准及国外的贸易政策，因此，协会首先着手技术开发相关工作。

1. 收集翻译国外标准

技术开发部首先进行国际标准和国外先进标准的搜集工作，搜集产品出口急需的标准，如基础标准、结构长度标准、法兰标准、产品标准、检验标准等。从美国标准搜集入手：如美国的基础标准是美国机械工程学会标准 ASME B16.34，结构长度标准是 ASME B16.10，法兰标准是 ASME B16.5；产品标准是美国石油学会标准，如闸阀是 API600，锻钢阀是 API602，球阀是 API608，蝶阀是 API609，井口阀是 API6A，天然气输送球阀、平行式闸阀、旋塞阀和止回阀是 API6D 等；检验标准是 API598；材料标准是美国材料试验学会标准 ASTM，如碳素钢铸件是 ASTM A216，碳素钢锻件是 ASTM A105，不锈钢和合金钢锻件是 ASTM A182，奥氏体不锈钢铸件是 ASTM A351，螺栓标准是 ASTM A193，螺母标准是 ASTM A194 等。另外，还使用美国阀门和管件制造商协会标准 MSS。通过技术开发部的努力，搜集到了这些标准中的大部分，随后筹备组和沈阳阀门研究所联系，开展翻译工作。经过近一年的努力，大部分标准都翻译出来，提供给协会各成员厂使用。其次是各厂在使用标准的同时，有时也会使用原文标准，为了帮助各厂使用原文标准，协会组织编写了《阀门英汉缩略语词典》，经过近一年的努力，搜集了大量阀门缩略语，印刷后提供给协会成员厂。此后，为了帮助出口产品到欧盟的企业掌握其进、出口政策，还翻译了欧盟指令，提供给拟出口欧盟的企业使用。

2. 推广国家标准

经过阀门行业的共同努力，在机械工业部石化通用局科技处的组织领导下，阀门行业完成了 33 个国家标准的起草制定工作，包括基础标准、产品标准、材料标准、试验方法标准。这些标准都是经修改或非等效采用国际标准和国外先进标准而制定的，应用这些标准对提高产品质量和使用国际标准和国外先进标准很有帮助。因此，协会通过组织标准培训班，请起草标准的技术人员进行标准讲解，大大促进了企业技术水平的提高。

3. 信息统计与价格协调

协会组织行业企业收集分析企业统计信息，进行企业之间先进经验交流，互相参观学习，促进行业企业共同提高管理水平；开办了《阀协通讯》和《阀门市场参考价格》，引导市场价格，使之更合理。

4. 发展协会会员

协会开始只发展国营企业为会员，不吸收民营企业加入协会，因此当时协会的会员厂仅有 92 家。

（二）阀门科技情报网发挥作用

自从沈阳阀门研究所担任机械工业部阀门科技情报网组长厂以来，连续组织召开了三次全国阀门行业情报工作会议，即 1988 年 10 月在沈阳召开的全国阀门行业第五次情报工作会议，1991 年 6 月在兰州召开的全国阀门行业第六次情报工作会议，1994 年 10 月在沈阳召开的机械工业部阀门科技信息网第七次工作会议（庆祝建网 30 周年纪念）。在这三次会议上，为了阀门行业的新产品开发和企业管理，先后布置了全网和大区网的调研任务，分别是：

《海洋石油用阀门资料选编》——主编：开封高压阀门厂、上海良工阀门厂。

"阀门密封面等离子喷焊工艺推广"——负责单位：北京阀门研究所。

"三个三（30万 t/年合成氨、30万 t/年乙烯、3万 m^3/年空分）用阀门调研"——负责单位：上海阀门厂、成都阀门厂。

"城市煤气阀门发展动向"——负责单位：阳泉阀门厂。

《国内主要阀门厂家情况调查汇编设备部分》——主编：开封高压阀门厂、铁岭阀门厂。

"小化肥用阀门调研报告"——负责单位：安徽屯溪高压阀门厂等。

《国外阀门制造工艺水平与分析》——主编：沈阳阀门研究所、北京市阀门总厂、上海阀门厂。

《国内外阀门制造工艺文献题录》——主编：大连高压阀门厂、沈阳阀门研究所。

"石化装置对阀门需求及展望"（西南地区阀门科技情报网项目）——负责单位：成都阀门厂。

"金属硬封蝶阀的前景"——负责单位：成都阀门厂。

"氧化铝工业用阀调研"——负责单位：北京阀门研究所。

"阀门工厂生产现场管理"（本项目分文字资料、声像资料两部分）——负责单位：北京市阀门总厂等。

"长输管线及管线用阀门"——负责单位：自贡高压阀门厂、重庆阀门厂。

《国内外阀门新结构》（由中国标准出版社出版）——主编：北京阀门研究所。

以上项目在参加单位和人员的共同努力下，按期、按质地完成了工作，对阀门行业的新产品开发及企业管理起到了一定的促进作用。

同时阀门科技情报网还交流了各企业的技术发展情况。

（三）AZ 安全注册到 TS 特种设备生产许可证

由于阀门产品属于一般市场竞争性产品，国家不再统购统销，由各企业根据市场需求安排生产。20世纪80年代后期，民营阀门企业骤增，仅温州一地就达上千家。为了降低成本，有些企业减少加工工序（如减少热处理工序），减小壳体壁厚等，以低价中标，致使压力管道元件阀门事故多发，影响装置的安全生产。

阀门产品要取得生产许可证才能生产、销售，阀门生产许可证由国家劳动总局组织颁发。为了杜绝压力管道元件阀门的产品质量给管道或装置造成事故，国家劳动总局决定由国家劳动总局、北京金属结构厂和北京阀门研究所共同研究安全注册办法，制定安全注册条件，进行 AZ 安全注册。随着国家劳动总局和国家技术质量监督检验局合并，AZ 安全注册改为特种设备（TS）生产许可证。阀门是压力管道元件，属于特种设备，因此要取得 TS 认证才可生产、销售。随后又制定了 TSG D2001《压力管道元件制造许可规则》、TSG D7002《压力管道元件型式试验规则》，阀门制造企业都要按这两个文件要求申请 TS 压力管道元件制造许可证。

（四）异军突起的阀门民营制造企业

随着市场经济的推进，民营阀门制造企业在浙江温州和河南等地区异军突起，如位于浙江永嘉瓯北的超达阀门有限公司、保一阀门厂、浙江方正阀门厂、伯特利阀门有限公司、环球阀门有限公司、宣达阀门有限公司等近千家；位于温州永强的浙江石化阀门有限公司、江南阀门有限公司、浙江五洲阀门有限公司、凯喜姆阀门有限公司等几百家；位于河南荥阳地区的河南高山阀门有限公司、郑州高压阀门厂、河南高中压阀门厂、郑州市荥阳通用阀门厂等 60 余家。当时这些厂除部分比较大的有阀门生产资质外，绝大部分都是没有生产资质的，企业规模较小，多数是几个人到十几个人，几台机床的小厂。许多企业不按标准生产，不按工序生产，产品质量得不到保证。

民营企业异军突起，使阀门产量大大增加，也能在某些领域满足国民经济建设的需要。很多较大的民营阀门生产企业，如浙江超达阀门有限公司、郑州市蝶阀有限公司也非常重视产品质量，重视技术人才。1998 年，浙江超达阀门有限公司建立了企业技术研究中心，专门从事阀门新技术和新产品的开发与研究，开发的金属硬密封高温球阀荣获国家重点新产品奖。郑州市蝶阀有限公司开发了金属硬密封双偏心蝶阀，深受市场欢迎。

（五）小结

由计划经济向市场经济过渡时期，行业协会牵头收集、翻译国外标准和国际先进标准，制订行业参考价。阀门情报网发挥了信息交流作用。国家压力容器 TS 证的实施，提升了阀门的质量门槛。市场经济催生了一批民营企业脱颖而出，成为新生力量。

1991—2000 年阀门行业的经济指标见表 5-5。

表 5-5　1991—2000 年阀门行业的经济指标

年　份	工业总产值/亿元	阀门总产量/t	其中高中压阀门产量/t	利润总额/亿元
1991	16.4	138078	54285	0.93
1992	21.0	153697	60985	0.88

(续)

年　份	工业总产值/亿元	阀门总产量/t	其中高中压阀门产量/t	利润总额/亿元
1993	23.2	148842	57240	0.63
1994	25.4	145626	55186	0.40
1995	28.9	153268	59506	0.99
1996	28.3	143245	54353	0.96
1997	29.9	146158	60678	0.88
1998	30.1	147386	59897	0.13
1999	28.4	135780	57688	0.57
2000	28.5	139143	60895	0.92
合计	275.0	1577000	631693	8.04

八、21世纪初期行业发展情况（2001—2005年）

进入21世纪后，根据中共中央的有关文件精神，国有企业要从一般竞争性行业退出。阀门行业就属于一般竞争性行业，原有的国营企业，大部分转为民营企业，国有骨干企业大多实现了民营化，仅有少数企业仍然属于国有企业。

（一）行业现状

1. 阀门行业发展概况

阀门广泛应用于国民经济各部门和人民生活中，尤其是在电力系统和石化装置中，阀门更是起着关键作用，而且用量非常大。我国阀门行业经过几十年的发展，特别是市场经济初期的发展，已经取得了令人瞩目的成就。

（1）阀门企业总数增加　我国阀门行业走过了一段艰苦的创业历程，20世纪六七十年代发展速度较慢。市场经济初期阀门行业获得了飞速发展，全国阀门企业总数已经发展到4000多家，民营企业迅猛发展成为我国阀门制造业的一支新的生力军。

（2）企业规模大　阀门厂家生产规模也不断扩大，截至2005年末，产值超亿元的阀门企业近百家，超过5000万元的阀门企业近二百家。

（3）阀门品种多　在20世纪80年代以前，我国阀门行业只能生产600多个品种系列、2700多个规格的阀门产品；到2005年，已经生产3000多个型号、40000多个规格的阀门产品，品种包括闸阀、截止阀、节流阀、旋塞阀、球阀、蝶阀、隔膜阀、止回阀、安全阀、减压阀、疏水阀、调节阀和其他阀类等，共计14大类。

（4）技术水平提高　阀门产品的设计和制造水平及产品质量都在不断提高，许多阀门制造企业已经能够按照国际标准和国外先进标准（ASME、API、EN、BS 等标准）生产阀门产品，当时总体水平已达到 20 世纪 90 年代中期国际水平，部分产品达到或接近当代国际先进水平。阀门行业的技术标准体系已比较完整。阀门行业多数企业取得了 ISO 9001 质量保证体系认证，有约 50 家取得 API 和 CE 认证。

我国的许多阀门产品已打入了国际市场，出口到包括美国、欧洲和日本等发达国家在内的世界许多国家和地区。据不完全统计，2005 年我国出口阀门产品近 20 亿美元。

（5）制造工艺水平提高　阀门行业制造工艺水平不断提高，许多企业采用了先进的树脂砂脱箱造型线生产铸件毛坯，铸件化学成分采用直读光谱仪进行快速分析，采用钴 60γ 射线对铸件进行缺陷检测；锻造采用了模锻和多向模锻工艺；焊接采用了摩擦焊、二氧化碳气体保护焊、等离子喷焊等先进工艺，阀门焊接技术已达到国际水平。多数阀门企业采用组合机床、数控机床等先进设备进行机械加工，部分企业已经使用加工中心。

（6）全行业工业生产总值增长快　据 2005 年末统计，我国共有规模以上阀门制造企业（年销售收入在 500 万元以上）1200 多家；共完成工业总产值 503.07 亿元，同比增长 61%；利润总额 30.33 亿元，同比增长 77%；进口和出口交货值均达到近 20 亿美元，同比增长 70% 以上。

由于对相当一部分民营企业的统计数字不够完整和准确，当时实际阀门生产企业大约有 3500 多家，产量和工业产值等数字也有较大差距，估计全行业的工业生产总值应接近 600 亿元人民币。

2. 行业取得的技术进步

20 世纪 80 年代初，为了满足我国工农业生产迅猛发展对高参数、高技术含量阀门的需求，我国阀门行业骨干企业加大了新产品开发力度，并有选择地从国外引进了一些阀门设计和制造技术。引进国外先进技术比较成功的主要有：

1986 年，开封高压阀门厂引进了日本冈野阀门株式会社的高温高压电站阀门技术。在引进技术的基础上，又自主研制开发了为 300MW、600MW 亚临界和超临界火电站配套的过热器与再热器水压试验阀、汽轮机各段的抽汽逆回阀、高加旁路阀等产品。截至 2005 年，开封高压阀门厂已累计生产销售电站阀门产品 3 万多台，为 200 多套火电机组提供了阀门配套。

大连大高阀门厂与加拿大维兰公司合作，引进了双金属疏水阀制造技术；与日本冈野阀门株式会社合作，建立了国内第一条热模锻阀门生产线。

上海阀门厂引进了德国巴布考克公司的安全阀技术。

上海耐莱斯·詹姆斯伯雷阀门有限公司引进了美国的球阀先进技术。

自贡高压阀门有限公司引进了美国 GE 的新比隆管线球阀生产技术。

哈尔滨锅炉阀门有限公司引进了日本冈野阀门株式会社的安全阀、电磁泄放阀、调节阀系列产品制造技术。

上海自动化仪表七厂引进了美国梅索尼兰公司的高温高压调节阀制造技术。

吴忠仪表股份公司引进了德国 ARCA 公司的最新一代模块化智能调节阀技术等。

通过技术引进、消化吸收和自主开发，加快了行业技术水平的提高，使得我国阀门行业的技术水平、制造水平和产品质量都有了较大提高。电力和石化系统中所用阀门，除个别高参数的安全阀和调节阀需要进口外，其他阀门产品我国全部具备开发能力。

3. 新产品开发取得的成果

经过市场经济初期的发展，新产品开发取得了重大突破。相继开发的产品有：为石油化工大型吸附分子装置配套开发了关键阀门——24 通旋转阀；为石油化工、食品、制药气力输送系统配套开发了用于固体物料气力输送的输送换向阀和滑板阀；为发电、冶金、化工、给排水方面开发了新一代高性能单双向密封的三偏心复合圈密封蝶阀，公称尺寸达 DN2000；为硫黄制酸、硫铁矿制酸、烟气制酸及有色冶炼、黑色冶炼、石化、电力等系统的高炉配风、锅炉出口及其他高温管路开发了使用温度达 1200℃的高温蝶阀；为核工业领域开发了上装式核电球阀和用于提取核燃料的软硬密封高真空电磁耐压阀；为长输管线开发了 GK 型管线球阀（PN50～PN63、NPS28～NPS32）；为电站排灰开发了镶嵌耐磨陶瓷密封闸阀、球阀和调节阀。

此外，还开发生产了高温高压 Y 型波纹管截止阀、低温波纹管氯气阀、亚临界和超临界高温高压截止阀、生物抗菌隔膜阀等。一些新产品已达到或接近世界先进水平。

4. 行业取得的重大成就

阀门制造业为国家许多重大工程生产了大量的阀门产品，如 45 万 t 和 60 万～70 万 t 乙烯改造工程、"西气东输" 管道输送、30 万 t 合成氨、三峡水利枢纽、"南水北调" 和城市污水处理工程等。

200 多台 300MW 和 40 余套 600MW 亚临界火电机组配套阀门可以主要立足国内采购，除少量高参数安全阀和调节阀需要进口之外，多数电站阀门产品国内都可以制造。另外，300MW 核电站机组配套的核级阀门产品国内也可制造，并且实现了小批量出口。

（二）与国外差距

截至 2005 年，我国阀门制造业的产品已相当于国外 20 世纪 90 年代初的技术水平，少量高参数阀门与国外先进技术水平相比，还有一定的差距。主要原因如下：

1）科技投入少。由于科技投入不足造成企业技术基础薄弱，产品设计水平低，设计手段落后，产品开发能力差，跟不上需求领域的发展要求。

2）在技术管理上标准滞后。由于国内阀门制造业对国外先进技术标准的相继采用和新材料、新技术、新工艺的普及提高，以及同国外先进技术标准的衔接等，现有的国家标准和行业标准显得有些滞后。阀门行业执行的许多国家标准在 2005 年制定后长期没有进行修订，跟不上市场变化的需求。标准制定和修订的滞后，也制约着行业的发展。

3）国产阀门产品还不能全面满足国民经济建设的需求。虽然国内阀门产品供大于求，但有些高附加值、技术含量高、制作难度大、使用条件要求苛刻的阀门产品，国内生产有困难或用户信不过，还要依靠进口，如电站用高参数调节阀、减压阀和安全阀，石化、冶金设备用的高参数合金钢阀门和金属密封球阀等。每年大约有 100 多亿的阀门产品需要进口为相关设备配套。另外，有些用户和业主因国内阀门生产厂家在国家重大工程项目上缺少业绩而将国内企业排斥在外，这也是导致大量国外阀门产品进入我国的原因之一。例如：在"西气东输"工程主管线 NPS40 全焊接球阀的招标中，行业内专门制造球阀的自贡高压阀门股份有限公司虽然购买了意大利新比隆的球阀技术，生产出了样机，并通过了国家权威部门的严格评定，但最终由于没有使用业绩而未中标。

（三）阀门市场前景广阔

电力、石油和天然气、石油化学工业、煤制油、水利建设、城市供水等需要大量阀门产品。巨大的市场需求为我国阀门行业健康快速发展提供了有利条件。

国家"十一五"发展规划指出，到"十一五"末期我国电力工业装机容量将达 6 亿 kW，2020 年预计全国装机容量 9 亿 kW。按照这一规划目标，"十一五"期间每年新增装机 3000 万 kW 以上，平均每年投资 5000 亿元以上。煤电将主要开发高效、低污染的大型机组，60 万 kW 超（超）临界机组将成为火电的主力机组。

核电站建设也需要大量阀门产品，国家已批准广东、浙江两套百万千瓦核电站建设项目，"十一五"期间平均每年要建设 2~3 套百万千瓦核电站。

石油和天然气作为重要的一次能源越来越得到国家的重视。当时预计未来 10 年中，将有 2 万多千米的输油、输气管线要建设，其中包括俄罗斯、哈萨克斯坦等跨国输油、输气管线。由于天然气是清洁能源，国家计划继"西气东输"之后，还要建设 2 万多千米的跨国输气管线和支线；这些工程项目大约需要 2 万多台大口径管线球阀和中小口径球阀、平板闸阀。

石油及化学工业将会继续保持稳定、快速发展。

炼油方面将以大型化、高效节能为主要标志，当时预计未来10年要建设10~20个千万吨级世界规模的大型炼油厂。

乙烯是重要的基础原料，国家要新建、改扩建一批80万~100万t级的大型乙烯装置。

化纤的基础原料PTA当时十分短缺，已批和待批的50万~60万t/年大型PTA装置就有十几套，其中也需要一些特殊阀门和大量普通阀门。

大型化肥装置配套阀门较多。年产30万t合成氨装置的建设为阀门行业提供了很大的市场空间。

煤化工开始起步。煤直接液化是解决我国石油资源不足的重要途径，很有可能形成一个新的产业。由于煤直接液化工艺介质工作温度高、压力高、固体颗粒含量高，因此对阀门有很高的要求。

水利建设需要大量阀门。"南水北调"工程总投资5000亿元，需要大量阀门。

（四）阀门行业经济指标情况

2005年，全国阀门生产企业有3500家左右，规模以上企业有1438家，工业总产值在1亿元以上的企业有180家，在5亿元以上的企业有6家。2001—2005年总计完成工业总产值1334.88亿元，工业销售产值1297.14亿元，主营业务收入1274.42亿元，出口交货值300.52亿元，实现利润总额72.36亿元。

据中国通用机械工业协会阀门分会的125家骨干会员企业上报的资料，截至2005年，工业总产值在1亿元以上的企业42家。

2001—2005年，阀门行业工业总产值和工业销售产值以平均每年30%以上增长，利润总额也以平均每年30%的速度增长。

（五）阀门进口和出口情况

1. 阀门进口情况

这期间，部分关键阀门仍然依赖进口。进口的阀门都是为重大工程相关设备配套，用在关键部位的阀门，都是技术含量高、高参数、新材料以及制作难度较大的阀门，如核电用的主蒸汽隔离阀、主蒸汽安全阀、主给水调节阀、稳压器安全阀、安全壳隔离阀等。主要进口的阀门厂商有：美国的特盖特、考普斯、福斯、里米托克；法国的伯纳德、赛比默、格瑞斯、艾默生、维兰；德国的波谱、森派、阿达姆斯、阿尔戈斯；英国的斯派莎克、罗托克；韩国的三信等。

2. 阀门出口情况

2000—2005年，阀门出口由三部分组成：一是阀门毛坯，二是半成品，三是成品。在成品阀门的出口中,第一类是单机出口,相当一部分为贴牌产品;第二类是随成套项目出口的阀门(电站、石油化工、材料等)。2001—2005 年阀门出口情况见表 5-6。

表 5-6 2001—2005 年阀门出口情况

年　份	出口额/亿元
2001 年	22.03
2002 年	25.31
2003 年	40.86
2004 年	58.62
2005 年	153.7

阀门出口的国家和地区有美国、英国、德国、法国、日本、俄罗斯等。

(六) 企业改革情况

1. 阀门企业所有制形式变化情况

随着行业发展,阀门行业出现多种所有制并存的局面。2001—2003 年阀门行业中各种所有制形式的企业数量见表 5-7。其中占比较大的有 5 种形式:国有企业、集体企业、股份合作企业、其他有限责任公司、民营有限责任公司。

从发展趋势看国有企业和集体企业所占比例每年减少;民营有限责任公司、股份合作企业所占比例有较大发展。2001—2003 年民营有限责任公司占比增加 0.7 个百分点,外资企业增加 0.5 个百分点,其他有限责任公司增加 1.5 个百分点。

表 5-7 2001—2003 年阀门行业中各种所有制形式的企业数量

企 业 性 质	2001 年		2002 年		2003 年	
	数量	比例(%)	数量	比例(%)	数量	比例(%)
国有企业	66	11.1	58	8.8	50	6.9
集体企业	92	15.5	76	11.5	77	10.7
股份合作企业	116	19.5	117	17.7	120	16.6
国有与集体联营企业	2	0.3	1	0.2	1	0.1
国有独资企业	3	0.5	3	0.5	3	0.4
其他有限公司	69	11.6	83	12.6	101	14.0
股份有限公司	25	4.2	24	3.6	22	3.0
民营独资企业	44	7.4	51	7.7	63	8.7
民营合伙企业	11	1.9	14	2.1	14	2.0

（续）

企业性质	2001年		2002年		2003年	
	数量	比例（%）	数量	比例（%）	数量	比例（%）
民营有限责任公司	91	15.3	136	20.6	154	21.3
民营股份有限公司	6	1.0	7	1.0	8	1.1
合资经营企业（港、澳、台资）	15	2.5	18	2.7	18	2.5
合作经营企业（港、澳、台资）	2	0.3	3	0.5	3	0.4
港、澳、台商独资经营企业	5	0.8	9	1.4	13	1.8
中外合资经营企业	33	5.5	35	5.3	43	5.9
中外合作经营企业	1	0.2	3	0.5	2	0.3
外资企业	14	2.4	22	3.3	28	3.9
其中会员单位数	115	19.3	119	18.0	122	16.9

2. 国企改革

改革开放以来，阀门行业得到了迅速的发展，特别是民营企业、股份制企业、中外合资企业，这些企业产权清晰，机制灵活，经济增长非常快，而多数国有企业变得举步艰难。制约国有企业发展的关键是机制，国有企业要发展，走向市场，就必须深化改革。阀门行业重点企业逐步进行了一系列的改制、重组、并购等改革。

2003年9月26日，开封市政府决定由郑州市郑蝶阀门有限公司对开封高压阀门厂进行整体并购。2004年1月6日，河南开封高压阀门有限公司注册成立，注册资本为6000万元。

大连高压阀门厂2002年7月改制成大连大高阀门有限公司，由外部投资人和公司领导层及全部业务骨干集资购买企业，改制而成民营股份制企业。

兰州高压阀门厂2003年10月改制重组为兰州高压阀门有限责任公司。2005年7月，整体收购国有资产实现民营，注册资本为2800万元，其地址、商标、经营范围均不变。

北京市阀门总厂2002年企业实行产权改革，实现了民营化，由几位福建企业家共同投资收购了企业，完成了民营股份制改制。

2005年，上海阀门厂改制为上海阀门厂有限公司，成为股份制民营企业。

苏州高中压阀门厂1996年实施第一次转制，由国有、集体、职工股三部分组建股份有限公司，但由于改制未到位，企业几年来变化不大，步伐不快。2003年，在苏州市政府统一规划要求下，对企业进行二次改制，企业性质转为民营企业。

成都阀门厂1999年由公司员工全员持股改制为民营企业，之后逐渐进行股份并购变更为部分骨干持股的股份制民营企业。

2003年10月，经上海电器（集团）总公司审核批复，同意上海良工阀门厂的改制方案，原上海良工阀门厂正式更名为上海良工阀门厂有限公司，由几位福建企业家共同出资收购了企业，完成民营股份制改制。

自贡高压阀门厂2000年被四川禾嘉实业（集团）有限公司全资收购，实现了改制，企业成为民营企业。

1996年，沈阳高中压阀门厂宣告破产。1997年深圳莱英达收购该厂，1999年又放弃，交还沈阳市。2001年改制，成立了沈阳盛世高中压阀门有限公司。

3. 民营企业区域发展情况

（1）江苏省阀门行业民营企业发展概况 随着国民经济体制改革的不断深化，市场经济逐步形成，江苏省涌现出一批新的民营阀门企业，发展迅猛，有一定的实力与规模，已形成江苏省阀门行业的新生力量。

苏州地区出现的几家阀门新企业，多数企业领导者和业务骨干都出自中核苏阀科技实业股份公司，主要从事外贸业务。其中，苏州纽威阀门有限公司发展最快，另外，还有道森阀门有限公司和思达德阀门有限公司，也发展较快。江苏北部的南通和盐城也相继发展起来了一些阀门企业，有的已成为"后起之秀"，多数以国际贸易为主，贴牌生产，较大的企业产值多达数亿元。

据江苏省阀门工业协会2003年底统计，江苏省阀门企业数达700多家，其中民营企业有600多家。

（2）温州地区阀门民营企业发展概况 温州地区阀门民营企业发展于20世纪80年代后期，从修理库存旧阀门开始，逐渐有些小企业在家庭范围内用一两台机床生产中低压阀门。20世纪90年代中期，温州地区阀门民营企业快速发展，特别是永嘉瓯北镇有"阀门一条街"的称号。20世纪90年代后期，温州的阀门民营企业完成了原始积累，一些有胆识、肯学习的民营企业家开始上规模、上品种、上质量、上水平，使温州的阀门民营企业有了质的飞跃和改变，逐步得到用户和行业的认同。2000年以后，温州的民营阀门企业已经开始考虑建立集团公司，打造龙头企业，产品也开始有了定向发展，即技术创新、营销创市、成本领先，使温州阀门民营企业成为我国阀门行业不容忽视的一个重要组成部分。温州地区先后出现了超达阀门有限公司、宣达阀门有限公司、江南阀门有限公司、五洲阀门有限公司、慎江阀门有限公司、伯特利阀门有限公司和浙江石化阀门有限公司等规模较大的民营阀门企业，民营企业的数量达2000家左右。

2015年，温州永嘉县泵阀产业实现工业总产值272.6亿元，外贸出口2.51亿美元。

（3）其他地区民营企业发展概况 其他地区的阀门民营企业发展不均衡，也不集中，其中河南郑州荥阳地区是比较集中的地区，产品以中低压阀门为主，高压阀门产品较少，蝶阀产品比较有竞争力。

天津津南地区也是阀门民营企业发展较集中的地区，企业以村镇办的集体性质为主。有的企业已成为集团公司性质，阀门企业是其中一个相对独立的子公司，如天津大站集团的大站阀门有限公司。

四川省也是阀门生产有名的地区，多数企业以生产球阀为主，阀门企业有50多家。

辽宁省沈阳—大连—铁岭地区也是民营阀门企业较集中地区，产品高中低压阀门都有，但因缺少像温州地区特别是像永嘉县地方政府那样的扶植、引导政策和策略，所以发展不充分，有许多企业未充分发展，处于低水平经营状态。

（七）小结

2001—2005 年，阀门行业的改革发展较快，国内主要的骨干阀门企业几乎都实现了改制，甩掉了多年积累的债务负担，体制更加灵活，更加适应市场竞争。由于国家经济的发展速度加快，各类工程建设项目纷纷上马，阀门市场火爆，为阀门工业的发展注入了动力。阀门企业积极扩建厂房，添置高端工艺装备，开发新产品。阀门产品的国内销售和出口都出现了较大发展，同时行业基础更加扎实，初步具备了开发高端阀门，实现重大装备国产化新产品开发、替代进口产品的基础条件。2001—2005 年阀门行业的经济指标见表 5-8。

表 5-8　2001—2005 年阀门行业的经济指标　　（单位：亿元）

主要指标	2001 年	2002 年	2003 年	2004 年	2005 年	合　计
工业总产值	137.84	156.2	225.45	312.32	503.07	1334.88
新产品产值	10.7	9.3	12.29	20.05	31.95	84.29
工业销售值	132.63	150.8	219.03	303.59	491.09	1297.14
其中：出口	22.03	25.31	40.86	58.62	153.7	300.52
主营业务收入	126.13	147.7	212.53	297.25	490.81	1274.42
利润总额	5.8	7.3	12.03	16.9	30.33	72.36

九、市场经济下取得重大突破的十年（2006—2015 年）

（一）阀门行业主要经济指标情况

据国家统计局统计，2015 年我国共有规模以上阀门制造企业（年销售收入在 2000 万元以上的企业）1806 家，资产总额 1948 亿元，生产阀门 994.11 万 t，实现主营业务收入 2566 亿元，实现利润总额 172 亿元，完成出口交货值 344

亿元。

2006—2015年，阀门行业以市场为导向，以制度创新、技术创新为主题，深化产权制度改革，更新观念，建立现代企业制度，在强化内部管理，调整产品结构的同时，加大技术改造力度，提高产品质量，阀门行业企业管理水平大大提高，企业规模不断扩大，生产能力和产品设计制造水平都有了很大提高。

（二）推动高端阀门国产化攻关

截至2005年，阀门行业经过几十年的发展，企业数量和行业规模有了较大提高，基本具备了为国家建设工程项目配套阀门的能力，但是重大工程项目配套的高端阀门产品还几乎全部依赖进口，严重影响了我国的经济安全和国防安全。在国家能源局的支持下，2006—2015年，阀门行业开展了核电、天然气长输管线、超（超）临界火电机组等高端阀门的国产化攻关工作。

1. 大型核电关键阀门国产化攻关

（1）背景　能源结构调整是关系到国民经济、全民生活、生态环境、不可再生资源利用的千秋万代的大事，受到党中央、国务院高度重视，在"十一五"规划中，由适度发展核电到积极发展核电，体现了国家能源政策的重大转变。核电是高效清洁的能源，世界发达国家都广泛采用核电，但在我国要积极发展核电，受到制约的主要原因之一是核电的设备制造业不能满足核电快速发展的需求，特别是核电泵阀的设计、制造严重滞后于核电建设的发展。

国家发改委高度重视核电泵阀国产化工作，为了积极推动核电泵阀的国产化工作，于2006年3月在广州召开了核电设备国产化会议。会上，国家发改委副主任兼国家能源局局长张国宝同志提出，核电泵阀国产化是核电设备国产化的重中之重，要求国家能源局科技装备司和中国机械工业联合会负责领导核电泵阀国产化工作，并且明确该项工作具体由中国机械工业联合会总工程师兼中国通用机械工业协会会长隋永滨同志和国家能源局科技装备司黄鹂副司长负责。随后成立了核电阀门国产化领导小组，制订了详细的国产化方案和计划，连续召开了20多次专题会议，带领专业制造厂多次走访中核集团中国核电工程公司、中广核工程有限公司，通过和核电业主的广泛沟通，制订了核电阀门国产化的任务、目标、进程、技术路线，提出了各项积极措施。

国家能源局科技装备司和行业协会精心规划，积极组织，全力推进，在全国阀门行业中挑选了大连大高阀门有限公司、中核苏阀科技实业股份公司、江苏神通阀门有限公司和上海阀门厂有限公司等具有核电设计、制造资质和较好的核电供货业绩的企业，让这些企业积极参与到核电阀门的国产化工作中。

（2）制订国产化攻关目标　2006年4月，国家发改委在沈阳召开了核电泵阀国产化工作会议，明确提出核电泵阀分两步走的目标：红沿河1号、2号机组国产化比例40%，红沿河3号、4号机组国产化比例达60%。

以红沿河的第二代加百万千瓦级压水堆核电站为依托提出了分阶段国产化进程，具体国产化目标见表5-9。

表5-9 核电泵阀国产化目标进度

核 级 别	1号机组	2号机组	3号机组	4号机组
核一级	30%	40%	50%	70%
核二级	50%	60%	70%	80%
核三级	70%	80%	90%	100%（基本）

要求核一级关键阀门采用争取国外技术合作、技术引进以及合作、合资生产等方式，加强国内自主研发，力争国产化比例达到70%；核二级阀门以自主研发为主，力争国产化比例达到80%；核三级及非核级阀门实现完全自主研发生产，国产化比例基本达到100%。

（3）实施步骤及措施　首先学习借鉴国外核电建设经验。2007年4月26日，组织了中韩核电标准交流会。邀请韩国电力协会前主席李宗勋等一行13人来华进行核电标准技术交流，重点介绍法国RCC标准和美国ASME标准、韩国消化吸收国外核电先进标准技术情况及法国压水堆核岛机械设备设计和建造规则RCC-M的规定要求等。中核总、中广核、中电投及相关核电设计院等40多家单位领导和专家出席会议。沈鼓集团、大连大高阀门有限公司、中核苏阀科技实业股份公司和上海阀门厂有限公司等80余家泵阀的生产企业参加了会议。

其次，为泵阀企业争取国家资金支持，改善装备条件。为帮助国内企业进行技术研发、技术改造，尽快提升企业技术研发能力和核电阀门生产能力建设，国家能源局组织了技术改造贴息计划，并对大连大高阀门有限公司、沈阳盛世阀门有限公司、中核苏阀科技实业股份公司、江苏神通阀门有限公司等企业安排了技改专项资金的支持。在贴息计划和技改专项资金的支持下，大连大高阀门有限公司、中核苏阀科技实业股份公司和江苏神通阀门有限公司等企业进行了核电阀门制造的配套生产能力建设，增添了新装备，为完成核电阀门国产化目标创造了条件。

再次，组织核电设计院和制造企业一起讨论制订国产化产品研制技术要求和试验大纲及验收大纲。

最后，新产品研制成功后，研制单位按照用户要求做了大量有关试验，获得第三方的检测报告，具备验收条件后，由国家能源局组织有关专家进行国产化样机鉴定。

经过几年努力，有关企业陆续开发了一大批填补国内空白、达到国际先进技术水平的核电阀门产品。例如，中核苏阀科技实业股份公司项目期内进行了多达

25 项新产品研制开发项目，主要有：主蒸汽隔离阀、核一级稳压器比例喷雾阀、核一级高 C_v 值止回阀、核二级 W 型平行板闸阀、核一级高压波纹管截止阀等；大连大高阀门有限公司、江苏神通阀门有限公司和上海阀门厂有限公司等厂家在核电泵阀国产化项目期内也进行了大量的新产品研制开发，主要有：主蒸汽隔离阀、核一级止回阀、核一级截止阀、核一级闸阀、核级蝶阀、核级球阀、主蒸汽安全阀等。产品样机依次通过了鉴定验收，具备投标条件。图 5-1 所示为核级地坑阀，图 5-2 所示为核二级直流电动平行座闸阀，图 5-3 所示为核二级气动截止阀，图 5-4 所示为高温气冷堆主蒸汽隔离阀，图 5-5 所示为核电调节阀，图 5-6 所示为轴流式止回阀。

图 5-1　核级地坑阀

图 5-2　核二级直流电动平行座闸阀

图 5-3　核二级气动截止阀

图 5-4　高温气冷堆主蒸汽隔离阀

图 5-5　核电调节阀

图 5-6　轴流式止回阀

（4）阀门国产化率获得较大提升　有关阀门厂家通过自主研制，开发了一大批具有自主知识产权的核级阀门产品，使核电阀门供货能力得到较大的提升。

通过核电泵阀国产化项目的实施，按阀门数量统计，核岛阀门国产化比例的提高较大，见表5-10。

表5-10　按数量计算的核岛阀门国产化比例

核岛阀门数量/台	国产化数量/台		国产化比例		国产化比例提高
	岭澳二期	红沿河	岭澳二期	红沿河	
11454	4884	10033	42.6%	87.6%	45%

从上述供货范围中发现，核三级阀门已基本100%国产化，完成了项目的预期目标，但绝大多数的核一级、核二级关键阀门基本还是依赖进口。因此，虽然从数量而言，核岛阀门的国产化比例已达到87.6%，但按照价值量计算，阀门国产化比例仅为约43.3%，见表5-11。

表5-11　按价值量计算的核岛阀门国产化比例

核岛阀门总价值/万元	国产化价值/万元		国产化比例		国产化比例提高
	岭澳二期	红沿河	岭澳二期	红沿河	
30000	2000	13000	6.7%	43.3%	36.6%

据了解，通过核电泵阀国产化项目的实施，红沿河1号与2号机组核岛阀门国产化比例提升至43.3%，方家山核岛阀门国产化比例提升至46.7%，较项目期初（以岭澳二期国产化比例6.7%做比较）分别提高了36.6%和40%。秦山二期扩建、宁德1号与2号机组、阳江1号与2号机组、福清1号与2号机组等项目核岛阀门国产化比例与上述情况基本相同。

（5）提升了企业制造能力　通过国家贴息计划和技术改造专项资金的支持，阀门企业进行了核电阀门配套生产能力的大力建设，新建了厂房，添置了加工设备，完善了试验检测仪器，使其制造能力得到提升。

中核苏阀科技股份有限公司在核电阀门配套能力方面主要建造了高温高压试验台架，完善了无损检测中心，进口了10MW回旋加速器等。大连大高阀门有限公司进行了设计分析手段的升级建设，添置大型CAE分析软件，引进CAE分析人才，加快了新产品的研制进度。江苏神通阀门有限公司进行了核电车间技术改造，使装备水平上了一个新的台阶。上海阀门厂有限公司改造升级了安全阀热态试验台架，为核电安全阀开发创造了条件。

（6）获得一批技术成果　在核电泵阀国产化项目期内，大连大高阀门有限公司、中核苏阀科技股份有限公司、江苏神通阀门有限公司和上海阀门厂有限公司等核电阀门生产企业加大了自主研发力度，形成了一大批拥有自主知识产权的新产品。其中，中核苏阀科技股份有限公司研制开发了38台核电阀门样机，大连大高阀门有限公司研制开发了22项新产品，江苏神通阀门有限公司研制开发了 20 余项新产品。很多产品打破了国外的技术封锁，获得省级及国家级科技奖数十项，为核电设备国产化比例的提高做出了贡献。

（7）完善了核电队伍建设　截至 2015 年，国内获得国家核安全局颁发的民用核承压设备设计、制造资格许可证的阀门厂家共有约 20 家。其中，大连大高阀门有限公司和中核苏阀科技股份有限公司还先后取得了 ASME N&NPt 证书，上海阀门厂股份有限公司、吴江东吴机械有限公司、上海自动化仪表七厂、上海阀门五厂有限公司、浙江三方阀门股份有限公司、上海一核阀门有限公司等也更加严格地按国际标准进行核电阀门的设计、生产、检验和试验，极大地提升了核电阀门的质保管理水平。

同时各个厂家都在核电队伍建设上狠下功夫，培养了一大批核电阀门设计、工艺、加工、质保管理、焊接、热处理、检验和试验等方面的专业人才。

（8）三代核电阀门攻关取得成果　在二代加机组的核级阀门国产化基础上，有关企业进行了第三代核电站 AP1000 和 EPR 的阀门研制，明确了研制项目，制订了研制计划。

大连大高阀门有限公司和中核苏阀科技股份有限公司分别研制成功了 AP1000 的主蒸汽隔离阀、主给水隔离阀、核一级高压楔式闸阀和 AP1000 爆破阀，以及高温气冷堆的主蒸汽隔离阀、爆破阀、止回阀、核一级气动截止阀等。

上海阀门厂股份有限公司研制成功了主蒸汽安全阀和稳压器安全阀，其样机通过了国家级鉴定。

2. 长输管线大口径球阀国产化攻关

我国全焊接管线球阀国产化也是从 2000 年之后开始的。2000 年西气东输一线正式启动。根据国家机械工业局"机管〔2000〕287 号文"，在北京召开了西气东输工程物资装备国产化会议，阀门制造商上海耐莱斯·詹姆斯伯雷阀门有限公司（现为上海电气阀门有限公司）和自贡高压阀门厂参加了会议。2002 年自贡高压阀门厂获得国债贷款，向美国 GE 公司所属意大利新比隆公司引进全焊接管线球阀技术与装备，2003 年试制成功全焊接球阀，并向国内供货。2003 年上海耐莱斯·詹姆斯伯雷阀门有限公司获得 500 万元国债贷款，整合上海市资源优势，走产学研相结合的道路，于 2005 年自行研究开发成功 NPS20、Class600 全焊接管线球阀，拥有自主的知识产权，并向国内供货。

2007 年 12 月，西气东输二线正式启动。中石油在北京召开了全焊接大型管线球阀国际招标技术研讨会，国际上著名供货商与国内上海耐莱斯·詹姆斯伯雷、自贡高压阀门有限公司、成都成高阀门有限公司参加了会议。

2008 年 10 月 13 日，中国机械工业联合会受国家能源局委托，在北京召开了西气东输二线工程关键设备国产化方案论证会，安排了 NPS40、NPS48，Class600、Class900 大型全焊接管线球阀国产化计划。2009 年 4 月，国家能源局在沈阳召开了天然气长输管道关键设备国产化工作会议,国家能源局局长张国宝同志、国家能源局科技装备司黄鹂副司长、中国机械工业联合会隋永滨总工程师和中石油有关领导出席了会议。NPS40、NPS48,Class600、Class900 大型全焊接管线球阀研制正式立项。该项目的立项对降低西气东输工程造价,保证国家能源安全供应,振兴装备制造业具有重要的意义。

2009 年 7 月,国家能源局委托中国机械工业联合会在北京组织召开了长输管线关键设备国产化实施方案研讨会。讨论编制了《高压大口径全焊接球阀国产化试制技术条件》。

2009 年 9 月,国家发改委和国家能源局成立了长输管线关键设备国产化领导小组,张国宝局长任组长,隋永滨会长和黄鹂副司长任副组长。2009 年 11 月 23 日,在北京钓鱼台国宾馆举行了天然气长输管线关键设备国产化研制工作启动暨签约仪式。中石油集团与上海耐莱斯·詹姆斯伯雷阀门有限公司、成都成高阀门有限公司和五洲阀门有限公司签订了 NPS40、NPS48,Class600、Class900 各 10 台全焊接阀体管线球阀技术开发合同。2010 年 5 月 30 日,上述三家企业完成了 30 台大口径全焊接管线球阀的制造。

2010 年 7 月 16 日—21 日,国家能源局在上海耐莱斯·詹姆斯伯雷阀门有限公司、成都成高阀门有限公司和五洲阀门有限公司分别主持召开了大型高压大口径全焊接球阀研制合同产品的出厂鉴定暨验收会。图 5-7 所示为大型高压大口径全焊接球阀。三家研制的新产品通过了出厂鉴定暨验收。与会专家一致认为"设计技术与工艺装备先进,质保体系健全,具备高压大口径全焊接管线球阀批量生产的能力"。这标志着我国已经有 3 家阀门企业开发成功 NPS40、NPS48,Class600、Class900 全焊接球阀,所有技术性能指标均满足了西气东输主干线的要求,填补了国内空白,产品已达到或接近世界先进水平,可以批量生产。

图 5-7　大型高压大口径全焊接球阀

2015 年 7 月 16—20 日,大连大高阀门有限公司等 11 家阀门企业生产的 NPS40、NPS48,Class600、Class900 全焊接球阀也通过了国家能源局组织的样机鉴定。

2015年，上海电气阀门有限公司、五洲阀门有限公司和成高阀门有限公司又开发成功了NPS56、Class900全焊接大口径球阀。2015年10月，通过国家能源局组织的样机鉴定，并于2017年5月在新疆烟墩完成工业性运行试验。至此，球形壳体NPS56、Class900全焊接管线球阀的试制和工业性运行试验成功，产品达到了国际领先水平，可以在中俄天然气管线东段和西气东输四线、五线、六线上应用。这标志着全焊接大口径管线球阀全部实现了国产化。

3. 超（超）临界火电关键阀门国产化攻关

（1）任务背景和目标　一封反映火电阀门大量进口的人民来信得到了中央有关领导的关注，要求借鉴核电泵阀设备国产化的经验，推进超（超）临界火电机组阀门国产化。国家相关部门明确该工作由国家能源局科技装备司负责牵头。

2010年2月，国家能源局科技装备司委托中国通用机械工业协会带队前往华东电力设计院和大型火电厂调研。随后，多次组织阀门企业召开超（超）临界火电站关键阀门国产化现状讨论会，并编制了《关于推进超（超）临界火电站阀门国产化的报告》和《超（超）临界火电阀门国产化实施方案》。

依据超（超）临界火电关键阀门的攻关难度以及业绩情况，将火电阀门分为三类：第一类阀门是国内已有业绩或已经有出口交货业绩的，共计5种，可直接订货；第二类阀门是已有样机并已通过鉴定但无业绩的阀门，或正在进行样机研制且需再做试验和鉴定后，要在依托工程应用的阀门，共计7种；第三类阀门是技术难度最大，需要技术攻关、样机研制、试验和鉴定后，要在后续依托工程应用的。计划通过2~3年的攻关，使绝大部分超（超）临界火电关键阀门实现国产化，国产化率达到85%左右。

（2）启动会和协调会　2010年8月26日，国家能源局在北京主持召开超（超）临界火电机组关键阀门国产化座谈会。

2010年9月13日，国家能源局在北京主持召开超（超）临界火电机组第二类关键阀门国产化启动会。电力集团公司、依托工程电厂、相关电力设计院、发电设备主机制造集团及阀门制造企业参加了会议。与会人员经充分讨论后认为已具备超（超）临界关键阀门国产化条件。会议讨论了《超（超）临界火电机组关键阀门国产化实施方案》；成立了领导小组和专家组，隋永滨会长任专家组长；将国产化工作分为两个阶段：第一阶段开展第二类关键阀门研制工作，第二阶段开展第三类关键阀门研制工作；决定组织国内优秀阀门制造企业、依托工程电厂、电力设计研究院、主机厂联合开展超（超）临界关键阀门国产化攻关。

2010年10月8日，国家能源局下发了"国能科技〔2010〕335号"文件——《国家能源局关于印发〈超（超）临界火电机组关键阀门国产化实施方案〉的通知》。

2010年11月22日，国家能源局在北京主持召开了超（超）临界火电机组关键阀门国产化第一次工作协调会议。参加会议的有国家能源局科技装备司、6个相关发电集团公司、5个依托工程项目单位、相关电力设计院、3大发电设备主机制造集团、中国通用机械工业协会及阀门制造企业等30余家单位的代表共计100余人。中国通用机械工业协会代表阀门制造行业根据《超（超）临界火电机组关键阀门国产化实施方案》，介绍了第一类阀门业绩和第二类关键阀门的研制方案。会议讨论了第一类阀门的订货意向和第二类阀门的联合研发事宜，明确安排了推进超（超）临界火电机组关键阀门国产化的步骤和时间计划。国家能源局委托中国通用机械工业协会负责组织制造企业和设计院及用户单位开展联合攻关，并协调招标工作。

2010年12月6日，国家能源局下发了"国能科技〔2010〕392号"文件——《国家能源局关于超（超）临界火电机组关键阀门国产化第一次工作会议纪要》。

2010年12月14—25日，国家能源局委托中国通用机械工业协会组织阀门制造企业，在北京、南京、重庆和郑州等地，与发电集团、示范电厂、设计院、主机厂等一起，分别召开了六次超（超）临界火电机组关键阀门国产化第二阶段工作协调会。会议确定了每一依托项目第一类阀门采购清单，协商了第二类阀门联合研发项目和联合研发协议草案；主机厂、设计院和业主单位配合整理并提供了第一类阀门清单和第二类相关阀门技术规格书；编制了22份联合研发协议、9份试验大纲、9份鉴定大纲。

2011年1月27日，南通电厂2X1000MW超（超）临界火电机组关键阀门联合研发协议签字会议在北京召开。

2011年1—3月，国家能源局委托中国通用机械工业协会组织发电集团、示范电厂、主机厂、设计院及阀门制造企业，在哈尔滨、北京等地多次开会讨论试验大纲、鉴定大纲、技术规范书和联合研发协议。

（3）签订联合研发协议　2011年4月29日，超（超）临界火电机组关键阀门及四大管道联合研发协议签约仪式在北京召开，国内17家阀门制造企业与示范电厂、主机厂、设计院签订了联合研发协议。

（4）争取国家财政支持　根据财政部《可再生能源发展专项资金管理暂行办法》（财建〔2006〕237号）和财政部、原国家计委、原国家经贸委、科技部《产业技术研究与开发资金管理办法》（财建〔2002〕30号）等有关规定，中央财政安排资金对能源应用技术研究及工程示范项目给予适当支持。为此，国家能源局、财政部于2011年6月1日在北京组织召开了国家能源应用技术研究及示范项目课题评审会议，其中超（超）临界火电机组关键阀门国产化技术研究及应用示范项目获得了 2959 万元经费支持，经费分给了相关阀门企业，针对超（超）临界阀门材料、结构与应力分析、关键部件研究、试验技术等进行攻关。

（5）多次召开工作协调会　2011 年 6 月 20 日，超（超）临界火电机组关键阀门国产化工作协调会议在北京召开。

2011 年 6 月 29—30 日，超（超）临界火电机组国产化关键阀门设计方案评审会在北京召开。设计方案评审会上，来自重庆合川双槐电厂、河南三门峡电厂、江苏句容电厂、河南焦作电厂、江苏南通电厂、上海电气、华东电力设计院、西南电力设计院、东方汽轮机厂的 9 位专家组成员对 17 家阀门企业的产品设计方案进行了评审，专家组一致认为设计方案合理，可以进行样机制造。

2011 年 9 月 8 日，在北京召开了重庆合川双槐电厂二期扩建工程招标工作协调会议。

2011 年 11 月 3 日，在北京召开了超（超）临界火电机组关键阀门国产化工作协调会议。会议了解了阀门研制进度情况，讨论了阀门样机鉴定大纲，安排了样机鉴定计划。

（6）二类关键阀门样机鉴定会　2011 年 12 月 7 日、12 月 25 日，2012 年 1 月 7 日及 2012 年 3 月 24 日分别在上海、开封、大连和北京组织召开了超（超）临界火电机组第二类关键阀门国产化样机鉴定会，15 家阀门制造企业的 86 台样机通过专家组的鉴定。专家组一致认为，样机结构设计合理，符合技术规范要求，填补国内空白，主要技术性能指标达到国内领先水平，部分产品达到国际同等水平。

（7）三类关键阀门国产化攻关　2012 年 8 月 30 日，在北京召开了第三类关键阀门国产化启动会，会议总结了超（超）临界火电机组第一、二类关键阀门国产化工作经验，对在前一阶段国产化工作中做出突出贡献的单位和工程技术人员颁发了奖牌和奖励证书，布置了第三类阀门的国产化方案和下一步工作任务。

2012 年 10 月 10 日，国家能源局下发了"国能科技〔2012〕317 号"文件——《国家能源局关于进一步做好超（超）临界火电机组第三类关键阀门国产化工作的通知》。文件明确了华能长兴电厂等 5 个电厂的 10 台超（超）临界火电机组为第三类关键阀门国产化的示范工程及国产化任务分工。

2012 年 11 月 16 日在北京召开了超（超）临界火电机组第三类关键阀门第一次工作会议，承担联合研发任务的电厂、主机厂、设计院及阀门制造企业共计 28 个单位的 70 多位主要领导和技术负责人参加了会议。会议共同讨论了第三类关键阀门共计 9 种样机的技术规范、样机参数、试验大纲以及联合研发协议。

2012 年 12 月 24 日，超（超）临界火电机组第三类关键阀门国产化联合研发协议签约仪式在北京举行。在领导和用户的见证下，项目依托电厂、主机厂、设计院及阀门制造企业共同正式签署了联合研发协议。

2013年2月4日和4月22日,在北京分别组织召开了两次超(超)临界火电机组国产化第三类关键阀门设计方案评审会,15家阀门企业的9种11台第三类关键阀门样机的设计方案通过评审。

2013年12月3日—5日与2014年2月17日,分别在哈尔滨和北京组织召开了超(超)临界火电机组第三类关键阀门国产化样机鉴定会,9家阀门制造企业的30台第三类关键阀门样机通过专家组的鉴定。专家组一致认为,研制的样机结构设计合理,符合技术规范要求,填补国内空白,主要技术性能指标达到国际同等先进水平。

(8)召开验收总结会　2014年6月26日,国家能源局在江苏句容电厂召开超(超)临界火电机组关键设备国产化阶段验收总结会。

会议总结了超(超)临界火电机组关键阀门国产化成果。通过几年的攻关,行业企业研制成功8种合计86台第二类关键阀门样机和5种合计30台第三类关键阀门样机,并通过了相关试验考核和鉴定,并且已在依托工程中安装使用。其中,在江苏南通电厂、江苏句容电厂和浙江长兴电厂等8个已经发电的示范电厂使用的国产化阀门产品都顺利使用两年以上时间,使用状况良好。包括再热器安全阀、主蒸汽闸阀、高加三通阀、小汽机电动蝶阀、主蒸汽安全阀、电磁泄放阀、锅炉与汽机调节阀等共3类、17种关键阀门已在电厂应用,替代进口产品,完成了预定的国产化率85%的目标。图5-8所示为火电高压阀门。

图5-8　火电高压阀门

4. 石油化工关键阀门国产化

(1)化纤、PTA装置专用阀门国产化　化纤工业的原料对苯二甲酸简称PTA。20世纪80年代初,为加速化纤工业的发展,中石化从日本三井公司引进了全套PTA装置(第一条生产线在北京燕山石化投产),PTA装置中的阀门全部随装置进口。上海开维喜阀门有限公司等企业,积极开展PTA装置阀门的国产化研制,相继试制成功钛合金控制阀、钛合金柱塞阀、碳石墨侧装式和上装式球阀、钛合金多通道熔体阀,满足了PTA装置国产化的需要。30多年来,PTA产能从7.5万t/年发展至4600万t/年,已全部采用国产阀门,实现了国产化,并制定了相关的技术标准,包括JB/T 11489—2013《放料用截止阀》、JB/T 12526—2015《工业阀门柱塞阀》和JB/T12954—2016《多通柱塞阀》等。

(2)24通旋转阀国产化　1992年,上海汉威特种阀门有限公司研制成功24通旋转阀,并申请了3项发明专利和10项实用新型专利;2012年,通过由中国机械工业联合会组织的科技成果暨工业化应用鉴定，获国家科技成果二等奖。我国成为全球第二个能生产24通旋转阀的国家，该产品成功用于常青树技术公司二乙烯原料预处理单元，模拟移动床工艺。

（3）汽油催化吸附脱硫装置球阀国产化　2005年，中石化采用美国康菲公司的汽油催化吸附脱硫技术，并于2007年在北京燕山石化建成第一套汽油催化吸附装置。装置中的阀门采用美国Mogas、加拿大Gosco的金属密封球阀。上海开维喜阀门公司成功研制了汽油催化吸附脱硫装置球阀，并于2011年9月在北京通过了中石化科技部组织的国产化成果鉴定。

（4）连续重整装置用催化剂金属密封球阀国产化　上海开维喜阀门有限公司研制的金属密封球阀，在中石化北海炼化有限责任公司连续重整装置上进行工业性运行试验，取得成功。2012年11月，中国机械工业联合会在上海主持召开科技成果鉴定，专家认为上海开维喜阀门有限公司研制的催化剂耐磨球阀总体技术水平达到国际先进水平。目前该产品在全国多套装置上服役，已有3000台以上的销售业绩。

（5）加氢装置关键阀门国产化　中核苏阀科技股份有限公司、大连大高阀门有限公司、兰州高压阀门有限公司和上海开维喜阀门集团有限公司等企业在加氢闸阀和截止阀国产化方面取得突出业绩后，上海开维喜阀门有限公司于2012年开始与中国石化广州分公司、中国石化工程建设有限公司、中石化洛阳工程建设公司和合肥通用机械研究院联合研制NPS8、Class1500加氢装置轨道球阀。样机研制成功后，在广州加氢装置上进行了两年工业性运行试验。2015年8月，中国机械工业联合会在上海主持召开了上海开维喜阀门有限公司研制的NPS2～NPS16、Class900高压临氢轨道球阀新产品鉴定会，鉴定认为该产品填补国内空白，具备批量生产能力。目前该产品已在多套加氢装置上服役，数量超过2500台。

5. 煤化工专用阀门国产化

2013年7月，国家能源局会同中国通用机械工业协会组织召开了煤化工关键设备国产化工作会议。浙江超达阀门股份有限公司、上海开维喜阀门有限公司、上海弘盛特种阀门制造股份公司、雷蒙德（北京）阀门有限公司等阀门企业参加了会议。行业企业先后对煤气化装置上的阀门进行攻关，研制成功氧气切断阀、氧气调节阀、氧气放空阀、煤粉三通阀、锁渣阀、煤浆切断阀、黑水阀、黑灰水闪蒸调节阀、分子筛切断阀等金属密封球阀，这些阀门产品全部研制成功。

6. 输油管道关键阀门国产化攻关

2011年，中石油集团将油气管道关键设备国产化作为集团科技攻关课题开展国产化攻关工作，攻关产品包括NPS56、Class900大口径球阀，轨道式强制密封阀，轴流式止回阀，压力平衡式旋塞阀，调节阀，电动执行机构，电液联动执行机构和气液联动执行机构等。由上海电气阀门有限公司、成都成高阀门有限公司、五洲阀门有限公司、四川精控阀门有限公司、雷蒙德（北京）阀门制造有限公司、重庆川仪自动化股份有限公司、天津埃克特测控技术有限公司、成都中寰流体控制设备股份有限公司等企业参与了新产品研制攻关。该项目于2014年和2015年陆续通过验收，部分新产品通过鉴定后应用于依托工程。

7. 航天工业阀门的攻关

航天工业阀门的研制攻关从20世纪50年代开始一直至今。

1972年，原上海第二石油机械厂生产了不锈钢固定球球阀，原上海阀门七厂生产了不锈钢浮动球球阀；兰州高压阀门厂试制成功超高压气动放空阀，该产品可用于氢氧发动机氢氧燃烧舱的安全泄放；2004年，浙江石化阀门有限公司研制成功超高温、高压截止阀型热阀，该产品安装在超高速（12马赫）的风洞装置中；北京航天十一所研制了大量火箭发动机专用阀门和安全阀；2013年和2015年，兰州高压阀门有限公司研制成功的航天工程用氧气阀门和1500℃高温高压阀门先后通过用户验收。

8. 海底阀门的攻关

2008年，上海汉威阀门有限公司率先研制了海底管线阀。2016年，上海汉威阀门有限公司和苏州纽威阀门有限公司试制成功NPS8、Class2500海底球阀，并通过了API17D、API6D和API6DSS标准的性能测试，产品达到国内先进水平，满足了国内海洋工程的使用要求。

9. 阀门执行机构的国产化攻关

我国阀门执行机构的发展大体经历了三个阶段：20世纪60—70年代的起步阶段、20世纪80—90年代的逐步成长阶段和2000年之后的发展壮大阶段。天津第二通用机械厂曾引进美国的"里米托克"技术，扬州电力设备修造厂曾引进德国西门子公司技术，经过消化吸收和再创新，开发出大量电动执行机构。随着国民经济发展，特别是大型火电、核电、冶金、石油化工装置及天然气长输管线建设，对阀门执行机构提出了更高的要求。

2003年，常州电站辅机股份有限公司根据《1000MW核级电动快关阀电动装置设计任务》的要求，完成了第三代HZD型多回转核级阀门电动装置、HQB型部分回转阀门电动装置4个规格、4台样机的研制任务。2005年5月，样机通过了由中国机械工业联合会组织专家进行的产品鉴定。

2004年，扬州电力设备修造厂开发了核级电动快关闸阀电动装置。2005年4月，研发的带缓冲装置的1E级阀门电动装置通过了由中国核学会和国家电网公司江苏省电力公司共同主持的样机评审。

2005年，扬州电力设备修造厂完成了智能变频电动执行机构样机试制。

2008年4月，扬州电力设备修造厂研发的小转矩多回转SDZH核级阀门电动装置通过中国机械工业联合会主持的新产品鉴定。SDZH核级阀门电动装置的研发成功，满足了二代及二代加核电机组的使用要求。

2009年，常州电站辅机股份有限公司研制了HQJ系列核电厂1E级阀门气动装置（K3类型），并严格按照美国标准IEEE382试验要求，进行了一系列的试验。2009年，该装置通过了由中国核能协会组织相关专家进行的产品鉴定。

2012年，扬州电力设备修造厂与上海核工程研究设计院合作，共同开展CAP1400核级电动装置的研制。2016年，CAP1400核级电动装置通过了中国核能行业协会组织的科技成果鉴定。

2012年10月，常州电站辅机股份有限公司与上海核工程研究设计院签订了大型先进压水堆核电站国家重大科技专项CAP1400核级阀门用1E级直流电动装置研制（220V，60年寿命）的技术开发合同。2016年，完成了HD-Z多回转直流阀门电动装置和HD-Q部分回转直流阀门电动装置两个系列4台样机的研制任务。2016年8月，样机通过了由中国核能行业协会组织专家进行的产品鉴定，该产品填补了国内空白。

2014年，超（超）临界火电站关键阀门执行机构的国产化也列入日程。编制了《推进超（超）临界火电机组阀门执行机构国产化方案》，产品包括电动执行机构和气电执行机构，并选择了江苏句容电厂二期项目作为依托项目。扬州电力修造厂有限公司、常州电站辅机股份有限公司、扬州恒春电子科技公司、大连亨利测控仪表工程有限公司等8个企业参与了超（超）临界火电站关键阀门执行机构的国产化攻关。2015年9月8日，江苏句容电厂与阀门执行机构研制单位签订了联合研发协议。2016年，研制样机通过了鉴定验收。

2011年，中石油与成都中寰流体控制设备股份有限公司、天津埃克特测控技术有限公司等几家阀门执行机构制造企业签署了NPS56、Class900大口径球阀执行机构（包括电动执行机构和气液联动执行机构）研发协议。2017年，该项目通过鉴定验收。

（三）行业装备水平得到提升

2006—2015年，阀门行业一大批企业在技术改造和装备升级方面取得了明显成效。大部分企业增加了数控机床和加工中心。通过对设计手段、加工装备的提升改造，为企业的产品结构调整和升级，转变企业发展方式提供了装备保障。同时，阀门制造业结合核电、天然气长输管线、超（超）临界火电国产化需要，在试验条件和检测仪器等方面进行了大规模改造，全面提升了阀门行业的整体试验检测装备水平。

（四）试验检测条件得到改善

20世纪80年代，合肥通用机械研究院建立了机械工业阀门产品质量监督检测中心。

21世纪初，温州建立了国家泵阀产品质量监督检验中心，主要从事各类阀门产品的性能及安全检测。

2011年6月，国家承压阀门产品质量监督检验中心（河南）筹建；2012年2月，获得中国国家认证认可监督管理委员会的授权；2012年12月，国家质检总局对国家承压阀门产品质量监督检验中心（河南）能力建设进行了现场验收。

（五）质量管理及标准化工作得到强化

2006—2015年，承担国家重大技术装备的重点骨干企业的质量意识进一步增强，标准化工作也得到强化。

承担核电装备国产化的阀门制造企业根据全国民用核安全设备经验反馈现场会对核安全大检查的相关要求，对核电设备设计、制造整个流程全面开展了核安全自查活动。对在自查中发现的问题做到边查边改，立行立改。通过自查活动，梳理了企业在质量管理过程中的薄弱环节，进一步完善了企业的质量管理制度，对检查活动中发现的问题，通过制订整改措施并落实到位，质量意识得到了进一步提高，提升了企业的核安全文化；基本形成了"凡事有章可循，凡事有人负责，凡事有人验证，凡事有据可查"的核安全理念，提升了企业整体质量管理水平，使产品的质量得到保证。

企业在提高产品质量的同时，也更加注重标准化工作：一是积极采用国际标准和国外先进标准，如美国ASME、ANSI、ASTM、MSS、API标准，欧洲的EN标准，英国BS标准，法国Rcc标准，德国DIN标准，日本JIS标准等；二是积极参与阀门各类标准制定和修订工作，推动了阀门行业整体水平提升。经过近年来的不断优化和完善，我国阀门标准趋于成熟和完善，满足了产品研发及用户的需求。

2014年10月，全国阀门标准化技术委员会组织代表团参加了国际标准化技术委员会ISO/TC 153会议。

2015年9月，全国阀门标准化技术委员会再次组织代表团参加了国际标准化技术委员会ISO/TC 153会议，获得了《工业阀门电动装置一般要求》的编制机会。

截至2015年底，第四届全国阀门标准化技术委员会共负责制定或修订标准100多项，其中批准发布国家标准33项，行业标准86项，6项完成报批。

另外，阀门行业积极做好阀门产品"三化"工作。通过结构优化及设计改进，实现了阀门重要零件（如阀体、阀盖、阀杆和闸板等）的"三化"，使阀门零件标准化系数大大提高。产品零部件的"三化"提高了设计工作效率，缩短了设计工时和出图周期，并推动了工艺文件的规范化和标准化。

（六）上市融资步伐加快

阀门行业企业在完成股份制改造的基础上，为拓宽融资渠道，谋求更大发展，一批企业登陆国内资本市场。继中核苏阀（1997年）、广东明珠（2001年）、湖北洪城（2001年）上市之后，2010年江苏神通阀门股份有限公司在深圳中小板成功上市，2014年苏州纽威阀门股份有限公司在上交所成功上市，2015年苏州道森阀门股份公司在上交所上市，另有上海阀门厂股份有限公司等几家企业在"新三板"成功挂牌。这些企业通过上市一方面解决了发展所需要的资金，减轻了对银行等传统金融机构的依赖，降低了资金使用成本；另一方面大幅度地提高了企业知名度，增强了品牌效应，积聚了企业的无形资产，企业的经营管理更加规范和公开透明，为企业的长远健康发展引入良好机制，开拓了更大发展空间。

（七）向现代制造服务业转型升级

2015年，国务院发布《中国制造2025》，文中提出，要坚持把结构调整作为建设制造强国的关键环节，推动生产型制造向服务型制造转变。"十二五"期间，伴随制造业转型的步伐，越来越多的行业企业开始尝试由纯制造业向制造+制造服务业转变，开展增值服务，承接维修服务业务，充分利用了企业的专业人才优势和生产加工能力，大大提高了产品的附加值。

（八）行业协会发挥桥梁纽带作用

1. 参与阀门国产化组织工作

这期间，国家能源局等有关部委委托行业协会参与组织了大型核电、超（超）临界火电、长输管线、现代煤化工、LNG装置用阀门的国产化工作。

2. 举办展览会，展示行业成就

2006年，在北京展览馆成功举办了2006年第三届中国国际流体机械展览会；2008年，在北京国际展览中心成功举办了2008年第四届中国国际流体机械展览会；2010年，在北京展览馆成功举办了2010年第五届中国国际流体机械展览会；2012年，在上海世博展览馆成功举办了2012年第六届中国国际流体机械展览会；2014年，在上海世博展览馆成功举办了2014年第七届中国国际流体机械展览会；2016年，在上海世博展览馆成功举办了2016年第八届中国国际流体机械展览会。另外，2016年5月，在印尼首都雅加达举办了首届中国国际（印尼）流体机械展览会，一批国内外阀门及配套企业参加了展览会，展览会取得了成功。

3. 举办中国国际阀门论坛

2006年，在北京举办了2006首届中国国际阀门论坛。之后，于2008年、2010年、2012年和2016年分别举办了第二届、第三届、第四届和第五届中国国际阀门论坛。先后编印4期论文集，收录论文共计160多篇。

4. 开展国际交流活动

协会多次组织赴美国、英国、德国、法国、意大利、西班牙、俄罗斯、日本和韩国考察交流，就阀门市场前景、产品研发、新材料、新工艺和企业管理进行了广泛的交流和探讨。这些国际交流活动对行业发展具有启发作用。

5. 开展培训及其他活动

协会多次举办阀门设计、标准与工艺技术培训活动；多次召开价格座谈会，加强行业自律工作，引导行业的有序竞争；积极开展统计和年鉴编制工作，参与国家产业政策讨论和修改，编制了阀门行业"十二五"和"十三五"发展规划，引导行业技术进步与健康发展。

6. 加强协会自身建设

在中国通用机械工业协会的指导下，阀门分会加强协会自身组织建设，实现了秘书处工作人员的知识化、年轻化和职业化，提高了协会的服务能力和行业的凝聚力。

2005年11月19日，中国通用机械工业协会的阀门分会在福建省厦门市召开了第五届会员大会，选举产生了第五届理事会。会议选举通过了河南开封高压阀门有限公司房四平董事长担任理事长，中核苏阀科技实业股份有限公司总工程师张宗列和宣达实业集团有限公司董事长叶际宣担任常务副理事长，成都乘风阀门控股集团有限责任公司董事长丁骐等15人为副理事长，宋银立担任秘书长。

2010年3月20日，中国通用机械工业协会的阀门分会在杭州召开第六届会员大会，选举产生了第六届理事会。会议选举大连大高阀门有限公司于传奇董事长担任理事长，中核苏阀科技实业股份有限公司张宗列常务副总经理和宣达实业集团有限公司叶际宣董事长担任常务副理事长，成都乘风阀门控股集团有限责任公司丁骐董事长、苏州纽威阀门有限公司王保庆董事长、上海阀门厂有限公司王建克董事长、湖北洪城通用机械股份有限公司王洪运董事长、浙江超达阀门股份有限公司王汉洲董事长、慎江阀门有限公司叶旭强董事长、中国通用机械工业协会宋银立副秘书长、上海耐莱斯·詹姆斯伯雷阀门有限公司李仲光总经理、兰州高压阀门有限公司陈清流董事长、五洲阀门有限公司陈锦法总经理、江苏神通阀门股份有限公司吴建新董事长、哈电集团哈尔滨电站阀门有限公司邹世浩总经理、河南开封高压阀门有限公司房四平董事长、山东益都阀门集团股份有限公司洪金枝董事长、江南阀门有限公司黄作兴董事长、合肥通用机械研究院阀门所黄明亚所长、北京市阀门总厂（集团）有限公司辜文实董事长和四川飞球（集团）有限责任公司樊平董事长等18人为副理事长，宋银立（副理事长）兼任秘书长。

行业协会不断壮大，截至2016年底，会员数近500家，会员涵盖大学、设计研究院、阀门制造企业和阀门执行机构及阀门有关配套件企业，包括了全部行业内资骨干企业和合资、外资企业，代表性增强。

（九）小结

2006—2015年，是我国阀门行业历史上进步最大、实现质的跨越的时期。行业规模已经居于世界第一，成为世界第一阀门生产大国。

在国家发改委、能源局的领导下，行业协会充分发挥桥梁和纽带作用，骨干阀门企业积极参与，紧紧依托重大能源工程建设项目，集中力量研制大型核电、超（超）临界火电、油气长输管线、大型LNG、大型现代煤化工项目等重点领域的关键阀门，取得了一系列重大突破。百万千瓦核电、超（超）临界火电和千万吨炼油装置、大型煤化工项目以及长输管道配套阀门所需的阀门产品80%以上可以国内配套，部分领域具备100%供货能力；从装备水平、研发能力和企业管理各个方面有了极大提升，阀门行业整体水平实现了质的跨越，缩小了与国外的差距。

受区域经济、资金、技术、人力、交通和配套能力等因素影响，我国阀门制造产业主要集中分布于工业相对发达地区。按照产值和销售收入排在前10位的省市有：江苏省、浙江省、上海市、天津市、河南省、山东省、辽宁省、福建省、四川省和河北省，安徽省、黑龙江省、湖南省、广东省、甘肃省和宁夏回族自治区也有部分具有较强竞争力的优秀阀门企业。

2006—2015年阀门行业的经济指标见表5-12。

表5-12　2006—2015年阀门行业的经济指标

年　　份	工业总产值/亿元	出口交货值/亿元	总产量/t	实现利润/亿元
2006年	725	229	207	45
2007年	842	240	240	57
2008年	1147	250	326	63
2009年	1342	260	460	77
2010年	1673	280	500	97
2011年	1895	290	595	137
2012年	2116	316	726	150
2013年	2412	346	800	169
2014年	2577	371	1031	183
2015年	2566	344	994	172

十、结束语

我国阀门行业经过几十年的发展,尤其经过近十余年的连续高速增长,已经成为全球阀门制造大国,通用阀门制造中心。行业的装备水平达到国际先进水平,阀门产品配套能力取得重大突破,百万千瓦核电、火电和千万吨炼油装置以及大型煤化工项目配套所需的阀门产品80%以上可以国内配套,部分领域具备100%供货能力。

我国阀门行业已实现自主配套。阀门行业的配套完整性是世界其他国家不可比的,有些国外著名厂商也从中国采购铸件、球、垫片等阀门零配件。例如:专业生产球阀球体的企业有球豹阀门有限公司和温州瑞球阀门有限公司;专业生产阀门铸钢件的企业有安徽应流铸造有限公司、江苏万恒铸业有限公司和中核苏阀恒店铸造有限公司;专业生产填料垫片(密封件)的企业有宁波天生密封件有限公司、苏州宝骅密封件有限公司和洛阳享盛密封件有限公司;专业生产阀门试验装置的企业有上海增欣机电科技股份有限公司和苏州思创科技有限公司;专业生产阀门锻钢件的企业有苏州东吴锻件有限公司。

但随着全球金融危机和我国宏观经济增速放缓,阀门行业结束了连续多年高速发展的态势。同时,由于企业竞争加剧,阀门行业呈现出专业化和规模化并存的竞争模式。面临的形势是,今后阀门市场竞争将更加激烈,并呈现两极化特点:一般通用阀门的竞争将更加激烈,许多阀门企业参与同一个项目的竞争;高端阀门国产化难度依然很大。由于阀门行业竞争的无序性,表现在价格的恶性竞争方面,目前我国通用阀门产品的市场价格长期在低位运行。再加上受世界宏观经济形势影响,国内外许多一般性项目消减、暂缓或取消,常规阀门市场需求量锐减,导致本身已经处于无序、压价状态下的市场竞争将更加激烈,尤其体现在价格竞争方面,导致行业进入微利时代。

虽然阀门国产化取得一定成绩,但是技术含量高的关键阀门还需进口,如核岛部分的阀门、火电机组的主蒸汽调节阀、主蒸汽安全阀、天然气调压装置用的轴流式调节阀、油品管路用的迷宫式调节阀等。我国阀门行业还需要加强内部管理,提高创新能力,开发市场急需的高端产品,实现供给侧改革。

阀门行业面对通用阀门产能严重过剩、高端阀门长期依赖进口的局面,加快转变经济发展方式、开发高端产品、扩大出口是实现可持续发展的必由之路。产业结构转型升级对我国阀门企业来说已迫在眉睫,开发新产品,发展新兴产业配套阀门产品是产业结构转型升级重要途径,是行业保持持续健康发展的必然选择。

我国阀门行业由小变大、由弱变强,除了依靠广大阀门行业从业者的努力奋斗外，还始终受到国家有关部门领导的关心支持。尤其是近10年，阀门行业依托重大技术装备国产化实现了质的跨越，生产能力和水平已经得到用户部门和单位的广泛认可，除个别高精尖产品外，一般阀门产品基本可以满足国民经济各领域需求，部分产品达到国外先进水平。目前我国阀门行业已从高速发展向中速发展转变，转型升级、提质增效迫在眉睫。加大创新力度，提高产品技术含量和质量水平，适应国家"创新驱动"战略和"一带一路"倡议，着力开拓国外市场，扩大阀门出口，提高管理水平，才是由阀门大国变成阀门强国的必然选择。

第六章

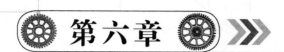

中国气体分离设备工业发展史

一、概述

气体分离设备是用低温精馏或常温的变压吸附、膜分离的方法将空气或石油气、天然气、焦炉气等混合气体进行分离，制取氧、氮、氩、氖、氦、氪、氙、氢、一氧化碳、二氧化碳、丙烷、丁烷等气体的设备，以及采用深冷液化法将各类气体由气态转变为液态的设备，包括空气分离设备、稀有气体提取设备、天然气分离设备、石化气体分离设备、天然气液化设备、氦液化设备及氢液化设备等，其中最主要的设备是空气分离设备，简称空分设备，俗称制氧机。

气体分离及液化设备属成套设备，由许多子系统组成，每一子系统又由若干个机组构成：净化系统，有过滤器、干燥器、分子筛吸附器等；原料压缩系统，有离心式、螺杆式、活塞式压缩机等；驱动系统，有汽轮机、电动机等；换热系统，有管式、板翅式各种换热器和氮水预冷器；制冷系统，有气体、液体膨胀机和节流阀等；精馏系统，有单级、双级精馏塔和冷凝器、蒸发器等；产品输送系统，有活塞式、透平式产品气体压缩机和低温液体泵等；还有为成套设备配置的电器控制系统、仪表控制系统和自动化操作系统、产品分析系统；此外，为应急贮存的后备系统，有高压、中压贮气罐和低温液体贮罐、液体泵、汽化器、灌充器等，为产品运输的低温液体槽车、高压气体罐车。这些系统及机组涉及众多专业与技术。因此，气体分离及液化设备具有机组多、成套性强，而且技术复杂、自动化要求高、多专业集成等特点，也正因为该特点，气体分离设备的研发、设计、制造能力与水平，从一个侧面体现了国家的装备制造能力的水平。

气体分离设备最初的主要用途是为机械工业的金属焊接和切割提供氧气，以后，随着经济的发展、技术进步，工业气体广泛地应用到国民经济的各个领域中。

在冶金工业方面，空分设备为转炉炼钢、电炉炼钢、钢坯表面火焰处理、连铸切割提供纯氧，为高炉炼铁、有色冶炼炉提供富氧，为干熄焦、炼钢、轧钢热处理、高炉提供氮气保护，为精炼优质钢材提供氩气。空分设备已成为冶金工业必不可少的重要装备。

在石油化工方面，空分设备既为重油裂解、合成氨等各种化工生产提供原料气，也为各种化工生产工艺过程提供置换气、保护气，以及石油采注置换气。

在煤化工领域，空分设备为煤制油、煤制天然气、煤制甲醇、煤制烯烃等提供大量的汽化用氧、保护用氮，特别是 2000 年以后该领域发展迅猛，其规模之大，使我国迅速成为世界上煤化工领域里用氧、用氮最多的国家。

在建材工业中，空分设备为各种炉窑的节能提供富氧，为浮法玻璃生产提供氮气保护。

在电光源工业中，氩、氖、氦、氪、氙等气体都是不可缺少的重要原料。

此外，气体分离设备的产品还广泛应用于：电子工业中的各种规格高纯度气体，机械工业中的金属切割、金属热处理保护，食品工业中的食品速冻、蔬菜水果保鲜，农牧业中的杀虫储粮、精液冷冻，环境保护中的净化空气、污水处理，医疗卫生中的氧气急救、高原环境用氧、液氮冷刀、氙气麻醉等，航天领域中的火箭发射、卫星制造等，还有液氮冻土矿井掘进、煤矿安全充氮、石油注氮开采、超导电缆、卫星通信和遥测、激光技术等。

随着我国能源结构的调整，天然气应用量的快速增长和石油化工的迅猛发展，天然气分离设备和天然气液化设备，各种石油气、驰放气、尾气分离提取或提纯氢气、一氧化碳、二氧化碳装置等的需求与应用也飞速发展，且规模越来越大。

我国气体分离设备在国民经济各项事业的发展中显示出越来越重要的地位和作用，其应用的范围不断拓展，工业气体用量的迅速增长，从另一个侧面反映了我国综合国力的不断增强。

二、气体分离设备工业的开创与形成（1949—1961 年）

新中国成立时，不仅没有气体分离设备制造工业，就连气体分离设备的应用也寥寥无几。到 1949 年新中国成立前夕，全国仅在上海、青岛等少数几个沿海城市拥有制氧机，总量约 100 套，这些设备单套制氧能力为 10～200m^3/h，全国总制氧能力不到 3500m^3/h。

我国气体分离设备制造业最先发展的产品是空分设备。

1953 年底，哈尔滨第一机械厂（后更名为哈尔滨制氧机厂）在俄裔工程师的帮助下，首先试制成功两套高压流程的 30m³/h（氧）空分设备，结束了中国不能制造空分设备的历史。

1952 年 8 月起，浙江铁工厂（1953 年 8 月更名为杭州通用机器厂）承担了第一机械工业部一局下达的制氧机研制任务；1953 年 6 月，首先研制完成了第一台 40-1 型充氧车（见图 6-1）；1955 年底，完成了我国自行设计高压流程（20MPa）的 30m³/h（氧）空分设备的制造任务；1956 年 1 月 3 日，试车调试出氧，产量、纯度达到设计要求。这是我国自力更生制造的空分设备诞生的日子，是一个永载史册的日子。继首套 30m³/h（氧）空分设备试车成功后，杭州通用机器厂当年就投入了批量生产，共生产制造了空分设备 14 套，其中 30m³/h（氧）空分设备 12 套，12L/h（液氧）空分设备 2 套。至此，杭州通用机器厂踏上了专业化批量生产空分设备的征程，我国的气体分离设备（空分设备）制造业正式启航。

图 6-1　1953 年 6 月浙江铁工厂制造的 40-1 型充氧车

初期研制成功的小型空分设备采用高压（压力为 20MPa）活塞式压缩机、碱洗硅胶干燥纯化空气、绕管式换热器、铜制精馏塔等技术，技术性能水平不高。为改变这种状况，技术人员和工人们发奋图强、刻苦钻研，连续试制成功几种新产品，迅速完成了从高压流程向中压和中高压流程、从小型向大中型的过渡，从仿制中积累了自行设计研发国产空分设备的经验和技术。

1956 年，杭州通用机器厂开始参考了德国的 50m³/h（氧）中压流程空分设备进行试制；1957 年，试制成功了 50m³/h 中压（4.0MPa）流程空分设备；1958 年 7 月，设计、自行研发成功由活塞式压缩机、碱水预冷塔、硅胶干燥器、绕管式换热器、活塞式膨胀机、铜制精馏塔、活塞式氧压机等组成的中压流程的 150m³/h（氧）空分设备。该中压流程的 150m³/h（氧）空分设备产品后成为杭州制氧机厂乃至行业众多厂生产的小型空分设备系列中的主导产品，为小型空分设备 60 多年来生产数量最多、影响面最广的一个产品。

1954年10月—1958年底,苏联及其他社会主义国家派出专家援助我国的工业建设。苏联的制氧机设计、计量、有色金属铸造方面专家,德国的设备、压缩机与泵方面专家和捷克的专家来杭州通用机器厂援助建设,他们参与了工厂的规划与建设、产品的设计、技术管理、生产组织等。这些专家对我国空分设备制造业的发展发挥了很大的作用。

1956年起,为适应我国冶金、化肥工业发展的迫切需要大中型空分设备的新形势,杭州通用机器厂开展了大型制氧机调查,了解了进口大中型空分设备的使用情况及需求,开始了3350m^3/h(氧)空分设备研制工作。在技术图样、工装模具全无,缺乏经验与技术条件下,凭着技术人员满腔热情和艰苦努力,通过一年半的试制,1958年4月30日试制成功国产铝带蓄冷器冻结高低压流程的第一套3350m^3/h(氧)空分设备,同年生产了两套。1960年6月,国产的第一套大中型3350m^3/h(氧)空分设备在北京首钢调试成功,其产量和纯度均达到设计要求。

3350m^3/h(氧)空分设备是我国自行研制的第一代空分设备,采用铝带蓄冷冻结式的高低压流程,这个流程成为我国最早的大中型空分设备的主导流程。3350m^3/h(氧)空分设备的研制成功,标志着我国大中型空分设备从此起步。

1956年底,杭州通用机器厂根据国家发展的要求,提出了建设我国气体分离设备制造基地的方案。1958年8月,厂区由西子湖畔的劳动路搬迁至艮山门外,制造能力大幅度提升。同年底,杭州通用机器厂更名为杭州制氧机厂。

1959年,杭州制氧机厂试制完成高低压流程的300m^3/h(氧)空分设备。1961年,完成了高低压流程的300m^3/h(氧)空分设备生产的同时,生产了1200m^3/h(氧)、4600m^3/h(氮)两种空分设备产品。

1958年起,杭州制氧机厂开始了稀有气体提取设备的研制。1960年,研制了配150m^3/h(氧)空分设备的2.5m^3/h制氩设备。1961年,研制了配3350m^3/h(氧)空分设备的125m^3/h氩提取设备和0.42m^3/h氪氙提取设备。后来又研制了25L/h氖、3L/h氦冷凝法分离装置。

1961年,杭州制氧机厂研制的8L/h氢液化装置试车成功。1963年,完成了100L/h氢液化装置的研制,并交付用户使用。

1961年,杭州制氧机厂研制成功低压流程和中压流程的20000m^3/年天然气提氦设备,1963年投入运行。

1958年6月,第一机械工业部提出筹建开封空分设备厂,国家计委于1960年2月正式批准建厂,3月将开封农业机械厂正式更名为开封空分设备厂,并开始了开封空分设备厂建设。1961年5月,在杭州制氧厂的帮助下,开封空气设备厂试制完成第一套50m^3/h(氧)中压流程空分设备,从此开始了气体分离设备的专业制造。

哈尔滨第一机械厂虽在 1953 年研制了第一套国产制氧机，但工厂并未转向气体分离设备的专业生产。至 1959 年，该厂试制了 50m³/h（氧）空分设备，重新转向生产制造空分设备，1960 年更名为哈尔滨制氧机厂，并开始在哈西工业区建设新厂。

1959 年，邯郸滏阳机械厂在杭州制氧机厂的帮助下开始研制小型空分设备。1960 年 5 月，50m³/h（氧）中压流程空分设备试制成功，通过鉴定后投入批量生产。1962 年该厂更名为邯郸制氧机厂。

1960 年 5 月 1 日，杭州制氧机研究所正式成立。该研究所从事气体分离设备行业技术研发，承担杭州制氧机厂移交过来的稀有气体提取设备和气体液化设备（氢、氖、氦液化）的研究、设计任务。我国第一套 8L/h、100L/h 氢液化设备，25L/h（氖）、35L/h（氖）、145L/h（氦）冷凝法氖氦分离设备等高端低温装置，都是由杭州制氧机研究所研发的。杭州制氧机研究所承担了行业技术情报、标准、规划管理工作。1961 年，杭州制氧机研究所创办了《深冷简报》，即以后的《深冷技术》期刊。

高等教育系统的工科院系作为工程师的摇篮，于 1956 年开始相关专业人才的培养。1956 年高教部在西安交通大学开设压缩机与制冷专业，聘任两位苏联专家来校指导专业开设和培养研究生以建设教师队伍，1960 年分设压缩机专业和制冷与深度冷冻装置专业。此后，一机部所属的武汉机械学院（1971 年并入华中工学院）和上海机械学院（现上海理工大学）开设了相同的专业，浙江大学等一批院校也相继开设了类似专业，为气体分离设备行业输送了大批专业人才，同时也完成了许多科研、试验课题，为行业发展做出了较大的贡献。

至此，我国气体分离设备行业从无到有，填补了我国机械工业在气体分离设备领域里的空白。在短短的几年间，杭州制氧机厂迅速掌握了小型空分设备、中型空分设备的设计制造技术，同时还研发了稀有气体提取设备和深低温领域的气体液化装置，在制造加工装备落后的条件下，解决了从空气压缩机到膨胀机、换热器、精馏塔、管道、阀门均自行制造的难点，有效地满足了当时国民经济发展对气体分离设备的装备需求。气体分离设备专业制造厂也从 1 家增加到了 4 家，同时也建立了相关专业研究所和大专院校的相关专业。1961 年 8 月，全国制氧机制造行业厂际竞赛第一次会议在杭州召开，标志着我国气体分离设备行业制造体系已初步形成，行业活动也从此开始。

三、调整、曲折发展时期（1962—1977 年）

气体分离设备行业伴随着我国经济的大发展而迅速发展。1958—1960 年，气体分离设备行业的工业总产值连年直线上升，从 1957 年的 1628 万元跃升到

1960 年的 8437 万元，形成了行业有史以来的第一个生产高峰。但经过"大跃进"后，到了 1961 年不得不进行调整，生产量大起大落，全行业工业总产值从 1960 年的 8437.5 万元下降至 1962 年的 2174.3 万元，全行业职工人数从 1960 年的 11053 人精简为 5327 人。经过贯彻中央"调整、巩固、充实、提高"的方针，行业各厂从 1962 年起对计划管理、技术管理、质量管理、劳动工资管理和物资管理等方面进行了全面的整顿，工厂各项管理得到顺利的恢复和发展，1965 年回到了正常的生产水平。但不久行业发展速度再次放慢，其产品质量与技术水平不稳定，性能不能保证、品质相对低下。

这一时期，一些发达国家推出了采用全低压流程、全板翅式换热系统、全铝结构、高效透平膨胀机技术的大中型空分设备，该设备具有可使空分设备工作压力降低、电耗降低、传热效率高、结构紧凑、减轻设备重量、降低生产制造成本等优点。为尽快赶上国际先进水平，杭州制氧机研究所、杭州制氧机厂、开封空分设备厂从 1962 年起就积极开展了全低压流程的方案设计及反击式透平膨胀机、板翅式换热器等关键部机的研发。

1965 年，开封空分设备厂承担了由杭州制氧机厂移交的全低压流程 $3200 m^3/h$ 空分设备研制任务，杭州制氧机厂转向全低压流程 $6000 m^3/h$ 空分设备的研制。新的大中型空分设备流程采用了由高低压流程改为全低压流程并采用石头蓄冷器，分馏塔由铜制改为铝制，塔板由单溢流口改为双溢流口，辅助冷凝蒸发改为液氧泵循环，主冷凝蒸发器短管结构改为长管结构等一系列新技术。1966 年，两套空分设备转入部机设计和产品试制。1968 年，杭州制氧机厂试制完成第一套石头盘管式蓄冷器全低压流程的 $6000 m^3/h$ 空分设备。1969 年，开封空分设备厂也完成了石头蓄冷器流程全低压流程的 $3200 m^3/h$ 空分设备。这两套设备分别于 1970 年 10 月起在马鞍山钢铁公司、武汉钢铁公司投入运行。从此，我国气体分离设备行业正式进入我国第二代全低压流程空分设备的生产时代。

1962—1964 年，杭州制氧机研究所建立了我国第一个透平膨胀机试验台位，并结合 $3200 m^3/h$ 空分设备的试制任务，研制成功第一台径向流反击式透平膨胀机，其试验效率超过 80%。1964—1967 年，开展了透平膨胀机包括转速调节、部分进气调节、转动叶片调节在内的多种调节方法的试验研究，以及闭式叶轮与半开式叶轮性能比较试验，取得了很大的进步，性能参数接近和达到了当时国际先进水平。1965 年起，杭州制氧机研究所开始设计、试制反击式透平膨胀机，1967 年起相继配套用于 3200、3350、$6000 m^3/h$ 空分设备与氮洗联合装置等，从而进入产品试生产，及时满足了空分设备向全低压流程发展的需要。

板翅式换热器是一种高效、紧凑的新型换热器，也是空分设备中关键配套部机，它的研制相对困难得多，当时国际上也刚开发，仅有文献报道，无实物可参考。1961 年，杭州制氧机研究所敏锐地捕捉到板翅式换热器在低温工程领域中应用开发的信息,决心自主研发,打破国外技术封锁。1962 年,课题立项并列入国家科委的发展规划。1965 年,开始钎焊炉、钎料、清洗等方面的试验,1966 年进行小试样试验。通过无数次的试验,1969 年初,杭州制氧机厂在盐浴钎焊炉中首次钎焊出 112mm×210mm×1000mm 切换板翅式换热器单元,并装配于 15L/h 液氧液氮设备上,于 9 月试车成功,从此开发出了国产小型板翅式换热器产品。与此同时,开封空分设备厂也于 1966 年 5 月开始了板翅式换热器的研发,1969 年 7 月钎焊出了 400mm×450mm×1100mm 和 400mm×300mm×800mm 两种过冷器单元,配套在 3200m^3/h 空分设备上,于 1970 年在马鞍山钢铁公司投入运行。在板翅式换热器研发过程中,杭州制氧机厂、开封空分设备厂自行设计、自行研发装备、自行研究生产工艺,经历了 1970 年前后许多台板翅式换热器研制的失败,过程中付出的代价也是巨大的,直至 1972 年杭州制氧机厂、开封空分设备厂通过无数次的攻关试验,已基本掌握了板翅式换热器的设计、制造及质量控制关键点,生产出了合格的板翅式换热器产品。1972 年 9 月,第一机械工业部三局专门召开制氧机板翅式换热器技术攻关经验交流会,此后,两厂的板翅式换热器制造质量不断地进步,成品合格率达到了 94%。铝制板翅式换热器的研制成功为全低压、全板式流程大中型空分设备的发展创造了必要的条件,我国成为继美国、英国、法国后,少数几个掌握铝制板翅式换热器制造先进技术的国家之一。

1968 年,杭州制氧机厂开始研制 1000m^3/h、6000m^3/h、1 万 m^3/h 全低压、全板式流程的空分设备。该空分设备采用切换式板翅换热器取代笨重的石头蓄冷器、分馏塔采用全铝结构、透平膨胀机制冷等新技术,是空分设备发展历程中的第三代空分设备。

新研发的 1 万 m^3/h 空分设备于 1970 年交付鞍山钢铁公司使用,6000m^3/h 空分设备于 1970 年在浙江衢州化工厂投入运行,1000m^3/h 空分设备于 1972 年在天津华北氧气厂投入运行。开封空分设备厂研制的 1500m^3/h、3200m^3/h 全低压全板式流程的空分设备于 1972 年在湖北鄂城钢厂投入运行。全低压空分流程的研发也带动有关透平空气压缩机、透平氧气压缩机、透平膨胀机、离心式液氧泵、自动切换程控装置、仪控、电控等重要配套机组的设计、制造技术的进步。

1968—1976 年间杭州制氧机厂、开封空分设备厂、四川空分设备厂(1966 年建厂)生产了不少 1000m^3/h、1500m^3/h、3200m^3/h、6000m^3/h、1 万 m^3/h 空分设备,但这一阶段的大中型空分设备普遍存在着成套设备产量、纯度不达标,能耗高,配套部机空压机、切换阀、板翅换热器、透平膨胀机、液氧泵、控制装置、氧压机等故障多、可靠性差等一系列问题。这反映出我国空分设备制造业在设计、制造技术方面还不成熟。

1969—1974 年,出现了第二个空分设备需求高峰,除杭州制氧机厂、开封空分设备厂大干快上外，辽宁、江苏、江西、陕西、吉林、广东、上海、北京等地以"会战"形式，安排非专业制造厂制造了 300m³/h、600m³/h、800m³/h、1000m³/h、1500m³/h、3200m³/h、3350m³/h、6000m³/h、1万 m³/h 空分设备共31套。这些违反了工业生产客观规律制造的空分设备不仅经济效益低，性能指标不达标，而且产品质量差，多数设备安装后不能正常运行，最后报废拆除，造成了极大的浪费。

在"会战"高潮中，江西制氧机厂、吴县制氧机厂由地方投资，开始建设。1970年，江西化工设备制造厂更名为江西制氧机厂，生产方向由以小化肥高压容器为主转向以小型空分设备为主，1971年，在杭州制氧机厂图样的基础上，试制成功该厂第一套 150m³/h 空分设备，以后成为以制造 150m³/h 空分设备及其配套空压机、氧压机、膨胀机等部机为主导产品的行业制造厂。

江苏吴县于1970年制造了石灰氮厂所需的 12m³/h 空分设备。此后，在会战作业班和石灰氮厂空分车间的基础上，筹建了吴县制氧机厂。1971年，该厂开始正式生产制造 150m³/h 空分设备及其配套部机。

1966年，国家经委"〔66〕计机字035号文"正式批准在四川自贡筹建四川空分设备总厂，1967年11月，在四川简阳重新展开四川空分设备厂建设工程。建厂期间，杭州制氧机厂陆续抽调干部、科技人员、管理人员和生产骨干共695人，携带关键设备、专用设备、技术资料等内迁建设新厂。1974年，该厂形成真正的生产制造能力，1975年12月建成验收，主要生产小型空分设备和 1000m³/h 等级的空分设备。

1971年，四川空分设备厂生产出两套 1000m³/h 管式制氧机，并提供给重庆钢铁厂使用。

1977年，国家建委"〔67〕基四141号文"批准建设以多组分气体分离及液化技术和低温绝热技术为主要研究方向的四川深冷设备研究所，为一机部二类所，归属四川空分设备厂管理。

1970年，邯郸制氧机厂在杭州制氧机研究所的指导下，开发了常温分子筛吸附、带透平膨胀机和液氧泵中压流程的 300m³/h 空分设备。

1970—1971年，哈尔滨制氧机厂开发了全低压、全铝结构、采用板翅式换热器的 600m³/h、800m³/h 空分设备。

1968年起，杭州制氧机厂首先在小型 150m³/h 空分设备开始采用分子筛吸附器替代碱洗硅胶干燥系统，取得了吸附二氧化碳、水分效果提高，简化流程，减少设备投资，操作维护方便，碱蚀现象消除等效果。1970年向全国推广，在之后短短的两年中，全国95%的小型空分设备使用单位都采用了分子筛吸附器。与此同时，杭州制氧机研究所将 150m³/h 空分设备配套的活塞式膨胀机由有油润滑改为无油润滑，并采用了由长活塞结构取代短活塞结构等新技术，大幅度地提高小型空分的技术性能与可靠性，降低了能耗，这一新技术在 1970 年后迅速在行业各厂推广。

1966 年起，开封空分设备厂研制成功 4000m^3/h 空分氮洗联合装置，并于 1975 年在新疆建设兵团化肥厂投入运行。

1969 年，杭州制氧机厂为国防建设需要研制成功 750kg/h 液氧设备，并提供给卫星基地使用。该设备有铁路移动式和固定式两种型号的空分设备（64 型、65 型）。

1962 年 10 月，自贡市机械一厂开始试制 50m^3/h 空分设备，逐步转向气体分离设备的生产。1965 年，杭州制氧机厂二机车间的部分机加工设备和 100 多职工内迁，并入自贡市机械一厂，并将一部分军工用小型空分设备和小型高压气体压缩机产品转移给该厂生产，从此该厂正式成为气体分离设备行业专业制造厂。

1968—1979 年，自贡市机械一厂研制成功 120m^3/h 移动式空分设备。这种设备由 4 辆车配级成套，可在各种恶劣气象环境下正常工作，可生产 120m^3/h 氮气或 20m^3/h 氧气，同时可生产 12L/h 液氧，为我国航天工业做出了贡献。

1969 年，杭州制氧机厂研发了带回热式制冷机的 15L/h 液氧、液氮车载移动式空分设备，1977 年通过军工产品定型委员会鉴定。在以后较长的时间里，该厂一直在为我国空军、海军航空兵提供移动式空分设备。杭州制氧机厂还研发成功 30~40L/h 液氧移动式空分设备，并移交给四川空分设备厂生产，由四川空分设备厂对其进一步改进和完善，1982 年通过了鉴定。

1965 年，杭州制氧机厂研发了 5L/h、20L/h 小型带回热式制冷机的液氮机。该液氮机具有体积小、操作简便等特点，在长达 30 多年的时间里成为小型深低温液化设备的主导产品，在当时购买低温液氮不方便的年代，该液氮机深受科研机构、大专院校的欢迎，成了一个量大面广的产品。进入 21 世纪后，液体市场逐步发达，该液氮机因专业维护要求高、运行能耗高等缺点逐渐退出了市场。

1975 年 12 月，杭州制氧机研究所开发成功了适应船体摇摆使用的 4L/h 液氮机，为海军遥测技术的发展做出了贡献。

1975 年起，江西制氧机厂与西安交通大学合作开发了 150m^3/h 空分设备用的气体轴承中压透平膨胀机。对比活塞式膨胀机，该膨胀机的零件减少了 87%，重量减轻了 98.7%，并具有效率高、结构简单、运行稳定的特点。这一研制成果获得了国家发明奖三等奖，在而后的小型空分生产制造中得到了广泛的应用。

这一时期，发达国家的空分设备技术发展很快，特点是大中型空分设备的氧提取率、单位能耗、运行周期等提高很快。而我国气体分离设备行业还处在刚起步阶段，许多领域需填补空白。由于各种因素的影响，我们没有迎头赶上，与发达国家在技术上的差距反而拉大了。

四、重新振兴、全面发展时期（1978—1999 年）

1978—1999 年，国家进入改革开放时期，气体分离设备行业针对当时百废待兴的困难局面，进行了一系列恢复性的整顿，开始了改革开放，行业各厂的经营、管理、生产、技术等各方面都取得了长足的进步。

（一）技术进步与产品开发

1978 年 6 月，第一机械工业部在浙江莫干山召开了制氧机质量及技术规划座谈会，邀请了全国大专院校、研究设计院所的专家及生产制造厂的领导参加了会议。会议针对众多的 1000 m^3/h 及以上空分设备质量、运行均不能达标的严重问题，提出了开展大中型空分设备的技术改造、引进技术和组建行业联合体等意见。此次会议对行业的联合、合作，空分设备的质量、技术水平、成套能力的提高，起到了十分重要的作用，是气体分离设备行业发展史上的重要转折点，之后行业从测绘仿制阶段进入了引进、消化、吸收到自主研发的阶段。

1978 年，国家有关部委开始寻求从根本上解决大型空分设备技术水平和产品质量问题的新途径。第一机械工业部提出，以技贸结合的方式，在引进设备的同时引进国外技术。1978 年 12 月，中国技术进出口公司与德国的林德公司签订了《切换式换热器和分子筛流程两种形式的 1 万 m^3/h 空分设备技术转让》的协议，该协议包括提供设计、制造、质量控制与试验等技术资料，并进行人员培训和合作生产；1979 年 3 月，与林德公司又签订了《转让低温甲醇洗、液氮洗和 2.8 万 m^3/h 空分设备的技术并合作生产》的协议。

1979 年 4 月—1980 年，以杭州制氧机厂为主，开封空分设备厂、四川空分设备厂参与，共派出了 131 人分四批到林德公司培训，学习了切换式换热器和分子筛流程两种形式的 1 万 m^3/h 空分设备设计计算、电算程序、空气预冷系统设计、分子筛吸附器设计精馏计算与精馏塔结构设计、主换热器与主冷凝蒸发器设计、膨胀机设计、仪控与电控设计等成套空分设备设计技术与制造工艺。1980 年 5 月，林德公司提供齐了五种稀有气体全提取的 1 万 m^3/h 空分设备的成套图样、工艺装备资料及林德公司标准等。

杭州制氧机厂在消化吸收引进技术中，应用电算模块技术，对原有产品系列进行验算对比，找出国产大型空分设备存在的性能差、指标低、设计不合理的症结，同时对引进技术中的一些关键结构设计开展了试验验证，以掌握其内在规律，从而使引进技术迅速得到消化吸收。通过培训与消化吸收，使我国气体分离设备行业的技术研发、设计计算能力迅速提升到了一个新的高度。这是气体分离设备行业发展重要的一步。

在引进技术的同时，1979年，杭州制氧机厂与林德公司合作生产拉开了帷幕，通过合作生产，该厂学到了许多现代企业需要的管理经验和先进的制造工艺。1980年合作生产的四套1万m^3/h空分设备中的部分设备，以"杭氧""林德"的标牌，如期发给武汉钢铁公司等用户。1983—1985年间，杭州制氧机厂还与参与了林德公司为镇海炼油厂、九江石化、宁夏化工厂2.8万m^3/h空分设备中部分设备的生产制造。

为解决成套空分设备中配套部机、外购件、外协件所存在的质量问题，主要针对板翅式换热器、透平压缩机、成套工业仪表、分析仪器、吸附材料（分子筛、硅胶和活性氧化铝）、低温绝热材料等，杭州制氧机厂、开封空分设备厂、四川空分设备厂等采用了一系列的措施并组织了技术攻关，取得了可喜的成果。

1976年时，我国虽然已经掌握了一整套板翅式换热器设计制造技术，但由于产品截面小、长度短、气阻大、自清除效果差，使不少空分设备运转周期达不到设计指标，特别是翅片制造质量不过关，产生小面积脱焊问题成为制约板翅式换热器质量提高的关键。为此，杭州制氧机厂、开封空分设备厂成立了攻关小组，设计出结构新颖而简单的锯齿形翅片及模具，通过相互交流与试制，两厂于1987年分别研制成功板翅式换热器锯齿形翅片压力机，冲制出了质量稳定的翅片。而后，杭州制氧机厂建设大截面板翅式换热器盐浴钎焊炉，使板式单元分别达到了1000mm×1200mm×3300mm；开封空分设备厂建设了国内最大的盐浴钎焊炉，使板式单元分别达到了1200mm×1200mm×6000mm。从此我国的板翅式换热器产品质量达到了新的水平，产品规格走向了大型化。1980年，开封空分设备厂的锯齿形翅片冲床及模具获得了国家发明奖二等奖，杭州制氧机厂的3.3m板翅式换热器获得了国家银质奖章。

中国技术进出口公司于1981年4月与日本日立制作所签订了《制氧机用离心式压缩机许可证贸易合同》，按国内分工，沈阳鼓风机厂引进双轴DH型空气透平压缩机技术，杭州制氧机厂引进日立制作所的3.0MPa中压氧气透平压缩机的制造技术。1983年底，杭州制氧机厂按照引进技术制造出第一台中压氧气透平压缩机组。

1982年以后，四川空分设备厂研发的低温液体容器和贮槽系列产品有：真空多层绝热低温液体容器（10~500L）、杜瓦容器（5~30L）、粉末真空绝热贮槽（1~100m^3）、粉末真空绝热槽车（0.3~30m^3）、普通绝热贮槽（400m^3）等。1984年，四川空分设备厂从日本引进了超低温容器设计制造技术，包括175L低温容器、4.9m^3贮槽为代表的系列固定式低温贮槽系列、11m^3液氢槽车为代表的低温槽车系列，以及100L液氢容器。通过系列的研发、技术改造，当时四川空分设备厂的低温容器和贮槽、槽车设计制造达到了国内领先的水平。

杭州制氧机厂与上海化工研究院、上海分子筛厂合作攻关，研制出了接近进口 UCC13X 型分子筛性能的国产分子筛。

杭州制氧机厂除采用引进技术外，还采用了袋式空气过滤器、由空筒喷淋式空气冷却塔、旋流塔板式水冷塔、3.3m 大截面切换式换热器、气动切换蝶阀、可调喷嘴透平膨胀机、液氧自循环系统、浮动明杆式低温截止阀等新技术。

1979 年，杭州制氧机厂在引进技术的同时，也向林德公司出口了自行研制成功的包括 4 种 4 台翅片压力机和 5 种 6 副模具在内的板翅式换热器生产线，并转让相关全部技术资料和许可证。这是中国机械工业第一次向西方发达国家转让专有技术，在国内外产生了广泛的影响。

1982 年，杭州制氧机厂采用引进技术后，制造完成的新一代 1 万 m^3/h 切换板翅式换热器流程的空分设备和 $6000m^3/h$ 分子筛流程的空分设备，分别交付包头钢铁公司和上海石化总厂于 1984 年投入运行。提供给包头钢铁公司的新一代 1 万 m^3/h 切换板翅式换热器流程的空分设备投入运行，标志着我国已完成了第三代空分设备的更新；而上海石化总厂的 $6000m^3/h$ 分子筛流程的空分设备的投入运行，则标志着我国已掌握了代表当时国际先进水平的第四代空分设备技术，即由冻结法清除 CO_2 和 H_2O，改为用分子筛常温吸附的技术进行清除 CO_2 和 H_2O 乃至部分碳氢化合物，使清除过程从冷箱内移至冷箱外。这使空分工艺流程简化，操作方便，成套设备安全性大大提高。

消化吸收引进技术后的新一代空分设备，经评定得出：产品产量、纯度、能耗、运行周期达到设计要求，达到 20 世纪 80 年代初的国际先进水平，获得了用户的好评，迅速扭转了国产中大型空分设备性能质量低下的被动局面，国产空分设备迈开了与进口空分设备竞争的步伐。为此，1988 年国家经委发文：鉴于国产 1 万 m^3/h 空分设备已达到国际水平，今后 1 万 m^3/h 及以下空分设备为国家控制进口机电产品。而后该引进技术也推广应用到行业厂的 $1000m^3/h$、$1500m^3/h$、$3200m^3/h$、$4500m^3/h$ 等空分设备系列中，有效地满足了改革开放初期我国冶金、化工工业迅速发展的需要。由于第四代空分的开发成功，国产气体分离设备迅速在国内用户中取得信任，从此结束了国内大量进口中大型空分设备的局面。

在消化吸收引进技术的基础上，气体分离设备行业一方面迅速地提高了产品的技术水平，另一方面还积极地开发相关产品，取得了丰硕的成果。根据市场需要，1979 年以后的几年间，行业各厂相继开发了一大批适应市场需求的产品。

四川空分设备厂、自贡机械一厂、邯郸制氧机厂联合开发了 $20m^3/h$、$40m^3/h$、$80m^3/h$ 溶解乙炔成套设备及其配套设备，1982 年 4 月纳入了行业产品范围。该产品的开发，为我国焊割行业推广使用溶解乙炔，将电石分散汽化乙炔方式改变为安全、可靠、环保的溶解乙炔方式做出了贡献。

江西制氧机厂、杭州制氧机研究所和交通部水运科学研究所联合开发了冷藏集装箱。

开封空分设备厂于 1982 年试制成功我国第一座 1000t 金属装配式冷库，该冷库以钢结构作为骨架结构，用聚氨酯发泡保温板做围护结构，是一种全新理念的冷藏库。1985 年引进了德国成套聚氨酯夹心板生产线及金属组装式冷库建造的全套技术，1987 年形成生产能力，此后生产制造过多个大型组装式气调冷库。

四川空分设备厂为环保行业研制出氧气曝气污水处理设备。

杭州制氧机厂开发了二氧化碳压缩机、药用透平压缩机、液化石油气钢瓶生产线、啤酒灌装机、塑料带圆织机等。

自贡机械一厂大力发展液化石油气钢瓶和溶解乙炔气体钢瓶生产等，1981 年建成了液化石油气钢瓶生产线，1983 年建成了溶解乙炔钢瓶生产线，形成了年产达 10 万个钢瓶的生产能力，并投入批量生产。

1982 年，四川深冷设备研究所、四川空分设备厂承担了国家"六五"时期科技发展攻关项目——变压吸附（PSA）制氧设计研究。1984 年，开始进行 PSA 制氧技术的开发研究。试验工作先建立 $50m^3/h$ 规模的中间工业试验台。试验装置采用常压解吸三塔流程，吸附剂用国产分子筛。1987 年，样机通过部级鉴定，该样机研制成功，为后来 PSA 设备的开发奠定了基础。1990 年，设计了第一套三床真空解吸（VPSA）的 $150m^3/h$ 制氧设备，完成制造后，1991 年 6 月，在重庆北碚玻璃仪器总厂投入工业运行，氧气产量为 $140m^3/h$，氧气纯度为 90%。运行试验表明，我国 VPSA 制氧设备步入了实用化阶段。该厂又陆续开发出 $300m^3/h$、$600m^3/h$、$1100m^3/h$ 等 VPSA 制氧设备。此后，西南化工研究院、成都华西化工科技有限公司、开封空分等也相继开发了真空解吸流程的变压吸附制氧设备。

1984 年，杭州制氧机研究所开展了冷凝蒸发器的多孔表面管技术的研究，并结合新 $150m^3/h$ 空分设备产品开发，进行产品设计和工业试验。1990 年，完成了多孔表面管冷凝蒸发器设计、制造，并在新 $150m^3/h$ 空气分离设备上试验，获得成功，主冷传热温差由 2.5℃ 减小至 1.1~1.2℃，节省能耗 5%~7%。1991 年，将新 $150m^3/h$ 空气分离设备安装在镇江氧气厂，并投入使用，1992 年通过考核。用户评价该技术指标先进，性能工况稳定，运行操作压力仅为 1~1.2MPa，节能效果显著，已推广应用于上百套的 $150m^3/h$ 空气分离设备生产中。

1991 年，杭州制氧机厂与美国 SW 公司签订了购买大型真空钎焊炉的合同，同时引进部分板翅式换热器设计制造技术。1993 年，杭州制氧机厂采用真空钎焊技术完成的 1~6m 铝制板翅式换热器系列产品，进入稳定生产，通过了省级鉴定。此后，国内航天部 101 所与杭州制氧机厂共同研发了国产的大型真空钎焊炉，获得成功并迅速推广，到2003年全国大型盐浴钎焊铝制板翅式换热器的盐浴炉全部停产，被历史淘汰，我国的铝制板翅式换热器制造水平上升了一个新的台阶。

1994年，简阳换热器厂（后更名为四川川空换热器有限公司）正式投产。该厂采用与兰州真空设备厂合作研制的真空钎焊炉生产铝板翅式换热器。

1992年，哈尔滨制氧机厂在国内首次大胆尝试采用传统正流空气膨胀的全低压全板式流程的350m^3/h空分设备，1993年2月在江阴钢厂正式投产。小型空分设备以全低压空分流程型式出现，具有氧气电耗少、节能效果显著等特点，深受用户欢迎，其技术也迅速得到推广。这一时期，小型产品系列中相继推出了全低压的150m^3/h空分设备、以气体轴承透平膨胀机取代活塞式膨胀机的小型空分设备、带液氧泵内压缩流程的小型空分设备、正流膨胀单塔精馏的纯氮设备、反流膨胀单塔精馏的纯氮设备、中压流程的全液体设备、外挂式氧氮液化设备等。

中国空分设备公司联合哈尔滨制氧机厂、苏州制氧机厂等单位开发的720高纯氮设备及后来的800纯氮设备与杭州制氧机厂生产开发的KDON-150/550高纯氮设备，成为当时全国兴起的浮法玻璃生产线的主要配套设备，是后续年份中一个量大面广、经营多年的典型产品。

1986年1月，杭州制氧机厂针对当时国际上最新增压膨胀空分流程的空分设备动态，自行摸索出增压膨胀流程的计算方法、参数选择、提高膨胀功转换成压缩功的效率等技术难点，采用带增压风机的透平膨胀机、DCS控制等5种新技术成功地应用在吉林化肥厂6000m^3/h空分设备中，1989年10月一次性试车成功。经过连续一年的稳定运行，于1990年10月18日通过部级组织的专家鉴定，各项技术指标超过了技术引进年代的水平。而后杭州制氧机厂又将该项技术应用到1万m^3/h、1.4万m^3/h空分设备中，从此我国空分设备全系列的技术进入了第五代的升级换代。

1988年，开封空分设备厂与美国APCI的联合设计和合作生产了宝钢3万m^3/h等级和鞍钢3.5万m^3/h等级空分设备。通过这次合作生产，消化吸收了当时的多项先进技术，如先进流程组织、高效精馏塔、大型卧式分子筛吸附器、空冷、水冷塔器、大型管道、换热器等技术工艺。这两套空分设备也是当时国内最大规格的两套空分设备。

1990年，四川空分设备厂研发了采用分子筛增压透平膨胀机工艺的新一代6000m^3/h空分设备，并在成都无缝钢管厂投入运行。

1991年，四川空分设备厂与法国空气液化公司签订了第一个合作生产合同——广钢6000m^3/h空分合作生产合同，同年12月，又签订了渭河化肥厂4万m^3/h高压绕管式换热器的液氧内压缩空分合作生产合同。

经机械工业部和中国空分设备公司的共同努力，1992年杭州制氧机厂获得了1.4万m^3/h等级的空分设备合同，1993年在湘潭钢铁厂投入运行。整体设备性能大大优于当时从俄罗斯进口的产品，使国产空分设备的规模在1万m^3/h等级的基础上向前迈进了一步。

1990年，杭州制氧机厂开始为天津伯克气体有限公司开发设计并制造两台配合液体空分设备的带增压机的中压透平膨胀机，制造完成后于1992年试车成功。这为开发全液体（液氧、液氮）空分设备系列奠定了基础。

1993年，杭州制氧机厂向印度埃沙钢厂出口了一套1万m^3/h大型空分设备，开创了国产大型空分设备走出国门的先河。

1988年，开封空分设备厂承担了石油化工部下达的8.1MPa绕管式换热研究的重点科技开发项目。1996年底，该厂为宁夏化工厂设计试制了首台国产化绕管式换热器，重7.77t，用于30万t/年大化肥的E7位号相变换热器，于1999年底通过部级专家鉴定。这台高压绕管式换热器的研制成功，结束了我国石化行业该产品全部依赖进口的历史。1999年，该厂又为渭河化肥厂进口的4万m^3/h空气分离设备试制了大型高压11.45MPa绕管式换热器，重70t，并取得成功。此后，这种结构型式的换热器在大化肥、空气分离、天然气液化、煤气化、乙烯工程及核工业领域中得到广泛应用。

1992年，杭州制氧机厂开发了采用分子筛净化、反流膨胀流程的6000m^3/h制氮设备。1995年，该设备在仪征化纤有限公司通过72h性能考核。该设备为当时国内自行开发设计及成套的最大容量的纯氮设备。

1993年，开封空分设备厂开始了对规整填料塔技术的开发研究，并与天津大学进行技术合作，在实验数据基础上，首次在三明钢铁厂3200m^3/h空分设备改造设计中的上塔采用了规整填料塔技术。1995年10月，国内首套采用规整填料塔的空分设备开车获得成功。

1993年，开封空分设备厂开始了内压缩流程技术的开发研究。1997年12月，采用液氧内压缩流程、氧气出冷箱压力为0.6MPa的1.5万m^3/h空分设备在天津铁厂投产运行，这是国内第一套最大的液氧内压缩、用液氧泵替代氧气压缩机、分子筛预净化带增压膨胀机的空分设备。

1994年，杭州制氧机集团有限公司（简称杭氧集团）在上海娄塘制氧厂1000m^3/h空分设备上进行了全精馏制氩技术的试验研发，1997年投入运行。运行数据显示：粗氩中含氧量$\leq 2 \times 10^{-4}$%（体积分数），填料阻力仅为0.3~0.4kPa。结果表明，在空分设备配用全精馏制氩设备完全可以革除传统的加氢除氧老工艺。

1996年3月，开封空分设备集团公司（简称开封空分）为鄂城钢厂提供了一套6000m^3/h空分设备，为印度南方钢铁提供了一套4500m^3/h空分设备，均采用了分子筛预净化带增压膨胀机流程，并采用了全精馏制氩工艺。鄂城钢厂项目于 1997 年 11 月投入运行，氧的提取率达到 98%，氩的提取率达到 55% 以上，增压透平膨胀机效率达到 85%，综合能耗指标为 $0.465\text{kW}\cdot\text{h}/\text{m}^3\text{O}_2$。该设备是国内采用规整填料无氢制氩技术第一套最大的空分设备，1997 年 12 月在武汉通过了国家部级专家评定。出口印度项目于 1998 年底投入运行。开封空分上述项目开车成功后，国际上某公司诉讼开封空分无氢制氩技术侵权，后经一年多的核查，开封空分的无氢制氩技术不存在技术侵权事实。

杭氧集团在自行开发分子筛净化增压膨胀流程的空分设备的基础上，1995 年起杭氧集团开始了规整填料精馏塔的试验研究，先后在 $150\text{m}^3/\text{h}$、$3200\text{m}^3/\text{h}$ 空分设备上塔进行了试验研究。1997 年 7 月，杭氧集团在为浙江巨化集团公司 2 号 $6000\text{m}^3/\text{h}$ 空分设备改造时，采用带规整填料上塔的常温分子筛净化增压透平膨胀机流程，1998 年投入运行，并获得成功。填料上塔运行工况稳定，其阻力只有 5~6kPa，只有筛板上塔的 1/6~1/5，并使空气压缩机排压降低到 0.5MPa，节能 4% 以上。这些试验成功开创了采用规整填料上塔的先河，并为开发采用规整填料上塔和全精馏制氩技术新一代空分设备取得了经验。

1996 年起，杭氧集团同时采用了规整填料上塔与全精馏（无氢）制氩工艺两项核心技术，先后为杭州钢铁公司（$6500\text{m}^3/\text{h}$）、上海第五钢厂（1.2 万 m^3/h）、邢台钢铁公司（$6000\text{m}^3/\text{h}$）、邯郸钢铁公司（1.6 万 m^3/h）、水城钢铁公司（$6000\text{m}^3/\text{h}$）自行设计、研发了新一代的大中型空分设备。1998 年 10 月，安装在邢台钢铁公司的 $6000\text{m}^3/\text{h}$ 空分设备，率先联动开车调试出了合格的氧、氮和氩，获得成功。1999 年 2 月 11 日，上海第五钢铁厂的 1.2 万 m^3/h 空分设备开车成功；1999 年 5 月 1 日，杭州钢铁公司，$6500\text{m}^3/\text{h}$ 空分设备开车成功；1999 年 8 月 13 日，水城钢铁公司 $6000\text{m}^3/\text{h}$ 空分设备开车成功；2000 年 2 月 20 日，邯郸钢铁公司的 1.6 万 m^3/h 空分设备开车成功。1999 年 3 月 12 日，在邢台钢铁公司经过 17 名专家评议，使用规整填料检测结果：设备的单位氧能耗低于 $0.45\text{kW}\cdot\text{h}/\text{m}^3\text{O}_2$；填料上塔的采用，提高了氧、氩的提取率，氧提取率达到 99%，氩的提取率 67%。采用两项核心技术的新一代空分设备，使我国大中型空分设备的技术性能在第五代空分设备的基础上又有了较大的提高，2000 年在杭州通过了省级鉴定。这批设备的投产，标志着我国新一代大中型空分设备技术又上了一个新的台阶，进入了第六代空分技术阶段，达到了国际先进水平。

1999 年，开封空分为上海焦化有限公司引进的法国空气液化公司 1.7 万 m^3/h 空分设备配套的全精馏制氩系统取得成功，在 72h 的联动开车考核中，性能优异，氩提取率达到 89.9%，达到了国际同类产品的水平，为民族工业争了光。

2000 年 5 月，四川空分设备（集团）有限责任公司（简称四川空分）提供唐山钢铁公司的 1.7 万 m^3/h 规整填料无氢制氩空分设备成功投产，并创造了连续运行 8 年不检修的高可靠性记录。

乙烯冷箱是乙烯装置中的关键设备之一，其核心技术是冷箱内部的多台铝制板翅式换热器的设计制造，我国长期以来依靠进口。1992 年，杭州制氧机厂引进相关软件，突破了设计难关，首先为扬子石化设计制造了 3000mm×400mm×556mm、设计压力为 4.3MPa 的大型乙烯冷箱备件，并陆续为其他 5 家石化公司提供备件，开始了乙烯冷箱单位号换热器的设计制造工作，从而验证了设计技术的可靠性及制造工艺的成熟性。1999 年，在燕山石化总公司的支持下，杭氧集团承担了 66 万 t/年乙烯冷箱国产化的任务，由 13 台板翅换热器（9 个位号）组成的外形尺寸为 3810mm×5400mm×32800mm 的冷箱，板式单台最大尺寸为 4800mm×1100mm×1224mm，设计压力为 4.4MPa，单重 9.36t，有 10 种介质同时换热，总重 226t，这是当时国内规模最大的乙烯冷箱。2001 年正式投产，所有性能指标达到设计要求。在此期间，杭氧集团又为中原石化、天津联合化工、辽阳化纤、上海石化、扬子石化、兰州化工、广州石化等国家大型乙烯基地，提供了 7 套冷箱，其中天津联合化工的冷箱中，单台换热器尺寸为 6000mm×1100mm×1100mm，设计压力为 5.2MPa，单重 10.2t，有 15 种介质同时换热，创当时国内规模之最。这些装置的先后顺利投产，产品性能达到了国际同类产品的水平，标志着乙烯冷箱国产化的全面实现。

1984 年 2 月，杭州制氧机厂为航天 511 所研制了 ϕ6000mm×10000mm 的大型纯铜结构热沉，用于 $13×10^{-6}$Pa 高真空、冷态 -254℃、热态 200℃下无漏率状态下的卫星及航天仪器地面试验。1997 年，杭氧集团为航天 508 所研制了 ϕ4000mm×8200mm 真空容器和热沉。1998 年，杭氧集团又为航天 511 所研制了 ϕ5000mm×12000mm 载人航天的热沉。他们为我国航天工业的发展做出了贡献。

1993 年起，我国开始研制 KM6 载人航天器空间环境模拟试验设备。杭氧集团研制了主容器热沉（立式 ϕ10.5m×18.9m），辅容器热沉（ϕ7.5m×19m），热沉采用 2000 多根管子，4000 多个焊道焊接，组成了 1200m^2 的热沉表面积，焊接结构复杂，超真空要求高，是当时世界上 5 大热沉之一。与此同时，苏州制氧机厂与西安交通大学合作完成了 KM6 实验设备制冷系统氦气体轴承透平膨胀机的研制。1997 年，KM6 设备承担了"神舟"系列飞船热平衡和热真空实验，先后完成了"神舟一号"到"神舟六号"的热真空试验。该项目获得了国家科学技术进步奖二等奖。

（二）中国空分设备公司成立与行业分工

1981 年 4 月，经国家机械工业委员会批准，气体分离行业 8 个厂、2 个研究所联合组建了中国空分设备公司（简称空分公司），在行业成套经营中初步形成了一个联合体。空分公司以成套服务为主要业务，组织有关各厂共同承包大中型成套项目，如 1983 年 6 月组织杭州制氧机厂、开封空分设备厂以"交钥匙"的方式承包了天津钢铁 3350m³/h 空分设备工程，1984 年组织承包了仪征化纤 2000m³/h 高纯氮等成套项目。空分公司还吸收了一些行业外的风机制造厂、仪表厂、机电安装公司、工程设计院加入联合体，组建了一个跨地区、跨行业、跨部门，拥有 33 家各类专业制造厂、研究所、设计院及设备安装单位的联营集团，职工人数最多时达到 2 万多人。这一形式在当时改革开放的初期和各厂成套能力不强的情况下获得了较大的成功，取得了众多的成套业绩，并联合开发了一些气体分离设备产品。但由于条块分割的管理体制改革不到位，也因为行业各厂成套能力的不断增强，空分公司最终未能实现类似"中石油""中石化"一样的体制与能力。

1985 年，空分公司贯彻国务院国发〔1984〕114 号文件和机械工业部〔1985〕机计字 1 号文件精神，将所属企业和科研机构划归属地管理，公司的实力受到了很大影响。1997 年，随着国家政府部门的改革，中国空分设备公司等 25 家部属公司划转组建了中国机械装备集团（简称国机集团），中国空分设备公司成为国机集团的首批全资子公司。

空分公司的成立，形成气体分离设备行业 1 个公司加 8 个厂和 2 个研究所的行业新局面，各厂产品分工明确：

杭州制氧机厂生产 150m³/h、1000m³/h、6000m³/h、1 万 m³/h 及以上的成套空分设备和板翅式换热器、离心和往复式空压机、氧压机等。

开封空分设备厂生产 1500m³/h、3200m³/h、4500m³/h 空分设备和板翅式换热器、离心和往复式空压机、氧压机。

四川空分设备厂生产 50m³/h、150m³/h、1000m³/h 空分设备、天然气液化设备、低温贮槽、溶解乙炔设备及相关配套机器。

哈尔滨制氧机厂生产 50m³/h、150m³/h、600m³/h、800m³/h 空分设备及相关配套机器。1994 年在机械工业部的协调下，哈尔滨制氧机厂在杭州制氧机厂提供技术支持下，承接了齐鲁石化、哈依煤气、吉化、浩良河化肥等单位的采用分子筛净化带增压透平膨胀机流程的 6000m³/h 空分设备。

邯郸制氧机厂生产 50m³/h、150m³/h、300m³/h 空分设备、溶解乙炔设备及相关配套机器；

自贡机械一厂生产 50m³/h 空分设备、溶解乙炔设备、液化石油气和溶解乙炔钢瓶及相关配套机器。

江西制氧机厂生产 50m³/h、150m³/h 空分设备、气体轴承透平膨胀机、冷藏集装箱、液化石油气贮罐及相关配套机器。

苏州制氧机厂生产 50m³/h、150m³/h 空分设备及相关配套机器。

杭州制氧机研究所负责气体分离设备、稀有气体提取设备与液氮温区以下深低温设备的研发,以及科技情报、标准、质量等行业管理。

四川深冷设备研究所负责天然气分离与液化装置、低温绝热材料与设备的研发。

中国空分设备公司负责空分设备项目设备总成套。

这种分工明确、相互借鉴与互补、统一成套的格局运行有 10 年左右。随着我国经济体制改革的深入,企业转制归属地方,中国空分设备公司的管理脱钩,行业各厂发展的不平衡,以及市场对各种规格空分设备需求的不一,民营企业的兴起,到 20 世纪 90 年代中期后,行业分工被打破,开封空分与四川空分也开始生产 6000m^3/h 以上成套产品,杭氧集团则开始设计制造 6000m^3/h 以下全系列的产品,行业呈现出"群雄争霸、你追我赶"的局面。

(三) 行业组织成立

为适应改革开放的需要,1983 年起全国各行业、各专业纷纷成立科技情报交流网络。1984 年初,在机械部情报研究所归口指导下,成立了机械工业部气体分离设备科技情报网,由杭州制氧机研究所负责管理,参加单位有制造企业、大专院校、科研院所、用户单位,入网成员最高时达 230 家(其中总网 100 家、小空分设备分网 130 家)。该情报网开展了科技情报、企业管理、生产制造、改革方向、用户技术等多方面交流,出版了内部刊物《行业动态》,组织召开技术交流会,并联合开展一些情报研究课题,如行业各制造厂共同在 1986 年完成的《城市煤气化发展趋势与空分设备》调研报告。1986 年举办一次空分设备新技术、新产品技术展交会,将行业的新产品、新技术展出并进行多场技术交流会,组织形式新颖、参会人数众多,受到行业内外的好评,该项目获得了机械工业部通用局科技情报一等奖。1988 年由全国众多用户、制造企业参与完成的《全国空分设备普查》获得了机械工业部通用局科技情报一等奖。1989 年后,随着行业协会的成立、标准化委员会的成立、网络信息技术的进步,科技情报网的工作也有所减弱,科技情报网也更名为机械工业气体分离科技信息网,但情报网依然存在,每年还开展各种活动。

1989 年 4 月,中国气体分离设备行业协会在九江成立。1989 年底,中国气体分离设备行业协会并入刚成立的中国通用机械工业协会,名称为中国通用机械气体设备行业协会。2000 年根据社团组织的规范要求,更名为中国通用机械工业协会气体分离设备分会。气体分离设备分会由气体分离设备制造厂、设计院所、高校和部分用户组成,协调和反映行业共性问题,组织会员单位开展技术交流,新产品、新技术推广等工作。分会秘书处起初办公依托杭州制氧机研究所和中国空分设备公司,2000 年后,秘书处移至北京与中国通用机械工业协会合署办公。

为提高标准的水平，推动行业的技术进步和提高产品质量，于 1986 年 11 月在杭州成立了机械工业气体分离与液化设备行业标委会。标准发布后，行业各厂家按标准检查验收产品的质量，带动了企业的全面质量管理和产品质量的提高。2010 年底，国家标准化管理委员会批准成立全国气体分离与液化设备标准化技术委员会（国标委综合〔2010〕65 号文），行业标委会上升为全国性标委会。第一届全国气体分离与液化设备标准化技术委员会由 27 名委员组成，杭氧集团总工程师朱朔元任主任委员，浙江大学教授金滔、宝钢股份程玉芝任副主任委员，杭氧技术中心办主任马国红任委员兼秘书长，秘书处承担单位为杭州制氧机研究所。标委会主要负责气体分离与液化设备领域的国家标准制定与修订工作，由中国机械工业联合会负责日常管理和标准立项、报批等业务的指导。

（四）国有企业改制

随着国家机械工业体制改革的进展，1985 年，杭州制氧机厂、开封空分设备厂由原来的机械部直管企业变更为杭州市、开封市属企业，企业开始融入市场经济，通过自身的努力来发展企业。

1994 年，杭州制氧机厂率先进入公司制改革，公司更名为杭州制氧机集团有限公司；1996 年，四川空分设备厂进行公司制改革，更名为四川空分设备（集团）有限责任公司；1997 年，开封空分设备厂进行公司制改革，更名为开封空分集团有限公司；还有吴县制氧机厂、江西制氧机厂、哈尔滨制氧机厂也都在这一时期进行了公司制改革。

这个阶段的改革，主要是将企业推向了市场，由计划经济走向市场经济，出现了市场竞争的场面；职工进行了身份置换，打破了终身制的铁饭碗；剥离部分社会职能，轻松上阵，但所有制性质大多仍为国有独资。

（五）外资企业进入国内市场

20 世纪 90 年代，随着我国对外开放、吸引外资的开始，国外大牌气体公司也纷纷进入我国工业气体市场，主要有：英国 BOC 公司、日本酸素公司、美国空气制品公司、德国林德公司、法国空气液化公司、美国普莱克斯公司、德国梅塞尔公司等。这些国外公司开始在沿海和经济较为发达的大中城市办气体厂，为广大用户提供第三方供气的服务；与此同时，德国林德公司、法国空气液化公司更深一步地谋求在国内建立气体分离设备的制造基地。

1994 年，法国空气液化公司与杭氧集团在杭州组建 3 万 m^3/h 等级空分设备的制造基地，合资成立了杭氧液空有限公司，主要生产制造 2 万 m^3/h 等级以上的成套空分设备。法国空气液化公司出资 687.5 万美元，占注册资本的 55%；杭氧集团出资 562.5 万美元，占注册资本的 45%。5 年后法国空气液化公司扩资，杭氧集团未跟进，双方占股调整为 76/24。1995 年，杭氧液空有限公司第一套 2.8 万 m^3/h、供氧压力为 6.5MPa 的内压缩流程空分设备提供给淮南化工总厂投入运行。1998 年，该合资公司年销售收入为 2.16 亿元。

德国林德公司于 1995 年在大连成立独资的制造公司，主要生产制造 2 万 m^3/h 等级以上的成套空分设备。

（六）行业中民营企业萌起

20 世纪 90 年代起，围绕经济发达地区和气体分离设备制造骨干厂家周边，一些民营企业悄然起步，开始均是生产制造小型空分设备或是以维修制氧机起步，然后逐渐做大，民营企业以其经营灵活、产品开发快、模仿能力强、生产成本低等优势开始抢占中低档产品的市场，行业中主要的有苏州兴鲁、杭州福斯达、杭州凯德等。此阶段的民营企业的产品从生产空分设备的备件、配套件开始，到单元部机和小型成套空分设备（主要是 $50m^3/h$、$150m^3/h$）。

五、高速发展、走向世界时期（2000—2015 年）

进入 21 世纪以后，我国国民经济进入了一个高速发展期，冶金、石化、煤化工行业发展迅猛，气体分离设备行业在改革的洪流中发展得更快、更好。

（一）制造企业所有制呈多样化

2000 年后气体分离设备行业各企业改革进入新的阶段，大浪淘沙，行业仍以杭氧集团、四川空分、开封空分为代表，但也出现了新的企业。

杭氧集团 1999—2000 年底进行了"精干主体、强化母体、独立核算、自负盈亏、全面走向市场"的分立式改制，成立了杭氧集团下属 26 家独立法人，其中国有控股 5 家，参股 15 家，国有资产完全退出 6 家，主体企业杭州杭氧科技有限公司（后经股份制改造改制为杭州杭氧股份有限公司）国有资本占比 95%。分立式改革使杭氧集团的子公司自我发展能力显著增强，各公司产业各具特色，不但解决了生存问题，还为企业多元化发展开辟了道路，更为企业做大做强空分主业创造了条件，有利于创新、引领大中型空分设备的发展。

2001 年，国家经贸委批准杭氧集团成为第三批实施债转股企业，中国华融资产进入杭氧科技，债转股大大改善了杭氧集团的资产负债结构，提高了杭氧集团资产的安全性和流动性，为企业实现盈利创造了条件。

2007 年，杭氧集团开始"杭氧资产重组及整体上市"工作。2010 年 3 月 5 日，国家证监会通过杭氧集团上市申请，6 月 10 日杭氧股份正式在深圳交易所上市交易。上市后杭氧集团获得了更大的动力，在大力研发大型、特大型空分设备的同时，致力于发展气体产业，成功地由制造业向制造服务业转型。

2009 年，杭氧集团投资 20 亿元（其中固定资产投资 19.7 亿元），在临安市青山湖工业园区新建杭氧集团大型空分设备、工艺压缩机和低温泵阀制造基地。新制造基地具有每年 100 多万 m^3/h 制氧容量的生产能力，年可设计、制造 40 余套大型空分设备，并具备 8 万~12 万 m^3/h 等级空分设备的制造能力，成为目前世界上最大的空分设备设计制造基地。2012 年该项目竣工并通过综合验收。2010 年起，杭氧集团又开始在京杭运河畔实施用以制造和组装 10 万 m^3/h 等级及以上空分设备和百万吨乙烯冷箱的重跨厂房建设项目。2011 年，杭氧集团杭州总部搬迁至中山北路 592 号弘元大厦，杭氧集团迁建改造工程顺利完成，改善了生产经营环境，极大地提高了杭氧集团的生产能力。

2001 年 9 月，四川空分通过实施国有资本退出的整体改制，组建为资本呈多元化的有限责任公司。改制后四川空分轻松上阵，在生产制造大中型空分设备的同时，大力开发天然气液化装置、大型低温贮槽等产品，企业发展良好，企业在行业中地位不断攀升。

2012 年，四川空分为克服简阳生产基地交通等条件限制，在浙江湖州德清县建设了浙江大川空分设备有限公司，主营 LNG 设备、大型空分部机等业务。该基地一期工程占地面积近 100 亩，建筑面积 35700m^2。建设带港池式码头的 38m×240m 重型车间一座，最大可运货物尺寸为 50m×11m×7.3m。

开封空分 2004 年经历了国有资产管理由开封市国资委转移到广东明珠集团公司的过程，2007 年又从广东明珠集团公司转移到河南永煤集团管理。在转移过程中，管理层变化频繁，精英人员流失严重，致使开封空分失去了大好的发展时机。

2008 年，开封空分新厂区奠基，至 2014 年总投资 28.38 亿元，在开封市空分产业区内建设了开封大型空分及化工设备制造项目，占地面积 1167 亩，建筑面积 354582m^2。

21 世纪初，开封市成立了众多的民营空分设备制造厂，主要有：

2002 年成立的开封东京空分集团有限公司（东京空分）；2002 年成立的开封开利空分设备有限公司；2003 年成立的开封黄河空分集团有限公司（原开封空分集团劳动服务公司改制，简称黄河空分）；2004 年成立的河南开元空分集团有限公司（开元空分）；2004 年成立的开封迪尔空分设备有限公司等。开封地区涌现的中大型空分设备制造企业有数十家之多。这些企业依托原开封空分的技术优势，趁着国民经济发展的大潮，迅速发展成为可生产制造 5000~40000m^3/h 等级空分设备、产值达 5 亿~6 亿元的企业群，在开封地区形成了低温精馏法空分设备制造产业群。

2006 年 8 月，经国务院国资委和中国机械工业集团公司批准，中国空分设备有限公司改制为国机集团控股的有限责任公司。2009年11月，经国机集团公司批准，中国空分设备有限公司与中国浦发机械工业股份有限公司重组，空分公司成为浦发公司的控股子公司。

国内还涌现出一批专业生产中小型空分设备的企业，包括：2001年成立的上海启元空分技术发展股份有限公司（简称上海启元），专业生产$50m^3/h$、$150m^3/h$、$300m^3/h$以上的中小型空分设备，$720m^3/h$纯氮设备，配套于大型空分设备的稀有气体提取设备；2001年成立的成都深冷液化设备股份有限公司（简称成都深冷），专业生产天然气液化装置、中型空分设备；2001年成立的杭州锦华气体设备有限公司，专业生产$50m^3/h$、$150m^3/h$小型空分设备；2002年苏州制氧机厂改制成民营股份制企业——苏州制氧机股份有限公司；2003年成立的珠海共同低碳科技股份有限公司，生产中小型空分设备和二氧化碳提取设备，现成为国内生产制造二氧化碳设备数量最多的企业；2006年成立的杭州中泰深冷技术股份有限公司，专业生产板翅式换热器、石化低温装置和中大型空分设备；2008年成立的辽宁中集哈深冷气体液化设备有限公司（简称哈深冷），专业生产天然气液化装置；以及20世纪90年代成立的杭州福斯达深冷装备股份有限公司（简称杭州福斯达）、杭州凯德空分设备有限公司（简称杭州凯德）、苏州市兴鲁空分设备科技发展有限公司（简称苏州兴鲁）等众多民营企业。这些企业构成了气体分离设备行业中新的力量。

德国林德工程1995年在大连成立林德工艺装置有限公司；2002年在杭州成立林德工艺装置（工程与销售中心）；2005年林德工程（杭州）有限公司成立；2005年林德工程（大连）有限公司成立，并合并林德工艺装置有限公司，2006年大连新工厂落成。2009年板翅式换热器生产线投产，2010年规整填料生产线投产。

2004年，美国空气化工成立了空气化工（上海）系统有限公司，作为服务于全球的漕泾空分设备制造中心，主要生产低温空分、氢气与一氧化碳分离塔、冷箱、真空罐等。制造中心拥有专门的填料生产线及分布器测试台，并且能够制造直径达7m的塔，至今已完成189个项目，分布在中国、马来西亚、澳大利亚、美国、法国、意大利、英国等国家和地区。

2008年，杭氧集团出于发展战略的考虑，退出与法国空气液化公司合资的公司，该公司更名为液化空气（杭州）有限公司，此后法国空气液化公司又加大投资，在杭州进一步投资征地建设，扩大了该公司在亚洲的生产制造能力。

2013年，意大利西亚德公司投资在杭州成立世亚德机械工程（杭州）有限公司，专业生产2万m^3/h以下空分设备，已承接多套$6000m^3/h$、1.6万m^3/h空分设备。

至此，以杭氧集团为中心，国际大牌公司均围绕杭州建立生产制造基地，形成了国际空分设备制造产业区,这在世界是唯一的,该产业区成为气体分离设备行业不可小觑的一部分。外资企业在我国的发展,带动我国气体分离设备制造业的发展,同时也引领世界空分设备制造业的技术发展,且占据了大部分的 4 万 m^3/h 等级以上大型和特大型空分设备的市场。

气体分离设备行业形成了国有控股企业、外资企业、民营企业三分天下的局面。全行业工业总产值从 2001 年的 10.5687 亿元,增至 2013、2014、2015 年的近 200 亿元,行业一年中制造的年空分设备制氧能力总量从 2000 年的不到 18 万 m^3/h 上升为 2012 年(最高年份)的 380 多万 m^3/h。主要制造厂商的产能见表 6-1。

表 6-1 主要制造厂商的产能

序号	主要制造厂商(低温空分)	近三年平均工业总产值/亿元	制造过的最大空分设备/(万 m^3/h)
1	杭州制氧机集团有限公司	75.52	12
2	四川空分设备(集团)有限责任公司	30.84	6.3
3	开封空分集团有限公司	15.07	6.5
4	液化空气(杭州)有限公司	18.73	11
5	河南开元空分集团有限公司	4.56	4
6	林德工程(杭州)有限公司	13.63	15
7	开封黄河空分集团有限公司	5.84	4
8	开封东京空分集团有限公司	4.56	3.5
9	杭州福斯达深冷装备股份有限公司	8.26	6.3
10	苏州制氧机股份有限公司	4.89	2.5
11	苏州市兴鲁空分设备有限公司	3.42	2
12	杭州凯德空分设备有限公司	1.35	2
13	开封迪尔空分实业有限公司	1.45	3.5
14	开封开利空分设备有限公司	1.13	2
15	成都深冷液化设备股份有限公司	3.67	2

(二)空分设备规模大型化、特大型化

2000 年 6 月,杭氧集团向济南钢铁公司提供了自主成套设计和制造的国产第一套 2 万 m^3/h 空分设备。该设备为当时最大规模的国产化空分设备,2001 年 10 月调试出氧,投入运行。

2001 年 9 月 24 日,杭氧集团向上海宝山钢铁公司提供了第一套采用增压膨胀制冷,规整填料上塔及全精馏制氩两项先进空分技术的 3 万 m^3/h 空分设备。

在设计中，采用可靠的模块设计软件，在成套控制方面采用先进的工业控制系统，实现了中控、机旁、就地一体化控制，可有效地监控整套空分设备的生产过程。2002年12月14日联动开车，12月16日顺利出氧，并于12月30日通过了性能考核，氧、氮、氩产品的产量和纯度都达到了设计指标，实现了我国气体分离设备行业多年来实现3万 m^3/h 等级大型空分设备国产化的夙愿，是我国气体分离设备制造业走向大型化的里程碑。

2002年，开封空分为柳州化工股份公司提供了一套采用双泵内压缩流程的2.8万 m^3/h 空分设备。该设备的氧、氮出装置压力分别为4MPa、5.2MPa。2003年，该设备投入运行，开创了大型空分设备采用内压缩流程的先河。

2002年，开封空分为青岛钢铁公司研制成功氧气使用压力为3.0MPa的内压缩1万 m^3/h 空分设备，并投入运行。

2002年，四川空分提供给唐山钢铁公司的2万 m^3/h 空分设备一次开车成功，各项运行指标达到设计要求。2003年，四川空分承接了济南钢铁两套2万 m^3/h 空分设备、陕西神木化工2.8万 m^3/h 空分设备的合同，分别于2004年、2005年投入运行。

2003年，杭氧集团与辽宁北台钢铁集团签订了5万 m^3/h 空分设备订货合同，2004年6月调试出氧，并投入运行。这标志着在国产空分设备大型化的进程上又迈进一步。

2004年9月19日，开封空分为山东华鲁恒升化工股份有限公司成功设计制造了为30万 t/年合成氨配套的4万 m^3/h 大型空分设备，实现了我国4万 m^3/h 等级高压内压缩流程首套大型空分设备的国产化。该项目当时被国家发改委授予"在振兴装备制造业中做出重要贡献"的殊荣，被国家四部委联合授予国家重点新产品。在这一重大技术装备国产化研制项目中，国家设立了8个攻关课题，开封空分单独或与华鲁恒升公司共同承担了除空气压缩机之外的其他7个攻关专题的任务，沈鼓集团承担了当时国内气量最大空气压缩机的攻关任务。我国首套4万 m^3/h 等级内压缩大型空分设备的顺利投产和稳定可靠运行，标志着我国已由此跻身于世界空分技术强国之列。

2005年6月，杭氧集团也为山东华鲁恒升提供了一套4万 m^3/h 化工型高压内压缩流程空分设备，2006年12月一次开车成功，其主要性能指标达到了国际先进水平。该项目荣获2008年中国机械工业科学技术进步奖一等奖。

2004年12月，开封空分与永城龙宇化工签订了配套50万 t/年甲醇项目的5.3万 m^3/h 空分设备的合同。该设备采用双泵内压缩流程工艺，于2007年11月28日一次开车成功，并顺利投产。该设备为当时国产化首台套最大装置，受到了煤化工行业的高度关注。

2005年，四川空分承接了唐山钢铁公司4万 m^3/h 空分设备，并于2007年投入运行。

2006 年，四川空分与河北新能化工有限公司签订了两套 4.5 万 m^3/h 煤化工内压缩空分设备合同，并于 2008 年投入运行。

2008 年 9 月 25 日，杭氧集团采用自主技术、自主集成的国内首套 6 万 m^3/h 空分设备在上海宝山钢铁公司成功出氧。这标志着我国空分设备制造规模等级又上了一个台阶。

2008 年，开封空分承接了天津荣程钢厂 8.2 万 m^3/h 成套空分装置设计供货合同（装置规模为当时最大），开封空分完成了成套设计，但由于 2008 年的金融危机，用户调整产品结构，该合同未实施制造供货。

2009 年 8 月 1 日，杭氧集团为大唐国际发电有限公司锡林郭勒盟化工项目设计制造的国内首套 6 万 m^3/h 等级化工型内压缩流程空分设备——大唐国际三套 5.8 万 m^3/h 空分设备一次开车成功。

2010 年 5 月 4 日，当时国内最大的空分设备项目——神华包头煤化工项目的 4 套 6 万 m^3/h 等级内压缩空分设备开车成功。2010 年 10 月 21 日，该项目在北京顺利通过中国机械工业联合会组织的鉴定。2013 年，该项目获得了中国机械工业科学技术进步奖一等奖。

2011 年，杭氧集团投资建设了广西杭氧盛隆气体有限公司的 1 套 8 万 m^3/h 空分设备，并于 2013 年 8 月底成功出氧，性能指标达到设计要求，工况变负荷范围 50%～100%。该设备的投入运行打破了国外厂商在特大型空分设备等级上的垄断，取得了首台套国产特大型空分设备超过 6 万 m^3/h 的业绩，为空分设备制造业进入特大型空分行列，奠定了基础。

2012 年，杭氧集团取得了伊朗卡维 12 万 m^3/h 特大型成套空分设备的合同订单，空气处理量达到 61 万 m^3/h，是世界上单台制氧能力最大的空分设备之一。杭氧集团攻克了特大型空分设备设计与制造中的难关，于 2014 年发货完毕。

2013 年初，在国家能源局的支持下，杭氧集团在神华宁煤公司 400 万 t/年煤制油项目中中标。该项目总计需要 120 万 m^3/h 氧的生产能力，是世界上最大的"空分岛"之一。杭氧集团承担了共 12 套 10 万 m^3/h 中 6 套特大型空分设备的研制任务，另外 6 套为林德公司承接。杭氧集团承担 6 套设备中的 5 套采用与林德公司一样的配置，选用德国曼透平公司的空气压缩机、增压机、汽轮机；另一套采用沈鼓集团制造的空气压缩机与增压机、杭州汽轮机集团有限公司研制的汽轮机及国产高压板翅式换热器。通过杭氧集团 3 年来的精心设计、制造与组织，6 套 10 万 m^3/h 空分设备（见图 6-2）已在现场安装完毕，耸立在宁东大地上。

随杭氧集团、开封空分之后，四川空分、杭州福斯达也实现了设计、制造 5 万 m^3/h、6 万 m^3/h 等级的成套空分设备的业绩。黄河空分、开元空分、东京空分、开封迪尔等多家单位也相继开发了 2 万 m^3/h、3 万 m^3/h、4 万 m^3/h 等级的空分设备。

图 6-2　杭氧集团研制的 10 万 m^3/h 空分设备

国产大型、特大型空分设备在容量规格不断增大的过程中，经过了上百套大型空分设备的运行实践，其设计、制造水平也取得了很大的进步。以杭氧集团为代表的中国气体分离设备制造业已充分掌握了空分流程组织、流程计算、精馏计算、精细制造、安全评估等空分设备设计、制造技术。在配套部机基本相同的情况下，国产化设计、制造、成套的大型、特大型空分设备的产品产量、纯度、品种、达到压力、氧提取率、能耗、运行周期等技术性能指标，已经达到了国际一流水平，与外资企业的产品势均力敌，致使外资品牌产品成套价格也大幅度下降，与国产设备处在了同一水平线上。

（三）空分设备产品拓展

2010 年，国内首套天然气冷能利用的 600t/d 液体空分设备（美国空气制品公司投资）在中海油福建莆田 LNG 接收站建设投入运行。2011—2012 年，四川空分、杭氧集团也开始了 LNG 冷能利用的相关技术研究。2014 年，四川空分研发的 614.5t/d 的 LNG 冷能利用液体空分设备（见图 6-3）在宁波中海油 LNG 接收站投入运行；同年，杭氧集团研发的 600t/d 的 LNG 冷能利用液体空分设备在江苏如东中石油 LNG 接收站投入运行。

2015 年，四川空分投资建设 723t/d 的 LNG 冷能利用液体空分设备在唐山中石油 LNG 接收站投入运行，这套冷能利用空分设备采用了沈鼓集团研发的空气压缩机、低温氮气循环压缩机。利用 LNG 冷能的空分设备的产品单位能耗比常

图 6-3 614.5t/d 的 LNG 冷能利用液体空分设备

规空分设备节约 40% 以上。该设备的投入运行，标志着国产空分设备在节能减排领域中迈入了一个新的阶段。

2011 年，上海启元通过技术创新先后开发了在大型空分设备中提取高纯度稀有气体的氪、氙装置，打破了几十年来国内稀有气体提取设备为国外垄断，氪、氙气体大部分依赖进口的局面。该装置一改原稀有气体装置采用多级精馏加触媒纯化的技术，以"独立外挂氪、氙气提取装置，一步多级精馏获得可直接充瓶的高纯度气体技术"获得国内首创、国际一流的成果，首套装置于 2012 年在日照盈德气体集团开车成功。2014 年该项目被评为中国机械工业科学技术进步奖二等奖。而后，上海启元还开发了高纯氖、氦提取装置。

杭氧集团、四川空分、开封空分也在大型空分的开发中，对氦、氖、氪、氙等稀有气体提取进行了研发。

四川空分研发的低纯氧空分设备，采用三塔流程，使制氧能耗比常规空分设备降低 10%~15%。

2014 年，四川空分为华中科技大学"十二五"国家科技支撑项目"35MWth 富氧燃烧碳捕获关键技术、装备研发及工程示范"提供了 6400m³/h 低纯氧空分设备（2016 年该项目通过国家科技部组织的验收）。2015 年，四川空分为神华集团的"200MWe 富氧燃烧用空分系统研究"项目提供了 6 万 m³/h 低纯氧空分工艺包。2015 年，四川空分与广西南国铜业签订了开发 4.2 万 m³/h 低纯氧空分设备的合同。

2005 年，四川空分研发了 100t/d 超高纯氮液化设备 [液氮总杂质含量小于 3×10^{-4}% （质量分数）]。该设备已在台湾联华的上海松江工厂成功投入运行。100t/d 超高纯氮液化设备，包括一台 3000m³ 超高纯液氮贮罐，对全系统的设备、管路、阀门提出了极高的洁净度和气密性要求。四川空分已为台湾联华在大陆和台湾地区的工厂提供了 100t/d 和 200t/d 液化设备共 6 套。

（四）产品领域延伸

行业产品品种从单一的空分设备，延伸到了天然气分离设备、天然气液化设备、石化低温设备、液体 CO_2 设备、氢提取和分离设备。

1980 年，四川深冷设备研究所对国内各大油气田进行了调研，调研中发现，国内各大油气田的富天然气的管线输送前处理及高附加值重烃组分的回收，采用的是落后的油吸收工艺技术，而国外先进的主流工艺是透平膨胀机深冷分离工艺技术。后来四川深冷设备研究所自主开发了采用 BWRS 状态方程式的含氮烃类混合物的工艺设计软件，开展了由机械部立项的中压带液透平膨胀机-增压机组的设计与实验研究，开发了大容量的中压分子筛天然气干燥器和控制程序、具有耐大压差冲击的支承机构和多层瓷球的梳流结构，以及热耦合节能的三塔精馏结构等多项技术。

1983 年，四川空分为胜利油田开发设计了 50 万 m^3/d 天然气深冷分离设备。该设备采用带预冷的透平膨胀机工艺，于 1985 年底成功投入运行，1987 年通过国家机械委和石油部组织的鉴定会，能耗为 3000kJ/kg 轻油，丙烷收率为 86%，连续运行周期为 9000h，具有良好的可操作性。其丙烷收率、能耗及连续运行周期均优于同期的国外引进设备。1988 年，该设备获国家科学技术进步奖二等奖，此后该型号设备有 4 套在油田投运。1991 年，50 万 m^3/d 天然气深冷分离设备获国家质量金奖。

四川空分开发了 5 万~100 万 m^3/d 的天然气深冷分离设备产品系列，提供各油田 20 余套，并出口到南亚国家。20 世纪 90 年代中期以后，胜利油田、大港油田及华北油田的设计院开始该类装置的设计和自行设备成套，而从四川空分采购板翅式换热器和透平膨胀机-增压机组。

随着天然气产业的迅速崛起，天然气液化装置所占行业比重正不断加大，以四川空分为代表的气体分离设备制造业在液化天然气产业中取得了丰硕的成果。四川空分是较早进军该领域的国内企业，产品范围从大型天然气液化装置、大型 LNG 贮槽到橇装式 LNG 液化装置、LNG 槽车、LNG 车用气瓶、LNG 汽车加液站等；从原来的液化能力为 5 万~30 万 m^3/d，发展到了 500 万 m^3/d；工艺技术从氮膨胀制冷流程、带预冷的 N_2-CH_4 混合工质膨胀制冷液化流程，发展到混合冷剂制冷液化流程、丙烷预冷混合冷剂制冷液化流程等多种形式。

四川空分经过多年努力，完成了混合冷剂天然气液化工艺技术、天然气液化装备集成技术、天然气液化冷箱集成技术、高压大单元钎焊工艺技术的研究，开发出 C3MR 丙烷预冷混合冷剂液化工艺和 SMR 二级、三级节流液化工艺，取得了多项专利技术，相继成功开发出 15 万~200 万 m^3/d 的 LNG 设备，相继提供用户 28 套（含天然气液化设备、煤层气及焦炉气液化设备），技术水平处于国内领先地位。

2008—2010 年，在国家能源局和中国机械工业联合会的组织和支持下，为中海油伊朗项目研发了 260 万 t/年 LNG 生产线工艺技术，开发出丙烷预冷的混合冷剂液化工艺专利技术和大型板翅式换热器冷箱技术，突破了多项关键技术，其基本设计文件经某国外知名工程公司的复核，得到了认可和高度评价。该项目虽因国外合作协议未签订而未能实施，但它是后来国内 LNG 装置开发的坚实基础。

2011 年，四川空分承接的新圣 60 万 m^3/d 天然气液化装置一次投运成功。该装置实现了所有设备国产化，为国内首次采用低温洗涤脱重烃、单混合冷剂三级节流工艺。其液化能耗为 0.358kW·h/m^3，不仅能耗低，且成功地解决设备、管路冻堵的难题，连续运转周期大于 8000h。

2010 年，四川空分承接的安塞 200 万 m^3/d 天然气液化装置液化冷箱设备，采用了国内首创的高压大截面超长板翅式换热器单元（1.3m×2.2m×8.8m）。2012 年，该设备一次开车成功，满足技术性能要求。

2012 年，四川空分投资建设了兴圣 200 万 m^3/d 天然气液化装置，是当时国内单套规模最大设备全国产化的天然气液化装置，其性能指标达到了当时国际先进水平。

2014 年，四川空分承接的泰安 260 万 m^3/d 天然气液化装置液化冷箱设备，采用了国内首创的 LNG 整体冷箱集成技术。该项目是国家重大装备国产化项目之一，2015 年一次开车成功。

虽然这些装置在国际天然气液化行业仍属中等规模，但它们是我国中大型天然气液化装置从无到有的首创，是自主创新、掌握工艺技术、实现全部机组国产化的典范，为天然气液化工业的技术进步做出了贡献。

液化天然气产业是近些年蓬勃发展产业之一，行业中以四川空分、成都深冷、杭州福斯达、哈深冷为代表，生产制造日处理量为 10 万～260 万 m^3 的天然气液化装置和大型 LNG 贮槽、贮罐、槽车、汽化器等，液化天然气类产品的产值占行业总产值的比例从 2010 年的不到 10% 提高到了 30% 左右。中集安瑞科、圣达因、查特等一些非气体分离产业的制造企业也纷纷加入液化天然气装备的生产制造。

四川空分研发的煤制甲醇合成气深冷分离回收 LNG 技术，为煤化工合成气 CH_4 回收提取提供了新途径和方法。

2009 年 9 月，在云南煤化解化清洁能源开发公司的中试装置处理量 1850m^3/h 取得成功的基础上，2011 年，四川空分为云南先锋化工开发处理量为 18.6 万 m^3/h 的分离装置，采用混合冷剂和氨循环制冷工艺，比氮膨胀机制冷工艺能耗降低

5%~8%，2013年12月成功投产。四川空分提供新疆新业能源的20.3万m^3/h的分离装置于2015年成功投产。

对于大型成套乙烯液化分离技术及其成套工艺设备（简称乙烯冷箱），杭氧集团通过自主研发，攻克了多组分、高压4.0~8.0MPa铝制板翅式换热器的设计计算、制造等难关。自2000年以来，杭氧集团研制的等级已从60万t/年乙烯冷箱发展到茂名石化、天津石化、镇海炼化等用的100万t/年乙烯冷箱，以及上海赛科用的120万t/年乙烯冷箱，其中120万t/年乙烯冷箱是国内目前最大级别的乙烯装置。该装置的性能指标和技术水平都达到了同类产品的国际先进水平。

此外，杭氧集团还在丙烷脱氢制丙烯中低温分离技术的研究及其成套工艺设备，合成气中CH_4、CO、H_2低温分离技术的研究及其成套工艺设备，甲醇制取低碳烯烃（MTO）中低温液化技术的研究及其成套工艺设备，合成氨中低温液氮洗成套分离技术的研究及其成套工艺设备等石化行业的工艺装备技术研发上实现突破，取得了业绩，技术水平达到了同类产品的国际水平。图6-4所示为阳煤寿阳40万t/年煤制乙二醇项目CO、H_2深冷分离装置（一期）。

图6-4　阳煤寿阳40万t/年煤制乙二醇项目CO、H_2深冷分离装置（一期）

2004—2014年，杭氧集团研制完成30万~40万t/年的合成氨装置配套液氮洗装置，共有21套投入运行；2012—2015年，研制完成60万~180万t/年的甲醇制烯烃DMTO联合装置，共有6套投入运行；2012—2015年，研制完成一氧化氮氢气分离装置，共有3套投入运行。

2015年，杭氧集团为烟台万华集团75万t/年丙烷脱氢制丙烯项目设计制造了关键的冷箱分离装置（包括板翅式换热器、氢气膨胀机、低温液体泵、低温调节阀等），成套装置运行稳定。

杭州中泰深冷在能源化工领域的深冷技术开发也取得了一些成绩。

开封黄河空分在生物天然气新能源领域中，开发了4万m^3/d沼气分离纯化工程，并于2012年12月31日一次调试开车成功。产品气指标：甲烷纯度＞97%（体积分数），二氧化碳含量＜1.5%（体积分数），氮气含量＜1.5%（体积分数），硫化氢含量≤15mg/m^3；各项指标均达到设计要求，并符合国家相关标准。

(五) 关键配套部机的研制有了重大突破

2015年，沈鼓集团研制出为10万 m³/h 级空分设备配套的国内最大的轴流+离心式空气压缩机组，其气量为60万 m³/h，增压机出口压力为6.0MPa。2015年8月，在沈鼓集团公司营口制造基地连同杭州汽轮机公司制造的工业汽轮机一起进行了全负荷试车，试车结果表明性能达到合同要求，达到国际先进水平。该机组的研发成功，开创了特大型空分压缩机国产化的先河。

大型空气压缩机组、空气增压机组占到了成套空分设备总投资额的40%以上。通过沈鼓集团、陕鼓集团多年努力与攻关，国内风机行业制造大型空气压缩机组、空气增压机组的现状是：在1万~2万 m³/h 国内成套空分设备配套中，国产机组的占有率超过80%；在2万~4万 m³/h 国内成套空分设备配套中，国产机组的占有率超过50%；而4万 m³/h 以上等级空分设备中则绝大多数依赖进口。可喜的是陕鼓集团、沈鼓集团近年来在4万 m³/h 及以上空分配套的大型空压机、增压机的研制方面取得了进展，陕鼓集团为6万 m³/h、8万 m³/h 空分配套的大型空压机、增压机也已研制成功，并投入使用；沈鼓集团为6万 m³/h、10万 m³/h 空分配套的大型空压机、增压机也已研制成功，并投入使用。这为特大型空分设备全面国产化打下了坚实的基础。

2006年，杭氧集团透平机械公司舍弃了落后的日立氧透机型，全新设计了新型的双缸中压氧气透平压缩机，在成本、工艺性和机械气动性能上有了一个飞跃。首台1.5万 m³/h、3.0MPa 中压氧气透平压缩配套于开元胜宝的1.5万 m³/h 空分设备上，节能4%以上，获得成功。2007年，杭氧集团自主开发了标态流量为6.5万 m³/h 的国内最大规格的双缸中压氧气透平压缩机，首台应用在日照盈德气体有限公司。

杭氧集团还开发了1.5万 m³/h 单轴低泄漏型氮气增压机、高效率齿轮式氮压机（流量范围1.3万~3.5万 m³/h，压力到3.7MPa）、高效率齿轮式增压机（流量为1.25万~6万 m³/h，压力达4.2MPa）等，掌握了LNG冷剂压缩机研制技术、大空透叶轮高效直接铣制技术、单轴转子和齿轮式转子的高速动平衡、联轴器法兰盘的液压连接技术等。

杭氧集团研制成功橇装压缩机组，代表了传统空分压缩机产品的主要发展方向；拥有170kN、320kN、560kN、800kN 活塞力四个系列的石化压缩机产品。

2010年，开封空分投资1500万元与西安交通大学联合攻关最新一代8万~10万 m³/h 等级的特大型空分技术，2012年已研制出了6万 m³/h 等级以上空分用的全液体透平膨胀机（见图6-5）。

杭氧集团和四川空分也均与西安交通大学合作，开发出空分全液体膨胀机，并成功投入运行。

图6-5 6万 m^3/h 等级以上空分用的全液体透平膨胀机

杭氧集团开发了高转速油润滑轴承膨胀机（设计转速达62700r/min），为当前最高转速的油润滑轴承膨胀机产品，产品配套印尼的用户；开发了膨胀机叶轮直径为240mm、300mm、360mm的系列中压膨胀机，配套国内5万~10万 m^3/h 等级空分及液化设备，拥有延长兴化、鲁西化工、国电英力特等5万~6万 m^3/h 等级空分应用业绩；开发了膨胀机叶轮直径为450mm的等级膨胀机，产品配套山东新龙化工尾气回收装置，可配套常规可达8万~9万 m^3/h 的等级空分；开发了氢气膨胀机，配套山东鲁清、河北新欣园、利津等烷烃脱氢设备中。

2015年，杭氧集团为伊朗的12万 m^3/h 等级内压缩流程空分设备配套了能满足高压起动要求的大型中压透平膨胀机组。

四川空分在260万 t/年大型LNG项目研发过程中，利用已有技术并通过研发解决了高压翅片承压能力、高压大截面单元钎焊工艺、气液两相分配结构的优化、冷箱集成和重型组装等关键技术，成功试制出8.0MPa压力的大截面（1.3m×1.25m）铝板翅式换热器样机，并在2011年前后成功为安塞200万 t/d、山东泰安260万 t/d等LNG项目配套液化冷箱。其中8台铝板翅式换热器单元尺寸为8.8m×1.3m×1.1m，是当时国内最大尺寸的铝板翅式换热器单元，且运行状态良好。

四川空分还研发了LNG开架式海水汽化器（汽化能力≥200t/h，温度为-162~5℃，耐压≥15MPa）。开架式海水汽化器（ORV）是LNG接收站海水汽化系统的核心设备，由京唐液化天然气有限公司与四川空分设备（集团）有限责任公司合作研发国内首台开架式海水汽化器的产品。2013年10月，该产品通过了中国机械工业联合会组织的产品鉴定会。2014年10月17日，开架式海水汽化器分别在每小时40t、80t、120t、160t、180t等进料负荷状态下试运行，各项性能指标均达到研发设计要求，一次投入运行成功。这标志着国产首台开架式海水汽化器成功实现国产化，实现了中国石油在推动 LNG 接收站关键设备国产化方面的重大突破，填补了国内空白，为推动我国 LNG 接收站全面国产化积累了宝贵经验。

2010—2012 年，开封空分与五环科技公司联合开发制造了新型高效气化炉——五环炉的关键内件 3 套。

绕管式换热器以其适应交变压力、交变温度、耐腐蚀等特点，广泛应用于大型天然气分离与液化装置、大型石化装置中。1998 年，开封空分开发出国内第一台多股流绕管式换热器，2015 年通过中海油的中试评定。2014 年，杭州福斯达也开发出绕管式换热器，已开发的低温甲醇洗用的绕管式换热器 30 多套，其中最大规格为：直径 3.2m，长度 30m。

杭氧集团、四川空分开发了空分设备用所有关键阀门，替代了进口阀门；开发了分子筛切换系统用三杆阀系列（DN600~DN1400），成功应用到 2 万~12 万 m^3/h 空分分子筛系统；开发了中高压氧用阀系列，包括 PN40~PN150 中高压氧用调节阀、安全阀、截止阀、止回阀等；开发了 PN100、DN40~DN150 低温多级降压调节阀，用于高压液空节流阀、液氧回流阀；开发了 DN4~DN20 氦、氩装置用特殊微流量波纹管调节阀系列；杭氧集团针对自身石化装置的需要，开发了石化装置、LNG 装置用 PN40~PN100 波纹管调节阀系列，拓展了设备配套相关领域。

杭氧集团成功开发了空分设备用关键低温泵，并具备为 12 万 m^3/h 等级空分配套的能力：开发了立式多级离心式高压液体泵（流量为 10~400m^3/h，扬程为 400~1200m），分别用于 8.7MPa、6.0MPa 高压产品气体的输送系统中，已成功运行于山东杭氧 6 万 m^3/h、河南骏化 4 万 m^3/h 以及伊朗 8.4 万 m^3/h 等多套空分设备中，打破了高压液体泵被国外公司垄断的局面；开发了特大型空分用大流量低温离心泵（流量为 400m^3/h，扬程为 80m），用于空分上下塔分开的液氧输送工艺流程中，已成功运行于广西兴隆 8 万 m^3/h 等级空分设备中，替代了进口设备；开发了空分设备后备系统中压离心泵（流量为 10~40m^3/h，扬程为 240~320m）；同时，为拓展相关低温领域，还开发了 LNG 用潜液泵（流量为 18m^3/h，扬程为 240m），并具备了 LNG 高压罐外泵的配套能力。

近年来，行业众多企业不仅在大型的液氧、液氮低温液体贮槽单台容量上达到 1000~8000m^3，中国空分设备有限公司、四川空分还研制开发了 1 万~8 万 m^3 的 LNG 低温液体贮罐，并有 3 万 m^3 的贮槽已投入使用。四川空分还开发了金属全容罐，已有 3 台 2 万 m^3 的贮槽投入使用。

2005 年，四川空分与上海交通大学、全国气瓶标委会合作承担了"十五"国家科技攻关计划中的 LNG 汽车超低温气瓶研究开发及产业化课题，研发 55L、

200L、450L 三种规格车用气瓶，并完成了安全性能和使用寿命试验（火烧试验、冲击试验、振动试验），制定国家标准报批稿。2006 年 6 月，该项目通过了国家科技部组织的验收。2008 年，四川空分又联合上海交通大学、杭州新亚、重庆四联及中海深燃承担了国家 863 计划中的 LNG 站用成套设备的研究开发课题，开发 3 座 LNG 橇装式加液站示范工程。2011 年，该项目通过了国家科技部组织的验收。其成果推动国内新建了多家 LNG 气瓶生产厂和 LNG 橇装加液站生产厂，为国内 LNG 清洁汽车的推广应用做出了贡献。

（六）大型空分设备走出国门，远销世界各地

2000—2015 年，杭氧集团、四川空分生产的大型空分设备除国内市场使用外，也已有 40 多套 1 万 m^3/h 等级以上的大型空分设备远销国际市场。其中，3 万 m^3/h、4 万 m^3/h、5 万 m^3/h 的空分设备已销往德国、西班牙等发达国家，6 万 m^3/h、8 万 m^3/h、12 万 m^3/h 的空分设备已销往伊朗、土耳其等国，这是我国空分设备制造业的一大进步。另外，由德国梅塞尔公司、美国普莱克斯公司、德国林德公司、法国空气液化公司等外资企业在中国境内投资工业气体项目时，也部分选用了杭氧集团、四川空分、杭州福斯达、苏州制氧机有限责任公司等企业的国产空分设备，从另方面充分证明了国产空分设备的技术性能指标接近或达到了国际先进水平。

2000 年以来，杭氧集团已出口 20 多套 1 万 m^3/h 等级以上的空分设备。2008 年，杭氧集团签订了为伊朗穆巴拉克钢厂设计制造两套 30000 m^3/h 空分设备的合同，2013 年调试出氧，并投入运行。

2003 年，四川空分按 ASME 设计、制造的 28 万 m^3/d 及 45 万 m^3/d 天然气分离装置，出口到缅甸；采用欧盟三项指令 CE 认证的 1 万 m^3/h 空分设备出口到土耳其 ICDAS 公司；为台湾联华提供了两套 1 万 m^3/h 制氮设备。

2008 年，杭氧集团签订了为梅塞尔德国扎尔茨吉特钢铁有限公司设计制造 1 套 3.2 万 m^3/h 空分设备的合同，将我国制造的空分设备安装在制氧机的发源地，这是我国制造的光荣。该设备于 2011 年调试出氧，并投入运行。图 6-6 所示为杭氧集团出口德国的 3.2 万 m^3/h 空分设备。

2007 年，杭氧集团签订了为墨西哥 AHMSA 公司设计制造 1 套 4.52 万 m^3/h 空分设备的合同，并于 2011 年调试出

图 6-6　杭氧集团出口德国的 3.2 万 m^3/h 空分设备

氧,投入运行。

2010年,杭氧集团签订了为伊朗卡维甲醇公司设计制造世界上单台规格最大的特大型12万 m^3/h 空分设备的合同,设备已制造完成。这是我国出口的最大规模的等级空分设备。

2007年12月,四川空分承接了土耳其卡德米尔钢厂1.5万 m^3/h 空分设备。该套设备是当时国内出口到欧盟国家最大等级的成套空分设备,于2012年10月完成了性能验收,其技术指标达到设计值。

2007年,四川空分承担的采用4项指令CE认证的波兰20万 m^3/d 高氮含量的天然气液化装置投入运行。该装置系国内首次采用脱 N_2 的天然气液化工艺。

2010年7月,杭州福斯达与德国林德气体公司签订了总承包EPC项目合同,为林德巴基斯坦提供1套4000全液体空分装置(130TPD)全液体空分装置。该装置于2012年7月一次性试车成功出液。

2007年,开封空分为阿联酋Emirates钢铁公司提供了1套4000 m^3/h 空分设备,并投入运行;2008年为土耳其OZKAN DEMIR CELIK SANYI A.S.提供了1套6350 m^3/h 空分设备,并投入运行。

(七)气体产业迅速发展

伴随着我国制造业转型的步伐,行业部分企业发展也由纯制造业向工业服务业拓展。凭借在设计、制造大型空分装置方面的领先技术、丰富经验和运营管理气体公司的实践基础,可为用户带来:项目融资的便捷;空分技术团队为设备稳定运行提供强大的技术支撑;专业化队伍管理,保证空分装置运行的可靠性、安全性、经济性;丰富的管理经验、先进工艺流程的空分设备和新技术的应用,保证按供气合同持续稳定供气;完善的液体物流系统,优惠的气体价格等优势。

四川空分自1998年涉足气体业务以来,先后在广东、江苏、山东、陕西、山西、河北、内蒙古、重庆、四川等地投资运营建设气体工厂,充分利用自身设备研发设计制造优势,一方面拓展传统的氧、氮、氩气体业务,另一方面大力进军LNG行业。其中,2002年成立的中山华南实用气体科技有限公司、2003年成立的溧阳新钢川空气体有限公司、2004年成立的长治川空气体有限公司、2007年成立的淄博鲁川气体有限公司、2012年成立的内蒙古兴圣天然气有限责任公司,都在当地发挥了骨干气体供应商的作用。特别是,2010年投资运营的唐山瑞鑫液化气体有限公司的节能环保冷能空分装置为国内最大的冷能空分装置,拥有自主知识产权,产量优于设计值,获得了业界高度评价。

杭氧集团自2003年在浙江建德投资建立第一个1000 m^3/h 制氧能力的气体公司以来,充分发挥其在设备制造领域的优势,以上市为契机大力发展气体业务,先后在湖北、浙江、河南、河北、吉林、江苏、山东、广西等地，投资建设多家气体运行工厂，包括：2007 年投资建设了 5 万 m^3/h 制氧能力的河南杭氧气体有限公司，2010 年在吉林建设了 5 万 m^3/h 制氧能力的吉林杭氧气体有限公司，2012 年在浙江衢州建设了 8 万 m^3/h 制氧能力的衢州杭氧气体有限公司，2013 年杭氧集团在广西投资了当时国产化单台规格最大的 8 万 m^3/h 空分设备建立了广西杭氧气体有限公司，2014 年杭氧集团通过收购并新建了制氧能力超过 15 万 m^3/h 的山东杭氧气体有限公司。

此外，还有陕鼓集团、开封黄河、东京空分、开元空分、杭州福斯达、上海启元、北大先锋、上海瑞气等设备制造企业均投资有气体投资项目。

（八）变压吸附技术发展迅猛

以北大先锋、天科股份、上海瑞气等为代表的变压吸附设备制造企业，将变压吸附制氧、制氢、制氮及 CO/CO_2 分离、工业尾气回收利用等技术广泛应用于石化、化工、冶金、食品、环保、电子、航空等行业。

PSA 制氮设备技术 10 多年来从先进技术走向成熟技术，全国已有上百家企业生产制造 PSA 制氮设备，已形成产业群，主要集中在上海、浙江、江苏、山东、河北等地。设备规格小到几个立方米每小时，大到 $5000m^3/h$ 以上，产品纯度在 97%～99.999%，广泛应用于煤矿、石化、化纤、食品等行业，形成了 15 亿元左右的年工业产值。

PSA 制氧设备技术全部已实现国产化，以北京北大先锋科技有限公司（简称北大先锋）为龙头，包括锂基制氧专用分子筛吸附剂，国内外制氧工艺主要采用双床 VPSA 制氧工艺，大型制氧设备采用五床 VPSA 制氧工艺，产量从 $10m^3/h$ 到 2 万 m^3/h，纯度在 21%～95% 范围内可调。其中大型 PSA 制氧设备主要应用于冶金工业的高炉富氧冶炼，目前用得最多的是有色冶炼用富氧。

北京北大先锋科技有限公司成立于 1999 年，是北京大学直属的专业从事变压吸附气体分离业务以及各种高效吸附剂和催化剂生产的高新技术企业。该公司已为国内外各行业用户提供了 200 余套变压吸附装置，其中包括 2009 年投产的世界上最大的变压吸附分离 CO 和 H_2 装置、2010 年投产的世界上最大的变压吸附制氧装置、2012 年投产的世界首套电石尾气分离 CO 及 H_2 装置、2013 年投产的世界首套高炉煤气分离 CO 装置等。北大先锋坚持"开拓、创新、满意、提高"的企业宗旨，曾获得国家技术发明奖二等奖、教育部科学技术进步奖一等奖、国家工业博览会银奖等诸多奖项。北大先锋作为变压吸附行业的领航者和代表企业，推动了我国变压吸附技术的发展，引领了变压吸附行业的方向，让我国的变压吸附技术在世界工业气体领域占有一席之地。

PSA 制氢技术自 20 世纪 90 年代以来在我国发展得很快，其规模达到世界最大,技术处在世界领先水平。PSA 制氢装置的研发以四川天一科技股份有限公司(简称天科股份)为代表。十几年来,天科股份以市场为导向,致力于在实践中探索公司运营模式创新的思路,使三大主业有了长足的发展。大型变压吸附制氢、垃圾填埋气制城市煤气、焦炉气制 CNG、SNG、LNG、焦炉气制甲醇,液化天然气等工程项目技术优势明显,取得了许多国内第一,装置中的产品如催化剂、吸附剂、程控阀门等实现了自主研发制造、配套供应。该公司初步实现了从单一的工程设计模式向工程总承包模式的转型,进入我国化工勘察设计行业工程总承包百强。该公司始终坚持开拓国际市场,在缅甸、韩国、土耳其、文莱、泰国等境外承建多套变压吸附装置、二甲醚装置,并将催化剂产品成功推广到了欧美,使天科股份的品牌走向了世界。天科股份作为高科技上市公司和国家级高新技术企业,研发实力雄厚,工程放大及开发能力强,是中国二氧化碳捕集、利用与封存产业技术创新战略联盟理事单位与发起人之一。

我国 PSA 制氢技术已经很成熟,规模从 20~28 万 m^3/h,工艺从六床、八床、十床到十二床 PSA 制氢或 VPSA 制氢,纯度为 98%~99.999%,H_2 回收率为 80%~98%。该工艺已广泛应用于炼油、医药、电子、冶金等行业。

2008 年,四川天一科技股份有限公司设计制造的世界最大的 PSA 装置——神华集团"煤制油"工程配套产氢量为 28 万 m^3/h 的变压吸附制氢装置一次试车成功,H_2 纯度达 99.9%,H_2 回收率高达 90%。

2009 年 8 月,四川天一科技股份有限公司设计制造的我国首套 3000m^3/h 转炉气变压吸附净化装置在四川建成投产,同年 10 月完成装置验收。该装置为钢厂废气回收利用及产业结构转型提供了坚实的技术基础。

此外,经过近 30 年的高速发展,我国成功将 PSA 技术扩展至煤层气甲烷浓缩、炼钢厂焦炉煤气、转炉炉气提纯 H_2、脱碳、提浓 CO、工业尾气(氯乙烯尾气、电石炉尾气和氯酸钠尾气等)净化,生物沼气净化以及炼厂干气回收乙烯资源等领域。变压吸附工艺逐渐从辅助工艺进入生产主流程。其主要技术包括:变压吸附净化浓缩甲烷技术、变压吸附提纯一氧化碳技术、变压吸附提纯二氧化碳技术、变压吸附脱碳技术、变压吸附浓缩回收乙烯技术、变压吸附天然气净化技术、变压吸附焦炉煤气净化技术、变压吸附驰放气净化提纯技术。应用上述变压吸附技术的各类装置,随着节能减排的推进,其应用越来越广泛,逐渐成为气体分离设备行业的重要组成部分。

(九) 水电解制氢装置持续发展

自从 1800 年尼尔科森等人成功地将水电解为氢气、氧气以来,水电解技术已发展了 200 余年。目前,大工业所用氢气一般采取从煤制气、石油气、化工合成气中提取的方法制得,但水电解制氢方法由于其设备简单、运行稳定可靠、操作管理方便、生产无污染，制得的氢气又是诸多制氢方法中公认的纯度高、杂质含量少、可适用于电子、电力、冶金、玻璃、化工、建材、新能源、气象等用氢场所，故而被广泛使用，但相对吸附法、裂解分离法制氢，规模较小，一般产量在 1000m^3/h 以下。

水电解制氢的主要工业生产装置是电解槽，为改善水的导电性能、降低电耗，通常电解槽内的液体不是纯水，而是一定浓度的 KOH 水溶液。我国水电解制氢技术的发展经历了从仿制到自行设计生产、从单极式到双极式、从常压到加压型电解槽，规格从 2m^3/h 到 1000m^3/h 的发展过程。我国最早生产制造水电解制氢设备的企业是当时一机部的哈尔滨机联机械厂和原六机部七院第七一八所（现在中船重工），主要产品为小型（30m^3/h 以下）的常压型制氢设备而后开始研发加压碱性水电解装置。20 世纪 80 年代中期我国在水电解制氢技术上得到了快速的发展。不但能设计、生产中小型电解槽，也开发了若干种型号的加压型水电解装置，与常压型水电解槽相比具有单位耗电量低、节约原材料、节省检修费、设备投资少、占地面积小、运行稳定、适用性强等优点，因此常压型水电解制氢装置逐渐退出了市场。

2000 年以后，原哈尔滨机联机械厂体制和技术升级迟于中船重工七一八研究所、苏州竞立制氢设备有限公司、天津市大陆制氢设备有限公司等企业，工厂因此破产重组，退出了气体分离设备行业。

中船重工第七一八研究所隶属于中国船舶重工集团公司，创立于 1966 年，总部位于河北省邯郸市，是集科研开发、设计生产、技术服务于一体的国家级科研单位。该研究所主要从事高能化学、制氢及氢能源的开发、特种气体生产、精细化工、辐射探测、环境工程、气体分析、工控节能、核电安全、空气净化、医用制氧等方面的专业研究设计，是我国水电解制氢设备的主要研制单位。其水电解制氢系列产品（0.5~1500m^3/h），包括石棉型、环保型、集装式石棉型、集装式环保型水电解装置与固体聚合物电解质（SPE）电解制氢装置、重水电解制氢装置及其配套产品。

苏州竞立制氢设备有限公司于 1993 年在苏州吴县经济技术开发区成立，先后开发研制出的设备有 7 大系列、28 种型号，设备主要技术指标都达到或接近先进国家的标准，并取得了电解槽、气液分离器、隔膜垫片等多项国家专利和"CE"认证。该公司于 1995 年研制成功国内第一套最大的 200m^3/h 计算机控制型制氢设备，获得了"中华之最"荣誉称号；又于 2005 年研制成功了当时国内最大的 375m^3/h 计算机控制特大型制氢设备，填补了国内空白，该产品和 2005 年研制成功的 3000m^3/h 氢气回收净化设备于 2006 年一并通过了江苏省经信委和科技厅组织的省新技术、新产品和科技成果鉴定。2005 年，该公司联合北京飞驰公司在北京投资建设了中国第一座制氢加氢站，为氢燃料汽车提供清洁能源，提供的以氢气为能源的燃料电池汽车已经为 2008 年北京奥运会提供了全方位服务。2010 年，该公司研制成功的当时国内最大的 500m³/h 计算机控制特大型制氢设备，也通过了江苏省经信委组织的省新技术、新产品鉴定。

苏州竞立制氢设备有限公司的产品应用于新能源、化工、有色金属、建材、电力、钢铁等行业，用户遍布大江南北，并远销美国、土耳其、沙特、越南、印尼、尼日利亚、南非等 20 多个国家和地区。该公司已成为目前国内制氢设备用户最多、市场占有率最高的专业生产厂家。

天津市大陆制氢设备有限公司成立于 1994 年，成立不久就生产出了我国第一台 200m³/h 加压水电解制氢设备，供应了河北辛集某企业，填补了国内大型加压电解槽产品的空白。该设备成功地投入工业应用，标志着我国水电解制氢技术上了一个新的台阶，使我国成为继德国之后，世界上第二个能够生产产氢量为 200m³/h 的大型压力水电解制氢装置的国家。

天津市大陆制氢设备有限公司于 2006 年、2008 年、2012 年、2016 年，先后研制出 FDQ-350/1.6 型、FDQ-400/1.6 型水电解制氢设备与 FDQ-600/1.6 型、FDQ-1000/1.6 型加压水电解制氢设备，并投入工业使用。整套系统结构紧凑，流程简单，操作方便，性能先进，各项性能达到国外同类产品的先进水平，填补了我国大型加压水电解制氢设备的空白，并出口芬兰，实现了出口创汇。

近年来，我国水电解制氢技术得到了很大发展。不但研制出 350~1000m³/h 的加压水电解制氢设备，同时也采用了无石棉隔膜，在电极的研制方面也有新的突破，提升了我国水电解制氢装置在国际市场的竞争力。

我国的水电解制氢设备产品已销售到芬兰、俄罗斯、朝鲜、越南、印尼、孟加拉、印度、伊朗、阿尔及利亚、丹麦、冰岛、美国等国家和地区，行业中主要制造厂家的出口额均已占到企业销售总额的 40% 左右。

随着氢能源的开发利用，水电解制氢技术也必将得到快速发展。例如：研制高效水电解制氢技术，进一步降低能耗，对水电解制氢设备未来的广泛应用具有重要意义；研制超高纯（≥99.99999%）水电解制氢设备，用于电子加工行业、尖端科技领域；研制与风能、太阳能结合的水电解制氢设备，用于新能源开发与利用。

（十）气体膜分离设备兴起

气体膜分离技术是一种新兴的分离技术，最早的商业化应用是在 20 世纪 70—80 年代，当时主要的应用范围局限于合成氨驰放气氢回收以及合成气中 H_2/CO 气体的比例调节。由于气体膜分离技术与传统分离技术相比具有节能、高效、操作简单、使用方便、不产生二次污染等优点，所以气体膜分离技术开始广泛地应用于其他各种领域，如空气分离富氧、富氮技术，甲醇行业的 H_2 回收，炼厂气

H_2 回收，天然气领域的 CO_2 分离及脱水，有机蒸气领域的轻烃回收或油气回收等。目前主要产品有膜分离制氮、制氧，氮氢混合气体分离等。膜气体分离技术逐渐走向成熟，渗透膜的技术寿命已突破 8 年，膜分离设备具有设备结构简单、运行稳定可靠、起动快等特点，特别适合在一些纯度要求不高的场合的应用，如水泥、玻璃炉窑的节能方面。

国内已形成了以中科院大连化学物理研究所技术为主体的一批制造企业，产品规模氧气产量从家庭用的几升每小时到工业用的几千立方米每小时，氮气几百立方米每小时不等。典型的应用实例是我国的进藏列车用上了膜分离制氧设备。目前也有一些企业采用进口膜组件和膜进行组装制造膜分离设备。

1999 年，由中科院大连化学物理研究所天邦公司开发的柴油加氢膜分离氢回收装置在安庆石化开车成功，是我国自产膜首次应用于炼厂氢气回收。此后，国产膜分离装置迅速在炼厂氢气回收领域推广应用，与美国 Air Products 等公司形成了有力竞争。

2000 年，由大连化学物理研究所天邦公司开发的国产移动式制氮系统的使用，打破了国外公司的垄断。以 $900 m^3/h$、$35MPa$ 的移动制氮装置为例，市场价格由原来的 1000 多万元降至 600 万元以内。特别是天邦公司 2007 年推出的电驱动移动制氮装置，更加适应灵活多变的市场需求，目前运行的制氮设备有 40 多套。图 6-7 所示为天邦公司建造的合成氨放空气膜分离氢回收装置。

图 6-7 天邦公司建造的合成氨放空气膜分离氢回收装置

2003 年推出的煤矿井下氮气防灭火装置，用于具有爆炸性危险气体（甲烷）和煤尘的矿井中的煤层的防火和灭火，极大地提高了煤矿的生产安全性。

2006 年，膜法富氮技术应用于气调和控温相结合的现代气调储粮技术，解决我国粮库储藏保鲜的难题，从提高加工品质和食用品质等多方面实现了粮食的最佳储存。2008 年制定了低氧防治储粮害虫工艺标准。

氢气分离是膜分离技术最早实现工业应用的领域，主要包括合成氨、合成甲醇以及炼油厂的膜分离氢回收。1985 年，大连化学物理研究所研制的中空纤维 N_2/H_2 膜分离器在上海吴泾化工厂通过鉴定验收，1986 年起在合成氨驰放气氢回收领域推广应用。目前，几乎每个合成氨和甲醇厂都有一套膜分离氢回收装置，装置的处理能力从 $100m^3/h$ 到 10 万 m^3/h，产出的氢气纯度可以达到 90% ~98% 或更高，氢气的回收率可以达到 90% 以上。此类应用均采用中空纤维膜结构型式。该型式的气体分离膜在国内仅天邦膜技术国家工程研究中心有限责任公司能够规模化生产，在国内大概有 400 多套装置在运行。

2012 年，大连天邦膜技术国家工程研究中心有限责任公司开发的局部富氧助燃技术，先后应用于多种窑炉、加热炉及供暖炉，均取得了良好的节能减排效果。

综上所述，近年来气体分离膜技术越来越得到人们的重视，相关从业人员不断增多，共同推动新的膜材料研制、制膜工艺及应用技术开发工作进步，膜法气体分离技术必将在气体分离领域占据举足轻重的地位。

六、结束语

中国气体分离设备工业从 1953 年国产第一台制氧机诞生开始至今，已经走过了 60 多年的历程，取得了辉煌的成就。

气体分离设备的品种从单一的空气分离设备发展到天然气、石油气、焦炉气、化工尾气等各种气体的分离设备；气体分离设备的产品品种从单一的氧、氮发展到稀有气体（氩、氖、氦、氪、氙）、氢和一氧化碳、二氧化碳、丙烷等化工气体；产品的品质从原来的 90% ~99%，提高到 99.999% ~99.99999%，甚至更高；设备能耗大大降低；设备运行稳定性，自动化操作程度，安全性大大提高；分离方法从深冷低温精馏，发展到变压吸附法、气体膜分离法在各自领域发挥特色；气体分离设备产品的应用从原来简单的焊割、医疗领域，发展到冶金、石化、煤化工、航天、机械、建材、环保、食品、电子等国民经济各个领域，其应用面不断扩展；制造能力从不能生产制氧机，发展成为世界上全年制造空分设备数量最多的国家；单台产品的制氧能力从 $30m^3/h$ 发展到 12 万 m^3/h，我国已成为世界上少数几个能设计、制造特大型空分设备的大国之一，这些特大型空分设备成为大国重器、国之砝码的一部分；设计制造技术从仿制、引进技术，发展到自主开发、创新，拥有完全知识产权，并上升至国际一流水平，可与国际品牌同台竞技，不分上下；产品销售从国内发展到世界各地都有中国制造的气体分离设备，不论是空分设备还是变压吸附设备、水电解制氢设备。

气体分离设备行业 60 多年来的发展过程，也是我国社会主义现代化建设的发展过程，是我国装备工业的一个缩影，特别是改革开放四十年来国民经济的高速增长，带动了气体分离设备行业的高速发展。气体分离设备行业的高速发展又为国民经济的高速增长做出了巨大贡献。

随着国家"十三五"规划、两个百年战略目标的实施，各行各业的发展对气体分离设备需求将持续增长；随着节能减排、绿色制造、环保要求的提高，气体分离设备的应用将越来越广；随着《中国制造2025》《智能制造》的推进，对气体分离设备的要求也将越来越高。气体分离设备行业一定能继承60多年发展的光荣传统，改革创新，为国民经济的发展提供国际一流的重大装备，为我国实现中华民族伟大复兴的"中国梦"做出更大的贡献。

第七章

中国通用机械工业 2016—2017 年的发展情况

"十三五"是我国深化改革、加快转变经济发展方式、全面建设小康社会的关键时期。2015 年，国务院发布实施制造强国战略第一个十年行动纲领——《中国制造 2025》，提出实行制造业创新中心建设的工程、强化基础的工程、智能制造工程、绿色制造工程和高端装备创新工程，重点发展新一代信息技术产业等十个重点领域。我国宏观经济发展趋于稳中向好，"一带一路"倡议推动经济发展作用逐步显现，以数字化、网络化和智能化为主要特征，信息技术和制造技术的深度融合，给通用机械工业带来了新的发展机遇与挑战。

一、通用机械工业发展增速回升

受整个宏观经济形势回暖的带动，通用机械行业在经过几年持续下滑后呈现了一定的回升态势，经济运行指标稳中有升，2016 年和 2017 年，通用机械行业的工业增加值、主营业务收入、利润等主要指标均实现了正增长，特别是 2017 年，通用机械行业主要经济运行指标达到了 2012 年以来的高点，行业发展状况总体向好。2016—2017 年主要经济增长指标见表 7-1。

表 7-1　2016—2017 年主要经济增长指标

行业名称	主营业务收入 同比增长（%）		利润总额 同比增长（%）		出口交货值 同比增长（%）	
	2016	2017	2016	2017	2016	2017
行业合计	2.07	9.84	1.52	15.1	4.14	11.51
泵及真空设备	2.96	10.14	4.67	21.16	8.42	18.71

(续)

行业名称	主营业务收入同比增长（%）		利润总额同比增长（%）		出口交货值同比增长（%）	
	2016	2017	2016	2017	2016	2017
风机	2.88	0.51	-7.23	2.81	4.53	5.43
压缩机	-4.14	12.67	0.35	11.66	13.18	8.73
阀门	1.62	8.17	0.12	11.27	-4.08	9.47
气体分离及液化设备	2.12	11.57	-2.03	26.98	-5.28	8.5
其他通用设备制造业	10.99	14.5	10.37	17.01	13.82	11.08

二、重大技术装备国产化持续深入

持续推进国家重大技术装备国产化是通用机械行业发展的重要任务，更多"首台套"设备的开发和研制成功，为核电、冶金、石油化工、石油天然气输送、天然气液化与接收等国民经济重要领域和基础设施建设及人民生活等领域提供了大量国产化成套装备，为国民经济的发展做出了重要贡献。

1. 大型空分成套装置国产化

由杭氧集团为神华宁煤集团400万t/年煤炭间接液化示范项目研制的国内首批6套10万m^3/h等级特大型空分装置，于2017年3月—7月在神华宁煤陆续开车成功，达产达标，生产出合格的氧、氮产品，系统运行稳定。2018年4月18日，中国机械工业联合会与中国通用机械工业协会共同组织召开了神华宁煤10万m^3/h等级空分装置应用成果鉴定会，专家一致认为，该项目通过设计方法、制造工艺、技术装备等多方面的自主创新，实现了10万m^3/h等级空分装备设计制造、调试和运行技术的突破，总体技术达到国际领先水平。成果推广应用已经取得了显著的经济效益和社会效益，可满足大型煤化工、石油化工、冶金等领域的需求。10万m^3/h等级空分设备的国产化，标志着杭氧集团的空分技术跨入国际最先进行列，为世界上一次性建设规模最大的神华宁煤煤化工国产化示范项目的成功做出了重大贡献，是我国空分设备发展史上又一个重要的里程碑。

长期以来，特大型空分装置的配套压缩机组一直为国外所垄断。在神华宁煤首套国产化10万m^3/h等级空分装置中，沈鼓集团承担了配套空气压缩机组的研制任务。这是目前国内研制并经过全流量、全负荷工厂性能试验的最大的轴流+离心式压缩机组，压缩机功率为7万kW，是当前国内乃至国际最大功率的压缩机组，国外也只有两家企业有相同的制造能力，技术复杂性、设计和制造难度是前所未有的，开创了特大型空分装置配套压缩机组国产化的先河。为了验证压缩机的各项性能指标，沈鼓集团在营口新厂区建设了国内最大的 10 万 kW 试车台位，以满足压缩机的全负荷性能试验的需要。2017 年 5 月，由沈鼓集团自主研发的首套国产 10 万 m^3/h 空分装置压缩机组（空压机 + 汽轮机 + 减速机 + 增压机）在神华宁煤煤化工国产化示范项目现场开车成功，空压机和增压机的流量、压力等工艺参数等性能指标均满足装置需求。2018 年 4 月 26 日，中国机械工业联合会和中国通用机械工业协会在北京共同组织召开了国产首台套 10 万 m^3/h 空分装置用空气压缩机组产品鉴定会。专家组给予了很高的评价，一致认为该机组填补了国内空白，打破国外技术垄断，机组整体性能达到了国际先进水平，部分性能指标达到国际领先水平。10 万 m^3/h 等级空分装置配套用空气压缩机组的成功研制是我国重大装备国产化的又一重要突破，是我国大型压缩机里程碑式的一次跨越，标志着我国特大型空分成套设备的制造进入了世界强国的行列。

2. 核电泵阀国产化

依托国内核电工程建设，核电技术装备自主化水平不断提高。二代改进型核电站核级泵阀产品基本实现国产化，国产化率达 80% 以上；CAP1000、CAP1400 和华龙一号三代核电关键泵阀类产品国产化工作也在顺利推进，已陆续完成研发和鉴定，并在示范工程上得到应用。

重庆水泵厂有限责任公司和大连深蓝泵业有限公司分别自主研制成功华龙一号核电站技术难度很高的核二级泵——立式上充泵，并通过鉴定，为中国核电走出国门增添了新的动力。由上海阿波罗机械股份有限公司和上海核工程研究设计院联合研制的 CAP1400 厂用水泵、CAP1400 起动给水泵、CAP1400 卧式单级离心泵（包括设备冷却水泵、乏燃料池冷却泵、冷冻水泵）、CAP1400 循环水泵等样机通过鉴定。大连深蓝泵业有限公司研制的华龙一号余热排出泵、辅助给水泵、安全壳热量导出泵、应急给水泵、设备冷却水泵样机以及上海凯泉泵业有限公司的压水堆核电站中压安注泵样机也通过了产品鉴定。这些产品的研制成功，使核电关键泵类产品国产化取得了新的实质性进展。

根据 AP 系列、华龙一号等三代核电建设提出的新要求，核电阀门研制也获得新的突破。2017 年 4 月，中核苏阀与中国核电工程有限公司联合研制的华龙一号示范工程——福清核电 5 号机组的 3 台主蒸汽隔离阀出厂试验圆满完成，提前实现国产化目标，标志着"中国制造"在主蒸汽隔离阀这个最重要的核电阀门制造及应用领域实现了零的突破。中核苏阀还有多项核电阀门产品通过了新产品鉴定，包括 CAP1400 自动降压系统阀门、大口径电动闸阀、低压开启止回阀；华龙一号安全壳延伸功能地坑阀、主给水隔离阀、稳压器快速卸压阀；核电站用爆破阀、核二级主蒸汽隔离阀。江苏神通阀门股份有限公司与上海电气电站设备有限公司合作研制的百万千瓦压水堆核电站常规岛蒸汽再热阀门组样机通过了鉴定，其技术性能达到了国外同类产品先进水平。为国家核电重大专项 CAP1400 核电示范工程研制的核一级电磁动截止阀系列产品、CAP1400 主给水调节阀、华龙一号主蒸汽安全阀等研制产品样机也通过鉴定，核电阀门国产化又走出了坚实的一步。

针对近一个时期核电泵阀产品出现的质量问题，受国家能源局委托，2016 年 6 月 2 日中国通用机械工业协会组织在京召开了核电泵阀质量工作座谈会。要求各核电泵阀制造企业法人必须承担起企业的主体责任，强化管理，扎实工作，切实提升产品质量。为切实落实会议精神，沈鼓集团核电泵业有限公司等 26 家企业均分别签署了质量承诺书，对社会做出郑重承诺，落实改进措施，以过硬的质量精品巩固国产化成果。

3. 天然气长输管线与天然气液化装备国产化

成都成高、上电阀门、浙江五洲、上海高中压阀门等企业在 40in 和 48in 大型球阀产业化的基础上，研发了 56in 大口径高压全焊接球阀，并分别通过了出厂试验鉴定，2017 年又在中石油西部管道现场完成工业性试验，实现了国际最大全锻焊球阀的国产化。

成都中环、天津埃科特、温州特福龙、扬州恒春等研发了大型球阀的电液和气液联动执行机构。

由大连深蓝泵业有限公司研制的大型 LNG 潜液泵已开始批量生产，填补了国内空白，打破了国外技术垄断。

4. 大型石化设备国产化

沈鼓集团经过近两年的潜心研制，成功制造出 120 万 t/年乙烯三机，这是继 2013 年央视财经频道播出的《大国重器》——百万吨乙烯压缩机之后，沈鼓集团在乙烯领域又一新的力作。沈鼓集团研制的 120 万 t/年乙烯压缩机组是中海油惠州炼化公司二期项目配套核心机组，由于该机组技术含量高、工艺制造复杂，目前世界上只有美国 GE、德国西门子、日本三菱等极少数著名公司能够供货。惠州炼化公司二期项目的核心装备乙烯、丙烯、裂解气压缩机，全部由沈鼓集团承制并首次实现该等级压缩机组的全部国产化，标志着我国大型乙烯机组研制水平达到一个新高度，进入了世界先进水平的行列，意义十分重大。

5. 100%容量大型火电机组给水泵国产化取得重大突破

锅炉给水泵是火电站关键设备，600～1000MW 大型火电机组给水泵容量不断扩大，由多机组配套向 100%单一机组发展，这就给水泵可靠性提出更高的要求，而以前大型机组 100%容量给水泵全部依赖进口。

2016 年以来，由上海能源装备有限公司研发的 660MW 火电机组 100%容量锅炉给水泵已在多个电站成功应用；1000MW 火电机组 100%容量给水泵已完成样机研制，并通过了由中国通用机械工业协会组织的专家鉴定。

三、行业创新技术成果不断涌现

通用机械行业企业不断提升自主创新能力，努力打造"产、学、研、用"的资源整合平台，加强人才培育，构建自主创新体系，开发适应市场需求的新产品。努力提高产品技术水平和质量可靠性，以技术创新驱动传统产品升级换代，提升产品的技术含量和市场综合竞争优势。越来越多的企业把科技创新作为企业发展的不竭动力，特别是一大批民营企业加大研发投入，取得了丰硕的成果。

江苏金通灵风机股份有限公司完成了国内首台套低温升离心蒸汽压缩机的研制，并已投放市场，产品各项性能指标均超出客户预期，达到国际先进水平。

由杭氧集团压缩机公司开发的 $3000m^3/h$ 迷宫式压缩机顺利开车成功，各项数据均达到设计要求，一举打破了国外企业对该机型的技术垄断。

成都压缩机厂自主研制的国内首台应用于非常规天然气增压集输的大功率高速往复式天然气压缩机组投入运行，机组增压功率为3000kW，日处理量高达到430万 m^3。该产品多项技术填补了国内空白。

上海阿波罗机械股份有限公司开拓新的服务领域，研制成功 AP1000 和"华龙一号"三代核电乏燃料贮存格架、燃料暂存格架，并顺利通过鉴定和验收。

宣达实业集团有限公司和上海核工业研究设计院联合研制的 CAP1400 主控制室核级空气喷射器，填补了国内空白，达到国际领先水平，可应用于 CAP1400、CAP1000 核电项目和其他非能动核电项目，具有良好的社会效益和经济效益。

在节能产品领域，重庆通用机械股份有限公司研发的用于水泥、冶金行业的高效风机系统节能技术突破多项技术瓶颈，在水泥、冶金行业推广应用取得显著节能效果。

四、行业创新成就获得社会的认可

中国机械工业科学技术奖是我国机械工业最高的科技进步行业奖项。2016年度和2017年度，通用机械行业企业的多项创新技术及产品获得不同层次奖项，其中上海凯泉泵业（集团）有限公司等合作的"特大型混流泵和轴流泵节能关键技术研究与应用"、成都成高阀门有限公司"40～48in、Class900 高压大口径全焊接球阀"、沈阳鼓风机集团股份有限公司等合作的"年产60万t天然气液化装置用双混合冷剂离心压缩机组研制"、合肥通用机械研究院和台州环天机械有限公司、沈阳透平机械股份有限公司等合作的"大型往复压缩机流量无级调节系统关键技术及应用"、中核苏阀科技实业股份有限公司等合作的"压水堆核电站用核二级主蒸汽隔离阀"、合肥通用机械研究院和沈阳鼓风机集团股份有限公司、西安交通大学等合作的"极端条件下压缩机关键部件失效预防关键技术"等科技成果获一等奖。还有21项成果获二等奖，21项成果获三等奖。

2016年4月，工信部发布制造业单项冠军企业培育提升专项行动实施方案，计划到2025年总结提升200家制造业单项冠军示范企业，发现和培育600家有成长为单项冠军潜力的企业。2016年11月，工信部首批公示的中国制造业单项冠军示范企业60家、培育企业58家中，通用机械行业的沈阳鼓风机集团股份有限公司、山东淄博水环真空泵厂有限公司被列入示范企业；杭州杭氧股份有限公司、杭州新亚低温科技有限公司、江苏神通阀门股份有限公司、江苏海鸥冷却塔股份有限公司被列入培育企业。2017年，成都成高阀门有限公司被列入单项冠军示范企业。

为促进节能机电产品的推广应用，2012年工信部开始组织实施《节能机电设备（产品）推荐目录》和《"能效之星"产品目录》。2016年，通用机械行业有10个风机型号、51个压缩机型号、18个泵型号产品列入工信部《节能机电设备（产品）推荐目录（第七批）》；有3个风机型号、6个压缩机型号、3个泵型号产品列入《"能效之星"产品目录（2016）》。2017年，通用机械行业有9项装备系统节能技术被列入《国家工业节能技术应用指南与案例》；5个泵型号产品、31个压缩机型号产品列入《国家工业节能技术装备推荐目录（2017）》；有8个压缩机型号产品列入《"能效之星"产品目录（2017）》。

五、大力推进团体标准化工作

2015年，国务院发布了《深化标准化工作改革方案》（国发〔2015〕13号文），提出现行标准化体系已经不能适应社会经济的发展，必须切实转变政府标准化管理职能，深化标准化工作改革。在改革的措施中提出要培育发展团体标准，增加标准的有效供给。2016年，国家质检总局和国家标委会联合发布《关于培育和发展团体标准的指导意见》，质检总局、国家标准委、工信部联合发布《装备制造业标准化和质量提升规划》，2017年11月，十二届全国人大常委会第三十次会议通过了新修订的《中华人民共和国标准化法》，明确了团体标准的法律地位，为团体标准的发展营造了更好的政策环境。

为推动开展通用机械行业的团体标准化工作，中国通用机械工业协会制定了《团体标准管理办法》《中国通用机械工业协会团体标准管理工作细则》《中国通用机械工业协会标准化管理委员会专家工作条例》等程序性管理文件。2017年4月，中国通用机械工业协会完成了在"全国团体标准信息平台"的注册，11月成立了中国通用机械工业协会标准化管理委员会，并有7个分会成立了标准化工作委员会。2017年11月，在合肥召开了中国通用机械工业协会标准化管理委员会成立大会暨第一次全体会议，讨论了各分会提交的团体标准报审稿。《烟气脱硫陶瓷衬里泵技术条件》《"泵试验室（站）评定规范第1部分回转动力泵》两项团体标准已经在"全国团体标准信息平台"上发布。

附　录

附录A　重大技术装备专篇

通用机械行业是机械工业的重要组成部分，在国民经济中起着十分重要的作用，而其中技术难度大、成套性强的重大通用机械产品的设计制造能力更是代表着机械制造业的最高水平。经过新中国成立后60多年的发展积累，特别是改革开放40年来，我国通用机械行业紧紧围绕国民经济重点工程建设的需要，通过引进技术、消化吸收、自主创新和集成创新，取得了一系列重大技术装备研究成果，在大型石化、煤化工、电力、冶金等领域重大技术装备国产化方面不断实现零的突破。诸多国产首台（套）重大技术装备产品的研制成功，填补了国内空白，打破了世界上只有少数几个西方工业发达国家垄断的历史，改变了我国大型通用机械成套装备完全依赖进口的被动局面，为我国国民经济发展做出了重要贡献。

一、大型炼油化工成套设备

石油化工是我国重要的能源产业。1983年，国务院颁布了《关于抓紧研制重大技术装备的决定》（国发〔1983〕110号文件），该文件成为指导我国研制重大技术装备的纲领性文件。国家连续几个五年计划都将大型化肥、大型乙烯和大型煤化工列入重大技术装备研制攻关项目。通用机械中的压缩机、泵、风机、阀门、空分装置等是石油化工装置中的关键设备。通用机械行业始终将石化装备国产化作为行业的重点攻关任务之一。

石化企业为了提高经济效益，石化装置规模不断扩大，不断要求设备大型化以满足工艺的需要。自20世纪90年代开始，我国的炼油装置由单线250万t/年逐步发展到500万~1000万t/年；乙烯装置由单线30万t/年发展到45万~100万t/年。通用机械行业紧跟其后，在炼油（加氢裂化、催化裂化、焦化装置等）、乙烯设备大型化研制方面取得了显著的成果。具有代表性的是加氢裂化循环氢压缩机、新氢压缩机、高压进料泵、乙烯"三机"、冷箱、大型球罐等。

（一）大型炼油设备国产化

我国通用机械行业和相关制造业共同努力，在炼油装备国产化方面做了大量工作，取得了显著成效，炼油装备从规模、数量、质量等方面都基本满足了炼油工艺发展的需要。例如，为推动催化裂化工艺技术的发展，对主风机、尾气回收透平、富气压缩机、电液滑阀、进料雾化喷嘴、旋风分离器和外取热器等关键设备开展了技术攻关，重油催化裂化主要设备实现了国产化。为了满足加氢精制、加氢裂化和重整工艺的需要，开展了离心式和往复式压缩机、加氢反应器、螺纹锁紧高压换热器、高压空冷器、高压分离器等关键设备的攻关。这些关键设备的研发成功标志着我国炼油装备设计制造水平跃上一个新台阶，我国炼油装备国产化水平有了明显提高，主要炼油装置的装备国产化率按设备台数计超过95%，按价格计达90%。几个典型装置的炼油装备国产化率见表A-1。

表A-1　几个典型装置的炼油装备国产化率

装置名称	设备总台数		国产化设备台数		引进设备台数		国产化率（%）	备注
	静设备	动设备	静设备	动设备	静设备	动设备		
常减压蒸馏	202	79	202	75	0	4	96	①
重油催化	213	84	213	80	0	4	84.35	②
连续重整	193	75	189	72	4	3	78.5	③
加氢精制	139	64	139	63	0	1	86.27	④
加氢裂化	190	73	186	64	4	9	87.5	⑤

注：表中的引进设备主要是工艺专用设备和特殊压缩机、泵等。
① 来源于某厂700万t/年润滑油型常减压装置的设计资料。
② 来源于某厂200万t/年重油催化裂化装置的设计资料。
③ 来源于某厂60万t/年连续重整装置的设计资料。
④ 来源于某厂100万t/年加氢精制装置的设计资料。
⑤ 来源于某厂140万t/年高压加氢裂化装置的设计资料。

1. 大型反应器

大型反应器是大型炼油成套装置关键设备的代表性产品。20世纪80年代以前，国内所采用的加氢反应器基本上都是冷壁结构，只能承受400℃左右的高温。随着炼油工业的发展，冷壁结构加氢反应器已不能满足日益提高的炼油技术要求，而当时国外发达国家已经应用热壁结构加氢反应器，当时国内采用热壁结构的加氢反应器只能依赖进口。我国在20世纪80年代末期开始自主研制锻焊结构热壁加氢反应器，并取得成功，真正实现了大型反应器国产化。大型加氢反应器国产化经历了从无到有,从小到大,从单一材料到多种材料,从依赖进口到向国外输出的不寻常的发展路程。

(1) 首台反应器国产化 1983 年,中石化总公司规划院和机械部石化通用局联合召开了加氢反应器技术发展小组成立会议,确定由中国第一重型机器厂(中国一重)、北京钢铁研究总院、抚顺石油三厂、洛阳石化工程公司、通用机械研究所 5 个单位组成热壁加氢反应器联合攻关组,从而正式拉开了"锻焊结构热壁加氢反应器攻关"的序幕。

1986 年 8 月,洛阳石化工程公司、抚顺石油三厂、镇海石化总厂作为承担单位与中国石化总公司签订了国家"七五"重点科技项目"高压热壁反应器、换热器、空冷器的研制"专题合同。

1989 年 3 月,首台锻焊结构加氢反应器(见图 A-1)研制完成,并于同年 5 月在抚顺石油三厂 64 万 t/年加氢裂化装置中开始使用考核。1990 年 5 月,运行近一年的装置工业运行报告指出:从热壁加氢反应器投用一年的情况和效果来看,已经充分体现出它的特点和优越性,由于热壁反应器的投用,为装置的安全、稳定、长周期、优化和满负荷生产提供了可靠保证。至此,我国自行研究、自行设计、自行制造的首台高温高压锻焊结构热壁加氢反应器诞生了,结束中国石化工业重大技术装备完全依靠进口的历史。至今自主研制的首台反应器已安全运行了 28 年。

图 A-1 首台锻焊结构加氢反应器

(2) 反应器大型化发展 自首台反应器国产化以来,从加氢裂化装置到渣油加氢装置,反应器的设计制造满足了 AXENS、UOP、雪弗隆、Lurgi 等工艺商的需要,反应器规格也逐步趋向大型化,我国炼油装备的发展已完全满足炼油技术发展的需求。

首台国产化反应器——抚顺石油三厂的加氢裂化反应器,内径为 1800mm,重 220t。

1997年，由中国一重和上海锅炉厂分别承制的中国石化茂名项目加氢反应器内径超过4200mm，重量分别达460t、560t。

1998年，由中国一重承制的齐鲁石化加氢反应器壳体重量达到960t，为加氢反应器国产化以来首台千吨级反应器。

2002年，由中国一重承制的神华煤液化反应器壳体重量达到2044t（见图A-2），是反应器制造大型化的一个辉煌的里程碑。该项目是国家"十五"重点项目之一。煤直接液化反应器是以煤炭替代石油资源的核心设备，设备内径为4800mm，总高为60882mm，壁厚为334mm，是世界最大的煤液化反应器。中国一重与神钢、三菱等世界著名容器制造企业能够同台竞标，一举夺魁，标志着我国压力容器制造水平已经进入世界前列。

图A-2　神华2044t煤液化反应器

2012年，由中国一重承制的中国石化金陵分公司200万t/年渣油加氢装置双超反应器内径达到5400mm，壁厚达到352mm，是当时已建成投产的壁厚最大的加氢反应器。

近年来，炼油行业加氢反应器内径已达到5800mm，壁厚达到358mm。在建的沸腾床反应器、浆态床反应器壳体重量已达到2300t以上。受我国境内公路和桥梁限重、限高条件的制约，尺寸超限的反应器，无法实现制造厂内整体制造、整体发运，中国一重逐步开发出一种集吊装、制造、检测等全部制造过程的现场组焊模式，已顺利完成74台大型容器的现场组焊任务。

（3）主体材料的研发　加氢反应器主体材料以Cr-1Mo钢为主，先后研发出2-1/4Cr-1Mo、3Cr-1Mo-1/4V、2-1/4Cr-1Mo-1/4V 3种材料，并成功应用于国内外产品。

1983年，由北京钢铁研究总院、抚顺石油三厂、中石化洛阳设计院、合肥通用机械研究所、中国一重 5 个单位组成的课题组开始进行 2-1/4Cr-1Mo 钢反应器材料及其制造工艺研制，1986 年取得成功。研制成果在技术水平上已达到或超过当时引进的日本相同设备所规定的技术性能，并首次成功应用于抚顺石油三厂 64 万 t/年加氢裂化反应器。该成果获得国家科学技术进步奖一等奖。

1991 年 5 月 21 日，国家经贸委下达了"3Cr-1Mo-1/4V 加氢反应器研制"的国家"九五"重点科技项目（攻关）计划。由中国一重集团公司、中石化北京设计院、中石化洛阳石化工程公司、抚顺石油三厂等单位组成的课题组，开始进行 3Cr-1Mo-1/4V 钢的研制。该项目于 1998 年 9 月通过了鉴定，研制材料的各项指标不仅完全满足研制技术条件的要求，而且达到了日本制钢所同类产品的实际水平。该成果首次成功应用于克拉玛依石化 30 万 t/年高压润滑油加氢装置。

1999 年，由中国石化集团公司组织中国一重集团公司、中石化洛阳石化工程公司、中石化北京设计院、镇海炼油化工股份有限公司、抚顺石油三厂等单位进行联合攻关，开始进行 2-1/4Cr-1Mo-1/4V 钢的研制工作，并于 2000 年 10 月通过了鉴定。该成果首次成功应用于镇海炼化 180 万 t/年蜡油加氢脱硫装置中的蜡油加氢脱硫反应器。

（4）大型加氢反应器走出国门　随着大型反应器国产化的深入，中国一重等装备制造企业又先后实现炼油化工领域的其他大型设备国产化，如环氧乙烷反应器、PTA 反应器、超大型换热器、丁醛转化器、汽化炉、焦炭塔等。

2006 年，中国一重与中石油技术开发公司签订了印度石油公司 HALDIA 炼厂 2 台加氢反应器的出口制造合同，开创了自主设计、批量出口大型加氢反应器的历史。

（5）大型反应器制造技术的发展　大型反应器实现国产化以来，以中国一重为代表的装备制造企业的制造能力和技术得到长足的发展，已经达到世界先进水平，石化装备的年产量居世界首位。

目前，中国一重已建成大型反应器新的专业化、自动化生产基地，具备年产 6 万 t 石化装备的生产能力，从锻造到焊接的技术水平均已达到国际先进水平。

中国一重压力容器锻件用钢采用双真空技术冶炼（LVCD + VCD），保证了钢液纯净度，有效控制了材料的化学成分，尤其通过加强对杂质元素及气体含量的控制，使 P、S 的质量分数分别控制在 0.006% 和 0.004% 以下。超大筒体锻件外径可达 9040mm，开发出超大容器异形过渡段锻件制造技术、超大容器带顶部接管一体化封头锻件制造技术。

反应器环焊缝采用双丝窄间隙焊机焊接，焊接装备具有水平和高度跟踪系统，保证在整个焊接过程中焊丝的距边量相同，焊缝成形规则，不容易出现咬边和夹渣。同时还具备自动换道、自动起弧和填满弧坑、深坡口中自动送进和回收焊剂等功能，最大限度地实现自动化焊接，保证焊接质量。目前中国一重已制造完成壁厚280mm以上的容器200余台,其中最大产品壁厚为358mm;拥有最大厚度为400mm的2-1/4Cr1Mo1/4V钢焊接技术,已完全掌握壁厚530mm以内埋弧窄间隙焊缝焊接技术。

(6) 大型反应器研制主要奖项　中国一重研制的400t锻焊结构热壁加氢反应器1992年荣获中国石油化工总公司1991年度促进石油化工科学科技进步奖一等奖,1995年荣获国家科学技术进步奖一等奖。

2009年,"2-1/4Cr1Mo1/4V材料开发及加氢反应器研制"荣获中国机械工业科学技术奖一等奖。

2010年,中国一重"超大加氢反应器研制及工程应用"荣获国家科学技术进步奖二等奖。

2. 大型往复式新氢压缩机

往复式新氢压缩机是炼油和煤液化工程中的关键设备,化工装置的大型化趋势必然要求配套设备的大型化。20世纪90年代,我国开发了800kN活塞推力的新氢往复式压缩机,但这种机型已不能满足炼油装置大型化发展的需求,开发1250kN以上推力的特大型往复式压缩机势在必行。为满足用户的需求,大型往复式新氢压缩机在沈鼓集团等制造企业和相关部门的共同努力下开始了国产化的历程。

2007年9月,沈鼓集团与中石化金陵分公司签订了国产首台2D125大型往复式新氢压缩机订货合同;2009年12月,沈鼓与中石化长岭分公司签订4M125大型往复式新氢压缩机订货合同;2012年12月,沈鼓与中化泉州石化公司签订4M150大型往复式新氢压缩机订货合同,这是当时世界上最大活塞推力的往复式压缩机。为保证大型往复式新氢压缩机组的研发成功,沈鼓集团联合中石化洛阳石化工程公司、中石化长岭分公司、中石化金陵分公司及中国石化工程建设有限公司、中化泉州石化公司开展了项目攻关。

(1) 科技攻关及取得的成果

1) 2D125大型往复式新氢压缩机。2008年1月,沈鼓集团与德国博尔齐格公司签订了BX50-125系列基础件技术引进合同,随后完成了对引进技术的消化、吸收、转化及再创新工作,并为金陵石化260万t/年蜡油加氢处理装置成功设计了2D125-29/25.5-118-BX新氢压缩机。

在研制过程中,根据基础件性能指标,对产品重要零件和机组开展了大量的设计分析研究和工艺试验研究等。2008年9月底,整台机组完成了厂内零件的制造加工组装,试车一次合格,达到国家有关标准的规定。

该机组于2009年7月在中石化金陵分公司260万t/年蜡油加氢装置中投入运行,2010年9月,通过了科技成果鉴定。鉴定委员会一致认为:该项目开发了国内首台1250kN气体力往复式压缩机,当时是国产最大活塞力的新氢压缩机组。

经过运行考核证明，各项指标达到设计要求，满足生产工艺需求，机组性能良好，运转平稳可靠。其性能指标达到了国际先进水平。

该项成果获 2010 年度中国机械工业科学技术奖二等奖。

2）4M125 大型往复式新氢压缩机。沈鼓集团以中石化长岭分公司 170 万 t/年渣油加氢项目为依托，在消化吸收引进技术基础上，结合企业多年的科研成果，完成了加氢装置用 4M125 大型往复式新氢压缩机的开发研制。

2009 年 7 月，中石化长岭分公司、中石化洛阳石化工程公司、沈鼓集团签订了 4M125-39/24-185-BX 新氢压缩机技术协议。

该机组于 2011 年 9 月在中国石化长岭分公司 170 万 t/年渣油加氢装置中投入运行，于 2012 年 9 月在中国石化金陵分公司 180 万 t/年渣油加氢装置中投入运行。经过运行考核证明，各项技术指标达到设计要求，机组性能良好，运转平稳可靠，满足生产需求。

3）4M150 大型往复式新氢压缩机。2011 年 12 月，沈鼓集团与中化泉州石化有限公司签订了国产首台 4M150 机组的技术协议。

2013 年 7 月，该机组厂内空负荷试车成功，8 月产品出厂交付用户，11 月开始现场安装。2014 年 5 月，该机组在中化泉州石化渣油加氢装置现场一次开车成功。

2015 年 9 月，中国机械工业联合会主持召开了项目成果鉴定会。鉴定委员会一致认为，该机组于 2014 年 5 月在中化泉州石化 330 万 t/年渣油加氢裂化装置投入运行至今，各项技术指标达到设计要求，机组性能良好，运行平稳，满足生产需求。研制的 4M150 大型往复新氢压缩机（型号：4M150-69/23.3-200.5）填补了国内空白，主要技术指标达到了国际同类产品先进水平。

（2）社会效益及推广应用　大型往复式新氢压缩机组的研制成功，填补了国内空白，提高了我国往复式压缩机的设计制造水平，使沈鼓集团成为国际少数能够生产 1250kN、1500kN 活塞力往复式氢气压缩机的企业之一，满足了我国石化行业、煤化工行业装置大型化发展的需要。

国产化大型往复式新氢压缩机投入运行以来，正值国内石化行业快速发展阶段。中石油、中石化、中海油三家竞相发展壮大炼油能力，提高沿海地区的石化企业与国际石油化工公司的竞争实力，依靠技术进步，加快结构调整，生产清洁燃料，增产化工轻油，运用信息技术实现现代化管理，形成镇海、上海、燕山、金陵、天津、长岭、扬子、茂名、广州、齐鲁、福建、大连等具有国际竞争力的千万吨级炼油基地，还要在青岛、广西、海南等沿海交通方便地区新建一批大型炼油厂。在这些项目中，对 1250kN 以上大型往复式新氢压缩机有很大需求。截至 2017 年 6 月，沈鼓集团已与中石化、中石油、中海油、中化集团等多个炼油企业签订 4M125 机组订货合同 45 台。目前已投运的项目有：长岭石化、金陵石化等企业炼化装置中的机组,运行状态很好。已与中石油华北石化、中化泉州签订 4M150 机组订货合同 6 台。2D125、4M125、4M150 大型往复式新氢压缩机分别如图 A-3~图 A-5 所示。在石油工业日益发展的环境下,1250kN 以上活塞力大型往复新氢压缩机组将有更广阔的市场需求。

图 A-3　中石化金陵石化 2D125
　　　　大型往复式新氢压缩机

图 A-4　中石化长岭石化 4M125
　　　　大型往复式新氢压缩机

图 A-5　中化泉州 4M150 大型往复式新氢压缩机

(二) 大型乙烯设备国产化

1. 乙烯"三机"

乙烯是整个石油化工行业的核心,在一个国家的国民经济中占有重要的地位,世界上已经将乙烯工业的发展作为衡量一个国家石油化工发展水平的重要标志之一。而乙烯装置所用的压缩机——乙烯压缩机、丙烯压缩机、裂解气压缩机(简称乙烯"三机"),因为处于乙烯生产的源头位置,而成为整个乙烯装置乃至化工流程的心脏设备，在石油化工行业中具有非常重要的地位。乙烯"三机"的技术长期以来一直为世界少数几大公司垄断，中国石化企业的几十套乙烯装置压缩机全部从国外进口。因此，乙烯"三机"国产化是百万吨乙烯装备国产化的重要标志，发展乙烯工业必须突破"三机"的门槛。

1995年，中石化总公司开始对所属企业的30万 t/年乙烯装置进行梯次性扩建，其中大庆石化公司将原有的30万 t/年乙烯装置扩建为48万 t/年。在机械工业部和中石化总公司的高度重视和支持下，在大庆石化公司和20多家科研机构、高等院校的配合下，沈鼓集团开展关键部件和工艺攻关。1999年12月，裂解气压缩机和丙烯制冷压缩机在大庆石化公司48万 t/年乙烯装置上一次开车成功，投入平稳运行。

2000年，沈鼓集团又承担了上海金山石化公司36万 t/年乙烯改造工程裂解气压缩机组的设计制造任务，也同样一次试车成功并投料生产。

之后，茂名石化公司64万 t/年乙烯改造工程裂解气压缩机的制造任务再次由沈鼓集团承担。该机组完全是自主创新开发的具有国际先进水平的国产化大型裂解气压缩机组。

2011年，沈鼓集团为中石化武汉石化公司研制的80万 t/年乙烯装置用乙烯"三机"是第一次在一套大型乙烯装置上实现乙烯"三机"国产化，为百万吨级乙烯装置用乙烯"三机"国产化打下了基础。

在80万 t/年乙烯"三机"研制技术的基础上，在国家发改委、国家能源局、国家科技部、中国机械工业联合会以及中石化、中石油等部门的大力支持下，沈鼓集团百万吨级乙烯"三机"的攻关研制取得了丰硕成果。2006年，沈鼓集团分别与中石化天津石化分公司签订了100万 t/年乙烯装置裂解气压缩机组订货合同，与中国石化镇海炼化分公司签订了100万 t/年乙烯装置丙烯制冷压缩机组订货合同。同时，百万吨级乙烯装置用裂解气压缩机组研制和百万吨级乙烯装置用丙烯制冷压缩机组研制被列入国家科技支撑计划，得到了国家部委和中石化等有关部门的高度重视和大力支持。2008年，沈鼓集团又与中石油抚顺石化分公司签订了100万 t/年乙烯装置乙烯制冷压缩机组订货合同。

1）百万吨级乙烯装置用丙烯制冷压缩机组（见图A-6）。2010年4月，丙烯制冷压缩机在镇海炼化实物料试车成功，转入正常运行。2011年1月，通过了科技部组织的"十一五"国家科技支撑计划"百万吨级乙烯装置丙烯制冷压缩机组研制"课题验收。2013年4月，通过了中国石油化工股份有限公司主持的科技成果鉴定，认为该丙烯压缩机组于2010年4月在镇海炼化百万吨级乙烯装置投入运行至今，各项技术指标达到设计要求，满足生产工艺需要，机组性能良好，运转平稳可靠。该项目的研制成功，填补了国内空白，打破了该类产品长期依赖进口的局面，其技术指标达到了国际先进水平，具有显著的经济和社会效益。

图 A-6　百万吨级乙烯装置用丙烯制冷压缩机组

在百万吨级乙烯装置丙烯制冷压缩机组国产化研制过程中，沈鼓集团攻克了包括百万吨级乙烯装置用压缩机技术方案优化、大加（抽）气量对压缩机性能的影响、压缩机排气蜗壳的气动分析、大型压缩机转子可靠性研究、大直径三元叶轮铣制效率提高压缩机机械运转试验性能达到国际水平、丙烯压缩机厂内性能试验、离心压缩机噪声分析及改进等 13 项前沿技术难题。杭汽集团在汽轮机设计方法、汽轮机结构系统和布置方式、温度补偿技术创新等 8 个方面也取得了丰硕的科技成果。

2）百万吨级乙烯装置用裂解气压缩机组（见图 A-7）。该裂解气压缩机组于 2009 年 10 月在天津石化一次开车成功，2010 年 1 月投入工业运行。2011 年 1 月，通过了科技部组织的"十一五"国家科技支撑计划"百万吨级乙烯装置裂解气压缩机组研制"课题验收。2014 年 10 月，通过了中国石油化工股份有限公司主持的科技成果鉴定，认为该裂解气压缩机组于 2010 年 1 月在中石化天津分公司百万吨级乙烯装置投入运行至今，各项技术指标达到设计要求，满足生产工艺需要，机组性能良好，运转平稳可靠。整体指标达到了国际先进水平，部分指标优于国际先进水平。

在研制过程中，沈鼓集团开展了百万吨级乙烯装置用压缩机技术方案优化、压缩机中间级喷液对机组性能的影响、大型压缩机机壳结构优化、压缩机排气蜗壳的气动分析等 12 项技术攻关，并取得了重大科技成果。杭汽集团在汽轮机设计方法、汽轮机结构系统和布置方式等 8 个方面也取得了丰硕的科技成果。

3）百万吨级乙烯装置用乙烯压缩机组（见图 A-8）。2012 年 11 月，乙烯压缩机组在抚顺石化投入工业运行。经过运行考核证明，各项技术指标达到设计要求，满足生产工艺需要，机组性能良好，运转平稳可靠。

图 A-7　百万吨级乙烯装置用裂解气压缩机组

在研制过程中,沈鼓集团完成了大型铸造机壳抽加气蜗室的结构规划和性能分析、复杂制冷工艺流程压缩机组防喘系统的设计、低温材料整体铣制叶轮的设计、复杂制冷工艺流程用压缩机组的相关辅助系统的成套设计等 10 项技术攻关,并取得了重大科技成果。

图 A-8　百万吨级乙烯装置用乙烯压缩机组

我国首套百万吨级乙烯"三机"国产化研制取得的突破性胜利,标志着我国乙烯装置配套压缩机组的制造水平已处于世界先进行列。沈鼓集团成为国际上继美国埃里奥特、德国西门子、日本三菱之后第四家具有百万吨级乙烯压缩机产品制造业绩的高端压缩机制造厂商,打破了国外一统天下的局面,结束了我国大型乙烯装置压缩机长期依赖进口的历史,为民族装备制造业的振兴做出了重大贡献。

2014年，沈鼓集团为中海石油炼化有限责任公司惠州炼油分公司制造出国内领先、国际先进的高效、高可靠性的120万t/年乙烯装置用乙烯"三机"，该机组已经通过国家能源局组织的新产品验收。

2. 乙烯冷箱

乙烯冷箱是乙烯装置中的关键设备之一，工作温度在 $-170 \sim 40℃$，依靠其降低工艺物流的温度来低温回收乙烯和提浓氢气，降低 CH_4 与 H_2 浓度比，提高乙烯回收率。乙烯冷箱的核心是内部的多组铝制板翅式换热器，多股裂解后的烃类物料在此进行复杂、有相变的热交换，实现低温分离。乙烯装置规模不同，所用冷箱大小也相差较大。

乙烯冷箱由于其结构复杂，制造难度大，过去一直依靠进口。自20世纪90年代我国空分设备制造业开始研发乙烯冷箱，努力实现国产化，并经过数十年的努力，取得了从20万t/年到百万吨级乙烯冷箱国产化的巨大成功。目前，大型乙烯冷箱用高压板翅式换热器世界上仅有法国诺顿公司、美国CHART公司、日本住友公司、日本神钢公司、德国林德公司和中国杭州制氧机集团有限公司（简称杭氧集团）、四川空分设备股份公司能够生产。

（1）"九五"国家重点科技项目攻关计划——乙烯冷箱国产化研制 "九五"期间，杭氧集团承担了乙烯冷箱国产化研制任务。依托国家"九五"乙烯改扩建工程和设备更新改造工程，杭氧集团完成了国家重点科技项目攻关计划——乙烯冷箱国产化研制，技术指标达到20世纪90年代国外同期工程的水平：在同一换热器内有15股流体同时换热，其中多股介质为两相流，设计压力达5.2MPa，外形尺寸6000mm×1100mm×1054mm。

1999年杭氧集团承担了燕山石化66万t/年乙烯冷箱改造项目，2002年投入运行一次开车成功；此后，2003年中原20万t/年乙烯冷箱、天津20万t/年乙烯冷箱也相继开车成功。国产成套乙烯冷箱填补了国内空白，为国家节约了大量投资，开车以来一直运行良好。

（2）"十五"国家重大技术装备研制项目（科技攻关）计划——60万~80万t/年乙烯冷箱研制 "十五"期间，杭氧集团依托齐鲁石化72万t/年乙烯改造工程和茂名石化100万t/年乙烯冷箱改造项目，完成了国家重大技术装备研制项目（科技攻关）计划——60万~80万t/年乙烯冷箱研制任务。

齐鲁石化乙烯冷箱于2003年签订合同，2004年设备制造完成，2006年装置开车，运行良好。茂名石化原为36万t/年乙烯装置，改造后新增一条64万t/年的乙烯装置，总生产能力达到100万t/年。其冷箱是杭氧集团独立设计和制造的，2004年签订合同，2006年初制造完成，2006年开车成功，是当时LUMMUS三元制冷工艺中最大冷箱。在此基础上，2004—2008年，杭氧集团先后设计制造了上海金山石化70万t/年乙烯冷箱、辽阳石化20万t/年乙烯冷箱、广石化

20万t/年乙烯冷箱、兰州石化32万t/年乙烯冷箱、扬子石化65万t/年乙烯冷箱，均运行良好。

（3）"十一五"国家重大技术装备研制项目（科技攻关）计划——百万吨级乙烯冷箱研制

1）研制过程。在国家科技部、中国石化集团公司的大力支持下，百万吨级乙烯冷箱的开发与研制项目纳入国家"十一五"科技支撑计划。该项目以天津100万t/年乙烯项目和镇海炼化100万t/年乙烯项目为依托工程，先后完成了传热计算和物性计算、开车模拟软件的引进和二次开发，完成了特殊品种专用材料的开发和供应渠道建立，完成了部分新型翅片开发。2011年通过国家科技部的验收。

2）依托工程项目。天津100万t/年乙烯冷箱（见图A-9）研制于2007年5月签订合同，2009年2月产品交付，同年10月冷箱一次开车成功，各项技术指标均满足或超过工艺要求。该冷箱采用二元制冷工艺流程，冷箱最大外形尺寸为7000mm×4400mm×33000mm。

镇海100万t/年乙烯冷箱（见图A-10）研制于2007年8月签订合同，2009年8月产品交付，2010年4月20日冷箱一次开车成功。该冷箱采用二元制冷工艺流程，冷箱最大外形尺寸为7400mm×4000mm×30000mm。

图A-9　天津100万t/年乙烯冷箱出厂

图A-10　镇海100万t/年乙烯冷箱

3）研发项目取得的成果及创新性。研发项目解决的关键技术问题和创新点包括：提高冷箱内单位体积换热器的传热系数和传热效率，冷箱结构更紧凑；研制出一批新型高效翅片；对不同流体的需要，开发了多种气液均布装置，保证换热器通道内部两相流的均匀分布，提高换热效果；研发出满足最高设计压力为6.2MPa，长度约为7m，横截面尺寸接近1.3m×1.3m，单重约为16t的超大型换热器钎焊工艺。

4）试验基地、中试线、生产线建设。在项目的开发研制过程中，杭氧集团通过迁扩建工程建成了杭氧集团临安制造基地（见图A-11），完成了产业的调整、生产组织的改进和技术装备的升级,具备了 8 万~10 万 m^3/h 等级空分装置、百万吨级乙烯冷箱等设备的制造能力。产品组装场地及配备的起重机起重能力普遍得到了扩大和提高,特别是重型组装车间最大起重能力为两台 100t 起重机,满足了百万吨级乙烯冷箱的组装要求;从国外进口了数控快速成形高密度翅片压力机,并与国内科研单位合作,共同研制了国产数控快速(120 次/min)、扩幅(宽 600mm)翅片成形压力机及配套模具;新增了国内最大、最先进的真空钎焊炉,全年可钎焊板翅式换热器 3000t 左右,制造板翅式换热器的最大尺寸为 8000mm×1300mm×1800mm,最大耐压等级为 12.8MPa;研发了更环保的水剂清洗液加超声波清洗新工艺,增添了集机械手自动上下料、清洗、烘干为一体的复合板数控清洗流水线和翅片清洗机;从德国进口了便携式直读光谱仪,可用于各个场合直接无损测定产品的化学成分,提高产品原材料的化学成分、性能检测水平。

图 A-11　杭氧集团临安制造基地

5) 成果转化与产业化发展。百万吨级乙烯冷箱的开发与研制项目体现了显著的经济效益和社会效益。除天津、镇海两套依托工程外,项目研发成果还在四川、抚顺等乙烯新建项目中得到产业化应用,直接经济效益 1.5 亿元,为国家和用户节约投资 2~3 亿元。在百万吨级乙烯冷箱研制的基础上,2012 年杭氧集团顺利签订惠州 120 万 t/年乙烯冷箱制造合同,目前产品正在现场安装;2017 年签订了浙江石化 140 万 t/年乙烯冷箱制造合同,目前设备正在制造过程中。

百万吨级乙烯冷箱的研制打破了国外少数公司的垄断局面,降低了成套乙烯装置的投资成本,为国家节约了大量外汇,也为民族工业振兴做出了贡献。百万吨级乙烯冷箱的成功研制不仅对提高我国乙烯行业的装备水平有着重大意义,而且对天然气液化、大型化肥装置、CO 深冷分离等其他行业冷箱设备的研制也具有指导意义。2004 年以来乙烯冷箱业绩见表 A-2。

表 A-2 2004 年以来乙烯冷箱业绩

序号	用 户	项目名称	最高设计压力/MPa	出厂时间	备 注
1	齐鲁石化	72 万 t/年乙烯改造	3.94	2004 年 5 月	运行
2	茂名石化	100 万 t/年乙烯改造	3.96	2006 年 1 月	运行
3	福建炼化	80 万 t/年乙烯新建	5.4	2008 年 1 月	运行
4	镇海炼化	100 万 t/年乙烯新建	6.0	2010 年	运行
5	天津石化	100 万 t/年乙烯新建	5.4	2009 年 2 月	运行
6	上海赛科	120 万 t/年乙烯改造	8.0	2010 年	运行
7	抚顺石化	80 万 t/年乙烯新建	4.05	2010 年	运行
8	四川石化	80 万 t/年乙烯新建	4.05	2010 年	运行
9	武汉石化	80 万 t/年乙烯新建	4.05	2011 年	运行
10	延长靖边	150 万 t/年 DCC 制乙烯	4.26	2012 年	运行
11	扬子石化	40 万 t/年乙烯新增	5.16	2012 年	运行
12	福建炼化	99 万 t/年乙烯改造	4.95	2013 年 6 月	运行
13	大庆石化	120 万 t/年乙烯扩建	4.5	2013 年 1 月	运行
14	惠州乙烯	120 万 t/年乙烯	4.55	2014 年 10 月	制造中
15	神华宁煤	20 万 t/年乙烯扩建	4.5	2015 年 2 月	制造中
16	常州富德	240t/d 乙烯	2.0	2015 年 7 月	现场调试
17	延长石化	40 万 t/年乙烯	4.5		制造中
18	玉皇化工	100 万 t/年乙烯	4.5		制造中
19	浙江石化	140 万 t/年乙烯	4.5		设计中

3. 大型乙烯球罐

球形储罐（简称球罐）与同容积、同设计压力的筒式储存压力容器相比，具有占地面积小、壁薄、重量轻、用材少等特点，广泛应用于石化等领域。

为了改变乙烯装置的关键设备——大型乙烯球罐长期依赖进口的局面，1990 年大型乙烯球罐研制被列为"八五"国家重大技术装备攻关课题。由合肥通用机械研究所负责组织了兰州石油化工机器厂、大庆石油化工研究院、辽宁工业安装公司、武汉钢铁公司、中国通用机械工程总公司、武汉铸锻厂及北京工业大学等涉及机械、化工、冶金、能源、船舶、高校 6 个部门的 8 个单位联合攻关。

攻关主要从以下 4 个方面展开：

1）球片的成形试验。确定球片的冷成形、热成形工艺及回弹量控制。

2）CF 钢板焊接性试验。为制订球罐组焊的焊接工艺提供技术依据，防止焊接冷裂纹、热裂纹、层状撕裂及再热裂纹的产生。

3）球罐组焊的焊接试验。为防止焊接裂纹产生，确保焊接接头（焊缝金属、焊接热影响区）韧性优良，焊接工艺参数（焊前预热温度、焊接层间温度、焊接线能量、后热消氢处理及焊缝返修等）的控制及优化试验。

4）焊后热处理试验研究。为尽量消除球罐组焊后的残余应力，避免再热裂纹的产生，进行了焊后热处理工艺参数（参数温度、保温时间、升降温速度）对球片及焊接接头的强度和韧性影响的试验研究，最终确定最佳的焊后热处理工艺。

1992 年，国内制造企业成功研制出设计压力为 2.254MPa、设计温度为 -40℃ 的 1500m^3 乙烯球罐，同年安装在大庆石化投入工业运行。1994 年经开罐检查，球罐运行正常。

针对大型乙烯球罐，通过国产化联合攻关研制，解决了低温材料、板材成形、焊接、施工现场热处理等一系列技术难题，填补了国内空白，打破了我国大型低温球罐依赖进口的局面。《低温容器用钢和大型球罐设计制造规范》等均列入国家标准。1996 年，该成果获得机械工业部科技进步一等奖，1997 年获得国家科技进步三等奖。目前该成果已在石化、煤化工、天然气等领域广泛应用，球罐最低温度达到-50℃，容积达到 2000m^3 以上。

（三）百万吨 PTA 工艺空气压缩机组国产化

PTA（精对苯二甲酸）是重要的有机原料之一，主要用于生产聚酯（PET），是化纤行业的主要原料。PTA 生产装置属于资金、技术密集型装备，国外大型 PTA 装备技术发展较早，长期以来一直处于领先和垄断地位。PTA 装备技术发展至今已日趋完善，技术经济指标先进，且装置向大型化发展。单一 PTA 装置的产能从最初只有每年几万吨，到 20 世纪 90 年代初达到 25 万 t/年，2003 年建成了 45 万 t/年的装置。

工艺空气压缩机组（空气压缩机、尾气膨胀机、蒸汽轮机以及其他的辅助设备和控制系统等）在 PTA 装置中位于整个工艺流程的源头，是该工艺生产的核心设备，具有反应余热能量回收利用和提供 PTA 工艺空气两大功能。在化学反应生产过程中固、液、汽三相共存，其研制横跨多学科、多专业领域。机组设计制造难度大，整套装置连锁控制点多。

当时，国际上能够生产 PTA 能量回收装置用压缩机组的知名供货商主要有德国曼透平公司、德国西门子公司和日本三菱公司等，他们在 PTA 能量回收装置用压缩机组研制方面起步非常早，且具有丰富的经验和业绩，具备世界一流的制造水平。这三家企业在全球占有较大市场份额，而且垄断了中国市场。

为摆脱国外技术对中国 PTA 市场的垄断，在各方努力下开展了相关的国产化研制工作。2009 年 6 月，沈鼓集团承接了江阴市石化产业旗舰型项目——江苏海伦化学有限公司的 120 万 t/年 PTA 项目的配套任务。随后沈鼓集团围绕大型 PTA 装置用离心压缩机所涉及的组装式向心膨胀机和压缩机优化设计、机组可靠性研究、耐蚀材料研究及应用、产品加工及装配、联动试验、系统优化和控制技术等方面开展了科研攻关，完成了 PTA 能量回收工艺空气压缩机组的国产化研制任务。主要研究内容如下：

1）PTA 工艺空气压缩机组气动技术方案优化设计。
2）PTA 一拖三工艺空气压缩机组工艺流程匹配性研究。
3）PTA 工艺空气压缩机与膨胀机机械运转及性能试验。
4）大型组装式压缩机、膨胀机用蜗壳性能优化。
5）组装式透平机械叶轮型环间隙的分析与优化。
6）PTA 组装式压缩机组复杂轴系动力特性研究。
7）关键零部件力学分析与结构优化。
8）大型组装式压缩机定子件结构分析。
9）PTA 装置用工艺空气压缩机组控制系统的优化设计。

2010 年 6 月，完成机组厂内安装、调试、整机性能试验（见图 A-12）空载试车一次成功，各项指标完全达到设计要求及国际标准。

图 A-12　厂内整机性能试验

2010 年 11 月—12 月，机械工业风机产品质量监督检测中心分别对该机组中空气压缩机和膨胀机进行了检测，压缩机在设计工况的质量流量、压比、轴功率等指标符合设计要求，达到合同规定，为合格产品。

2011 年 9 月，该机组采取整装单元供货方式发往江苏海伦化学有限公司项目现场（见图 A-13），进入现场调试阶段。2012 年 1 月，机组调试成功。2012 年 2 月，完成了国内首个大型 PTA 空压机组的"交钥匙工程"，这标志着国产化 120 万 t/年 PTA 机组已经达到国际先进水平。

图 A-13 江苏海伦化学有限公司项目机组现场

2012年9月，该机组通过了科技成果鉴定，认为大型 PTA 装置用工艺空气压缩机组成套设备达到了研制合同要求，在用户现场运行平稳，各项技术指标运转良好。该机组的主要性能和关键技术指标达到了国际先进水平，可广泛应用于冶金、化工、煤炭等行业。

沈鼓集团在多年离心压缩机组设计、制造经验和技术积累的基础上，自主研制出采用多项先进单元技术的具有国际先进水平的 PTA 能量回收工艺空气压缩机组。该机组的主要技术关键和创新点如下：

(1) 机组匹配性设计　该机组同时包含了化工尾气余热余压利用的能量回收膨胀机与压缩工艺空气的离心压缩机，两台相互影响的功能性设备的匹配性设计是技术关键。空压机的气动设计核心是确保空压机的能头和通流能力的前提下，尽可能提高效率。膨胀机则要求尽可能回收尾气残余能量，其流量、压阻、效率要匹配，同时有尽可能大的调节范围以适应工艺条件的变化。机组的核心控制是确保空压机工艺性能，再通过膨胀机进口导叶与进口阀门综合控制膨胀机的工艺参数。

(2) 机组气动性能设计

1) 压缩机气动设计。采用自主开发的组装式压缩机气动设计软件，通过 LKZX 四参数方程准确计算各级凝结水析出气量，确保压缩机性能计算的准确性。采用高效、高能头三元离心模型级，确保整机压比大，效率高。采用逐级冷却方式，使压缩机更接近等温压缩过程，在同能压比的情况下，尽可能降低机组能耗。

2) 膨胀机气动设计。采用自主开发的 CAERT 气动设计软件，通过比转速计算合理分配膨胀比，确定工作转速。采用中间加热方式，充分利用化工尾气余压，获得更好的能量回收效果。采用双级进口喷嘴叶片可调机构，调节范围为 $-8°\sim 8°$ 预旋调节，保证宽广的稳定运行区域，确保在各种变工况条件下高效回收尾气能量。

（3）机组的高可靠性

1）转子动力学分析。采用具有自主知识产权的转子动力学分析软件 RBSP 对轴流压缩机转子-轴承系统进行了横向振动和扭转振动特性的分析，保证了转子具有合格的隔离裕度和良好的稳定性。

2）各结构部件的结构优化分析。对有限元分析软件 ANSYS 进行二次开发，编制专门的分析程序对齿式整体组装式膨胀机和压缩机的齿轮轴、叶轮、喷嘴、壳体、螺栓、专用工装等主要部件进行强度、刚度等性能分析，优化了机组结构，极大地提高了压缩机运行的平稳性和可靠性。

3）关键旋转件动力特性分析和测试。对膨胀机和压缩机中最关键的旋转件——叶轮进行了离心力和温度场作用下的模态分析和实验测试，确保叶片的各阶固有频率与其所受的转速激励和气流激励具有足够的隔离裕度，保证机组能够长周期安全可靠地工作。

4）设置了冷却空气阀。在事故停机或者尾气切除情况下，从空压机中引入部分压缩空气对膨胀机进行冷却，避免膨胀机空转造成设备过热而损坏。

（4）机组结构设计

1）优化齿轮箱结构，缩短轴承跨距，使转子刚性大，稳定性好，在异常条件下其转子不易被激发大幅振动，有效提高机组的运行稳定性。

2）采用高强度沉淀硬化不锈钢制造叶轮，有效提高机组关键部件的使用寿命。

3）型环采用可磨涂层，避免了较小设计间隙下意外刮碰对叶轮造成的伤害，有效提高机组安全性，同时降低了叶顶泄漏，保证了较高的效率。

（5）控制系统设计　机组采用双重冗余控制系统（CCC + HIMA）实现机组的控制、空压机性能调节、防喘振保护、紧急放风保护、防逆流保护、膨胀机性能调节、能量回收控制、冷却空气控制等，有效保护机组的安全稳定运转。

PTA 能量回收工艺空气压缩机组的研制成功，是我国整体齿轮组装式能量回收工艺空气压缩机组设计制造技术的重大突破，填补了国内空白。继该压缩机组在江苏海伦化学有限公司现场稳定运行后，沈鼓集团设计制造的大型 PTA 装置用压缩机组先后在中石化扬子石化分公司、绍兴远东石化、中石化上海石化等单位得到推广应用，极大地提高了国产机组的市场认可度，打破了国外垄断，促使国外同类压缩机组供应商在中国市场大幅度降低其产品价格。

"大型 PTA 装置用离心压缩机组研制"获 2013 年国家重点新产品奖、中国机械工业科学技术奖一等奖、2014年辽宁省科学技术奖二等奖。

(四) 石化用泵国产化

泵是石化生产装置中用量最大的传动设备,用于把各种液体介质如原油、成品油、化工原料、中间产品和成品输送到其他地方。回顾石化用泵的发展,从30万t/年乙烯、500万t/年炼油装置到100万t/年乙烯、1000万t/年炼油装置,国内泵制造企业一直坚持国产化道路。目前,千万吨级炼油、百万吨级乙烯等石化装置中的工艺流程泵国产化率已达到85%以上。其中,石油化工流程泵(AP1610) BB2型泵,用于重工位和较为苛刻工况条件,适合输送含有微量颗粒的水、油、烃类等介质;BB3型水平中开多级化工流程泵,最大流量可达$1440m^3/h$,最大扬程可达1600m,使用功率最大已达2800kW;卧式多级筒形泵(AP1610) B5型号泵,适用于高温、高压工况,易燃、有毒等危险液体输送。

国内泵制造企业目前可生产近百个系列、约2000多个品种的产品,先后研制出高压甲胺泵、液氨泵、急冷水泵、急冷油泵、隔膜泵、加氢裂化反应进料泵、延迟焦化加热炉进料泵、高压切焦泵、连续重整热水循环泵、加氢裂化高压注水泵、柴油加氢反应注水泵、航煤加氢高压冲洗水泵、高压贫液泵、加氢裂化进料泵、硫黄回收液流泵、半贫液泵、高压往复式柱塞泵、高精度计量泵、双螺杆泵、高压锅炉给水泵、海上平台注水泵、加氢裂化用高压多级泵,以及能量回收液力透平、水环真空泵等产品,部分产品已达到国际先进水平,并在石化、煤化工、化肥等领域广泛应用。

1. 炼油领域

(1) 加氢进料泵及液力透平 2008年,由大连深蓝泵业有限公司(简称大连深蓝泵业)研发的大连西太平洋1000万t/年炼油项目中200万t/年重油加氢脱硫装置国产化大型能量回收液力透平运转成功,其流量为$245m^3/h$,扬程为1565m,回收功率为650kW。2012年该产品通过国家级鉴定。该液力透平的研制开发成功,不仅实现了节能减排,而且填补了国内该领域能量回收技术的空白。这标志着在炼厂加氢脱硫及加氢裂化装置中的多级液力透平实现了国产化。

2017年,该液力透平配带的加氢进料主泵由大连深蓝泵业完成国产化设计,其流量为$355m^3/h$,扬程为1992m,功率为2300kW,转速为3680r/min。从此真正实现了加氢进料及能量回收透平机组的国产化。

相关业绩:2013年完成了扬子石化370万t/年柴油加氢装置加氢进料泵,该泵的功率为1600kW,目前平稳运行。2016年完成了中国石油辽阳石化240万t/年渣油加氢装置加氢进料泵,该泵的功率为1800kW,目前出厂试验完成。2017年研制了亚通石化200万t/年加氢裂化装置加氢进料泵及液力透平机组,液力透平回收功率为700kW,加氢进料泵功率为2600kW,目前正在生产制造过程中。

（2）高压注水泵　2013 年，大连深蓝泵业为扬子石化 200 万 t/年渣油加氢装置提供了首台套国产化高压注水泵，该泵的扬程为 1673m，功率为 630kW。2014 年，该公司向哈萨克斯坦出口了注水泵，该泵的扬程为 1900m，功率为 3000kW。

2017 年，大连深蓝泵业承接了上海石化 120 万 t/年延迟焦化装置高压水泵，该泵的扬程为 2950m，功率为 3400kW，目前正在生产制造过程中。

（3）高温塔底泵　2008 年，大连深蓝泵业为中海油宁波大榭石化 225 万 t/年沥青装置提供了国产化常底油泵（温度为 357℃，功率为 450kW）和闪底油泵（温度为 235℃，功率为 630kW，见图 A-14）；2013 年，该公司为扬子石化 200 万 t/年渣油加氢装置提供了分馏塔底泵（温度为 358℃，功率为 450kW，见图 A-15）。

图 A-14　宁波大榭石化闪底油泵　　　　图 A-15　扬子石化分馏塔底泵

2. 乙烯领域

（1）盘油泵　2008 年，大连深蓝泵业为镇海炼化 100 万 t/年乙烯主装置研制的功率为 630kW 的盘油泵开车成功；2011 年，该公司为中石化武汉分公司 80 万 t/年乙烯工程提供了盘油循环泵（功率为 500kW）和丙烯塔回流泵（功率为 500kW）；2013 年，该公司为福建联合石油化工 99 万 t/年乙烯裂解提供了功率为 800kW 的盘油循环泵。

（2）急冷油、急冷水泵　2010 年，大连深蓝泵业完成了 100 万 t/年乙烯装置急冷油、急冷水泵样机研制，该泵的流量为 3000m^3/h，扬程为 160m，功率为 1600kW，温度为 330℃，各项性能指标均满足工况要求。该样机研制成功，标志着我国泵制造行业在大流量、高温、高压、大型铸件领域有了新的突破。

（3）低温乙烯泵　2014 年，低温乙烯泵（-100℃）在中石油湖北黄冈项目开车成功，国内制造企业彻底攻克了低温领域的技术难关。

相关业绩：2014 年宁波海越新材料有限公司低温乙烯泵（-103℃）、江苏斯尔邦石化有限公司乙烯卸车泵（-103℃）、扬子江石化闪蒸罐出料泵（-92℃）。

3. 化工、煤化工领域

（1）除氧水泵、高温灰水泵　2005 年，首台套国产化除氧水泵在山东华鲁恒升20万t/年甲醇项目中开车成功,该泵的最大功率为1600kW,最大流量为600m³/h,最大扬程为1200m,最高温度为210℃。该产品研制解决了高温、有颗粒介质的技术难题,打开了煤化工领域除氧水泵、高温灰水泵、洗涤塔给水泵等国产化产品的市场,至今累计成功运行业绩170余台套。部分使用单位:大唐呼伦贝尔化肥有限公司、内蒙古天润化肥股份有限公司、兖矿国宏化工有限责任公司、中国神华煤制油化工有限公司、久泰能源内蒙古有限公司、陕西未来能源化工有限公司等。

(2) 贫甲醇泵 2008年,首台套国产化贫甲醇泵在湖北双环开车成功,该泵的最大功率为2000kW,最大流量为900m³/h,最大扬程为1100m。该产品打开了国产化煤气化装置、净化装置贫甲醇泵、半贫甲醇泵、吸收塔进料泵的市场,目前累计成功运行200余台套。部分使用单位:湖北双环科技股份有限公司、山东瑞星集团有限公司、鲁西化工集团股份有限公司、中国石油化工集团扬子石油化工股份有限公司、神华宁夏煤业集团有限责任公司、新能凤凰(滕州)能源有限公司、新能能源有限公司、安徽昊源化工集团有限公司等。

(3) 贫液泵及液力透平 2010年,国内制造企业首次为山东瑞星集团的山东润银生物化工股份有限公司合成氨原料路线改造一期工程提供了首台大功率脱碳泵(流量为1300m³/h,扬程为390m,功率为2000kW)和首台大功率液力回收透平(流量为1150m³/h,扬程为172m,回收功率为560kW)。

2016年,大连深蓝泵业为神华宁煤集团400万t/年煤炭间接液化项目提供了贫液泵、半贫液泵及液力透平装置(见图A-16~图A-18)。贫液泵的功率为3550kW,流量为2300m³/h,扬程为321m;液力透平的回收功率为1500kW。该项目为全球单套装置规模最大的煤制油项目,2016年完成用户、专家鉴定验收,现场运转调试成功。该项目的成功建成投产,标志着我国拥有了煤炭间接液化核心技术和成套大型工艺技术,我国装备制造业集成能力达到了新的水平。

图A-16 神华宁煤集团400万t/年煤炭间接液化项目吸收塔进料泵

图 A-17　贫液泵及透平机组工厂试验

图 A-18　贫液泵及透平机组鉴定验收

（4）高压甲胺泵、高压液氨泵　2010年，首台套国产化高压甲胺泵和高压液氨泵在山东瑞星集团合成氨项目3052尿素装置上成功运行。高压甲胺泵的功率为800kW，流量为115m^3/h，扬程为1185m；高压液氨泵的功率为1250kW，流量为130m^3/h，扬程为2859m。该项目的成功运行实现了合成氨尿素装置高压甲胺泵、高压液氨泵的国产化。该项目使用企业：2016年，山东华鲁恒升尿素装置的高压甲胺泵、高压液氨泵（见图A-19），已完成工厂试验；2017年，山东晋煤4060尿素装置的高压甲胺泵、高压液氨泵，目前正在设计阶段。

图 A-19　山东华鲁恒升尿素装置高压液氨泵

二、大型空分成套装置

空分设备广泛应用于冶金、石化、煤化工、建材、航天、医疗等国民经济各个领域，1万m^3/h制氧能力以上的大型空分设备更成了冶金、石化、煤化工项目不可缺失的、重要的组成部分，是国家重大技术装备之一。

（一）大型空分设备国产化现状

随着我国冶金、石化、煤化工等产业10多年来对空分设备大型化需求的日益增加，空分设备的保有量迅速增大，空分设备的规格朝着大型、特大型方向发展。2000年以来，我国新增的空分设备制氧能力单台容量从1万~2万m^3/h，发展到目前的 10 万~12 万 m³/h。以杭氧集团为代表的中国空分设备制造业经过几十年的发展，一跃成为"全球最大的空分设备制造基地"，行业制造的空分设备年制氧能力总量从 2000 年的 15 万 m³/h 上升为 300 多万 m³/h。我国大型、特大型空分设备的主要制造厂商见表 A-3。

表 A-3　我国大型、特大型空分设备的主要制造厂商

序　号	企 业 名 称	近三年年均工业总产值/亿元	设计制造过最大的空分设备/(万 m³/h)
1	杭州制氧机集团有限公司	80	12/10
2	液化空气（杭州）有限公司	17	12
3	林德工程（杭州）有限公司	18	15/11
4	四川空分设备（集团）有限公司	29	10/6
5	开封空分设备集团有限公司	15	6
6	杭州福斯达实业有限公司	8	8/6.3
7	开封黄河空分集团有限公司	5	3
8	河南开元空分集团有限公司	4.5	3.5
9	开封东京空分集团有限公司	5.7	6/4
10	美国空气制品公司（上海）	7	11/9

注："/"后为已有投入运行设备的规格。

表 A-3 所列厂商中有 3 家外资企业，来自世界 500 强企业，代表当今空分设备的世界先进水平。除表 A-3 所列 10 家企业之外，还有开封迪尔、开封开利、杭州凯德、杭州世亚德、苏州制氧机等厂商能够设计、制造 2 万 m³/h 等级及以下的中大型空分设备。目前国产设备在 6 万 m³/h 等级及以下的空分设备市场占有率已达到 90% 以上，制氧容量已达世界首位，而 6 万 m³/h 等级以上市场则是杭氧集团与 3 家外资企业占有绝对优势，且竞争相当激烈。

（二）大型空分设备国产化历程

我国大中型空分设备的设计制造迄今已有 60 多年的历史，走过仿制、消化吸收、引进技术、自主研发三个阶段：

第一阶段为改革开放前，在计划经济体制下，走过了仿制苏联空分设备机型的高低压流程带铝带式蓄冷器的铜制空分设备，带石头蓄冷器切换的全低压流程、板翅式换热器切换流程空分设备等阶段。这一时期主要产品等级为 $1000m^3/h$、$3350m^3/h$、$6000m^3/h$，设备存在着产品产量小、纯度达标难、能耗高、可靠性差等各种不足。

第二阶段为 20 世纪 80 年代初至 90 年代,通过引进德国林德公司大型空分设备设计制造技术,使我国的中大型空分设备设计制造水平迅速提高,空分流程进步到分子筛吸附的全低压流程。这一时期空分设备等级主要为 3200m³/h、6000m³/h、1 万 m³/h,用户以冶金工业企业居多。

第三阶段为 20 世纪 90 年代后,以杭氧集团为代表的我国空分设备制造业在消化吸收引进技术的基础上,自主研发了带增压透平膨胀机分子筛吸附、规整填料精馏塔技术流程的新一代空分设备。国内企业突破了流程组织、流程计算、精馏计算等空分设备设计技术的难关,掌握了空分设备设计制造的全部技术要领,并拥有自主知识产权,使国产空分设备的产量、纯度、氧提取率、单位氧能耗等技术参数指标均达到了世界一流水平,国产空分装置最大规格从 1 万 m³/h 提升到了 1.5 万 m³/h。这期间,林德、液空等国际大牌企业看好中国的大型空分设备市场,均在国内开办合资或独资公司,并向市场推出 2 万 m³/h 等级及以上规格的大型空分设备,随后又推出 4 万 m³/h、6 万 m³/h 等级及以上规格的大型空分设备。

2000 年以后,随着我国冶金、石化、煤化工等产业对大型、特大型空分设备需求的迅速增长,促进了我国空分设备行业的快速发展,以杭氧集团、四川空分、开封空分等为代表的一大批本土空分设备制造企业紧跟世界空分技术发展的步伐,通过自主创新、自主研发,开发了适应冶金、石化、新型煤化工需要的不同内压缩流程的大型空分设备,设备最大规格迅速地从 2 万 m³/h 提高到了 3 万 m³/h、4 万 m³/h、5 万 m³/h、6 万 m³/h,又从 6 万 m³/h 等级上升到了 8 万~12 万 m³/h 等级,满足了国民经济发展的需要。

国产大型空分设备发展过程取得的阶段性成果主要有:

2002 年 12 月,杭氧集团通过自主创新、自主研发的首套国产 3 万 m³/h 空分设备顺利开车,其主要技术指标达到同类型空分设备的国际先进水平,首次实现了我国从"七五"就开始攻关的 3 万 m³/h 等级大型空分设备的国产化。

2004 年 9 月,开封空分研制的国内首套 4 万 m³/h 等级内压缩流程并配套国产空气压缩机组的大型空分设备在山东华鲁恒升一次开车成功,如图 A-20 所示。

2009 年 7 月,杭氧集团为大唐国际多伦煤化工项目提供的 3 套 5.8 万 m³/h 内压缩空分设备一次开车成功,如图 A-21 所示。

2010 年,杭氧集团研制的 4 套 6 万 m³/h 空分设备(见图 A-22)在神华包头烯烃项目开车成功,同年 10 月 21 日,6 万 m³/h 等级内压缩空分装置在北京顺利通过中国机械工业联合会组织的产品鉴定。2013 年,该项目获得中国机械工业科技进步一等奖。

2011 年,杭氧集团取得了广西杭氧的 1 套 8 万 m³/h 空分设备(见图 A-23)制造任务,并于 2013 年 8 月底投入运行成功出氧。该设备工况变负荷范围为 50%~100%,至今已连续运行多年。

图 A-20　山东华鲁恒升国产化首套 4 万 m^3/h 空分设备

图 A-21　大唐国际 3 套 5.8 万 m^3/h 空分设备

图 A-22　杭氧集团制造的神华 4 套 6 万 m^3/h 空分设备

图 A-23　杭氧集团制造的 8 万 m^3/h 空分设备

2012年,杭氧集团取得伊朗卡维12万 m^3/h 特大型空分设备的合同订单,空气处理量达61万 m^3/h。2014年,该设备部机装船启运(见图A-24)。

图A-24 杭氧集团制造的12万 m^3/h 特大型空分设备部机装船启运

2013年初,杭氧集团一举取得了神华宁煤煤制油项目中12套10万 m^3/h 特大型空分设备大订单中6套特大型空分设备的制造任务,实现了与德国林德公司同台竞技。这个空分项目无论在合同金额、空分规模,还是技术复杂性均居当时世界第一,令全球空分行业瞩目。

2017年3月15日,首套国产10万 m^3/h 特大型空分设备一次开车成功,产出合格氧、氮产品。2017年8月25日,6套空分设备全部投入运行(见图A-25)。经第三方检测,在满负荷工况条件下,各项性能指标达到了同台竞技的国外品牌公司一样的先进水平,能耗指标达到国际领先水平。

图A-25 神化宁煤的10万 m^3/h 特大型空分设备全貌

国产10万 m^3/h 空分装置及空气压缩机组的研制成功,填补了国内空白,打破了国外对大型空分装置和空气压缩机及汽轮机的垄断,是我国重大装备国产化的又一个突破。其主要技术性能达到国外同类装置和产品的先进水平,可以满足国内大型煤化工、石油化工及冶金等重大工程对 10 万 m^3/h 及以上等级空分装置的需要。

随杭氧集团、开封空分之后,四川空分、开封开元、开封东京、开封黄河、开封迪尔、杭州福斯达等单位也相继开发了 2 万 m^3/h、3 万 m^3/h 空分设备,部分企业也有设计制造 4 万 m^3/h、5 万 m^3/h、6 万 m^3/h 等级成套空分设备的业绩。

国产大型、特大型空分设备在容量规格不断增大的过程中,经上百套大型空分设备的运行实践,设计制造水平也取得很大的进步。杭氧集团掌握了空分流程组织、流程计算、精馏计算、精细制造、安全评估等空分设备设计制造技术,在配套部机基本相同的情况下,国产化设计、制造、成套的大型、特大型空分设备的产品产量、纯度、品种、达到压力、氧提取率、能耗、运行周期等技术性能指标,已经达到了国际一流水平。国产品牌技术与外资企业的产品势均力敌,使外资品牌产品成套价格也大幅度下降,与国产设备处在同一水平线上。

值得自豪的是,近 10 多年来,杭氧集团生产的大型空分设备除应用于国内市场外,已有 30 多套大型空分设备远销国际市场,其中:3 万 m^3/h、4 万 m^3/h、5 万 m^3/h 等级空分设备已销往德国、西班牙等发达国家,6 万 m^3/h、8 万 m^3/h、12 万 m^3/h 等级空分设备已销往伊朗、土耳其等国家。这是我国空分设备制造业的重要进步。另外,由梅塞尔、AP、普莱克斯、林德、法液空等外资企业在中国境内投资工业气体项目时,也大量选用了杭氧集团、四川空分、杭州福斯达等企业的国产空分设备,这充分证明了国产空分的技术性能指标达到了国际先进水平。

我国大型、特大型空分设备国产化制造水平已通过自身的努力迈入了制造强国的行列。未来 10 年中,应努力实现大型、特大型空分设备成套设计制造及关键配套机组达到世界先进水平,整体达到世界制造强国中等水平。

三、大型火电机组关键设备

(一)泵阀国产化

20 世纪 80 年代初,结合我国 30 万 kW、60 万 kW 亚临界火电机组技术引进,也加大了配套辅机的技术引进,其中包括德国 KSB 锅炉给水泵、日本荏原和美国英格索兰循环水泵、德国 TLT 和丹麦诺文科的锅炉送引风机、瑞典菲达电除尘器以及电站阀门、污水处理等 20 余项国外先进技术。

改革开放以后,随着世界上先进电站设备的引进和使用,电站装备的先进设计理念、新工艺、新材料和先进制造技术不断展现在国人面前。通过工程项目引进，对国外先进技术的吸收、消化和再创新，国内涌现出一批电力装备制造骨干企业，国家能源建设重点工程关键装备的自主创新能力和研制水平取得重大突破，实现了100~300MW火电站配套泵阀设备的国产化。

"十五"至"十二五"期间，国家研发能力不断提高，先进加工制造设备不断投入使用，试验能力不断提升，东方、上海、哈电三大主机集团公司的"走出去"国际化进程不断加快，极大地推进了我国重大技术装备领域电站工程设备的发展。

1. 电站给水泵

电站给水泵是电厂最重要的辅机设备之一，产品设计和制造要求极高。

1979年，沈阳水泵厂引进了德国KSB公司100~1200MW亚临界和超临界火力发电机组配套CHTA型高压锅炉给水泵及前置泵的制造技术、全套标准及质量控制规程等，1989年又引进了CHTC型给水泵制造技术，两次引进合计为17个品种、27个规格。20世纪90年代，在消化吸收引进技术的基础上，沈阳水泵厂积极自主创新，自行设计制造了具有国际先进水平的200MW机组全容量CHTZ型水平中开式高压锅炉给水泵。2003年，沈阳水泵厂与美国福斯公司合作，为沁北电厂提供了国产超临界机组用给水泵；后相继又与日本三菱公司、EBARA合作，生产了超临界机组以及超（超）临界机组用高压锅炉给水泵型泵。

上海能源装备有限公司（简称上海能源装备）也长期开展了锅炉给水泵的研制工作。1979年10月，该公司试制成功锅炉调速给水泵组及配套CO46型大功率、高速液力偶合器，各项指标接近当时的国际先进水平。1980年，全套调速给水泵组设备在上海闵行发电厂成功投入运行。运行证明，调速给水泵组与当时在国内广泛使用的节段式定速给水泵组相比具有巨大的优越性：节能、可靠、操作方便，因此受到用户极大欢迎，在火电厂中得以迅速推广。

1985年，上海能源装备通过和英国韦尔（WEIR）公司进行技贸合作，在消化吸收双壳体、全抽芯整体芯包结构和刚性转子设计的基础上，自主研制成功200MW机组（50%容量）锅炉调速给水泵组，并成功运行于徐州发电厂。1989年，成功自主研制国内首台200MW机组（100%容量）锅炉调速给水泵组，并成功运行于北京石景山发电厂。1991年，自主研制成功300MW机组锅炉调速给水泵组及YOT51型大功率、高速液力偶合器，并成功运行于江苏常熟发电厂。1998年，自主研制成功配套300MW机组（100%容量）锅炉给水泵组的YOT46-550型液力偶合器（见图A-26）。

2004年，上海能源装备开始研制600MW级以上机组。在消化吸收英国苏尔寿（SULZER）公司相关产品的设计制造技术的基础上，自主研制成功国产化600MW亚临界机组锅炉调速给水泵组。2005年，研制成功国产化600MW超临界机组锅炉调速给水泵组。2011年11月，研制成功国内首台全国产的配套1000MW超超临界火电机组的锅炉给水泵组产品，2012年11月，该产品通过样机鉴定，2013年8月成功运行于华电句容发电厂1号机组。2014年6月，该产品通过国家能源局和中国通用机械工业协会组织的产品鉴定，打破国外产品垄断的历史。2015年，在消化吸收美国福斯公司先进技术的基础上，研制成功全国产的配套660MW超临界火电机组（100%）锅炉给水泵组（见图A-27）产品，该产品成功运行于山西华光发电厂1#机组工程。

图A-26　YOT46-550型液力偶合器

图A-27　660MW超临界火电机组（100%）锅炉给水泵组

为开展国产化研制，上海能源装备增大投资以提高研发试验能力。2015年，该公司建成国内最先进的全工况（热态、冷态、联机）大型调速给水泵组、液力偶合器、阀门产品试验站，配备11MW驱动电动机和高压变频控制系统，能实现1250MW及以下核电、火电机组给水泵及泵组单机型式试验、出厂试验和机械联机试验，并取得国家实验室（CNAS）资质认证。2016年，该公司建成国内企业中规模最大的3D高速成像粒子检测分析（PIV）实验室，通过流场数据采集和分析，优化流体机械结构，提高产品研发效率和设备的安全可靠性，从而提升了泵阀产品研发的能级。

2. 循环水泵

随着火电机组容量越来越大，对循环水的需求量也在不断增加，循环水泵的规格也在增大。1984年，沈阳水泵厂从日本荏原公司引进了用于10~600MW机组的10种水力模型，完善了泵的整体结构设计。在此基础上，沈阳水泵厂为国内多个火电站建设提供了该系列循环水泵400余台，同时一些产品还出口多个国家和地区。

长沙水泵厂引进了美国英格索兰公司的立式湿坑泵5种产品技术。其研发的全国第一台套立轴导叶式调节混流泵于1984年投入山东龙口电厂运行。这种大循环泵可用于10万kW、20万kW的火电机组，安装在循环冷却水系统的海水泵站中。该泵除材料耐海水腐蚀外，还实现了泵的叶片在运转中可调，以适应需水量和潮位的变化，保证系统泵经常处于高效区运行。该泵当时的效率指标已达到同类产品的国际水平，填补了我国立轴导叶式全调节混流泵的空白。

3. 凝结水泵

2003年，上海凯士比泵有限公司在吸收英国韦尔（WEIR）公司300MW凝泵技术的基础上，二次开发研制了适用于600MW电力机组的凝结水泵。该凝结水泵效率领先同类产品，填补了国内空白。

2008年，配合国家电力行业快速发展的需要，通过技术创新，研究开发了适用于1000MW发电机组的新型结构的凝结水泵。新开发研制的凝泵具有更高的抗气蚀性能、支座刚度、推力轴承性能和传动精度，提高了泵的运行效率，扩大了应用范围，满足了电能生产的"高效、洁净、可靠、安全"的要求。

4. 污水泵

1998年，上海凯士比泵有限公司在原引进消化吸收美国IDP公司的干式污水泵技术上，开发了口径为1.2m的MN1200型的干式污水泵，2011年又开发了口径达1.6m的MN1600型干式污水泵。

2012年，上海凯士比泵有限公司在污水泵的技术上，使用新材料、新工艺，自主成功研制出SPNFN型核电厂核三级设备重要厂用水泵。该产品的性能可靠，寿命长，技术水平达到国际先进水平。

5. 二类三类阀门

为打破国外厂商在超临界、超超临界火电站二类三类阀门产品上的垄断，国家能源局重大装备司组织中核苏阀股份有限公司、上海能源装备有限公司、上海自动化仪表七厂、大连大高阀门有限公司、江苏神通阀门有限公司、开封高压阀门有限公司、北京阀门总厂和南方阀门有限公司等单位，开展科技攻关，自主研发制造了一系列产品，填补了国内产品的空白。

2011年12月，主蒸汽管道气动疏水阀、储水罐水位调节阀、吹灰蒸汽调节阀等火电站用二类国产化阀门，先后在江苏华电句容一期1000MW超临界机组、河南华润焦作龙源电厂600MW机组、江苏国电南通1000MW超临界机组、重庆中电投合川双槐电厂660MW超临界机组投入运行。

2013年12月，给水泵再循环调节阀、再热器喷水调节阀、汽机高压供汽站压力调节阀、锅炉循环管路调节阀等火电站用三类国产化阀门，先后在国电黄金埠发电有限公司1000MW超临界机组、神华神东电力1000MW超临界机组、万州电厂1000MW超临界机组和华能长兴电厂600MW超临界机组投入运行。

国产化攻关取得丰硕成果，产品经电站运行考验，性能可靠，达到了国际水平。

(二) 电站风机国产化

电站风机主要指锅炉的送风机、引风机、一次风机或排粉风机、烟气再循环风机和烟气脱硫风机。电站风机是火力发电厂的主要辅机,其运行的经济性和安全可靠性直接关系着电厂的安全经济运行。随着火力发电机组单机容量的增大,风机的容量也相应增加,目前单风机的功率已达 10MW 以上,机组容量已达 1240MW,正在进行 1350MW 机组的研发。

我国对大型电站风机的研制起步较晚,远落后于我国电力工业发展的步伐。因此,在 20 世纪 80 年代,国内大型风机制造企业先后从国外多家公司引进大型电站风机的制造技术(许可证),以满足我国大量投产大型火力发电机组对大型电站风机的需求。上海鼓风机厂先后从德国透平风机技术公司(TLT)引进了电站动叶调节轴流式风机、大型离心式风机及子午加速轴流风机;成都电力机械厂从德国 KKK 公司引进了电站 AN 型(子午加速)轴流式风机和 AP 型动叶调节轴流风机;沈阳鼓风机厂从丹麦诺文科(NOYENCO)公司引进了 VARIAX 型动叶调节轴流式风机,从德国 KKK 公司引进了 AN(子午加速)型轴流式风机,从美国引进了 TLT 动叶调节轴流式风机;武汉鼓风机厂从日本三菱重工业株式会社引进了大型电站风机(包括动叶调节轴流式和离心式风机);成都电力机械厂从德国 KKK 公司引进了子午加速静叶调节和动叶调节轴流式风机;英国豪顿公司及其与我国合资建立的豪顿华公司生产的动叶调节轴流式风机及离心式风机也进入我国电力市场。随后国内制造企业在消化吸收引进技术的基础上进一步创新研发,开始了电站风机国产化的历程。

上海鼓风机厂有限公司(简称上鼓公司)是我国最早研制火电站配套风机的企业,20 世纪 80 年代初期,为我国首家 200MW 火电机组广东韶关电厂和首家 300MW 火电机组山东邹县电厂提供了按引进技术设计制造的风机。20 世纪 80 年代中期,上鼓公司为 600MW 火电机组安徽平圩电厂提供了按引进技术设计制造的风机。2001 年,上鼓公司为上海外高桥电厂国内第一套 900MW 机组提供了电站风机,并完成了国内第一台高压力的电站脱硫引风机 SAF25-16-2(流量为 107m^3/s,全压为 8448Pa),填补了国内空白。2005 年,上鼓公司为浙江玉环电厂国内第一套 1000MW 机组提供了液压动叶可调送风机、一次风机。

2007 年,上鼓公司在"紧贴国家发展战略,积极为国家重点工程提供装备"的市场战略指导下,在原有技术的基础上,引入节能、环保、降低一次投入成本等新概念,开辟了我国火电建设的新模式。天津北疆电厂一期工程 2 套 100 万 kW 火电超超临界机组中,上鼓公司中标 4 台动叶可调双级轴流风机,可同时满足引风、脱硫、脱硝 3 个不同工况的需求,"三合一"机组风机叶轮直径为 4m。2012 年,中国第一座百万千瓦级超超临界二次再热火力发电机组正式落户江苏泰州电厂，共投建 2 台 100 万 kW 超超临界二次再热燃煤机组，作为我国发展超大容量高效超超临界技术的示范工程，该项目代表着当今世界最先进的绿色、低碳电力装备，对加快电力结构调整，取得更好的经济效益和社会效益有着十分重要的战略意义。上鼓公司中标该项目所需的全部的送风机、引风机、一次风机，成为风机行业第一家进入百万千瓦级超超临界二次再热机组的企业。2014 年，上鼓公司为广东华夏阳西电厂 2×1240MW 火电机组提供的三大风机机组是目前国内最大的超超临界机组，2016 年在工厂内顺利通过机械运转试验。

四、核电关键设备

安全有序发展核电是我国调整能源结构的需要，积极推进核电装备国产化是国家发展核电的重要战略举措。在我国核电站建设中，主机设备实现国产化比较早，而核级泵阀的国产化率却非常低。在核电装备各系统中，核泵用于液体输送，将反应堆的热量带到蒸汽发生器，并完成水的循环。一座核电站有核一、二、三级泵 120 多台，技术难度高，价值量大，长期依赖进口，大亚湾、岭澳核电站核级泵的国产化率只有 4%。核级阀门，由于品种多，数量大，分布在核电站的每个系统中，工况条件不同，因此推进国产化工作显得更加困难和复杂。2006 年 5 月，国家发改委副主任张国宝同志在广州主持召开大连红沿河机组装备国产化工作会议，明确提出将核电泵阀作为推进核电装备国产化的重点。

（一）核电泵国产化

1. 核二、三级泵

2006 年 4 月，国家能源局在沈阳召开核电项目泵阀国产化工作会议，开启了核泵国产化的新篇章。依托大连红沿河、宁德、方家山、福清等核电项目，采取"政、产、学、研、用"相结合的方式，在国家能源局组织协调下，经过 10 余年的艰苦努力，核二、三级泵已全部实现国产化，核主泵通过消化吸收引进技术和自主攻关，逐步实现国产化，核级泵国产化率已达到 75% 以上。随着核电技术发展，在二代改进型核电大部分核级泵实现国产化的基础上，三代核电关键泵国产化也在顺利推进。参与核级泵国产化攻关的制造企业主要有沈鼓集团、上海阿波罗机械有限公司（简称上海阿波罗）、重庆水泵厂有限公司（简称重庆水泵）、大连深蓝泵业、凯泉泵业和长沙水泵厂有限公司（简称长沙水泵）、上海能源装备有限公司等企业。

2007 年开始，沈鼓集团先后自行开发研制成功上充泵、余热排出泵、安全壳喷淋泵和电动辅助给水泵等核泵产品，并投资建造了核泵热冲击试验台、抗杂质试验台，率先在国内完成了核泵性能试验，主要性能指标达到国际先进水平。

上海阿波罗从2006年开始开展了百万千瓦级核电站混凝土蜗壳海水循环泵的研制工作。全国首台混凝土蜗壳海水循环泵样机于2008年11月通过鉴定，并取得了福清、方家山核电项目"首台套"订单。随后，该公司又与用户单位合作先后研制了低压安注泵、安全壳喷淋泵、电动辅助给水泵和上充泵等核二级泵和重要厂用水泵、设备冷却水泵等核三级泵。

2006年开始，重庆水泵在已有多年生产高压除磷泵、往复泵的基础上完全自主创新，研发成功以重要核二级泵上充泵和水压试验泵为代表的核级泵产品，并在秦山、大亚湾核电站得到订货。

大连深蓝泵业重点开发了压水堆核电站硼酸输送泵、消防水泵、乏燃料水池冷却泵、设备冷却水泵等一批核三级泵，先后承接了红沿河核电站一期工程、宁德核电站一期工程、阳江核电站一期工程、方家山核电工程、福清核电工程、AP1000三门核电工程、AP1000海阳核电工程、EPR台山核电工程等核三级泵的制造任务。

2. 核岛主泵

核岛主泵是核电站唯一的核一级泵。在运、在建的二代改进核电站和正在加快建设的我国自主化的三代核电——华龙一号都是采用轴封泵。哈电集团动力装备公司和四川东方阿海法分别通过与奥地利安德烈斯技术合作、与法国热蒙合资等方式，全面掌握了轴封泵的设计、制造技术。"十二五"以来，我国建设的二代改进核电机组和中核、中广核的华龙一号都已全部采用国产机组，其中轴封关键部件也已实现国产化。

引进AP1000三代核电机组和自主开发的CAP1400核电机组则采用屏蔽泵（无轴封泵）。

结合国家核电重大专项，沈鼓集团、哈电动装在核电用户、科研院所、高等院校及大量协作单位的配合下，完成了泵的水力设计、转子动力学计算及屏蔽套、推力轴承等许多重要部件的技术攻关和试验验证。目前消化吸收引进技术的AP1000主泵转子正在进行试验，自主开发的CAP1400主泵也正在进行耐久性试验。

上海电气-KSB公司是上海电气集团公司与德国KSB公司建立的合资企业，中方控股54%，该合资企业采用KSB技术的湿绕组无轴封泵也正在进行试验。

为全面推进消化吸收引进技术和开展CAP1400自主三代核电机组主泵的试验验证，沈鼓集团先后投入巨资建设了AP1000主泵试验台和CAP1400主泵试验台。

此外，中广核集团和沈鼓集团正在联合开发用于华龙一号机组、完全拥有自主知识产权的轴封主泵，目前已完成水力模型试验及轴封、轴承等关键部件相关试验。

3. 常规岛泵

上海阿波罗、凯泉泵业、上海电修、沈鼓集团、长沙水泵等已分别研制成功常规岛主给水泵、循环水泵和凝结水泵。上海阿波罗、凯泉泵业、上海电修等企业研制的百万千瓦核电站常规岛主给水泵已经过严格考核试验，并在二代改进和华龙一号核电项目中获得订单。

（二）核电阀门国产化

1. 概况

阀门是核电站的重要配套设备，不仅关系到核电站的启堆、停堆和正常运行，而且在事故处理中也发挥着重要作用。一座两个机组的百万千瓦压水堆核电站，有阀门23000多台，其中核岛12000多台，常规岛和辅助系统11000多台，核岛中有核级阀门6000多台。阀门的价值量占整个核电站设备投资的15%左右。

核级阀门，特别是核一、二级阀门，关键非核级阀门长期被美国、法国和德国少数外国公司所垄断，20世纪90年代建设的大亚湾核电站，阀门基本全部从国外进口（包括一些手动关断类阀门），到21世纪初开始建设的岭澳核电站，阀门的国产化率也只有6%左右。因此，2006年3月在广州召开的核电设备国产化工作会议上将阀门的国产化作为重中之重。

2006年4月，国家能源局在沈阳召开核电泵阀第一次工作会议，国家发改委副主任张国宝同志亲自出席会议，中核总、中广核的主要领导也都出席会议。中国机械工业联合会代表国内装备制造企业做了《压水堆核电站核级泵阀国产化工作方案》的汇报。

2. 制订国产化目标和实施方案

沈阳核电泵阀国产化工作会议之后，在国家能源局领导下，成立了由能源局科技装备司领导任组长的核电泵阀国产化领导小组，组成了由中核苏阀、大连大高、上海阀门、江苏神通、东吴阀门和上自仪七厂等阀门制造企业以及中广核工程公司、中科华研究院和中核工程公司等单位参加的"产、学、研、用"相结合的国产化工作小组。通过调查研究，召开20多次专题会议，制订了核电阀门国产化目标、实施计划，提出了各项保障措施。

根据红沿河依托工程建设进度和当时国内阀门制造业的努力，提出了科学合理的分阶段推进国产化的目标：第一阶段，在红沿河1、2号机组，国产化率达到40%，主要是部分核三级阀门，少部分核二级阀门；第二阶段，在红沿河3、4号机组（包括宁德1、2号机组）国产化率争取达到60%，主要是大部分核三级阀门，部分核二级阀门，少量核一级阀门。对于大部分核一级阀门和部分难度很高的核二、三级阀门及非核级阀门则争取在福清、方家山、岭澳二期和海南昌江等后续项目实施国产化，国产化率达到80%。

3. 实施过程

1）在国产化领导小组安排下，中广核工程公司、中科华研究院和中核工程公司的专家深入承担任务的制造厂家，对企业领导、工程技术人员和管理人员进行培训，帮助建立和完善核质保体系，开展核文化建设。国家核安全局在该项工作中也给予了极大支持。

2）学习借鉴国外核电技术内涵经验，从标准化入手。2007年4月，组织上海发电设备设计成套研究院和中科华苏州院分别翻译出版了《ASME 标准化第三卷（核电部分）》和《法国 RCC-M 标准》；又陆续邀请美国机械工程师协会、法国电力等标准化专家来华交流。

3）通过讨论、沟通，核电用户和制造业在重大技术问题上达成共识。设计院、工程公司参与阀门设计、制造和试验全过程，加快了研发进度。

4）为尽快提升企业技术研发能力和核电阀门生产能力建设，国家能源局组织了技术改造贴息计划，对大连大高、沈阳盛世、中核苏阀、江苏神通等企业安排了技改专项资金的支持，为完成核电阀门国产化目标创造了条件。

中核苏阀在核电阀门配套能力方面主要建造了高温高压试验台架，完善了无损检测中心，进口了10MW 回旋加速器等；大连大高进行了设计分析手段的升级建设，添置大型CAE 分析软件，引进CAE 分析人才，加快了新产品的研制进度；江苏神通进行了核电车间技术改造，使装备水平上了一个新的台阶；上海阀门改造升级了安全阀热态试验台架，为核电安全阀开发创造了条件。

4. 阀门国产化率不断得到提升

经过几年努力，陆续研制成功一大批填补国内空白、达到国际先进技术水平的核电阀门产品。例如，中核苏阀项目期内进行了多达25项新产品研制开发项目，主要有主蒸汽隔离阀、核一级稳压器比例喷雾阀、核一级高 C_v 值止回阀、核二级 W 型平行板闸阀、核一级高压波纹管截止阀等；大连大高开发了20种核电新产品，主要有主蒸汽隔离阀、核一级止回阀、核一级截止阀、核一级闸阀等；江苏神通重点开发了核级蝶阀、核级球阀等产品；上海阀门重点开发了主蒸汽安全阀、主给水安全阀等产品。

在积极推进核电阀门研发工作的同时，国家能源局科技装备司和中国机械工业联合会还在产品鉴定、落实依托工程、推广应用方面做了大量组织协调工作。在宁德、方家山、福清、阳江等核电建设项目中，国产化比例不断提升，到目前综合国产化率可达80%（按价值量计算）。

5. 三代核电关键阀门研发取得突破

根据国家核电重大专项的计划安排和自主开发的华龙一号三代核电特殊要求，中核苏阀、大连大高、上海阀门等制造企业开展了新一轮的核电关键阀门攻关。其中，中核苏阀、大连大高分别完成了 AP1000 和 CAP1400 三代核电主蒸汽隔离阀和爆破阀的研发,并在 CAP1400 示范工程福清 5、6 号机组和出口项目上获得应用;由中核苏阀、大连大高和上海阀门等有关企业研发的主给水隔离阀、核一级高压楔式闸阀、核一级止回阀等关键阀门也都相继研制成功,并且通过了鉴定,得到了工程应用。

五、石油天然气输送成套装备

天然气是高效清洁能源,21 世纪以来,在绿色发展、低碳经济的大趋势下,世界各国加快了天然气开发和利用。2000 年,世界天然气平均利用率占一次能源的 23.6%,而我国只占 2.2%。党中央、国务院高度重视天然气资源的开发和推广利用,2000 年决定建设年输气量为 120 亿 m^3 的西气东输一线工程,将新疆和陕北的天然气经 9 省市送到上海。同时,为弥补我国天然气资源的不足,也在不断寻求海外资源。天然气的远距离输送方式一是陆上长输管线;二是液化运输,在沿海建设液化天然气接收站。考虑到进口哈萨克斯坦、土库曼斯坦等中亚国家和俄罗斯天然气的需要,建设陆上天然气长输管线将是我国能源发展的重要选择。

天然气长输管线加压站的关键设备包括电机驱动和燃机驱动管线压缩机组、大口径全焊接球阀等的核心技术都掌握在少数外国公司手中。西气东输一线工程所有的电驱和燃驱压缩机组,以及 40in、600lb(1lb = 0.4536kg)大口径全焊接球阀全部进口。尽管当时的机械工业部组织国内制造企业和科研设计单位做了大量技术分析论证工作,但并未得到用户认可。但是后来在国家发改委、国家能源局的领导和支持下,在中国机械工业联合会具体组织下,国内制造企业的管线压缩机、大口径全焊接球阀的研制工作从未停止过。

在此后的西气东输二线工程建设中,管线压缩机组和大口径球阀基本上仍然依靠进口,但个别场站国产电驱管线压缩机组得到了应用和工业性考核。

天然气长输管线设备国产化开展全面攻关并取得重大突破是从年输气量为 120 亿 m^3 的西气东输三线工程开始的。经过大量的技术论证和前期准备工作,国家能源局于 2009 年 11 月在北京钓鱼台国宾馆召开了"天然气长输管线关键设备国产化研制工作启动暨签约仪式"会议,张国宝局长出席了会议,黄鹂副司长主持了会议,来自国家能源局、中石油、中机联、中船重工等有关领导出席了会议。大家共同见证了电驱压缩机组、燃驱压缩机组、40~48in 大口径全焊接球阀的签约仪式。其中,20MW 电驱压缩机组承担单位为沈鼓集团、哈尔滨电力装备有限公司和上海电机厂有限公司,30MW 燃驱压缩机组承担单位为沈鼓集团、中船重工 703 所和哈尔滨汽轮机厂有限公司,40~48in 球阀承担单位为四川成高阀门有限公司、上海耐莱斯阀门有限公司和浙江五洲阀门有限公司。

在国家能源局的直接领导下,国家能源局、中石油集团公司、中机联三位一体，密切配合，制订了周密的工作实施计划，在产品方案设计审查、技术条件和试验大纲制订、技术攻关、样机研制和鉴定、工业性试验考核等各个重要环节坚持高标准要求，做了大量组织协调工作。承担研发任务的制造企业和参与研发的协助单位都付出了巨大努力，中石油各部门给予了有力的支持和配合。正是这种"政、产、学、研、用"相结合的机制保证了天然气长输管线设备科技攻关和国产化工作的顺利完成，使我国管线装备设计制造达到了国际先进水平，具备了国际竞争力。在西气东输三线工程西段建设中，20MW电驱压缩机组、40~48in大口径全焊接球阀全部实现国产化，不仅降低了工程造价，而且打破了国外厂家对该领域的技术垄断，对保证国家能源大动脉安全起到了重要保障作用。

根据国家石油天然气发展需要，2012年以后又陆续安排了22种各类管线阀门、执行机构和流量计的攻关，到目前除流量计等少数项目都已全部完成，逐步实现国产化。特别是56in、900lb全焊接球阀及配套电动、气液联动执行机构的研制成功为建设世界最高输气参数的中俄管线装备国产化创造了条件，也使我国大口径、超大口径天然气管线全焊接球阀和大转矩电动、气液联动执行机构设计、制造技术达到世界先进水平。

（一）天然气长输管线压缩机组

管线压缩机组是天然气长输管线的心脏设备，西气东输一线工程就设有22个加压站，共44台电驱和燃驱压缩机组。长期以来，管线压缩机组一直被美国GE、德国西门子和曼透平以及英国罗-罗所垄断。

1. 长输管线压缩机国产化历程

2000年以来，从西气东输一线工程开始，沈鼓集团就积极开展管线压缩机的研发工作，攻克了管线压缩机方面一系列技术难题，为研制西气东输工程用长输管线压缩机做好了技术储备。

2005年，在国家能源局协调下，中石油公司确定在西气东输增输工程中为国产压缩机提供实践机会，沈鼓集团承担了定远站管线压缩机的制造任务。2005年8月，沈鼓集团和中石油公司正式签订首台长输管线压缩机制造供货合同，但合同规定该长输管线压缩机由美国GE公司负责产品设计，沈鼓集团完成产品生产制造和试验。2008年12月，沈鼓集团在GE公司的监制下完成了产品制造；2009年4月，完成管线压缩机厂内安装、调试、试验，发运西气东输工程定远站；2009年7月定远站国产管线压缩机现场装配成功，并投产运行。实际运行表明：机组各项指标均达到国际先进水平。定远站管线压缩机的合作成功，为沈鼓集团独立研制管线压缩机积累了宝贵的经验。

2008年，中石油公司与沈鼓集团共同编制了《西气东输二线工程配套压缩机组国产化可行性论证报告》，并通过了国家能源局组织的长输管线压缩机组国产化论证。2009年,沈鼓集团承担了西气东输二线西段工程乌鲁木齐、永昌和瓜州站配套国产化电驱压缩机供货。2009年11月,国家能源局组织召开了西气东输三线工程"天然气长输管道关键设备国产化研制工作启动暨签约仪式",并与中石油公司签订了《国产化20MW级电驱压缩机组研制合同》。其后,沈鼓集团与中石油公司签订了压缩机机组成套研制合同,沈鼓集团作为总成套研制单位,上海电气集团上海电机厂有限公司、哈电集团哈尔滨电气动力装备有限公司作为长输管线压缩机组配套电机国产化研制单位;上海广电(电气)集团股份有限公司、鞍山荣信电力电子股份有限公司作为长输管线压缩机组配套变频器国产化研制单位,共同开展20MW级电驱压缩机组的研制任务。

历时3年,在国家能源局、中国机械工业联合会和中石油公司各级领导精心组织和协调下,经各研制单位的密切配合、通力研发,最终完成了长输管线电驱压缩机组国产化研制。2011年8月,3台管线压缩机完成厂内机械运转试验、性能试验,并运到用户现场。

机组运行情况表明:机组运行平稳,压缩机振动值小于15μm,远低于API617规定的要求,机组效率高,符合合同要求和规定的技术标准。该机组的研制成功,填补了国内空白,取得了多项技术创新成果:自主研发出高效管线压缩机模型级,形成性能型谱,压缩机整机效率达到87.5%;机组整体结构设计上,采用先进的转子动力学和结构分析设计软件,对管线压缩机进行了整体结构分析和优化设计,显著提高了机组的稳定性;工艺技术和试验手段先进,采用自主开发的闭式整体铣制叶轮加工等新技术,建立了管线压缩机专用的成熟、严密的制造工艺体系和试验手段,保证了机组具有良好的综合性能。

图A-28所示为高陵站国产长输管线压缩机组。

图A-28 高陵站国产长输管线压缩机组

2. 长输管线电驱压缩机组关键技术及创新点

（1）压缩机　运行区域宽，流量调节范围广，国产管线压缩机流量调节范围为45%～150%，国外先进机组流量调节范围为65%～135%；模型级效率高，性能曲线平坦，沈鼓集团开发成功的管线压缩机多变效率为87%，与国外水平相当；压缩机振动值小于15μm，优于 API 标准要求（25.4μm）；高稳定性转子结构优化设计，包括高压大型筒型机壳与端盖采用卡环结构设计，双保护阶梯、防爆、子午钢帘 SPRINGSELE 密封圈结构设计等；采用了大型筒型 PCL 机壳加工技术和叶轮的整体铣制加工技术等。

（2）电动机　首次开发并实现了适用于大功率超高速变频调速同步电动机起动及运行配套的无刷励磁系统，实现了20MW级变频调速同步电动机的无滑环变频同步起动及运行；采用了整浸结构的半组式换位定子线圈，保证了电动机具有优良的绝缘性能、耐热性能及抗振性能；针对电压源型变频器供电的特点，采用超大气隙和全阻尼结构设计，有效地削弱了高次谐波的不利影响；采用先进的正压通风防爆技术，满足了大功率超高速变频调速。

（3）变频器　首次成功地将 IGBT、IEGT 元器件用于串联多电平大功率变频装置，提高了设备的安全性、可靠性和可维护性；开发和应用了大功率同步电动机无速传感器磁场定向矢量控制技术，减少了维护量，使机组调速性能优良，运行稳定，抗负荷波动能力大大增强；开发和应用了水冷散热器快速插拔与自动闭锁技术、IEGT 元器件箱位缓冲技术，以及无刷励磁装置软硬件冗余设计及在线切换技术；研制出大功率变频器功率单元、励磁系统及控制系统的故障保护策略。

3. 成果鉴定及获奖情况

2011年10月18日，受国家能源局委托，中国机械工业联合会和中石油公司组织召开了"天然气长输管线压缩机"新产品鉴定会，专家组听取了沈鼓集团为西气东输工程研制的7台长输管线压缩机（定远、瓜州、永昌、乌鲁木齐、黄陂、高陵、淮阳）的研制工作总结报告，查阅了有关技术文件，考察了试验现场。经过讨论，专家组一致认为沈鼓集团研制的长输管线压缩机主要技术指标达到国际领先水平，机组的研制成功，是我国大型离心压缩机设计制造技术的重大突破，填补了国内空白，打破了该类产品长期依赖进口的局面。

2011年12月6日，由国家能源局主持，中国机械工业联合会和中石油公司组织召开了"天然气长输管线20MW级电驱压缩机组成套设备"新产品出厂鉴定会。鉴定委员会专家认为：该成套设备达到了研制合同要求，可满足天然气长输管线对压缩机组配套的需求，同意通过新产品出厂鉴定。

2014年12月，天然气长输管线20MW级电驱压缩机组研制成果通过了中国机械工业联合会的科技成果鉴定。鉴定表明：该机组投产运行超过24000万 h，高陵站整站国产化机组运行超过5000h，机组加工、安装质量优良，运行平稳，性能可靠；机组各项技术指标均达到了国际同类产品的先进水平，部分指标居国际领先水平。

"天然气长输管道压缩机组研制"项目先后获得2012年度中国机械工业科学技术奖一等奖、2013年度辽宁省科学技术进步奖一等奖；"20MW级变频电驱压缩机组研制及工业性应用"获2015年度中国机械工业科学技术奖特等奖等。

自长输管线压缩机组研制成功至今，沈鼓集团已经完成50多套国产化机组供货，彻底打破外商在此领域的技术和市场垄断，促进了我国天然气产业的可持续快速发展。同时长输管线压缩机组的研制成功，也是我国风机行业的一个重大技术突破，推动了我国风机行业技术水平的进一步发展与提升。

（二）大输量管道输油泵

管道运输是原油和成品油重要运输方式之一，具有运量大、不受气候和地面其他因素限制、可连续作业以及成本低等优点。

1958年，我国建成了第一条长距离原油输油管道——克拉玛依至独山子炼油厂的输油管道，从此掀起了中国油气管道建设的第一个高潮。1970年8月3日，国务院决定展开东北"八三工程"会战，经过军民团结奋斗5年，于1975年建成了庆—抚线、庆—铁线、铁—大线、铁—秦线、抚—辽线、抚—鞍线、盘—锦线、中—朝线8条管线，总长2471km。输送介质全部为原油，在东北地区率先形成了输油管网。同时随着东北、华北、华东和西北地区油田的相继开发以及大中型炼油厂的建成投产，我国油品管道运输业得到迅速发展。

长输管道的一个重要环节是沿程分布的泵站，而每个泵站的核心装备就是大型高效长输管道输油泵机组。在庆—铁线的管道项目建设中，首次采用了沈阳水泵厂生产的60台国产大输量输油主泵，配套电动机为上海电机厂生产。泵的性能参数：流量为2850m^3/h，扬程为210m，泵效率为86%，配套功率为2000kW。但由于长期以来我国大输量管道输油泵的技术水平始终处于落后状态，国产泵的设计和铸造工艺水平低，泵的使用寿命和可靠性较差，特别是泵运行效率低，机组监测保护系统落后，与进口泵存在着明显差距，严重制约了国产泵的推广使用。因此，在此后的管道建设中，大输量管道输油主泵基本上全部采用进口产品，国产泵只应用在给油泵以及小输量的输油管道上。进口泵的代表厂家有德国鲁尔泵业、美国苏尔寿泵业、美国福斯泵业等，国产泵（小输量）主要生产厂家有湖南天一泵业有限公司、浙江佳力泵业有限公司、西安航天泵业有限公司等。

20世纪90年代，我国管道建设进入第二个发展高潮期，输送介质品种扩大到输送技术较复杂的天然气和成品油。由于多种原因，此期间建设的长输管道基本上都选用进口的管道输油泵。因此，尽快提高我国大输量管道输油泵的整体技术水平对促进石化工业的发展具有重大意义。

虽然国产大输量管道输油泵没有在管道项目建设中得到推广应用，但是国内泵制造企业一直致力于该系列产品的研制。辽宁恒星泵业有限公司自 1998 年即聘请德国专家研制样机，积累了一定的设计生产经验。湖南天一泵业有限公司更是国内除沈阳水泵厂外，最早涉足管道输油泵市场，并且为中石油、中石化等用户提供了一部分中小输量的管道输油泵产品。浙江佳力泵业有限公司也是生产管道输油泵较早的厂家之一。

2006 年 6 月，国务院《关于加快振兴装备制造业的若干意见》中提出，随着我国油气管道建设的快速发展，实现油气管道关键设备国产化的必要性日益迫切。油气管道关键设备国产化既是国家能源安全的重要保障，也是输油气企业降低建设和运营成本的需要。2008 年，国家颁布了《"十一五"重大装备技术研制和重大产业技术开发专项规划》，将长输管道成套设备列入 8 项国家重大技术装备研制专项之一。至此，大输量管道输油泵的研制和升级改造已成为我国泵行业技术发展和水平提升的一项重要课题。

为打破大功率高转速输油泵机组依赖进口的局面，降低输油管道的投资成本，2009 年 3 月，辽宁恒星泵业有限公司与中石油管道公司多次交流研讨，最终达成了铁—秦线 5 号泵的国产化升级研制协议。该产品的性能参数：流量为 $2843m^3/h$，扬程为 194m，泵效率为 88%，配套功率为 2000kW。配套电动机为上海电机厂生产的无火花电动机。该输油泵机组于 2009 年 12 月 26 日在铁岭泵站一次开车成功，各项性能指标达到了进口产品技术水平。图 A-29 所示为辽宁恒星泵业有限公司生产的铁—秦线 5 号泵。2010 年 9 月，国家能源局组织相关专家对产品进行了科技成果鉴定。该项目的成功迈出了我国大输量管道输油泵国产化的第一步。

图 A-29　辽宁恒星泵业有限公司生产的铁—秦线 5 号泵

2013年，在国家能源局的推动和中国机械工业联合会的组织协调下，中石油、中石化系统同时开展了大输量管道输油泵的国产化工作。

中石油管道公司积极推进关键设备的国产化，在庆—铁四线的管道建设项目中，确定10台大输量输油泵（双工况）采用国产化产品，由辽宁恒星泵业有限公司、沈鼓集团石化泵有限公司、上海阿波罗机械股份有限公司作为国产化制造企业，电动机的配套厂家为上海电机厂。泵的性能参数：流量为3100m^3/h（2200m^3/h），扬程为230m，泵效率为88%，配套功率为2500kW。

国产化产品研制成功后，国家工业泵质量监督检测中心的性能试验表明，三家制造企业产品额定点的泵效率均达到预期设计要求，其中辽宁恒星泵业有限公司的HPT3100-230输油主泵泵效率达到90.4%（水效），超过了预期指标2%以上。该国产化产品为双工况设计，在泵体内设有扩流器，可以根据输量大小来匹配叶轮和扩流器，以实现高效输送需求。该项技术已在用户现场经过验证，在低输量的工况下，更换叶轮和扩流器后，泵机组振动明显降低，效率提高10%以上，节能效果显著。图A-30所示为辽宁恒星泵业有限公司生产的庆—铁四线双工况输油主泵。

图A-30　辽宁恒星泵业有限公司生产的庆—铁四线双工况输油主泵

中石化在仪征—长岭复线的管道建设项目中，确定4台大输量输油泵选用国产化产品，由大连深蓝泵业有限公司、浙江佳力泵业有限公司为国产化制造企业，电动机的配套厂家为佳木斯电机股份有限公司。泵的性能参数：流量为3800m^3/h，扬程为170m，泵效率为88%，配套功率为2300kW。经工厂测试，产品性能参数均达到了预期设计技术要求。

在中石油、中石化的大力配合和国内制造厂家的共同努力下，国产大输量管道输油泵成功投入工程应用，开启了国产化的新篇章。此后，西安航天泵业有限公司、湖南天一泵业有限公司、上海凯泉泵业有限公司、山东长志泵业有限公司等也都开展了相应的国产化工作。目前，辽宁恒星泵业有限公司已为庆—铁四线、吉—长线、成—乐线、抚—锦线、鞍—大线、中—俄二线（漠河—大庆）、庆—铁三四线改造工程、铁—大线、西部管道王—化线等项目累计提供大输量管道输油主泵 50 多台。其中，为庆—铁三四线改造工程提供的 HPT4100-170 型输油主泵（流量为 4100m³/h，扬程为 170m，配套功率为 2300kW）为目前国内输油管线流量最大的输油主泵；为鞍—大线提供的 HPT3600-225 型输油主泵（流量为 3600m³/h，扬程为 225m，配套功率为 2500kW）为目前国内输油管线配套功率最大的输油主泵。西安航天泵业有限公司为西南成品油管道等项目累计提供大输量管道输油主泵 30 多台。湖南天一泵业有限公司为山东董家口港—潍坊—鲁中、鲁北输油管道工程以及其他用户提供输油主泵 10 台以上。

近年来，在国家能源局的推动和中国机械工业联合会的协调下，在用户单位和制造厂家的共同努力下，大输量管道输油泵的国产化工作进一步取得成效，给油泵、单级双吸水平中开式输油主泵（双工况）、多级水平中开式输油主泵技术水平均已达到国际先进水平，产品质量及综合配套能力得到了显著提升，完全可以满足用户需求。

（三）大口径高压全焊接球阀

1. 国产化背景和重要作用

大口径高压全焊接球阀是天然气长输管道中的关键设备。该阀门管径大（1016～1422mm），压力高（Class600～900），管线运行对阀门有着苛刻的要求：

（1）安全性　阀门要有足够的强度和刚度，可以承受管道沉降、移动、环境温差变化、地震和泥石流等多种外载荷作用，确保各种严酷环境下的使用安全。

（2）可靠性　要求阀门关键时刻操作灵活，确保性能稳定。当局部管道出现重大事故（如泄漏）时，截断阀要能迅速关闭并确保密封可靠无泄漏，否则有可能导致事态失控。

（3）长寿命　要求阀门内部易损件和密封件使用寿命长，经久耐用。长输管道运行寿命一般在 30 年以上，焊接在管线上的阀门应与管道寿命一致。

2010 年以前，大口径高压全焊接球阀国内处于技术空白，没有研制经验，从西气东输一线工程、西气东输二线工程起，国内大口径高压全焊接球阀全部依赖进口，被国外少数阀门企业所垄断。我国作为世界大国，却不具备大口径高压全焊接球阀制造能力。

为推进天然气长输管线的装备国产化，在相关部门的共同努力下，2008 年后逐步开展了大口径高压全焊接球阀国产化研制工作。2009—2011 年实施了 40～48in、Class600～900 大口径全焊接球阀国产化项目，由中国石油西气东输管道公司和上海耐莱斯·詹姆斯伯雷阀门有限公司（现上海电气阀门有限公司）、成都成高阀门有限公司、五洲阀门有限责任公司共同开展国产化研制。2013—2017年实施了56in、Class900大口径全焊接球阀研制项目，由中国石油天然气股份有限公司西部管道分公司和上海电气阀门有限公司、成都成高阀门有限公司、五洲阀门有限责任公司共同开展国产化研制。

天然气大口径高压全焊接球阀国产化研制项目的实施完成，对我国石油天然气长输管线建设和促进行业技术进步都发挥了重要作用。首先是彻底扭转了国内高压大口径管线球阀依赖进口的局面，国产40～48in大口径高压全焊接球阀产品在西气东输二线、西气东输三线、中缅线等工程中大量应用，保障了国家能源安全战略的实施。其次是提高了管道建设和运行效益。国产设备投资相比进口设备最多可节约50%，打破了进口产品价格垄断局面，显著降低建设成本；采用国产设备供货周期可缩短50%以上，显著缩短了建设周期；国产备品备件价格优势明显，显著降低了运行成本；制造企业及时响应出现的问题，显著提升了售后服务水平。再次是提升了整个管线阀门行业技术水平，推动了行业科技进步。此项目成果填补了我国在天然气高压大口径全焊接管线球阀领域的国内技术空白，带动了整个管线阀门行业的技术进步，对产品设计、制造、检测技术及配套行业的技术进步都发挥了极大的推动作用；并为后续的更高参数的管线球阀研制奠定了基础，带动了包括四阀座球阀、安全可靠性评价体系研究等一系列关于管线球阀的深入研究。

2. 国产化历程

（1）40～48in、Class600～900大口径全焊接球阀

1）项目启动和推进。2008年10月，中国机械工业联合会受国家能源局委托在北京召开了西气东输二线工程关键设备国产化方案论证会。2009年4月，国家能源局在沈阳召开天然气长输管道关键设备国产化工作会议，确定40～48in、Class600～900全焊接管线球阀为国产化示范项目，开展攻关。随后国家能源局发布〔2009〕243号文件，部署了天然气长输管道关键设备高压大口径全焊接球阀首台（套）国产化研制任务，并明确以西气东输东段工程为主要依托工程，开展工业性应用。2009年7月，国家能源局组织召开了长输管线关键设备国产化实施方案论证会。2009年11月，国家能源局组织召开了西气东输三线"天然气长输管线关键设备国产化研制工作"启动会，国家能源局、中石油公司、中国机械工业联合会等单位领导及代表现场见证了签约仪式。

2）科技攻关及样机研制。大口径高压全焊接球阀需要解决的主要技术难点是：阀门内安装有非金属密封件，不能以焊后热处理方式消除残余应力；焊接时产生的高温对阀内密封件的影响；高压大口径阀座密封结构、内件刚性及相对位置精度等设计制造问题；阀门的长寿命问题；现场操作时，在阀门的上下游设有旁路压力平衡（开启压差≤2MPa），但在做工业性试验时，全压差开关，而且是

75次的试验要求,远超以往任何阀门标准,国内外毫无先例!

经攻关研制采用的国产化技术方案是:采用筒形阀体的整体全焊接结构设计;采用焊后不进行热处理安全保障技术;采用复合密封阀座,耐冲刷、抗爆;新型阀腔自动安全泄压;内件精密定位技术;试验大纲19项试验项目;工业性应用考核试验。

3)产品鉴定和工业性应用推广。2010年7月,由国家能源局、中国机械工业联合会、中石油公司组织专家召开了产品鉴定验收会。鉴定结果表明,参与40~48in、Class600~900大口径全焊接球阀国产化项目研制的上海电气阀门有限公司、成都成高阀门有限公司、浙江五洲阀门有限公司(相关样机见图A-31)完成了所有工厂试验项目,研制的产品分别通过了专家验收鉴定。2011年3月,大口径全焊接球阀产品通过中石油公司组织的工业性考核试验。至此,该研发项目圆满成功,标志着我国的管线球阀迈入国际先进水平,打破了国外技术垄断。

图A-31　40~48in、Class600~900大口径全焊接球阀样机

注：图中从左到右分别是成都成高阀门有限公司、上海电气阀门有限公司、浙江五洲阀门有限公司的样机。

从2011年起,国产40~48in、Class600~900大口径高压全焊接球阀在国内西气东输二线、西气东输三线、陕京四线、中缅线、天津LNG项目、川气东送等长输管线上得到大量应用,并稳定运行。截至2017年7月,国内已投产长输管线在线运行的40~48in、Class600~900大口径高压全焊接球阀共计600余台。

(2) 56in、Class600~900大口径全焊接球阀

1)项目启动和推进。2012年11月,中石油西部管道分公司在乌鲁木齐召开56in、Class900全焊接球阀试制技术要求研讨会。上海电气阀门有限公司、成都成高阀门有限公司、浙江五洲阀门有限公司作为研制方参加了会议。2013年8月,在北京正式签署了56in、Class900全焊接球阀国产化研发协议。

2014年5月,国家能源局、中国机械工业联合会和中石油公司有关部门组织专家和各阀门研制单位,对阀门研制与试验过程中出现的技术问题联合进行原因分析,并针对改进措施和模拟实验进行了充分的讨论,关于改进方案和下一步工

作安排达成一致。2015年3月，完成了所有改进措施和效果验证。

2）科技攻关及样机研制。在科技攻关研制的过程中需要解决的主要难点是：56in、Class900超大口径高压全焊接球阀在世界上没有相关产品标准，须制定研制产品的各项技术参数和验收标准；降低超大口径高压球阀对管线的附加应力影响；密封阀座在全压差开关时的超音速冲刷；占阀门大部分重量的球体的支撑和位置定位；阀门各部分结构的刚性对阀座密封的影响，即保证密封所具备的刚度而不仅是强度。

首台（套）56in、Class900大口径全焊接球阀国产化研发采用的技术方案是：制定产品参数标准；采用轻量化（有球形或筒形阀体结构）的整体全焊接结构设计；采用焊后不进行热处理的安全保障技术；采用复合密封阀座，耐冲刷、抗爆；新型阀腔自动安全泄压；内件精密定位技术；试验大纲20项试验项目；工业性应用考核试验。

3）产品鉴定和工业性应用推广。2015年9月，受国家能源局委托，中国机械工业联合会和中石油公司科技管理部共同组织专家组赴成都进行工厂见证试验（见图A-32a）和考察。结果表明，产品性能完全满足技术条件要求，符合鉴定条件。

2015年10月，中国机械工业联合会、中石油公司在北京共同组织了56in、Class900口径全焊接球阀的产品鉴定（见图A-32b），上海电气阀门有限公司、成都成高阀门有限公司、浙江五洲阀门有限公司研制的产品（相关样机见图A-33）分别通过了专家验收鉴定。

a) 见证试验现场　　　　　　　　　　b) 产品鉴定

图 A-32　56in、Class900 大口径全焊接球阀的见证试验现场和产品鉴定

2016年11月，成都成高阀门有限公司的56in、Class900大口径高压全焊接球阀产品率先通过了中石油公司在烟墩压气站组织的工业性考核试验（见图A-34）。2017年5月，上海电气阀门有限公司、浙江五洲阀门有限公司的产品也顺利通过了工业性考核试验。至此，该研发项目圆满成功，标志着我国的管线球阀达到国

际领先水平，我国具备了独立研制开发世界最大口径高压管线球阀的能力。

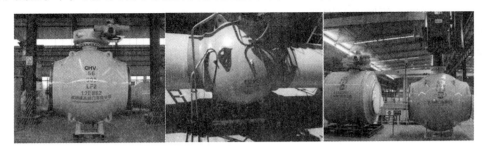

图 A-33　56in、Class900 大口径全焊接球阀样机

注：图中从左到右分别是成都成高阀门有限公司、上海电气阀门有限公司、浙江五洲阀门有限公司的样机。

图 A-34　西气东输西部管道烟墩压气站工业性试验

56in、Class900 大口径高压全焊接球阀的研制成功，为我国中俄东线的建设提供了良好的基础条件，同时也为配套大转矩电动执行器、气液联动执行器的国产化提供了可能性。

六、天然气液化与接收成套装备

（一）液化天然气潜液泵、海水循环泵

1. 国产化概况

在液化天然气（LNG）产业链中，主要涉及 LNG 液化工厂、LNG 接收站、LNG 城市调峰站、LNG 发电厂、浮式的 LNG 生产存储装置（LNG-FPSO）、浮式的 LNG 存储再汽化装置（LNG-FSRU）、浮式 LNG 再汽化装置（LNG-FRU）以及 LNG 运输船。在上述装置中，LNG 潜液泵主要用于将储罐中的 LNG 介质输送到下游的汽化单元、外输单元或将 LNG 介质增压后输送到下游的汽化器进行汽化后管道输送，以及 LNG 运输船的装卸。

根据国家能源发展计划，LNG 作为清洁能源将成为未来的发展重点。长期以来我国 LNG 技术发展落后于发达国家，关键设备都是依赖进口，处于国外技术

垄断状态。而进口泵存在价格高、交货期长、售后服务不及时且费用高、备件价格高且供货期长等问题，因此实现LNG潜液泵的国产化意义重大。通过LNG潜液泵的国产化，将提高我国低温潜液泵的设计制造能力，带动整个低温配套零部件行业的技术发展，为我国低温设备最终走向国际市场打下坚实基础。同时，为未来南海油气资源的开发做好技术储备。

2. 国产化历程

2011年4月，大连深蓝泵业有限公司开始LNG低温泵的国产化市场调研、技术储备工作。同年9月，由国家能源局及中国机械工业联合会牵头，组织召开了国产化第一次工作会议，自此，LNG潜液泵的国产化研制工作全面展开。

（1）LNG液化工厂 2011—2012年，完全国产化研制的中大型泵池潜液泵（$Q=40m^3/h$，$H=133m$，$P=22kW$；$Q=120m^3/h$，$H=150m$，$P=45kW$）分别用于中海油营口LNG液化厂、中海油菏泽LNG液化厂，并均在2013年一次性开车成功。这是国内首台完全自主设计、制造的中大型泵池潜液泵开车成功案例，对LNG潜液泵的国产化进程具有里程碑意义。由于该潜液泵自带真空保温筒体，具有保温效果好、占地面积小、预冷过程消耗介质少、配置简单、易于操作维护等优点，得到了用户的一致好评。

2012—2013年，国内研发、设计、制造的首台液-液相LNG低温潜液透平在中海油广东珠海液化厂一次性开车成功。一般液化厂都采用阀门进行降压，但是会引起介质的大量闪蒸，减少LNG产量。该透平的研制成功，可替代阀门使用，在达到降压效果的同时，可提高LNG的产量3%～5%，经济效益可观，同时可将产生附加的电能回收利用。

（2）LNG加注站 2012—2015年，依托中船圣汇设备有限公司等LNG加注站项目，完成了流量为$15m^3/h$、扬程为$220m$、功率为$11kW$的LNG加注站用泵池潜液泵的国产化，并在现场一次性开车成功，各项性能均达到国际竞争对手同类产品的水平。

（3）LNG接收站

1）LNG罐内潜液泵。2014—2016年，依托中海浙江宁波液化天然气有限公司LNG接收站项目，完成了16万m^3 LNG储罐内潜液泵（$Q=430m^3/h$，$H=256m$，$P=250kW$）的国产化研制，2016年7月完成了设备的现场安装运行测试，各项性能满足设计使用要求。2016年11月，该泵通过了由中国机械工业联合会组织的产品鉴定。

2014—2016年，依托广西防城港天然气有限公司LNG储运库项目，完成了3万m^3 LNG储罐内潜液泵（$Q=235m^3/h$，$H=193m$，$P=93kW$）的国产化。目前该泵已经完成了工厂内的低温性能试验验收，各项性能满足设计要求。

2017年3月，大连深蓝泵业分别取得中海油福建天然气有限责任公司5#、

6#储罐项目 2 台 LNG 罐内潜液泵（$Q=370\text{m}^3/\text{h}$，$H=220\text{m}$，$P=185\text{kW}$）、中海油天津液化天然气有限责任公司 LNG 储罐项目 1 台 LNG 罐内潜液泵（$Q=290\text{m}^3/\text{h}$，$H=229\text{m}$，$P=155\text{kW}$）的订货合同，目前，上述设备已完成制造并交货。大连深蓝泵业成为国内首家能够设计制造及试验，且有实际现场运行经验的 LNG 潜液泵制造厂家。

2）LNG 高压外输泵。2016 年 5 月，完成了青岛 LNG 接收站项目中进口 LNG 高压外输泵（$Q=308\text{m}^3/\text{h}$，$H=1923\text{m}$，$P=1040\text{kW}$）的整机维修。该泵维修后于 2016 年 10 月在现场一次性开车成功，各项性能参数达到了进口泵故障前的水平。

目前，依托整机维修成功的技术基础正在寻求依托项目，推进开展 LNG 接收站用高压外输泵的国产化研制工作。

3）海水循环泵。海水循环泵主要应用在 LNG 接收站，用于将海水输送至 LNG 汽化器，用海水对 LNG 加热使其汽化。

目前，国内 LNG 接收站装置中，海水循环泵基本全部采用进口产品，仅上海凯泉在中海浙江宁波 LNG 接收站有海水循环泵的国产化应用业绩。

（4）LNG 发电厂　2015—2016 年，依托广州协鑫蓝天热电有限公司 LNG 发电厂项目，完成了国内首台 LNG 罐外多级潜液泵（$Q=55\text{m}^3/\text{h}$，$H=635\text{m}$，$P=110\text{kW}$）的国产化研制及应用。该种泵的研制成功，替代了柱塞泵，解决了由于柱塞泵故障率高而影响装置正常运行的问题。

2017 年，国内制造企业取得东莞市九丰天然气储运有限公司 LNG 发电厂项目 3 台 LNG 增压泵（$Q=78\text{m}^3/\text{h}$，$H=910\text{m}$，$P=185\text{kW}$）的订货合同，目前设备已完成制造。

（5）LNG 调峰站　2015 年，依托陕西杨凌 LNG 应急储备调峰项目，完成了大型 LNG 罐外多级潜液泵（$Q=236\text{m}^3/\text{h}$，$H=875\text{m}$，$P=400\text{kW}$）的国产化研制。

2017 年 2 月，国内制造企业取得山东东明石化集团有限公司 LNG 调峰站项目用 6 台 LNG 罐内潜液泵（$Q=50\text{m}^3/\text{h}$，$H=372\text{m}$，$P=65\text{kW}$）的订货合同，目前，设备已完成制造并交货。

（6）LNG 海上浮式平台　2015 年，依托韩国 GAS-ENTEC 印尼 LNG-FRU 船项目，大连深蓝完成了 LNG-FRU 装置用泵（$Q=100\text{m}^3/\text{h}$，$H=260\text{m}$，$P=65\text{kW}$）的研制，并通过了 KR 韩国船级社的认证。该设备于 2016 年 3 月在用户现场一次性开车成功，各项性能满足设计使用要求。该设备的研制成功标志着大连深蓝泵业的 LNG 潜液泵正式进入 LNG 船领域。

根据 2014 年 11 月 28 日工信部联装〔2014〕501 号文件要求，2015—2017 年，大连深蓝泵业先后完成了适用于 LNG-FPSO 装置用液力透平（$Q=35\text{m}^3/\text{h}$，

$H = -900\text{m}$，$P = -18.5\text{kW}$）、LNG-FPSO 装置船用潜液泵（$Q = 1500\text{m}^3/\text{h}$，$H = 165\text{m}$，$P = 500\text{kW}$）的样机研制，并已分别于 2017 年 4—5 月完成了试验验收，各项性能满足设计要求。

根据国家发展和改革委员会〔2015〕1406 号文件要求，大连深蓝泵业开展了大型浮式天然气存储再汽化装置（FSRU）大型 LNG 多级罐外潜液泵（$Q = 500\text{m}^3/\text{h}$，$H = 2200\text{m}$，$P = 2100\text{kW}$）的样机研制。该项目于 2017 年 8 月通过了试验验收。

（7）丙烷脱氢装置用丙烷罐内潜液泵　2015 年 2 月，完全自主国产化的首台丙烷罐内潜液泵（$Q = 70\text{m}^3/\text{h}$，$H = 80\text{m}$，$P = 18.5\text{kW}$）在张家港扬子江石化丙烷脱氢项目中一次性开车成功，运转良好。

2016 年，依托国外某大型丙烷脱氢项目，完成了大型丙烷、丁烷罐内潜液泵（$Q = 1250\text{m}^3/\text{h}$，$H = 234\text{m}$，$P = 710\text{kW}$，$T = -42\text{℃}$；$Q = 110\text{m}^3/\text{h}$，$H = 157\text{m}$，$P = 55\text{kW}$，$T = -42\text{℃}$；$Q = 198\text{m}^3/\text{h}$，$H = 135\text{m}$，$P = 90\text{kW}$，$T = -6.4\text{℃}$）的设计制造及试验。这批泵目前已经完成了工厂内的低温性能试验及用户验收，并发货到了用户现场。

为了研制大型 LNG 低温潜液泵，2011—2015 年，大连深蓝泵业建设了国内首个大型低温泵试验台。该试验台占地面积 2 万 m^2，投资 1.2 亿元，是目前世界范围内规模最大、功能最先进的低温泵试验台。

2011 至今，大连深蓝泵业通过 LNG 液化厂、LNG 接收站、LNG 发电厂、LNG 调峰站、LNG-FPSO、LNG-FSRU、LNG-FRU 等装置用大中小型 LNG 泵池潜液泵、LNG 罐内泵、小型液力透平、LNG 多级泵、LNG 船用泵的国产化研制及应用，掌握并攻克了 LNG 低温潜液泵的关键技术，形成了一整套的设计、分析、工艺、测试、安装、调试、运行技术，已经具备批量化生产的能力。

（二）低温 BOG 迷宫压缩机

1. 国产化概况

近年来我国天然气资源占据能源结构的比例大幅提高，国内天然气资源的开采及国外天然气资源的利用已成为能源发展的一个重点环节。"十一五"和"十二五"期间，我国相继建造了多座 LNG 接收站和液化工厂，但大型的液化工厂和 LNG 接收站所需要的设备基本依赖于进口。低温 BOG 压缩机作为 LNG 液化厂及 LNG 接收站的必要装备，在世界上仅有两家公司有能力生产制造。

因此，为促进天然气液化与接收成套装备的国产化，在国家能源局的直接领导下，中石油、中国机械工业联合会多次召开国产化论证会，最终确定山东泰安 60 万 t/年 LNG 装备国产化项目为首台套国产化项目。通过自主研发，对低温状态下的迷宫压缩机开展攻关试验研究，着重针对低温材料开展一系列试验攻关，研制出满足-163℃低温使用条件的低线胀系数的高强度低温材料，填补了国内材料空白；同时对压缩机的结构、材料、密封和工艺、检验方法等方面的技术难点和关键技术开展技术攻关，研制出高性能、高质量、低能耗、使用寿命长、低温适用性强并具有自主知识产权的国产低温BOG迷宫压缩机设备，以满足市场需求。

2. 国产化历程

2011年9月，国家能源局在北京主持召开山东泰安60万t/年LNG项目装备国产化第一次工作会议，中国寰球工程公司与装备制造企业签订了主要设备联合研发协议，确定国家能源液化天然气（LNG）研发（实验）中心与沈阳远大压缩机股份有限公司（简称沈阳远大）联合研发低温BOG迷宫压缩机，依托工程为山东泰安昆仑能源有限公司60万t/年LNG液化项目。2011年9月30日，中国寰球工程公司与沈阳远大签订了低温BOG迷宫压缩机联合开发技术协议。

2011年10月，国家能源局下发了《关于进一步做好大型液化天然气装备国产化工作的通知》。2011年12月，在北京组织召开山东泰安LNG工厂国产化研发工程可行性研究报告专家审查会，2012年2月又召开了中国石油泰安LNG装备国产化依托工程第二次工作会议，加快推进国产化工作进程。2012年4月，制造企业与用户双方签订了《山东泰安60万t/年LNG装备国产化项目低温BOG压缩机采购启动协议》，并在泰安举行了山东泰安60万t/年LNG装备国产化项目工程开工仪式，开启了国产化研制工作。

为协调解决国产化过程中的技术难点及问题，国家相关部门先后在2012年5月召开了山东泰安60万t/年LNG装备国产化项目低温BOG压缩机专家咨询会、山东泰安60万t/年LNG装备国产化项目低温BOG压缩机澄清会，2012年7月召开了山东泰安60万t/年LNG装备国产化项目低温BOG压缩机技术协调会，2012年8月召开了山东泰安60万t/年LNG装备国产化项目国产化研发设备推进会，有效促进了项目的顺利进行。

经过历时16个月的攻关研制，沈阳远大于2013年1月对研制的BOG压缩机进行了连续模拟工况低温氮气负荷运转试验，试验结果显示，机组的振动、各部位的运行参数完全达到了设计要求。2014年8月，低温BOG压缩机成功产出合格产品，验证了国产化设备的先进性和可靠性。这标志着低温BOG压缩机设计自主化和设备全面国产化取得了重大突破。不仅填补了国内在低温BOG迷宫压缩机研制以及低温高镍球墨铸铁研制及应用方面的空白，打破了国外企业对行业的垄断，有力地抑制了进口设备的价格，而且对实现国内重大装备技术的革新、促进国内装备制造业的发展进步具有重大意义。

(三) 开架式海水汽化器

1. 国产化概况

开架式海水汽化器（ORV）是以海水为热源的汽化器，是用于基本负荷型的大型汽化装置，液化天然气处理量一般为 180t/h。由于 ORV 采用海水作为热媒，处理量大，运行于基本负荷，经济性好且运行成本低，可以根据需求在 0~100% 的负荷范围内调整汽化量且安全运行，所以 ORV 成了一种主流 LNG 汽化器型式，广泛地应用于国内外 LNG 接收站。

根据中石油京唐 LNG 接收站提出的工艺要求，京唐液化天然气有限公司联合四川空分设备（集团）有限公司，于 2011 年启动了 ORV 的研发工作。2013 年底完成首台国产 ORV 的生产，2014 年 10 月一次试车成功，2014 年 11 月通过了国家能源局、中国机械工业联合会组织的产品鉴定。这标志着开架式海水汽化器（ORV）成功实现了国产化。

在 ORV 实现国产化之前，国内所有接收站的 ORV 全部依赖进口，完全被进口产品垄断。因此，ORV 的国产化填补了国内空白，为推动我国 LNG 接收站全面国产化积累了宝贵经验。

2. 国产化历程

ORV 的研发于 2011 年正式立项，依据中石油京唐 LNG 接收站提出的工艺要求，京唐液化天然气有限公司联合四川空分集团在研发期间通力合作，发挥各自技术优势，共同面对研发制造所面临的各种技术难题，开展了为期 3 年的联合研制工作，解决了传热、结构、制造等多方面的关键问题，最终成功试制出了第一台国产化 ORV。图 A-35 所示为四川空分集团制造的 ORV。

图 A-35　四川空分集团制造的 ORV

在传热研究方面，采用数值模拟技术对管内外侧降膜传热系数和超临界强制对流换热进行了计算，最终开发了计算方法和程序，奠定了 ORV 的理论计算基础。

在结构设计方面，采用有限元分析方法对结构在正常和异常工况下的强度进行了分析计算，确保了设备强度，并确定了 LNG 进出管口外作用力的极限力和力矩值。

在制造方面，反复试验，摸索了一套科学的制造方法，解决了加工、焊接、酸洗、组装、检验等一系列问题，成功制造出了第一台工业用 ORV 产品。

3. 工业应用

ORV 在 LNG 接收站顺利通过工业性试验。2014 年 10 月，ORV 开始进料试车，并在各种进料负荷状态下试运行，各项性能指标均达到研发设计要求，一次投入运行成功。2014 年 11 月通过了国家能源局、中国机械工业联合会组织的产品鉴定。目前首台 ORV 产品正在用户现场正常使用。

国内首台开架式海水汽化器（ORV）的投入运行，打破了国外厂家在该设备领域的垄断，有效地降低了设备采购成本；实现了 LNG 接收站关键设备国产化方面的重大突破，填补了国内空白，为推动我国 LNG 接收站全面国产化积累了宝贵经验。

附录 B　中国通用机械工业大事记（1949—2015 年）

1949 年

7 月 1 日，华北人民政府公营企业部和华北机器制造公司在天津正式成立。

1950 年

8 月，华北机器制造公司撤销，工作交由重工业部机器工业局筹备组。

9 月，以华北机器制造公司为基础，成立中央人民政府重工业部机器工业局，辖六厂：天津自行车厂、天津机器厂、北京机器厂、太原机器厂、天津汽车制配厂、太原重型机器厂（筹建中）。

1951 年

中央重工业部机械工业局设计室开始翻译复制苏联图样，安排有关工厂试制，并开始在企业中推行苏联标准。

由中央重工业部机械工业局设计室仿照美国英格索兰-兰德公司空气压缩机和卡特皮勒厂的 80 马力柴油机，并参照德国 DIN 标准设计的国内第一台柴油机驱动的移动式高速多缸动力用空气压缩机组在天津机器厂试制成功。此后共生产了数百台。

6 月，上海中国柴油机公司技术人员参照有关资料，设计了一种离心式多叶型通风机，开创了该厂生产风机的历史。

1952 年

9月，中央第一机械工业部正式成立，部长黄敬，副部长段君毅、汪道涵。原中央重工业部机器工业局改组为第一机械工业部第一机器工业管理局，局长韩振纪，副局长郭栋材、宋竹庭、冯麟。负责管理通用机械、石油化工设备、橡塑机械、农业机械、仪器仪表、轻工机械、土建机械、铸造、标准件等工业。辖天津自行车厂、东北四厂（沈阳鼓风机厂）、东北六厂（沈阳水泵厂）、东北八厂（沈阳线材厂）、东北九厂（沈阳自行车厂）、东北十二厂（沈阳铸造厂）、东北十九厂（沈阳农业机械厂）、东北二十一厂（沈阳铸造厂）、东北二十六厂（沈阳电器厂）、北京农业机械厂、北京人民机械厂、上海自行车厂、杭州通用机器厂、广州通用机器厂（广州重型机器厂）、重庆通用机器厂等。

东北四厂接受了苏联援建的哈尔滨亚麻厂用的轴流通风机生产任务，按照苏联图样制造。这是我国第一次大批量制造通风机，当年生产了103台。

上海机器厂（上海水泵厂前身之一）生产出51in口径的立式轴流泵和44in的卧式混流泵。

1953 年

2月，兰州石油机械厂筹建处成立。12月苏联专家开始来兰州帮助建设。

8月，哈尔滨第一机械厂（哈尔滨制氧机厂）制造完成我国第一套$30m^3/h$（氧）空气分离设备，并投入运转，氧气纯度为99.2%。

上海中国柴油公司为铜雀山矿务局试制成功了叶轮直径为1.5m的双进气离心通风机，这是新中国成立初期所生产的最大通风机。

浙江大学设置化工机械专业。

1954 年

2月，国家计委批准在兰州建设兰州石油机械厂。

3月，由苏联援建的141项重点项目签字确定，其中包括兰州石油机械厂。

4月，第一机械工业部第一机器工业管理局设计处撤销，设计技术人员下放到沈阳水泵厂、北京人民机器厂、杭州通用机器厂、广州通用机器厂等直属厂。

大连通用机器厂采用苏联图样，试制完成了石油矿物场使用的我国第一台通用井机和洗井机。

沈阳水泵厂参考苏联资料，设计试制完成了苏联双吸泵中开式泵系列第一台样机产品。

哈尔滨工业大学成立水力机械专业，这是高等院校首次设立培养水力流体机械设计专门人才的专业。20世纪60年代后，其水力机械专业转至华中工学院。

沈阳通用机器厂（沈阳高中压阀门厂前身）转为直属厂。

1955 年

2 月，石油化工通用机械行业的第一个科研机构——通用机械研究所在北京正式成立，所长空缺，副所长苏又泉、王谔、鲍毅。设通用机械、化工设备、轻工机械、石油机械四个产品研究室。

3 月，经国务院第七次会议通过，任命邓存伦为第一机械工业部第一机器工业管理局局长，郭栋材、宋竹庭为副局长。

9 月，苏联援建 156 项之一的兰州炼油化工设备厂项目签字启动；1957 年 12 月，与兰州石油机械厂合并成立兰州石油化工机器厂；1960 年基本建成，成为我国最大的石油化工设备制造企业。

广州通用机械厂试制完成我国第一台糖用离心机——$\phi 1000\text{mm} \times 600\text{mm}$ 离心分离机。

重庆通用机器厂试制出了我国第一台抽油泵，1956 年转入批量生产。

苏联通风机设计专家卡兹涅里松来沈阳扇风机厂（沈阳鼓风机厂前身）指导通风机设计，携带了许多通风机图样和设计资料，对我国通风机发展发挥了作用。

1956 年

5 月 29 日，毛泽东主席视察广州通用机器厂。

5 月，国务院批准成立第一机械部仪表工业局。第一机器工业管理局将所属仪表工业管理处拨归该局，作为筹备基础。

6 月，北京人民机器厂在广渠门外双井扩建新厂，这是我国建设的第一个规模较大的印刷机械专业厂，成为我国生产平张纸和卷筒纸胶印机为主的大型骨干企业之一。

12 月，杭州通用机器厂易地新建，两次扩建投资达 4800 万元，逐步发展成为我国最大的气体分离及液化设备专业制造厂。

1957 年

2 月，全国风机行业第一次会议在上海长江饭店召开，参加会议的有上海鼓风机厂、上海通惠机器厂、沈阳扇风机厂等 3 个单位，共 10 人。

5 月，在沈阳水泵厂建立水泵研究室，受局、厂双重领导。

9 月，上海人民机器厂试制成功我国第一台 LS201 型书版轮印刷机，并进一步在技术上开始深化，逐步形成主体产品系列。

9 月，沈阳扇风机厂设计制造出 D1100-13 型煤气鼓风机。

12 月，沈阳扇风机厂设计制造出 D200-31 型水煤气鼓风机。

1958 年

2 月，根据中共中央关于发展中型氮肥成套设备的同时大力发展小型氮肥成套设备的指示，一机部、化工部、冶金部氮肥设备三部长联席会议商定，小型氮肥厂设备由上海市负责设计和制造，其他地区生产所需图样由上海市供应。此后上海市首批生产了年产800t小型氮肥设备。

哈尔滨锅炉厂试制出内径为800mm、壁厚为169mm、内筒及层板材料为20K的多层高压容器，并成功进行了爆破试验，爆破压力达到153MPa。

4月17日，朱德副主席视察杭州通用机器厂。

4月，杭州通用机器厂试制完成我国第一套高低压流程的3350m^3/h空分设备，从此开始我国生产大型空分设备的历史。

10月，沈阳水泵厂试制完成DG270-150高压锅炉给水泵，开始为5万kW火力发电机组提供泵的全套设备，并逐步形成为10/20/30万kW机组配套的锅炉给水泵系列。

沈阳水泵研究室创办了内部技术刊物《水泵研究与设计》，1965年改为正式出版刊物，更名为《水泵技术》，出版至今。

浙江大学设立水力机械专业。

1959年

1月13日，周恩来总理视察广州通用机器厂。

3月，朱德副主席视察广州通用机器厂。

5月，通用机械研究所的石油机械研究室从北京迁到兰州，建立兰州石油机械研究所，并逐步发展成为我国石油机械综合科研中心。

9月，西安交通大学设立深冷装置专业。

长沙水泵厂设计试制成功我国第一台配套10万kW火力发电站的湘江64-19循环泵。进口尺寸为64寸（1寸=0.033m），扬程为28m，流量为21600t/h，配套电动机功率为2300kW。

《风机技术》杂志创刊。

1960年

水泵行业组织成立，组长为沈阳水泵厂，副组长为长沙水泵厂。

4月，在陈云副总理亲自领导下成立化肥小组，统一规划安排氮肥设备成套定点生产，材料供应和建设安排。

4月，第一次全国阀门行业会议在大连召开，成立了行业组织，参加单位11个。

冷冻机行业组织成立，组长为上海第一冷冻机厂。

1961年

陈云同志代表党中央和国务院在杭州召开建设大型氮肥座谈会，参加的有国家计委柴树藩、化工部彭涛和一机部汪道涵及3个部门的局长5人，研究氮肥生产和氮肥设备制造问题。

沈阳鼓风机厂根据苏联资料设计了 DA3250-41 高炉用离心压缩机，流量为 $3250m^3/min$，出口压力为 38kPa，配用 6000kW 汽轮机，这是风机行业制造的第一台透平压缩机。

朱德副主席视察杭州制氧机厂。

1962 年

辽宁省合并原省机电设计院和沈阳市技术研究所，组成辽宁省机械研究所，从事真空技术研究等工作。1964 年一机部正式批准把通用机械研究所真空专业转移至该所；1973 年改名沈阳真空技术研究所，逐步成为全国真空获得设备和真空应用技术的科研中心。

上海汽轮机厂为南京梅山炼铁厂制造了 ZA3250-9-1 轴流压缩机，是我国自行设计制造的第一台轴流压缩机。

上海通惠机器厂与上海综合机械研究所合作，研制出 HDG 和 QDG 两个系列的高效低噪声离心通风机，是我国自行设计制造的第一批低噪声离心通风机。

1963 年

2 月，一机部、化工部会同上海市在上海召开了成套氮肥设备制造技术会议，在总结过去两年年产 2.5 万 t 合成氨氮肥厂设备制造和使用经验的基础上，重点对氮肥设备的高压容器、中低压容器、冷冻机风机、阀门、电机电器等机电设备中的技术问题，进行了广泛深入的讨论。会后将讨论结果汇编成《关于氮肥设备设计制造及验收中若干技术管理问题的暂行规定》和《成套氮肥设备生产中若干技术问题的暂行处理办法》，并以两部名义发布实施。

10 月，沈阳气体压缩机研究所编印的《压缩机技术》出版。该杂志 1966 年停刊，1972 年 7 月复刊，1973 年公开发行。

12 月，通用机械研究所研制出我国第一颗人造金刚石。1965 年 10 月第一批 480 克拉（1 克拉 = 2×10^{-4} kg）的人造金刚石通过部级鉴定。

广州重型机器厂首次制成 $50m^2$ 真空过滤机。

1964 年

1 月 22 日，朱德同志视察杭州制氧机厂，并题词"奋发图强、自力更生、艰苦奋斗、勤俭建国"。

4 月 12 日，邓小平、彭真同志视察兰州石油化工机器厂。

9 月，朱德同志视察广州重型机器厂。

真空行业研制成功的 ZG500 型 500kg 真空感应炉在大连钢厂试炼 66 炉各种特殊钢，通过国家鉴定。

石家庄水泵厂完成配套 12.5 万 kW 火电站的 6PH 型、配套 20 万 kW 火电站的 8PH 型、配套 30 万 kW 火电站的 10PH 型 3 种灰渣泵。

1965 年

7 月,沈阳水泵厂试制成功我国第一套反应堆主泵,简称"801"大泵。标志着我国泵产品中不锈钢铸造、加工、焊接技术、无损探伤应力测定和试验技术等方面,达到了比较先进的水平。

8 月,沈阳气体压缩机厂研制的 4M12 型二氧化碳压缩机试制成功。

9 月,上海压缩机厂试制出 H22(I)型对称平衡式高压氮氢气体压缩机,从此结束了我国仿制大型高压氮氢气体压缩机的局面。

石家庄水泵厂研制成功杂质泵用锰钼高合金耐磨铸铁和钨钼高合金耐磨铸铁,使杂质泵的使用寿命提高 2~3 倍。

1966 年

1 月 13 日,朱德同志视察杭州制氧机厂。

国内自行设计制造的年产 5 万 t 合成氨及 8 万 t 尿素氮肥成套设备在石家庄化肥厂安装完成并投入使用。

四川气体分离设备总厂筹建处成立,选址于自贡市,后于 1967 年 2 月迁至四川简阳县,分为四川气体分离设备厂和四川空压机厂,分别于 1975 年和 1977 年建成。

1967 年

11 月,佛山水泵厂试制成功我国第一台 2YK-110 大型真空泵,填补了我国大型水环真空泵的空白。

杭州制氧机厂设计制造了 1t 盐浴钎焊炉,板翅式换热器钎焊从实验室转向工业性试验。

1968 年

上海第一冷冻机厂试制成功我国第一台石油气体分离用关键设备——300 万 cal(1cal = 4.1868J)丙烯透平压缩机。

上海曙光机器厂与中科院兰州物理所合作,试制成功我国第一套 KM-0.5 和 KM-1 超高真空宇宙模拟实验装置。

杭州制氧机厂试制完成第一台全低压 KFD-38200 型 6000m^3/h 制氧机。

1969 年

3 月,开封空分设备厂试制完成国内第一台 ZY-33/30 型无油润滑氧气压缩机。

11 月,通用机械研究所从北京迁至合肥市西郊,重新建所。搬迁过程中,设备资料损坏丢失,部分科技人员流失,科研工作长期停滞。

我国第一套高温高压封闭式不锈钢主循环泵在沈阳水泵厂制造完成。

1970 年

杭州制氧机厂试制完成第一套低压、全板式 1 万 m^3/h 制氧机,1971 年在鞍钢安装,运转良好。

9月，开封高压阀门厂800t多向模锻水压机试车成功，锻造出第一个高压阀体。

兰州石油机械研究所和杭州制氧机厂合作研制出我国第一台中压低温板翅式换热器——冷箱，该设备为乙烯生产装置的关键设备之一。

沈阳高中压阀门厂和上海阀门厂分别试制成功了核动力工程用全封闭电动闸阀和主安全阀。

1971年

1月，毛泽东主席、周恩来总理批准国家计委报告，决定进口化肥、化纤成套设备8套（以后又批准5套，共计13套）。

5月，一机部召开"四机两泵"（大制氧机、大风机、大压缩机、大中型电机、特殊泵、高压泵）汇报会，余秋里到会听取了汇报并进行了座谈。

杭州制氧机厂试制成功100L/h氮液化设备，在气体液化设备的规模和设计、制造技术上达到了一个新的水平。

1972年

真空设备行业组织成立，组长为北京仪器厂。

开封空分设备厂制造的我国第一套JES-8500型焦炉气氢分离设备，在首都钢铁公司投入运行。

北京人民机器厂设计制成从给纸、湿润、匀墨、印刷到收纸等过程全部自动化，可用于胶版纸、铜版纸、字典纸做单色或印数色的印刷机。

1973年

一机部成立重型通用机械局，专业范围与原一、三局基本相同。由景晓村任局长，赵东宛、赵舒天任副局长。

一机部在开封召开了高中压和大型低压阀门工作会议，围绕着解决高中压阀门供不应求和质量不高等问题落实了措施。

经国务院领导批准，为解决印刷机械落后面貌，制订了28项重点新产品试制计划，到1976年底完成22项。

沈阳高中压阀门厂试制成功DG16、DG50铸造钛合金截止阀。

杭州制氧机厂向朝鲜出口6000m^3/h空分设备4套，向阿尔巴尼亚出口1套。

1974年

一机部在北京召开高中压阀门会议，有18个省市区的机械局67个厂、所的代表参会。

大连橡塑机械厂试制成功我国第一台"S"型塑料四辊压延机，对工业包装、支援农业和改善人民生活水平有重要意义。

合肥工业大学开设真空设备专业。

沈阳阀门研究所出版《阀门通讯》。

沈阳真空技术研究所研制出超高真空区域熔炼炉成套设备，这是超纯金属提纯及制取单晶的关键设备，第一次采用了铟、镓、锡液态金属密封技术。

1975 年

开封空分设备厂首创高速透平压缩机焊接叶轮新工艺成功。

石家庄杂质泵研究所在石家庄水泵厂成立。

开封空分设备厂设计制造的 4000 m^3/h 空分氮气联合装置在新疆建设兵团化肥厂投产。

1976 年

武汉冷冻机厂制成我国矿山采掘急需的 JKT-20 型移动式井下空气调节制冷机组，为我国煤炭、冶金等矿山采掘生产提供了专业设备。

陕西机械学院设立印刷机械专业。

大型套箍式加氢反应器通过鉴定。

上海塑料机械厂试制完成 32kg 塑料注射机。

开封空分设备厂试制完成制氮纯度达 99.999%、制氮量为 3000 m^3/h、压力为 2MPa 的高纯制氮设备。

1977 年

武汉冷冻机厂自行设计制造了我国最大的蒸汽喷射制冷机，其工艺性能良好，主要技术指标达到先进水平。

兰州石油化工机器厂提前完成 101 台"大庆 I 型"（钻深 3200m）钻机生产任务，全部达到合格品。

1978 年

合肥通用机械研究所与上海金山石化总厂联合设计了 LLF355 密封加压立式螺旋卸料离心机，推进了该类型机的国产化。

合肥通用机械研究所与行业厂合作制定了《分离机械行业产品质量验查标准》。

以杭州制氧机厂为主负责引进德国林德公司切换板翅式换热器和分子筛两种流程的 1 万 m^3/h 空分设备技术，1979 年 3 月又引进林德公司 2.8 万 m^3/h 空分装备技术。

12 月，化工部门同国外签订了 8 个以石油为原料的化工成套设备引进项目。其中有大庆石油化工厂、山东石油化工厂、北京东方红化工厂各一套 30 万 t 乙烯生产装置，南京石油化工总厂两套 30 万 t 乙烯装置，吉林化学工业公司一套 11 万 t 乙烯关键设备，有浙江化肥厂、新疆化肥厂、宁夏化肥厂各一套 30 万 t 合成氨生产装置。此外，还有以煤为原料的山西化肥厂 30 万 t 合成氨装置。这 9 个项目的投资（含国内工程投资）共 160 多亿元。

1979 年

2月，在重庆召开了通用机械科技工作座谈会，讨论落实了行业产品更新换代规划，讨论了1978—1985年技术引进规划及加强引进工作管理和引进技术消化工作；提出并讨论了产品质量升级规划等。

7月，中国通用机械技术设计成套公司在北京成立。

开封空分设备厂和杭州制氧机研究所研制成功板翅式换热器锯齿型翅片压力机，并向林德公司出口。

合肥通用机械研究所设计了TX-325军工用离心萃取机，与核工业部第三设计院、202厂和中科院上海有机所试验工厂共同完成试制和试验工作。

重庆通用机器厂制造的ATL1000低温氨离心制冷机组（900万cal/h）用于湖北荆门炼油厂石化工艺冷源，是国内首台大冷量低温制冷机组。

毛主席纪念堂管理局授予大连耐酸泵厂为毛主席纪念堂工程做出杰出贡献单位。

1980 年

大连耐酸泵厂为太平洋海域发射火箭提供配套用泵取得成功，受到中共中央、国务院和中央军委的嘉奖。

淄博真空设备厂开发生产的2X-4旋片式真空泵用于太平洋运载火箭发射成功，受到中共中央、国务院和中央军委的嘉奖。

国内首台DY0.45-1.6型带式压榨过滤机完成设计和研制工作，这是20世纪70年代国际上新出现的一种新型节能高效过滤机。试制成功后，1982年在安纺污水处理工段进行了大量试验。

1981 年

1月，我国参加印度新德里国际印刷与纸张展览会，展出对开双色胶印机、四开单色胶印机、骑马钉联动机、锁线机，其中对开双色胶印机获金质奖章。

3月，沈阳鼓风机厂和杭州制氧机厂共同从日本日立公司引进DH型四轴离心式压缩机和中压氧气压缩机设计制造技术。

4月，经国家机械委批准，按专业化组织的全国气体分离设备制造工业的企业性公司——中国空分设备公司在杭州成立。董事长兼经理赵文华，1984年12月江楚标任经理。

4月，上海冷气机厂和上海空调机厂引进美国TRANE公司立柜式空调机设计制造技术。

4月，内蒙古第一机械厂抽油杆获得使用API会标的许可证。

5月，国家科委发明评选委员会批准26项发明和奖励。其中第20项新型双锥密封结构的发明人———机部通用机械研究所的吕理荣、胥文华、刘志杰、张立权、张文泉获四等奖。

1982 年

5月，中国机械工程学会流体工程学会正式成立，设泵、风机、压缩机、管道及阀门、分离机械、流体密封等6个专业委员会和学术工作委员会、编辑出版工作委员会。

5月，中央国家机关体制改革，通用机械总局改为机械工业部石化通用机械工业局，液压元件及密封等基础件划归基础件局，其他专业范围不变。由李克任局长，练元坚任总工程师，包洪枢任副局长，1983年增补熊福元为副局长，吕维一为顾问。

7月，兰州石油化工机器厂、兰州通用机器厂获得在抽油机、抽油杆产品上使用API会标的许可证。

8月，国家科委批准原通用机械总局所属印刷机械研究所改建为机械工业部北京印刷机械研究所。

8月，兰州石油机械研究所研制的浮动舌型塔盘获国家发明奖三等奖。

9月，风机行业发展推广节能产品工作会议在沈阳召开，历时6天，参加会议的有机械部、国家计委、国家经委等80个单位，220名代表。会上沈烈初副部长发表讲话。会议决定成立节能产品推广组、国际标准组、工艺制定组、发放许可证组等。

9月，机械部石化通用机械局在石家庄召开工业泵产品节能更新换代工作会议，讨论制定《工业泵节能产品更新换代规划》。

11月，沈阳鼓风机厂按引进意大利新比隆公司技术设计制造出为年产52万t尿素装置配套的二氧化碳离心压缩机。1983年安装在浙江镇海石油化工厂，经生产考验后，1984年通过鉴定。

12月，上海曙光机械厂制造出我国第一套超高真空KFT同步卫星试验装置，这是同步卫星发射试验的关键设备。

沈阳水泵厂应用引进德国KSB公司技术制造出配大型火电站的50CHTA/6型锅炉给水泵样机，效率达81.9%（热态），较老产品提高8%~9%，比利时用户验收时给予了较高评价。

第一批采用ISO国际标准的泵国家标准——GB 3214—1982和GB 3216—1982发布。

沈阳鼓风机厂、开封高压阀门厂、开封空分设备厂改为以部为主管理。

沈阳鼓风机厂试制出2K60型矿井轴流风机，较老产品提高效率10%，被国家确定为节能产品推广。

沈阳水泵厂研制出DG250-150×11和DG300-150×11两种节能油田注水泵，效率较老产品提高16%。经试用一年后，大庆油田特赠送沈阳水泵厂奖金2万元，并主动提价7%。

1983 年

4月，兰州石油化工机器厂取得在钻机提升部件转盘和泥浆泵易损件上使用 API 会标的许可证。

4月，四川空分设备厂设计制造的合成氨尾气提氢设备在无锡化肥厂运行后鉴定成功。

6月，上海阀门厂引进德国巴布扣克公司高温高压安全阀设计制造技术。

6月，上海大隆机器厂与美国维高公司签订了关于海上钻井水下设备合作生产及 BMC-1600 型半潜式钻井平台的配套设备联合投标的合同。

7月，大连橡胶塑料机械厂引进德国雷芬毫赛公司双螺杆挤出机设计制造技术。

7月，国务院重大技术装备领导小组正式成立，吕东任组长。重大技术装备中包括30万t乙烯成套设备和大型复合肥料成套设备。后又增加大型煤化工成套设备一项，并将30万t合成氨成套设备包括在大型复合肥料设备之中。

10月，真空技术应用展览会在京开幕，中央书记处书记胡启立，轻工业部部长杨波，机械工业部部长周建南，副部长赵明生、沈烈初，顾问沈鸿，中国贸易促进会主任王耀廷等领导同志参观了展览会。共展出产品238台（件），成交额达一千余万元。

10月，上海阀门五厂引进英国桑达斯阀门厂隔膜阀制造技术。

11月，四川空分设备厂制造的中压带液透平膨胀机石油气制冷回收丙烷、丁烷装置通过了部级鉴定，填补了国内空白。

11月，无锡压缩机厂引进瑞典阿特拉斯公司螺杆压缩机设计制造技术。

12月，沈阳气体压缩机厂引进瑞士阿瑞柯公司无油压缩机密封元件制造技术。

12月，北京阀门总厂引进德国格思特拉公司双铜片疏水阀制造技术。

1984 年

1月，杭州制氧机厂、杭州制氧机研究所改为以部为主管理。

4月，四川空压机厂引进意大利特里乌奇公司大型塑料注射机制造技术。

4月，机械部以石化通用局为主，召开了30万t乙烯重大技术装备研制工作会议，确定兰州石油机械研究所为30万t乙烯深度加工装置设备成套的总承包单位。

7月，上海第二石油机械厂与美国休斯近海公司签订引进油气井口、采油树设计制造技术合同。

7月和8月，上海大隆机器厂与美国休斯近海公司签订引进海上钻井用水下隔水系和放喷压水系设计制造技术合同。

10月，沈阳鼓风机厂按引进技术为年产52万t尿素装置配套的二氧化碳高压透平压缩机在镇海石油化工总厂试生产后，通过验收，截止 1985 年初已正常运转 10000h 以上。

沈阳鼓风机厂开始将计算机辅助设计（CAD）、计算机辅助绘图（CAG）和计算机辅助制造（CAM）应用于压缩机三元叶轮，可实现三元叶轮无图纸生产。

沈阳真空技术研究所研究成功氮化钛膜层超硬刀具所需专用设备和镀制工艺，可使高速钢刀具硬度达到 1500~2000HV，是原有高速钢硬度的 2 倍，可延长刀具寿命 3~4 倍。

石家庄水泵厂建成 6kV 高压试泵站，可对流量 5050m³/h、总高 13m、总重 30t 以下的大中型深井潜水泵进行试验，试验精度达到国家标准及国际标准，成为国内最大的水泵试验站之一。

1985 年

5 月，开封空分设备厂与德国 EMB 公司签订合同，引进组合冷库、库板制造技术。

5 月，北京人民机器厂按引进美国联合国际公司技术试制的对开四色平板纸胶印机，经过调试在工厂通过验收。这是国内生产的第一台四色胶印机。

5 月，石化通用机械工业局成立新的领导班子，局长练元坚，副局长熊福元，总工程师冯姚平。

8 月，开封高压阀门厂和哈尔滨锅炉厂共同与日本冈野阀门株式会社签订合同引进电站用高温高压阀门制造技术。

11 月，沈阳铸造厂与日本荏原公司签订合同，引进铸铁件负压造型铸造技术。

12 月，重庆通用机器厂和沈阳鼓风机厂联合与日本日立公司签订合同，引进透平制冷机设计制造技术。

12 月，中国空分设备公司与德国林德公司签订合同，引进 1 万 m³/h 制氧机计算机控制技术。

12 月 25 日，国务院总理赵紫阳视察了开封高压阀门厂。对该厂试行对全厂职工实行 5 个档次的月浮动工资以使分配与平时工作更加紧密结合的办法做了肯定，并给予了表扬。

陕西鼓风机厂为武汉钢铁公司试制完成高炉余热回收发电透平装置，功率为 3000kW；与航空工业部红旗机械厂联合为开封化肥厂试制完成能量回收机组，每年计划节电 1400 万 kW·h。这是国内生产的第一批能量回收装置。

中国通用机械技术设计成套公司与日本荏原株式会社签订合同引进泵站系统工程设计及成套技术。

中国石油化工设备成套公司在北京成立。

1986 年

石家庄水泵厂成功开发出我国当时最大的 6825×16 型潜水泵。

大连耐酸泵厂为年产 52 万 t 尿素装置提供的配套泵得到国家化工部表彰。

重庆水泵厂有限责任公司研制成功国内第一台双调试计量泵。

天津减速机股份有限公司为上海宝钢二期工程提供"天星"牌减速机产品,替代进口,实现了国产化。

四川空分设备厂研制的国产第一套油田气深冷分离装置正式投产。

1987 年

蚌埠压缩机有限公司引进了德国德马格公司 ZP 系列压缩机技术。该系列压缩机为二级压缩机,双作用活塞式压缩机。此后通过消化吸收引进技术陆续开发了 ZP30TE、ZP80TE、ZP100TE、ZP135TE 和 ZP180TE 5 种新产品。

杭州制氧机厂研制的 14~15K 氢气制冷设备调试成功。

天津市鼓风机总厂率先实现了密集成套型罗茨风机国产化,填补了我国该类产品的空白。

重庆水泵厂有限责任公司研制的第一台除磷泵在武钢公司投入运行,并成功研发了国内第一台气控计量泵。

长沙水泵厂获年产 52 万 t 尿素成套装置配套用泵的国家重大技术装备奖。

石家庄水泵厂与德国 KSB 公司签署引进其 2 个系列 44 个品种污水泵协议。

石家庄水泵厂试制成功大型新产品 800WD 型污水泵和 550TU-LV 型渣浆泵,填补了国内空白。

1988 年

石家庄水泵厂试制成功当时国内最大的 16/14TU-AH 卧式渣浆泵。

陕西鼓风机(集团)有限公司制造的我国第一台大型 1513m³ 高炉余压回收透平发电装置(TRT)在甘肃酒泉钢厂并网发电,一次试车成功,填补了国内空白。

1989 年

中国通用机械工业协会经国家机械工业部及民政部批准并注册登记成立。

中国通用机械工业协会以通讯形式召开成立及首届会员代表大会,选举成立首届理事会,选举熊福元为理事长,闵国府为秘书长,通过了协会《章程》《组织工作条例》和《会费管理办法》。

我国第一台 VW-1.55/3-250 型车用天然气加气站压缩机在重庆气体压缩机厂研制成功,填补了我国车用天然气压缩机的空白,并于 1989 年 12 月 20 日通过部级鉴定。

重庆通用工业(集团)有限责任公司为国家重点工程鲁南水泥厂生产了国内第一台单机容量最大的 BB24 高温风机。

天津减速机股份有限公司参加德国莱比锡展览会获得金奖，同年获首届北京国际博览会金奖。

沈阳鼓风机集团有限公司与意大利新比隆公司合作生产的 BCL407 合成气压缩机通过机械运转、机械性能检定、浮环密封静态密封、气体泄漏检验等测试工作，运抵河南濮阳中原化肥厂交付安装。

重庆水泵厂有限责任公司试制成功国内第一台盐酸隔膜计量泵。

大连耐酸泵厂获机械电子工业部质量管理奖。

大连耐酸泵厂被国务院授予国家重大装备成果奖。

1990 年

石家庄水泵厂生产的 8/6E-AH 型渣浆泵获国家优质产品银质奖。

淄博真空设备厂有限公司开发生产的 2X-4、2X-8 和 2X-30A 旋片式真空泵荣获国家银质奖。

沈阳鼓风机集团有限公司自行设计制造的 SIC705 型单轴等温离心压缩机试车成功。该机具有高效节能的特点，并将压缩机与冷却器合为一体，成功地采用了焊接机壳新技术，这在我国尚属首创。

1991 年

陕西鼓风机集团有限公司为锦州炼油厂生产并成套供货的催化裂化装置用 AV50-12 轴流压缩机一次投运成功。这是我国第一台全部国产化的全静叶可调轴流压缩机。

沈阳鼓风机集团有限公司承担的国家"七五"期间重大科技攻关项目——透平压缩机 CAD/CAM 一体化系统通过国家计委和机电部鉴定，达到 20 世纪 80 年代末期国际先进水平。

杭州制氧机厂研制的国产第一套增压膨胀流程 6000 m^3/h 空分设备通过专家鉴定。

重庆气体压缩机以引进德国绍尔父子公司技术试制的 H 系列 WP430 型高压压缩机通过部级鉴定，填补了我国风冷船用高压压缩机的空白。

四川空气分离设备厂研制的国内第一套变压吸附制氧设备投入工业运营。

国务院重大装备领导小组授予大连耐酸泵厂国家重大技术装备成果奖。

长沙水泵厂 600MW 火力发电成套设备获国家重大技术装备成果特等奖。

1992 年

杭州制氧机厂研制的国产第一套大膨胀比增压中压透平膨胀机开车成功。

北京第一通机械厂研制的隔膜压缩机膜片获国家科学技术委员会颁发的"隔膜压缩机膜片材料"国家发明项目四等奖。

上海大隆机器厂制造的隔膜式超高压氢气压缩机组成功应用于中国空气动力研究与发展中心的大型（2M）激波风洞。

1993 年

重庆通用工业（集团）有限责任公司制造的 LB 系列 R123 离心冷水机组，为国内首台采用 R123 替换 R11 的离心制冷机。

大连耐酸泵厂又引进瑞士苏尔寿公司 3 个系列泵产品制造技术。

1994 年

重庆通用工业（集团）有限责任公司制造的 R123（R11）离心式冷水机组，为国内首台 R11/R123 兼容机组。

山东潍坊百事得机器总公司研发的 4M16-53/210 二氧化碳压缩机、4M16-75/320 型氮氢气体压缩机获国家科委颁发的国家科技成果证书。

1995 年

4 月 26 日，中共中央总书记、国家主席江泽民视察杭氧集团。

无锡压缩机股份有限公司引进了日本神户制钢无油螺杆压缩机制造技术。该公司开发的 100m³ 无油螺杆压缩机及其变型产品填补了国内空白，打破了国内长期依赖进口的局面。

1996 年

大连耐酸泵厂与德国博格曼公司合资成立了大连博格曼密封有限公司。

威海水泵厂完成股份多元化改制，成立山东双轮集团股份有限公司。

天津市鼓风机总厂开发的 DC80B 单齿鼓风机，填补了国内空白。

沈阳气体压缩机厂推出了 6M50 型系列氮氢气体压缩机。

1997 年

沈阳鼓风机集团有限公司与大庆石化签订 48 万 t 乙烯改造项目裂解气离心压缩机和乙烷离心压缩机订货合同，这是国产大型乙烯裂解三机第一次进入国家大型乙烯建设和改造工程。

中核苏阀股份有限公司成立，在深交所上市，是中国核工业系统首家上市公司，也是阀门行业首家上市公司。

大连耐酸泵厂与德国海密梯克公司合资成立了大连海密梯克密封泵有限公司。

开封空分设备厂研制的国产第一套大型液氧内压缩空气设备开车成功。

1998 年

沈阳鼓风机集团有限公司为大庆石化年产 48 万 t 乙烯改扩建装置配套的首台国产化裂解气压缩机和丙烯压缩机制造完成，实现了乙烯重大装置离心压缩机国产化零的突破。

杭州制氧机集团有限公司研制的国产化第一套空分全精馏制氩设备通过鉴定。

1999 年

中共中央总书记、国家主席江泽民视察陕鼓集团。

裂解气压缩机和丙烯制冷压缩机在大庆石化公司试车成功，日产乙烯1450t，合格率为100%。

天津减速机股份有限公司产品获欧盟委员会推荐的高质量科技产品。

台北阀门行业组成的访问团到北京与阀门分会及部分会员企业交流。

2000年

广东明珠球阀集团股份有限公司上市。

上海鼓风机厂有限公司自行开发了大型火电站脱硫环保工程用660机组动叶可调轴流式脱硫增压风机。

淄博真空设备厂有限公司完成股份多元化改制。

大连耐酸泵厂28QZ-7.0型轴流潜水电泵被认定为国家级新产品。

大连耐酸泵厂引进德国EWA公司计量泵产品制造技术。

2001年

山东博泵科技股份有限公司研制的1200S85型大型中开泵、65BSV型多级立式耐腐蚀泵，填补了国内空白。

四川空分设备厂完成股份多元化改制，成立四川空分设备（集团）有限责任公司。

湖北洪城通用机械股份有限公司股票上市交易。

陕西鼓风机（集团）有限公司与鞍钢集团新钢铁公司签订3200m^3大型高炉TRT供货合同，填补了国内大型高炉能量回收透平机组空白。

2002年

陕西鼓风机（集团）有限公司开发研制同轴系"三合一"机组（BPRT），实现安阳永兴钢铁公司订货，成功地把轴流压缩机和能量回收机组联合应用于冶金高炉领域，开创了国际先河。

山东博泵科技股份有限公司研制出WPSC型管网增压系列全自动供水新产品，填补了国内空白。

重庆水泵厂有限责任公司研制的第一台原油外输泵在中海石油海上平台投入运行。

2003年

大连大耐泵业有限公司与德国里瓦公司合资组建大连里瓦泵业有限公司。

郑州市郑蝶阀门有限公司重组开封高压阀门有限公司。

上海减速机厂有限公司制造的PRE-145S不锈钢风机，是国内第一台用在核工业通风领域的通风机。

上海减速机厂有限公司为"神舟五号"配套减速机。

2004年

南京压缩机股份有限公司完成股份制多元化改制。

无锡压缩机股份有限公司完成股份制多元化改制。

中共中央政治局常委李长春视察沈鼓集团。

沈阳鼓风机集团有限公司为中石化海南石化800万t/年炼油项目制造的7台套压缩机组，填补国内空白。

2005年

中共中央政治局常委、中央纪委书记吴官正视察沈鼓集团。

杭州制氧机集团有限公司研制的乌石化2万 m^3/h 级氮气增压内压缩流程空分设备开车成功。该套设备氧气出冷箱压力达9.7MPa，是国内采用高压板式换热器压力等级最高的内压缩流程空分设备。

天津市鼓风机总厂引进美国海巴公司高速罗茨鼓风机技术。

无锡压缩机股份有限公司开发了国内首台套螺杆式天然气压缩机，首次挺进天然气发电配套市场。

2006年

1月，杭州制氧机集团有限公司和大唐国际发电股份有限公司签订3套5.8万 m^3/h 空分设备合同，这是该公司继2005年8月签订出口伊朗2套6万 m^3/h 等级空分设备合同之后，合同额最大的项目，为我国6万 m^3/h 等级大型空分设备国产化又揭开了新的一页。

4月，中国通用机械工业协会在沈阳召开百万千瓦压水堆核电用泵阀国产化研讨会。国家发改委副主任张国宝出席会议并做了重要讲话。

5月，沈阳鼓风机（集团）有限公司徐强荣获全国第十届中国青年五四奖章。

5月15—28日，中国通用机械工业协会组织中国阀门制造业访欧代表团一行13人，考察了德国、法国、意大利等国的阀门协会组织和典型的阀门制造企业。

6月，国务院在西安组织召开了振兴装备制造业工作会议。中共中央政治局委员、国务院副总理曾培炎出席会议并做了重要讲话，会议正式发布了《国务院关于加快振兴装备制造业的若干意见》。沈阳鼓风机集团有限公司、陕西鼓风机（集团）有限公司、开封空分集团有限公司被评为在振兴装备制造业工作中做出重要贡献单位。中国通用机械工业协会会长隋永滨、沈阳鼓风机集团有限公司董事长苏永强、陕西鼓风机（集团）有限公司董事长印建安、开封空分集团有限公司总工程师谢耀东在会议上获得表彰。

6月20日，中共中央政治局委员、国务院副总理曾培炎视察陕西鼓风机（集团）有限公司。

6月，杭州制氧机集团有限公司与上海宝钢集团签订一套6万 m^3/h 空分设备合同，这是应用于冶金行业的最大的国产化空分设备。

6月,陕西鼓风机(集团)有限公司的"陕鼓牌"商标获中国驰名商标称号。

7月,沈阳鼓风机(集团)有限公司、景津压滤机集团有限公司入选2006年中国机械500强。

10月20—22日,由中国通用机械工业协会主办的2006第三届中国国际流体机械展览会在北京展览馆隆重召开。

12月,百万千瓦核电阀门国产化研讨会在北京召开。

12月,四川空分设备(集团)有限责任公司隆重举行建厂40周年庆典,回顾公司40年的发展历程,总结经验,提出创建"百年老店"的目标。

2007年

2月5日,中共中央政治局常委、全国人大常委会委员长吴邦国到沈阳鼓风机(集团)有限公司视察。

6月,四川空分设备(集团)有限责任公司与邯郸钢铁公司签订2套3.5万m^3/h空分设备合同,该项目采用立式径向流分子筛纯化器、稀有气体全提取、全自动变负荷技术,实现了历史性突破。

7月28日,中共中央总书记、国家主席胡锦涛同志莅临杭州制氧机集团有限公司视察。

2008年

1月,沈阳鼓风机(集团)有限公司工人专家、结构车间铆工杨建华主导完成的离心压缩机、鼓风机机壳拼装制造技术获得国家科学技术进步奖二等奖,杨建华受到胡锦涛总书记等党和国家领导人的接见,成为全国装备制造业获此殊荣的第一人。

1月,陕西鼓风机(集团)有限公司与西安高新区管委会举行了陕鼓集团总部暨陕鼓科技产业园入驻高新区签约仪式。

2月,陕西鼓风机(集团)有限公司10万t/年硝酸装置"四合一"机组获陕西省科学技术奖一等奖。

3月,沈阳鼓风机(集团)有限公司隆重举行承制百万吨乙烯装置3套压缩机组开工大会。

3月,应中国通用机械工业协会阀门分会邀请,俄罗斯阀门协会(NPAA)代表团一行11人来华进行参观考察。

9月,大型压水堆核电站核一级大口径全流通高C_v值锻钢旋启式止回阀(NIXSSA0250)、全流通高C_v值旋启式止回阀(NINSSB0400)、主给水旋启式止回阀(NASSSB0400)样机技术鉴定会在大连召开。

10月27—29日,由中国通用机械工业协会主办的2008第四届中国国际流体机械展览会在北京国际展览中心隆重举行。

11月，沈阳鼓风机（集团）有限公司与美国超导 WINDTEC 公司举行联合开发风电技术签字仪式。

12月，沈阳鼓风机（集团）有限公司与中国石油天然气管道工程有限公司签订技术协议，西气东输二线管道工程3套压缩机由沈鼓集团提供，这标志着长输管线压缩机国产化取得了突破性进展。

12月13日，中共中央总书记、国家主席、中央军委主席胡锦涛到沈阳鼓风机（集团）有限公司考察。

2009年

1月，沈阳鼓风机集团有限公司自主研制的国产化首台百万吨乙烯装置用裂解气压缩机顺利通过三缸联动机械运转及性能试验。

1月，中共中央政治局常委、全国人大常委会委员长吴邦国在国家发改委《振兴老工业基地工作简报》第5期《我国自主研制成功首台百万吨乙烯裂解气压缩机组》一文上批示：向沈阳鼓风机集团有限公司表示祝贺。中共中央政治局委员、国务院副总理张德江批示：祝贺我国自主研制的百万吨级乙烯装置用裂解气压缩机组试车成功，这是我国振兴装备制造业的又一重大成果。希望总结经验，再接再厉，不断取得新成绩。

5月，沈鼓集团通风设备有限公司研制成功国内首台"三炉塔合一"动叶可调双级钢叶片轴流风机，填补了600MW机组双级引风机完全国产化的空白。

7月13日，江泽民同志由中国国际经济交流中心理事长曾培炎，辽宁省委书记张文岳、省长陈政高，沈阳市委书记曾维、市长李英杰等陪同，到沈阳鼓风机集团有限公司考察。

8月22日，国务院副总理张德江、陕西省委书记赵乐际、西安市委书记孙清云、陕西省副省长吴登昌视察陕西鼓风机（集团）有限公司。

10月，沈阳鼓风机集团有限公司为天津石化100万t/年乙烯装置提供的核心设备——乙烯裂解气压缩机开车成功。

11月，陕西鼓风机（集团）有限公司国产化首台首套PTA空压机组在重庆蓬威石化有限责任公司顺利投运，机组各项热力性能参数和机组能量平衡均达到设计要求，投入工艺运行平稳，采用国产化设备的第一批CTA（粗对苯二甲酸）产品出产。

11月，国家能源局主持的天然气长输管道关键设备国产化研制工作启动签约仪式在北京隆重举行。沈阳鼓风机集团有限公司董事长苏永强与中石油西气东输公司签订了西气东输二线工程关键设备国产化的电驱压缩机组合同和燃驱压缩机组研制协议。

11月，常熟市鼓风机有限公司为美国IES公司制作的专供美国GP集团的SA摇摆风机顺利通过验收。

12月，中核苏阀科技实业股份有限公司与国家核电上海核工程研究设计院共同开发研制的核一级比例喷雾阀样机通过鉴定。

2010 年

2月，中国通用机械工业协会组织召开了大型火电站阀门国产化座谈会。

3月28日，国家发展和改革委员会副主任、国家能源局局长张国宝一行，考察沈阳鼓风机集团股份有限公司。

4月，沈阳鼓风机集团股份有限公司徐强荣获全国劳动模范称号。

4月，陕西鼓风机（集团）有限公司董事长、党委书记印建安荣获"全国劳动模范"称号。

4月，西安陕鼓动力股份有限公司成功在上海证券交易所挂牌上市。

6月，由上海阿波罗机械股份有限公司牵头，与杭州汽轮机股份有限公司、中国核电工程有限公司共同研制的核电站汽动辅助给水泵通过了国家级样机鉴定。

7月，国家发展和改革委员会副主任、国家能源局局长张国宝向沈阳鼓风机集团股份有限公司颁发了国家能源大型透平压缩机组研发（实验）中心牌匾。

7月，陕西鼓风机（集团）有限公司成功中标俄罗斯 NLMK 公司6号、7号 4657m^3 高炉配套 TRT 项目。

8月13—19日，中国通用机械工业协会主办的2010第五届中国国际流体机械展览会（IFMC）在北京展览馆隆重举行。

8月，上海阿波罗机械股份有限公司自主研发的核电站用凝结水泵、重要厂用水泵、设备冷却水泵、乏燃料水池冷却泵、循环水过滤系统反冲洗泵、硼酸输送泵、化学添加剂混合泵7种核电站用泵通过了国家级样机鉴定会。

8月—9月，上海鼓风机厂有限公司首次独立完成了出口印度提隆达电厂660MW发电机组配套的大型电站轴流式送风机、引风机和一次风机的空气动力全性能试验，并通过了印度业主和监理的验收。

10月，由杭州杭氧股份有限公司自行设计、制造的5.8万 m^3/h 内压缩空分装置，在大唐内蒙古煤化工有限责任公司经过测试稳定运行。

12月，沈阳鼓风机集团股份有限公司为江苏海伦化学有限公司研制的首台国产化大型 PTA 机组机械运转及气动性能试验获得成功。

12月，沈阳鼓风机集团股份有限公司教授级高工李耀祖荣获全国优秀科技工作者荣誉称号。

12月，陕西鼓风机（集团）有限公司首台丙烯压缩机及制冷装置在重庆万盛煤化首次试车成功。

12月，沈阳鼓风机集团股份有限公司首台国产化年产120万t PTA 装置工艺空气压缩机组试车成功。

2011 年

1月，沈阳鼓风机集团股份有限公司承担的"十一五"国家科技支撑计划项目——百万吨级乙烯装置用裂解气压缩机组、丙烯制冷压缩机组研制课题通过验收。我国百万吨级乙烯装置用大型离心压缩机组核心技术取得全面突破，拥有自主知识产权，彻底打破了国外公司技术和市场垄断。

3月，四川空分设备（集团）有限责任公司制造的全板翅式换热结构的天然气提氦装置顺利交付用户。这是当前国内粗氦纯度最高、处理量最大的天然气提氦装置，外形尺寸为 $15m \times 3.5m \times 3.2m$，设计处理能力为40万 m^3/d，出冷箱粗氦浓度达68.3%。

4月16日，中共中央政治局常委、中央纪委书记贺国强到沈阳鼓风机集团股份有限公司调研。

中国工业大奖表彰大会在北京人民大会堂隆重举行。沈阳鼓风机集团股份有限公司荣获第二届中国工业大奖表彰奖。

沈鼓集团核电泵业有限公司拥有精良设备的现代化泵类产品生产制造基地核电新厂区建成，并完成了核电泵业有限公司的整体搬迁工作。

四川空分设备（集团）有限责任公司研制成功国内最大的双混合冷剂工艺流程板式换热器，外形尺寸为 $8.8m \times 1.3m \times 1.1m$，压力为6.0MPa。

7月4日，中共中央政治局常委、国务院总理温家宝考察沈阳鼓风机集团股份有限公司。

7月，山东省章丘鼓风机股份有限公司在深圳证券交易所正式挂牌上市。

8月，上海凯泉泵业（集团）有限公司1000MW核电机组常规岛主给水泵（含前置泵）和1000MW/660MW超超临界火电机组高压锅炉给水泵（含前置泵）的设计方案通过了由中国机械工业联合会组织的专家评审。

9月，上海鼓风机厂有限公司承担设计制造的国家科技重大专项研发课题——高温气冷堆核电站用大型氦回路HTL氦气压缩机通过清华大学核研院的出厂验收。

10月，沈阳鼓风机集团股份有限公司研制的天然气长输管线压缩机通过鉴定，专家认为该机组填补了国内空白，实现了技术重大突破，达到国际领先水平。

11月22日，中共中央政治局委员、国务院副总理张德江到江苏金通灵流体机械科技股份有限公司视察。

沈阳鼓风机集团股份有限公司申报的大型芳烃装置用离心压缩机关键技术开发及装备研制项目获中国机械工业科学技术奖一等奖。

山西省运城安瑞节能风机有限公司实施的超大功率矿用主通风机及高压变频

技术研究与应用项目获中国煤炭工业科学技术奖一等奖。

12月3日，中共中央政治局委员、国务院副总理王岐山到沈阳鼓风机集团股份有限公司考察。

12月，国家能源局在沈阳鼓风机集团股份有限公司装配试验车间举行天然气长输管道关键设备国产化成果汇报会暨合同签署及首套20MW电驱压缩机组出厂仪式，到场人员共同见证了首套20MW电驱压缩机组出厂。

2012年

2月24日，中共中央政治局委员、国务院副总理张德江莅临沈阳鼓风机集团股份有限公司视察。

上海电力修造总厂有限公司承制的我国首台国产AP1000核电站常规岛给水泵组3台前置泵、1台备用转子及泵组润滑油站、滤网、阀门和控制仪表等关键配套设备顺利通过出厂验收。

7月，在西气东输甘肃省永昌站，沈阳鼓风机集团股份有限公司为中石油研制的首台国产化西气东输机组（H1156）试车成功。

10月，沈阳鼓风机集团股份有限公司在营口经济技术开发区举行新厂区奠基典礼。新厂区总投资25亿元，占地面积87.3万m^2，新增各类工艺设备570台（套），具备3万kW电驱、3万kW燃驱及10万kW汽轮机驱动压缩机试验能力，建成后将成为大型透平压缩机组制造（实验）中心和大型压力容器生产基地。

10月，沈阳鼓风机集团股份有限公司为天津石化公司提供的裂解气压缩机（H858）机组作为首台百万吨大乙烯的"中国心"，顺利投产。

10月，沈阳鼓风机集团股份有限公司为中石油抚顺石化公司提供的百万吨乙烯"三机"（其中裂解气机组、丙烯机组早已投入流程），乙烯压缩机（H1000）在用户现场单机开车成功。至此，百万吨乙烯的核心设备"三机"全部国产化。

10月，2012第六届中国（上海）国际流体机械展览会（IFME）在上海世博展览馆隆重开幕。国内压缩机行业各大知名企业均以大面积盛装亮相，展出面积超过1740m^2，展出新产品300余件，堪称历届展会之最。

沈阳鼓风机集团股份有限公司入选2012中国化工装备百强企业，位列第一名。获此殊荣，标志着沈阳鼓风机集团股份有限公司为化工行业提供的自主创新国产化装备得到高度认可。

陕西鼓风机（集团）有限公司获中国工业行业排头兵称号，西安陕鼓动力股份有限公司被评为国家一级安全生产标准化企业。

2013年

1月，沈阳远大压缩机制造股份有限公司举行了国内首台BOG压缩机出厂前正式模拟工况低温氮气负荷运转试验。经过48h的试验运行，在压缩机入口温度-190℃的条件下，各项性能指标均达到设计的要求。

杭州杭氧股份有限公司与沈阳鼓风机集团股份有限公司在沈阳举行神华宁煤10万 m^3/h 等级空气分离设备配套压缩机组国产化技术交流会暨大型空分机组合作协议签字仪式。

沈阳鼓风机集团股份有限公司的天然气长输管道压缩机组研制项目获2012年度中国机械工业科学技术奖一等奖，2D125大型往复式新氢压缩机项目获中国机械工业科学技术奖二等奖。

2月，国家能源局在京举办了超（超）临界火电机组第三类关键阀门设计方案评审会。上海电力修造总厂有限公司自主研发的超（超）临界火电机组最小流量阀、再热器减温水调节阀、锅炉循环管路调节阀、汽机高压供气站压力调节阀等4种三类阀门通过国家能源局和中国通用机械工业协会的样机鉴定，填补了国内空白。

沈阳鼓风机集团股份有限公司荣获辽宁省国防教育委员会颁发的省国防教育百优企业称号，成为辽沈地区装备制造行业唯一获此殊荣的企业。

3月，沈阳鼓风机集团股份有限公司为齐鲁分公司提供的25万t/年HDPE装置提供的"心脏"设备——首台国产化聚烯烃循环气压缩机组在用户现场平稳运行40天，产出预期定量的合格产品。机组的性能参数完全符合设计值，效率达到进口同类机组水平，填补了国内空白。

由中国机械工业联合会组织的60万t/年天然气液化项目4K-300MG-55/0.1-17型低温BOG迷宫压缩机新产品鉴定会在沈阳举行。该产品由沈阳远大压缩机股份有限公司、国家能源液化天然气（LNG）研发（实验）中心、山东泰安昆仑能源有限公司共同研制开发，以山东泰安昆仑能源有限公司60万t/年LNG液化项目为依托，适用于低温工况气体介质的使用要求。

以"引领中国工业推进转型升级"为主题的第九届中国工业论坛在北京举行。在论坛上，发布了2012年度中国工业重大技术装备首台套示范项目，并表彰了2012年度中国工业重大技术装备首台（套）功勋用户。西安陕鼓动力股份有限公司研制生产的6万 m^3/h 等级空分装置被评为2012年度中国工业重大技术装备首台（套）示范项目。

4月，国家发改委在杭州召开神华宁煤400万t/年煤炭间接液化项目10万 m^3/h 空分装置国产化技术协调会，决定组建10万 m^3/h 空分装置国产化研制联合攻关团队，由沈阳鼓风机集团股份有限公司牵头、杭州制氧机集团有限公司和杭州汽轮机股份有限公司参加，确保首套10万 m^3/h 空分装置达到国际先进水平。

沈阳鼓风机集团股份有限公司与中国石油天然气集团、哈电机公司、上海电气集团、荣信电力电子公司、上海广电电气（集团）携手合作，举行了西气东输三线国产电驱压缩机组签字仪式。

沈阳鼓风机集团股份有限公司的 60 万 t/年 LNG 装置压缩机组通过了国家能源局、中国机械工业联合会等组成的专家组的技术审核鉴定。

5 月，沈阳鼓风机集团股份有限公司的百万千瓦级核电站轴封型反应堆冷却剂泵总体技术方案通过了评审。

6 月，沈阳鼓风机集团股份有限公司研制的大型管道输油泵样机通过国家能源局、中国机械工业联合会、中国石油集团公司组成的专家鉴定委员会评审鉴定。

7 月，中石油与沈阳鼓风机集团进出口公司正式签订离心压缩机采购合同。这是中石油与沈鼓集团首次在中东油气市场上开展合作，合同的签订具有开拓性的战略意义。

国产化首台世界级 4M150 大推力往复机空负荷机械运转试验一次成功，巩固了沈阳鼓风机集团股份有限公司在这一领域的优势地位。

8 月 8 日，中共中央政治局委员、中央组织部部长赵乐际，由沈阳市委书记曾维等陪同到沈阳鼓风机集团股份有限公司视察。

武汉 80 万 t/年乙烯三机投入商业运行产出合格产品。该项目第一次选用整套国产化"乙烯三机"，沈阳鼓风机集团股份有限公司第一次成为国产化"乙烯三机"总成套商，独自承担全部设计制造任务。

8 月 30 日，中共中央总书记、国家主席、中央军委主席习近平到沈阳鼓风机集团股份有限公司视察。

沈阳鼓风机集团股份有限公司设计的用于 2000 万 t/年重质原油加工工程项目的首台 600 系列 B 级压缩机（H1877-BCL608/B 循环氢压缩机），按用户要求完成交档，可进入生产制造流程。该项目是当前国内一次性建设加工能力最大的炼油装置，填补了国内空白。

9 月 12 日，中共中央政治局委员、国务院副总理刘延东到沈阳鼓风机集团股份有限公司视察。

沈阳鼓风机集团股份有限公司为宁夏宝丰能源集团提供的当前国内单缸最大的甲醇合成气离心压缩机（H1620）性能试验成功，实现了国内首创的历史性突破。

12 月，国家能源局组织专家在哈尔滨召开了超（超）临界火电机组关键阀门国产化第三类样机鉴定会。哈电集团哈尔滨电站阀门有限公司承担的主蒸汽出、入口安全阀等 7 大类共 8 个品种的阀门样机通过了技术鉴定，标志着我国火电机组配套阀门结束了依赖进口的历史。

沈阳鼓风机集团股份有限公司的 CAP1400 屏蔽电机主泵试验台建设项目，通过了国家核电技术公司重大专项办公室组织的 8 位国家核电专家的科研课题项目审查会评审。

2014 年

1 月，沈鼓集团与神华宁煤集团签署了 10 万 m³/h 空分装置首台国产化压缩机组合同，成为世界上少数能够研制 10 万 m³/h 空分设备压缩机的企业。

沈鼓集团为中石化湖北化肥分公司提供的 20 万 t/年合成气制乙二醇项目循环气压缩机（国家级工业示范工程）在用户现场试车成功。

济柴成都压缩机厂自主研发的 50MPa 高速高压大排量压缩机组完成负荷试验，标志着为油气田实施注气采油提高采收率迈出了坚实的一步。

2 月，沈鼓集团首次在伊朗成功举办了大型"中国制造"推介会，这是国内通用机械行业首次在海外组织的大型推介会。

中国机械工业联合会和中海油惠州炼化分公司在沈鼓集团召开 120 万 t/年乙烯装置用乙烯压缩机组国产化专家论证会。

沈鼓集团定子车间荣获全国机械工业先进集体称号，四平鼓风机股份有限公司副总经理毕世平、沈鼓集团副总经理兼总工程师张勇及结构车间焊工李喜涛荣获全国机械工业劳动模范称号。

陕鼓动力正式签订宝钢湛江钢铁工程 5050m³/h 高炉国产化首台（套）鼓风机组成套设备合同，标志着国产首台套 5000m³/h 级高炉鼓风系统从研发进入实施阶段。

3 月，杭氧集团签订了向内蒙古京能锡林煤化有限责任公司提供 2 套 9 万 m³/h 空分成套设备的供货合同。

4 月 21 日，中共中央政治局常委、中央书记处书记刘云山视察沈鼓集团。

5 月，2013 年度中国工业企业品牌竞争力评价活动中，沈鼓集团被评为中国工业企业品牌竞争力 2013 年度前百名。

沈鼓集团荣获中国机械工业百强企业。

沈鼓集团董事长、党委书记苏永强在人民大会堂接受第三届中国工业大奖奖牌、奖杯和证书。沈鼓集团是通用装备制造业唯一获此殊荣的企业。

6 月，沈鼓集团荣获 2013 年度全国"安康杯"竞赛优胜单位。

沈鼓集团与中石油管道公司和上海电机厂联合研制的油气管道输油泵机组国产化项目产品样机顺利通过出厂验收。

由国家能源局、中国通用机械工业协会联合组织的超超临界火电机组关键设备国产化阶段验收总结会在华电句容电厂召开。

7 月，2014 压缩机节能技术交流会暨压缩机行业新标准宣贯培训会在上海召开，共 180 人参加会议。

中核苏阀科技实业股份有限公司自主研发制造的 DNB00 核二级主蒸汽隔离阀顺利通过中国机械工业联合会组织的样机鉴定。

8月，沈鼓集团与中国海洋石油总公司惠州炼化有限责任公司共同举行120万 t/年乙烯裂解装置三机组签约仪式，标志着我国在大型乙烯领域装备能力跃上了新高度。

上海鼓风机厂有限公司承担的国家科技重大专项高温气冷堆核电站的心脏装备——主氦风机工程样机通过了由国家能源局组织召开的鉴定会，世界首台套大功率电磁轴承主氦风机工程样机的研制成功是我国在核能先进核心装备技术上的重大突破。

9月，在长春召开的全国机械工业文化建设暨机械政研会30年成果展示会上，沈鼓集团荣获2011—2013年度全国机械行业文明单位、全国机械行业十大企业文化特色单位，沈鼓集团党委常务副书记邓长辉荣获全国机械行业十大企业文化建设领军人物称号。

沈鼓集团"姜妍班组"荣获中央组织部、宣传部、国家人力资源和社会保障部、科技部授予的全国杰出专业技术人才先进集体称号。

沈鼓集团提供的国内首台中石油山东泰安60万 t/年天然气液化制冷机组开车成功，填补了国内空白。

由上海电力修造总厂有限公司自行研制的第三代核电站常规岛给水泵组荣获国家科技部、环保部、商务部、国家质监总局4部委联合颁发的2014年度国家重点新产品证书。

10月15—17日，2014第七届中国（上海）国际流体机械展览会在上海世博展览馆成功举办。

11月，上海鼓风机厂有限公司承担的20万 kW 高温气冷堆核电站示范工程主氦风机工程样机500h热态满功率耐久性试验取得成功。

中国航空工业空气动力研究院24m连续式跨声速风洞建设项目签约仪式在沈鼓集团举行。该项目是目前亚洲最大、具有国际先进水平的大型空气动力研究设施。

沈鼓集团齿轮公司研制成功填补国内空白的单级悬臂高压比组装式鼓风机。

12月，国家能源局委托中国机械工业联合会和中国石油天然气集团公司组织的20MW级高速直联变频调速电驱压缩机组新产品暨工业性应用鉴定会在西安召开。中国石油西气东输管道公司与沈鼓集团、上电集团、哈电公司、上广电集团、荣信电力等共同研制的20MW级高速直联变频调速电驱压缩机组通过了国家级技术鉴定。

江苏金通灵流体机械科技股份有限公司举办磁悬浮单级高速鼓风机产品推荐会，中国通用机械工业协会名誉会长隋永滨等应邀参加并参观考察了公司。

浙江金盾风机股份有限公司正式挂牌上市。

沈鼓集团申报的发明专利《百万吨乙烯压缩机机壳的焊接工艺》获得由国

家知识产权局和世界知识产权组织联合授予的第十六届中国专利奖优秀奖。沈鼓集团是通用机械行业首次获此殊荣的企业。

2015 年

1月，中国通用机械工业协会气体分离设备分会在北京召开第七届理事会第六次会议。

合肥恒大江海泵业股份有限公司生产的世界最大的 BQ1100-850/10-4000kW（6kV/10kV）卧式固定安装的矿用潜水电泵，在河南义马煤业集团股份有限公司孟津煤矿一次开机成功，电泵安全有效运行。

2月，苏州纽威阀门股份有限公司的轴流式止回阀国产化现场工业性试验，在中石油西部管道新疆昌吉分输站阀门试验场进行。

4月，陕西鼓风机（集团）有限公司与陕西燃气集团签署了战略合作伙伴协议。

杭州制氧机集团有限公司承担的神华宁煤项目6套10万 m^3/h 空分设备冷箱全部顺利结顶，标志着该项目冷箱施工取得阶段性胜利。

中国通用机械工业协会气体分离设备分会于4月上旬完成了《气体分离设备行业"十三五"发展规划（初稿）》的编制工作，并于4月22日在京召开了规划审查会。

沈阳鼓风机集团股份有限公司齿轮压缩机公司首套大型氮气压缩机实现国产化升级改造。

重庆通用工业（集团）有限责任公司成功中标俄罗斯最大水泥生产商——欧洲水泥集团风机订单。

5月，开封空分集团有限公司承担的工信部大型海上浮动式LNG绕管式换热器研制项目样机的设计及制造方案通过专家评审。

重庆通用工业（集团）有限责任公司总装车间风机装配班组荣获全国青年文明号称号。

6月，唐山瑞鑫液化气体有限公司LNG冷能空分装置一次开车成功。

由外交部驻外大使和大使夫人组成的驻外使节团一行38人到沈阳鼓风机集团股份有限公司参观考察。

6月15—22日，中国通用机械工业协会气体分离设备行业代表团，对德国曼透平公司（MDT）进行考察访问，走访了曼透平公司生产制造轴流+透平的大型压缩机、单轴等温型透平压缩机、齿轮式透平压缩机的三大工厂。访问期间参观了在法兰克福举办的化工流体机械展览会（AHM）。

沈阳鼓风机集团股份有限公司与中石油大庆炼化分公司签署双方战略合作协议。

沈阳鼓风机集团股份有限公司新疆分公司揭牌仪式在新疆乌鲁木齐隆重

举行。

沈阳鼓风机集团股份有限公司获中国工业企业品牌竞争力百强殊荣。

7月，由中国机械工业联合会、中国石油天然气集团公司科技管理部主持的天然气长输管线高压大口径全焊接球阀国家级新产品鉴定会在北京召开。

沈阳鼓风机集团股份有限公司与伊朗 Persia Petro Gas 公司在伊朗共同签订关于沈鼓集团南帕斯现场服务的合作协议。

8月，开封空分集团有限公司为阳煤深州年22万t乙二醇合成配套的$CO-H_2$深冷分离装置一次开车成功，在业内率先实现国产化。

山东省章丘鼓风机股份有限公司与中国科学院理化技术研究所签订了MVR热泵蒸发浓缩结晶技术的开发（合作）协议。

由沈阳鼓风机集团股份有限公司、杭州汽轮机股份有限公司、杭州制氧机集团有限公司联合研发的我国首套国产10万m^3/h等级空分装置压缩机组整机试车成功。

沈阳鼓风机集团股份有限公司在营口透平基地隆重举行我国首套国产10万m^3/h空分装置压缩机组出厂验收会。

9月，沈阳鼓风机集团股份有限公司被授予全国企业文化建设典范企业称号，定子车间被授予企业文化建设先进班组称号。

开封空分集团有限公司为河南龙宇煤化工6万m^3/h空分配套的全液体膨胀机顺利开车成功，实现了大型空分用全液体膨胀机的国产化。

由国际能源署温室气体研究与开发计划机构（IEAGHG）举办的第五届国际富氧燃烧会议在武汉召开。

重庆通用工业（集团）有限责任公司荣获国家技术创新示范企业称号。

杭州福斯达深冷装备股份有限公司签订国内最大规模单台绕管换热器合同，为内蒙古辉腾能源60万t/年煤制乙二醇项目配套。

重庆通用工业（集团）有限责任公司首个国家级重大专项课题项目MS01定频水冷离心式冷水机组成功通过鉴定。

12月，重庆通用工业（集团）有限责任公司生产的国内2MW最长风电叶片（59.8m）在重通江津珞璜基地下线。

沈阳鼓风机集团股份有限公司获2015年全国工业领域电力需求侧管理示范企业荣誉称号。

开封东京空分集团有限公司和河北道昂集团有限公司共同投资在伊朗兴建炼铁厂合同正常执行，新建气体厂主体设备安装完成。

参 考 文 献

[1] 当代中国丛书编辑委员会. 当代中国机械工业：上册［M］. 北京：中国社会科学出版社，1990.

[2] 中国机械工业年鉴编辑委员会，中国通用机械工业协会. 中国通用机械工业年鉴（2001年版~2016年版）［M］. 北京：机械工业出版社，2001—2016.

[3] 机械工业部石化通用机械工业局. 中国石油化工通用机械工业发展史［M］. 北京：机械工业出版社，1987.

[4] 中国通用机械工业协会. 改革开放30年中国通用机械工业辉煌成就［Z］. 北京：中国通用机械工业协会，2008.

[5] 机械工业部石化通用机械工业局. 中国工业泵工业发展史（1949—1985）［M］. 北京：机械工业出版社，1986.

[6] 机械工业部石化通用机械工业局. 中国风机工业发展史（1949—1984）［M］. 北京：机械工业出版社，1992.

[7] 机械工业部石化通用机械工业局. 中国压缩机工业发展史（1949—1985）［Z］. 合肥：机械工业部通用机械研究所，1986.

[8] 机械工业部石化通用机械工业局. 中国阀门工业发展史（1949—1985）［Z］. 合肥：机械工业部通用机械研究所，1989.

[9] 机械工业部石化通用机械工业局. 中国气体分离及液化设备工业发展史（1953—1983）［M］. 北京：机械工业出版社，1986.

[10] 中国通用机械工业协会泵业分会编辑委员会. 中国泵业十年辉煌［Z］. 沈阳：中国通用机械工业协会泵业分会，2012.

[11] 田世禄. 中国泵业志［Z］. 北京：中国通用机械工业协会泵业分会，2008.

[12] 赵启才. 沈阳水泵厂志［Z］. 沈阳：沈阳水泵厂，1992.

[13] 裴元博. 沈阳鼓风机厂志（1934—1985）［Z］. 沈阳：沈阳鼓风机厂，1988.

[14] 潘秋生，洪朝生，吴元炜，等. 中国制冷史［M］. 北京：中国科学技术出版社，2008.

[15] 蒋明. 大气行天下——杭州制氧机集团有限公司六十年发展史［M］. 杭州：杭州出版社，2010.

参考文献

中海油惠炼二期项目 120 万 t 乙烯三机

10 万 m^3/h 等级空分装置大型空气压缩机组

神华宁煤 400 万 t/年煤制油项目配套 10 万 m^3/h 等级空分装置

20MW 级天然气长输管线压缩机组

天然气长输管线大口径全焊接球阀

1000MW 级火电 100％容量锅炉给水泵

百万千瓦级压水堆主给水泵联调试验现场

双吸入离心式蒸汽压缩机

200 万 m³/d 天然气液化（LNG）成套装置

中海油惠炼 120 万 t 乙烯冷箱

150t 往复式氢气压缩机

国际上最大转子直径（$\Phi 816mm$）大型螺杆压缩机

高压绕管式换热器

氢压机使用现场

6CFB 型储气库注气采气压缩机组

大型低温潜液泵

核二级水压试验泵

超高压离心式除鳞泵

1500℃超高温特殊阀门

主蒸汽隔离阀

华龙一号核一级快速启闭隔离阀